普通高等教育精品规划教材

U0892821

高等学校电子政务系列教材

电子政务原理、建设与应用

E-GOVERNMENT: PRINCIPLE, CONSTRUCTION AND APPLICATIONS

主编 颜 海　　副主编 赵 冲 朱晓伟

WUHAN UNIVERSITY PRESS
武汉大学出版社

图书在版编目(CIP)数据

电子政务原理、建设与应用/颜海主编;赵冲,朱晓伟副主编．—武汉:武汉大学出版社,2010.11

普通高等教育精品规划教材

高等学校电子政务系列教材

ISBN 978-7-307-08330-1

Ⅰ.电…　Ⅱ.①颜…　②赵…　③朱…　Ⅲ.电子政务—研究　Ⅳ.D035.1-39

中国版本图书馆 CIP 数据核字(2010)第 221149 号

责任编辑:詹　蜜　　责任校对:黄添生　　版式设计:詹锦玲

出版发行:**武汉大学出版社**　(430072　武昌　珞珈山)

(电子邮件:cbs22@whu.edu.cn　网址:www.wdp.whu.edu.cn)

印刷:湖北民政印刷厂

开本:720×1000　1/16　印张:30.5　字数:528 千字　插页:1

版次:2010 年 11 月第 1 版　2010 年 11 月第 1 次印刷

ISBN 978-7-307-08330-1/D·1053　定价:40.00 元

目　录

1 电子政务概论

本章主要内容：

- 电子政务的含义及理解要点
- 电子政务与相关概念的辨析
- 电子政务的特点与功能
- 电子政务与传统政务的区别

本章学习要求：

- 理解电子政务的含义及要点
- 把握电子政务相关概念间的区别与联系
- 掌握电子政务的特点与功能
- 了解电子政务与传统政务的区别

1.1 电子政务概念

电子政务是快速发展的现代电子信息技术与政府改革相结合的产物，是政府信息化建设的主要内容。

1.1.1 电子政务内涵

(1) 政务的含义

所谓政务，简单的理解就是政府部门需要办理的各项事务。《现代汉语词典》对“政务”的解释是：“关于政治方面的事务，也指国家的管理工作。”可以看出：“政务”的含义既包括“有关政治方面的事务”，也包括“国家的各类行政管理活动，即专指政府部门的管理和服务活动”。电子政务中的“政务”的含义侧重于后者。

在我国，“政务”的概念有广义和狭义之分。广义的“政务”泛指各类行政管理事务，包括政党、政府、人大、政协、军队等系统所从事的行政管理活动，如党务、税务、检务、军务、社区事务等；狭义的“政务”则是专指政府部门所开展的行政管理和社会服务活动。在我国，对“政务”的理解基本是从广义的角度出发的。

（2）电子政务的含义

电子政务（Electronic Government，缩写为 E-Gov）是 20 世纪 90 年代伴随着互联网的发展和应用而产生的一个新术语。如果简单地从字面上理解，电子政务就是借助电子信息技术而进行的政务活动，是指各级政府部门运用先进的信息技术手段，将政府可公开的信息面向社会、面向企业、面向公众发布，并使政府的服务工作网络化。它实质上是构建一个电子政府，利用信息技术和通信技术，有效地实现行政、服务及内部管理等功能。

目前，关于电子政务的科学定义还没有统一的描述，以下是国内外几种典型的表述：

国外对电子政务的界定

2002 年 5 月联合国经济和社会事务部公布《电子政务对比分析：评估联合国成员国电子政务进展情况》的定义为：广义上电子政务是指信息技术在公共管理部门的应用；狭义上电子政务是指通过网络平台向公众和企业提供政府信息和服务。

2003 年 11 月公布《2003 年全球公共部门报告：处在十字路口的电子政务》的定义为：运用信息技术改善政府的内外部关系。

2004 年 11 月公布《2004 年全球电子政务准备度报告：提高接入机会》的定义为：政府利用信息技术为公众和企业提供信息和基本公共服务。

世界经合组织的定义是：电子政务是指政府将新的信息技术运用到政府的全部职能中，特别是利用互联网及相关技术的网络化潜能来改革政府的结构和运作。

美国 2002 年 12 月颁布的《电子政务法》的定义是：电子政务是为了更好地为企业、公众、其他政府部门和机构提供政府信息和服务，为了改进政府的运作（包括效益、效率、服务质量和改革），应用互联网和其他信息技术的过程。

新加坡政府认为：电子政务是指应用技术提高政府服务的接入和提供水平，从而使所有公众和企业都能从中受益。

以上几种定义的主要共同点：

指出了电子政务建设的手段——应用现代信息技术；

明确了电子政务建设的实质——对政府业务进行改革、优化和重组；

确定了电子政务建设的目标——改善公众生活质量、提高政府服务水平和工作效率，节约行政成本、提高政府透明度等。

我国对电子政务的界定

《中国电子政务》的定义：电子政务是指政府机构利用现代网络通信与计算机技术，将政府管理和服务职能进行精简、优化、组合后，在互联网上实现，以打破时间、空间以及条块分割的制约，从而加强对政府业务运作的有效监管，提高政府的运作效率，并为企业和公众提供高效、优质、廉洁的一体化管理和服务。

《电子政务基础与应用》一书的定义：电子政务是指政府机构为了适应经济全球化和信息网络化的需要，自觉应用现代信息技术，将政务处理与政府服务的各项职能通过网络来实现有机地集成，并通过政府组织结构和工作流程的持续不断地优化与创新，以实现提高政府管理效率、精简政府管理机构、降低政府管理成本、改进政府服务水平等目标。

《"十六大"报告辅导读本》一书的定义：电子政务主要是指利用信息网络技术和其他相关技术构造更加适合时代要求的政府结构和运行方式，其主要目的是，促进政务信息资源开发、利用和共享，提高行政效率和决策水平，改善公共服务质量和增加服务内容，增加办事执法的透明度，加强政府有效监管，建立政府和人民直接沟通的渠道，推动国民经济和社会信息化发展。

《电子政务规则与案例解析》一书的定义：电子政务是指各级政务部门利用现代信息技术，开展办公决策、业务处理和公共服务等政务活动，提高工作效率、管理能力和服务水平的过程。

从上述电子政务的含义可以看出：一方面，电子政务必须借助于现代信息与通信技术；另一方面，电子政务是对传统政务改革和业务重组的前提下实现的高效率、高透明、方便快捷的新型政府管理与服务体系。总结以上说法，电子政务可以定义为：政府部门运用现代管理思想对传统"政务"进行改革和业务流程重组，充分利用信息和通信技术，将政府的管理和服务通过网络技术进行集成，实现超越时间、空间与部门分隔的限制，全方位地向社会提供优质、规范、透明和符合国际水准的管理和服务。

(3) 电子政务的理解要点

为了更好地理解电子政务的概念，需要把握以下要点：

①电子政务的主体是政府机关。政府机关从广义上理解涵盖了所有政府机构、部门，如：党的机关、国家行政机关、立法机关、司法机关以及其他

一些公共组织管理活动的开展和事务的处理。而狭义的政府机关通常专指国家权力的执行机关，即国家行政机关。在我国，电子政务主体通常定位于前者。但是在电子政务的实施和建设过程中，非政府部门的参与也是必不可少的，也就是说，在电子政务发展到一定阶段，特别是互动阶段，其主体是可以转换的。

②电子政务的核心或者说客体是政务，而电子仅仅是手段。电子政务的实现离不开网络平台，必须借助于信息技术的支持，而且有赖于信息经常设施、信息系统及相关软硬件技术的发展，但毕竟技术只是辅助手段而非“主角”。电子政务的重点是“政务”，是管理，是服务。从根本上说，电子政务是政府管理方式的革命，也是改变行政流程的一场革命。这意味着政府要突破传统的理念、职能及控制、运作模式，促进政府管理职能的转变和与国际接轨，打破“金字塔”式的层级机构设置和管理体制上的“条块分割”，消除机构、部门之间以及与公众之间的沟通障碍，改造传统、落后的办公、办文方式。电子政务不仅是政府事务或政府内部的电子化，更重要的是借助信息技术、通信技术，实现政府可公开信息资源共享和动态更新，使得公众可以通过不同的渠道获取政府的信息与服务。

③电子政务的实现条件既包括硬件基础条件，也包括软件政策法规保障。

④电子政务的目的是要实现“办公网络化、政务公开化、管理一体化、决策科学化、经济信息化和社会发展现代化”的综合目标。

⑤电子政务体系包括物理层、逻辑层和概念层三个层次，如图1-1所示。

1.1.2 电子政务与相关概念的辨析

电子政务实质上就是政府部门的信息化，它同其他行业的信息化一样具有很强的过程性，这种过程性反映在对电子政务的概念和理解方面具有一定的阶段性。电子政务既对政府部门信息化建设发展中的其他概念具有继承性，同时，它与这些概念也有一定的区别。

(1) 电子政务与办公自动化

办公自动化（Office Automation，OA）是指利用现代化的办公设备、计算机技术和通信技术来代替办公人员的手工作业，从而大幅度提高办公效率。办公自动化设备早在20世纪80年代就已经开始在我国普及应用，在概念上更容易被接受；而电子政务系统的大规模应用基本上是在20世纪90年代中期以后。

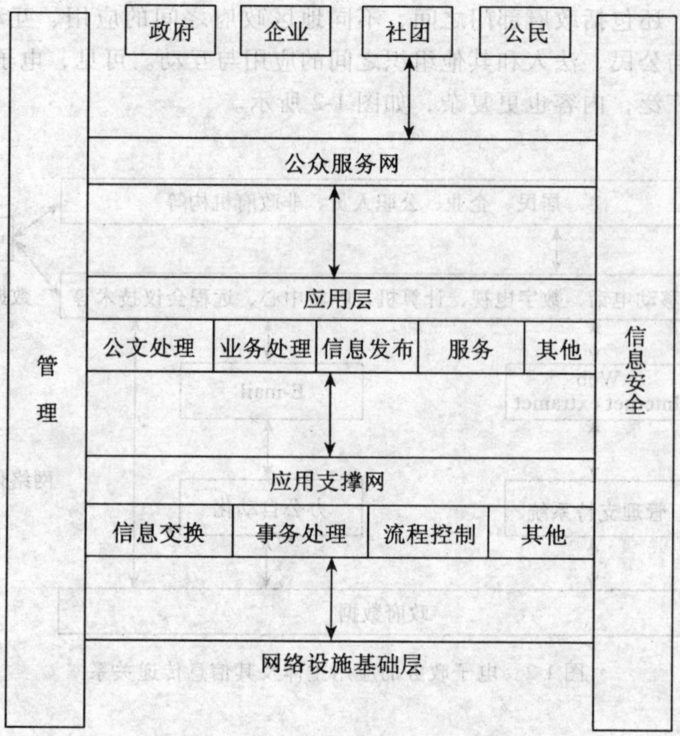

图 1-1　电子政务体系结构

电子政务与办公自动化是相互联系的，它们在运用网络技术方面具有相同性。电子政务的出现与应用不是对办公自动化的替代和否定，办公自动化是电子政务的基础，电子政务是办公自动化的发展；电子政务打破了部门界限，实现了网络化办公和互动式作业，是信息时代“面向全社会的政府全方位办公自动化”。可以把电子政务看做是办公自动化在范围和功能上的对外延伸。因此，现在研究办公自动化，并不只是局限于提高政府内部、单个应用系统内部的自动化技术水平，也不只是为了解决本部门、本系统的业务需求而应用技术，而是要实现跨部门、跨系统的网络化协同办公环境，填平部门、系统之间的鸿沟，实现部门之间、系统之间的无缝对接，实现对社会的无缝式服务。

电子政务和办公自动化之间存在差异，主要表现如下：

①应用的主体范围不同。办公自动化的应用范围一般是在政府机关内

部，并且集中于办公人员的个人层面；而电子政务的应用范围不仅包括政府部门内部，还包括政府部门之间、不同地区政府之间的应用、互动与共享，包括政府与公民、法人和其他组织之间的应用与互动。可见，电子政务的应用主体更广泛，内容也更复杂，如图 1-2 所示。

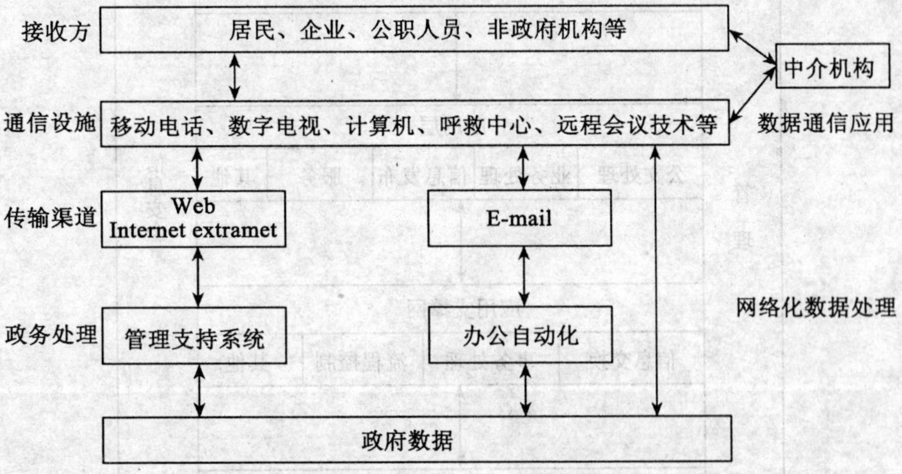

图 1-2　电子政务的应用主体及其信息传递关系

②管理理念与实现目的不同。办公自动化只着眼于政府机关内部各个环节的管理，着眼于提高政府机关自身的办事效率，体现的是政府内部管理。但电子政务不只是用来提高政府行政组织的办事效率，而且更注重运用网络技术来服务于公民、法人和其他组织，更注重如何方便公众获取政府的信息及其服务，方便公众对政府公共部门进行监督，实现政务公开。因此，办公自动化应用的目的是提高政府机构内部各个环节的管理效率；而电子政务实施的目的不仅是实现政府机关办事的高效率、高质量，同时也是实现资源共享、决策民主、政务公开、高效优质、改善服务的目标。

③应用的内容和实现流程不同。办公自动化的用户多为办公人员，服务对象是政府机关自身，应用的内容是政府机关内部的电子化和网络化办公，实现的流程基本上是模拟原来的业务流程。电子政务是以 EDI 和互联网为基础，用户的范围广泛，包括了政府机关及其所属工作人员、非政府公共机构、企业和公民。电子政务是基于互联网的政府信息与业务处理而形成的政府资源整合、企业资源整合、社会资源整合和社会服务整合，其实现的流程

是建筑在政务流程再造的基础之上的。

(2) 电子政务与电子政府

电子政府译自英文 Electronic Government，其原意是指利用网络技术来构建一个“虚拟政府”，即跨越时间、地点、部门的全天候的政府服务体，从而使公众能够随时随地地享受政府的各类服务。这个“虚拟政府”担当着某些政府角色，代表着其现实政府在从事一定的管理和服务，是现实政务部分内容在虚拟空间影射的结果。电子政府构想集中于政府与公众之间的电子政务；而一个完整的电子政务的概念则同时包含了政府部门内部、政府部门之间以及政府与公众之间的所有政务业务的电子化，不但其范围更广，而且内容也比电子政府丰富得多。

电子政府可以理解成现有政府机构在开展电子政务过程中，对现有政府组织结构和工作流程进行优化重组之后所重新构造成的新的政府管理形态，这种形态会随着电子政务过程的深化而不断变化；而电子政务则更强调电子政府的建设过程，是从政府业务角度上讲的，是政府机构应用电子信息化和网络通信手段，将管理与服务通过网络技术进行集成，在互联网上实现政府组织结构和工作流程的优化，突破时间、空间和部门分割的限制，全方位地向社会提供优质、规范、透明、符合国际水准的管理和服务。

此外，电子政府的提法对于社会理解政府信息化、政府机构的改革是有现实意义的。电子政府是电子政务发展的目标。政府在开展电子政务过程中，进行组织结构和工作流程的优化和重组，克服部门分隔和时空的限制，最终实现网上办公。这也就是电子政府的本义，它对于提高政府办事效率，改善决策质量，增加办公透明度，乃至最终转换政府职能，调整政府角色，更好地为社会服务，都有很大的推动作用。

(3) 电子政务与政府上网

政府上网（Government Connecting to Internet）一词是从 1999 年我国启动“政府上网工程”开始的。“政府上网工程”是指 1999 年 2 月由中国电信联合国家 40 多个部委（办、局）的信息部门共同倡议发起的，旨在鼓励和带动各政府部门上网的一项政府信息化建设的基础性工程。这项工程是为了推动各级政府部门建设开通自己的网站，架起政府与公众之间的桥梁，逐步开展网上申报、许可、政务公开、领导人电子信箱、电子报税等多项服务，推动政务公开的民主化进程和政府机关的信息化进程，从而为政府系统的信息化建设打下坚实的基础。事实证明，这项工程取得了很大的成绩，为推动我国政府部门和社会的信息化建设起了积极的作用。

"政府上网工程"虽然在推进政府信息化方面具有积极作用，但在这个过程中也存在许多问题。相当多的政府网站仅仅局限于把一些法律、法规、政策、条文等从纸质上搬到网上，公开的信息数量少，质量也不高，网上信息更新很不及时，网页之间链接渠道少；有些政府网站只重视网页介绍、宣传等静态功能，而对政府部门的信息没有动态的反映，也缺乏和用户的交流沟通手段，政府与上网公众之间缺乏互动性、回应性。因此，"政府上网工程"与电子政务并不是同一个概念，它只是处于电子政务发展的初级阶段或一个组成部分。电子政务是一个含义更为宽泛的概念，它要体现政府部门之间、政府与企业之间、政府与公众之间、政府与其所属工作人员之间互动性和共享性的特征。

需要说明的是，政府网站（特别是各级政府门户网站）是电子政务的表现形式和载体。但是，并不是说开通一个网站、铺设好局域网、购买相应的硬件设备就算是电子政务的建设，还必须进行网站的维护、信息资料的更新、空间和功能的拓展，更要注重发挥它长期的社会效应，实现政府网站之间的互动连通、政府与公众之间的网上互动。

（4）电子政务与电子商务

电子商务是指企业通过以互联网为核心的信息技术，进行并完成各种商业交易活动与相关服务活动的总称，其目标是为了加强企业与供应商和顾客之间的联系、加快资金周转速度、降低综合成本、减少产品流通时间、树立企业形象、提高企业知名度、加快对消费者的响应速度、提高顾客的满意程度、增强市场竞争力。由此可见，各种模式的电子商务活动其核心内容都是应用电子手段为"商务"服务。

因此，电子政务与电子商务之间有着密切的联系。电子政务本身是与社会经济发展密切相关的，电子政务和电子商务的有机结合是构成信息社会网络经济的重要支撑。同时，从技术实施方式来看，电子商务和电子政务都必须依靠网络信息技术来实现企业之间、企业与政府之间、企业与社会公众之间、政府部门内部、政府与政府之间以及政府与社会公众之间的互动交流。企业与政府部门之间的业务往来包括企业向政府纳税、政府对企业的管理、政府采购等，这些业务对政府来说是电子政务，对企业来说则是电子商务。

电子政务与电子商务之间的区别主要体现在以下三个方面：

①实施主体不同。电子政务的实施主体是政府公共部门；电子商务的实施主体是企业经济实体。尽管两者都具有以客户为中心、强调顾客服务的特征，但实质上，电子政务是以最大限度满足用户的需要为目标，电子商务则

是以最大限度地吸引用户为目标。这表现电子政务属于公共管理领域的范畴，电子商务则属于私营领域管理的范畴。

②应用目的不同。电子政务的着眼点是寻求网络信息技术与管理变革的有机互动，其目的是为了借助网络信息技术手段及其渗透作用来实现管理机制、服务方式和业务流程的优化和再造，着眼于社会效益的提升；电子商务的着眼点在于寻求网络信息技术与企业经营模式之间的有机结合。旨在借助网络信息技术增强企业与其商务环境的作用方式，拓展企业与客户之间的交互通道，以实现理想的经济效益和追求最大利润为目的。

③应用范围不同。电子政务的应用范围在于政府部门内部、政府部门之间、各级政府之间、政府和社会公众之间的管理与服务一体化，主要目标是为外部公众提供便捷、优质的服务，并提高政府的管理效率和效能。电子政务是政府部门信息化的全面展示，没有政府部门的全面信息化，就没有真正的电子政务。电子商务应用范围的重点是企业外部环境，主要目标是追求市场最大化、利润的最高化。因此，电子商务是企业信息化中的商务信息化，它与企业内部环境的相关性和依赖性相对较弱。

从社会信息化建设来说，电子政务建设可以与电子商务建设有机结合起来。电子政务可以借鉴相对成熟的电子商务中的某些思想、方法和技术；电子政务建设可以推动信息产业的发展，为电子商务的发展创造良好的环境。

(5) 电子政务与政府信息化

所谓信息化是指现代信息技术革命所引起的，使人类社会从工业经济时代向信息经济和知识经济时代转型的一种社会经济过程。它包括信息技术的产业化、传统产业的信息化、基础实施的信息化、生活方式的信息化等多个方面。在经济和社会的信息化进程中，政府部门起着至关重要的作用，一方面是因为信息化是一项复杂的系统工程，只有政府的积极参与和率先垂范，才能使信息化工程落到实处，产生效益；另一方面，因为政府部门掌握着全社会主要的信息资源，是信息资源和信息市场的基本控制者，没有政府信息资源的有效释放，经济与社会的信息化也只能是无源之水，无本之木。所以，推行经济与社会的信息化必须由政府信息化开始，政府信息化是先导，企业信息化是基础，家庭信息化是方向。政府信息化是一个相对宽泛的概念，具体包括办公自动化、信息网络化、管理与服务电子化等多个方面。政府信息化与电子政务的关系是相辅相成的，电子政务是政府信息化的主要表现形式，而政府信息化又是电子政务实施的必要条件。可以说，政府信息化与电子政务是相互作用、同步推进的。

1.1.3 电子政务的外延

电子政务涉及的内容相当广泛。从电子政务组成看，电子政务主要包括政府部门内部的电子化和网络化办公、政府部门之间通过网络实现的信息共享和实时通信、政府部门通过网络与公众之间进行的双向信息交流三个组成部分；从电子政务的应用形式看，电子政务包括政府电子商务、政府电子采购和招投标、网上福利支付、电子邮递、电子资料库、电子化公文系统、电子税务、电子身份证认证等内容；从服务对象来看，电子政务主要包括政府对企业的电子政务、政府对公众的电子政务、政府与政府之间的电子政务等几个方面。

1.2 电子政务的特征与功能

1.2.1 电子政务的特征

电子政务实质就是“虚拟政务”，即跨越时间、地点、部门分隔，全天候地提供集成的管理和服务。它的特征主要表现为：

(1) 使用手段和技术的先进实用性

政府在管理中采用了先进的信息技术，使政府的业务工作步入规范化和程序化轨道，政府的管理工作得以整合和简化，从而实现了增进政府效能，提高行政效率，降低决策风险，增加政府议事透明度等政府管理目标。

(2) 政府信息的公开共享性

传统的权力政府对社会的控制是建立在对信息的控制和专享上。信息是权力的源泉，层级越高，所拥有的信息量越大，权力也就越大。而互联网最显著的特征是信息共享，电子政务的一个基本前提是政务信息的公开化，这使得旧有的权力平衡被打破，从而导致政府管理方式发生巨大变化。政府和公众都是信息的占有者和受益者，且一个国家的政府是本国最大的信息收集、整理、生产、应用、扩散的权威机构，其拥有的信息与公众的政治、经济、社会生活息息相关，不可或缺。在现代社会中，不仅政府有获取信息的需求，公众也强化了对政务信息的需求。从民主政治的角度看，向国家请求信息公开，是公众所拥有的基本权力之一；同时，公开信息是政府的义务和责任。

（3）政府与公众之间沟通的互动性

网络最大的特点在于它的交互性。电子政务建立起了跨政府机关、政府与企业、政府与公众之间的互动沟通机制。由此，政府可以随时了解企业和公众的合理要求，政府监察部门可以及时了解基层的情况；同时，企业和公众也可通过网络随时向上级部门反映情况。网络极大地缩短了政府与公众之间的沟通路径，开通了政府与公众之间的新的沟通和回应渠道，从而提高了政府的科学决策水平，进一步发扬了民主，促进政府更有回应力和责任感，讲求信用。

（4）政府提供服务的创新性

电子政务的交互式管理和一站式办公，改变了传统的政府组织模式，实现了政府各职能部门的业务和具体的办公流程的重组和优化，使行政程序简单化、标准化，使政府业务电子化、网络化，企业和公众可以直接快捷地获取政府的信息服务。电子政务正在努力达成这样一种理想的服务形态：公民足不出户就可以获取丰富的信息；公民只需在单一机关办事，任何问题都可随问随答，所办事情立等可取，若公民申办事务涉及多个机关，则政府机关可在一处办理，实行首问负责，全程服务；公民可无须进入政府机关，即可通过计算机联网申办。未来政府服务将朝着"以公众为中心"、"单一窗口"、"跨机关"、"全天候"、"自助式"、"一站式"、"一条龙"服务的方向发展，从而大大地降低管理和服务成本，提高政府办事效率，促进服务型政府的建设。

（5）政府内外管理的开放性

政府在统一的网络平台上直接面向公众，实现了开放式的网上办公，公众只需通过浏览器就可以登录政府网站享用各项办公业务，实现政府管理和服务的流程可视、过程可视、状态可视和对象可视，减少了传统政府中因暗箱操作而造成的腐败问题。

1.2.2　电子政务的功能

（1）增强政府监管，维护市场秩序

政府的职能主要有经济调节、市场监管、社会管理和公共服务。在现代市场经济条件下，发挥市场机制在资源配置中基础性作用的同时，必须充分发挥国家对整个国民经济的调控作用。我国电子政务建设的首选目标确定为加强政府业务监管。实施电子政务，能够用信息化的手段来加强政府的有效管理，使政府的各项监管工作更加严密、有效。上述选择是符合我国国情的重要决策，电子政务的实施对于监督和整顿市场秩序、加强财政管理、规范财税秩序、保障经济的正常运行、增加国家收入、促进国民经济健康有序地发展起到了重要作用。

（2）整合决策依据，实现决策支持

电子政务可以在政府信息系统的基础上完善决策支持系统，以达到科学决策的目的。决策支持系统（DSS）是一种新兴的信息技术，它通过整合个人的智力资源和计算机的功能来改进决策的质量。DSS使用数学模型来模拟客观事物，然后借助信息技术对现有数据的分析得出预测结果，从而实现决策支持。

DSS可以解决政府决策中的复杂性问题。政府业务通常要涉及各个行业和部门，其间的关系错综复杂且多变，给决策带来了很大困难。而DSS系统大量采用先进的计算机技术，可以将多方面的资源综合并加以整理和分析，是克服政府决策困难的有效途径。

DSS可以解决政府决策中海量信息的处理问题。随着各级政府信息系统的建立和完善，政府在日常业务中处理的信息量会以几何级数增长。人们借助DSS，就可以更快、更全面地对海量数据进行分析和处理。

（3）实施信息发布，提供丰富信息

政府机构是整个社会最大的信息收集者。借助于政务信息系统，政府可以向社会各界提供各类信息，支持企业和公众的决策。电子政务系统的建设可以促进国内各级政府单位信息中心的建设，不但可以为政府决策提供综合性的信息服务，而且还可以向企事业单位和公众提供信息服务。随着电子政务的发展，可进一步将各级政府信息中心整合，向政府部门、企事业单位和公众提供更加全面的信息。

（4）加强沟通互动，有利服务公众

电子政务可以大大增加我国政府和公众之间的沟通和互动，为政府提供一种全新的为公众服务的方式。政府可以互联网为基础，构建政府服务骨干网络，提供电子窗口、电子目录、电子邮递、电子新闻、电子民意信箱、政策法规资料查询、办事程序查询等基本服务。人们不必走进政府机关，只需坐在家中轻击鼠标进入政府网站，就可获取有关政府机构设置、办公流程、工作动态等方面的信息。对于普通百姓来说，政府工作不再神秘，任何人都可以平等地获得政府提供的服务。

电子政务还可以推动政府服务向“单一窗口”、“跨机关”、“7×24小时”、“自助式”服务的方向发展。办理事务的市民面对的电子政府是“一站式”结构，他们不必知道自己究竟是在和哪个政府部门打交道就可以将事情办完。采用这种方式办事，只认规则、不分亲疏、不分等级、人人平等，不仅可以方便群众，提高政府部门的办事效率，更可以防止人情因素的干扰，减少腐败滋生的土壤。

（5）降低行政成本，提高办公效率

降低政府的行政管理成本，是目前我国政府管理中最为迫切的要求之一，而电子政务是目前解决这个问题的最有效的途径之一。电子政务主要是通过实行办公自动化和业务流程重组这两个途径来降低运行成本、提高办事效率。

对于办公自动化所能带来的好处，国内很多政府机构已经深有体会。政府很多事务性、常规性的业务，都可以进行自动化处理，诸如文档管理等。除此之外，电子政务还可以通过推动业务流程的重组来节省系统中冗余结构所消耗的成本。在电子政务的建设过程中，由于借助了先进的计算机和网络技术，很多过去传统模式下必不可少的环节和步骤变得不再必要，所以配合电子政务建设，可以调整原有的业务流程结构，精简不必要的手续、步骤乃至整个部门，不但可以精简政府机构，提高办公效率，同时也能大幅度地降低政府的运行成本，形成行为规范、运转协调、公正透明、廉洁高效的行政管理体制。

（6）发挥主导作用，带动社会信息化

电子政务建设还能起到直接推动其他领域信息化建设发展的作用。例如，目前国内电子商务的发展已经遇到了瓶颈。网上支付、CA 认证等，都是亟待解决的问题。但是这些问题并不是靠商家单方面的努力就可以解决的，而是需要政府首先制定规范，确定标准。从这个意义上来说，电子政务的发展实际上能够为未来电子商务的发展铺平道路。

电子政务系统是目前国内规模最庞大的网络工程之一。在这个异常庞大的系统中，需要政府规范各系统和各级部门的通信、文档处理、加密等一系列协议、标准。这些协议和标准将为国内今后的信息化建设奠定基础。另外，电子政务系统对于安全性的要求非常高，所以其建设工作将极大地推动国内相关软、硬件的研发和市场化工作，促进国内信息产业的发展。

发展以政府为主导的电子政务，将给政府管理方式带来深刻变革，同时带动和促进我国信息技术及其相关产业的繁荣。电子政务的实施推广，将使政府成为推动社会信息化的主导力量，也必将加速我国社会的信息化进程，最终实现信息化带动工业化的目标。

1.3 电子政务与政府管理创新

电子政务和政府创新两者是密切相关的，一方面，政府创新要求开展电子政务这种新的政府工作形式。政府创新包括体制创新、管理创新、形式创新、技术创新。随着西方政府再造运动和新公共管理理论的出现，以及信息技术的飞速发展，开展政府创新的重要途径就是把新的政府管理思想、现代信息技术引入到政府工作中来。另一方面，电子政务的开展推动了政府创新工作。电子政务带来新的政府工作模式，必然要求政府管理体制、政务流程等适应电子政务的开展，改革传统的政府管理体制，对政务流程进行再造，建立阳光型政府和敏捷型政府。

1.3.1 电子政务环境下政府管理理念的变革①

电子政务环境下的政府管理所依赖的主要资源已经从物产资源革命性地转向了信息资源，因此，主观和客观上的诸多因素都要求政府管理理念做出适时转变，也就是要求政府在管理模式、服务理念、组织机构、工作流程、规章制度等方面进行相应的变革。

(1) 变革电子政务环境下的政府管理模式

从世界范围来看，电子政务的发展始终与政府管理模式的变革相联系。从电子政务的技术基础看，信息技术的发展无疑正在改变着政府管理的环境和内容。

信息化在促进政府行政现代化、民主化、公开化、效能化方面起着十分重要的作用。现代信息和通信技术的发展，对政府管理理念、政府治理的结构、政府工作程序和流程、政府的政策及制定都产生了巨大的冲击。信息化在促进政府反应力、提高政府沟通效率和决策质量，更有效地运用人力资源、节约政府经费开支、扩大公民参与、创新政府服务等方面均显示出优势。因此，电子政务的实现必须与政府管理模式的变革相结合。

从目前发展来看，电子政务与政府管理模式变革的结合主要体现在：应用信息技术改变传统的层级化的公共组织架构，建立网络型组织；改变政府运作流程，建立一个无缝隙的政府，即在任何时间和地点都能得到服务的政府；改变政府职能，实现导航型政府；改变政府治理结构，从国家单独治理

① 周贺来主编．电子政务［M］．北京：中国水利水电出版社，2007：31-35.

转变为国家与社会共同治理；实现政府治理观念的更新，建立以公众为导向的政府。

电子政务环境下政府管理模式具有知识化、信息化、虚拟化、数字化等特征。

①知识化

知识是人类在认识自然、改造自然过程中的经验总结和理论思维的高级形式。目前，知识在我们所处时代的作用是以往任何时代都无法比拟的。20世纪90年代初，管理大师彼得·F. 德鲁克指出，我们正进入知识社会，知识已经成为社会的核心，知识资本的比例已大于资金资本。知识正日益代替权力与资本，成为世界向前发展的动力。知识的生产率将日益成为一个国家、一个行业、一家公司竞争的决定性因素。因而，电子政务的运营必须考察社会生产的知识化特征，从而确立电子政务的目标。

从泰勒创立科学管理到现在，管理理论的发展已经经历了五次大的飞跃，如今的知识化管理随信息化大潮扑面而来，成为当今最为流行也最为有效的管理模式。管理的精粹莫过于提高效能，而知识化管理结合当今迅猛发展的信息技术在提高效能方面有着传统管理无法比拟的优势，这也许正是当前知识化管理越来越被人们所关注的根本原因。

电子政务的运营必须体现知识化管理的要求，只有这样才能提高办公效率、降低管理成本、合理调配资源、加强对外交流。电子政务利用网络平台，开发各种基础性应用，如：内部语音交换、视频会议、电子邮件、传真服务器、公文管理、档案管理日常事务、会议管理、多媒体培训；办公自动化系统与Intranet/Internet各种专业应用，如：政府流程管理、电子服务提供、财务管理、人事管理、行政事务管理、公众关系管理等。最后，为了保障政务信息的安全性，还要着手防火墙建设，严格防治计算机病毒。

②信息化

20世纪50年代以来，世界科技突飞猛进，引起了经济和社会生活方式的重大变化。以互联网为核心的信息化的迅速发展，已将我们带入信息时代。这个时代的最大特点在于信息及其相关管理与技术成为决定经济发展的主导力量。互联网正在快速地向集成、高性能、智能化方向发展，逐步变成一个覆盖全球开发和充分利用信息资源的网络，并以极快的发展速度进入人类社会生活的方方面面。

信息时代不但使互联网成为全新的媒体形式，而且将重新塑造全新的管理模式。信息技术的发展极大地改变了信息的价值，也使得国家机关工作人员加深了对信息的依赖程度。在信息时代，国家机关工作人员必须思考诸如此类的问题：如何提高信息处理能力，以提高政府效能？如何利用信息做出正确决策？如何应用现代信息技术，提高政府服务质量？如何应用信息技术加强与公民的互动关系？政府面对复杂多变的环境，面对大量的问题，为制定合理的决策，促进有效管理，建立电子化的管理信息系统，进而完成高层次的电子政务系统建设成为必要。

③虚拟化

电子政务实际上是在利用现代信息技术，特别是网络平台构建“虚拟政府”。尽管许多实际的管理工作和公共服务的提供还离不开实际的工作部门，但诸如信息提供等服务则完全可以通过虚拟方式来实现。

公众利用“虚拟政府”提供的全天候服务，可以解决生活中的许多问题。这不仅提高了行政效率，也提高了公众满意度。由于政府所提供的公共服务特征，使之比商业企业更宜虚拟化。因为电子商务必须以强大的物流配送体系为保障，而电子政务中所包含的诸如电子纳税、电子审批等服务并不要求实物送达。如此一来，传统政府的实体管理和实体服务就可以通过网络逐步虚拟化。原先政府管理的功能，未来都将可能通过以网络提供为特征的“虚拟”形式来实现，政务处理将逐步虚拟化。政务处理的虚拟化意味着公共管理和公共服务活动可以在很大程度上脱离物理空间和时间的限制，由服务对象自主选择服务时间、具体服务提供者和服务方式的全方位公共服务模式，将把政府的管理和服务水平提高到新的高度。

虚拟化政务处理，有助于政府组织实现组织结构的扁平化、组织机构的简约化、组织变革的科学化、组织要素的智能化、管理过程的协调化、经营方式的合作化、资源配置的合理化、组织文化的多样化、组织功能的专业化、经营管理内容的弹性化、组织经营的高效化等功能特征。用计算机虚拟真实的行政组织，要求对政府运作的每个管理环节都非常了解，对制定相应的行政程序等方面进行分析，对行政决策备选方案进行论证，提前发现行政执行中的薄弱点，如监控办法、考评体系等，并作相应修改，以减少决策风险，提高政府绩效，改善服务质量，增进社会福利。

④数字化

政府比其他任何组织更能从数字程序及其改进中获益。例如，政府可以利用无纸化程序来履行繁杂手续，因为这些手续是必要的，但实际上都是重复进行的、例行的。人在处理此类事务中的优势比不上数字化的机器。政府可以通过数字化程序为社会提供新的服务，这种服务的实际提供者只认

"规则"、不认具体的人；它在实现刚性"法制化管理"和"绝对公平"的服务方面，也具有比人直接出面更大的优势和便利。政府通过数字化程序，还可以降低公众对复杂工作流程的反感，提高公众对政府服务的满意度，因为数字化程序可以使公众不必理会，甚至可以完全不知实际运行中的必备程序流程有多么繁杂，做出简单操作和选择后就可以获得结果。

数字化管理在社会各界已引起普通关注。在电子政务运营中，管理运作越数字化，行政组织受益的程度就越高。因此，行政组织应充分利用数字技术，精简工作流程和组织，创建并不断优化数字神经系统。领导者应亲自参与数字化管理战略的设计，参与组织流程和机构的优化设计，让每一个工作岗位都充满活力，这就要遵循充分授权和开放的数字化管理思想，设计的目标是让整个组织有接近本能式的反射能力。

在实践中，数字化管理最广泛的应用是"数字化城市"的建立。以"数字化北京"为例，数字化城市建设将满足五项需求：第一，满足客户的上网需求；第二，网上办公需求；第三，办公自动化；第四，资源共享；第五，最高层次协同共享。

1995 年美国麻省理工学院教授尼葛洛庞帝提出数字化生存的概念。今天，中国对数字化的认识已经比 20 世纪 90 年代中期深刻、全面得多，采取的实际行动果断、有力得多。例如，北京就制定了投资 300 亿元打造数字北京的宏伟计划。中国只有建设自己的"数码港"、"数字城市"，加快推进各个领域的数字化进程，才能缩小与发达国家的数字化差距，尽快填平"数字鸿沟"。

（2）调整政府与公众的关系以便建立服务型政府

信息技术带来的最大影响之一就是缩短了服务提供者与接受者之间的距离，改变了政府与公众打交道的方式。传统的政府工作模式是以政府机构和职能为中心，企业或公众围绕政府部门转。企业或公众要办一件事，必须了解各个政府部门的职能权限、处室分工，然后一个个部门跑，来来回回反复报批。在这种管理模式下，管制型政府大行其道。电子政务的推行将有效地改变传统政府管理模式，特别是门户网站的"一站式"服务，政府应用信息技术，通过信息网络降低了进政府办事的"门槛"，原来所谓的"门难进，事难办"现象在网络上可以很好地得到解决。

"一站式"服务是指政府通过整合有序的政务外网为企业、社会组织、公民个体及其他服务对象提供集中便捷和优质的服务。"一站式"服务使得政府服务对象从统一的网络入口就可以实现远程的甚至跨地区的服务申请和业务办理。“一站式”服务建立在标准化和规范化的政府业务办公基础上。因此，需要整合不同政府部门的网络和信息资源，并建立起各类法律、政令信息系统，文件管理、档案管理系统，信息采集和统计系统等，形成成熟的网上办公服务。在现有的政务流程和网络基础条件下，我国一些政府部门实行的“一站式”办公服务，尚处于物理的“一站式”阶段，即政府及其职能部门为了解决部门机构设置和办公地点分散的矛盾，为了方便企业和公众，将办公地点集中起来办理面对公众的服务事项。常见的做法是：政府职能部门把与企业和公众密切相关的本部门的办事窗口集中设置在同一个场所，授予其一定的行政决定权和审批权。各办事窗口受理企业和公众的申请，解答咨询，依权限办理相关事项，送达批复结果。可以说，这种物理的“一站式”服务是现实国情条件下阶段性的选择，在一定程度上提高了行政效率，改善了服务质量，降低了社会成本。但是，随着社会经济生活、政治文明的发展，物理的“一站式”服务将不断朝着网络的“一站式”服务迈进，并最终被后者所替代。

信息技术的发展使得公众对未来政府的期望值不断提高，不仅仅是要求服务质量得到提高，而且要求获得服务的方式和程序也要不断改善。公众期望在任何时间、任何地点，以多种渠道获取自己所期望的服务形式和服务内容。为满足公众需求，世界各国政府将不断自我创新和调整，整合传统公共服务，建立“单一窗口”，给公众提供“一站到底”的公共服务。

(3) 建立“以客户为中心”的政府服务理念

将公众视为政府的“客户”，一切以客户为中心是21世纪政府管理创新的基本理念。“客户关系管理”是近年来在企业界非常流行的一种通过改善与客户的信息交流和互动，掌握客户消费习惯和行为方式来留住客户、扩大市场占有率的系统思想。现在，这种思想也开始用于电子政务之中，帮助政府管理与“客户”(即企业和公众)的关系。因为，政府比任何企业或单位有更多的“客户”，将“客户关系管理”引入到电子政务之中，可以体现以客户为中心，按照客户的意向来设计政府的电子政务系统，这样可以帮助政府更好地为有特殊需要的“客户”服务，从而建立新的、更好的政府与企业、政府与公众的关系。几乎所有国家在电子政务的发展战略中都这样写明：“向公众提供另一种高效便捷的服务，促进政府与公众之间的交互性。”

在电子政务实现的早期阶段，各个政府部门的网站都是按照政府的组织结构和业务来设计的。经过一段时间的实践后发现，这并不能提高政府向客户提供服务的水平。要真正为客户服务得好，必须以客户为中心，按照客户的意向，即客户想要什么、想做什么，来设计政府网站。网络环境下电子政务的工作模式是以客户为中心，以客户的需求为出发点，也就是说，政府要围着企业或公众转，把企业和公众真正作为客户，对其进行管理和服务。

在当前模式下，电子政务建设事实上是以职能部门的管辖范围和职责来划分的，例如户政管理部门、税务部门、人事档案部门、教育部门等。同样是办一件事，可能要涉及许多个部门。比如申请出国护照、社会福利保障、医疗保险等，即使有了电子政务，公众仍不得不奔波于各个职能部门之间，各个职能部门的信息互不相同甚至互相矛盾，同样的表格需要填写多次，再比如，一位市民如果需要通过电子政务网站来申请解决问题，他就首先需要知道找哪个部门，需要哪个部门出面解决。但在大多数情况下，一件事情并不是简单地由某一个部门可以解决，而是需要多个政府职能部门的协作和配合，经过一系列的流程之后才会有结果。如果各个部门的电子政务网站不能实现信息的传递和共享，那么电子政务所要倡导的“高效性”和高质量服务将无从谈起，市民也会逐渐失去对电子政务的兴趣和继续使用的动力。

正是基于这样的认识，世界各国都正在从以政府各部门职能划分的“纵向”电子政务，转变为以公众为中心，以为公众提供高质量、高水平在线服务为首要目标的“横纵结合”的电子政务。要实现这一转变，就需要打破当前自上而下相对封闭的网络体系，在互连、互通的基础上，将原来各自独立的信息进行集成，最终实现所有信息的互动和一体化。

(4) 重建新形势下的政府组织结构形式

将政府组织看成是受社会、经济、文化环境影响的生态系统，是当代政府发展理论的一个基本观点。与信息社会相适应的政府组织形态毫无疑问将是电子政务发展的产物。其中，新管理手段的出现和社会经济的进步是推动政府组织形态发展的关键因素。

电子政务环境下的政府组织形式将出现三种发展趋势，分别是：政府纵向结构的扁平化、政府横向结构的整合化以及政府组织形式的虚拟化。

①政府纵向结构扁平化

现有的政府组织形态是工业革命的产物，与工业化的行政管理的需要和技术经济环境相呼应，已经存在了200多年。像许多工业企业的管理体制一样，政府作为一个整体（包括政府部门），都可以看作是一个基本上包含三个层级的金字塔结构，即战略层（决策部门）位于金字塔的顶部，战术层（管理部门）位于金字塔的中间，操作层（执行部门）位于金字塔的底部。每个层次完成不同的职能，对数据和信息有着不同程度的需求和控制，在这个层级化的管理结构中，每一层级上的工作人员都只对他们的顶头上司负责。在操作层上采集到的信息沿着纵向指令系统在每一个层级上处理后，逐级向上流动到达金字塔的顶端。战略层利用这些信息做出有关决策之后，决策部门的指令再沿着纵向指令系统层层传达并逐级予以实现。在一些复杂的政府部门中，层级之中还有层级，形成一个相当复杂的多层次管理系统。

这种管理系统在20世纪的大部分时间里支配着许多国家的政府。一个明显的事实是：这种管理模式在很大程度上依赖着中间管理层——既依靠他们处理政府内部的纵向信息流（几乎没有横向信息流），又要通过他们对政府的活动进行协调和控制——其结果是中间管理层变得越来越臃肿，成为政府结构中最庞大的一块。由于决策过分集中，“刚性”较大，对形势和市场的变化做出及时和正确的回应相当困难。中间管理层是信息通信技术落后的产物，它的存在既减缓了信息传递的速度，又易造成信息的严重失真。随着信息全球化和经济全球化的发展，这种管理体制弊病丛生，使许多国家和地区失去竞争优势，其在工业化时代的许多优点已经成为信息化时代的致命弱点。

现代信息技术使操作执行层与决策层直接沟通，金字塔式的管理结构就没有存在的必要。第一，现代信息技术使得政府获取信息变得更加容易了。利用数据库和计算机网络，在同一个业务过程或业务流程中的不同工作人员可以在不同地点、不同城市，甚至不同国家，分享和处理信息，完成各自不同的职责，实现信息源头的一次性捕获与业务流程中的信息共享。第二，可以迅速获取信息意味着业务活动的控制和协调可以在决策的较低层次上，即在更接近于实际活动的层次上完成；信息也可以方便地在横向进行处理，而不需要通过纵向管理层一层层传递。第三，“知识库”可以扩大工作人员的“能力”，使一般工作人员有可能变为很有知识的人，借助于一台计算机和决策支持系统，几乎任何人经过授权都可以作出决策，只要信息充分，权责明确，不一定要通过金字塔式的组织结构层层上报审批。第四，管理者及其下属都可以利用信息技术手段随时了解对方的状态和意图，而且仅占用很少的精力和时间，一个管理者能够同时指导更多的下属人员，从而增加了管理幅度，使得一个行政组织要完成与过去同样工作量所需要的行政人员大为减少，从而使行政组织更加精干、高效。

②政府横向结构整合化

传统的组织机构多数按职能部门划分，组织结构一般是等级层级结构，这样的组织结构便于控制和计划，但部门间沟通不畅，造成了许多问题。随着政府管理服务范围的拓展，专业部门持续扩大，导致机构膨胀臃肿，财政浪费，政府机构像体积庞大的航船，行动不便，转向缓慢，机构整体机能趋于退化，效率低下。而且因为机构层次繁多，造成某些环节上脱离公众，高层决策者听不到直接来自公众的声音，听到的常常是经过层层传递失真了的声音。在具体工作中，各部门只对自己的工作负责，只对自己的上级负责，无人对流程负责，这种职能分割状况使各部门将工作重心放在个别作业的效益提升上，当职能部门的利益与整个组织的利益发生冲突时，职能部门的利益与个体的短期利益可能凌驾于组织发展目标之上，产生严重的本位主义，整个组织的效能渐趋弱化。

电子政务的发展，特别是政府业务流程的重塑，将对原有的组织结构造成冲击，使原本讲求分层负责、部门壁垒分明的传统组织结构，被横向整合的新组织形态所取代。

电子政务的价值之一就是通过电子化工具和手段建立跨部门、跨层级的直接连接渠道，使原来无法直接连接和沟通的行为者能够实时、直连和沟通。基于网络的电子政务系统是一个跨机构、一体化、支持前台（门户网站）和后台（包括内部管理信息系统、电子办公系统、数据库、安全平台和业务平台以及决策支持系统等）无缝集成的智能化综合系统。这种智能化的电子政务系统是由“一个技术平台，四个资源整合”构成一个有机整体。一个技术平台是指数字化、网络化、信息化的技术集成平台，四个资源整合是指政府资源整合、企业资源整合、社会资源整合及社会服务整合。

这种跨部门的平台整合，使得政府内部突破部门之间与地区之间的纵横限制，解决电子政务应用系统现存的大量“信息孤岛”问题，实现资源共享与政府跨部门协同应用，提供一个实现不同业务系统、不同类型数据有效转换和交流的统一的交换共享平台。从而打破中间层之间的界限，构建灵活的，以需求、任务、项目为核心的政府虚拟组织结构。

政府组织结构和政府管理本质上应当是不断调整和革新的。因此，对政府组织结构和管理方式的改革不是一次性而应当是连续性的，任何一个时点、基于任何一种直接目的而设计的政府组织结构和政府管理模式，都不是永远合理和有效的，政府组织和政府管理的合理性、有效性存在于政府对社会生活事务的动态调适过程中。随着网络时代和网络经济的来临，管理正由传统的金字塔模式走向网络模式。政府的组织形态也必须由金字塔式的垂直结构向错综复杂、扁平的网状结构转变。管理的层次将被减少，代之以各种形式通过网络与政府其他部门企业、与公众、与政府公务员等的直接联系。

通过不断的摸索和实践，电子政务发展将构造出一个与信息时代相适应的政府形象。

③政府组织形式的虚拟化

这里的“虚拟”指的是这样一种能力：表面上看来浑然一体，实际上源自几个分立机构能力的快速传递和共享。当公众和一个虚拟政府机构互动时，他们似乎在与一个紧凑的物质机构互动，可实际上他们是在与多个机构互动。这些机构只通过数字网络就可以被整合，其中有一个实体的核心部门来负责协调和组织，其他部门通过这个核心部门实现相互之间的协作与沟通。例如，工商部门的营业执照发放，其实牵涉很多前置许可部门（比如，申请开设“网吧”就需要文化、卫生、消防、电信等部门事先审核），如果设计一个网上并联的工商行政许可系统，就是以工商部门为核心，涉及前置许可的各个其他政府部门都虚拟地整合在一个流程上，此时就构成了网上虚拟政府。虚拟政府在具体运作时，还必须注重解决各个组成部门之间的协作问题，真正实现政府部门之间的联动和资源共享，形成跨部门的网络化办公环境，构建无缝政府实现协同办公。

虚拟化的政府组织形式是分布式的，它存在于组织间网络以及网络化的计算机系统内，具有无限的可延伸和持久性，而且能轻易适应差异和变化并找到自己的秩序；既富有弹性，又具敏捷性，能够迅速地调配其资源和能力，而不管它们分布在政府部门内部还是分布在组织之间。虚拟政府组织的出现符合社会未来发展的趋势，并有效地推动了电子政务的发展。它所具有的优点主要表现为以下几个方面：

其一，虚拟政府组织可以有效地处理多元化服务与专业化分工的矛盾。在知识经济和信息化时代，经济全球化和需求多元化、个性化，要求政府部门既多元化又专业化。但多元化服务与专业化分工存在种种矛盾。实行多元化服务是网络时代对政府部门的基本要求，而多元化服务必将给政府部门带来资源的分散，特别是整体资金、技术和人力资源的紧张，造成局部投入不足，致使政府部门管理成本增加。实行专业化分工，使相关政府部门更专注于某一服务，使政府管理成本大大减少，但又无法快速适应外界环境的变化。虚拟政府组织可以通过网上虚拟整合，把许多相互独立的部门虚拟整合在一个网络平台上，组成虚拟政府组织，从而向社会提供多元化服务。

其二，虚拟政府组织可以有效地提高政府行政组织的弹性和可再造性，使行政组织具有快速反应能力。虚拟政府组织将一个庞大的政府行政组织体系通过网络虚拟整合为若干个政府应用平台或系统，这样可以适应环境快速多变的需要。虚拟政府组织中的一个节点即组成为虚拟政府组织的某个部门，随着服务的需要、业务的拓展逐渐壮大，这时其业务范围也在不断地扩展和延伸，其结果必将导致业务的繁杂、无法实现专业化的结果。在这种情况下，虚拟政府可以根据环境的需要、专业化的需要进行业务重组，衍生出更多的专业化应用平台或业务应用系统。

其三，虚拟政府组织可以有效地减少运作成本。虚拟政府组织充分利用网络信息技术的力量，大大加速了跨机构信息与服务的流动，提高了整合化的信息处理能力；组成为虚拟政府组织的各个部门在网络平台能有效地进行资源共享和互动联通；通过网络传递信息不仅节约了时间，而且还节省了办公经费。虚拟政府组织优化了行政业务流程、减少了办事环节、打破了时空的障碍，不仅大大降低了行政成本、提高了政府服务质量和管理效能，而且还大幅度地降低了交易成本，提高了政府服务质量。

其四，虚拟政府组织符合未来社会服务朝个性化、自由化方向发展的趋势和行政组织改革的潮流。随着网络信息技术的发展，网络将遍布世界各个角落，国际互联网、可视电话、视频会议将全面进入政府部门和家庭。社会将朝着个性化、自由化方向发展，移动办公形式将成为政府管理的基本方式，政府部门将从集中办公逐步走向网络办公、移动办公和虚拟办公。虚拟政府组织经网络把这些分散个体虚拟地整合成一个个能有效运作的团队，形成跨部门的共享数据库、政府间网络、业务应用平台和虚拟办公系统。

1.3.2 电子政务与政府行政体制改革

(1) 电子政务建设对政府机构改革的推动

电子政务建设有助于改变政府组织结构，并推动政府机构改革。首先，电子政务在政府机构之间架起了一个开放的信息平台，使得各部门能够在信息技术的支持下实现多层次、跨部门的信息共享，信息的垂直历时性传递转变为信息的水平共时性传递，既提高了信息共享的程度，又缩短了信息传递的周期，突破了部门间信息沟通与工作协同的传统界限和范围。其次，随着电子政务的建设发展，政府与公民交流的界面由办公室、柜台、窗口移至计算机屏幕，这势必会改变原有的政府机构设置。同时，由电子政务带来的新岗位需要新的人员，而一些旧的机构在政府信息化过程中会逐渐失去存在的必要。因此，任何一个政府部门要进行电子政务建设，至少要对原有的组织结构进行一些必要的调整。随着电子政务的深入开展，机构改革也要向纵深推进，旨在实现基于不同平台的信息系统互通。再次，信息技术将使行政组织变得简洁而明快。这主要表现在电子政务下较为灵活的处理机制有效克服了科层制程序繁琐的局限。例如“一站式服务”的引入让行政组织变得“可亲可近”、“简单明了”。电子政务的发展将会持续冲击科层制的组织结构，其中最突出的是要求政府减少管理层级、扩大管理幅度，使管理工作具有更强的灵活性、适应性和开放性。最后，在网络社会，对信息及时、全面的把握，以及自动化和智能化的管理，将使政府组织任何层面、任何环节的管理和服务活动都能得到及时的反馈，并能保持监督的同步性，因此电子政务可以克服科层制的静态性和时滞性，使快速反应的动态管理成为可能。

总之，如果一个部门说它的电子政务已经实现了，而机构却原封不动，特别是如果还维系着原来科层制的格局，那么这个部门的电子政务很难说是成功的。可以肯定地说，电子政务的建设或多或少地都会推动政府机构的变革。但是，需要说明的是，电子政务并不能自动地改造金字塔式的科层制，也不会自发地创造一种新型的政府组织。因此，问题的关键在于，政府部门应该结合电子政务建设以及本部门的实际，来积极推进机构改革，使改革之后的政府组织形态适应网络社会的发展。

(2) 电子政务建设可以有力地促进政府职能转变①

从逻辑上讲，政府职能转变的目的不外乎以下几个方面：

①不缺位。政府要全面履行自己的职责，在市场失灵与社会失灵的领域，政府一定要发挥积极的作用，也就是说，政府要在市场整合与社会整合的基础上实行再整合。

②不越位。政府不要干预市场与社会本身能够控制的领域，把生产经营的权力真正交给企业，将社会性、公益性、自我服务性的工作从政府职能中剥离出去，交给中介组织承担，将原本属于社会的职能还给社会。具体来说，就是要做到政企、政事、政社分开，政府要做到“有所为，有所不为”。

③不错位。要求政府各部门合理划分各自权限，理顺职能关系，避免交叉重叠和多头管理。同时，还要求政府分清不同的职能，比如不能将治理与服务相混淆。

电子政务可以从以上三个方面促进政府职能的转变，包括规范政府职能的范围和内容，做到“不缺位”；将“万能”政府变成“有限”政府，做

① 李习彬，等著．电子政务与政府管理创新［M］．北京：科学出版社，2004：111.

到"不越位"；将管理行政变成服务行政，做到"不错位"。

首先，通过政务信息系统化，电子政府能十分灵敏地感知环境中的公共信息。同时，政府与社会、企业联系的渠道被打通，企业、社会乃至公民个人能够与政府进行直接的沟通。这样一来，政府将更加清楚社会需求和自己的职能范围，有助于使政府做到"不缺位"和"不越位"。

其次，电子政务有利于政府主导职能从治理、管制转向公共服务。一方面，电子政务可以为政府主导职能的转变提供行之有效的工具，使政府更有能力完成这种转变；另一方面，电子政务还可以为职能转变提供更加有利的环境，比如如果电子政府为公民提供了实实在在、快捷便利的公共服务，那么就对政府职能转变起到推动的作用。

1.3.3　电子政务与政府运行机制创新①

(1) 电子政务与政府决策科学化

实现科学决策，有两个重要的基础条件，一是正确的理论指导，二是充分的信息保障。对于政府决策而言，这两个条件通常都很难满足，或者说，根本不可能满足。政府决策所面临的是复杂的社会事务，社会理论的滞后和相对不"科学"，使得政府决策者经常在"模糊"的理论指引下行动。电子政务建设，可以在相当程度上改善政府决策者的理论和信息处境，进而提高政府决策的科学化水平。

①有利于扩充政府决策人员的内脑。在政府机关，许多常规性的事务，耗费了工作人员大量的精力。电子政务的推行，打破了政府工作的时空界限，提高了政府工作人员的工作效能，使其工作时间更富弹性、精力更充沛。在适当的激励制度作用下，政府工作人员将有更多的时间和精力去"充电"，投入学习中，扩充知识，开阔视野。

②有利于延伸政府决策人员的外脑。对政府决策而言，社会科学的不完善虽然令人遗憾，但更为令人担忧的是，一般人的智慧是极有限的。社会问题往往相当复杂，处理起来十分不易，需要广泛运用多门学科的专业知识，借助不同专业人士的集体智慧。电子政务建设，为政府决策人员扩充专家思想库、主动获取专家智慧，提供了比传统政务方便得多的条件；同时，也为各方面的专家学者关注和研究与政府有关的社会事务提供了便利条件，有利

① 李习彬，等著．电子政务与政府管理创新 [M]．北京：科学出版社，2004：76-94.

于他们改善研究条件，提升议政能力。

③有利于提高政府决策信息保真度。传统多层次的金字塔结构不仅减缓了政府信息的传播速度，还容易造成信息的过滤、堵塞、失真或扭曲。电子政务在一定程度上打破了传统的政府部门之间的条块分割、等级森严的格局，使整个政府拥有统一的服务平台，社会公众面对一个虚拟的一体化政府，这不仅有利于政府内部的管理和交流，而且为检验与核实信息的真实性提供了多渠道保障。

④有利于改善政府决策信息的有限性。在传统政务中，信息的有限性是影响人们进行理性决策的直接原因之一。网络环境下的信息资源库建设可为政府决策者提供丰富的信息，避免依靠经验决策和由于决策信息不完备导致的盲目决策现象；DSS 的发展可实现在适当的时候，把适当的信息提供给适当的管理者，从而改善决策者的有限理性。

⑤有利于政府决策渐进优化。电子政务建设有利于各级政府及其各层次用户及时地对行政事件、行为和过程等进行监控并做出快速反应和反馈。一方面，可以更加合理地实施政务工作的全面质量管理，为内部的管理机制优化和改进绩效评估等创造条件；另一方面，政府机关可以通过网络及时获得社会公众对政府管理和改革的反馈信息，了解和掌握发展变化的最新信息，据此追踪实施过程，调整政策方案。

（2）电子政务与政府决策民主化

政府决策属于公共决策，价值取向具有二元性，即科学化与民主化。科学化对应着政府决策的问题取向；民主化则对应着政府决策的公共取向，和一般意义上的决策不同，政府决策因公共需要而存在，以满足公共需要为目标。

所谓决策民主化，是指公众参与政府决策程度的提高。在现有的制度框架下，公众参与程度的提高，取决于公众参政渠道的改善和参政能力的提高。电子政务既可以改善公民参与政府决策的渠道，也能够提升公民参与政府决策的能力。

电子政务充分利用网络的信息交互方式，使政府以电子方式广泛而深入地伸向企业、公众和所有服务对象，可以及时获取信息并快速做出反应；同时各种服务对象也以电子方式而深入地参与到政务活动中来，使公民具有更多的政务信息与参与途径，从而构建起一个全新的、双向沟通的参与体系，形成政府与公民之间更为密切的动态交互效应，为社会共同参与社会管理提供新的推动力。

公民参政能力取决于相互联系的三个方面的因素：信息、信念和知识。在电子政务条件下，通过推行政务公开，可以提高政府对公民的“可视化”程度，通过互联网络，公民可以随时随地了解政府的活动情况。公民除了通过国民教育系统获取政治知识外，还通过“社会网络”等大众媒体，使得公民的政治信念更加稳定和成熟，从而提升公民的参政能力。此外，公民还可以就社会问题在互联网络尤其是政务论坛上发表意见，参与讨论，在充分交流各自观点的同时，也极大地丰富了每个公民的专业知识，从而提升了公民的参政能力。

(3) 电子政务与政府监督机制优化

政府的权力是人民赋予的，“立党为公，执政为民”是政府根本的行政理念。政务公开是保障公众知情权的最直接途径，而电子政务是实现政务公开的最有效途径。政务公开化，可增加公共权力运行的透明度，打破公权力行使的神秘性和隐蔽性，加大公务员“暗箱操作”的难度。电子政务在某种程度上增加了法规和程序的透明度、责任制和可预见性，为人们提供了一种反腐败的武器。电子政务的开放性将有效地抑制在传统政务中容易滋生的腐败和徇私现象。

在电子政务条件下，实施政务公开，在强化了公民对政府的监督的同时，实际上也强化了政府内部的监督，有利于实现政府自上而下的纵向控制。发展电子政务，推行政务公开，彻底打破了传统封闭式官僚体制下的政府信息内部传递机制，政府信息在虚拟空间的网络传播，大大扩展了上级政府获取下级政府信息的来源，下级政府对上级政府的“劣政”信息屏蔽企图在无限的虚拟空间很难实现。

(4) 电子政务与政府绩效评估改进

所谓政府绩效评估是指对政府管理过程中投入、产出、中期成果与最终成果所反映的绩效评价和划分等级。传统行政条件下，政府绩效评估过程具有封闭性、神秘性，缺乏媒体监督。

电子政务的发展有助于政府绩效评估的实施，这是毫无疑问的。信息交流与沟通本身就是政府绩效评估特征的重要体现。现代信息技术在政府绩效评估中的广泛运用和民主价值，决定了绩效评估本身也是一种信息的交流与沟通。在推行绩效评估措施的同时，应注重构筑以顾客为导向的电子政府和政府在线服务的发展目标，以提高政府收集、处理信息的能力和对公众的回应力。

（5）电子政务与政府依法行政的推进

依法行政的缺失，从制度架构上分析来源于立法不严密和司法不独立两大原因；从执行过程看，依法行政的干扰主要来自于长官意志和人情操作。前者破坏着规则的稳定性，后者侵蚀着规则的普适性。

在电子政务条件下，政府活动被置于双重程序和规则的监管之下：其一是制度程序和规则，其二是事先设定的由机器和软件运行所形成的程序和规则。如果说在没有实现电子政务的情况下，制度程序和规则能够经常被人为因素干扰和修正、且这种干扰和修正对制度的破坏性影响同样能够被人为方式加以弥补的话，那么在电子政务条件下，人为因素对事先设定的机器和软件程序和规则的破坏，将是困难和难以修补的，在电子政务系统完备的情况下，甚至是不可能的。同样，电子政务也能够在相当的程度上起到限制和减少政府少数工作人员垄断、截留、修正和滞留行政信息的弊病。在这样的情况下，政府与民众关系的良性调适是很容易达到的。

1.3.4　电子政务与政府人员队伍建设

（1）电子政务环境带给公务员的变化

电子政务建设将给公务员队伍带来深刻的变化。首先，电子政务改变了传统的政府工作形式，改变了人际关系与工作环境，改变了公务员的工作观念，以及改变了工作与学习的关系。其次，电子政务还改变了公务员的工作方式，包括由分工型向复合型的转变，由事务操作型向知识智能型的转变，从各负其责向团队合作型转变，由被动执行向主动执行转变。

（2）电子政务对公务员提出的要求

电子政务建设对政府机关本身是一个挑战，同时更是对政府公务人员的一种挑战。具体地说，电子政务对政府公务员的素质提出了以下几点要求：

①观念意识方面的要求

在传统的政务方式下，不少政府官员自觉不自觉地滋长了程度不一的衙门作风。显然，这种作风与具有平民化本质的现代信息网络社会格格不入。更为重要的是，在电子政务背景下，政府公务员必须要树立民主、公平、法治和效率、效能等种种现代价值观念。

②技术知识和学习能力方面的要求

电子政府的高智能化要求公务员也必须是一个高智能的群体。公务员需要不断更新自身的知识存量和改善自身的知识结构以及应用能力，才能适应日益复杂的行政环境。

③心理生理方面的要求

在网络信息大潮的冲击下，电子政务在诸多方面给公务员带来了心理上的挑战；由于对新技术不熟悉，担心因为不能正确使用新系统而降低自己的威信；担心由于端正政务带来的工作流程的变化，失去他们在目前体制下获得的权力和势力范围；担心由于新的自动化工作程序增加了透明度，减少获取灰色收入的机会；担心由于电子政务的发展会给他们带来更多新的工作，自己力不从心等。诸如此类的心理障碍都给电子政务建设造成了阻力，也延缓了公务员行政能力的提高。

④道德伦理方面的要求

由于政府信息的公开化，电子政务要求公务员在行使权力的过程中尽可能规范和透明，否则将会受到公众的质疑。从这个意义上说，电子政务即限制了公共权力的滥用，对公务员的道德伦理提出了更高的要求。也就是说，公务员必须更加廉洁自律、依法行政。另外，在信息开放的网络时代，公务员必须维护国家主权，严守国家秘密。

(3) 电子政务背景下的公务员制度改革

在电子政务背景下，公务员制度改革的总体趋势是：公务员的整体结构将发生变化，对公务员的管理从过程控制到结果取向，分权化与放松规则，公务员的数量规模将趋于减少，以及公务员的非职业化。

(4) 电子政务环境中公务员的学习与培训

在电子政务背景下，中国公务员制度改革的主要方向是：实现公务员管理由“人治”向“法治”的转变；实行政务类和业务类的公务员职位分类法，改变过去笼统的“国家干部”管理模式。

1.3.5 电子政务对政府业务流程的创新

电子政务并不是简单地将传统的政府管理事务原封不动地搬到互联网上，而是在政府业务流程优化和重塑的基础上，以一种全新的方法和程序去完成原有的业务功能。它在本质上需要政府业务流程进行改造，以满足政务电子化的要求。电子政务的发展促进了政府业务改革的进程，使政府业务流程改革更加趋向合理。

(1) 政府业务流程的内涵

简单地说，政府业务流程是一组相关的、结构化的集合，或者说是一系列事件的链条。这些活动集合或链条为特定的公众提供特定的服务或产品，这个流程有起点，有终点，并且有目的。比如，某政府部门制定自己的工作规划，就是要确定一个规范有效的流程，充分体现该部门的职能使命，并使所有的公务员明白各自的工作范围。制定规划的起点是明了组织的内外部环境，终点是为部门和个人设定工作目标，并确定规范化的业务流程。目的是实现某种公共管理和服务。

（2）传统的政务流程有很大的弊端

传统政务中，通常一个流程会横跨多个部门。传统的组织机构多数按职能部门划分，组织结构一般是等级的层级结构，这样的组织结构便于控制和计划，但部门间沟通不畅。传统的政务流程会带来一系列问题，主要有以下几个方面：

第一，政府机构条块分布，机构由一个个专业部门组成，随着政府管理服务范围的拓展，专业部门持续扩大。这样的机构容易膨胀臃肿，而且因为层级繁多，造成某些环节脱离公众，高层决策者往往听不到直接的来自公众的声音，听到的常常是经过层层传递失真了的声音。

第二，机构整体机能趋于退化，效率低下。因为机构庞大，一个流程涉及若干职能部门，但各部门只对自己的工作负责，只对自己的上级负责，无人对流程负责。

第三，传统体制下的政府职能包罗万象，什么都管。政府工作人员既要完成事务性工作，又要做出好的决策。大量的事务性工作占据了政府工作人员的精力和时间，使他们虽然十分繁忙，却成效不大，很难令公众满意。

第四，传统的政务流程复杂且分散。政府机构的业务一般被分解为由基层工作中采集业务资料、进行汇总、逐级分析决策、制定相应的政策法规，最后再反馈到基层采取行动措施等几个流程阶段。由于以前的技术手段不能实现整个业务条块的信息共享，整个业务数据流不得不按地理位置和人力分配被分割在多个部门，从一个部门转到另一个部门，增加了交换环节和复杂程度。

（3）电子政务促进政府业务流程的创新

电子政务的推行，使政府工作流程建立在信息网络通道和信息平台上，这有利于突破传统上以部门、职能划分的界限，有利于建立以公众为出发点，以流程为中心的新模式。

电子政务的实施所带来的政务流程创新，使其不再以一个专业职能部门为中心进行，而更注重整体流程优化的系统性，电子政务流程将由一系列相关职能部门配合完成，对流程运行不利的障碍将被铲除，破碎的流程将得到整合，部门分割将被削弱，多余的部门及重叠的流程和活动将得以消除和合并。

1.3.6 电子政务对政府工作效率的创新

电子政务带来的管理现代化对于提高政府工作效率而言将是革命性的飞跃。实施电子政务可简化行政运作环节和程序，降低行政运作成本，提高政务效率。从政府与公众的关系看，实行电子政务后，政府行政组织结构发生了很大变化，表现为中间管理层的缩减甚至取消，从而大大简化了行政过程的环节和程序。在传统方式下，群众的意见和建议，一般需要先经过信访部门处理，再经有关批示才能转到具体职能部门，最后将办理结果反馈，在这一过程中经过了诸多环节和程序。通过电子政务信息网络，公众可以用交互的方式，直接将意见、建议反映到有关职能部门，并与职能部门一起共同解决问题。在传统方式下，人们到政府部门办事，必须自己要到各部门的所在地去，如果涉及许多部门，要盖不同的章，就显得十分麻烦。实行电子政务后，可以建立一个文件资料电子化中心，把各种证明或文件电子化。内容涉及不同部门的文件，在中心备案，其他各部门都以其为参照传递办理，这样可以节省公众大量的时间和精力，提高行政办事效率。从政府与内部之间的关系看，在传统政务方式下，行政信息在上下各级政府间传递要经过繁琐的行政流程。而电子政务则突破了这种界限，上、下级之间的政令畅通直达，传统垂直组织中的中间层级信息传递功能被网络所代替，消除了信息源与决策层之间的人为阻隔，使信息传递迅速、及时。电子政务实施于同级之间，使部门或地区的本位主义观念得已减少，政府内部便于实现统一高效的指挥和管理。

1.3.7 电子政务对政府决策的创新

电子政务的推行，一方面有助于改善信息条件和理论环境，从而推动政府决策的科学化；另一方面有助于改善政府与公民的关系，从而推动政府决策的民主化。

(1) 电子政务促进公共决策的科学化

实现科学决策，两个最重要的基础条件是：正确的理论指导和充分的信息保障。对于政府决策而言，这两个条件通常都很难满足，或者说，根本不可满足。政府决策所面对的是复杂的社会事务，社会理论的滞后和相对不“科学”，使政府决策者经常在“模糊”的理论灯光指引下行动，有时甚至不得不“摸着石头过河”；社会信息的广泛分布，也使政府决策者经常在有限的信息资源平台上履行职责。电子政务建设，可以在相当程度上改善政府决策者的理论和信息环境，进而提高政府决策者的科学化水平。

有利于扩充政府决策人员的内脑。在政府机关中，许多常规性的事务如材料处理、档案管理、文件传输等，尽管价值生产能力小，却很耗时费力。办公自动化、网上办公、远程会议等，打破了政府工作的时空界线，提高了工作人员的工作效能，使其工作时间更富弹性、精力更充沛。在适当的激励制度作用下，政府工作人员将有更多的时间和精力去“充电”，投入学习之中，扩充知识，开阔视野。

有利于延伸政府决策人员的外脑。对政府决策而言，社会科学的不完善虽然令人遗憾，但更为令人担忧的是，一个人或者说是一般人的智慧是极有限的。政府决策者，如果不是一个“唯意志论”者，对此应当深有感触，并始终保持高度警觉。社会问题往往相当复杂，处理起来颇为不易，需要广泛运用多门学科的专业知识，借助不同专业人士的集体智慧。电子政务建设，为政府决策人员扩充专家思想库、主动获取专家智慧，提供了比传统政务方便得多的条件；同时，也为各方面的专家学者关注和研究与政府有关的社会事务提供了便利条件，有利于他们改善研究条件，提升议政能力。

有利于提高政府决策信息保真度。传统多层次的金字塔结构不仅减缓了政府信息的传递，还容易造成信息的过滤、堵塞、失真或扭曲。电子政务在一定程度上打破了传统的政府部门之间的条块分割、等级森严的格局，使整个政府拥有统一的服务平台，社会公众面对一个虚拟的一体化政府，这不仅利于政府内部的管理和交流，而且为检验与核实信息的真实性提供了多渠道保障。电子政务有利于改善政府决策信息的有限性。在传统政务中，信息的有限性是影响人们进行理性决策的直接原因之一。网络环境下的信息资源库建设可为政府决策者提供丰富的信息，避免依靠经验决策和由于决策信息不完备导致的盲目决策现象：DDS 的发展可逐步实现在适当的时候，把适当的信息提供给适当的管理者，从而改善决策者的有限理性。

有助于政府决策渐进优化。由于理论完善和信息充分在现实世界中很少得到满足，政府决策的科学化必然是一个渐进调试的过程。电子政务建设有利于各级政府及其各层次用户及时地对行政事件、行为和过程等进行监控并做出快速反应和反馈。一方面，可以更加全面地实施政务工作的全面质量管理，为内部的管理机制优化和改进绩效评估等创造条件；另一方面，政府机关可以通过网络及时获得社会公众对政府管理和改革的反馈信息，了解和掌握发展变化的最新信息，据此追踪实施过程，调整政策方案。

（2）电子政务促进公共决策的民主化

所谓决策民主化，是指公众参与政府决策程度的提高。在现有的制度框架下（权力格局既定），公民参与程度的提高，取决于公众参政渠道的改善和能力的提高。电子政务既可以改善公民参与政府决策的渠道，也能够提升公民参与政府决策的能力。自 1994 年 5 月中国内地首次出现互联网以来，到 2004 年已拥有 8000 多万的网络用户，并且每年以 48.3% 的速度攀登。① 互联网深刻地改变着人们的思维方式和行为模式，并积极促进公民参政议政。

第一，改善公民参政渠道。电子政务拓宽了公民参政渠道。有学者指出②，电子政务在“官民之间建立了一座新的电子桥梁，电子选举，电子公民投票、电子民意调查等结果马上可以反馈到有关部门。这就表明，在电子政务背景下，公民可以通过多种渠道参与政治。电子政务充分利用网络的信息交互方式，使政府以电子方式广泛而深入地伸向企业、公众和所有服务对象，可以及时获取并快速做出反应：同时各种服务对象也以电子方式广泛而深入地参与到政务活动中来，使公民具有更多的政务信息与参与途径，从而构建起一个全新的、双向沟通的参与体系，形成政府与公民之间更为密切的动态交互效应，为社会各界共同参与社会管理提供新的推动力。

在传统政务条件下，获取政府信息的渠道单一、代价高昂，而且受制于少数工作人员素质、水平的影响，因此民众通常只在迫不得已的情况下，才会去亲自寻找和直接提取政府信息：政府可接近性程度的低下，使不少民众先验地具有“畏惧”心理，政府在民众眼中不是“亲民”的，而是“管民”的，因此只有在不得已的情况下，公民才主动和政府部门及其工作人员打交道；在这种情况下，政府与民众关系的疏远是不可避免的。“网络没有权威”，“人机”交互界面从技术上彻底改变了公众与政府（官员）打交道的方式，其社会心理意义非同小可。在电子政务条件下，公众无论是获取政府的各种信息，还是向政府发出各种申请，与之互动的都是一个虚拟的界面；而公务员受理公众的服务申请和向公众提出的各种要求时，面对的也是一个虚拟界面。公众与政府的这种交互方式，不仅大大加强了政府与公众间

① 2004 年中国互联网络调查统计报告［EB/OL］．［2004-02-03］．http：//www.cnnic.net.cn/html/Dir/2004/02/03/2108.hun.

② 王颖．电子政府——中国政府改革的新取向［J］．南京社会科学，1999（9）：31-35.

的互动，使政府可以不断提高公共服务的质量；更重要的是，它将公众从弱势的社会心理地位中解救出来，还公众以与政府官员平等的心理地位。

第二，提升公民参政能力。与赋予或拥有权力同样重要的，是行使权力的能力。制度从原则上规定了政府决策过程中有关各方的地位，以及实现这种地位所需的资源配置——权力安排，在实际的决策过程中，有关各方的地位关系不仅取决于决策权力的制度性安排，更取决于决策权力的行使能力。公民参政能力取决于相互联系的三个方面的因素：一是信息——知道政府在做什么或没做什么。公民对政府活动的充分了解，是其有能力参与政府决策的前提条件。有学者指出①，“给予民众更多的信息，民众会与治理精英的意见一致”。在电子政务条件下，通过推行政务公开，可以提高政府对公民的“可视化”程度，通过互联网络，公民随时随地可以了解政府的活动情况。二是信念——判断政府应当做什么和不应当做什么的价值标准。公民参政能力的一个重要表现，是公民政治信念的稳定和成熟。公民获取政治知识，除依托国民教育系统之外，另一个重要途径是“社会网络”；如电视、报纸、杂志、互联网络等大众传媒。由于历史的原因，互联网络作为新的大众传媒工具，在对公民政治知识的普及与传播方面，正在发挥独特的、日益重要的作用。三是知识——关于社会问题的解决之道。公民就社会问题在互联网络尤其是政务论坛上发表意见，参与讨论。在充分交流各自观点的同时，也极大地丰富了每个公民的专业知识。

缺乏理性的民主，是野蛮的民主；缺乏民主的理性，是危险的理性。随着公民参政渠道的改善、参政能力的提升，理性与民主在公共生活中将得到协调发展，政府决策的民主化与科学化将相得益彰。在现有的制度框架下，通过电子政务建设，公民可以在政府决策过程中的议程确定、方案选择、政策合法化、政策监督与评价等方面发挥越来越积极的建设性作用。

① 童颖骏，龚陆竿．“浙江政务通”开通前后［N］．浙江日报，［2006-10-18］．

2 电子政务总论

本章主要内容：

- 电子政务产生的背景
- 电子政务发展战略规划
- 电子政务现状与发展

本章学习要求：

- 了解电子政务产生的背景
- 把握电子政务发展战略的制定与实施
- 把握电子政务建设的现状、问题及发展趋势

2.1 电子政务产生背景

20 世纪 70 年代，以信息技术、新材料技术、新能源技术、空间技术、海洋开发和生物工程的兴起为标志，世界经济迎来第三次技术革命。这次技术革命，把整个世界经济的运转模式从工业化向信息化全面推进，而随后 80 年代的计算机技术和 90 年代网络技术的迅猛发展，更是掀起了一场来势凶猛的信息化浪潮，正式揭开了人类社会从工业化迈向信息社会的序幕。

2.1.1 信息化时代的全面来临

所谓信息化，是指社会经济的发展从以物质与能量为经济结构的重心，向以信息与知识为经济结构的重心转变的过程。在这个过程中，不断地采用现代技术装备国民经济各部门和社会各领域，从而极大地提高社会劳动生产力。

信息化作为一项系统工程，其发展集中表现为三方面：一是现代信息基础设施建设发展；二是信息技术发展、推广和应用；三是电子信息产业的迅速兴起。

经过几十年的技术发展和推广应用，全球信息化获得了巨大发展。

（1）信息基础设施建设取得巨大进展

主要表现为六大方面：一是信息资源急剧扩展并得到高效整合；二是国家信息网络建设突飞猛进；三是信息技术得到广泛应用；四是信息技术发展取得突破性进展；五是信息化人才培养工作初见成效；六是信息化政策、法规和标准逐步建立和完善。尽管不同国情有所差别，但全球信息基础设施建设的进步有目共睹。

（2）信息技术发展迅速，并得到广泛推广和应用

信息技术是能够实现信息的获取、加工、传递、再生和利用等功能的新技术，信息技术的发展和广泛应用，是信息化发展的基础和核心支撑。信息技术的发展表现为三个相互联系的方面：一是信息技术本身得到迅速发展并实现了产业化；二是基于信息技术的信息产业（包括信息设备制造业、信息传输业和信息服务业）获得了巨大发展；三是信息技术手段在经济和社会领域获得广泛应用。2010 年 1 月 15 日，中国互联网络信息中心（CNNIC）在北京发布了《第 25 次中国互联网络发展状况统计报告》(以下简称《报告》)。《报告》数据显示，截至 2009 年 12 月，我国网民规模已达 3.84 亿人，互联网普及率进一步提升，达到 28.9%。我国手机网民一年增加 1.2 亿人，手机上网已成为我国互联网用户的新增长点。受 3G 业务开展的影响，我国手机网民数量迅速增长，规模已达 2.33 亿人，占整体网民的 60.8%。手机和笔记本电脑作为网民上网终端的使用率迅速攀升，互联网随身化、便携化的趋势日益明显。而商务交易类应用的快速增长，也使得中国网络应用更加丰富，经济带动价值更高。目前，我国网民总数和宽带上网人数均仅次于美国，位居世界第二。我国 IP 地址近几年快速增长，总数达到 6 830 万个，拥有量排名世界第四。我国上网计算机总数达到 4 560 万台，与 2008 年同期相比增长 25.6%；专线上网计算机数和拨号上网计算机数均首次出现了负增长，只有其他方式上网计算机数依然呈现出较快的增长态势。我国互联网网站总数达到 67.7 万个，与 2008 年同期相比增长 8.1%。我国互联网络国际出口带宽总数达到 82.6G，与 1999 年相比增长了 24 倍，增长非常迅速。该报告的热点数据分析还表明，我国网上购物人数达到 2 000万人。网上支付的比例增长至近半数，网上购物者半年内累计购物金额达到 100 亿元，半年内仅通过网络购买手机就达 300 万部以上。

（3）信息产业成绩巨大

信息产业指那些从事开发和利用信息技术的产业，其产品包括硬件和软件产品。信息产业构成包括信息设备制造、信息生产加工、信息服务、信息软件研制开发四部分。信息产业从20世纪70年代兴起，80年代得到高速发展，到90年代，信息产业已经成为全球发展速度最快、从业人数最多、规模扩展最为迅速、创造财富最多的产业，是全球经济新的强有力的增长点。到21世纪，西方发达国家的信息产业增加值已经占到国民生产总值的一半或一半以上。从经济发展看，信息产业的发展，是关系到一个国家和地区基础设施建设、技术创新能力、社会各行业和各领域管理水平的重要环节；从社会进步看，信息产业的发展也正在飞速地改变着我们的生产方式、工作方式、生活方式、贸易方式、经济开放度等，甚至影响着人们的思维方式，对国家的决策乃至社会的整体结构都将产生深远影响。

面对全球信息化浪潮，我国不仅提出国家信息化建设的八条原则和“十五”期间的24字方针，而且，在“十五”期间，国家推动十大信息化重大工程建设，构筑满足经济和社会发展需要的信息基础平台和电子政务系统。

上述情况表明，信息时代已经来临。随着经济全球化和各国经济飞速发展带来的激烈竞争，政府作为引导和管理整个社会运转和发展方向的中枢，引入大量信息技术，实施自身的信息化和业务管理与服务的电子化，已经成为保持自身地位和参与全球竞争的不二选择。

2.1.2 经济全球化的快速推进

经过半个多世纪的发展，到20世纪90年代，经济全球化获得迅猛发展：一方面，以1995年1月1日世界贸易组织（WTO）的正式运转为标志，一个以贸易自由化为中心，囊括当今世界各领域的多边贸易体制正式建立，贸易自由化几乎成为所有国家为之努力的行为规则；另一方面，跨国公司兼并与联合的经营战略，如电信、航空、石化和金融等部门出现了空前的兼并高潮，其规模、范围和影响都达到了历史最高程度，形成了一个更为庞大的全球生产和销售体系，研究和开发（R&D）合作更趋国际化，跨国联盟成为新趋势，全球性公司正在兴起；再一方面，全球的经济、政治、文化等诸多方面日益表现出某种整合态势。随着“冷战”的结束，多极化趋势日益明显，欧洲统一大市场的形成，通信技术、信息技术的迅猛发展，计算机的普及以及互联网的兴起，使整个地球日益成为一个“地球村”，不仅传统的经济活动走向全球化，而且生产、服务和技术创新也明显地呈现全球化态势。

与上述发展相对应，作为现代经济核心的金融业出现了新的变化：一方面，以1997年7月爆发的东南亚金融危机为起点的一系列经济动荡，充分暴露了国际金融体系的脆弱性，暴露其远远落后于经济全球化内在要求的现实。1999年以来，无论是各类国际机构和组织，还是世界各国政府与金融企业，都不同程度地在讨论和实施面向全球经济的改革方案。应该说，在这一改革过程中，本国特色的成分不断减少，国际共同准则和规则将成为国际金融体系运转的基础，金融政策和金融监管的实施备受重视并更多地通过国际协调、合作形式进行；另一方面，伴随着国际经济联系与合作的扩展，国际银行业务迅速发展，创新工具增加，国际投资借助证券的流动性得到更快的发展，进一步促进了国际资金融通，国际资金流动性大大超过国内资金流动。从外国直接投资（FDI）的增长看，已超过了世界贸易和产出的增长，从FDI的年均增长率看，FDI已成为国际融资的主要形式之一，国际性金融深化已进入全新时期，从而推动经济全球化向更高层次迈进；再一方面，金融机构的跨国经营普遍化，其中国际并购和国际联合银行引人注目。金融国际化趋势的发展，进一步推动了经济全球化的发展。这种状况表明，经济全球化已经成为21世纪世界经济发展的主流，成为世界经济发展不可逆转的历史趋势。

经济全球化的迅速发展，以自身独特的力量改变着整个世界的运行格局：

①使世界不平衡发展格局进一步加剧。这种不平衡涉及两个层面：一是意识形态力量的不平衡，全球格局从“两极世界”演化为“两超多强”再到“一极多元”；二是制度的不平衡，表现为机遇与挑战、利弊得失在发达国家与发展中国家之间严重失衡。这种不平衡格局，使发展中国家对发达国家的依附性更强了。

②使全球性贫富差距进一步加大，使全球不平等问题进一步恶化。经济全球化使财富与贫穷的两极积累以及政治外交上表现出更大的不平等，发达国家在经济全球化中获得的好处越来越多，而且越来越富有，而广大发展中国家却越来越受到贫穷和动荡的困扰，两个世界的差距因此越来越大。

③使国家主权变得更为突出。一方面存在着强大的全球趋同的势头，另一方面民族性的权利要求和主张日益强化，以至于演化为尖锐的流血冲突。处于弱势的国家无时不感到强权政治的存在所形成的无形压力，它所带来的冲击使国内问题国际化，使国家之间的双边关系多边化，使国际问题复杂化。

④使全球风险控制更为困难。随着经济全球化程度的加深，国际金融资本作为一个相对独立的经济系统对世界经济的负面影响日益显现。这种负面影响引起了人们的焦虑，也对以克服资本主义市场经济盲目性为己任而建立的全球经济组织的合理性与控制力产生了疑问。

在这种背景下，如何通过引入现代科技手段，形成具有全球竞争优势的政府治理结构，进而形成科学的宏观经济管理体制和运行调控体系，从而提高本国政府在全球化浪潮中管理经济的能力与管理质量，已成为各国政府面临的紧迫任务，正是在这种情况下，电子政务应运而生。

2.1.3 政府改革浪潮的兴起

随着全球化与信息化步伐的加快，政府自身的综合竞争力状况，直接决定着一个国家和民族在未来全球关系中的地位和作用。因此，为应对变化，提高自身竞争力，以政府精简、高效、透明和务实为主线的政府改革，已经形成一股巨大的全球浪潮。

全球政府的改革，肇始于 20 世纪 70 年代，一方面，当时西方主要国家已开始推进信息高速公路建设；另一方面，西方国家普遍面临四种压力：社会压力、财政压力、经济全球化的压力和内部压力。所谓社会压力，是指当时西方国家普遍出现了一种对政府的不信任感；财政压力是指西方国家长期实行的福利国家政策遇到了前所未有的挑战；内部压力主要是政府自身管理方面存在的一些突出问题所形成的压力。

（1）推行非国有化

为了减少政府对经济生活方面承担过多的责任，减轻财政压力，西方一些国家如英国、日本、德国等，普遍推行了非国有化政策，将国家开办的一些国有企业通过市场向社会出售。这种做法不仅改善了企业长期存在的经营不善问题，而且使这些企业有了通过市场获取资本的渠道和可能，进而提高效率，改善经营。

（2）推行自由化政策

所谓自由化，是指政府尽量减少对市场不必要的干预，最大限度地发挥市场的功能。为了实现这一目标，西方国家采取了一系列重大改革措施，如放松政府对市场的管制，大幅度地削减政府的规制等。在政府规制的削减方面，既包括有关政府保护产业的规制、管制市场的规制，也包括许多有关政府管理社会的规制。这些改革为进一步发挥市场的功能起到了重要作用。

(3) 收缩政府的社会职能，减少政府包揽过多的社会福利，推进政府公共服务的市场化

在国外的政府改革中，一个重要理论指导就是新公共管理主义。新公共管理主义认为，政府包揽了许多具体事务和直接提供具体的公共服务项目是导致低效率的重要原因，强调在公共管理领域注重发挥市场的作用，推行公共服务的市场化。主要做法是，将以往政府承担的服务性职能通过委托、合同、代理等方式，向社会出租或转移；打破政府在公共服务领域的垄断，放宽某些公共领域对私人资本的限制，如中小学教育、社会保险、退休保障、廉价住宅等；建立公私合作伙伴关系，政府为提供公共服务的一些私人部门实行优惠政策，如土地出让、许可证的发放等；推行公共服务社区化，鼓励社区发展公益事业，开展公共服务。

(4) 推进政府内部管理体制和运行机制改革

西方国家在政府改革中，把改革政府自身的管理和运作，一直作为一项主要内容。其涉及的领域主要包括：精简机构和行政人员；实行分权和权力下放；将决策权与执行相分离，如英国、新西兰、澳大利亚等国家，将中间执行层改革为实行企业化管理的行政经理责任制等；改革人事制度，简化人事管理的规制，注重激励机制、竞争机制的运用；将现代企业管理的理念如投入、产出、成本、效益等引入到公共管理部门的管理中来；注重绩效评估，加强绩效管理，从以往的注重管理过程到注重管理结果等。

持续了30多年的政府改革浪潮，已经成为推动西方国家电子政务发展的巨大动力。

2.2 电子政务发展战略

电子政务发展战略是一个国家、地区或部门发展电子政务的行动指南。具体包括：电子政务发展的目标与任务、电子政务发展的原则、电子政务发展的总体架构以及电子政务发展的具体策略。

2.2.1 国外电子政务发展战略

(1) 美国

1993年克林顿政府成立国家绩效评估委员会，把构建“电子政府”作为其施政改革的一个重要内容。国家绩效评估委员会强调应给予公众更多的机会以最有效的方式取得政府服务。1996年，美国政府启动了“重塑政府计划”，提出要让联邦机构在2003年全部实现上网，使美国民众能够充分获得联邦政府掌握的各种信息。1997年，美国制定了“走近美国”计划，要求从1997年到2000年，在政府信息技术应用方面完成120余项任务；在21世纪初，政府对每个美国公众的服务都实现电子化，政府工作的效率有极大的提高。为了向美国民众提供更好的电子政务服务，小布什政府在2003年制定了电子政务发展战略，具体包括三个战略目标：

①方便公民与联邦政府实现互动

围绕以客户为中心的业务流程，继续完善和更新IT管理机制，信息化管理部门要不断评估，监控跨部门业务流程的认定、部署、适当归并、减少重复投资。尤其是财务核算管理、数据统计、人力资源、社会福利、犯罪调查、公共卫生等方面，制定合理的投资计划。通过简化政府业务流程，提高公共服务效率。各个孤立的政府信息系统，必须实现和其他系统、数据和流程的整合，实现“一次收集，多次使用”。根据已有的FEA指导系统整合和迁移。

②提高联邦政府工作绩效

运用预算和管理办公室的规定来支持电子政务系统的实现和整合。按照《2002年电子政务法案》，预算和管理办公室获得了在预算上的决策授权，在提高电子政务项目绩效，避免重复建设中发挥作用。综合管理处（GSA）负责制定一个“巧妙采购（Smart Buy）计划”，来降低软件的购买和维护费用，提高软件资产的管理水平，提倡使用标准化的软件。

③改善政府对公民的反馈能力

预算和管理办公室利用国会授权，发挥已有的电子政府组织管理作用，适当建立新的电子政府工程领导小组。预算办公室领导层和联邦CIO委员会要充分利用各个机构领导人的经验和能力，推动政府建设。

(2) 加拿大

1994年，加拿大政府发布了《运用信息科技改造政府服务之蓝图》，这是全球第一份由政府发布的准备从技术角度全面改造自身的纲领性文件。1997年9月23日，加拿大政府提出要将加拿大建成世界网络最发达的国家。为此，加拿大工业部推出了全国网络发展战略。该战略由六大计划组成，即国家在线计划、智能社区计划、政府在线计划、与世界连接计划、数据在线计划、电子商务计划。政府在线计划提出，加拿大政府要做使用信息技术和互联网的模范，计划到2004年实现政府信息和服务全部上网。加拿大政府设想：“到2004年，我们的目标是让全世界都知道加拿大政府和它的公民联系是最紧密的，加拿大人民无论何时何地都可以了解到有关政府的信息并能接通政府提供的服务。”

加拿大政府认为，推进电子政务更重要的目的是使加拿大与世界联成一体，提升加拿大政府在世界范围内的地位，使加拿大政府在信息时代居于领先地位。在推进电子政务的过程中，加拿大充分发挥了中央政府的统一和协调作用，中央政府负责整体规划和标准制订，采用自上而下的推进方式，将网络连接到每一个用户，使网络扩展到整个加拿大。加拿大的电子政务战略计划由财政部负责实施，财政部还负责跨政府和跨机构的电子政务协调发展，以确保“统一的政府”策略。同时，政府还委托CIO负责国家电子政务工程的整体规划和管理，制订最及时、统一的法规政策和标准体系。

(3) 英国

从20世纪90年代末开始，英国政府先后发布了《电子政务发展绿皮书》(1996年)、《政府现代化白皮书》(1999年)、《信息时代公共服务战略框架》、《21世纪政府电子服务》、《电子政务互操作框架》等政策文件。这些文件的主要指导思想是：建立“以公众为中心”的政府；在电子政务建设过程中，应加强跨部门的合作，以更好地满足公众需求；在制定有关政策和方案时，应照顾到少数民族及残疾人的需求；通过实施电子政务，提高政府的工作效率，改进公共服务方式。

《政府现代化白皮书》提出：将信息化作为政府发展的长期目标，并制定相关方针政策；公共服务要以客户为中心，而不是以提供服务的政府机构为中心；政府要利用信息技术满足企业和公众的需要；公共服务应该是高效的、优质的；与私人部门相比，政府部门应该提供更有价值的、更讲信誉的服务。该报告指出英国电子政务建设的着力点包括以下5个方面：①提供跨部门、跨机构的协同服务；②改变政府内部运作效率；③将政府纳入战略计划的核心；④在电子服务传递中开发新的合作伙伴关系，利用信息技术加强电子民主建设；⑤开发以客户为中心的服务。

2000年3月30日，英国首相在“信息时代特别内阁会议”上提出：到2005年，政府所有服务项目都要实现在线提供，做到所有公共服务实现全天候24小时在线提供，实现全民使用互联网。2000年4月，英国政府发布了《电子政务行动方案》，提出了在信息时代英国政府的目标是更加充分利用信息技术实现对企业和公众的电子服务，加强中央政府和地方各级政府的协同工作，充分发展公共部门和私人部门的合作关系。

2006年，英国政府发布了题为《以技术推动政府变革》的电子政务新战略，提出了“变革型政府”的理念。所谓“变革型政府”，是指不仅要通过技术改造政府，更要建立并保持政府对创新及新技术的接受和利用能力，随着技术的发展及时、高效地从中受益。“变革型政府”包含三层含义：按需设计、共享文化和专业化。“按需设计”是指深化对用户需求的理解和认识，并寻找现代化的服务渠道，积极促进渠道间的融合与切换。“共享文化”是指通过资源再利用和投资共享的方式推行服务共享，在政府中形成服务共享文化。“专业化”是指加强政府的专业化水平，包括领导和治理、项目管理等方面。

（4）法国

多年来，法国政府一直致力于行政改革，在议程中将电子政务提到很高的高度。为了争取到信息革命挑战中的主动地位，法国政府于1997年制定了“为法兰西进入信息社会而准备”的国家计划，开始着手政府上网工程。法国政府认为，信息技术为政府改革提供了有力的支撑，信息技术可以用来增强政府与企业及公民的联系，促进公共管理和服务的现代化。

1999年1月，法国政府发布了《信息社会政府行动计划》，提出要让所有的政府机关都联网，要让法国人通过网络，更简便地办理各种事务。到2000年底，每个公共管理部门必须建立自己的网站，免费向公众提供公共信息。

2003年，法国总理府专门向政府各部发布通告，要求各个部门积极发展电子政务，利用信息技术提高行政效率。

2004年2月，法国政府发布了《电子行政方案》。该方案分为战略规划和行动规划两部分，详细描述了面向公民、企业、公务员的电子化服务的路线图。战略规划部分定义了电子政务需要实现的电子化服务的数量以及质量要求，并介绍了实现这些目标的机制和方法，包括140项具体活动。《电子行政方案》包括以下三个战略目标：通过面向用户的、全天候的、面向所有人的电子化服务，让公民、企业以及地方政府的生活和工作变得更方便；通过用户身份管理系统确保数据安全，以获得公众的信任；推进行政服务的现代化。

法国电子政务的目标简单而明确：构建一个更多产、高效、易于接近和低成本的政府，一个位于信息社会前沿的政府，一个致力于服务的、将用户置于电子行政方案中心地位的政府。

（5）德国

2000年9月18日，德国总理施罗德发布了“联邦在线2005”计划，要求联邦政府到2005年将所有可在网上提供的服务在线提供。“联邦在线2005”计划是欧洲规模最大的电子政务行动计划，于2001年开始实施，按计划到2005年完成。

德国政府认为，持续实施的电子政府计划为公共管理现代化进程提供了动力，将使联邦政府架构扁平化，并简化联邦管理部门办事程序。“联邦在线2005”计划是一个庞大的系统工程，它不仅仅是一个信息技术项目，而且还涉及政府管理的革新以及行政管理的调整。该计划可以保证德国公民、社会各界以及其他政府部门更简便、快速与便宜地使用联邦政府在线提供的公共服务。

2001年11月，德国联邦政府为德国所有地方政府制定了一个详细的在线公共服务实施计划。该计划将直接影响107个独立的政府部门与机构，涉及376项可在网上提供的服务。

2002年6月，德国联邦政府试运行政府网上采购平台，并提出了“全体上网”的十点赶超计划，计划到2005年联邦政府所有部门设置电子通信手段，到2006年实现“联邦在线2005”计划，到2007年在联邦政府各个部门之间实现电子通信，到2008年为所有合适的行政程序作好全面的在线准备。

（6）丹麦

为更好推进电子政务建设，丹麦政府成立了“电子政务联合委员会”。丹麦的电子政务整个项目由该委员会领导。电子政务联合委员会委员主要来自五大政府部门、市政当局和郡议会协会。联合委员会每月定期召开一次委员会会议。

2002年，丹麦发布了其政府的战略：《走向电子政务：丹麦公共部门的设想和战略》，提出了电子政务的设想，即系统地运用信息技术，引入新的思考方式和组织文化，重组工作流程，实现职能转变，提升行政服务效率和质量。

2004年，丹麦政府公布2004—2006年新的电子政务战略，该战略的主要目标是建成一个高效、以客户为中心、能对公民和企业传递高质量服务的政府。

（7）澳大利亚

从20世纪80年代以来，澳大利亚一直是公共管理改革的先行者。1997年，澳大利亚总理霍华德在《投资以促进增长》政策声明中提出“到2001年底联邦政府要将所有适于上网的服务全部搬上网”的目标。2000年4月，澳大利亚政府制定了“政府在线”战略，指导联邦政府部门实现这一目标。到2001年底，联邦政府已经可以通过互联网为公众提供一切适当的服务，在网上可获取的政府服务和信息资源超过1600项。

2002年11月，澳大利亚联邦政府提出“更优的服务，更好的政府”电子政务战略，目标是建立无缝的、满足需求的、以客户为中心的、为全体澳大利亚人民谋利益的政府，工作重点转变为将信息技术更广泛地运用到政府管理和服务中去。该战略提出达到更高的功效并将盈余用于投资、确保政府服务和信息的便捷获取、提供满足公众需要的服务、整合相关服务、建立信任与自信、实现对公众的承诺六个重要目标。

2006年3月30日，财政部下属的澳大利亚政府信息管理办公室发布了《2006—2010年澳大利亚电子政务发展战略：建设一个反应灵敏的政府》，旨在进一步提高澳大利亚的电子化服务提供水平，并建成积极响应的政府。

澳大利亚政府相信，“关联的电子政务”将在2010年成为现实。这会推动政府业务流程的改革，希望到2010年，能够在政府服务流程中更多地融入互联网、电子以及基本语音服务。

针对设定的目标，该战略确定了对于推动电子政务持续发展非常重要的四个关键优先领域，即公众需求、互联服务的提供、经济效益和公共部门的能力。对于这个优先领域，该战略提出了四个方面的实施措施，即应用创新的技术，包括推广新型的移动通信技术、确立智能卡框架、开发现有的创新基础设施、对其他新兴的创新技术进行评估；加强政府与产业界之间的合作；对目标进行管理；开发一套服务传送方法，对电子政务绩效进行评估。

对于电子政务建设，该战略更加强调协调和以公众需求为导向。随着政府部门间以合作、互联的方式而不是独立地开展工作，新战略将减少繁琐的官方文件和流程，从而使政府更容易接近，业务流程更加优化，同时为公众节省更多的时间和精力。

为了让公众享受更加便利的公共服务，澳大利亚政府认为要以客户需求为导向设计公共服务流程。按照这一思路，公民不需要了解政府各个机构的设置情况，也不需要知道特定业务由哪些政府部门负责，他们能够在提供单一登录功能的系统之中方便地获得服务。

澳大利亚政府计划，到2010年要取消50%的表格以方便公众。为了实现这一目标，不同政府部门所需的各种表格之间要实现信息共享，从而尽可能地减少公民输入信息的需求。实现这一目标可以显著减少重复输入、降低更正错误的成本。例如，在填写表格时，公民如果发现自己输入了错误信息，则只需要在一个地方修改即可。

2006—2010 年澳大利亚电子政务发展战略指出，无论是使用电话还是借助互联网或者其他渠道，政府展现在公民面前的应该保持一个统一的形象。澳大利亚政府要向企业界学习其利用先进的信息通信技术（ICT）为客户提供更完善服务的经验。其中重要的一点，就是要在电子政务项目中采用面向服务架构（SOA）。为了引导这种电子政务建设模式，澳大利亚政府计划开发一套服务能力模型，以示范如何实现跨部门的 SOA。澳大利亚政府认为，SOA 能够更好地支持流程标准化、系统复用、互联互通，从而显著提高电子政务项目的投资回报率。

（8）日本

早在 1993 年 10 月，日本临时行政改革推进审议会就将政府信息化作为行政改革的重要内容之一，制定了政府信息化的推动计划，1994 年 8 月，日本政府成立了高度情报通讯社会推进总部，内阁总理大臣亲任总部部长。1994 年 12 月，日本内阁会议通过了关于政府信息化推进基本计划的决议，该计划从 1995 年度开始，为期 5 年。1997 年，日本政府将原来的《计算机白皮书》更名为《信息化白皮书》，把政府信息化与产业信息化、家庭信息化结合在一起，共同构成日本经济与社会信息化的主体。

为了加快电子政务进程，日本政府于 2000 年 3 月正式启动了“电子政务工程”。按照该项工程的计划，日本政府将在 2005 年前使政府各部门的主要业务全部通过互联网进行，全面进入网上办公阶段。

2001 年 1 月，日本政府制定了“e-Japan”战略。该战略的目标是在 5 年内把日本建设成为世界最先进的信息化国家。这主要通过四个方面的工作来实现：一是建设超高速的网络，并尽快普及高速网络接入；二是制定有关电子商务的法律法规；三是实现电子政务；四是为日本下一个十年的经济振兴提供高素质的人才。“e-Japan 重点政策计划-2002”又增加了一项工作——促进公众日常生活信息化。“e-Japan”战略明确提出，要“建设电子政府，提高政府办公效率，使任何企业和个人能在任何时候连通政府网络”。

2003 年 7 月 2 日，日本 IT 战略委员会召开第 19 次会议，决定启动“e-Japan”计划，在与人民生活息息相关的七大领域采取政策措施，通过信息技术的广泛应用，构建一个充满活力、安全、美好和便捷的社会。

2004 年 3 月，日本总务省召开了“无处不在的（Ubiquitous）社会政策座谈会”，并于同年 5 月向日本经济财政咨询会议正式提出了 u-Japan 构想，希望到 2010 年把日本建设成一个任何时间（anytime）、任何地点（anywhere）、任何事物（anything）、任何人（anyone）均可连接的无处不在社会（有人翻译为“泛在网络社会”）。2004 年 6 月 4 日，日本内阁正式通过了这一构想，并在总务省提出的“平成 17 年度 ICT 政策大纲”中更把 u-Japan 列为重点发展项目。2004 年 12 月，日本总务省列出了 u-Japan 战略的核心内容和推进时间表。

“u-Japan”战略中涉及电子政务的内容包括：到 2010 年实现所有特别区、直管市和县政府所在地的无缝连接；通过 ICT 带动制度改革，推进中央和地方电子政务建设；对政府机关、公共事业单位持有的个人信息加以保护，确保个人信息的正当使用；通过推进一站式服务、业务系统的最优化、行政手续的电子化、数据标准化，促进共同外包业务、统一业务系统框架，以及支持地方进行公共 ICT 基础建设，强化地区信息化体制和促进官方个人认证服务等，进一步提高用户对电子政务的满意度。

(9) 新加坡

2000 年 6 月，新加坡政府制订了“ICT-21 计划”，“电子政府行动计划”是其中一个重要组成部分。该计划目的是促使新加坡政府部门能够在新的知识经济时代，更好地为国家和人民服务。

在“电子政府行动计划”中，新加坡政府制订了五项策略方针：通过互联网提供更全面的政府服务；投资于基础设施以及公务员信息通信技能训练；尝试新的信息通信科技和进行创新；使政府部门更积极地了解新科技、以互联网速度（更快的速度）推出新系统和服务；让公务员更了解信息通信科技对经济社会环境的影响，以便作出更好的政策决定。

2006 年，新加坡政府公布了新的电子政务计划——“iGov2010”。iGov2010 是新加坡政府的 5 年行动计划，是新加坡智慧国 2015（iN2015）计划的重要组成部分，旨在利用信息通信技术继续深入服务新加坡民众。新加坡政府为 iGov2010 行动计划投资了 20 亿新元，目标是转变后台工作流程，提高前台效率和效能，建设一个“一体化政府”（Integrated Government），以用户为中心，利用信息技术为用户提供便利。

到 2010 年，新加坡将实现一个能够智能化地解决用户需求和提供高质量服务的政府，届时，新加坡政府至少将实现以下几个具体目标：80% 的用户对电子政务服务整体质量非常满意；90% 的用户会推荐其他人通过电子政务服务办理相关事务；80% 的用户对在线公布的政府政策、项目和计划等信息的透明度和可用性非常满意。

iGov2010 行动计划包括三个重要项目：移动政府（Mobile Government, M-Government）项目、新加坡政府组织架构（SGEA）、特别编制标识（UEI）。移动政府项目希望达到的目标是通过移动电话网向公众提供那些不适宜通过互联网和柜台提供的服务；使政府的电子服务为更多的受众所获取，为那些需要在移动中实现互动的人们提供方便。新加坡政府组织架构由业务架构（BA）、信息架构（IA）、解决方案架构（SA）和技术架构（TA）组成，目的是在提供服务时不受具体机构变更的束缚。UEI 可以为跨政府部门的事务处理提供共同的认证识别代码，有助于不同政府机构间基础的非机密信息的有效共享。

iGov2010 意味着新加坡电子政务开始从"电子政府"向"一体化政府"转变，新加坡电子政务工作重心从实施过程向实施效果转移。"电子政府"关注的是技术、设备和实施过程，而"一体化政府"更强调业务流程、信息系统、信息资源和技术应用的整合，为企业和社会公众提供更好的公共服务。

(10) 韩国

韩国总统金大中 1997 年就职后就把电子政务作为国家信息化的重要内容。韩国信息化战略委员会和韩国信息化促进委员会在指导、组织和协调韩国电子政务的发展中起着极大的作用。2001 年 1 月，韩国总统金大中发表关于建设基于知识的信息社会的韩国国家发展远景报告，与此同时，韩国成立由著名专家和政府高级首脑（政府重要部门的副部长级官员）组成的电子政务特别委员会，指导和规划韩国的电子政务建设。韩国政府希望通过电子政务的建设，完成韩国向世界级国家的跃迁。

①创建世界领先的政府服务体系

为实现"任何公民在任何地点通过单击鼠标即可获得满意的政府服务"的建设目标，韩国政府通过构建"单一视窗电子政府"(Single Window E-Government, SWE）服务平台，为公民在线提交政府服务申请文件、查询政府信息服务提供了有效、简易的方式，从而极大地提高了政府服务质量和公民的满意度。民众可以选择电子方式获取政府发布的各类文件，同时，在 SWE 服务平台上，政府和各公共服务机构通过网络系统共享各类相关重要信息，大大减少了冗余的行政流程。

②构造面向市场和企业的政府，全力支持企业的发展

韩国政府将政府采购系统和绝大部分的针对企业的服务功能集成到 SWE 服务平台。一方面积极推动政府服务的透明化，为企业提供了高质量

的政府服务；另一方面也全面推进政府公共行政部门的电子政务系统与企业电子商务应用环境的融合，为企业提供公平的市场竞争环境。

③建设更加高效、透明、民主的政府

韩国政府认为，政府透明与民主的基础在于政府各部门和公共服务机构为公众提供实时、高效的政务服务，并且公民能够通过电子政务系统与政府实现有效的双向沟通。为此，韩国各政府机构的财务管理、雇员培训、人力资源管理和其他主要内部服务系统均必须迁移到统一的网络系统中，从减少内部的重复工作入手，适时地推进电子审批和电子文档工程，实现政府无纸化办公和政府流程的改造与提升。

在日本提出“u-Japan”战略之后，韩国也随后提出了“u-Korea”战略。2004年11月，韩国信息通信部发布了《数字社会的人文主义：IT839战略》(Humanism in the Digital World：IT839 Strategy)，主要内容包括八大服务、三大信息基础设施和九个新增长点IT产品。通过实施“u-Korea”战略，可以构建一个无处不在的网络环境，为韩国人民提供无处不在的公共服务。从2007年开始，韩国政府把构建无处不在的政府（Ubiquitous Government，U-Government）作为电子政务建设的重点内容。

2.2.2 中国电子政务发展战略

(1) 中国电子政务发展的目标与任务

目前我国电子政务的建设主要是框架阶段，思路是把全国的政务分成6~10个领域，领域内部先实现初步信息共享，既业务协同、相互制约又相对独立。并主要围绕以下几个方面展开并取得相应成果：在明确内外网边界的前提下，迅速开展内外网平台的建设工作，外网平台到47个副省级以上单位的建设任务初步完成并开始向下延伸，条件成熟的地区延伸到县，统一的网络平台初步形成；开始建设中央门户网站，各级政府门户网站建设得到加强；四大数据库建设开始启动，边建设边发挥效益；12大业务系统在开展试点工作并取得成绩的基础上，有序推进，其他新业务系统分期、分批逐步上马；标准化、规范化工作取得一定进展；电子政务的网络和信息安全建设得到加强；中央各部门和各地方电子政务规划工作陆续展开；鼓励和支持国内IT企业参与电子政务建设的配套措施，带动这些企业的发展；加快推进政府信息资源开发与利用将成为下一阶段工作的重点，信息资源开发的产业化问题可能成为热点，相应的政策措施出台；各级电子政务培训工作全面展开，培训工作的规范化得以加强。具体来讲，我国电子政务建设目标，应在如下几个方面有所体现：

①使信息纵横畅通，即在政府部门之间、政府与企业之间、政府与公众之间做到信息的快速、及时和有效的传递。

②提供面向企业与公众的服务平台，做到“一站式”服务，“一表式”管理和服务跟踪平台。

③具备在线交互手段，使政府能够在第一时间，获取社会和经济的第一手资料，及时了解国情、民情，公众也能够最快地得到政府答复，成为快速响应的政府。

④营造一个协同工作环境，政府各部门能够在这样一个环境下相互协作，共同解决问题。

⑤能够为政府决策提供辅助决策支持，可以利用数据挖掘工具发现解决问题的知识和事物的规律，为政府决策提供帮助。

⑥能够为政府人员提供学习条件，营造学习氛围，使政府工作人员可以很方便地学习到与工作相关的各类知识，最终实现知识性政府。

当前我国电子政务建设面临的任务可概括为一个门户、两个平台、三个数据库、十二个业务系统以及相关的基础工作。一个门户：中央门户网站。这实际是中央政府的外网。两个平台：一是内网平台，二是外网平台。三个数据库：法人机构数据库；空间地理数据库；宏观经济数据库。这三个库是信息资源开发中基础的基础。十二大业务系统：办公资源；宏观经济；金税；金关；金财；金融监管；金审；金农；金水；金质；金盾；金保。到“十五”期末，我国将初步完成发展电子政务的基础性工作。统一的国家电子政务网络平台边建设边发挥作用，新建部门业务系统全面运行于统一的网络平台上，原有业务系统平稳向统一平台迁移；门户网站在规范中取得发展，中央门户网站在建设中不断完善；重点业务系统全面投入运行，其他业务系统分期分批逐步上马；政府部门内部办公业务系统不断完善，对外提供服务的能力不断加强，横向互联的广度和深度不断提高，经济和社会效益不断体现：法律法规体系初步建立，重要基础性法律法规颁布实施，配套规章制度和政策措施不断完备；电子政务培训工作不断强化，公务员和领导人员的思想认识不断提高；发展电子政务的网络和信息安全体系初步建立并发挥保障作用，初步建成全国统一的安全监控和保障体系框架；电子政务应用系统软硬件国产化比例大大提高，相当一批民营 IT 企业得以迅速发展；中西部地区受政策影响和东部地区的示范作用，电子政务建设取得明显进展；全社会对电子政务的认识不断达成共识，电子政务“为民服务”的宗旨开始得到全面贯彻。

为改善中央和地方各级党委、政府部门的管理能力、决策能力、应急处理能力、公共服务能力，初步形成统一的电子政务体系框架，“十五”期间电子政务建设确定以下发展目标：

• 标准统一、功能完善、安全可靠的政务信息网络平台发挥支持作用；

• 重点业务系统建设取得显著成效；

• 基础性、战略性政务信息库建设取得重大进展，信息资源共享程度明显提高；

• 初步形成电子政务网络与信息安全保障体系，建立规范的培训制度，与电子政务相关的法规和标准逐步完善。

我国“十一五”电子政务建设的主要目标：到2010年，基本建成覆盖全国的统一的电子政务网络，初步建立信息资源公开和共享机制。政府门户网站成为政府信息公开的重要渠道，50%以上的行政许可项目能够实现在线处理。电子政务要在提高公共服务水平和监管能力、降低行政成本等方面发挥更大的作用。

根据上述目标，当前中国电子政务建设的主要任务是：

• 建设和整合统一的电子政务网络，基本形成统一的电子政务内外网络平台。

• 建设和完善重点业务系统，加快12个重要业务系统建设。

• 规划和开发重要政务信息资源。组织编制政务信息资源建设专项规划，设计电子政务信息资源目录体系与交换体系；启动人口基础信息库、法人单位基础信息库、自然资源和空间地理基础信息库、宏观经济数据库的建设。

• 积极推进公共服务。推动各级政府开展对企业界公众的服务，逐步增加服务内容、扩大服务范围、提高服务质量。近两年重点建设并整合中央和地方的综合门户网络，促进政务公开、行政审批、社会保障、教育文化、环境保护、“防伪打假”、“扫黄打非”等服务。

• 基本建立电子政务网络与信息安全保障体系。组织建立我国电子政务网络与信息安全保障体系框架，逐步完善安全管理体制，建立电子政务信任体系，加强关键性安全技术产品的研究和开发，建立应急支援中心和数据灾难备份基础设施。

• 完善电子政务标准化体系，逐步制定电子政务建设所需的标准和规范。

• 加强公务员信息化培训和考核，切实有效地开展公务员的电子政务知识与技能培训，制定考核标准和制度。

• 加快推进电子政务法制建设，基本形成电子政务建设、运行维护和管理等方面有效的激励约束机制。

（2）中国电子政务建设原则

根据国家信息化建设的总体规划，电子政务建设应遵循“统一规划、分步实施、注重实效、安全保密”的总体方针，应体现指导性、系统性和长期性的基本原则。

信息技术领域有一个重要的麦特卡尔夫定律，即网络的价值与网络用户数的平方成正比。而我国的电子政务建设，恰恰比较普遍地反映了与此相悖的结果。其主要原因是部门各自为政。因此使本可以成规模的大网变成了几个甚至几十个分离的小网，不仅几倍几十倍的增加了投资，而且几十甚至上百倍地降低了系统的价值。因此，一个充分体现“统一”的指导方针是十分必要的，既要包括统一规划、统一网络，又要包括统一标准、统一实施。只有这样，电子政务才能有序发展，综合效益才能大幅提高。电子政务建设要实现技术系统的互联互通，形成统一的网络和应用体系，以最有效的模式优化资源配置，实现人才、网络、设备、软件、信息等各种资源的充分共享。

同时，在电子政务建设工作中要牢固树立“应用第一”的指导思想。并把应用作为衡量电子政务建设成败得失的根本标准，采取切实有效的措施，努力提高应用水平，使电子政务建设收到实实在在的成效。最后，要严格执行国家关于信息网络安全保密的各项规定，把安全保密系统作为电子政务技术系统的必需组成部分，同时规划、同时建设，并要加强应用过程中的制度建设和系统管理，确保安全保密，万无一失。

根据国家信息化领导小组关于我国电子政务建设的指导意见，在今后我国电子政务建设中要坚持以下原则：

• 统一规划，加强领导。电子政务建设必须按照国家信息化领导小组的统一部署，制定总体规划，避免重复建设。要明确建设目标和重点，充分发挥各方面的积极性，分类指导，分层推进，分步实施。

• 需求主导，突出重点。电子政务建设必须突出重点，稳步推进。当前要重点抓好建设统一网络平台、建立标准建设和整合关系国民经济和社会发展全局的业务系统。

• 整合资源，拉动产业。电子政务建设必须充分利用已有的网络基础、业务系统和信息资源，加强整合，促进互联互通、信息共享，使有限的资源发挥最大效益。

• 统一标准，保障安全。加快制定统一的电子政务标准规范，大力推进统一标准的贯彻落实。正确处理发展与安全的关系，综合平衡成本和效益，一手抓电子政务建设，一手抓网络与信息安全，制定并完善电子政务网络与信息安全保障体系。

（3）中国电子政务建设措施

好的实施方法是电子政务建设成功的保证。为此，在电子政务建设过程中要采取有力措施，确保电子政务建设的有效性。

• 统一部署，稳步推进。电子政务建设协调小组负责研究和协调电子政务建设中的重大问题。国务院信息化工作办公室负责制定总体规划，协调、指导和推进电子政务建设，建立科学的审议和评估机制。

• 明确分工，各司其职。电子政务建设具体项目要按照国家基本建设项目审批程序审批，做好前期审议、可行性研究、采购招标、监理和验收工作。

• 稳步推进，严禁重复建设。统一认识，加强领导，制定规划，积极稳妥地做好电子政务建设工作，特别要加快信息资源开发和业务系统建设；从实际出发，逐步规范业务流程，增加网上业务，加强公共管理和服务。

• 利用统一网络平台。按照统一规划和标准，逐步规范和完善，实现原有系统与统一网络平台的互联互通，新建的业务系统，原则上要利用统一的网络平台。

• 规范试点。明确重点、抓出实效，防止一哄而起、盲目追风。

• 保证建设和运行资金。

• 加快制定电子政务建设技术政策，实施有利于国内信息产业发展的政府采购政策，创造良好的外部环境；制定电子政务项目概算标准，合理确定和提高软件费用占项目总投资的比重；研究建立电子政务绩效评估机制。

（4）中国电子政务建设总体架构

①安全保密、公众服务、决策支持与信任授权服务模型

电子政务建设是一项系统工程，工作人员、社会公众等不同的实体，涉及国家不同级别的政府权力机构、政府各个实体对应电子政务建设中安全保密、公众服务、决策支持的不同级别要求，其关系如图 2-1 所示。

②平面和垂直结构

• 平面结构。从总体上来看，我国电子政务的平面结构如图 2-2 所示。

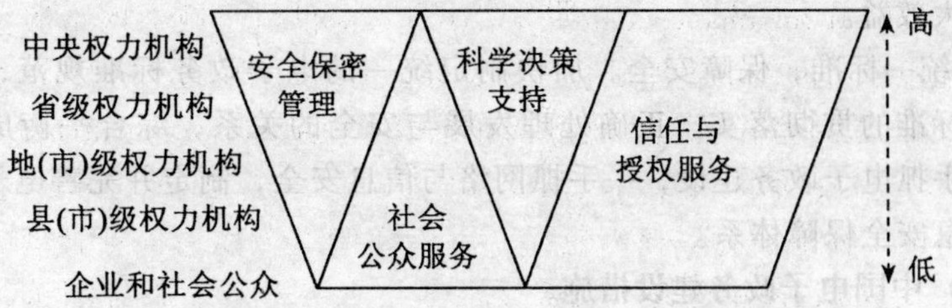

图 2-1　安全保密、公众服务、决策支持与信任授权服务模型

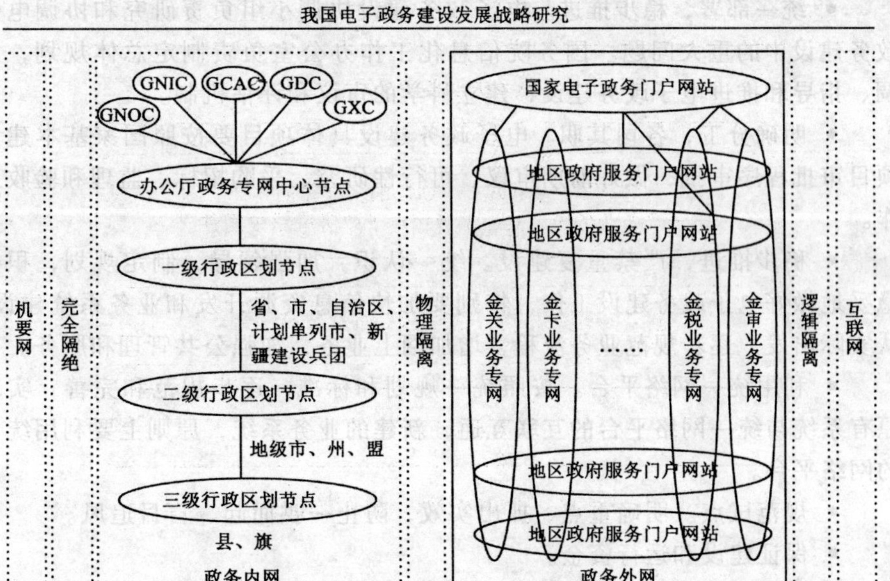

图 2-2　我国电子政务的平面结构

从图 2-2 中可以看出，要在办公厅建立电子政务内网的网络中心节点，主要功能是实现办公厅内部、国务院各部门、各地方政府的连接，并与党委、人大、政协等系统建立连接。在办公厅需要配套建立五个服务功能中心；政务信息交换中心（Government Exchange Center，GXC）：连接各个相关单位，实现各类跨部门、跨区域信息上传下达和交换的枢纽；政务数据中心（Government Date Center，GDC）：保存、更新、分发、备份等全局性政务信息服务的基础环境；政务认证授权中心（Government Certification Authority

Center，GCAC)：保障电子政务安全的认证授权设施；政务网络信息中心（Government net Information Center，GNIC)：提供电子政务网络服务的网络地址分配服务、网络域名注册和解析服务、网络目录服务、网络信息资源导航服务的全局性基本设施；政务网络管理中心（Government net Operation Center，GNOC)：保障试点示范工程各个应用体系成为一个有机的整体，支持试点示范工程的运行。核心包括：用户管理（含用户信息管理、用户认证、用户授权)、漫游管理、信息源管理、业务统计、系统测试、性能管理、路由管理、配置管理、系统维护和系统安全管理。

- 垂直结构。从总体来看，我国电子政务的垂直结构如图 2-3 所示。

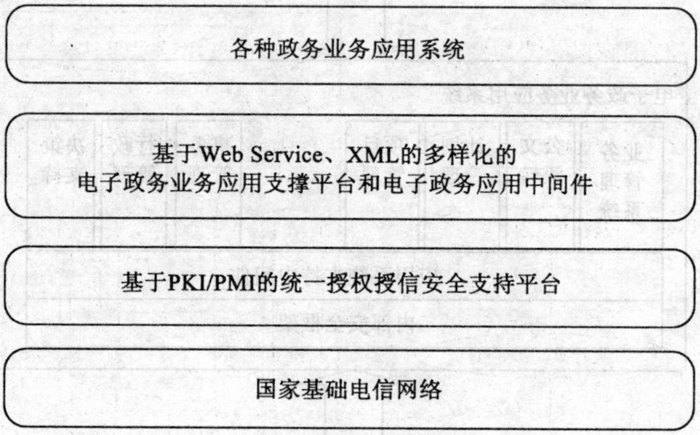

图 2-3　我国电子政务的垂直结构

图 2-3 中，国家基础电信网络主要是指由中国电信、中国移动、中国联通、卫星、吉通、网通和铁通 7 大运营商兴建的光纤通信骨干网络。在整个电子政务结构中由国家授权组建少数几个基于 PKI/PMI 的统一授权授信安全支撑平台服务商，在国家对安全服务商进行集中管理的同时实现有效的竞争。同样基于 Web Service、XML 多样化的电子政务业务应用支撑平台和电子政务应用中间件开发商数量也应受到控制，以保证电子政务建设的质量和加强管理。

③典型的电子政务总体体系架构

从技术角度看，电子政务系统是由多种计算机软硬件及网络通信系统共同组成的复杂系统，其中各种应用系统相互关联、共同作用形成了一个有机的、复杂的体系框架。随着各类信息技术的不断演变、提高，大规模企业级应用系统的构造技术也在不断地发展变化。结合政务应用体系的构造特点，当前比较典型的电子政务系统的框架结构都是具有分步式多层结构特征的总体体系结构。典型的电子政务总体体系架构如图 2-4 所示。

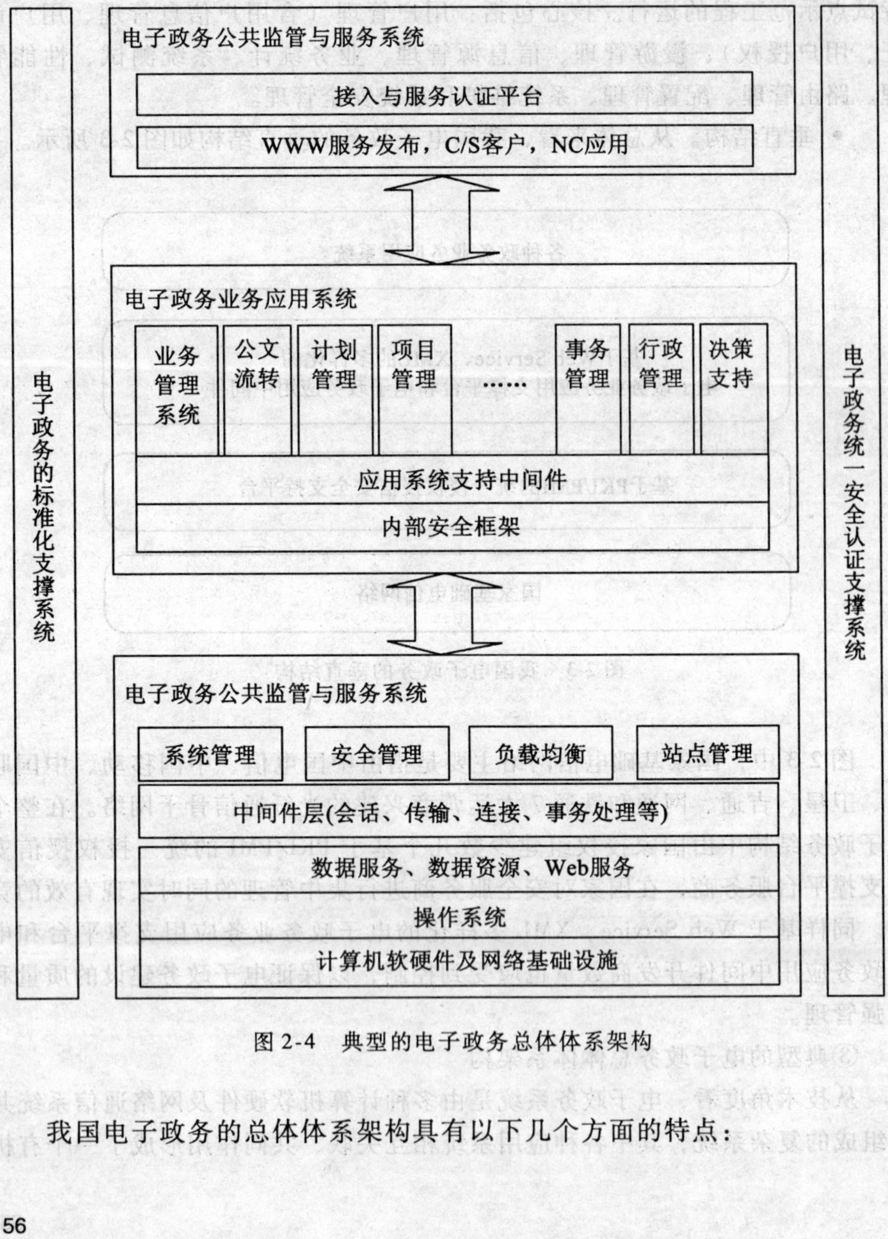

图 2-4　典型的电子政务总体体系架构

我国电子政务的总体体系架构具有以下几个方面的特点：

• 网络基础设施支撑环境建设要求高于一般的信息系统，并且网络基础设施支撑平台的特征已从“三网一库”结构体系转变为政务内外网结构体系。

• 统一的安全体系贯穿于电子政务体系结构中的方方面面。电子政务系统的安全体系不仅仅局限于各类网络层的安全措施，整个安全体系必须贯穿于从网络层、系统层乃至应用层的所有环节，才能保证电子政务系统中的政府管理和业务信息资源的安全。

• 标准化支撑体系是电子政务建设的根本，并贯穿于电子政务建设的始终。

• 共享、一致的政务信息资源数据库是我国电子政务信息系统集成和运行的基础，也是电子政务建设成功与否的关键因素之一。

(5) 中国电子政务建设战略对策

电子政务建设是一个十分复杂和困难的系统工程，绝不是有了投资，买了设备和软件，或者说政府上网就可以轻而易举解决的问题。就整体而言，比起发达国家来，信息技术在我国各级政府中的应用起步较晚，计算机和网络技术在我国的应用时间还较短，特别是一些经济相对不发达的地区情况更是如此。我们许多的政府部门不仅还没有建立起基本的管理信息系统，甚至在许多地方，数据处理的能力也还十分落后。另一方面，也因为如此，我国政府各级部门之中还没有真正建立起一种有利于电子政务和信息化发展的计算机文化。电子政务的建设，无论在方法和内容上，将不可避免地遇到各种各样的社会阻力，特别是当电子政务的建设与某些部门或集团的利益发生冲突的时候：当电子政务的建设影响到少数人的权力和利益的时候；当电子政务要求政府行为更加透明而使得贪污、渎职不易发生的时候。因此，在电子政务的建设过程中，如何克服形形色色的社会阻力是电子政务建设成功与否的关键。

①全面推进，重点建设

所谓全面推进，就是“想得要大，起步要小，扩张要快”。①“想得要大”是根据对信息技术发展的预期，审慎地确定电子政务长远的发展目标，或者说一个期望实现的电子政务“蓝图”。这个规划的目标应该是产出明确的，可以测量的，而不是抽象的、概念化的；规划要大处着眼，远处着眼；要有充分的洞察力和想象力。“起步要小”是要以小的、容易实现的、效果

① 周宏仁. 借鉴国际经验发展我国电子政务［J］. 中国电子商务，2003，(2).

明显的项目起步，确保“初战必胜”。或者，将大的项目分解成若干个小的项目组织实施。这样做，不仅是为了在实践中锻炼队伍，获得经验，吸取教训；也是为了“以小胜求大胜”，取得公众的信任和支持。“扩张要快”是在已经取得经验和效益的基础上，加快电子政务建设扩张的步伐，尽快取得更高、更多的经济和社会效益。这样，一方面可以充分享受信息化和信息技术带来的好处；另一方面，也可以扩大影响，在更大程度上取得政府和相关部门的支持。

重点建设，则是在充分考虑经济效益和社会效益的基础上，结合实际情况，有选择地在重点地区和部门进行建设，以点带面，最终达到各级政府各个部门的信息化。这包括两层含义：一是从地域经济发展和信息化水平进行考虑；二是从政府自身各部门的重要性考虑。结合我国国情应从以下角度来考虑我国电子政务建设的优先级问题，即：经济效益，社会效益，和政府自身能力的建设。经济效益显著的电子政务项目包括：

- 增加税收：各种税收管理系统，如所得税，增值税，财产税，海关管理系统（确保关税收入），以及各种费用管理系统（如公共卫生费，车辆费，注册费，执照费等）。此为“开源”，凡能帮助政府增加收入者均在此列。
- 财务管理：包括工资管理，支付和开支管理，各种投资和建设项目的管理等。主要目的是保证资金进出的有效管理，实现“节流”。
- 资源和计划管理：如地理信息系统（乃基础之基础），资源信息系统，土地与房产管理系统，国有资产管理系统，城市规划与建筑系统等。这类系统通过有效和高效率的管理间接产生经济效益。
- 营造良好的市场和投资环境：如工商企业管理系统，进出口管理系统，国内与国际贸易管理及市场信息系统，产业部门统计分析与市场预测，经济分析及投资数据，新技术及技术转让信息，专利信息，外资管理信息系统，以及各种相关的政府法规信息及服务系统等。

在电子政务建设中，尽管国家明确提出严禁重复建设，但有些地方仍将注意力放在重新组建一个在物理环境上统一的网络系统上。有的地级市的规划和方案，仅网络规划资金就高达数亿元。目前，许多地、市甚至一些县都在争上电子政务，一些地方不从本地实际出发，盲目追求设备的先进性，追求网络的大而全，许多基本问题没搞清楚就匆匆上马。这种势头如果得不到及时制止，势必造成大量的重复建设和“信息孤岛”，给国家带来难以估量的损失。与此同时，大量的资源却没有发挥应有的作用。因此，在抓好必需的网络基础设施建设和升级的同时，加快现有网络信息资源的整合就显得尤为重要。要实现网络信息资源的整合，必须打破原有的按职能部门条块分割的架构，构建公共的电子政务网络基础设施，整合不同的数据资源，实现跨地域、跨部门、跨层次的协同应用平台。首先，要制定统一的技术标准，加快统一网络平台的构建，避免重复建设，防止各自为政。其次，要加快重点业务系统和基础性、战略性政务信息资源库建设，确保信息流畅、资源共享、安全高效。再次，要抓好现有技术队伍的整合，将原先分散在各个系统的网络中心、信息中心、技术中心进行整合，建立一支技术精湛、业务熟练、精干高效的技术队伍，明确分工，加强协同，推动电子政务建设的持续、健康、快速发展。

②研发技术，创新管理

在电子政务建设中，电子与政务既相互联系又主次分明。政务是主体、内容和灵魂，而电子是手段，为政务提供支撑和服务。目前很多地区在推进电子政务建设时，仍然是“穿新鞋走老路”：有的地方把电子政务仅仅当成政府部门的计算机化，不去重视软件的开发和政府业务流程的改造；有的地方简单地把电子政务等同于政府上网，以为把政府一些政策、法规、条例搬上网络就大功告成，缺乏与公众的信息互动，实体政府与虚拟政府形成了“两张皮”；还有的地方“唯电子而搞电子”，只关心采用了多先进的技术，采购了多昂贵的设备，而忽视了对行政组织结构的调整和行政业务流程的整合，很多新建的网络设施成了摆设，电子政务的本色渐渐被表面的硬件和网络所遮掩。因此，要提高电子政务水平，关键要坚持“需求为导向、应用促发展”的方针，选准突破口，达到应用与功能相结合，电子和政务统一化，并不断地在技术领域加以研发、创新，将各种新的信息、网络技术加以转化和利用使之和政务信息资源达到良好契合，来推动整个电子政务建设的发展与提高。

电子政务建设开始成为许多国家行政改革和管理创新的重要推动力量。电子政务推动的政府行政改革是一个由浅至深的过程，表现为从外在的技术形式到内在的组织关系、从表层的政务方式到深层的制度建设的变革，是从“用”的变革转变到“体”的变革，是技术革命所推动的行政改革和政府再造。电子政务应先从改变政务流程开始，进而逐步改变政府的组织结构以及决策过程、调控途径、行为方式等，从而提高政府的行政能力。政务流程可以划分为三个方面，一是基础作业流程，指日常的公文流转与处理，会议、日程等事务安排，文件、资料、数据、档案等管理，信息沟通与发布等过程：二是常规行政流程，指政策问题的发现与提出，政策方案的研究与论证，政策的制定、执行、反馈及修正等过程；三是危机管理流程，指对突发问题、重大事故和灾难性事件的处理过程。信息与互联网技术在政府部门的运用，将使政务流程建立在信息网络通道和信息平台的基础上，大大提高流程的速度、效率和准确性，并不断促进政务流程的重组和再造，使政务流程发生从技术性变化到实质性变化的变革，推动组织结构从传统科层制向扁平网络化转变。传统政府组织结构是一个刚性化的机械式组织，有固定的职位、严格的层级关系和层层传递的信息渠道；领导权威建立在组织框架中的职能、级别和各种规定的基础上，权力比较集中；组织机构多以功能导向为主，组织职责明确、边界清晰又相对封闭，组织之间静态连接、缺乏互动，工作时需要花费很大的精力和时间进行协调。基于电子政务的组织结构重构，应当使政府机构趋于扁平化，呈现为一种柔性化的有机组织，纵向与横向的信息沟通同时发生，技能、威信及相关制度在组织中的作用日渐突出，权力集中性下降；组织机构以功能与项目为导向，既有为完成经常性任务、比较稳定的组织单元，又有为完成创新性任务和临时性工作、具有较大动态性的组织单位：组织之间的边界是开放的、互动的、动态连接的，通过网络实现跨部门的合作与协调，减少不必要的层次环节，减少会务、文件等实体性活动，代之以网上的虚拟性活动，大大提高组织的反应能力和工作效能，逐渐形成一种弹性的、灵活的、适应性强的、跨功能的、效率高的“无缝隙政府”。电子政务不应只是一场技术运动，还应该是一次涉及政府组织与行为模式深刻变革的行政改革，是一个政府再造过程。实现电子政务过程中政府管理创新的方向很大程度上是由信息网络的本质特征所决定的。这些本质特征决定了基于信息网络的电子政务的各种社会效应和政府管理的创新和发展方向。

- 系统集成，无缝化管理。电子政务应使管理与服务资源的组合方式发生深刻的变化，事务处理和业务工作发生虚拟整合，表现为政府系统运行的整体性与连续性，产生系统集成效应。政务活动的系统集成将改变传统的部门分割运行的状况，消除政府管理与服务的间断与空白点，显现出政府运行的完整性和协调性，为实现没有断层、没有间隙、没有阻滞的无缝化管理创造条件。系统集成突出反映在部门集成和过程集成两个方面。部门集成是各个分立部门通过信息网络系统实现相互关系的重新组合，改变传统政府部门与部门之间不连贯的独立工作机制，使部门间的工作职责和服务功能密切衔接，达到管理与服务的增值作用。过程集成使社会各界的政策建议与政策方案的研究、有关方面对政策制定的整个过程建立一个共同的信息平台上，使垂直的政务活动过程水平化。

- 耦合协同，一体化管理。信息网络改变信息传递的方式和渠道，使得政府各部门之间、各环节的信息传递和交流能够直接进行，不同层次、不同职能的政府部门在网络中具有无障碍的信息即时沟通能力，形成新的信息共享机制，实现政府各部门相关联的各种业务和管理职能的耦合协调效应。信息网络化使分离的政府部门关系发生从业务关系的耦合到功能效应的耦合，从而形成从业务关系到功能效应的协同，使政府活动并行化、系统化，表现出工作流程和系统功能高度协调的一体化管理。一体化管理将改变传统政府管理与服务的时空范围和边界限制，把政务活动的空间和时间因素制约降低到最小限度，使政府组织的刚性边界弹性化，政务活动将具有跨时空、跨功能、跨部门的一体化特征。

- 无限扩展，代理化管理。网络技术的推广应用使信息内容具有广泛的扩展性，人们可以在任何地方同时使用同一来源的信息资源。政务信息的全方位扩散突破了传统政务运行的相对封闭性，形成无限扩展效应，弱化了政府的信息特权，扩大了市场和非政府组织的力量，行政权力的分散和下移成为一种适应新形势的发展趋势，推动一部分政府职能将分解、授权和委托给社会组织进行代理化管理。政府管理的部分权力与职责将从纵向和横向两个维度进行转移。上级通过权力的适度下放可以调动下级工作的主动性、积极性和创新性，使下级政府能够更加灵活、机动地应对信息社会多样、动态的发展变化；政府可以将一些常规性的管理和服务项目转交给社会组织和团体，形成政府与这些机构的新型合作关系和运行机制，共同履行社会管理的职责。

- 动态交互，参与化管理。互动特征是互联网络最大的优势。电子政务充分利用网络的信息交互方式，使政府以电子方式广泛而深入地伸向机构、公众和所有服务对象，可以及时获取信息并快速做出反应；同时各种服务对象也以电子方式广泛而深入地参与到政务活动中来，使公民具有更多的政务信息与参与途径，从而构建起一个全新的、双向沟通的参与化管理体系，形成政府与公民之间更为密切的动态交互效应，为社会各界共同参与社会管理提供新的推动力。如在政策的形成与执行方面，有利于政策出台前的充分酝酿、政策出台后的顺利实施和政策执行实际情况的迅速反馈，促进决策的科学化与民主化：在日常的社会经济事务管理过程方面，网络将改变政府与社会不同主体之间的信息地位，削弱官僚主义和政府本位倾向，促进政府与社会的责任共担；在政府活动的人事参与过程方面，为政要竞选与民众参选提供了新的渠道和方式，为加强对政府部门和工作人员的监督创造了更便捷的途径。

• 开放公开，企业化管理。互联网络所带来的开放性大大加强了政府行为的透明度与公开程度，使社会能够全方位地对政务活动和官员行为进行评价、监督和考核，使政府行为更为直接地置于社会舆论的评判之下，这种开放公开效应要求政府必须迅速回应社会的需求，改变传统的社会主导者和控制者的角色地位，向管理寓于服务之中的职能角色转化，这将导致政府内部管理机制的变革，形成以政府实际工作绩效为导向的企业化管理。

• 网络催化，知识化管理。信息网络技术带动着以知识为基础的经济与社会的发展，使生产要素、生产方式发生重新组合，使社会关系、生活方式发生深刻变化，信息网络的迅速发展正在催化出一个新的社会经济形态。信息网络时代电子政务的构建必然使政府资源利用方式和人力资源管理发生深刻转化，需要对人事制度、信息管理、工作方式等进行适应性革新，通过政府知识化管理，建立一种学习、开发、维护与共享知识的机制，整合利用政府外部资源和内部资源，构筑知识共享平台，以提高政府工作人员的个人能力和集体智慧。

③实现共享，保障安全

通过网络实现信息资源共享利用是电子政务的基本要求。如何最大限度地使我国电子政务建设发展战略研究实现信息的通畅共享又确保秘密，成为现阶段网络建设中必须解决好的问题。近年来，由于各地的网络基础不同，导致发展的不平衡，再加上没有统一的网络建设标准，不同部门和地区的网络各不相连，缺乏协调性，致使政务系统条块分割现象非常严重。甚至有个别部门以安全保密为由不愿意共享自己掌握的相关数据，在数据库、应用系统的建设上，不考虑同其他部门的互联互通、协同办公，而是自成体系、互相封闭。同时，各个部门、行业自行组织网络建设，条块分明，不仅导致巨大的浪费，也给电子政务的推行造成了很大障碍。虽然技术标准的统一可以解决互联互通的技术问题，但要真正实现互联互通、信息共享，还有很多工作要做：一是要抓紧着手建立一个和政府结构相适应的信息化架构，将原本分散、独立的信息资源统一整合到一个信息资源平台之上，以实现真正意义上的信息共享利用。二是要解决好内网、外网信息资源的共享利用。内网和外网作为物理隔离的两个网络，两者在政务信息方面有着共同性。建内网主要是为了信息安全，而作为直接为公众提供网络服务的外网，公众最关心、最希望了解的也是政府内部的信息资源，因此，如何将内网的不涉密的信息资源及时、全面地通过外网提供给公众，让公众通过互联网获得政府的信息和服务，也就成为电子政务建设能否取得实效的一个关键。三是要抓紧制定政府信息公开条例和信息安全保密制度，明确政府信息公开的内容、方式、范围、程序等，该保密的严格保密，不该保密的坚决公开。

④控制成本，加强监理

随着我国电子政务建设的不断深入，近几年政府信息化建设的整体投资力度呈增长趋势。据世资讯（ccw Research）最新研究表明：2002 年政府机构 IT 投入达到 300 亿元人民币，其中硬件投入为 230 亿元人民币，软件投入达到 38 亿元人民币，IT 服务投入达到 32 亿元人民币；2003 年政府信息化建设的投资力度将继续增长，预计政府机构的 IT 投入将为 350 亿元人民币，增长率达 17%。超过 60% 的政府部门 2003 年信息化建设投资预算，相对于 2002 年有所增加，其中近 30% 呈大幅增加趋势：只有 8% 的政府部门 2003 年的信息化建设投资预算相对 2002 年有所萎缩。由此可见，一方面电子政务投资的增加给各大 IT 厂商带来巨大商机；另一方面，作为电子政务建设消费者的政府应当考虑成本的控制，并关注电子政务建设的质量，既要少花钱，还要“办好”事。现实中的政府或行政机关事实上是不折不扣的“经济人”，政府也应当在电子政务建设过程中进行多方博弈，应当充分地考虑各种资源的稀缺程度，供求关系，价格水平，在电子政务建设中关心自身利益和社会效益严格控制成本-收益的变化，重视投入与产出是否对等，达到利益最大化原则。控制成本就是要杜绝浪费，建立电子政务工程审核制度，招投标制度。加强监理则是为了保证质量。电子政务建设是一项复杂的系统工程，是工程就要关注质量，就应当建立规范的独立监理机制，杜绝电子政务建设的豆腐渣工程。只有关注质量才能使电子政务建设落到实处，这是电子政务建设的基础。

⑤突出服务，绩效评估

电子政务建设，是政府自身重塑和完善的过程，以期建立新的政府治理典范，促进善治，实现善政；是为了建立一个以公民为中心的政府，更好地为民众服务。信息社会不同与传统工业社会的一个重要特点在于其是一个消费者社会，是一个消费者主权的社会。消费者主权的社会意味着消费者有途径可以享受生产者提供的利益；消费者有选择产品和服务的机会；消费者可以得到充分的信息；消费者在生产过程中具有代表性；消费者受到损害的权益能够得到救济；消费者的满意是衡量生产和服务的核心标准。电子化政府，其最大的特征在于它是以公民为中心的，而非以政府机关为中心。所以，在推进电子政务建设的时候，我们必须把人民主权的法则和消费者主义的法则真正地落实到政府治理之中，突出政府的服务意识，把公民当作政府的顾客；关注公民对政府机关所提供的信息和服务有什么样的要求；满足公民的合法期待；为公民提供方便、快捷、满意的服务；以公民的利益和公共利益为出发点；使公民对政府所提供的服务拥有选择权；为公民权利的保障提供救济的途径。一言以蔽之，我们如何才能促使政府治理的形态从以政府为中心转变到以公民为中心，如何才能更好地为公民服务。

电子政务建设效果的评价是电子政务建设的最终环节。建构一套反映电子政务各个侧面，而且是可管理的、能够反映结构性变迁的，能够帮助政府建立对电子政务的发展加以调整的评估体系，是极其重要的。只有从宏观层面对电子政务作整体的评估和把握，才能为政府提供宏观决策的支持。在电子政务学中，“电子政务发展评估”指电子政务一切投入和产出的过程评估。这种过程可以是有形的，也可以是无形的；既包括电子政务“硬件”建设，也包括电子政务“软件”发展的政务活动过程。全面电子政务发展评估理论是以政府经济学、公共管理学、信息技术、投资均衡理论和资产评估、网络评估等为基础，所以包含了几乎所有的有效投入。人力资源在电子政务发展理论中是一个发展要素，它与资本、计算机等资源共同创造电子政务的价值。所以，反映电子政务发展评估的模型及其指标，就是人力资源、信息技术及其资本等要素的总和。

现在，电子政务在中国的建设才刚刚起步，如何避免走别人走过的弯路，对电子政务的发展进行跟踪评估是确保电子政务健康快速发展的有效手段。电子政务发展评估一是测评的对象特别重要，包括各级政府及其组成部门等的电子政务建设情况；二是测评的项目投资巨大；三是测评对象的技术复杂，涉及计算机技术、网络通信技术、信息安全技术、大系统协同技术、性能匹配测试技术和海量数据库技术等；四是测评对象的国际化要求高，包括国民待遇原则、透明原则和公开原则，与政府服务水平等电子政务的国际化程度。国际上的电子政务发展评估主要有两个基本特征：第一个特征是以互联网为基础设施构造和发展的电子政务为评估对象。第二个特征是就电子政务的内涵而言，更强调政府信息服务功能的发挥和完善。从2000年开始，发达国家对电子政务的发展进行评估，用其自行开发的评分系统对电子政务进行评分，并发布年度报告。美英的电子政务发展评估系统侧重于测量被评估对象的电子政务的“总体成熟度”，其评估路径是按照“电子政务功能度”的由易到难（技术层面），“电子政务复杂度”的由低到高（信息交互层面）和“电子政务成熟度”（面向用户方面）；其评估方法是采用发展系统集成模型与管理模型来实现的。“总体成熟度”又分为“信息服务成熟度”、“技术资产增值”和“客户关系管理”（CRM）三个子系统。在美国2002年的电子政务发展研究报告里“信息服务成熟度”和“技术资产增值”被分配70%的权重，而客户关系管理（CRM）被给予30%的权重。政府信息服务和技术资产增值在这三个子系统的分别得分，进行集成加权平均后的分数为“总体成熟度”。其权重使用“要素贡献度模型”来确定，得分是采用发展系统模型来打出离散分点。其中，信息服务成熟度又包括“信息服务成熟广度”和“信息服务成熟深度”两个方面。“信息服务成熟广度”是指政府负责提供的信息服务中已经在网上实现的比例，“信息服务成熟深度”是指政府信息服务的完备水平。具体来说是把政府信息服务分成“发布”、“互动”和“信息交易”三个层面以反映某一项信息服务所能达到的最高成熟度。客户关系管理（CRM）测量政府将信息服务提供给用户时达到的精致程度。关于CRM，又有5个子指标，分别是洞察力、互动性能、组织性能、客户建议和网络技术性能。发达国家的评分系统引入CRM的概念评测电子政务，并给予30%的权重，反映了西方发达国家电子政务的发展趋势，即越来越注重改善用户体验，以用户为中心提供政府信息服务。通过对美国、英国等国家电子政务评测体系的研究，我们发现，西方发达国家的电子政务评估集中于电子政务信息服务方面，集成于公众信息透明的交互信息服务。这与这些国家的“用户导向、结果导向和市场基础”三大电子政务发展战略原则的要求相一致，也与其国家的社会经济发展水平和政府信息化程度相适应。由于我国的国情和政体与西方发达国家不同，不能照搬西方电子政务的评估方法，必须根据我国的实际情况，开展符合中国实际的研究，为中国各级政府及其组成部门的电子政务发展态势进行正确测量和评价提供科学的理论和方法。

2.3 电子政务现状与发展

2.3.1 国外电子政务发展现状

近些年，电子政务在全球得以迅猛发展，据统计，在联合国的成员国中，已经有90%以上的国家建立了政府相关网站，并实施了某种形式的电子政务服务。应该说，世界经济一体化以及信息技术特别是互联网技术的发展是世界各国积极推进电子政务建设的主要原因。了解和借鉴国外电子政务的发展状况，有助于我国电子政务的快速发展。

（1）国外电子政务发展的基本情况

①北美地区

北美地区在全球电子政务发展中处于领先地位，美国与加拿大是全球电子政务的领跑者。另外，墨西哥的电子政务发展也较为迅速。

如前所述，美国被认为是电子政务的最初提出者，并且在“9·11”事件之前一直是世界上电子政务发展最快的国家。目前，其仍然是许多国家发展电子政务的样板。

加拿大政府是全球迄今为止电子政务发展最成熟、最领先的国家之一。与美国一样，加拿大先进的基础设施及人力资源，为国家大力发展电子政府打下了坚实的基础。在2001年，加拿大对一系列项目实施了大幅度的升级与改进，特别是大力发展“以客户为中心”的政府网上服务。加拿大的电子政府在跨部门、跨区域之间的协同性和一体化服务传递方面要超过其他任何国家。加拿大的电子政府门户网站是客户关系管理的最佳体现，它主要针对3种客户群体：加拿大公民、加拿大企业以及非加拿大人。通过该网站可访问政府所有主要部门及机构的相关网站。

②欧洲地区

整个欧洲国家都对电子政务的发展给予了大力支持。同时，欧盟组织还积极推行“电子欧洲”计划，制定了一系列指导方针，并对其成员国的实施情况每年度进行一次全面评估，以确保电子政府在各成员国的顺利发展。2001年，在提供在线服务方面，仅有4个国家低于双向互动阶段，已有7个国家达到了事务处理阶段，在2002年又有另外8个国家达到这种阶段。较为领先的国家有挪威、英国、芬兰、荷兰、德国、丹麦、爱尔兰、法国、比利时和意大利等。95%的欧洲国家在政府关键部门，即卫生、教育、社会服务、劳动就业和财政部门已经达到了双向互动及事务处理阶段。北欧国家在这一点表现得尤为突出，因为它们有着全球最高的互联网使用率。在信息通信技术（ICI）及人力资源方面，欧洲仅次于北美。各国领导强有力的支持也为欧洲整体电子政府发展提供良好的环境。同时，大多数国家在电子政府的规划中兼顾了“以客户为中心”策略，以及“尽量向商业群体提供在线服务”两者的平衡。

③南美地区

南美地区在全球电子政府发展中处于中等水平。许多国家都在稳步发展，除巴西与阿根廷较为领先外，其他一些国家还没有明确的发展目标，并缺乏真正以“客户为中心”的服务理念，数字鸿沟问题较为明显。

④中东地区

中东地区在全球电子政府发展处于中游水平，但各国发展极不平衡。该地区以色列较为领先，紧随其后的有阿联酋、科威特、巴林与黎巴嫩。而也门、突尼斯、阿尔及利亚等国家则极低。比如，阿联酋全国1/3的人群是网民，属全球领先水平；而摩洛哥的上网人数仅为0.4%，是全球的最低水平之一。中东关于政府信息发布的网站居全球最高水平，而以客户为中心的网站却处于全球最低水平。

⑤亚太地区

亚太地区除澳大利亚、新西兰、新加坡、韩国、日本和马来西亚之外，绝大多数国家发展电子政府的环境十分薄弱，许多国家的发展处于全球最低水平。澳大利亚、新西兰、新加坡和日本居全球领先水平。韩国的电子政府因为实施了几项成熟的在线事务处理（如实施反腐败的电子政府工程）而格外引人注目。近年来马来西亚电子政府发展迅速，印度也正积极向前推进。

⑥中美、加勒比海和非洲

中美、加勒比海和非洲属全球较低水平。尽管许多国家都将发展电子政府提到议事日程中来，建立了政府网站，其中一些已达到互动阶段。但由于信息基础设施、人力资源十分薄弱而发展缓慢。

(2) 国外电子政务发展的特征

从当前国外电子政务发展的情况看，其基本特征主要表现在以下几个方面：

①领导人的政治意愿与电子政务建设相结合

电子政务是政府管理方式的革命，它不仅意味着具有生产力性质的政府管理工具的创新，而且从根本上改变了政府管理结构和管理方式，电子政务的发展已经引发传统体制的变革，一些电子政务发展较快的国家大多首先源于国家或政府领导人敏锐的洞察力，强烈的政治意愿和有力的领导。越来越多的国家政府领导人已经认识到电子政务是治国不可缺少的工具，认识到了电子政务对于国家生存和发展的重要性，从政治上确定了电子政务目标，并勾画出应实现的蓝图。同时，也落实了相应的实施部门和所需的资源。其中，特别重要的是明确地定义电子政务的目标，以及通过做哪些事情或完成哪些项目来达到这些目标。电子政务已经不是一个概念和一种技术，而是一个庞大的系统工程，政治意愿和信息技术的结合，造就了新的政府组织形式。

②将管理技术运用于公众服务

客户关系管理技术是近年来在企业界非常流行的一种通过改善与客户的信息交流和互动，掌握客户消费习惯和行为方式以留住客户、扩大市场占有率的技术。现在，这种技术也开始用于电子政务之中，帮助政府建立与其"客户"（企业和居民）的关系。由于发达国家一般都是民选政府，必须体现民意，按照公众的意向设计政府的电子政务系统，建立新的、更好的政府与企业、政府与公民的关系。新加坡政府的电子公民（e-Citizen）网站就是按照一个居民由出生到入殓的生命全过程的各个阶段所可能遇到的、需要与政府打交道的全部问题来设计的，充分体现了以居民为中心的政府服务思想。

③门户网站成为主要趋势

政府门户网站已经成为电子政务发展的一种基本形式，即通过一个门户网站可以进入政府所有部门，或者可以进入任何一个由政府向用户提供的服务项目。对于那些需要几个政府部门同时介入才能完成的事务，这种门户网站对用户来说非常方便。门户网站形成用户与政府的互动，使政府纵横交错的官僚结构不见了。用户只要在网上完成他所需要的与政府互动的事务处理，根本不需要知道在这件事情完成的过程中，他与哪些政府部门、哪些政府官员打过交道。这种通过门户网站实现用户与政府互动的形式，为政府形态由工业社会向信息社会过渡提供了条件。正因为如此，各国都加快发展政府网站。目前，联合国下属的各成员国已经约有95%的国家建立了政府相关网站，并实施了某种形式的电子政务服务。在欧洲、北美及新加坡等一些工业化国家，电子政务实现了互动性甚至事务性服务，许多国家都建立了一站式门户网站。经济合作与发展组织（OECD）成员国大多建立了单一的门户网站，英国与新加坡还采用了用户ID进入系统。

④政府改革与电子政务建设密切相联

自20世纪70年代以来，西方国家在巨大的社会压力、财政压力和经济全球一体化压力之下，进行了大规模的政府改革。在政府改革中，各国普遍的做法有：减少政府对市场的干预，放松政府对社会、市场的管制；削减名目繁多的规则，简化政府管理的行政流程；在政府管理中引入市场机制，推行公共服务市场化；将政府职能向社会转移，更多地发挥非政府组织或民间组织在公共管理中的作用；优化政府组织结构，裁减机构和人员，削减财政开支，将政府的决策和执行功能分离，提高政府管理的透明度，加强对政府的绩效管理等。

为了巩固这些改革成果，西方发达国家普遍推进政府信息化，把它放在了十分重要的地位，并把巩固改革成果与推动政府信息化、发展电子政务有机结合起来。

⑤不断增加服务的广度和深度

就前面所提到的电子政务的四个发展阶段而言，目前很多政府都在实现由第一阶段向第二或第三阶段过渡，即扩大电子政务向用户提供服务的广度和深度。在这方面，葡萄牙政府的“2000—2006 信息社会发展规划”，荷兰政府的“电子政务行动计划”，以及澳大利亚的“政府上网战略”，在国际上都有较好的反响。

⑥遵循长远规划，分阶段实施的建设原则

电子政务建设是一个复杂过程，不可能一蹴而就，必须分阶段实施。世界各国在推进电子政务发展中大多是分阶段来开展的。

(3) 国外电子政务应用项目的发展重点

2001 年 3 月 23 日至 24 日，欧洲委员会（European Council）在瑞典的斯德哥尔摩召开了“e 欧洲 2002 年”会议。会议提出，欧盟国家对于电子政务的发展应该考虑两个指标：一是政府向企业和居民提供的基本公共服务在网上完成的百分比；二是政府提供的网上公共服务被公民所使用的情况。这个会议提出，欧盟的会员国应以下述 20 个基本公共服务项目作为实现政府上网服务的优先考虑，其中 12 个为面向居民的服务，8 个为面向企业的服务。由这些项目的设定我们可以看出发达国家对于电子政务发展的优先级考虑。

①面向居民的服务

本服务共 12 项，即所得税（申报及评估通知）；职业介绍；社会安全与福利，包括失业福利、家庭补贴、医疗费用（报销或直接支付）以及学生补助金；个人文件（护照及驾照）；汽车注册（新车、旧车或进口车）；建筑许可申请；警察通告（出现贼、盗等）；公共图书馆（分类目录、搜索工具）；证明文件（出生、婚姻），包括申请和递送；高等教育及大学的入学申请；动迁通知（地址更改）；与健康有关的服务（例如，关于各个医院提供服务的项目和情况、医院挂号等）。

②面向企业的服务

本服务共 8 项，即雇员的社会贡献（所得税预扣）；公司税（申报及评估通知）；增值税（申报及评估通知）；新公司的登记注册；向统计办公室提供的数据；海关申报；与环境保护有关的报告；支付与采购。

国际上也有专家提出，将政府的业务分为九类共165项，其中的九类即居民服务、司法与公共安全、税人、国防、教育、行政管理、运输、法规与民主、电信及邮政，以发展和评估一个国家电子政务的实现程度。

（4）国外电子政务建设的基本经验

国际上不同国家实施电子政务、构建电子政府的经验可谓各有千秋。尽管其他国家在实施电子政务时不可能原封不动地照抄照搬这些经验，但其中所蕴涵的可取之处和它们所带来的启示，却值得每一个即将构建或正在构建电子政府的国家大胆借鉴和认真学习。

下面就国外实施电子政务的基本经验作简单总结。

①以政府业务流为主线发展电子政务

以政府业务流为主线就是根据轻重缓急将政府职能中带有不变性的业务流一个个地计算机化和网络化，既满足政府的急需，又有利于政府的职能转变和政府重组。以政府业务流为主线发展电子政务，实际上就是利用信息技术给政府重新“梳一次辫子”。把那些最急需的政府业务流先开发出来，实现电子化和数字化，然后根据先后次序按部就班地完成。那些在信息化时代被淘汰的部门必须转变职能或调整机构。

②遵循审慎规划，小步快走的发展战略

发达国家的经验表明，电子政务的发展必须遵循“审慎规划，小步快走”的发展战略。也就是说，对于电子政务建设规划，想得要大，起步要小，扩展要快。因为电子政务属于资金和技术密集型部门，对项目管理的要求比较高，加上信息技术本身发展快、新的设备和技术手段不断更新，因此，在电子政务建设中，一步到位是不切实际的。“审慎规划”就是根据实际情况以及对信息技术发展的预期，审慎地确定电子政务长远发展目标，然后建立政府的业务模型，确立信息化目标。“小步快走”就是要以小的项目、容易实现的项目、效果明显的项目起步，在取得经验和效益的基础上，加快系统扩张的步伐，尽快拿下这个系统所应有的全部经济和社会效益。

③确立电子政务发展优先级

电子政务要取得成功必须确立优先级。从实践来看，世界各国几乎无一例外地以电子税务作为电子政务的启动工程或第一优先项目。因为，电子税务不仅大大提高了政府税收的有效性和效率，而且有效地提高了社会的完税率。此外，电子税务还可以建立全社会最复杂的档案系统。因此，电子税务是当前国际上最复杂、最成熟的电子政务应用系统。

开展电子政务可能有很多不同的具体目标，如改进对公众的服务、提高政府机构的效率、加强市场监管、改进优先的经济部门、改进弱势群体的生活质量、提高政府的管理水平、扩大民众参与等。电子政务必须对这些目标有一个先后完成顺序，政府优先发展什么取决于一个社会具备的具体条件及其实现的目标。从目前世界各国电子政务发展情况看，大致可以从以下三个角度来考虑电子政务发展的优先级问题。

第一，从经济效益出发的优先级设定。有明显经济效益的政府信息系统不但可以帮助政府改进对企业和居民的服务，方便企业和居民，而且可以帮助政府增加收入或外来投资，从而有可能为电子政务的发展再积累和提供资金。我国金关工程和金税工程的成功是这类项目的典型例子。

第二，从社会效益出发的优先级设定。社会效益比较明显的电子政务项目，包括面向居民的各种服务系统，如出生、死亡、婚姻、迁徙等，居民身份证、护照发放系统，自行车、汽车执照和驾照发放系统，社会保障系统，如失业补贴发放、求职援助，街道的各种服务和管理系统，土地和住房的注册登记系统，公共教育和文化系统，医疗与保健系统等。这些项目经济效益虽然未必明显，却可以使老百姓感到生活安全、安定，政府的服务方便、有效，居民能够充分地利用信息和知识提高自身的各种能力。因而，这类项目可以促进社会政治、经济发展，使老百姓支持政府，保持社会的稳定和公共安全，为政府争取更多的政治支持。

第三，从政府自身建设出发的优先级设定。政府利用现代信息技术和网络环境可以提高办公室工作效率和生产力，精简机构和人员，降低管理成本。因此，可以从这个角度考虑对电子政务建设中各个项目优先级的设定。一是提高政府核心业务运行的有效性和效率。如国防、安全、情报系统，首脑机关（党中央、国务院等）的各种监控系统，各种公文流动管理系统，内部通信系统，决策信息系统，信息与知识管理系统等。二是增加政府的透明度和反腐倡廉。如各种内部财务管理系统、人事管理系统、电子采购系统、政府工程招、投标系统等。三是政府信息资源的开发，如各种法律信息系统、政令信息系统、文件管理系统、档案管理系统等。

④强调规范化和标准化

信息化建设必须有标准化的支持，以确保技术上协调一致和整体效能的实现。规范化和标准化是电子政务系统实现互联互通、信息共享、业务协同、安全可靠的保证。它将各个业务环节有机地连接起来，并为彼此协同提供技术准则。通过标准化协调和优化功能，保证电子政务建设少走弯路，提高效率，确保系统的安全可靠。统一标准是互联互通、信息共享、业务协同的基础。除了信息系统建设中极为重要的数据标准、技术标准及安全标准之外，还需要特别重视电子政务应用系统的标准化问题。各国政府一般都按照标准化和规范化要求，实现政府之间、部门之间的各种系统兼容和信息资源共享。要实现电子政务的标准化，关键是政府业务过程的规范化及数据模型标准化。因此，各国政府主管部门都下大力气促进本部门电子政务关键“零部件”的标准化和规范化，并以此推动本部门管理向规范化和标准化靠拢。

国外电子政务标准化和规范化一般都通过技术政策来引导和推进，有些则依赖于市场的作用，让市场占有份额大的产品成为事实上的标准或规范。为此，有些国家采取公开招、投标方式，将主要的政府信息系统要素分包或统包给合格的企业。在系统原型开发出来以后，通过鉴定和评估，形成该类系统解决方案的国家标准或试用标准，以不同的规模和价格向全国各级政府部门提供成套的硬件和软件系统，并开展培训和推广应用。系统建成之后的升级和维护，也由该系统的承包企业负责。

⑤政府和企业紧密合作

在国外电子政务建设过程中，各国政府都十分重视政府与企业形成某种合作伙伴关系。其特点是：第一，在政府信息系统的建设中，融资的渠道很多，政府没有钱也一样可以办事。政府与企业的伙伴关系具有很大的潜力，居民也是电子政务的一个“财源”。设计得好，可以做到政府、企业、居民三赢。第二，政府和企业在电子政务发展中各有自己的角色。政府的职责是完成法律赋予政府的职能，政府擅长的是政府自身的业务，信息系统的开发是企业的专长。因此，在电子政务发展中，政府的任务是提出对信息系统的要求，而不是建立一支队伍去搞系统开发，这样才能做到扬长避短。

⑥加强电子政务的安全管理

正如前面相关章节所述，在电子政务建设中，加强安全管理非常重要。不过，需要说明的是，由于不同的电子政务应用系统对安全的要求不同，因此，不能将安全问题绝对化，不是“越安全越好”。必须根据系统要求决定安全系数，根据系统的实际应用情况，考虑安全、成本、效率三者的权重，并求得适度的平衡。

⑦正确对待电子政务发展中的难点和制约因素

从国外情况来看，电子政务的发展遇到两个主要难点，但是它们都进行了认真处理。

第一个难点是电子政务的一体化问题，即政府部门之间信息系统的一体化及中央与地方政府之间信息系统的一体化问题。既然要实现“一站服务”和“无站服务”，涉及跨部门和跨地区的政府业务处理就必须实现一体化。例如，国税的征收就涉及许多部门以及中央和地方的协调。为此，除了业务过程本身要在部门或地区间畅通之外，数据、技术、安全等都需要遵循某种程度的统一标准。但是，由于各种各样的利益冲突，要实现部门之间及中央和地方之间的协调是一件非常困难的事情。从国外的经验和信息系统工程建设的需求来看，一个强势中央政府的集中、统一领导比较有利于国家信息系统的一体化、标准化和产业化。换言之，就电子政务的建设而言，“中央集权”对国家比较有利。

第二个难点是所谓数字鸿沟问题。前面曾经提到，电子政务的基本特征之一是以互联网为其基础设施，而电子政务也是互联网最重要的应用之一。但是，究竟有多少人能上互联网呢？如果不能做到居民普遍上网，那么电子政务只能为少数人提供方便和服务。这将使社会的强势团体更强，而弱势团体更弱，并因而强化了社会的不均。事实上，那些最需要政府提供服务的人（如社会救济）往往可能正是那些无法上网的人。为了克服这个难点，许多国家都想了很多办法。如意大利的波哥纳市向所有的居民提供免费上网和电子邮件信箱；加拿大和新加坡向低收入家庭提供购买计算机的补助；牙买加利用邮局、英国利用公共图书馆、印度利用公共信息亭等方便居民就近进入政府网站。设立公共信息亭的国家正在逐渐增加，因为，它不但可以帮助居民上网，还可以解决一部分人的就业问题。

发达国家在电子政务发展中还面临两个比较大的制约因素。其一是所谓个人隐私问题，许多居民担心自己的数据都交给政府之后，个人隐私是否还有保障。虽然一些国家已经完成了相应的立法，如数据保护法，但是仍然无法解除居民的疑虑。在美国进行的一次民意测验中，有65%的居民希望电子政务发展的步伐放慢一点，主要的顾虑就是担心隐私无法得到妥善的保护。另一个比较大的制约因素则是安全和认证问题，特别是由第三方完成的认证问题。安全问题虽然与技术密切相关，但是并不完全是技术问题，而是怎样通过各种努力来建立可靠的认证系统并在实践中赢得公众信心的问题。

⑧其他方面的经验

除了以上7个方面，还有一些其他经验值得借鉴：实施电子政务、构建电子政府势在必行，各级政府必须要树立高度的紧迫感；电子政府由国家投资、受国家控制、为公众服务；电子政府不仅是网站与软件的简单应用，应当全面展开电子服务，使电子政务、电子商务以及远程教育协调发展；实施电子政务必将迅速带来可观的经济效益；实施电子政务必须以公务员的个人素质为前提等。

2.3.2 我国电子政务建设现状、问题与对策

由于政府业务的共通性，我国的电子政务建设与其他国家并无本质的不同。然而，由于我国的现实国情，又使得我国的电子政务建设具有自己的特点。例如，在我国实施电子政务过程中，首先是要加强政府的监管功能；其次是进一步提高政府的办公效率，为人民提供更多更好的服务。

(1) 我国电子政务的发展历程

与世界各国电子政务发展的历程一样，我国电子政务也是沿着计算机单项应用，管理部门信息化，再到全面的政府上网工程这样一条由低向高、由局部到全面推广的发展路子。我国电子政务发展可分为初期缓慢发展、快速完善发展和高深层次发展三个阶段。

①初期缓慢发展阶段

我国电子政务建设起步于20世纪80年代。初期发展主要表现在两个方面：其一是20世纪80年代末，中央和地方党政机关开展的办公自动化(OA)工程，建立了各种纵向的内部信息办公网络（包括经济、金融、铁道、民航、电力、财税、海关、统计、气象、灾害防御等10多个方面），以及若干横向的内部业务信息管理系统（如国外贷款项目管理信息系统、国际收支管理信息系统、技术引进项目管理信息系统、物价信息系统、农业经济信息系统、国土资源信息系统等），用计算机和通信网络技术奠定了基础，为推动政府部门之间的横向信息交流，对经济进行宏观管理，发挥了重要作用。特别是1987年1月国家经济信息中心正式成立，为我国改革开放和各级政府制订计划提供了可靠的信息依据，使我国开始进入政务信息化时代。以国家经济信息中心为主导，由国务院牵头发展的国家经济信息主干网系统，实现了办公自动化、信息数字化和传递网络化。其二是1993年底启动的“三金工程”，即金桥工程（它属于信息化的基础设施建设，是我国信息高速公路的主体工程）、金关工程（它是国家对外经贸及相关领域信息网络工程）和金卡工程（它是建设面向全国主要大中型城市的银行电子货币工程），这是中央政府主导的以政府信息化为特征的系统工程，重点是建设信息化的基础设施，为重点行业和部门传输数据和信息。但是，这些都还只

是电子政务发展的雏形，是其最初级的阶段。

②快速完善发展阶段

到20世纪90年代末，由于信息网络技术的快速发展和信息基础设施的不断完善，电子政务的发展进入快车道，突破了部门和地域限制，向交互性和互联网方向发展。1998年4月，青岛市在互联网上建立了我国第一个严格意义上的政府网站“青岛政务信息公众网”(http://www.qingdao.gov.cn)。1999年1月，当时的国家40多个部委（局、办）的信息主管部门共同倡议发起了“政府上网工程”，其主要目的在于推动各级政府部门将公众信息资源上网，更好地为公众服务。“中央政府上网工程”的实现，迫使各级政府也必须与之相适应，在推动各级政府上网的同时，也推动了所有与政府有关的机关、部门、企事业单位上网，我国政府站点迅速增加，网页内容日益丰富，在政策传递、网上服务等电子政务方面出现了一次新的飞跃。特别是金融部门网上支付的实现，为我国电子商务的发展提供了必要条件：教育部门的网上教育，推动了我国教育事业的发展；而公安部门的网上通缉，抓住了大量长期外逃的犯罪人员，为社会稳定做出了重要贡献；外经贸部网上申报出口退税，从根本上解决了异地出口偷逃税问题。其他如地方政府通过互联网发布政务通告，提供政府职能部门服务联系方式、提供各种办事程序及问题解答，人事部门进行网上公务员考试录用、劳动人事政策公开、有关部门通过网上公开征集对国家重大政策的民意、建议都发挥了重大作用。

③高深层次发展阶段

我国政府全面实施电子政务可以说是从2000年开始的。当年10月《中共中央关于制定国民经济和社会发展第十个五年计划的建设》提出：“大力推进国民经济和社会信息化，是覆盖现代化建设全局的战略举措。以信息化带动工业化，发挥后发优势，实现社会生产力的跨越式发展。”我国电子政务由以往部门式发展转向全面的国家战略发展阶段。电子政务一改过去技术驱动为以业务需求为动力，政府信息化不再是在计算机、网络平台上对原有流程进行简单复制，而是与政府管理体制改革相结合，全面提升了政府在社会主义市场经济条件下的职能，为我国经济、社会、文化事业的全面发展提供了有力保证。

(2) 我国电子政务的发展特点

我国电子政务的发展与国外电子政务相比，有自己的特点，这一特点不仅突出表现在它的社会特征上，还表现在它的建设特点、运用特点和管理特点上。

①我国电子政务的国情特点

与其他国家相比，我国电子政务的发展是自身国情特点决定的，这种特点可概括为：

第一，独特的政治制度。我国是社会主义国家，可以发挥社会主义制度“集中力量办大事”的这一传统优势，集中力量加快我国的电子政务建设。事实上，我国目前电子政务建设比国外发展得更快，政治制度优越是其中一个很重要的原因。同时，由于政府官员和共产党干部是人民的公仆，必须注重民主政治建设，致力于建设一个廉洁、民主、高效的现代化政府。我国政治制度的这种优越性，为我国电子政务建设快速高效发展提供了良好的条件。

第二，地区的不平衡性，决定了我国电子政务发展速度的差异性。由于历史原因和改革开放首先从沿海开始，我国经济呈东高西低的状态。沿海地区的人均收入比西部不发达地区高出几倍，甚至十几倍。这种经济收入的差距表现在电子政务建设上也呈东部相对比较好，而西部地区相对落后的状态。虽然国家对落后地区进行了大量的投资，但由于这些地区整体水平低，发达地区和落后地区在电子政务建设以及社会信息基础设施建设方面的差距巨大，在许多经济欠发达地区，公文流转和业务处理基本上还处在传统阶段，不同政府机关之间的信息交流仍靠电话、传真及传统的邮寄和专人投递，在这些地区，电子政务只能从普及知识开始。

第三，电子政务模式的多变性。我国正处于改革的攻坚阶段，不仅经济体制在变动之中，政治体制改革也正处于起步阶段。特别是在我国加入WTO后，各级政府机构需要转变政府职能，实行精兵简政，所有这些变化反映到我国的电子政务建设上必然是政务模式多变。这种多变性表现在三个方面：一是由于经济体制的不断变革，要求电子政务建设与其相适应；二是我国政治体制方面不断变化的政府组织结构、领导体制、管理模式要求电子政务建设与之相适应，要求电子政务模式不断变化；三是目前新的电子政务软件不断出现，其功能更加强大，建设和维护费用更低，人机界面更友好，使用更方便，它要求电子政务模式也不断变化。

第四，国家对电子政务的监管特别困难。我国的政治体制是建立在传统的计划经济基础之上的，经过20多年改革，目前虽然有了很大的变化，但远远不能适应社会主义市场经济建设的要求，这不仅表现在我国政府的很多机构设置还继续沿用传统模式，更重要的是电子政务将重新定位政府各部门的职能，改变政府的办事方式，改革政府的体制结构，每一种变化都将直接损害一些部门和个人的利益，在部门利益、个人利益驱动下，各个政府职能部门往往只考虑本部门的利益，影响电子政务的整体发展。这种利益机制使我国电子政务建设和监管特别困难。

②我国电子政务的建设特点

与发达国家电子政务建设相比，我国在电子政务建设中有自己的特点，主要表现如下：

第一，我国电子政务建设的动力来自两个方面。一是我国政府为了加快政治文明建设，加快政府信息化建设的步伐，自上而下地推进电子政务建设；二是随着我国进入 WTO 组织，外国企业进入我国市场后，大力发展电子商务和现代物流，它们要求我国提高政府服务质量，建立与电子商务和现代物流相适应的电子政务系统，特别是我国进出口贸易的迅速增加，极大地推动了我国的电子政务建设，这种外在拉力和内在动力的结合，加快了我国电子政务建设的步伐。

第二，国家网络基础设施建设实现了跳跃式发展。这是因为我国的电子政务建设起步较晚，在信息技术日新月异的今天，我国可以跳过发达国家原先走过的道路，特别是可以吸取它们失败的教训。新技术的出现，使我们可以直接运用最新的技术和材料，集中资源，加快建设高速、宽带、大容量的基础网络，并在此基础上，促进电信、电视、计算机“三网合一”工程。加快包括移动通信、数据网在内的国家通信网络建设，高质量地提供语音、数据、图像、多媒体等世界最先进的技术，使我国的电子政务建设从起步就进入世界先进行列。

第三，电子政务建设与信息服务产业相互促进。经过近 20 年的发展，我国信息产业部门不管是从技术水平还是服务水平都有很大提高，我国所有大型信息技术企业不但研究、开发、生产软件和硬件产品，也全面提供各种系统集成、系统开发等信息技术增值服务。许多中小型信息技术企业更具活力，可以提供各种各样的、各具特点的信息技术增值服务。总的来说，我国信息技术服务企业基本上可以满足我国电子政务建设的要求，虽然在一些大型软件数据库开发平台、大型硬件设备上还需要外国公司提供，但随着我国电子政务建设的发展，国家投资的增加，这种主要依靠外国提供大型硬件设备的局面正在改变。我国政府电子政务建设与我国信息技术进步、信息产业发展同步前进，相互促进，共同发展的局面正在形成。

第四，我国公务员与公民应用信息技术的能力迅速提高。由于我国原来的信息化水平比较低，公民平均受教育水平尚处于低收入国家阶段，而且全国人口受教育程度在各个地区之间存在显著差异，因此，从公务员到普通公民运用电子政务的能力普遍偏低，提高公务员和公民运用电子政务的能力是电子政务建设又一个重要工作。可喜的是，近年来国家加大了对公务员运用电子政务的培训，加强了公众上网知识的普及，加快了政府全面上网和宽带进入普通百姓家庭的步伐，"三电合一"为普通公众参与电子政务提供了条件，加上我国网民数量迅猛增长，我国教育水平不断提高，我国公务员和公民使用电子政务的能力也迅速提高。

③我国电子政务的运用特点

与其他国家相比，我国电子政务起步晚，基础比较薄弱，因此，我国电子政务的运用有自己的特点，这些特点主要表现在以下几个方面：

第一，信息资源开发和整合的难度大。由于我国政府各部门运用电子政务的时间不长，有的才刚刚开始，有些部门和地区还没有进入电子政务阶段，这就造成很多部门在电子政务信息运用上存在很多问题。突出表现在：部门之间各自为政，信息资源相互封锁；大量的信息资源还处在纸质化状态，没有转变为电子化信息。这种状态造成了信息资源开发的难度加大，社会要想利用现有的信息资源，不仅需要各部门之间相互开放资源，而且还需要将大量的信息资源进行数字化处理。这不仅是一个思想认识问题，而且也是一个人力、时间、财力资源的投入问题。

第二，电子政务的管理流程有待规范和优化。在我国进行电子政务建设，不仅解决技术问题困难，在管理、法律等方面存在的问题也很多。西方发达国家进行电子政务建设之所以比较成功，一条很重要的经验就是电子政务建设与政府改革同步进行。如美国，伴随电子政务建设过程的政府重塑，实质就是政府适应信息化发展和民众要求不断调整政府结构的过程，是优化和规范政府管理流程的过程，并以此为目标调整政府管理机构和职能。

由于我国经济正处于由农业经济向工业经济的过渡阶段，整体上与信息化时代还有很大距离，要想使我国的政务管理流程一步到位地达到电子政务阶段特别困难。政府在重构自己的体系方面不仅有思想观念方面的问题，也有体制方面的问题，还有技术、利益分配方面的问题等，只要哪一个方面工作没有做好，电子政务就很难运行。因此，优化电子政务管理流程和规范电子政务，不仅是一个技术问题，更是一个体制再造问题。

第三，以公民为中心发展电子政务的工作有待加强。目前，我国电子政务建设的特点是以职能部门管辖范围和职责来划分，如工商部门、税务部门、人事部门、教育部门等。这样，群众要办成一件事，必须跑多个部门，只要其中一个部门耽搁，事情就办不成。目前虽然已经有电子政务系统，但由于每一件事情都有关联性，需要多个政府职能部门的协调配合才能完成，公民仍然要跑多个部门才能办成一件事。如果我国的电子政务还继续停留在各部门各自为政的基础上，那么，电子政务的高效、高质量特点将大打折扣，公众从实际的政务服务中得不到多少好处，从而对电子政务失去兴趣。打破当前各自独立的相对封闭的网络体系，在互联、互通的基础上将原来各自独立的信息进行集成，最终实现所有信息互动和一体化，这是中国电子政务建设在今后一段时间内所要努力的方向。

第四，电子政务的智能化水平低。电子政务在为公民提供高质量、高水平的服务，在高效率办公和事务处理的同时，还应该为领导提供精确、客观的决策依据。目前我国在这方面存在的问题更大。电子政务智能化，就是通过运用电子政务从浩如烟海的信息中，提炼出有价值的信息，在恰当的时间，用适当的方式，将人们所需要的信息及时地交给使用者，只有具备了对信息进行自动识别、过滤和提炼的能力，才是智能化电子政务系统。然而，我国的电子政务系统还处于起步阶段，所能提供的信息有限，所提供的信息也因为部门分割而不能得到有效的运用，因此，提高电子政务的智能化水平是我国电子政务建设的又一个重大任务。

④我国电子政务的管理特点

与国外电子政务管理系统相比，我国电子政务管理也有自己的特点。

第一，电子政务公共服务管理才刚刚起步。随着改革开放的不断深入，政府的职能也正从过去的“管制型政府”向“服务型政府”转变。在社会主义市场经济条件下，政府的职能主要是服务、管理和保障，其中为企业和公众提供高质量的公共服务是政府最重要的职责。而电子政务为政府服务职能提供了重要的手段。这是因为，电子政务从根本上改变了政府与社会、企业、个人之间的信息不对称问题，企业、公众可以通过网络及时获得政府的各种信息，它还可以借助现代信息网络技术，享受政府提供的“一站式”服务、在线服务等多种服务，这样大大加强了政府之间、政府与公众之间的互动，提高了政府的公共服务管理水平。政府提供在线信息服务建设电子政务的核心内容，也是其最为关键的任务。目前县级以上政府虽然90%以上已经上网，但网上提供在线服务的内容不多，所提供的信息大多数也是零散的，分散在各个部门的，这种在线服务与现代电子政务管理要求相比还有很大的差距。

第二，“数字鸿沟”在我国还严重存在。我国存在严重的信息差距和“数字鸿沟”问题，信息技术的快速发展带来收益的同时，也带来了新技术障碍，造成新的“数字鸿沟”和社会不公平性。政府应当从战略高度重视这种落差问题，着手解决不同群体和不同地区之间的“数字鸿沟”，重视对信息弱势群体的信息服务。解决数字鸿沟问题，一是要加大信息技术人才培养的国家扶持力度，使那些落后地区和弱势群体通过国家扶持，实现跳跃式发展；二是要加大财政、金融的支持力度，使落后地区有条件改善他们的电子政务条件；三是要加大中西部等落后地区的信息基础设施建设和信息人才的培养，增加他们自力更生的能力。

第三，我国电子政务法律政策还有待完善。随着电子政务的发展，出现了大量与新的政府管理形式相冲突的问题，这些问题用传统的法律、法规已经难以规范，因此，必须出台与电子政务相适应的法律法规。总的来看，我国在电子政务发展上，政策调整与法律、法规建设落后于电子政务的发展速度，这在一定程度上影响了我国电子政务的发展。事实上，国家权力机关在电子政务领域中最重要的工作是制定各种相关的法律法规，以及做好政策调整工作，只有这样，才能营造出一个良好的信息化社会环境和公平竞争氛围，为企业和各社会机构开展工作提供保证。目前我国信息产业不仅面临着由技术条件带来的信息安全问题，同时也面临着由于政府管理政策法规不健全带来的安全问题，因此，有关电子认证、电子文档、信息公开等一系列法律法规问题的制定，以及修订有关法律法规已成为进一步发展电子政务的当务之急。

（3）我国电子政务建设的成就

经过十几年的努力，我国电子政务建设已经取得了巨大的成就，主要表现如下：

①政府上网工程基本完成，绝大部分地级市拥有电子政务网站，发达地区政务上网做到区和乡镇一级。政府门户网站的信息公开、网上办事、公众监督职能开始得以发挥。

②国务院有关部门相继建设了一批业务系统。各地内网系统建设开始深入，“金关”和“金税”工程取得显著成效，其他金字工程也在建设之中。

③经过努力，我国电子政务的接入问题提上日程，公众接入提速，电话与网络结合，已经公共服务管理系统在为企业、公众的服务中发挥更大的作用。

④互联互通成为当前我国电子政务建设的主要内容，许多地区开始考虑

协同工作和数据共享问题，其中北京、广州等地的互联互通成为全国典型。整合、集成成为主流趋势，对已往构建的应用系统整合力度进一步加强，并由部门、行业内部发展扩散到地区。

⑤电子政务外部环境建设也取得较大进展。《电子签名法》已经出台，《政府信息公开条例》已经公布，其他相关法律、法规都已经进入议事日程。与此同时，围绕行政审批制度改革，有关电子网络状态的行政程序、流程调整也被提上重要议程。

⑥电子政务建设中的有效组织和管理受到高度重视，更多有资质、会监管的电子政务项目监管机构开始出现。电子政务产业链开始成型，规划、实施和监理制度开始建立，电子政务评价的相关指标体系正在确立，电子政务的风险正在不断下降。

⑦电子政务的培训全面展开，各方面更加重视对广大党政干部、事业单位等相关人员电子政务知识和技能的培训。电子政务人力资源建设被提上日程。

⑧更可喜的是各地政府电子政务建设发展迅猛。目前，北京市政府上网工程已经全面完成，全市约 90% 的政务部门建设了局域网，超过 80% 的政府部门达到了人均一台计算机，有 70% 的政务部门实现了 50% 的业务无纸化办公。广州市在“政府创造环境，人民创造财富”思想指导下，大力推行电子政务和政府管理创新，积极打造服务型政府。“广州市招商引资信息平台”和“广州市外商投资管理平台”影响巨大。济南市城市公用信息平台整合各种信息资源、推动城市网络资源互联、开展综合信息服务。云南省电子政务一期工程“互联互通到县”的目标已基本实现。贵州省建立了省政府网站，带头推荐电子政务，实现公文上网和网络流传。上海市电子政务建设提速，“市人大公众信息网”的顺利开通，对于进一步推进人大工作的信息化、公开化和民主化，产生了重要的促进作用。

(4) 我国电子政务建设存在的问题

尽管取得了巨大的进展和可喜的成就，但在 10 多年电子政务的建设过程中也存在不少问题，具体可概括为以下 7 个方面。

①对电子政务的一些基本问题的认识不到位

尽管目前国内已经掀起了电子政务建设的热潮，但不少政府官员对电子政务的一些基本问题还缺乏完整的认识。在不少地方把电子政务当做“形象工程”、“面子工程”、“政绩工程”来实施，有些政府机构则把它当做争取财政支持的一个“筹码”，目的是为本地区、本部门“圈”到更多的资金。转变政府部门的认识成为当前发展电子政务的首要问题，只有搞清为什么要发展电子政务，才能防止劳民伤财的现象发生。

②“重电子、轻政务”、“重建设、轻应用”现象比较明显

在电子政务建设过程中，由于对信息技术不了解，或由于对互联网的盲目崇拜，很多人简单地认为，只要用上了电子政务，就能解决传统政务活动中存在的许多问题。这是一个很大的误区。如果网下的政务活动还没有真正改变“门难进、脸难看、话难听、事难办”的官僚作风，那么网上的电子政务充其量只是一个“电子衙门”而已。

③对内应用多，对外应用少

迄今为止，我国电子政务的发展重点是 G to G（政府与政府）的政务。这并不是说，G to G 电子政务不重要，但 G to G 电子政务只是电子政务的一个有机组成部分，从国外的发展经验看，利用电子化手段，更好的为企业、为公众服务才是电子政务的真正目的。发展 G to G 的主要目的在于提升政府的管理能力，而发展 G to B 和 G to C 则可以提高政府的服务能力和水平。目前国内不少地方电子政务应用中对企业的服务除了发布“招商引资”等信息外，几乎没有其他有价值的服务；对公民个人的服务更是少得可怜，电子政务对广大群众并无实际意义。

④先进的电子技术与落后的政府管理模式存在严重冲突

在不改变现有政府业务流程、政府职能不作调整、机构不作改革的前提下发展电子政务，影响了电子政务效能的发挥。电子政务要求政府组织结构扁平化、小型化、弹性化、虚拟化、网络化，与现有的金字塔型组织机构存在着严重的冲突。不触及这些深层次问题，先进的电子技术只能隔靴搔痒，无济于事。

⑤有关电子政务的法律规范和标准还不完善

电子政务的快速发展带来了一系列的法律问题，如传统的“红头文件”、“大红印章”式管理在电子政务条件下肯定行不通，代之而起的数字签名、电子化文件如果没有相应的技术、措施、法律作保障，也很难行得通。另外，各地在没有统一规范和标准的条件下，盲目发展电子政务，必然会产生数字化的“大跃进”，除了造成一个又一个新的“信息孤岛”和“数字壁垒”，这种电子政务没有多少实质性的使用价值。

⑥“以客户为中心”的服务理念还没有得到真正体现

在当前我国电子政务建设过程中，“以客户为中心”的服务理念还没有得到真正体现。包括企业、社会组织和公民在内的社会公众理所当然是各级

政府的服务对象，也必然是电子政务活动的服务主体。所以，评价电子政务活动成效最重要的标准应该是“公众是否需要，公众是否满意”，但是这方面却没有得到有关人员和机构的高度重视。中国香港特别行政区电子政务在国际上处于领先地位，重要原因是电子政务实施过程中自始至终体现出“以客为尊”的发展理念，这一点很值得内地政府机构学习借鉴。

⑦电子政务建设中部门间缺乏合作

各级政府部门占据着全社会80%的信息资源，长期以来由于缺少有效地开发与管理，政府的信息资源散落在各个独立的政府部门，既没有作为资源开发，也没有让这些宝贵的信息资源为经济社会发展服务。可以说，电子政务发展过程中的合作困难，归根结底是因为利益冲突问题。这是电子政务发展过程中的一个“坎”，如果迈不过去，那么电子政务的发展只能是浅层次的，不能解决实质性问题。

（5）我国电子政务发展对策

①建立统一的规划、技术标准和制度、监督体系

首先，电子政务的发展必须要有统一的规划、明确的发展目标和各个部门、各个行业的任务、目标，并且要有组织、有步骤的按照先易后难、逐步推进的原则实施，这样才能适应电子政务本身的特性，并指导我国电子政务的正确健康发展。其次，必须要有统一的技术标准。技术标准化是电子政务系统实现互联互通、信息共享、业务协同、安全可靠的前提。目前，必须重点建立一套具有自主知识产权、适合我国政府办公特点并与国际标准兼容的电子政务标准，制定电子政务标准体系框架。再次，必须要同时建立电子政务相关制度和法律体系。制度建设是电子政务顺利推进的一个根本保证。在推动电子政务中，各地遇到的最大困难不是资金、技术，而是传统的行政弊端。解决这一问题，要把“电子政务”同“政府管理创新”相结合，建立完善一系列规章制度和管理办法。同时，还要针对当前我国在电子政务网络安全性不高和信息管理水平还相对低下的境况，应尽快制定和完善规范电子政务的网络与信息活动和制止网络犯罪的相关法律体系，以保障我国电子政务的正常运行，并进而促进电子政务的发展。例如，我国已经实施的“电子签名法”、“个人信息保护法”、“信息安全条例”等，都已经很有效的推进了我国的电子政务建设。

②电子政务的投资要防止出现黑洞

电子政务的投资巨大，所以不能投资了效益不好，还不好好总结经验找出症结所在，就进一步扩大投资。因此，当前尤其需要做的就是要防止电子

政务建设出现投资黑洞。信息化环境很重要，硬件投资是构造信息化环境的重要举措。但是做事要从最基本的做起，并且注意全局的平衡问题。以点带面的发展策略是需要的，但是不能在“点”的发展方面进行效益很少的“无限”投资。基础的应用还没有做好，已经投资的设备还没有很好利用，就去进一步扩展硬件建设，就会造成浪费。信息化建设必须“软硬兼顾”，要有“软措施”推动积极性，“责、权、利”相结合的基本管理原则的落实是关键。只有这样，人们推动信息化建设的积极性才会提高，信息内容才会增加，信息资源才会被很好开发和利用，电子政务才会不断地得到发挥和应用。

③电子政务建设的中心应向为平民服务倾斜

电子政务建设能够提高政府部门的办事效率、能够使政府部门更好的为人民服务。很多事情做得好与不好，要让老百姓来评价。因此，电子政务的建设中心应该向为平民服务倾斜，为人民进行现代化的服务。电子政务为人民服务的建设应该从以下几个方面着手：作为城市信息化重大举措向下延伸的部分。作为城市信息化重大举措向下延伸的部分有社保卡、交通卡、银行卡、社会诚信体系建设等措施。例如，社会诚信体系建设要首先从个人体系建设做起，然后发展到单位诚信体系建设，为良好的经济环境提供保障。作为城市信息化的公用设施布点。这方面最为引人注目的是电子信息亭。好多大城市已经就电子信息亭方面做了不少努力，也见到很好的效果。除了电子信息亭外，公用设施方面还要进一步加大步伐，做好每一步工作。

④把客户关系管理的理念引入到电子政务建设中

客户关系管理（CRM）的核心理念是“以客户为中心”，核心的方法是“个性化”的营销管理和服务。这些理念和方法都可以应用到我国电子政务的建设中。通过对电子政务内涵的理解不难得知，电子政务的本质就是政府的客户关系管理，一方面可以把政府的服务对象——社会公众看成是政府的客户，改善政府的服务就是改善政府对公众的关系；另一方面电子政务在“以客户为中心、更好地提供服务”这个终极目标上与客户关系管理所倡导的核心理念是一致的。那么，把客户关系管理引入电子政务中要遵循以下原则：

要实施以客户为中心的战略。即要把企业和公众真正作为客户，从用户的需求为出发点，围着企业和公众的需求来提供服务。电子政务只有实施了以客户为中心的战略，用户才能真正体会周到的政府服务，才能得到最大的实惠和便利。

实施了解客户并进行客户细分的策略。电子政务要体现客户关系管理思想，首先要了解客户并进行客户细分。电子政务的客户可以分为政府工作人员、社会公众、企业单位、其他政府机构、非营利组织等。为了把握客户的真正需求和偏好，客户细分应该说是做得越细越好。要针对政府提供的信息、办事事项实施个性化的服务策略。用户的需求是多层次、多方面的，因此很有必要对每一个用户的特殊需求进行有针对性的服务。这就要求政府网站在完成客户细分的基础上，把信息和服务也进行细分，要把个性化的信息内容及时提供给需要的用户。要在客户与政府打交道的整个生命周期中实施动态的管理和服务策略。社会中的每一个人在一生中的不同阶段需要不同的政府服务，比如，出生、生病、婚姻、户口迁移、社会救助、死亡等不同的人生阶段。所以，电子政务系统要考虑其用户的整个生命周期，要按照客户的“生活事件”来动态地组织信息和服务内容，并且按照用户所处的不同时期及时调整服务内容。这就要求电子政务及时维护用户信息库，跟踪用户生命周期的不同阶段，提供不同的个性化信息和服务。

要实施主动提供服务的策略。电子政务所提供的服务有两种形式：一种是根据用户请求而提供的被动服务；另一种是主动为用户提供服务、提供价值。政府网站把所有公开的信息分门别类放在网上，让用户去找自己感兴趣的内容，这种常见方式也属于被动服务，这些信息是政府自己认为重要的信息，还没有按照用户的需求来发布信息，而且由于网络信息量的极度膨胀，在网上要寻找有价值的信息越来越难。这就要求电子政务能主动提供有针对性的信息增值服务，这样才能体现“以人为本”的行政理念。这也对政府和电子政务建设提出了更高的要求。主动服务可以采用手机短信、电子邮件、频道推送、网络广告、网页预留、网络寻呼机等多种手段和途径向用户积极进行信息推介服务。

⑤提高认识，加强领导，实行“一把手”工程

电子政务涉及国民经济的方方面面，不单是资金、技术、制度问题，它很重要的一点就是与转变政府职能结合起来。电子政务系统的建设是一个从简单到复杂的发展过程，是逐步建立和完善起来的过程。在这里，各层领导的示范和领头作用，既是建立电子政务系统的关键，也是实施电子政务的关键。其中，领导班子里的第一把手又起到了决定性的作用。只有政府部门的主要领导对电子政务的意义有了清晰、明确的认识，才能最终推动电子政务的建设、使行政权力更加透明、规范，真正落实到代表广大人民群众的根本利益上。

⑥重视队伍建设，加强培训，为电子政务建设奠定基础

提高电子政务应用水平，最终取决于公务员队伍的整体素质和应用能力。加强对干部的技术培训，提高他们的信息技术应用水平，是加快推进电子政务的一个重要因素。公务员培训应包括决策层、业务主管层和应用层。要按照组织人事部门要求，对公务员进行电子政务技术培训，使电子政务培训工作规范化、制度化、经常化，并作为干部工作业绩考核的内容之一。

总之，我国的电子政务发展任重而道远，我们必须在发展的过程中坚持做到三个结合：同政府职能转变相结合；同政府机构变革相结合；同人民的实际要求相结合，这样才能使电子政务贴近实用、贴近应用，使电子政务的发展走在正常的轨道上。

(6) 我国电子政务发展的战略选择

战略是人类行动的起点。对于电子政务而言，确定一个恰当的、可行的发展战略是十分必要的。为此，我们必须制定一个切实可行的电子政务发展战略。电子政务发展战略为我们确定了电子政务的方向、范围和具体目标以及实现目标的途径和方法。

所谓战略，简单地说，就是为了解决特定的问题而制定的未来行动方案。从20世纪80年代中期的办公自动化，到90年代初的三金工程，90年代末的政府上网，再到2000年电子政务被列入国家“十五”计划，我国的电子政务一直是在实践摸索中渐进式发展的，缺乏明确的长期战略规划。直到2002年8月，国家信息化领导小组才发布了关于我国电子政务建设的指导意见，正式提出了“十五”期间我国电子政务发展的指导思想、原则、基本目标、主要任务、主要措施等，我国的电子政务发展才有了一个初步的战略框架。

战略起点是有关机关或人员对于问题性质的认定，以及确定解决问题所要达到的目标。电子政务发展战略也是如此。正如亚太理事会国际政策机构发展中国家电子政务研究小组所指出的，发展中国家的领导们在领导电子政务活动时，必须问自己：为什么要发展电子政务？发展电子政务的远景目标和重点是什么？要建立一个什么样的电子政务？同理，我们要了解中国电子政务的发展战略，必须首先要了解中国政府对电子政务是如何理解的，以及在此基础上确定的中国电子政务的目标是什么。

①我国电子政务战略目标选择的基本原则

我国电子政务建设来源于转变政府职能的需要，来源于遏制重复建设的需要，来源于拉动内需的需要，来源于应对中国加入WTO后所面临挑战的

需要。正是在这种强大的需求推动下，我国电子政务战略目标的选择必须遵循以下几条原则：

电子政务发展战略与我国政府职能相结合的原则。转变政府职能，建设服务型政务，就是要改进管理方式，提高行政效率，降低行政成本，形成行为规范、运转协调、公正透明、廉洁高效的行政管理体制。我国的电子政务建设必须与转变政府职能相适应，在业务和行政流程重组以及规范的前提下，电子政务的战略规划一定要有前瞻性，防止电子政务固化原有的不合理的职能分工和流程模式。

电子政务发展战略优化原则。在电子政务发展过程中，关键业务要优先信息化，战略目标规划要突出重点，分阶段推进，要注意安全、成本与效益三者之间的平衡，要从经济效益、社会效益和政府自身建设等多个方面来合理确定各个系统开发的优先级别。

重视信息资源开发和利用原则。在对已有资源进行调整和整合的基础上，做到资源的充分利用，从一开始就注意社会资源的无缝隙集成，防止出现“信息孤岛”现象，形成信息互联的优势

战略目标选择应与当地的信息化水平相适应原则。电子政务建设必须考虑到当地信息化的实际水平，与当地综合信息环境同步发展，只有这样，电子政务才能发挥应有的效率。政府上网工程也要由低向高逐步发展，即从办公自动化开始，以需求为导向，选择服务的结合点，实现网上办公，建设重点业务系统，建设基础性、战略性数据库，形成我国电子政务综合体系。

坚持公共管理、公共服务信息化原则。我国电子政务建设的根本目的是为了实现公共管理和公共服务信息化，因此，电子政务建设必须围绕这一目标进行。电子政务建设从一开始就应考虑机构改革、职能合理划分、审批制度改革、行政流程重组等，使我国电子政务的公共管理目标同社会经济发展相适应，与政府管理科学化相协调，为公众利益最大化服务。

②我国电子政务建设必须坚持的原则

从整体上看，我国的电子政务才刚刚起步，因此，在发展电子政务过程中，必须先建设电子政务系统，建设电子政务系统是近年来发展电子政务的首要任务。我国建设电子政务系统必须坚持以下几项原则：

统一规划，加强领导原则。电子政务建设必须按照国家信息化领导小组的统一部署，总体规划，避免重复建设。各级党政主要领导同志要亲自抓，防止各自为政。要正确处理中央与地方、部门与部门的关系，明确各自的建设目标和重点，充分发挥各方面的积极性，分类指导，分层推进，分步实

施。防止各自为政，互不相连的现象发生。

需求主导，突出重点原则。电子政务建设必须紧密结合政府职能转变和管理体制，根据政府业务的需要，结合人民群众的要求，突出重点，稳步推进，要讲求实效，坚持经济效益和社会效益相统一。当前要重点抓好建设统一网络平台、建立标准、健全法制，建设和整合关系国民经济和社会发展全局的业务系统。

整合资源，拉动产业原则。电子政务建设必须充分利用已有的网络基础、业务系统和信息资源，加强整合，促进互联互通、信息共享，使有限的资源发挥最大效益。要在符合标准的条件下优先使用国产设备与软件，逐步推进系统建设、运行维护外包和托管模式，带动我国信息产业发展。

统一标准，保障安全原则。加快制定统一的电子政务标准规范，大力推进统一标准的贯彻落实。要正确处理发展与安全的关系，综合平衡成本和效益，一手抓电子政务建设，一手抓网络与信息安全，制定并完善电子政务网络与信息安全保障体系。

③我国电子政务建设的总体目标

我国电子政务建设的总体目标是在2010年以前，完成“两网、一站、四库、十二个重点业务系统”。在此基础上，最终实现统一的政府服务网络体系。

“两网”是指政务内网和政务外网，就是要建设两个统一的电子政务平台，即连接副省级以上部门办公业务的“政务内网”，以互联网为连接点，建设面向公众、企业以及连接政府业务的“政务外网”。政府的“内网”与“外网”实施物理隔离。

“一站”是指政府门户网站建设。要建立从中央各部门到地方各级政府的门户网站。“四库”是指要建立人口、法人单位、空间地理和自然资源、宏观经济四个基础数据库。“十二个重点业务系统”也称为“十二金工程”，是指12个系统的电子政务网建设。这12个重点业务系统可以分为三大类：一是加强监管、提高效率和推进公共服务起到核心作用的办公业务系统、宏观经济管理系统；二是增强政府收入能力，保证公共支出合理性的金税、金关、金财、金融监管、金审五个业务系统；三是保障社会秩序，为国民经济和社会发展打基础的金盾、金保、金农、金水、金质五个业务系统。

“两网、一站、四库、十二个重点业务系统”，覆盖了我国电子政务建设急需解决的各个方面，涉及信息资源开发、信息基础设施建设与整合、信息技术应用等领域，各具特色，相互渗透和整体融合，初步构成了我国电子政务发展战略的基本框架。

④我国电子政务战略发展的基本步骤

2002年8月5日，中办发17号文件转发了《国家信息化领导小组关于我国电子政务建设的指导意见》，明确表示，要继续完善已取得初步成效的办公业务资源系统、金关、金税和金融监管（含金卡）等4个工程，促进业务协同、资源整合；启动和加快宏观经济管理、金财、金盾、金审、社会保障、金农、金水、金质等8个业务系统工程建设，相应构建标准化体系和安全保障体系，进一步推进电子政务的发展。

作为电子政务发展的第一步，我国已经初步建立起一个电子政务网络体系，全国绝大多数县市已经建立起电子政务网站。第二步，就是建立和完善"十二金工程"。目前这些工程有的已经基本完成，有的才刚刚起步，有的已经列入规划，到2010年基本完成。第三步，在各个地区、部门、行业及企业基本建立各自电子政务、电子商务系统的同时，形成具有中国特色的电子政务网络体系。

2.3.3 电子政务发展与未来

目前，国内外都已经掀起了电子政务建设的高潮，各种新的技术和应用层出不穷，令人目不暇接。如何准确把握现在，预测未来，对于电子政务建设的前景起着至关重要的作用。因此，在专注于当前电子政务建设的同时，还需要把目光放远，关注电子政务的未来发展。

(1) 电子政务发展的总体趋势

①全球化

信息化的本质要求开放，由此加速了信息网络的互联互通，促进了信息、知识的创造与信息跨国界的流通和共享。任何一个国家或地区，像工业化时代那样自我封闭式建设和发展是行不通的。地域、时空界限的打破，信息的流动创造了无限的商机并孕育着许许多多的新兴产业，这使每个国家或地区都必须在全球范围内寻找自己的位置和发展途径，必须加强与外界的经济联系与信息沟通，才能以高起点推进信息化建设。

所谓电子政务全球化，是指由于经济的全球化程度不断提高，各国相互依存的程度不断加深，所以各国的电子政务建设相互之间既有一定的独立性，也要在一定程度上实现系统的对接，以实现各国政府对跨国金融、商务、旅游等活动的管理和服务，以及在打击跨国犯罪、反恐和国防安全等方面的合作。另外，在功能和技术方面，各国的电子政务系统也会呈现相互融合的趋势，某项新的电子政务模式或技术一旦被某国政府采用并取得明显的效果，其他国家政府将会效仿。当然，在经济全球化的大趋势下，各国的电子政务受本国政治和政府体制、管理和文化传统等因素的影响，仍然会各有特色，呈现百花齐放的态势。

面对电子政务的全球化趋势，一方面要本着“为我所用”的原则，学习国外电子政务建设的好经验和做法，并将其整合到有中国特色的电子政务建设模式中来；另一方面也要意识到中国作为一个发展中国家，我国的电子政务建设也将在建设方式、功能及模式、技术实现手段等方面为第三世界国家甚至是发达国家的电子政务建设提供重要的借鉴。互联网是没有国界的，中国的电子政务建设将会使世界各国更好地了解中国，加强中国与世界的交流，向世界传播中国的进步和发展情况，树立中国政府在世界上的良好形象。从这个意义上讲，我们对国际范围内的电子政务建设也将做出贡献。

②以服务为中心

电子政务发展的第二个总体趋势，就是以服务为中心。国外电子政府建设的初衷，就是利用现代信息技术，为公众提供更为方便快捷的政府服务。服务堪称是电子政务建设的终极目的。虽然我国由于社会的信息化基础薄弱，短期内难以把提供电子化服务作为电子政务的首选目标。但伴随着实践的推进，电子政务的业务重心正在逐步转到为企业和社会公众的服务上来，这是信息社会对政府的主要要求之一，也是政府的一个必然选择。所以，尽管目前的工作重点是政府监管，但必须对电子政务的服务功能给予高度的重视，并及早进行这方面的理论研究和实践，建立和完善政府为公众提供的信息服务功能。电子政务的服务功能未来将呈现两个主要特点：

其一是跨时空服务。由于原有的政府服务主要靠人来具体提供，所以在客观上无法满足公民对全天候服务的需求。而在采用了电子化服务之后，公民可以通过电子政务系统随时提交自己的服务请求，经由政府工作人员处理，并通过电子政务系统将处理结果送达公民，这将使政府“7×24 小时”式的全天候服务在技术上成为可能。同时，电子政务的远程和无线移动通信功能，也使政府服务能够突破地域的限制，实现“从门到门”的远程提供。

其二是个性化服务。在原有的政府服务模式下，由于每一个事件大多是独立发生的，所以政府只能根据当时掌握的信息为公民提供服务，这将在很大程度上限制了服务的多样化及服务质量的提高。而通过电子政务系统，公民的所有相关信息均可以由政府收集、整理并保存在相关的存储介质中，从而使后者能够为每一位公民提供个性化服务，使公众获得自己最需要的服务成为可能。这种自由使得为公众提供个性化的服务达到了一个新的高度。

(2) 全球电子政务未来的发展方向

纵观全球电子政务的发展现状和特点，未来电子政务的发展需要政府树立"服务型理念"，以用户为中心，实施客户关系管理和知识管理，建立政府与企业的合作关系，共同推进电子政务的发展。

①以用户为中心，实施客户关系管理

将公众视为政府的"客户"，一切以客户为中心是21世纪政府管理创新的基本理念。"客户关系管理"是近年来在企业界非常流行的一种通过改善与客户的信息交流和互动，掌握客户消费习惯和行为方式来留住客户、扩大市场占有率的技术。现在，这种技术也开始用于电子政务之中，帮助政府管理与其"客户"，即企业和居民的关系。因为，政府比任何企业或单位都有更多的"客户"，将"客户关系管理"引入到电子政务之中，可以体现以用户为中心，按照用户的意向来设计政府的电子政务系统，这样可以帮助政府更好地为有特殊需要的"客户"服务，从而建立新的、更好的政府与企业、政府与公民的关系。在电子政务实现的早期阶段，各个政府部门的网站都是按照政府的组织结构和业务过程来设计的。换句话说，是以政府结构为中心来设计政府的网站。经过一段时间的实践发现，这并不能提高政府向用户提供服务的水平。要真正为用户服务得好，必须以用户为中心，按照用户的意向，即用户想要什么、想做什么，来设计政府的网站。新加坡政府的电子公民（e-Citizen）网站就是按照一个居民由出生到入殓的生命全过程的各个阶段所可能遇到的，需要与政府打交道的全部问题来设计的，是一个完全以居民为中心的政府服务网站。

②门户网站将成为政府服务的主要窗口

政府门户网站已经成为电子政务发展的一种基本形式，即通过一个门户网站可以进入到政府的所有部门，或者可以进入任何一个由政府向用户所提供的服务项目。对于那些需要几个政府部门同时介入才能完成的事务处理，这种门户网站对用户来说极为方便。这种通过门户网站形成的用户与政府的互动，使得对于用户来说，政府的纵横交错的官僚结构是"看不见的"，或者说是"不存在的"。用户只需要在网上完成他所需要的与政府互动的事务处理，根本不需要知道在这件事情完成的过程中，他与哪些政府部门、哪些政府官员打过交道。这种通过门户网站实现用户与政府互动的形式，为政府形态由工业社会向信息社会的改造提供了一个过渡的机会。

③由信息管理迈向知识管理

"电子政务"的建设不仅仅是传统柜台服务向网络的简单移植，其涉及信息技术对政府机构的重组和对政府服务的整合，涉及政府再造，触及政府上上下下各个层面。为保障"电子政务"的顺利开展，世界各国成立了专门的组织机构并授予相应权力，作为执行部门来负责"电子政务"的开展。随着信息通信技术的应用发展，"电子政务"也将由信息管理迈向知识管理，成为知识型、智能型政府。

④走政府与企业联合发展电子政务的道路

建立政府与企业某种形式的伙伴关系有可能使双方都从中受益。一方面，在政府信息系统的建设中，并不一定就是要政府投资。融资的渠道很多，政府没有钱也一样可以办事。不仅政府与企业的伙伴关系具有很大的潜力，居民也是电子政务的一个"财源"。设计得好，可以做到政府，企业，居民三赢，皆大欢喜。另一方面，政府和企业在电子政务的发展中各有自己的角色。政府的职责是完成法律赋予政府的职能；政府擅长的是政府自身的业务，不是信息系统的开发。信息系统的开发是企业的专长。因此，在电子政务的发展中，政府的任务是提出对信息系统的要求，而是由企业去搞系统开发。在这一方面，美国已走出了成功的一步。

随着信息和互联网技术的进一步发展，电子政务在世界范围内得到了广泛的重视和推进。各国都在以互联网为基础设施，构建和发展电子政务。电子政务将对世界各国的行政管理及改革产生重大而深刻的影响，同时也会对各国的国际竞争力及其在未来世界当中的国际地位产生决定性的作用。发达国家的成功经验告诉我们：那些从战略高度规划，从最高领导层重视电子政务的国家；那些从根本上对传统的行政管理方式进行不断的改革以适应电子政务发展的需要，从资金、人才以及组织结构上实实在在地实施电子政务的国家，将最充分有效地开发、利用信息网络技术带给人类的无限潜能。我国目前电子政务的发展与发达国家还有一定的差距，因此，很有必要清楚认识全球电子政务发展的趋势、特点和未来发展方向，以便实现我国电子政务的飞跃式发展。

(3) 电子政务系统的发展趋势

具体到电子政务系统，其发展也呈现如下两个趋势：

①标准交互接口

所谓标准交互接口，就是将不同实体之间的交互形式进行一定的规范，以保证不同实体之间可以相互交流。也就是说，未来各个电子政务实体之间的交互格式将形成相应的标准，可以在不关心各个实体内部如何提供及处理相应接口的数据的情况下实现各个实体之间的交流。

在日常政务行为中，存在着大量的交互接口，如“红头”文件、提交的报告、法案，等等。虽然数据的规范化是一项艰巨的工作，但其所能带来的好处是不容置疑的。规范化的接口不单纯是简化了电子政务系统的搭建工作，还能够提高交流速度和效率。

②平台化

平台化是电子政务系统的第二个发展趋势。只有各政府部门的电子政务系统组成一个整体，电子政务的互联互通、资源共享的优势才能够充分地发挥出来。然而，截至目前各部门受条块分割的领导体制的影响，电子政务建设往往是各自为政、自成体系，采用的硬件、操作系统、数据库等也是五花八门。这不但直接造成各电子政务系统之间的沟通困难，而且也使日后的整合难以进行。解决这个问题的最迫切的措施，就是一方面制定统一的标准；另一方面建立一个统一的电子政务平台，屏蔽电子政务子系统的异构。

建设电子政务平台可以提供一个公共资源基础平台，为政府决策提供支持。参考以往的相关数据以及其他间接相关的数据，可以提高政府决策的科学性。以往的（相关）数据在很大程度上是纸质的数据，无论是保存还是查阅都存在很大的难度，而数据的电子化解决了数据难以查询的问题。但是，数据要真正发挥其作用，关键是不同部门和地区的数据实现互联。统一的电子政务平台建立了一个公共的资源基础平台，为整个电子政务系统提供统一的数据接口，制定统一的数据交换标准，构建统一的数据交换通道，因此能在很大程度上解决以往无法解决的数据交流和资源共享的问题。

以上分别展望了电子政务和电子政务系统的发展趋势。电子政务作为一个实践性很强的新生事物，是电子政务理论和技术实践相结合的产物。所以，电子政务的发展，必然是电子政务理论和电子政务技术互动发展的结果。

（4）电子政务理论的发展趋势

无论是在西方发达国家还是在我国，电子政务都是一个全新的事物。这就决定了我们在电子政务建设的实践中势必要在一定程度上“摸着石头过河”。这凸显了对电子政务进行理论预研的重要性。历史上几乎每一项重大科技进步，都是以理论上的突破为基础和先导的。电子政务建设同样遵循这一规律。

①电子政务理论研究的课题

电子政务是一个涉及方方面面问题的系统工程，无论是技术问题、政策问题，还是公众对于电子政务的认同程度，都在一定程度上影响着电子政务本身的发展。但对于这些问题的理论研究，现在已经明显地滞后于电子政务实践。具体地说，目前要加强对下列问题的理论研究。

第一，有关政府职能转变：电子政务能够在多大程度上促进监管型政府向服务型政府的转变，电子政务是仅仅能够对政府服务的提供方式产生影响，还是也能影响服务的内容。

第二，有关政府组织重构：电子政务将会对政府的组织结构产生何种影响，这种影响是否会使政府内部的领导体制发生变革，技术和组织结构究竟是怎样的一种互动关系。

第三，有关政府工作流程再造：电子政务在哪些情况下会推动政府工作流程的重组，技术、组织和工作流程之间究竟是怎样一种互动关系。

第四，有关政府与企业、公众之间的关系：电子政务能够在多大程度上促进双方之间的良性互动，它可提供哪些有利于民主、公开、透明、互动的新的方式方法。

第五，有关电子政务法制建设：如何建立与政务信息化相关的法律法规体系框架，建立与政府信息获取、交换、发布、使用、保密、标准、安全等方面相关的法律法规。

第六，有关电子政务深层发展：研究我国政务信息化的发展战略、方向、目标、任务、途径，等等，电子政务对社会、文化、经济有哪些深层次影响，如何加强政务信息化人才队伍建设。

对上述问题进行理论研究必须要选择正确的途径和方法。

②电子政务理论研究的途径和方法

第一，成立理论研究组织机构。为了保证电子政务理论研究工作的开展，国家应设立专门研究机构和专家咨询机构，根据电子政务的发展趋势，通过开展有针对性的研究，了解、借鉴国际上政务信息化建设的经验，积极深入地对信息化基础理论进行探索。应根据电子政务建设发展的具体情况，实事求是地及时论证指导性的发展战略、政策措施、规划和计划，正确引导政务信息化建设，为宏观决策提供依据，保证政务信息化健康发展。国家应当集中相关领域的专家，对电子政务所涉及的技术、政策和制度问题进行集中攻关，力图从理论上明确电子政务的概念、功能和实现方式，从而为我国的电子政务建设提供前瞻性的指导。目前，国家应当加强对电子政务的功能和影响的研究。

第二，电子政务理论研究要与其他学科相结合。由于电子政务理论研究涉及制度、技术、组织结构等方面的问题，所以要解答这些问题，必须综合管理学、经济学、通信、计算机等多学科的知识。在这些学科中，管理学尤其是公共管理学与电子政务的关系最为密切。因为公共管理学是一门综合运用管理学、政治学、经济学等多学科理论与方法，专门研究公共组织尤其是政府组织的管理活动及其规律的学科，其研究对象包括公共组织的结构、流程、工作制度等，而这些正是与电子政务的关系最为密切、也是对电子政务建设的影响最大的因素。因此，电子政务研究要与其他学科结合，首先是要与公共管理学结合。

由于电子政务为每一项政府行为，不论是监管还是服务，都提供了一种全新的实现方式，所以一般意义上说，电子政务与公共管理之间是手段和目的的关系。然而，电子政务能够对政府行为本身产生独立的影响，而不仅仅是后者的技术实现方式，电子手段对工作流程的影响，就是一个典型的例子。从这个意义上来说，电子政务既是“标”，也是“本”，具有自己的逻辑和规律。

由于电子政务的重心是“政务”，所以现阶段电子政务研究与公共管理学的关系最为密切。随着电子政务的进一步发展，其影响将深入到社会的各个领域。这时，经济学、社会学、人类学等学科与电子政务均会发展出相应的研究课题。这些学科与电子政务研究的广泛融合，将最终导致电子政务学这一交叉学科的建立，电子政务研究将形成自己独立的理论体系。

(5) 电子政务技术的发展趋势

电子政务技术的进步，将主要服从于两大建设目标，一是“安全的电子政务”，二是“人性化的电子政务”。

首先，未来的电子政务是安全的电子政务。政府对于信息安全的要求是永无止境的。新的攻击和信息截取手段的不断出现，使得电子政务的安全技术必须与时俱进，不断推陈出新。

其次，未来的电子政务系统将提供“人性化的电子政务”，就是更充分地利用先进的互联网技术，为用户提供更加人性化、智能化的人机界面。在后台，系统以主动的方式，无缝地整合网络有效资源，为用户提供高效、贴切的服务。未来的电子政务系统将主动根据用户习惯、个性和需求提供所需要的、不多不少的个性化服务，而且用户不论身在何处，都能及时享受到这种服务。

未来的电子政务系统是有机统一的一体化系统，它会根据用户的需求把网络上的分布各处的分散资源提炼出来，经自动组织和整理后提供给用户一个完整的服务，从而实现虚拟办公，提供“一站式”服务。这种服务的过程是流畅和透明的，不会因人、因时间地点、因终端设备的改变而中断。

实现上述的目标，要求电子政务系统具备极为强大的计算能力，同时能够综合采用集群及网格技术、人机交互等多项技术。

（6）电子政务发展面临的问题

实施电子政务是时代发展的必然趋势。但电子政务作为一个新生事物，在发展过程中不可避免地会遇到阻力，出现问题，不可能一帆风顺。必须要有足够的思想准备，有充分的信心，在电子政务的实践中，敢于发现问题、正视问题、解决问题。目前，有四个问题亟待解决。

①观念上的误区

目前，各级政府虽然高度重视电子政务建设，但在观念上不同程度地存在一定的误区。这些误区不消除，必然会对电子政务建设产生负面的影响，造成不必要的损失。

误区之一，是把电子政务“神化”，认为它能包治百病，解决政府管理面临的所有问题。实际上，电子政务作为电子化的政务活动，是政务的一种新的表现形式。虽然电子政务对政务活动能够产生独立的影响，但它仍然要受制于传统政务活动的一些问题的限制。而且，受各种主客观因素的影响，电子政务的理论功效和实际效果之间通常有一段距离。例如，如果让电子政务流程迁就现有的办公流程，那么其结果就是传统流程的电子化，电子政务建设在提高办公的效率和速度方面的作用就很有限。所以，要解决目前政府管理中所存在的问题，不能一味寄希望于技术。

必须明确电子政务是当前信息化建设的主要任务，但是电子政务不是万能的。一方面由于部分政府业务受到信息技术发展水平的限制；另一方面技术手段再完善，也不可能解决所有的问题。更重要的是在所有政府工作人员中牢固树立为人民服务的观念，全面提高自身的素质，具有改革创新的思想意识和远见卓识。

误区之二，是在电子政务建设方面同样存在一个思想误区，那就是“越贵越好”，在硬件、软件的档次上进行攀比。在这方面，人们最担心的就是电子政务建设会掀起新的攀比之风，以至于某些落后地区为了显示自己的超前意识，在地方财力十分吃紧，本地群众的计算机和互联网使用率均比较低的情况下，盲目效仿发达地区，上马一些华而不实的电子政务工程。这种不顾自身的经济实力和实际需要而进行的“穷过渡”，已经从根本上偏离了我们通过实行电子政务来降低政务活动成本的初衷。如果地区或部门领导人仅仅是为了赶时髦或显示“政绩”，而匆匆上马一些大而无用的电子政务系统，那就更得不偿失了。

电子政务是手段而不是目的。如果不顾实效，一味追求高档次、高配置，那么就是在舍本逐末。既要看到电子政务能够在一定程度上提高党政部门的工作效率，也要看到电子政务系统的建造、维护和升级都需要很大的资金投入。因此，在上马电子政务系统建设的时候，仍然要计算成本，严格地遵循注重实效和量入为出的原则进行认真细致、实事求是的需求分析，以确定最适合自己的软硬件配置方案。勤俭和务实的原则同样适用于发达地区的电子政务建设。

②技术层面的问题

在技术层面上，我国的电子政务建设面临着统一技术标准、掌握核心技术这两大任务。目前在实施任务的过程中遇到的问题主要是：

第一，技术标准上的条块分割。技术标准上的条块分割是我国电子政务建设所面临的障碍之一。在电子政务发展的初级阶段，这个问题可能表现得还不十分突出。但是，当各地区、各部门的电子政务系统陆续建成之后，不同技术标准之间的冲突就会全面体现出来。比如一个部门的办公系统既要与本地区办公系统兼容，又要与行业主管部门办公系统兼容。如果缺乏统一规划和标准，就会导致不同系统之间和不同地区之间交流困难。到那时，我们可能只有两种选择，要么被迫做重复投入，各部门再投资建设另外一套系统，以适应纵向或横向交流的需要；要么在多个系统中保留其一，其他所有系统则推倒重来，新建系统在技术标准上向前者靠拢。但是，在多套系统同时存在的情况下，究竟以谁为主？这种甄选势必会导致新的条块利益之争。

如果电子政务建设缺少统一规划和标准，那么不仅会引发上述的条块利益之争，还会给国家造成严重损失。例如，政府信息化工作的目标之一，就是实现跨系统和跨地区的信息沟通，从而打破盲区，使政府系统能够掌握更全面和更充分的信息。但是，如果不同的政府职能部门采用不同的技术标准和传输协议，那么将来跨系统的信息沟通必然会出现问题。这种矛盾发展到一定程度，其结果必然是像现在的银行联网一样，由国家再投入巨资，把业已存在的各个系统连接起来。

在电子政务建设当中，技术标准必须由国家统一负责制定。在统一技术标准方面，有两个问题需要解决：一是如何加快统一技术标准的建立，二是现有系统如何与统一后的标准接轨。这两个问题的解决速度，将直接影响我国电子政务建设的步伐。为此，我们要密切跟踪国外电子政务标准化领域内的最新工作成果，并结合国内技术和相关电子政务业务的发展状况，建立起包括网络构造规范、政务数据资源交换规范、安全体系规范、运行管理规范、各种评价指标体系等在内的完整的电子政务规范体系。对于已建的系统要按照统一的标准进行改造。

第二，核心技术尚未掌握。技术是电子政务的基础。是否掌握核心技术，是一国的电子政务系统是否安全的关键。而在这方面，我们面临的形势十分严峻、不容乐观。当前我国信息技术发展与国外相比还有一段差距，特别是在系统软硬件和信息安全技术领域与国外的差距还比较大，与电子政务相关的核心技术，包括 CPU、操作系统和数据库技术，绝大多数关键技术被美国等少数几个发达国家所掌握，我国自主知识产权的技术十分有限。在核心技术方面对外国的依赖，为我国的电子政务建设留下了巨大的安全隐患。虽然这个问题需要很长的时间才能解决，但是我们现在就应当着手研究开发自己的电子政务核心技术，逐步减少对国外的技术依赖。

③法律法规尚不完善

同其他事业一样，电子政务的发展同样需要一个良好的法律法规环境。目前，国内有关电子政务的法律法规并不完善。没有规矩不成方圆，法律法规的欠缺势必会阻碍电子政务建设的进程。例如，由于目前各国对网络犯罪缺乏法律约束，所以各种手法的网络犯罪活动层出不穷。国内也出现了多起互联网犯罪。由此可见，通过建规立制来规范互联网行为和电子政务行为，是电子政务发展过程中必须解决的问题。

电子政务法律法规建设应当优先围绕三个问题展开，即破坏电子政务系统行为的惩处问题、电子签名的法律效力问题、公民的个人隐私权问题。第一个问题的重要性不言而喻；电子签名的法律效力如果得不到确认，那么电子政务的远程办公功能就难以真正实现，而且还会造成安全隐患和法律诉讼；电子政务建设的加快，使得保护公民的个人隐私成为一个十分突出的问题。

公民的个人信息在政府有关部门都有相应的数据库，尤其在社会保障信息系统的数据库中存有大量公民个人的敏感信息。在以往的政务模式下，不同的政务子系统之间是垂直关系，即子系统只向上级汇报相关数据，各个子系统之间是独立的，因此个人在使用相关的政府服务的过程中面对的始终只能是这项服务所必需的个人信息，因此个人隐私问题并不显得非常重要。而在实施电子政务之后，各个政务子系统组成网状结构，这就造成了个人信息可能在不恰当的时候被泄露出去。如果公民的个人隐私得不到保护，这将在很大程度上造成使用者的心理障碍，影响其使用电子政务系统的服务。所以，如果不从制度上加强对公民个人隐私的保护，将会严重阻碍电子政务本身的发展。保护公民的基本权利是各级政府的神圣职责。因此，在实行电子政务过程中如何采取切实措施保护公民的个人隐私，目前成为全世界各国政府关注的问题。

再一个比较重要和需要特别注意的是传统档案与电子文档的处理、存储问题。按照现行的国家档案法，对电子文档的档案管理没有明确的规定。政府部门是国家档案的重要产生地，在实现网络化办公和无纸化办公的过程中，对电子文档的档案管理必须给予高度重视并认真研究需要解决的问题。一方面，需要尽快修订传统的档案管理法规并建立电子文档的档案管理法规；另一方面，就是开发应用部门，要在政务信息化建设的过程中，考虑并兼顾与现行档案法规的接轨和协调，避免造成档案管理的“真空”。

除此之外，还有“数字鸿沟”问题。所谓“数字鸿沟”是指在实现全球信息化进程中，由于发达国家与发展中国家之间在财富、信息基础设施、科技能力、人才、信息资源拥有量等多方面存在着巨大的差距，造成在享受信息化带来的好处方面也存在着巨大的差距。

电子政务系统的最终服务对象是政府、企业和公民，所以他们能否接触到电子政务，是影响电子政务建设的一个关键因素。总的来看，我国的信息化水平还比较低。政府部门、企业和公众使用计算机和网络的比例比较低，而使用成本却仍然偏高。具体到各个地区，城市和农村、沿海和内地、发达地区和不发达地区之间，则在信息的拥有量、获取手段和成本方面存在着“数字鸿沟”。多数需要政府提供服务的群体，特别是弱势群体，并不具备上网的条件和技能。不尽快提高我国的信息化水平，不消除上述的“数字鸿沟”，我国电子政务系统的使用率、价值及其所能够产生的社会推动作用都无法充分体现出来。

④政务信息化教育普及不够

在我国推进政务信息化，首先需要政府部门及公务员思想意识的提高；同时，也需要在全社会进行普及教育，吸引全社会公众的关注和参与。目前，包括政府在内的许多部门及人员对电子政务、对电子政务建设意义等方面的认识还有许多不准确、不全面的地方；在群众层面，开展广泛的电子政务普及教育还远远不够，因此在全社会还没有自觉地真正建立起一种有利于电子政务和信息化发展的文化和氛围。特别是遇到电子政务与某些部门或集团的利益发生冲突，影响到少数人的权力的时候，要求政府行为更加透明而使得贪污、渎职不易发生的时候，就会遇到各种各样的社会阻力。

政务信息化的群众基础在于人们由被动接受转变到主动参与，这样才能使政务信息化建设蓬勃发展。对全社会的人员进行相关知识的普及教育，积极引导，使人们正确、全面地理解电子政务，提升全民电子政务意识，才能够使电子政务得到广泛应用。尤其是政府工作人员要充分认识电子政务的关键是“政务”，而不是“电子”，要勇于接受电子政务建设给政务工作带来的创新和变革，全面摒弃那些已经陈旧的管理理念，树立起反映信息时代要求的全新理念。

电子政务的建设和使用，对公务员、社会公众的信息化应用水平提出了更高的要求，所以要广泛开展培训，建立良好的氛围。由于信息化教育和宣传涉及社会各个部门，因此要发挥政府的主导和协调作用，推动教育和宣传的深入开展，提高国民素质，为电子政务的发展提供理论和思想创新的环境。

3 电子政务本论

本章主要内容：

- 电子政务的工作模式
- 电子政务的实施模式
- 电子政务的技术模式
- 电子政务的规划与标准

本章学习要求：

- 认识并掌握电子政务的工作模式
- 了解电子政务的实施模式与技术模式
- 把握电子政务的规划与标准的意义和内容

3.1 电子政务的工作模式

电子政务的工作模式有不同的划分方法。按照服务对象的不同，可分为政府与政府、政府与企业、政府与公众、政府与公务员4类：从网络结构的角度划分，则可以分为政务内网、政务外网、互联网3类：根据电子政务系统所实现的功能，又可分为信息发布、公文流转、业务处理等。

3.1.1 以服务为取向的工作模式

如前所述，电子政务根据其服务对象的不同，可以分为4种类型，即政府与政府（Government to Government，G to G，或G2G，G-G）、政府与企业（Government to Business，G-B）、政府与公众（Government to Citizen，G-C）、政府与公务员（Government to Employee，G-E）。

政府部门是以两种身份来参与信息化建设的，它既是公共信息平台的使用者，也是建设的组织者，这两种身份相辅相成，互相促进。政府通过整合各个部门为一个统一的电子政务平台，不仅优化了自己的工作环境，同时也为公共信息平台的建设打下了坚实的基础。同时，政府还需要通过制定法律法规等方式支持公共信息平台的建设。

企业、社会组织及公民个人和现代政府的关系，从服务需求和提供服务的角度看，有些类似顾客同商家之间的关系，电子政务的实施和完善是“以公众为取向的”。从政府办公自动化起步，经过计算机联机，到互联网普及，在互联网上设立政府网页、网站，再到建成政府内外网，电子政务逐步发展和完善起来。通过电子政务，企业、社会组织和个人可以不分时间、地点获取丰富的信息资源和政府服务，通过网络办理各种事务，还可以通过网络向政府提出愿望、要求、意见和反映困难等。

(1) 政府与政府的电子政务（G-G）

政府与政府的电子政务是上下级政府、不同地方政府、不同政府部门之间的电子政务。它基于大型数据库、文档数据库、数据仓库、电子邮件、远程通信以及 Intranet 技术优化本单位的办公业务流程，包括与本单位的上级政府单位、下级政府单位的公文流转、信息交流和信息互动，快速有效地接收各种上级机关文件、下级单位的上报信息，使用户能够方便、快捷地获取所需信息，并为工作人员的日常工作提供服务。电子政务系统具有强大的信息挖掘功能，能够为领导决策提供最大的支持。

政府与政府的电子政务主要包括以下内容。

①电子法规政策系统

对所有政府部门和工作人员提供相关的现行有效的各项法律、法规、规章、行政命令和政策规范，使所有政府机关和工作人员真正做到有法可依，有法必依。

②电子公文系统

在保证信息安全的前提下，在政府上下级部门之间传送有关的政府公文，如报告、请示、批复、公告、通知、通报等，使政务信息快捷地在政府间和政府内流转，提高政府公文处理速度。

③电子司法档案系统

在政府司法机关之间共享司法信息，如公安机关的刑事犯罪记录，审判机关的审判案例，检察机关检察案例等，通过共享信息改善司法工作效率和提高司法人员综合能力。

④电子财政管理系统

向各级国家权力机关、审计部门和相关机构提供分级、分部门历年的政府财政预算及其执行情况，包括从明细到汇总的财政收入、开支、拨付款数据以及相关的文字说明和图表，便于有关领导和部门及时掌握和监控财政状况。

⑤电子办公系统

通过电子网络完成机关工作人员的许多事务性的工作，节约时间和费用，提高工作效率，如工作人员通过网络申请出差、请假、文件复制、使用办公设施和设备、下载政府机关经常使用的各种表格、报销出差费用等。

⑥电子培训系统

对政府工作人员提供各种综合性和专业性的网络教育课程，特别是适应信息时代对政府的要求，加强对员工与信息技术有关的专业培训，员工可以通过网络随时随地注册参加培训课程、接受培训、参加考试等。

⑦业绩评价系统

按照设定的任务目标、工作标准和完成情况对政府各部门业绩进行科学的测量和评估。

(2) 政府与企业的电子政务（G-B）

政府与企业的电子政务主要指发生在政府职能部门与企业之间的行为。它基于 Internet 技术，将政府职能部门对企业的管理、监督和支持进行优化，政府通过电子网络系统进行电子采购与招标，精简管理业务流程，快捷地为企业提供各种信息服务，使电子商务和电子政务能够一体化运行。

政府与企业的电子政务主要包括以下内容：

①电子采购与招标

通过网络公布政府采购与招标信息，为企业特别是中小企业参与政府采购提供必要的帮助，向他们提供政府采购的有关政策和程序，使政府采购成为阳光作业，减少徇私舞弊和暗箱操作，降低企业的交易成本，节约政府采购支出。

②电子税务

它使企业通过政府税务网络系统，在家里或企业办公室就能完成税务登记、税务申报、税款划拨、查询税收公报、了解税收政策等业务，既方便了企业，也减少了政府的开支。

③电子证照办理

它让企业通过互联网申请办理各种证件和执照，缩短办证周期，减轻企业负担，如企业营业执照的申请、受理、审核、发放、年检、登记项目变更、核销，统计证、土地和房产证、建筑许可证、环境评估报告等证件、执照和审批事项的办理。

④信息咨询服务

政府将拥有的各种数据库信息对企业开放，方便企业使用。如法律法规、规章政策数据库，政府经济白皮书，国际贸易统计资料等信息。

⑤中小企业电子服务

政府利用宏观管理优势和集合优势，为提高中小企业国际竞争力和知名度提供各种帮助。包括为中小企业提供统一政府网站入口，帮助中小企业同电子商务供应商争取有利的能够负担的电子商务应用解决方案等。

(3) 政府与公众的电子政务（G-C）

政府与公众的电子政务主要指发生在政府职能部门与各种社会团体及公众之间的行为。它基于 Internet 技术，将政府职能部门为人民大众的办公服务和信息服务公开化。

政府与公众的电子政务主要包括以下内容：

①教育培训服务

建立全国性的教育平台，并资助所有的学校和图书馆接入互联网和政府教育平台：政府出资购买教育资源，然后提供给学校和学生使用；重点加强对信息技术能力的教育和培训，以适应信息时代的挑战。

②就业服务

通过电话、互联网或其他媒体向公众提供工作机会和就业培训，促进就业。如开设网上人才市场或劳动市场，提供与就业有关的工作职位缺口数据库和求职数据库信息；在就业管理和劳动部门所在地或其他公共场所建立网站入口，为没有计算机的公众提供接入互联网寻找工作职位的机会；为求职者提供网上就业培训，就业形势分析，指导就业方向。

③电子医疗服务

通过政府网站提供医疗保险政策信息、医药信息、执业医生信息，为公众提供全面的医疗服务，公众可通过网络查询自己的医疗保险个人账户余额和当地公共医疗账户的情况；查询国家新审批的药品的成分、功效、试验数据、使用方法及其他详细数据，提高自我保健的能力；查询当地医院的级别和执业医生的资格情况，选择合适的医生和医院。

④社会保险网络服务

通过电子网络建立覆盖本地区甚至国家的社会保险网络，使公众通过网络及时全面地了解自己的养老、失业、工伤、医疗等社会保险账户的明细情况，有利于加深社会保障体系的建立和普及；通过网络公布最低收入家庭补助，增加透明度；还可以通过网络直接办理有关的社会保险理赔手续。

⑤公众信息服务

它使公众得以方便、容易、费用低廉地接入政府法律法规数据库、经济统计信息数据库、公共建设项目数据库、政府采购数据库等；通过网络提供被选举人背景资料，促进公众对被选举人的了解；通过在线评论和意见反馈了解公众对政府工作的意见，改进政府工作。

⑥交通管理服务

通过建立电子交通网站，提供对交通工具和司机的管理与服务。

⑦电子税务

允许公众个人通过电子报税系统申报个人所得税、财产税等个人税务。

⑧电子证件服务

允许公众通过网络办理身份证、驾驶证、护照、出生证、结婚证、离婚证、死亡证明等有关证书。

(4) 政府与公务员的电子政务（G-E）

随着电子政务的发展，政府部门对内部工作人员的电子政务被单独列出来，称作政府对公务员的电子政务模式。它基于Internet技术，政府工作人员利用信息技术办公，与同事通过网络开展协作，利用机构的内部网络接受在职培训，以及政府部门利用电子手段评估工作人员的表现等。

政府与公务员的电子政务主要包括以下内容：

①电子办公系统

主要是两个方面：一方面是公务员围绕决策的形成、传达、贯彻而实现的垂直和横向的信息互动，这是政府部门核心职能实现的重要基础；另一方面是公务员通过电子网络办理各种事务性的工作，例如，通过网络申请出差、请假、文件复制、使用办公设施和设备、下载政府机关经常使用的各种表格、报销出差费用等。

②电子培训系统

向政府工作人员提供各种综合性和专业性的网络教育课程，特别是适应信息时代对政府的要求，对工作人员进行与信息技术有关的专业培训。工作人员可以通过网络随时随地加入培训项目、接受培训、参加考试等。

③业绩评价系统

按照设定的任务目标和工作标准，政府各部门开展对公务员的工作绩效的评估，以此作为对公务员进行晋升和奖惩等的依据。

通过利用信息技术和其他相关技术所能够提供的各种工具和手段，电子政务的目标是不断地改善政府、企业与居民3个行为主体之间的互动，使其更有效、更友善和更有效率，从而推动整个社会政治、经济、文化等各个方面的发展，促进社会的进步。在这个过程中当然少不了要对原有的政府结构、政府业务活动组织的方式和方法等进行一系列重要的、根本的改造，从而使政府更精简，更透明，更接近人民群众，更好地为人民服务。

3.1.2 政务内外网的工作模式

根据国家信息化领导小组的文件精神，我国“十五”期间电子政务建设的主要任务之一就是要建设和整合统一的网络平台。电子政务网络由政务内网和政务外网构成，所谓政务内网，主要是副省级以上政务部门的办公网，与副省级以下政务部门的办公网物理隔离；政务外网是政府的业务专网，主要运行政务部门面向社会的专业性服务业务和不需在内网上运行的业务。政务内网与政务外网之间物理隔离，政务外网和互联网之间逻辑隔离。

(1) 政务内网

政务内网主要是一定级别以上政务部门的办公网，它与该级别以下的政务部门办公网实行物理隔离。

政务内网的主要服务对象是政府内部的工作人员，运行的是以核心和涉密业务为主体的应用，目的在于提高政府核心业务运行的有效性和效率。所以，在政务内网上运行的应用都是以政府的核心业务流为主线。

具体地说，内网将实现4项主要功能：办公自动化与文档管理、领导辅助决策、应急指挥和网络与数据安全。

(2) 政务外网

政务外网就是指政府通过网络运行不涉及国家秘密的行政监管和公共服务所需要的专业性服务的政务业务网。该网络与互联网之间逻辑隔离，并通过互联网的门户网站为社会直接提供服务。

政务外网运行的主要是服务社会的各类业务，目的在于提高政府业务运行的有效性和效率，增强为社会服务的意识和力度。所以，在政务外网上运行的应用都是以“行政监管”和“公共服务”为主线的服务业务流。

(3) 政务内外网的关系

各级政府机关内部办公业务网基本实现中央、省、市、县多级政府电文、信息、督查、会务、值班、接待等主要办公业务的数字化、信息化和网络化。具体实施起来，政务外网将实现4个功能：网上信息发布、网上信息交换、网上办公服务和“一站式”服务。

政务内网和政务外网一样，都属于政府部门内部的办公网。两者的不同之处主要有：

①业务类型和重要程度不同，政务内网上主要运行一些政务核心业务和涉密信息。

②适用的级别不同，政务内网主要适用于副省级以上的政府部门。

③安全要求的级别不同，政务内网上运行的有涉密信息，所以网络在安全级别上至少要达到普密级。

④主要的服务对象不同，政务内网只服务于政府工作人员，而政务外网的最终服务对象则主要是广大公众。

⑤就主要功能而言，政务内网更侧重政府部门内部的管理职能。

在实际的应用过程中，政务内网、政务外网和互联网密不可分。例如，网上审批的工作流程如下：

用户通过互联网提交申请，并通过政府门户网站查看自己所申办业务的办理情况。

该业务的主要承办部门，各级审批业务人员通过政务外网实现对用户申请材料的网上审批过程。当该项审批业务涉及其他部委办局的联合审批过程时，则该申请材料将通过政务外网传输到相应的其他部委办局进行办理。如果某项审批中出现了涉密的申请信息，则此项申请的办理将通过相关安全设备进入物理隔离的政务内网进行流转。此外，与审批条例、政策法规等内部参考信息相关的查阅和转发，则是在政务外网中运行流转。对普通的申请用户而言，不再需要多次奔波于不同的部委办局之间，而是通过网络将整个政务办公体系紧密地连成了一个整体。所以说，政府部门通过政务外网与公众联系，并从互联网获取公众需求；通过政务外网将获取到的公众需求进行整理、分析，以促进政府服务职能的进一步转变，规范各方面法规和制定相关政策，实现真正意义上的电子政务。

当然，网上审批只是电子政务的一个应用层面，通过合理利用内外网政务资源，可以逐步实现包括金融管理信息系统、税收管理信息系统、海关管理信息系统、财政管理信息系统、社会保障管理信息系统、公检法司管理信息系统、电子身份证与居民注册信息系统、企业注册信息系统、国家地理信息系统、全球定位系统等不同的应用。现代信息技术的发展为国家的治理提供了新的手段和思路，也为政府与企业、公众提供了新的联系方式和方法。利用现代信息技术，特别是互联网技术，已经有可能建设各种超巨型的国家管理信息系统。目前，我国需要发展的大型国家信息系统数以百计，其中有一些系统具有基础性和战略意义，如果提前开发好这些系统，可以为所有其他系统的开发铺平道路。

3.1.3 以业务为取向的工作模式

根据不同业务的需求，目前国内存在着许多不同的电子政务应用系统，正是这些应用系统为政府、企业和公众提供着各种各样的网上服务。以下对不同业务取向的电子政务进行简要的描述。

（1）信息发布

信息发布是电子政务工程中一个重要的组成部分，这里的信息发布不但指政府网站（外网）的政务信息发布，也包括政府部门内部信息的交流。

政务信息发布，是政府发挥职能和树立形象的重要手段。与传统的政务信息发布方式相比，以政府网站为基础的电子政务信息发布具有全面的优势，而且随着互联网的普及，电子政务信息发布的各方面条件已经趋于成熟。相对电子政务建设的其他部分而言，电子政务信息发布具有投入小、见效快、易于实施等特点。政务信息发布系统的建设，也成为大多数电子政务系统建设的第一步。

顾名思义，电子政务信息发布，就是要借助于电子化的手段完成各类政务信息的整理、发布、存档和管理。具体而言，电子政务信息发布，首先是将各类政务信息整理和转换为电子格式，然后按照一定的原则将电子格式的政务信息即时地发布到 Internet 或政府专用网络上，供公众、企业和政府内部人员浏览查询。相应地，在电子政务信息发布系统中的政务信息存档和政务档案管理也主要以无纸化方式进行。电子政务信息发布主要有以下优点：发布快捷，无时空局限；功能全面，扩展方便；无纸存档，推动全面电子化。

（2）公文流转

公文处理和流转是政府机关内部的主要业务之一，所以目前大多数电子政务系统都是以公文流转和处理为核心，进而扩展到其他业务系统的。公文流转在政务内网和政务外网中都存在。

公文流转业务可以分成两大部分：一是政府部门内部的公文流转，二是多级政府之间以及不同政府部门之间的电文、信息、督查、会务、值班、接待等主要办公公文的流转。

政府部门内部的公文网上（包括政务内网和政务外网）流转功能可以使工作人员改变传统的公文办理方式，实现公文批示网上回传、网上会签以及通过电子文件直接向部门和地方转办等。这便于开展公文督查工作，并能够对督办的立项、实施、催办查办、情况反馈等一系列情况进行管理，提高督办效率。同时，该功能还可以实现对内部公文的接收、发送、办理、分发的全过程实行计算机自动化处理，并对公文处理过程和公文内容提供多种方式的查询和检索功能，自动生成相关的统计报告，保证公文处理的高效性和安全性。

政府部门之间相互报送公文是十分经常的事情。传统的报送公文主要是通过手工报送纸质文件来完成，这样既浪费人力，又不利于文件的统一管理和检索查询，从而给信息资源的综合利用造成了一定的困难。实施电子政务系统工程后，可以通过网络实现各政府机关内部的公文网上流转和报送、权限范围内的查询和检索等功能，从而推进政府部门的办公自动化、网络化及电子化。

(3) 业务处理

各级政府均担任着不同类型的经济管理职能，所以需要经常地从下级单位收集信息、数据和报表。各个职能部门都需要从下级单位采集一定的信息，以便进行汇总和统计分析。如果用纸质报表的方式收集信息，那么上级单位需要进行繁重的数据录入工作。通过实施电子政务，政府部门将最终实现在线信息采集、信息汇总统计、报表格式定义和发布、基础数据维护等功能，并支持多级组织机构之间的沟通，可以从下级单位收集数据，又可以将数据上传或汇总后上传给上级单位。借助这样的业务办公系统，全市、全省甚至全国的各类政府部门的数据都可以通过网络层层上报汇总，从而实现信息资源的综合利用。

随着网络技术的不断发展，以及公众对网上办公的认可程度日益增强，对各种专业化的网上办公和服务的要求会越来越多。目前，专业性的政府服务网站日益增多，服务内容更加丰富，功能不断增强，互动性得到很大提高。中央与地方的工商、海关、国税和地税等部门纷纷推出各种网上办公业务。例如，北京市工商行政管理局建立了网上办公平台“红盾 315”(www. hd315. gov. cn) 网站，开办了网上专项审批、网上注册与年检、网上经营者身份及经营行为合法性认证、经营性网站备案核准、域名备案登记等业务。2001 年 6 月 1 日，海关总署、对外经济贸易合作部、国家税务总局、中国人民银行、国家外汇管理局、国家出入境检验检疫局、国家工商行政管理局、公安部、交通部、铁道部、民航总局、信息产业部等 12 个部委共同参与的“口岸电子执法系统”在全国各口岸推广实施。该系统将上述部门分别管理的进出口业务信息流、资金流、货物流等电子底账数据集中存放到公共数据中心，在统一、安全、高效的计算机物理平台上实现数据共享和数据交换。国家各行政管理部门可根据执法和管理需要进行跨部门、跨行业的联网数据核查，企业也可在网上办理各种进出口相关手续。

3.2 电子政务实施模式

3.2.1 电子政务的核心：eMPA

从电子政务的定义、发展模型、环境及运行模式可以看出：电子政务的实施必须从管理制度、应用架构、技术体系和信息模式这4个方面进行。概括地讲，电子政务实施的核心是管理制、应用架构、技术体系和信息模式的数字化和电子化，即eMPA，如图3-1所示。下面我们分别介绍。

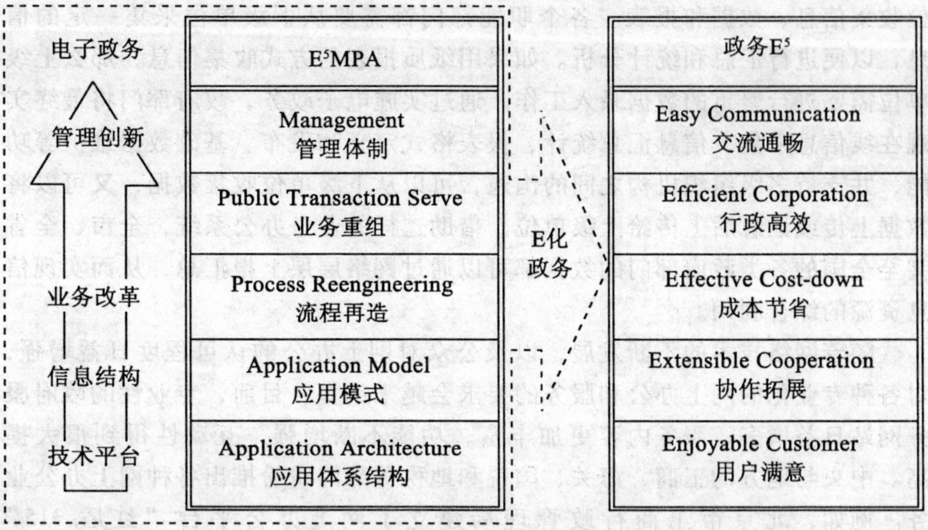

图3-1 电子政务实施eMPA模式

(1) "e"——电子化技术智能

"e"指的是"电子化"或"数字化"，是政府部门在E经济社会大环境下，运用信息技术对政府部门的事务、控制、管理和战略等各个层面及组织、管理、业务和文化等各个方面的全面电子化和数字化及对"MPA"的电子化和转型，实现以"层次化数据组织、网络化信息传输、协同化政务、智能化决策支持”为标志、以“行政管理法制化、业务流程规范化、行政手段电子化、组织机构扁平化、信息技能素质化、监控过程化、服务方式多元化和管理决策科学化”为特征的政府信息化战略和现代公共行政管理模式。

(2)“e-M”——网络驱动管理

传统的“M”表示政府在电子政务建设中的相关管理内容：一是指组织结构和业务流程随着电子政务的进展而进行的必要调整；二是信息系统和网络支持不同管理层次的业务，包括低层管理人员的事务处理，中层管理人员的管理控制和操作控制及高层管理人员的战略计划等；三是随着电子政务的不断进展和深化对公共行政管理模式的调整，使其能适应不断发展中的政务需要；四是对电子政务建设本身的管理，确立电子政务的管理体制，包括信息主管和具体的管理机构，各个分支机构的信息化管理，管理需求推动信息资源的不断完善，并采用与需求和拥有的资源相一致的信息技术。而管理效率、决策水平和服务质量的改善是电子政务中“M”的唯一评价标准。

21世纪网络社会的今天，“e-M”代表“网络驱动管理”或“数字管理”的理念，它主要有两层基本涵义：一是电子政务中的管理活动是基于网络的，即政府的知识资源、信息资源和财富是可以数字化；二是运用量化管理技术来解决电子政务中的管理问题，即实现管理的可计算性。“数字管理”是随Internet的产生而产生，Internet彻底改变了知识和信息的创建、加工和传播方式，必然引发一场基于知识和信息的社会和经济革命。也就是说，“e-M”中的主体是管理，而“e”技术是赋能者（Enabler），管理者有了灵巧的“e”赋予的管理能量，而得以顺畅贯穿管理的大山。总之，“e-M”是一种管理的新思想，是运用“e”化技术赋予的能量，构建数字化组织（e-Organization），整合数字化资源（e-Source），实现数字化战略（e-Stratagem），提供数字化服务（e-Service）。

(3)“e-P”——网络驱动业务

“P”代表与政府公共管理业务相关的业务事务、流程和信息，即政务业务模式。随着E时代的到来，以政府业务流为主线，利用信息技术重新梳理，可以有效推进政府部门的职能转变和机构调整，而如何实现由“现有的政务模式”到“电子政务”的转变是政府面临的最大挑战。

现有的政府组织形态和政务模式是工业革命的产物。随着网络时代和网络经济的来临，管理正由传统的金字塔模式走向网络模式。政府的组织形态也有可能由金字塔式的垂直结构向错综复杂的、高水平的网状结构转变，减少管理的层次，以各种形式通过网络与企业和民众建立直接的联系。电子政务发展的过程是对原有的政府形态和政务模式进行改造的过程，电子政务中的“e-P”有着丰富的内涵和多样的形式。

①现代化管理模式

这表现在4个方面。一是先进技术的实用化：在公共管理中采用先进的信息和通信技术可以使政府做到以前不可能做到的事情，如倍增的效率、高度的透明、巨大的管理幅度、充分的管理授权等；二是管理集成和系统开发的互动：按信息和通信技术的应用要求对现有流程进行优化和业务重组，在进行管理集成时充分挖掘信息和通信技术的应用潜力，使先进技术为管理集成服务；三是需求与实现的互动：技术开发人员懂得如何实现工作业务的电子化，而政府工作人员知道正确地提出实现业务电子化的需求；四是经验与科学的同化：通过使用先进技术可以对数据的外在表现与内在本质及相互关系等进行分析和挖掘，为各层次政府工作人员的决策在经验基础上提供科学依据。

②协同工作模式

各级政府其部门内部可以在自身的局域网内实现行政办公的自动化、网络化；各部门之间通过网络互联，实现部门资源共享、协同工作。同时，有利于上级政府的宏观决策和运行控制。电子化政府是电子政务的核心和基础，但绝不是简单地将传统的办公模式照搬到网上，而要在体系完整、结构合理、高速宽带、互联互通的电子政务网络系统的总体构架下进行需求优化。

③虚拟化模式

政府借助互联网实现面向社会的业务、审批、管理和服务等的自动化、网络化处理，可打破物理时空的限制，实现多部门网上联合在线办公（虚拟政府），实现24×7小时式的网络在线政府，也体现了多元化服务模式。

④开放型模式

各级政府在电子政府的基础上可以建设自身的信息门户，建立起自射的信息资源和知识仓库，及时地向任何地点的任何需要信息的人提供高质量、按需要、按兴趣的个性化信息服务。在政府内部，可以为用户提供业务帮助、信息交流、教育培训和信息咨询等服务；对于社会，可以提供政府的机构构成、职责分工、法律法规、政策咨询、政务公告和信息检索等服务。

归纳起来，无论现代化管理模式、协同工作模式、虚拟化模式，还是开放型模式，“e-P”的核心是借助以网络技术为代表的信息技术对政务业务及其流程进行有效的重构、重组和优化，也就是“网络驱动业务”。当然，“网络驱动业务”并非简单地将传统的业务及其流程搬到网络环境下，也不是一朝一夕、一蹴而就的，而是需要采用规范化、标准化方法对业务进行有效的梳理，进行合理的划分和外包，实现功能和形式的分离等一系列不断更新和深化的再造过程。

(4)“e-A”——网络驱动应用

“A”代表着以电子政务信息体系结构和技术体系结构为核心的、与电子政务应用相关的各个方面。电子政务中的技术体系结构主要包括三大部分：信息技术、信息系统和信息网络，即如何利用信息技术来建立起电子政务的技术平台（见3.5），同时，需要指出的是，电子政务的核心是“政务”，而非“电子”，但作为技术手段和“使能者”，技术体系结构的合理性和有效性将是电子政务成功的基础，也是电子政务发展的推动力。

电子政务应用的核心是以信息资源管理为代表的信息体系结构。“及时地向任何地点的任何需要信息的人提供高质量、按需要、按兴趣的个性化信息服务”是所有信息化建设的目标，也是信息化应用的基础。信息资源管理包括了信息的组织化程度、信息的数字化和网络化水平、信息的加工和利用深度，并直接影响管理和决策的质量。信息的组织化程度是指信息的完整性、准确性、及时性和适用性，这四者相互依赖、相互补充、不断完善并动态发展。适用性信息是经过综合、分析和加工过的信息，以满足不同层次管理人员，尤其是高层管理人员的需求；数字化、网络化的信息比重是信息资源开发利用水平的一个重要标志，也是电子政务程度衡量的一个主要特征；信息加工和利用的深度和广度是电子政务建设的主要目标之一，联机分析、数据挖掘、数学模型、即时交流是电子政务智能化的重要手段，也是实现“由数据生产信息，信息生成知识，知识支持决策，决策产生效益”的有效方法。信息资源管理是电子政务的核心应用内容，贯穿于电子政务建设和应用的始终，在“电子政务智能”中将作详细介绍。

3.2.2 电子政务的实施策略

(1) 电子政务实施方案

在电子政务的实施中，首先要解决三个层面的问题：第一个层面是认识问题，其中包括电子政务的目标、价值、意义、时机、重要性、利弊等方面达成基本共识；第二个层面是操作问题，也就是说，如何做好电子政务工程和如何运行好电子政务，这里面包括更多的问题，如管理、规划、投资、标准、组织、阶段性、评价、系统结构、运营、法律制度和环境等；第三个层面才是工程和技术问题，也就是项目实施和方案问题，这里包括软硬件、安全、认证、人员培训等。一个完整的电子政务实施方案应包括以下内容：

①完善的组织机构

成立由管理人员、技术专家在内的系统建设领导小组；组成由技术雄厚、人员稳定的开发队伍和有关政府部门工作人员相结合的工作小组。

②确定总体目标和阶段目标

整个电子政务系统的建设要以优化政府管理工作的各核心业务流程，提高工作效率，更好地发挥政府宏观管理、综合协调与服务的职能为总体目标，具体实施可分为内部建设、政府上网、政务上网、网间互连等几个阶段进行，循序渐进逐步加以完善，最终形成功能强大的电子政务综合应用系统。

③进行系统总体设计，确定开发应用标准和规范

结合电子政务系统信息和应用的特点，综合考虑网络体系、支撑安全体系、应用体系等组成部分进行系统的总体设计。同时要建立各子系统所必须依据的统一技术规范、应用平台、指标体系、信息代码、运行管理制度等，以确保整个政务系统成为高效运行的有机整体。

④构建基本支撑体系

选用 TCP/IP 网络作为低层通信网，利用 IPSEC 或其他安全协议构建安全通信通路；构建安全体系；安全管理体制综合了安全检测、实体安全、运行安全、信息安全、网络公共秩序和人员管理等安全法规的规定。另外，有实效的稽查制度和事故应变制度也是管理体制的重要组成部分。运用适合网络结构的安全技术，为系统提供保障。安全技术分为用户身份安全、网关安全、主机安全、网络安全、内容安全和系统安全等；确定系统可靠性方案，如备份，防病毒、复杂系统的容错、应急体系等。

⑤构建应用体系

电子政务系统的应用具备以下特点：随处访问服务，大量的潜在用户，应用必须安全可靠，应用开发周期缩短，与工作流程紧密结合，与现有信息系统高度集成等。因此，在构建电子政务系统的应用体系时要遵循以下步骤：熟悉机关工作规则、明确用户需求和划清业务流程，确定每个节点进入、流出的信息与正常工作的运转情况一致；选择具有高度的可伸缩性、能够实现多系统并存所需的互操作能力，以及多种资源管理能力的应用开发平台；确定应用开发模式，在构造电子政务系统各子系统和应用环节时，应尽

可能投入使用，在应用中发现问题、解决问题，并尽快与已有系统融为一体。可选择以下快速开发模型：现有应用集成、定制化应用包（主页发布、电子注册申报、政策）、构件组装等；选用系统开发的方法：在系统规划和分析阶段采用生命周期法确定系统目标、主要功能、共享数据库在具体实现上采用原形法，在开发过程中用户（机关工作人员）始终参与系统开发过程，使得系统目标和功能得以保证，而又较快地研制出满足用户需求的应用系统，同时减少维护代价。

⑥进行系统评价

首先确定待评价系统的边界和范围，明确评估的目的（以系统整体为立足点，总体地分析各方面的效益与成本及其与系统各构成部分的关系）；其次，确定待评估系统的状态与所处的阶段（如可行性分析、总体设计、系统开发与运行等各阶段）；选择适当的评估方法（如结果观察法、类比—对比法、专家评价法或评分法等），确定适当的评估指标，然后，收集有关数据、资料进行分析、计算，得出评估结果，并作出评估报告。

在具体实施中，要注重几个实际问题：首先，要注意电子政务模式与传统行政模式的结合，既要结合传统的行政方式，又要对其加以必要的改造，避免形成“两张皮”；其次，在实施电子政务工程和运用电子政务中要始终追求实效，既要确保电子政务工程的实施效果，也应确保应用中能够提高效率，改善服务；再者，要重视理论研究、项目规划与建设、使用效果、公务员培训等具体工作，当然也需要大力宣传、搞试点工作；最后，要将目前的电子政务和电子商务很好结合起来，政府行为与服务对象间的有机互动，尤其是电子政务的发展和电子商务的发展是互动的，电子政务的效益也需要在电子商务的环境中才能更好的体现，反之，电子商务的发展又会推动电子政务的需求。

(2) 电子政务的实施原则

电子政务的建设和实施必须遵循以下几个基本原则。

①先进性和成熟性：采用目前比较成熟的、先进的、可靠的技术和产品。

②开放性和标准性：优先考虑采用国际标准、国家标准和行业规范的技术和产品，保证系统的开放性。

③时效性：主要指能及时、全面、准确地采集有关的数据信息，使之根据需要动态地反映各种变化。

④安全性：采用有效措施保障系统安全。通过权限控制模块来控制系统

中用户可以使用的功能和可以访问的数据的范围。

⑤共享性和兼容性：提供信息资源的共享和原有综合业务系统（电子化和非电子化）的兼容。

⑥可扩充和易操作性：能根据计算机系统的更新和制度创新适时扩充新功能，应具有良好的界面，减少各种特别培训，并具有在线帮助功能。

⑦准确性和完整性：系统对信息及各种数据必须按程序处理，反映真实，计算准确。

⑧易维护性：系统须具备良好的可维护性，在投入正式运行后，维护成本较低。这里尤其要重视 SCSI 原则，即安全性（Security）、持续性（Continuing）、拓展性（Scalability）和集成性或一体化（Integration）这 4 个主要方面。

（3）电子政务实施措施

①电子政务安全第一

从应用角度分析，电子政务系统与其他信息系统的最大区别在于，其中所承载的信息流和数据更为重要，对安全性、可靠性的要求极高，甚至涉及国家的利益。而据美国《金融时报》报道，现在平均每 20 秒就发生一次入侵计算机网络的事件，超过 1/3 的互联网防火墙被攻破！这足以使我们在着手电子政务软硬件平台建设和功能布局的同时，加强网络安全问题的建设。

网络中的主机可能会受到非法入侵者攻击，网络中的敏感数据有可能泄露和或被修改，从内部网向共网传送的信息可能被他人窃听或篡改等，造成网络安全的威胁的原因可能是多方面的，有来自外部的，也有来自网络内部的。归纳起来，系统的安全威胁常表现为几个特征。窃听：攻击者通过监视网络数据获得敏感信息；重传：攻击者事先获得部分或全部信息，以后将此信息发送给接收者；伪造：攻击者将伪造的信息发送给接收者；篡改：攻击者对合法用户之间的通信信息进行修改、删除、插入，再发送给接收者：拒绝服务攻击：攻击者通过某种方法使系统响应减慢甚至瘫痪，阻止合法用户获得服务；行为否认：通信实体否认已经发生的行为；非授权访问：没有预先经过同意，就使用网络或计算机资源被看做非授权访问，它主要有以下几种形式：假冒、身份攻击、非法用户进入网络系统进行违法操作、合法用户以未授权方式进行操作等；传播病毒：通过网络传播计算机病毒，其破坏性非常高，而且用户很难防范。

网络安全的目标应当满足几个项目。身份真实性：能对通信实体身份的真实性进行鉴别；信息机密性：保证机密信息不会泄露给非授权的人或实体；信息完整性：保证数据的一致性，能够防止数据被非授权用户或实体建立、修改和破坏；服务可用性：保证合法用户对信息和资源的使用不会被不正当地拒绝；不可否认性：建立有效的责任机制，防止实体否认其行为；系统可控性：能够控制使用资源的人或实体的使用方式；系统易用性：在满足安全要求的条件下，系统应当操作简单、维护方便；可审查性：对出现的网络安全问题提供调查的依据和手段。

保证网络安全需要靠一些安全技术，但是最重要的是要有详细的安全策略和良好的内部管理。一个完整的解决方案必须从多方面入手。首先要加强主机本身的安全，减少漏洞。其次要用系统漏洞检测软件定期对网络内部系统进行扫描分析，找出可能存在的安全隐患；建立完善的访问控制措施，安装防火墙，加强授权管理和认证；加强数据备份和恢复措施；对敏感的设备和数据建立必要的隔离措施；对在公共网络上传输的敏感数据要加密；加强内部网的整体防病毒措施；建立详细的安全审计日志等。

在确立网络安全的目标和策略之后，还要确定实施网络安全所应付出的代价，然后选择确实可行的技术方案，方案实施完成之后最重要的是要加强管理，制订培训计划和网络安全管理措施。完整的安全解决方案应该覆盖网络的各个层次，并且与安全管理相结合。一般局域网和广域网应该有以下安全措施：

系统要尽量与公网隔离，要有相应的安全连接措施。为不同的工作范围的网络既要采用防火墙、安全路由器、保密网关等相互隔离，又要在政策循序时保证互通。

为了提供网络安全服务，各相应的环节应根据需要配置可单独评价的加密、数字签名、访问控制、数据完整性、业务流填充、路由控制、公证、鉴别审计等安全机制，并有相应的安全管理。

远程客户访问重要的应用服务要有鉴别服务器严格执行鉴别过程和访问控制。

网络和网络安全设备要经受住相应的安全测试。

在相应的网络层次和级别上设立密钥管理中心、访问控制中心、安全鉴别服务器、授权服务器等，负责访问控制以及密钥、证书等安全材料的产生、更换、配置和销毁等相应的安全管理活动。

信息传递系统要具有抗侦听、抗截获能力，能对抗传输信息的篡改、删除、插入、重放、选取明文密码破译等主动攻击和被动攻击，保护信息的机密性，保证信息和系统的完整性。

涉及保密的信息在传输过程中，在保密装置以外不以明文形式出现。

②电子政务持续建设是根本

电子政务系统作为信息社会的重要组成部分，它的最终目标和内容都依赖于全社会信息化的发展，而整个社会信息化发展的层次和环节在目前都难以确定。因此电子政务系统的最终目标和详细内容也是很难确定的。例如，公文的流程，各类申报、申请系统的评估、决策模型等。这些事务本身都是不断变化的，很难在一定时期内明确下来。实际上，电子政务系统要管理的项目、达到的效果及运行后的状态等涉及的内容相当广泛。任何电子政务系统的规划者都难以通过调研、分析完全确定所有内涵。电子政务系统的建设和一般信息系统的一个重要区别就是难以在规划、设计、开发、实施前完全确定系统详细目标和内容，也难以通过一个详尽的设计去简单地、全方位地组织和控制电子政务系统的建设，简单地采用一般信息系统的建设方式是无法建设电子政务系统的。因此，必须明确电子政务系统的建设是一个随着社会发展和政府功能转变而持续进行的过程，在建设电子政务系统的过程中，应以建设关键支撑体系为核心，以建设各个应用功能系统为阶段目标，在长期的建设过程逐渐与其他各个分立的政务系统及各类信息化支撑体系融合，并最终形成比较完整的政务体系。

此外，分析以往各类应用系统的应用实施过程可以看出，人们往往错误地认为只要采用最先进的设备和技术实现手段就能成功地实施一个信息系统，但从长期应用效果来看，基于这些观点所建立的各类信息系统往往由于技术本身的不断变化而在应用中逐渐遭到淘汰，而不断变化的应用系统最终还会导致各级管理者、使用者对实施电子政务系统的抵触情绪。相反，从一些成功的应用系统中我们可以看到，如果在构建过程形成了一个稳定而成熟的应用体系，即使在构建信息系统时所采用的技术、设备由于某些原因不得不升级、转型甚至淘汰，而整个系统仍能迅速转向新的技术体系，并在短期调整后继续运转。

因此，在电子政务系统的建设过程中，一方面，必须正确处理应用体系和技术体系之间的关系：应用体系的构筑是整个电子政务系统能否成功实施的关键，而实现电子政务系统的一些具体的技术体系则是不断变化发展的手段，不应作为设计、实施电子政务系统的核心依据。另一方面，要处理好技术先进性与技术自主性的关系，在构建电子政务系统时决不能单纯从技术的先进性出发考虑问题。作为一种先进、复杂的信息系统，电子政务系统必须尽量采用先进技术和手段，但先进性以实用性为前提，要尽量避免在关键部门、要害环节和关键技术受制于人。

③电子政务应易于拓展

电子政务的拓展性主要在于两大方面。一方面，信息技术的飞速发展，使得电子政务无论是在实施模式和关键技术等方面处于不断更新之中，信息技术支撑下的管理理念和手段也在不断变革和创新，因此，电子政务的建设必须首先保证对应用体系、关键业务及其流程变化的适应性和扩展性：同时，要确保与内部原有系统资源的衔接，尤其是原有系统中多年积累起来的大量信息数据和在政务工作中形成的各种文档都是宝贵的资源财富，应该很好保留并充分利用起来，做到不同阶段和不同系统的平滑过渡。另一方面，电子政务系统是信息社会的重要组成部分，电子政务系统实质上是基于内部应用体系而又面向全社会的信息系统。与其他各类信息系统（如商务信息系统、科教信息系统等）的互联是建设电子政务系统中的一个重要方面。由于信息技术本身发展的多样化，在目前的应用系统中存在大量的异构接口问题。这些问题包括：通信协议与网络系统的异构问题，操作系统的异构性，数据库及数据操作格式异构，应用流程与信息分布的异构性等。因此，在设计、建设电子政务系统时，必须充分考虑与其他信息系统的互联与接口规范问题，并考虑相应的解决方案。

④电子政务要整体建设

电子政务的整体建设原则主要包括以下几个方面：

一是政府部门之间信息系统的一体化及中央与地方政府之间信息系统的一体化问题。在整个国家、一个地区或一个城市里，如果每个政府部门各自独立开发建设自己的电子政务系统，累计投资肯定会超过整体设计、系统建设的统一电子政务系统的投资，甚至会超过几倍，还会加大系统维护成本。同时，由于各部门系统开发的技术方式和标准很难统一，就会造成各部门系统之间很难连通和交流。短期来看，整体设计和系统建设要求一次性投入似乎很多：但长远看，这样做可以避免低水平重复建设带来的浪费，是经济之举。然而，在我国，政府各部门中还没有真正建立起一种有利于电子政务和信息化发展的计算机文化，电子政务的发展将不可避免地遇到各种各样的社会阻力，特别是与某些部门或集团的利益发生冲突的时候，影响到少数人的权力和利益的时候，要求政府行为更加透明而使得贪污、渎职不易发生的时候。因此，在电子政务的发展过程中，如何克服各种阻力，实现在一定区域范围内集成性是电子政务发展的重要因素之一。从国外经验来看，一个强势的政府集中、统一的领导比较有利于电子政务一体化、标准化和产业化。所以，应该建立统一的、较高层的电子政务信息应用集成平台，使之成为现代软件工程基础上的公共操作环境，最大限度地实现系统资源共享重用和互操作，并能进行自由的数据交换和程序链接。

二是政府部门本身信息系统的一体化问题。电子政务建设的基本目标是建立面向政务管理全方位的集成化智能型信息管理系统。面向电子政务全方位旨在实现对政务各种业务及其管理的强有力支持，实施政务过程的电子化；智能型的目标是实现对政务业务及其管理的合理预测和科学决策的支持；集成化指的是信息集成和功能集成，即保证业务功能的完备性和统一性，处理流程的规范性和合理性，信息交换的通畅化和一致性，以及信息处理和信息服务的层次化和个性化；信息管理系统则有别于传统强调功能支持的管理信息系统，它更强调信息资源的有效采集和管理、合理衍生和使用、充分挖掘和利用，实现联机事务处理（功能支持）和联机分析处理（信息支持）的合理隔离与有机统一。因此，实现以集成化信息资源管理为核心的电子政务模式统一综合应用，即：统一的资源管理、统一的安全保障、统一的网络管理、统一的业务管理和统一的服务管理十分重要。

3.3 电子政务技术模式

电子政务是基于符合 Internet 网络技术标准的面向政府机关内部、其他政府机构、企业及社会公众的信息服务和信息处理系统集合，是一个利用信息和通信技术，有效地实现行政、服务及内部管理等功能，在政府、社会和公众之间建立有机服务系统的集合。电子政务平台是指电子政务系统的运行环境、内部结构及它们之间的相互关系，其形成必须结合电子政务系统信息和应用的特点，综合考虑网络体系，支撑体系、应用体系等组成部分，同时要建立各子系统所必须依据的统一技术规范、应用平台、指标体系、信息代码、运行管理制度等，以确保整个政务系统成为高效的有机整体。电子政务系统需要从应用、服务及网络通道等 3 个层面来进行基本架构的规划和设计。从这个角度来看，电子政务的技术模式包括 5 个方面：网络平台、基础平台、体系平台、应用平台和服务平台，如图 3-2 所示。

3.3.1 电子政务网络平台

从支撑电子政务服务的网络性质和特点来看，电子政务通过 3 种网络来实现 3 大服务：内部管理与业务构建内联网 Intranet；政府部门之间及与重

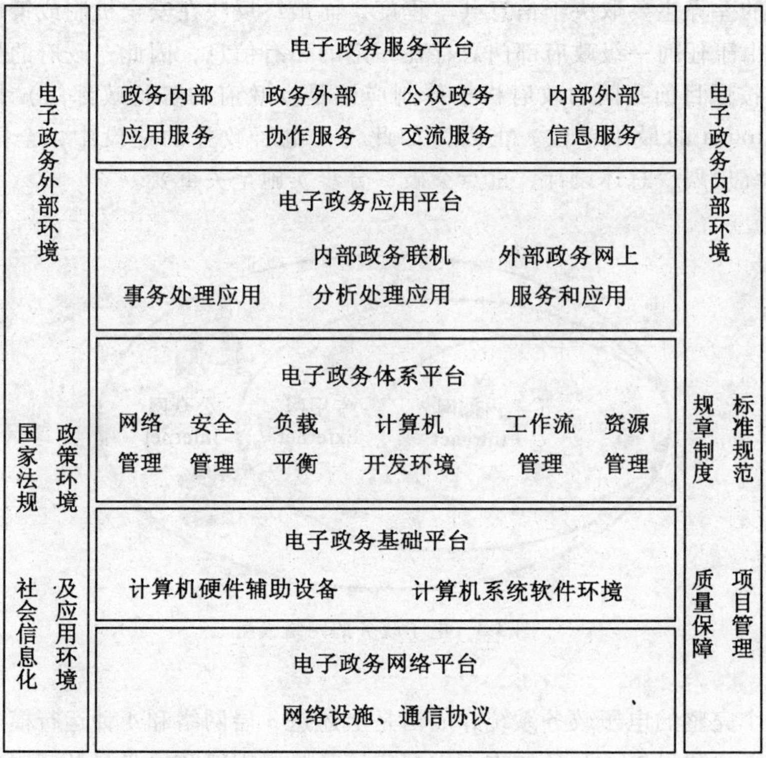

图 3-2 电子政务技术平台

要金融机构的信息交换和共享则要借助专用网 Extranet；而远程信息利用、移动办公及面向社会公众的事务处理和信息发布要登上公用网 Internet。就目前的应用状况而言，各级政府部门所广泛使用的办公自动化系统或业务自动化系统基本上是运行在 Intranet 之上；而政府部门与银行的实时扣款、政府部门间的信息共享和交换则依赖于 Extranet；政府上网工程则基本上是运行于 Internet 之上的。也就是说，从网络组成来看，电子政务系统由 3 部分构成，即政务内部网 Intranet、政务专用外部网 Extranet 和社会公众网 Internet（国际互联网）。这 3 个部分构成一种以政府的分布式计算为核心的信息系统的集合体，如图 3-3 所示。当然，3 种网络尤其是 Intranet 和 Extranet 间的界限会随着电子政务实施主体的定义范畴的变化而发生变化，例如，相对一个城市政府的电子政务系统，其内联网是指整个城市的政府部门，专用网则存在于不同城市之间，或者是同省份的不同政府部门之间。这种变化的差异主要取决于信息共享程度，而最终反映在安全机制或策略上的差异。由于任何一级政府部门总存在一定的私有信息，因此，政府的最基层单位（按照目前我国的政府机构体制应该是乡政府的各行政部门）是电子政务 Intranet 的最小单位。正因为如此，在电子政务的建设中，全国一盘棋、系统规划、总体设计、重点突破、分步实施至关重要。

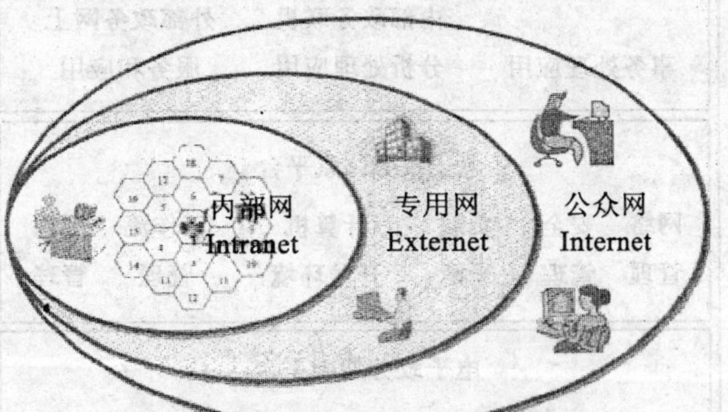

图 3-3　电子政务的网络模型

一个完整的电子政务系统，应当是上述这 3 层网络和 4 种运行模式的有机结合，而建设电子政务的重点内容应该是紧紧围绕政府自身及其服务的对象——社会进行，同时，由于电子政务与电子商务有许多共同之处，电子政务的建设也应充分利用电子商务的资源。

国际互联网 Internet，特别是万维网（WWW）已经逐渐深入人类活动的各个领域。Internet 是相互连接的计算机网络所组成的一个大系统，这个系统覆盖全球，通过 Internet，人们可以用电子邮件与世界各地的人们进行交流，可以阅读网络版的报纸、杂志、学术期刊和图书，可以假如任何主题的讨论组，可以参加各种网上游戏和模拟，也可以免费获得各种数字化资源。运用 Internet 技术的关键在于坚持使用各种开放标准，而这些标准可以使得各机构在服务器和客户间选择最好的连接方式。同时，Internet 的动态和交互的内容服务可以提高信息交换的能力，为用户提供即时交互的信息服务；其强大的图形用户界面构件能为各种应用提供简便、高效、丰富而又可用性强的控制；其平衡的、多处理过程能方便适于系统的扩展。万维网则是 Internet 的一部分，它是一些计算机按照一种特定方式互相连接所构成的

Internet的子集，这些计算机可以很容易地进行内容互访。万维网最重要的特点是具有容易使用的标准图形界面，这种界面可使那些对计算机不是很精通的人也可利用万维网访问大量的Internet资源。因此，电子政务系统可以借助于面向社会公众的国际互联网Internet，尤其是万维网向社会公众提供快捷、丰富的各种政务服务，可以实现与社会的广泛交流和互动。

政务内部网Intranet是政府内部的网络，是Internet网在一个政府内部的安全网，其应用的运行分享Internet计算技术的“DNA”(即Internet协议、浏览器和服务器等)，并且它受到内部的安全“防火墙”的保护。Internet和传统局域网（LAN）和广域网（WAN）的区别并不在于它的硬件基础结构，而是在于建造在这些基础结构之上的通信标准（采用Internet标准）和服务或信息标准（采用WWW标准)。借助于Intranet政府部门内部可以实现政府最紧密、领导最清晰、架构最合理、分工最清楚、功效最优良的团队。政务专用网Extranet主要用来允许内部外出用户、业务伙伴或合作伙伴使用其特定的权限来穿过防火墙从Internet访问Intranet内指定的数据或启动指定进程。它为内部人员移动办公、业务及合作伙伴间信息共享提供了可能。Extranet可以通过公共网络、专用网络、虚拟专有网（VPN）或无线通信网（WAP）等技术实现。它可以看成是一个临时的、有特殊安全措施的Internet，它使用加密技术、通过网络管理者施加在现有Internet连接中的防火墙或路由器中的加密和认证功能来确保数据的安全抵达。无线通信网的提出和发展则是为了满足在移动中接入Internet的需求，它提供了一套开发和统一的技术平台和软硬件接口，使得用户可以使用移动设备很容易访问和获取以统一内容格式表示的互联网或政府内部网的信息和各种服务。

总之，电子政务系统的网络框架是以Internet技术为基础，以政府内部的Internet为核心，实现政府内部工作流的电子化，并通过Extranet允许政府或合作伙伴以及政务内部外出人员对内部应用的授权访问和实现相互间授权的信息交换；通过Internet为社会公众提供在线的政务服务和信息服务。在这种网络框架下，可以解决政府部门在信息社会条件下面临的6C问题：利用Intranet解决政府部门内部的信息资源利用（Content）问题，提高政务的工作效率，实现高效政府（Corporation)；利用Extranet可以解决政府和外部协作伙伴的信息交换（Communication）和合作（Cooperation）问题；利用Internet可以在网络上为社会公众提供实时、便利的在线政务服务和交流(Customer)，有效降低政府服务成本（Cost-down)；最终实现恰当的人在恰当的时间拥有恰当的信息。

这里需要指出的是：Intranet 和 Internet 建设的方式和方法是不同的，它们唯一的共同点是技术。许多人认为 Intranet 的定义和 Internet 一样，只不过它在防火墙以内。核心构件（Web 服务器、Web 浏览器和它们之间的网络连线）组成了网络计算平台，这对 Intranet 和 Internet 而言技术上是相同的。但它们之间仍有几个重要的不同之处。

Internet 是一组形形色色的用户和感兴趣的人或政府（学术的、商业的或个人的）所构成。Intranet 的开发则是为了满足普通事务的需要，而且它们属于投资者所有。

Internet 的内容可被任何人获得，却不为任何人完全拥有，这已经引发了保密、专利权和安全等问题，而且通常对 Internet 的形象有负面影响；Intranet 得到了较强的控制，Intranet 所有者可允许任何满足其应用需要的内容存在，并可禁止任何有损这些需要的内容存在，因此，Intranet 的内容目标明确。

Intranet 的内容远比 Internet 的内容更难管理，在 Intranet 和 Internet 上发布的最大不同在于内容的特性。Internet 上发布内容的目标是将某个政府推向外面的世界，这些内容仅在 Intranet 上反映其存在但并不是政府的实质，同时，在大多数情况下其内容都是静态的且是不敏感的。Intranet 的内容可揭示政府的内在特性，它可以被政府内的多功能政府或个体交叉使用，使用 Intranet 的真正目的是将其作为完成业务功能的计算平台，其目标集中于创建、传播和控制信息，更加关注信息交换，同时，这些内容通常是授权的、动态的、重要的，甚至是保密的。

Intranet 和 Internet 的内容传送方式及其发展上存在很多差异。Intranet 站点是建立在良好定义上的高性能网络上，其信息传送技巧和技术发展得非常迅速，许多对计算有严格要求的政府采用了远超过 Internet 的性能，同时，由于政府内部的环境通常定义良好，因而决定采用何种内容很容易，可以通盘考虑政府防火墙的域，并决定区分平台不容的最好办法，因此，可以采用最小化互操作问题的浏览器和服务器标准，从而拥有一个更有预测性和灵活性的网络计算平台。相比而言，Internet 因其低速的公共特性解决方案而发展缓慢，任何 Internet 应用必须考虑用户可能连接的不同的速率，不同的用户也有不同的网络接入带宽，其性能远比 Intranet 要低，同时，这些连接还被服务的超载和相对低速和过时的 Internet 体系结构所制约；另一方面，Internet 必须面对不可预测的计算平台，尽管许多厂商和技术人员一直宣称 Web 浏览器和服务器之间是完全兼容的，但实际上组成网络计算平台的每个浏览器和服务器都各有自身的特性。

3.3.2 电子政务基础平台

电子政务的基础平台是由网络基础设施、计算机及其辅助设备构成的计算机硬件环境，包括网络通信协议（如：TCP/IP、HTTP 和 WAP 等）和操作系统（如 Windows、UNIX/Linux 等）的系统软件环境。

网络基础设施建设是电子政务系统建设和发展的基础和前提。政务外部 Internet 的开展可构建在公共数据网络资源基础上，如广电网、电信网等。而政务内部 Intranet 网络的设计应重点考虑以下几个方面问题。

（1）高效性

即有效收据的及时传递，尽可能提高网络的传输速度。高效的传输可以通过先进的传输介质和协议来实现，如采用 FDDI（Fiber Distributed Data Interface），ATM（Asynchronous Transfer Mode，异步传输模式）等网络介质。从技术发展角度来说，运用同步数字序列光纤网、异步传输模式、光纤同轴混合网和数字专网等先进技术，建立一个先进的宽带数字化综合业务主干网是网络建设的发展方向。

（2）可控性

网络硬件构建后可以认为网络的传输速度是一个常量，速度的快慢很多情况下是由于数据风暴造成的，也就是由于无用的数据流占据了绝大部分的网络时间和有效的带宽，造成每个用户可以分享的网络资源减少，所以导致有效数据的传输受到影响，因此，高效和可控必须结合才能最大可能地提高网络的效率。可控性即对网络数据风暴的产生控制，以及限制风暴所影响的范围。提高可控性的直接有效的方法就是利用交换机（switch）和路由器（router）对网络进行合理的分段处理，将网络划分成若干的段（segments），可以通过分解广播域（broadcast domains）和冲突域（collision domains）等方式来限制数据风暴的传播与影响。分段的方法既可以采取物理方式，将一部分网络从物理连接上与整个网络隔离开，只保留 gateway（网关）与外部连接，一般隔离开的网络都是数据多发区域，容易产生数据风暴，会造成对整个网络的影响；而逻辑方式就是利用 VLAN（Virtual LAN，虚拟局域网）技术，将一些物理上并没有分开的网络端口进行组合，使这些端口成为一个独立的局域网。相比之下，VLAN 具有无可比拟的灵活性和实用性。

（3）兼容性

由于大型网络环境的复杂性，异质网络的共存是必须解决的问题，解决的方法可以从硬件设备和网络协议两个方面解决。使用路由器（router）可以不同网络模式的物理或逻辑连接，而不同网络模式的数据通信可通过采用不同网络模式都可以识别的网络协议，使得网络系统能支持多重协议（例如：选用 TIP/IP 网络作为低层通信网，利用 IPSEC 或其他安全协议构建安全通信通路，采用 IPX、AppleTalk、Decent 等），形成一个开放型的网络，支持各种协议的互联。

(4) 可升级性

网络硬件的投入是巨大和不可回收的，因此在构建整个网络蓝图时，必须考虑硬件的可升级性。随着业务的增长和应用水平的提高，网络中的数据和信息流将按指数增长，需要网络有很好的可扩展性，并能随着技术的发展不断升级。在产品选型时，应尽可能选用符合国际标准的系统和产品，支持开放的网络协议保证计算机系统的互操作性可获得广泛的第三方软硬件支持，可以保证系统具有较长的生命力和扩展能力，满足将来系统不断扩大应用范围的要求。当然，升级的实现是要在一定的范围内，也就是说它是受局限的，不可能脱离网络供应商的支持。从某种意义上讲，可升级性并不能作为改善网络性能的措施。

(5) 高可靠性

网络系统应具有高可靠性、高安全性。除了采用高可靠性的网络设备以外，还应确定系统可靠性方案，如：考虑物理层、数据链路层和网络层的备份，防病毒，复杂系统的容错，应急体系等。同时，当今网络中的多媒体的应用越来越多，这类应用对服务质量的要求很高，因此，网络系统的设计应能保证可靠性，以适应今后网络应用的发展。

(6) 易维护性

由于本次网络改造项目规模庞大，需要网络系统具有良好的可管理性，网管系统具有监测、故障诊断、故障隔离、过滤设置等功能，以便于网络系统的管理和维护。同时应尽可能选取集成度高、模块可通用的产品，以便于管理和维护。

(7) 安全性

网络系统应具有良好的安全性，由于本网络系统为多个用户内部网提供互联并支持多种业务，网络系统应支持多 VLAN 的划分，并能在 VLAN 之间进行第三层交换时进行有效的安全控制，以保证系统的安全性。

(8) 实用性

第一，要考虑实用前提下的高性能，由于硬件设备的更新和发展十分迅猛，性能价格比在不断提高，硬件配置的时效性很强，在考虑网络配置时宜采取实用性、高性能和经济性三者的折中，以满足当前应用需要为前提，性能选择适度超前，性能价格恰到好处。第二，要考虑软硬件平台的一致性，确保对已有资源的充分利用，技术提升的平滑过渡。第三，以联机事务处理优先为原则，由于联机事务处理数据操作实时性强、响应速度要求高，而分析处理等对实时性和响应速度要求不十分苛刻，因此，在网络设计时优先考虑联机事务处理的应用。

计算机硬件环境要考虑满足信息储存和处理所需的内存、硬盘需求，与信息处理速度所需的 CPU 速度、系统结构、I/O 带宽，同时应兼顾今后业务的不断发展而对系统提出更高的要求等。服务器作为基础平台的核心单元，必须具备强的 I/O 带宽和事务处理能力；主服务器操作系统的选择目前主要有两种：UNIX/Linux 和 Windows NT 操作系统。Windows NT 操作系统的优点主要在于它能与其他的 Micros0 位产品很好地集成以及其一贯的图形用户界面外观和感觉，同时 NT 可以运行一些继承下来的 Windows 应用程序，它主要是运行在 PC 服务器上，但在一个 PC 机上运行一个高性能的服务器显而易见要比真正工作站的可靠性差，当然其性能可扩展性、稳定性和安全性也就无法得到很好的保障，同时它没有远程管理和多用户模式，因此，选择 PC 服务器和 NT 操作系统是将成本而不是可靠性作为驱动因素。相对而言，UNIX/Linux 操作系统是非常健壮的，比 NT 具有更好的可扩展性，即使其运行在 PC 服务器的产品，其性能都比较稳定，当然，尽管为 UNIX/Linux 所不喜欢的图形用户界面工具已经开始出现，但 UNIX/Linux 还是要求系统管理员受过更高级的培训。

此外，随着现代网络系统运行速度的越来越快和计算能力的越来越强，所需处理、存储的数据量和数据类型越来越多，而且对用户数据存储备份有满足其不断增长的数据需求、实现对变化信息的快速响应、保持业务的永不停顿和保证数据的绝对安全等四项基本要求。因此，确保数据的安全存储已成为电子政务系统中至关重要的组成部分。因此，在电子政务系统基础平台中，应根据信息处理和运用的特点，而设计配备产生海量数据、访问海量数据、存储海量数据和保护海量数据的网络存储系统，实现对数据使用、管理、存储、备份和复制等。目前，在网络系统存储备份设备中，应用最广泛的，仍然是磁盘阵列、磁带库和光盘塔或光盘库几大类。

3.3.3 电子政务体系平台

电子政务的体系平台是为特定的政务应用软件的正常运行提供保障，并为电子政务应用提供软件平台和技术标准支持。从功能上讲，它包括三大方面：一是电子政务体系结构，也就是保障电子政务系统的技术体系环境；二是系统及其应用和资源管理（如网络管理、安全管理、认证服务、负载平衡、数据管理、目录管理、工作流管理等）；三是应用软件的开发环境。

电子政务系统的应用体系结构是电子政务设计的一个重要组成部分，它涉及需要完成什么样的业务规则，评测系统的利用程度，选用什么样的体系结构，采用什么样的系统部件，如何满足系统中的可用性、可伸缩性、安全性及性能要求，等等。目前，很多系统都是采用传统两层 Client/Server 体系结构，随着计算机的普及、互联网的飞速发展，了解和使用 Internet 的人数大幅增加，一种新颖的三层体系结构正逐级成为各种网络化应用的主流。三层体系结构模式是两层 Client/Server 结构发展的产物，最典型的是三层 Client/Server 结构在 Web 上的应用而产生的 Browser/Server 结构。Browser/Server 体系结构把 Client/Server 结构中的事务处理逻辑模块从客户机的任务中分离出来，由 Web 服务器来承担，大大减轻了客户机的压力。三层体系结构紧密结合了 Internet/Intranet 技术，适应于电子政务的内部办公和管理的一体化、内部应用与外部行政服务的一体化、城市和乡镇应用的一体化的发展趋势，虽然目前看来在技术方面还存在一些问题，但毫无疑问，三层模式将以其良好的可扩展性、超越地理位置限制等优势，成为电子政务系统发展的必由之路。

电子政务系统及其应用和资源管理主要目标是实现以集中的数据资源管理为核心的电子政务模式统一综合应用，即统一的资源管理、统一的安全保障、统一的网络管理、统一的业务管理和统一的服务管理。

（1）统一的资源管理主要实现信息资源集中

尽管数据资源在物理上可以分布于不同的地域，但整个电子政务系统可以借助于存储区域网络（Storage Area Network，AN）等技术形成一个灵活、可扩展、可用、可访问和可靠的逻辑上数据大集中的数据中心，以此为基础实现信息采集、信息存储、信息传输、信息分析、信息发布等完整的信息供应链过程，为实现电子政务系统全程业务内容网络化提供了一条捷径。

（2）统一安全保障目标是构建基于统一策略、产品和行为模式集成的安全体系

一个成功的电子政务系统需要一个安全的管理平台，它不仅是由多种相关硬件和软件组成的，更需要有完善的政策和正确的行为模式来支持。一方面，要建立综合安全检测、实体安全、运行安全、信息安全、网络公共秩序和人员管理等安全法规的安全管理体制，另外，有实效的稽查制度和事故应变制度也是管理体制的重要组成部分。另一方面，需要运用适合网络结构的安全技术，提供用户身份安全、网关安全、主机安全、网络安全、内容安全和系统安全等系统安全保障。

(3) 统一的网络管理就是“网络资源集中”

可以通过网络管理技术对网络、硬件设备、应用软件和个人桌面等的运行状况进行全过程实时跟踪和监控，实现设备资源、系统安全、故障性能、操作事件和远程帮助等功能，大大简化设备和应用软件的维护工作量，也能将分散的设备资源和管理任务集中管理。同时，可以实现用户身份、权限级别、政府与角色的统一管理，既便于整个系统的维护和用户的服务，又可以确保系统的安全。更为重要的是，借助于可以实现对政务行为、事件和过程的实时监控和管理，并按管理主题，事前、事中、事后控制等要素和决策支持需求进行资源捕捉、抽取、筛选，形成新的“管理空间”，拓展管理“带宽”。

(4) 统一的业务处理的目标是“业务应用集中”

可以通过 EAI 等平台，利用数据转换/映射、消息中介、工作流管理、应用服务器扩展、分布式对象等技术有选择地进行数据层和应用协议层之上的事件和流程集成，实现基于统一的应用开发集成平台的、统一规划、相互依托的各种电子政务应用系统及相互间的数据共享和流程直通处理机制，加强各应用系统内部和之间的应用互操作性。

(5) 统一服务管理实现的是“沟通渠道集中”

借助于信息门户、信息推拉等技术集成所有电子政务应用系统内外部用户的交互作用点，将所有应用系统的功能处理和信息服务通过一个统一的门户平台，以用户选择的方式、不受时间和地点的约束、个性化地提交给不同权限的用户，实现将最恰当的信息在最恰当的时间传递给最恰当的人。

电子政务系统的开发环境和传统信息系统存在一些差别，这也是技术进步的一种表现系统的开发语言（如 C/C++等）仍然可以作为构造电子政务应用软件的工具，而且目前很多系统软件包也都提供相关的 API 接口和运行函数库。但传统高级语言有一个缺点，其编译器或解释器与硬件环境关系密切，所以，Java 语言及其一些相关产品（如 Java Script）和标准（如 J2EE 等）由于具备平台无关性的优点而逐渐成为主流。同时，为提高软件（尤其是一些提供公共功能的软件）的可重用性，组件（Component）技术发展很快，很多 IT 企业专门提供 EJB 组件模块，同时，支持应用协同工作的一些标准（如：CORBA）也逐渐被推广。

3.4 电子政务规划与标准

无论是一个国家，一个地区，还是一个部门，电子政务的发展都是一个长期而又艰巨的过程，既不可能一蹴而就，也不可能一劳永逸，而是应该根据特定政务活动的特点，结合公众的需求，有计划、有步骤、由浅入深、由低级到高级有序地展开。电子政务的推进是一个牵扯面比较广的系统工程，在具体的实施过程中，必然会遇到各种问题与困难，需要认真研究、积极思考、大胆探索。从国际、国内电子政务发展的实践来看，电子政务规划与标准在电子政务发展进程中起着重要的作用，既是指导电子政务发展的根本性纲领，也是推进电子政务实施与应用的基本性依据。制定科学合理的电子政务规划与标准同样是一项复杂的工程，需要综合考虑多方面的因素，使规划与标准既具有较长时期的指导性和预见性，又具有实际的可操作性。

3.4.1 电子政务规划简述

电子政务的规划是电子政务建设得以顺利实施的前提条件，也是电子政务健康发展、良性运作的基本保障。没有科学合理、经得起时间、技术和公众需求考验的电子政务规划作支撑，电子政务的发展必然会迷失方向，甚至会误入歧途。所以，要保证电子政务的发展取得预期的效果，必须对电子政务规划予以高度的重视。

(1) 电子政务规划的含义

制定电子政务规划是启动电子政务应用的首要步骤，也是电子政务发展中的重要环节之一。但是，目前各级政府部门对电子政务规划本身的理解还普遍不到位，对电子政务规划的重视程度也不够，以致在很大程度上影响了电子政务健康有序的发展。一般来说，电子政务规划（E-Government Planning）是指相关的政府机构和部门根据本地区、本部门的实际情况，明确电子政务建设的目标和优先级，并根据它们之间内在的逻辑关系，制定出实现目标的步骤与规范，以保证电子政务总体目标和阶段目标的顺利实现。电子政务规划涵盖的范围比较广，需要对政府机构运作模式及错综复杂的部门间协作关系有透彻了解，而且，还要受到技术进步、部门调整、职能重组等多方面的影响，所以，规划的时间跨度不宜过长，以3~5年为佳。

(2) 电子政务规划的重要性

任何一个电子政务项目，不论其投入的大小，技术复杂程度的高低，有没有科学的电子政务规划，所产生的实际效果是迥然不同的，实施、应用及其发展过程中所起的作用是极为重要的。具体表现在以下几个方面。

①明确电子政务发展的目标和方向

电子政务项目的实施往往需要有比较多的人、财、物资源的投入，而且实施周期也较长，因此必须在项目实施之前对具体的目标、实施步骤、各种资源的保证条件以及在实施过程中可能遇到的问题和困难做出合理的预期，并能制订出合理的应对措施，以保证项目的实施按预定的计划进行。

有了科学合理的电子政务发展规划，不但使政府部门的领导、工作人员认识到电子政务的发展目标和前进方向，而且也让电子政务的设计开发人员、实施和安装人员更能明确项目的要求和进度，同样不可忽视的是，电子政务规划让公众对政府的改革与发展有了新的认识，并能以更大的热情、更高的积极性参与到电子政务的实际建设中来。

②加强政府部门之间的合作与协调

在传统的条件下，政府部门之间由于受“官僚制”政府管理体制的影响，各部门相互独立、各自为政的现象较为严重，各部门为了维护自身的利益，常常会为其他部门之间的合作设置一些人为的障碍，这种局面既不利于政府效率的提高，又显著增加了政府部门之间协调的成本。实施电子政务就是要改变这种现象，进一步理顺政府部门之间的关系，精简流程，提高效率，并能有效地降低政府管理和协调的成本。科学合理的电子政务规划是实现这一目标的重要条件。

电子政务规划将从更高层次，更高水平明确相关政府部门的职责，进一步确立不同政府部门在电子政务发展过程中的地位和作用，并能对彼此之间的合作、交流和协调提供基本的原则和依据，可以有效地避免电子政务发展过程中可能产生的矛盾与摩擦，保证电子政务发展的有序推进。

③降低风险，保证电子政务的实施效果

对大多数政府部门来说，实施电子政务是一项挑战性很强的工作，具有比较大的风险。如何应对电子政务发展过程中可能出现的各种不确定因素，最大限度地控制各种可能出现的风险，是每一个政府部门都必须考虑的。制定电子政务规划对降低风险，保证电子政务的实施效果将会起到积极的促进作用。

电子政务规划可以对电子政务实施过程中可能出现的风险进行评估，并通过预先的判断准备相应的应对措施来有效地防范各种风险，使风险降低到最小限度。另外，完善的电子政务规划可以为将来电子政务建设的具体实施和评价提供理论上的支持和实践上的依据，为电子政务发展保驾护航，真正达到电子政务发展的预期目标。

（3）电子政务规划的指导思想和原则

国家信息化领导小组于 2002 年 8 月正式发布了《国家信息化领导小组关于我国电子政务建设的指导意见》(俗称“中央 17 号文件”)，在这一文件中，对我国电子政务的发展提出了具体的指导思想和发展原则，这对制订电子政务规划有一定的参考价值。

①电子政务规划的指导思想

《国家信息化领导小组关于我国电子政务建设的指导意见》指出，我国电子政务建设的指导思想是：以邓小平理论和“三个代表”重要思想为指导，适应改革开放和现代化建设对政务工作的要求，转变政府职能，提高工作效率和监管的有效性，更好地服务人民群众；以需求为导向，以应用促发展，通过积极推广和应用信息技术，增强政府工作的科学性、协调性和民主性，全面提高依法行政能力，加快建设廉洁、勤政、务实、高效的政府，促进国民经济持续快速发展和社会全面进步。

这一指导思想为制订电子政务规划明确了基本的方向，各级政府部门应按此要求指导电子政务规划的制订。

②电子政务规划的原则

国家信息化领导小组提出的电子政务建设原则包括三个方面：

统一规划，加强领导。电子政务建设必须按照国家信息化领导小组的统一部署，制定总体规划，避免重复建设。各级党政主要领导同志要亲自抓，防止各自为政。要正确处理中央与地方、部门与部门的关系，明确各自的建设目标和重点，充分发挥各方面的积极性，分类指导，分层推进，分步实施。

需求主导，突出重点。电子政务建设必须紧密结合政府职能转变和管理体制改革，根据政府业务的需要，结合人民群众的要求，突出重点，稳步推进。要讲求实效，坚持经济效益和社会效益相统一。当前要重点抓好建设统一网络平台、建立标准、健全法制，建设和整合关系国民经济和社会发展全局的业务系统。

统一标准，保障安全。加快制定统一的电子政务标准规范，大力推进统一标准的贯彻落实。要正确处理发展与安全的关系，综合平衡成本和效益，一手抓电子政务建设。一手抓网络与信息安全，制定并完善电子政务网络与信息安全保障体系。

以上三条是制订电子政务规划时首先必须考虑的。除此以外，还应坚持以下几个方面的原则：

• 适用性原则。按照经济实用、成熟先进、持续稳定的要求，确定信息系统建设的规模和软硬件档次。

• 经济性原则。必须做到避免重复建设和力争节约，对现有的政府信息系统要充分利用、发挥效益，对新建系统要科学论证，硬件设备通过政府采购形式购置。

• 可扩展性原则。劳动保障信息系统建设要立足于现行劳动保障政策和管理体制，同时为将来劳动保障改革和业务发展留有余地。

• 安全性原则。利用国家有关的信息安全平台，结合自身的安全体系建设，充分保证系统、网络和数据的安全，以确保基金的安全。

(4) 电子政务规划的国际经验

从世界各国电子政务发展的实践来看，制订科学合理的电子政务规划有着至关重要的作用。因此，国际上对电子政务规划的制订都十分重视，而且有一些成熟的经验值得我们学习、参考。在这里介绍几个公认的国际经验。

①眼观大局

眼观大局（Think Big），Think Big 的原意是“想得要大”，在这里具有“从大处着眼”的意思，是指在制定电子政务规划时要从经济全球化、信息网络化的大背景下去考虑电子政务的发展变化趋势，要能够综合考虑信息通信技术的演进、政府职能的演变以及公众需求的变化等各方面的因素，从长计议，审慎地确定本地区、本部门电子政务发展的长远目标，绘就电子政务发展的宏伟蓝图。

“Think Big”是要让电子政务规划具有比较长远的生命力，能适应电子政务发展的总的趋势，能与社会进步、科技发展的前进方向基本一致。它要求我们在制订电子政务规划时要具有充分的想象力、敏锐的洞察力和独特的判断力，能够认真研究本地区、本部门在电子政务发展方面的历史、现状、特色和比较优势，仔细分析国际、国内电子政务发展进程中的经验与教训，为电子政务发展制定出全面细致的、可以测度的、切实可行的明确规划，为电子政务的深层次、多角度、高水平发展提供根本性的保障。

②着手小事

着手小事（Start Small），“Start Small”的原意是“从小处开始”，可以理解为“从小处着手”，这是在“Think Big”之后进行的，也就是说，是在对电子政务发展问题有了比较清晰的把握，并且已经确立了较为明确的电子政务发展目标以后需要考虑的。它要求我们在组织电子政务实施的过程中，能围绕电子政务发展的总目标和总要求，逐步深入和细化，把总的项目层层分解，划分成一个个相关的、有严密的逻辑关系的子项目进行组织实施，并选择最基本的、实施难度相对较小的子项目开始启动。

“Start Small”虽然要求我们选择小的、容易实现的、效果明显的项目作为突破口，以取得“立竿见影”的效果，但并不是说在“小处”原地踏步，更重要的目的是要从小处起步，积累经验，取得收获，“以小胜求大胜”，使得电子政务的应用能实现快速推进。“Start Small”看似一种保守的实现思路，但在具体的电子政务项目运作过程中，具有重要的实际意义，它对减少风险、控制进程、及早发现实施过程中可能出现的问题有比较大的作用。

③迅速推广

迅速推广（Scale Fast），Scale Fast 的意思是“快速扩展”，是指在电子政务的发展过程中，在取得阶段性进展的基础上，由点到面，由局部到全局，以比较快的速度和比较高的效率推进电子政务的进一步发展。

“Scale Fast”，要求在规划电子政务发展的过程中，既要分清轻重缓急，又要能做到思路清晰，能够有计划、有步骤、有针对性地扩展应用，不能因为某一个环节出现困难或障碍而导致整个项目的停滞。当然，“Scale Fast”不能盲目地贪大求快，而是应该在保证质量和水平的前提下追求高速度和高效率，使得速度、效益和效率实现有机的统一。

3.4.2 电子政务规划过程

制订电子政务规划需要综合考虑多方面的因素，既要考虑未来电子政务发展的目标，又要明确实现预期目标的各种人、财、物资源的条件和要求，既要提高规划的可预见性，又要保证规划的可操作性。所以，电子政务规划的制订不是一蹴而就的，而需要对整个过程有一个完整的认识。

(1) 电子政务规划的主要步骤

和一般信息系统建设的规划相类似，电子政务规划主要包括以下几个方面。

①组织和领导保证

由于电子政务项目涉及众多的政府机构和部门，既会影响到相关部门的职能调整，又需要对原有的政府业务流程进行重组和改革，所以，在某种意义上可以说电子政务是“一把手工程”，没有政府主要领导的支持和推动是很难有所作为的。在制订电子政务规划时，提供电子政务实施的组织和领导保证应该是首先必须考虑的。

国际上比较通行的做法是设立专职的电子政务组织领导机构，并设立直接接受政府首脑领导的“首席信息官”(Chief Information Office，CIO) 职位，具体组织和指挥电子政务项目的实施。国内的通行做法是由各地政府或政府部门的一把手、主管信息化的副职、办公厅（局、室）负责人、信息中心负责人以及其他相关人员共同组成“电子政务领导小组”，以统筹领导和协调电子政务建设的全过程。由于领导小组是一个非正式的政府职能部门，它的作用和地位实际上要视政府一把手的重视程度而定，这一点对电子政务的发展较为不利，因为主要领导的变动，以及领导者的态度变化都会给电子政务发展带来显著的影响。所以，在制订电子政务规划时，既要认识到组织和领导保证对推进电子政务发展的重要性，又要能确保组织和领导的有效性、持续性和稳定性。

②科学合理地分析电子政务发展需求

对本地区、本部门电子政务未来发展需求做出科学合理的分析，是制订电子政务规划中最重要、最基础也是相对难度最大的一项工作。因为需求分析是明确电子政务发展目标和方向的基本依据，也是政府部门决定对电子政务进行各种资源投入的主要参考因素。

要准确分析电子政务需求，首先应对本地区或本部门电子政务发展的一些基本问题进行基本分析，比如政府在履行其职责时面临着哪些挑战？最棘手的问题是什么？目前公众与相关政府部门对本政府最大的意见是什么？现有政府职能的流程是怎么样的？

对以上这些关键问题做到心中有数后，就要结合信息通信技术的功能和特点，来分析与研究这些问题中哪些可以通过利用现代信息通信技术得到比较好的解决？需要具备哪些条件？需要投入哪些资源？存在哪些风险？实施电子政务会产生什么样的结果？如果对这些问题还没有充分把握，贸然实施电子政务是不合适的。

对电子政务需求的分析研究必须改变“技术导向”的错误做法，要认识到，电子政务是根据本地区、本部门政务活动的特点、公众的需求以及社会经济发展的需要决定，而不是由技术决定的，技术是为了更好地实现政府职能，能更有效地向公众提供专业的政府服务，如果片面地去追求技术的先进性、一味强调软硬件的高端和领先，必然会使电子政务发展偏离正确的轨道，会与公众的真正需要背道而驰。

影响电子政务需求的关键因素包括政府所处的环境、所采用的技术和时间延续三个方面。环境因素主要看本地区、本部门已有的信息通信技术装备和系统、人员信息化的准备情况，政府业务流程适合电子政务发展的程度以及内外部对电子政务的需求等；对所采用的技术既要认识到“所有的技术都会过时的”，以避免盲目的求新求变，又要注意技术的生命周期，可扩展性以及兼容性等问题，尽量选用稳定、可靠、适用、并有生命力的技术；在时间延续方面，如果作过长的预期，显然是缺乏科学性的，会与将来的实际情况有较大的出入，但如果时间延续太短，那也没有多少实际意义的。所以，一般来说，对电子政务的需求分析和发展规划的预期，以1~3年较为合理，超过五年，可信度就会变得很差。这一点是需要引起注意的。

③电子政务系统的总体设计

在完成前两个步骤后，即进入电子政务的总体设计阶段，也就是要围绕本地区、本部门的电子政务需求，结合资金投入、技术选择以及政府所处的环境等多方面的因素，对电子政务系统进行全面的分析和设计。电子政务系统的总体设计必须综合考虑网络体系、技术支撑体系、业务应用体系、安全保障体系等各个组成部分的特点，确定相应的开发应用标准和规范，并依据统一的技术规范、业务应用平台、信息指标体系、开发代码和运行管理制度等，保证整个电子政务系统的有机集成和高效运作。

④技术和功能层面的细化

完成电子政务系统的整体设计后，接下来就必须从技术和功能层面构建起适应电子政务要求的技术支撑和业务应用体系。这一阶段是对电子政务系统总体设计的进一步细化，从技术实现的可能性和业务需求的必要性两个方面对电子政务发展做出进一步的规划。在这一阶段，需要对以下几个方面做出规划和部署：

- 确定电子政务系统运营的通信网络系统；
- 选用合适的技术开发工具和开发平台；
- 构建安全管理体制，包括安全监测、物理安全、信息安全、网络安全以及安全管理制度等一系列规范；
- 电子政务可靠性保障方案，如数据备份、复杂系统的容错、防病毒、突发事件应急处理办法等；
- 系统扩展性预案，对电子政务系统升级、业务需求扩展等应做出初步的预计，并能做出必要的应对处理。

⑤确立科学的评估方法，明确合理的评估标准

电子政务规划是针对未来电子政务发展的行动方案，在发展过程中存在着很多不确定的因素。为了使电子政务的发展取得预期的效果，并能够对运行的效果进行合理的评价，必须确立科学的评估方法，明确合理的评估标准。

因为电子政务是一项新生事物，对它进行科学合理的评估并非易事。在确定评估方法时，必须采用定性和定量相结合的方法，既要考虑评估方法的可操作性，又要考虑这种方法的科学合理性。对评估标准的确定，一方面要借鉴和吸收国际上已经成熟的相关标准，另一方面也要考虑本地区、本部门的实际，使评估标准具有一定的灵活性和适用性。在具体的评估时，必须考虑到电子政务的直接受益者——公众对电子政务的评价和接受程度。

(2) 电子政务规划的主要内容

电子政务规划的具体内容应视政府部门自身的地位、所处的环境、所要达到的目标等各方面的情况而定。一般来说，电子政务规划应包括以下几个方面的内容。

①背景分析

背景分析主要是对本地区、本部门实施电子政务的外部、内部背景做出全面细致的分析，以进一步认清形势，分清现状，提高对电子政务的认识，取得思想认识上的一致。背景分析主要内容包括：国际国内电子政务发展状况和趋势分析；本地区、本部门在履行政府职能方面所面临的挑战；公众对本地区、本部门电子政务发展的需求等。

②目标和任务分析

电子政务规划的核心任务是要对未来电子政务的发展做出科学的计划和安排，所以，明确电子政务的发展目标和任务是电子政务规划的关键性内容。对这一部分内容必须进行深入研究、仔细分析，力争使其全面、科学、合理，能符合本地区、本部门的实际，并具有比较强的实际操作性。

目标和任务的确定既要按时间跨度纵向设计分阶段的子目标和子任务，又要按电子政务业务覆盖范围的不同，从横向的角度确立各个子系统的分目标和分任务，以实现纵横交错，全面兼顾。

③实施方案分析

在明确了电子政务的具体目标和任务后，就要进一步落实可行的实施方案。实施方案应包括系统组成、技术实现、网络布局、安全防范、应用体系以及管理体制等内容，概貌性地勾勒出电子政务实施的方方面面。

不过，一般来说，实施方案在实际的实施过程中会受到各种因素的变化而产生不同程度的变动，但在电子政务规划中，必须确定实施方案的基本框架以及改进优化的相关要求等。

④实施保障分析

在目标和任务基本明确，实施方案基本确定的前提下，就应该规划具体的实施保障措施了。电子政务的实施保障是综合性的，主要有以下几个方面：组织和领导保障，即从组织机构的设置到领导职能的安排，保障电子政务计划的有序进行；资金投入保障，即从资金投入的角度，分阶段、分项目对电子政务实施提供相应的保障；技术与安全保障，即对确定的电子政务计划从技术和安全的角度，提供可供选择的实现方案和措施；人员和制度保障，即对实现电子政务计划所需要的人员和制度提供必要的保障。

实施保障同样是电子政务规划中的重要内容，因为如果没有切实可行的保障措施，最美好的电子政务计划也只能是空中楼阁，无法实现其应有的目标。

⑤评估与改进分析

随着电子政务实施的不断推进，必须对相应的效果做出必要的评估，以进一步控制实施进程，防止偏离预期的目标与方向，以最大限度地保障电子政务计划的有序推进。评估与改进分析既是对电子政务前期发展提供绩效评估和改进优化的依据，也为其后续发展明确方向和目标。所以，评估标准要尽量科学合理，有比较强的操作性，改进措施也要切实可行，不能敷衍了事、草率马虎。

电子政务规划的主要内容不是一成不变的，在实施的具体过程中，可以根据环境的变化、技术的演进和政府自身的改革而不断完善充实，以体现“与时俱进”的发展要求。

3.4.3 美国电子政务规划举例

从电子政务发展的国际经验来看，电子政务规划在国家、地区以及部门的电子政务发展中都起着至关重要的作用；在国内电子政务发展中处于领先地位的地区和部门，电子政务规划同样发挥着不可替代的作用。在此试举美国政府一例，让我们对电子政务规划能有更深层次的理解。

美国是世界上公认的电子政务发展比较领先的国家，在多年的电子政务发展历程中，美国政府不止一次地发布过电子政务规划，其中2002年发布的“电子政务战略——简化面向公民的服务钮，E-Government Strategy—

Simplified Delivery of Service to Citizens）规划”有较强的代表性，在此作一简略性的介绍。

（1）战略背景

为了推动美国电子政务的发展，美国白宫管理与预算办公室（Office and Management and Budget，OMB）在2001年7月18日宣布成立“电子政务特别工作小组”。该特别小组于2001年8月9日正式开始工作。它由来自46个政府机构的成员组成，由白宫管理与预算办公室负责信息技术和电子政务的副主任马克福曼（Mark Forman）领导。2001年10月3日，总统管理委员会（President's Management Council，PMC）讨论并通过了该小组围绕“为取得电子政务的战略性进展应采取的重点行动”提出的建议。随后，各机构的项目小组会同白宫管理与预算办公室制定了电子政务计划实施框架，并将其列入2003年财政预算。2002年2月27日，美国白宫管理与预算办公室公布了美国政府新的“电子政务战略”。

（2）指导方针

布什总统改革政府管理体制的视角强调：“政府需要改进其运行方式——如何开展政府事务，如何对待为之服务的公民”。这个管理视角要遵循三大原则：

- 以公民为中心，不是以官僚体制为中心；
- 以结果为导向；
- 以市场为基础，积极推进创新。

而电子政务正是实现上述三大原则的手段，是满足公民和企业与政府实现互动的关键因素。

（3）战略

在美国，60%以上的互联网用户访问过政府网站。但美国过去的电子政务是以信息技术为中心而建立起来的，限制了政府部门运作效率和效力的提高，同时也限制了对公民服务的能力。布什政府决定把美国的电子政务从“以信息技术为中心”转变为“以公民为中心”。要达到这一目标，必须实现三方面的战略：

- 方便公民与联邦政府实现互动；
- 提高政府的工作效率，改善其绩效
- 改善政府对公民的反馈能力。

（4）合理化建议

“电子政务特别工作小组”对解决上述问题提出了如下建议：①通过

“电子认证（e-Authentication）”计划，建立起政府与公众之间的相互信任，以广泛地支持在公众与政府之间、政府各部门之间使用电子互动，这些解决方案需要解决认证安全、保护个人隐私、电子签名等问题。②实施电子政务体系结构项目。开发一种体系结构，以期为每一个现行的电子政务计划建立一组标准化的核心技术模块以推动解决方案的实施。③收集和分析整个联邦政府的业务和数据体系结构的有关信息，以便确定新的电子政务计划，剔除重复建设项目。

(5) 具体行动

为了制定具体的电子政务项目计划，“电子政务特别工作小组”对很多位高级官员作了广泛的访谈，听取他们对电子政务发展战略的意见。此外，该小组主要从联邦政府雇员发来的电子邮件中提炼出大约200个的项目。在访谈中，政府官员对政府提出的要求是：

- 利用 Web 提供福利、休闲等服务和教育培训资料；
- 共享信息、整合联邦政府、州政府和地方政府的数据；
- 通过理顺办事程序，简化数据收集流程，减轻商界的负担；
- 采用商界的先进经验来减少运行开支，简化联邦政府雇员的工作，特别是财政、人力资源和采购等领域的工作；
- 制定成功的测定方法，定时监测绩效。

通过两轮优化，“电子政务特别工作小组”从350多个候选项目中选了24个电子政务项目。选择标准主要是：对公民的价值、提高机构工作效率的可能性以及是否有可能在18~24个月内投入使用。

(6) 管理体制

美国电子政务战略计划的日常工作由下列三部分人领导：

- 总统管理委员会的高级官员；
- 白宫管理与预算办公室负责信息技术和电子政务的副主任以及其他工作人员；
- 机构的首席信息官、首席财务官、采购总监和人力资源委员会。

美国2002年电子政务战略规划牵涉面甚广，但基本的出发点是强调政府如何“以公民为中心”来传递政府服务，它的战略思想对推进我国电子政务的发展有着重要的借鉴作用。

3.4.4 电子政务标准

电子政务建设涉及面广、投资数额大、历时时间长、系统构成复杂，面对众多的厂商、应用软件厂商、系统集成厂商、数据库厂商，如何使电子政务发展演绎成“大合唱”这是一件很不容易的事，唯一的办法是采用一定的标准，用标准来统一行动，步调一致，使电子政务发展有序进行。

(1) 电子政务标准的含义

电子政务是一项复杂的系统工程，利用一定的标准对其进行规范显得十分必要。所谓标准（Standard）是对重复性事物和概念所做的统一规定，它以科学、技术和实践经验的综合成果为基础，经有关方面协商一致，由主管机构批准，以特定形式发布，作为共同遵守的准则和依据。而“标准化”(Standardize) 则是指在经济、技术、科学及管理等社会实践中，对重复性事物和概念通过制定、发布和实施标准，达到统一，以获得最佳秩序和社会效益的活动。

按照标准适用范围的不同，标准一般可分成以下几类：

①国际标准

它是指国际标准化组织 ISO 和国际电工委员会 IEC 所制定的标准，以及国际标准化组织已列入《国际标准题内关键词索引》中的 27 个国际组织制定的标准和公认具有国际先进水平的其他国际组织制定的某些标准。

②国家标准

它是指对全国经济技术发展有重大意义，需要在全国范围内统一的技术要求所制定的标准。国家标准在全国范围内适用，其他各级标准不得与之相抵触。

③行业标准

它是指对没有国家标准而又需要在全国某个行业范围内统一的技术要求所制定的标准。行业标准是对国家标准的补充，是专业性、技术性较强的标准。行业标准的制定不得与国家标准相抵触，国家标准公布实施后，相应的行业标准即行废止。

④地方标准

它是指对没有国家标准和行业标准而又需要在省、自治区、直辖市范围内统一工业产品的安全、卫生要求所制定的标准，地方标准在本行政区域内适用，不得与国家标准和行业标准相抵触。国家标准、行业标准公布实施后，相应的地方标准即行废止。

⑤企业标准

它是指企业所制定的产品标准和在企业内需要协调、统一的技术要求和管理、工作要求所制定的标准。企业标准是企业组织生产、经营活动的依据。

借鉴标准的定义，可以看出，电子政务标准就是指针对电子政务实施和应用的标准，它是以电子政务的理论研究和实践发展为基础，经政府相关部门与代表厂商协商一致，由政府主管部门批准，以特定形式发布，作为电子政务发展过程中共同遵守的准则和依据。电子政务虽然是一项新生事物，但从目前的情况来看，电子政务的标准同样涉及国际标准、国家标准、行业标准、地方标准和企业标准等几个层次。

(2) 电子政务标准的目的

确立电子政务标准对电子政务的健康、快速、稳定和有序的发展有着不可低估的作用。推广和实施电子政务标准的目的主要表现在以下几个方面。

①满足电子政务系统复杂性的需要

电子政务系统的复杂性表现在很多方面，主要有：一是全面的开放性。既表现在电子政务系统对不同的平台有高度的适应性，又表现为不同政府部门相互间的信息按特定规则开放，还表现政府信息有保证地向政府内部各部门、企业和公民之间的信息开放。二是必要的兼容性。表现在新建的电子政务系统不是对原有系统全面否定，而是实现必要的兼容。三是可扩展性。它包括网络的可扩展性和应用系统功能的可扩展性，不具有扩展性的电子政务系统往往是短命的。四是可维护性。电子政务系统必须满足日常维护和长期维护的需要，并能通过增加系统的伸缩性和可复用性来实现。五是高度的稳定性。电子政务系统要能抵挡各种自然和人为因素的干扰与破坏，要能经得起种种考验，必须保证各个子系统的稳定可靠。六是充分的安全性。安全是电子政务的生命，没有充分的安全性，电子政务就不可能发挥其应有的作用。

由于电子政务建设具有以上多方面的复杂性，没有一个相对统一的标准，显然很难做到合拍，有时甚至会出现难以想象的后果。因此，贯彻执行一定的电子政务标准是十分必要的。

②更好地开发和利用政府信息资源的需要

政府是全社会信息资源的最大拥有者，政府信息资源也是全社会最为宝贵的战略资源之一，充分开发和利用政府信息资源的价值也是电子政务的主要目的之一。但由于各地和各级政府部门长期以来在政府信息资源开发方面往往采取各自为政、条块分割的做法，事实上已经形成了一个又一个的信息资源“孤岛”，既不能实现必要的信息资源共享，也无法向社会提供应有的服务，这样就不可能实现政府信息资源应有的价值。

推行电子政务标准，其中一个重要的方面就是要对分散开发和建设的政府信息资源形成一定的规范，使其成为标准化的资源，能够为不同的政府部门、社会公众充分共享。

③促进电子政务健康有序的发展

电子政务正在全球范围内快速推进，我国的电子政务发展也正在全国如火如荼地展开，在这样的大背景下，如果没有一系列相应的规范和标准，必然会导致电子政务发展的混乱和无序现象。这方面的教训在我国的政府信息化建设中是很深刻的，不能再在电子政务的发展过程中重犯不该犯的错误了。

为了更好地发挥电子政务标准在促进电子政务健康有序的发展中的作用，就必须在标准的前沿性、先进性、科学性和合理性等方面下工夫，既要借鉴国际先进经验，又考虑实际国情，使标准的真正价值得到最大限度的体现。

(3) 电子政务标准体系

电子政务标准体系的涉及面比较广，总的来说，可以分成一个总体标准和五个分标准两个层次，参见图3-4。

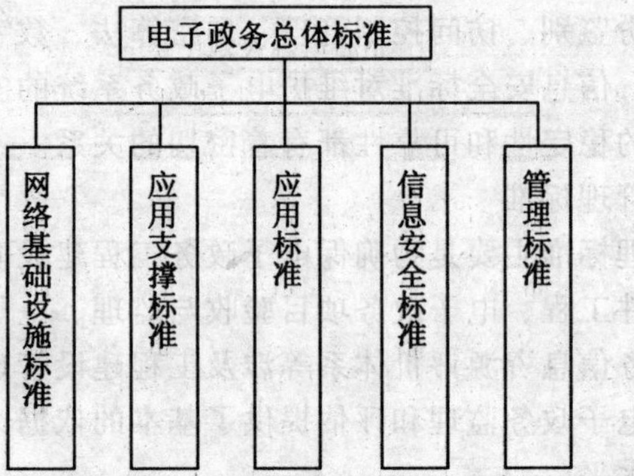

图3-4 电子政务标准体系

①电子政务总体标准

电子政务总体标准是关于电子政务发展的总体性标准，主要包括电子政务基础性标准、总体规范及技术框架等，在整个电子政务标准体系中具有全局性、指导性的地位。总体标准相对来说概括性比较强，而且一旦确定以后，有相对比较长的稳定性。

②网络基础设施标准

网络基础设施标准是为电子政务提供基础通信平台的标准，它包括基础通信平台工程建设标准、网络服务商互联互通标准、网络安全标准等各个方面。网络基础设施标准在国内网络服务市场垄断程度比较高、互联互通问题比较突出的情况下，显得尤为重要。

③应用支撑标准

应用支撑标准是为电子政务应用系统提供支撑和服务的标准，包括信息交换平台、电子公文交换、电子记录管理、日志管理、数据库等方面的标准，是电子政务标准体系中基本的组成部分。应用支撑标准主要针对部门级的电子政务应用，在规范部门电子政务应用方面有着重要的作用。

④应用标准

应用标准是为规范电子政务应用开发设计而制定的相关标准，包括基础信息、数据元及其代码、电子公文格式、流程控制等标准。应用标准是为承担电子政务系统开发的软件厂商提供的，对规范系统开发，提高系统开发的兼容性和通用性有着很大的指导意义。

⑤信息安全标准

信息安全标准是为电子政务实施提供安全服务所需的各类标准，包括安全级别管理、身份鉴别、访问控制管理、加密算法、数字签名、数字证书格式等标准和规范。信息安全标准对维护电子政务系统的安全，保障公众的隐私权、保证系统的稳定性和可靠性都有着密切的关系。

⑥电子政务管理标准

电子政务管理标准主要是为确保电子政务工程建设质量所需的标准，它包括电子政务软件工程、电子政务项目验收与监理、电子政务系统测试和评估，以及电子政务信息资源评价体系等涉及工程建设管理的标准。电子政务管理标准为实施电子政务监理和评估提供了基本的依据，有利于保障电子政务的实施质量和水平。

（4）我国电子政务标准发展状况

我国政府较早地认识到了电子政务标准在电子政务发展中的重要作用，并提出了“统一标准，保障安全”的电子政务发展原则。2002 年 1 月，国务院信息化工作办公室和国家标准化管理委员会在北京正式成立了“电子政务标准化总体组”，标志着电子政务标准化工作在我国的全面启动。电子政务标准化总体组的职责是提出我国电子政务的标准体系框架和实施计划，组织制定电子政务建设需要的标准，参与解决我国电子政务网络建设和应用过程中产生的互联互通问题和其他与标准有关的问题，完成国务院信息化工作办公室和国家标准化管理委员会交办的其他事宜。

总体组成立后，组织专家进行了大量的调研和认证工作，按照优先解决共性问题和关键问题的思路，从2002年7月开始集中力量启动了一批电子政务标准的研究项目，并根据项目的不同性质对研究项目进行了分类：那些属于框架性、总体性和全局性的项目由总体组主持研究；属于与有关行业和部门有密切关系的项目由行业和部门牵头，并组织具备一定资质的单位共同研究；其余项目则根据申报内容，由若干具备资质的单位联合组成开发小组进行研究。总体组正式成立以来，开展了相关电子政务标准的研究工作。

(5) 我国电子政务标准的主要内容

我国关于电子政务方面的标准正在陆续出台，2003年初，国家标准化管理委员会和国务院信息化工作办公室联合下发了《关于〈电子政务标准化指南〉和六项电子政务标准试用和征求意见的通知》，这份通知中对电子政务标准的相关内容作了大致的介绍，主要分成以下6个方面。

①电子政务业务流程设计方法通用规范

这一标准为业务人员表达业务流程提供了一种描述业务流程的手段，同时还为业务人员与软件开发人员进行交流提供了有效的途径。该标准提供了一种用于描述业务流程的方法，并给出了描述业务流程细致程度的具体指标，从任务分工责任化、业务运行责任化以及信息处理精细化等方面促进业务管理规范化。

②电子政务数据元（第一部分）：设计与管理规范

数据元是有效实现和增进跨系统和跨环境数据共享的基础，电子政务数据元是政府所有业务活动中所涉及数据元的总称。这一标准主要规定了电子政务数据元的基本概念和结构、电子政务数据元的表示规范以及特定属性的设计规则和方法，并给出了电子政务数据元的动态维护管理机制。本标准可用于指导各级政府部门编制各种通用或专用的数据元目录。

③基于XML的电子公文格式规范

这一标准分为总则、公文体、显现、办理、交换、归档及安全7个部分，是利用XML（Extensible Markup Language，可扩展标记语言）对机关电子公文的处理过程的相关信息进行结构化描述，并通过制订统一的电子公文标准，实现党政机关公文处理的电子化、自动化和标准化。这一系列标准对建立统一的电子公文格式标准，为实现政务系统的互联互通和政府信息资源的共享将会产生重要的影响。

④电子政务主题词表编制规则

电子政务主题词表是供国家各级政府部门在网络环境下处理政务使用的重要检索的工具。本标准是规范电子政务主题词表的编制、控制质量以及实现检索语言在网络环境下的兼容与共享。这一标准规定了电子政务主题词表(包括综合电子政务主题词表和专业电子政务主题词表)编制中应遵循的原则、方法和要求。主要内容有词表结构、选定词、参照系统、主题词款目格式、排序、主表、附表、索引、出版形式、综合电子政务主题词表与专业电子政务主题词表的关系等。

需要说明的是,《电子政务主题词表编制规范》已于2004年4月5日正式发布,于2004年10月1日开始实施,标准号为GB/T 19486-2004,英文名称为"Guidelines for Establishment and Development Electronic Government Thesauri"。本标准的正式实施必然会对规范电子政务主题词表的使用起到积极的促进作用。

⑤XML在电子政务中的应用指南

XML作为一种在电子政务领域中应用广泛的新技术,正在国际、国内得到快速的普及。本标准着重介绍了XML相关技术在电子政务技术参考模型中每一层次上的应用场景、如何应用XML技术以及相关的应该遵循的标准和规范等内容。

⑥信息化工程监理规范

信息化工程监理工作的主要内容是对信息化工程建设的设计、开发、实施各阶段进行质量控制。这一标准是一个系列标准,在《信息化工程监理规范》的总标题下,分为总则、综合布线系统工程监理、计算机机房系统工程监理、计算机网络系统工程监理、应用软件开发系统工程监理和信息安全系统工程监理六部分。这一标准对于指导和规范我国电子政务监理工作的开展将起到重要的作用。

电子政务标准的完善是一个渐进的过程,需要社会各界的共同努力,更需要在实践中进行大胆的探索。

4 电子政务建设的意义、指导思想、目标与任务

本章主要内容：

- 电子政务建设的意义
- 电子政务建设的指导思想与原则
- 电子政务建设的目标与任务

本章基本要求：

- 理解电子政务建设的战略意义、理论价值与实践意义
- 把握电子政务建设的指导思想与原则
- 了解“十五”、“十一五”电子政务建设的目标与任务

4.1 电子政务建设的意义

2003年8月，党中央、国务院做出加速我国信息化建设的重大决策，国家信息化领导小组决定把电子政务建设作为今后一个时期我国信息化工作的重点，政府先行，带动国民经济和社会发展信息化。

“十五”期间，国家在相关文件中明确了电子政务建设的指导思想、主要目标、建设任务和保障措施，强调要初步形成电子政务体系框架，为下一个五年计划的电子政务发展奠定基础。目前，从中央到地方都在抓紧落实“十一五”发展规划，举国上下都在制定本地区、本部门的电子政务建设的总体规划和实施方案。正是在这种电子政务发展的大好势头之下，我们更应该贴近实践，明确电子政务的意义、目标与任务，使电子政务建设有一个清晰的发展方向，同时也最大限度发挥理论对现实的指导作用，共同促进电子政务的发展，以促进整个国家的信息化发展。

4.1.1 电子政务建设的战略地位

电子政务建设是国家信息化建设一个重要组成部分，探讨电子政务建设的战略地位，应该基于信息化建设的时代背景中来考虑。

进入信息时代，无论是发达国家还是发展中国家，都在顺应时代发展的潮流，把推进信息化作为增强综合国力和国际竞争力的重要举措，并将其提升至国家战略高度。我国政府也确立了“大力推进信息化，以信息化带动工业化，以工业化促进信息化，走新型工业化道路”的国家战略。党的“十五大”提出要“推进国民经济信息化”，党的十五届五中全会提出要“以信息化带动工业化，发挥后发优势，实现社会生产力的跨越式发展”，党的“十六大”提出要“进一步转变政府职能，改进管理方式，推进电子政务”，党的“十七大”报告提出要“全面认识工业化、信息化、城镇化、市场化、国际化深入发展的新形势新任务，深刻把握我国发展面临的新课题新矛盾，更加自觉地走科学发展道路”。上述这“五化”中，比以往多了一个“信息化”，并且排在了“工业化”之后，“信息化”的增加是我们党对当今时代特征的清醒认识和准确把握。

同时，国家信息化领导小组从我国的实际情况出发，明确提出电子政务要先行，以电子政务建设带动国民经济和社会信息化。由此，电子政务建设作为推动国家信息化的龙头工程，成为政府深化行政管理体制改革的主要动力和重要措施，也成为政府实现管理现代化的必由之路和重要内容。信息化建设要从电子政务入手，以政府信息化带动整个信息化发展，“以信息化带动工业化”，而工业化的实现是为了实现社会主义现代化，这些都昭示着电子政务建设的战略地位和现实意义。

(1) 信息化的内涵

信息技术的发展，将把人类从以传统工业为主的工业社会带向以信息产业为主的信息社会，即由工业经济转向信息经济，其间的转变过程，人们称为“信息化”。信息化是随着人类信息时代的到来而提出的一个社会发展目标，它的实质是要在信息技术高度发展的基础上实现社会的信息化和信息的社会化，从而建立一种超越旧的人类时代的新的文明——信息社会文明。信息化表现为一种动态发展过程。

《国民经济和社会发展第十个五年计划信息化重点专项规划》提出，“信息化是以信息技术广泛应用为主导，信息资源为核心，信息网络为基础，信息产业为支撑，信息人才为依托，法规、政策、标准为保障的综合体系”，这准确、清晰地表述了当前和未来一段时期我国信息化建设的主要内容，以及信息技术应用、信息资源、信息网络、信息产业、信息人才、信息法规政策标准等在信息化体系中的位置以及相互之间的关系。由此，信息化过程包含三个层面、六大要素。三个层面，一是信息技术的开发和应用过程，这是信息化建设的基础；二是信息资源的开发和利用过程，这是信息化建设的核心与关键；三是信息产业不断发展的过程，这是信息化建设的重要支撑。这三个层面是相互促进，共同发展的过程，也就是工业社会向信息社会、工业经济向信息经济的动态演化过程，在这个过程中，三个层面是一种互动关系。六大要素，是指信息网络、信息资源、信息技术、信息产业、信息法规环境与信息人才。这三个层面、六大要素的相互作用过程就构成了信息化的全部内容。

信息化至少应具备三个方面的衡量指标，一是信息处理和传播方式的巨大进步，二是先进的信息处理和传播方式的广泛普及化应用，三是由此对社会面貌、社会状态、社会结构和体制的全方位、综合性改造。这一改造所包括的内容是极为广泛的，如科学的信息化、信息技术的高度发展和普及、经济的信息化、政治的信息化、军事的信息化、社会生活的信息化、文化与教育的信息化，乃至人的自身发展的信息化等。因此可以说，信息化是一次深刻的认识革命和社会革命，是一个深刻的社会变迁过程。它不仅会影响世界经济的发展方向，而且将改变人类生存与发展的条件。由此我们不难看出信息化的重要性是不言而喻的，信息化建设是增强综合国力，提升国家竞争力的必由之路，信息化必须而且也已经上升到国家战略高度。

信息化的建设不是一蹴而就的，而是一个长期的动态的发展过程。1997年，全国第一次信息化工作会议制定了国家信息化建设要“统筹规划，国家主导；统一标准，联合建设；互联互通，资源共享”的基本方针和相应政策。国务院还明确提出，国家信息化建设的目标：到2000年初步形成一定规模和比较完整的国家信息化体系，到2010年，建立起健全的、具有相当规模的、先进的国家信息化体系。并把信息资源的利用作为信息化的核心内容，提出抓好宏观经济决策、工农业生产、科技教育和社会生活等领域的信息资源开发；加强国家信息网络建设和管理；通过信息化建设带动信息产业的发展，加快信息设备制造业、软件和系统集成及信息服务业的发展；集中力量加快“金字塔工程”的建设；积极发展信息服务业，改善信息产业的内部结构，服务于国民经济和社会发展的各个领域；加快发展面向经济和社会的信息服务业；促进科技教育领域的信息化，提高科技教育水平，加快信息化人才培养，提高广大劳动者的信息化技能，增强全民的信息化意识；与行政管理和技术管理相结合，抓紧制定信息化立法规划，逐步形成信息化法制体系等一系列主要任务。由此可见，信息化是一个长期、艰巨、复杂的系统工程，是要分时期分阶段来实现的。

（2）信息化的作用

当前我国的信息化建设的根本目的是实现社会生产力的跨越式发展。跨越式发展是当今世界发展中国家加快发展的重要方式之一。跨越式发展，其含义一是以比较短的时间和比较小的代价实现与发达国家已走过的历程相同的目标；二是跨过先进国家经历过而发展中国家不必重复的历史阶段，达到变落后为先进的目的。由于我国的信息化建设与西方发达国家有着很大的不同。西方国家都是在完成工业化之后直接步入信息化阶段，而我国还处在工业化阶段，信息化的建设就被赋予了特殊的意义，即信息化要带动工业化。当前，我国已具备以信息化带动工业化、实现社会生产力跨越式发展的条件和与发展相适应的经济实力，因此，我们努力实践国家信息化战略决策，建立相应的管理体制和运行机制，充分利用后发优势，大力推进信息化，同时不断深化改革，扩大开放，把国民经济和社会信息化推向更高的发展阶段，走出一条有中国特色的信息化发展道路。

我国政府在探索信息化建设的过程中，提出了“政府先行，带动信息化发展”的方针。信息化的发展离不开一个强有力的领导，中国作为一个中央集权的社会主义国家，政府对整个国家的经济社会发展具有强有力的领导，同时也是国家发展的强有力的保障，在信息化的建设中，政府应当一如既往地发挥自己的作用，并且政府自身的信息化是整个国家信息化的重要组成部分，是其中的关键一环。国家信息化则突出了国家和政府在信息化过程中的作用，指的是在国家统一规划和组织下，在农业、工业、科学技术、国防及社会生活各个方面应用现代信息技术，深入开展和广泛利用信息资源，加速实现国家现代化的进程。国家信息化包含着四层含义：一是实现现代化离不开信息化，信息化要服务于现代化；二是国家要统一规划、统一组织信息化建设；三是各个领域要广泛应用现代信息技术，深入开发和利用信息资源；四是信息化是一个不断发展的过程。国家信息化是一个涉及面广的系统工程，只有担当管理社会角色的政府部门才有足够的权威去引导和调节社会资源，统一规划和指挥各部门信息化工程，清理调整不利于信息化的有关政策规定，明确相关的优惠扶持政策，通过筛选，向企业和社会推荐管理软件及其典型应用企业，推动软件工程化及项目管理体制和运作机制，制定相关法律法规，提供资金支持，帮助解决信息化建设中出现的种种问题等。这些重担需要政府且只能由政府来承担。

除了在政府职能上的重要作用，政府本身的信息化也至关重要。政府信息化是指政府运用信息技术手段改造传统的政府管理和公共服务，从而大大提升政府管理的有效性，满足社会及公众对政府公共管理和公共服务的期望，促进社会经济发展的过程。政府信息化是国家信息化的龙头。政府作为国家组成及其信息流的“中心节点”，其信息和网络系统将成为未来政府的“神经系统”，政府治理的过程将成为信息处理过程。同时，信息化的核心是开发利用信息资源。政府作为国家信息资源的最大拥有者，掌握着全社会80%以上的信息资源，既是信息市场中极其重要的供给方，也是一个最重要的信息需求部门；既是国家信息化的一个主要方面，又是推动国家信息化进程的主导力量，对推动国家信息化进程负有不可推卸的责任，发挥着无可替代的推动、引导和示范作用。只有公共信息开放，才能丰富社会信息资源，活跃信息市场，使信息发挥应有的社会效益和经济效益，为信息化奠定基础，带动整个国家信息化的发展，才能使公众广泛参与民主政治生活，行使自己的民主权利（尤其是信息自由权）和参政议政权利，使公共管理科学化、民主化、现代化和法治化有望实现。

政府信息化是企业信息化的基础。企业信息化是国民经济信息化和社会信息化的重要基础，企业的信息化程度决定了国家和社会的信息化程度，因此各国都非常重视企业信息化的发展。加快企业信息化建设，不仅可以大幅度提高企业的经济效益和竞争力，而且能为信息产业创造巨大的市场，也是电子商务发展的基础。电子商务建立在企业信息化的基础之上，也是信息化发展的必然结果。中国的电子商务由于大量克隆美国式，表现为明显的“孤岛型”经济，“数字鸿沟”将网络经济与实物经济部门完全隔离，因而使国民经济缺乏前向与后向的关联。从实际结果来看，我国的电子商务既没有实现企业的信息化，也没有引导家庭上网工程的发展。导致网络经济泡沫破灭的一个关键原因，就在于目前网络技术的不完善与现实管理体制的不适应这样两种因素的综合作用。更为重要的是，缺乏政府的参与和主导作用，使得电子商务几乎是在一种没有监管的环境中进行着各种传统条件下的经济交易，因而支付手段的落后以及社会信用问题也就使得网络交易几乎寸步难行。正如有些专家所指出的，没有政府信息化，就没有全面的企业信息化；没有电子政务，就没有真正的电子商务。电子政务不仅为电子商务和企业信息化的健康发展提供了良好的支持环境和对接方式，而且也使政府成为电子商务的服务对象和客户，拉动 IT（Information Technology，信息技术）行业需求，带来巨大商机。在这个意义上，电子政务建设将成为社会信息化水平的重要标志和国内信息产业和服务业发展的关键动力。随着企业信息化进程的延伸和加速，政府机构在与企业相关的运作和服务方面，也必定要实现数据交换和服务模式的对接。同时，政府还要担负起引导、规范、监管和服务责任，制定好宏观政策、法律法规、技术标准和各种规范，为企业信息化创造良好的外部环境。

此外，政府信息化向公众展示高新技术的应用，让社会更大程度享受到了信息网络的便利，这将有助于切实推进社会信息化过程。

“政府先行”有明确的任务指向，要求政府信息化建设要与政府职能转变相结合，提高办事效率和管理水平，促进政务公开和廉政建设，特别要针对群众最关心的问题应用信息技术，增强为民办事的透明度和公正性。政府的信息化建设要从中央政府抓起。

(3) 信息化与电子政务

政府信息化的发展，所凸显的就是我们所讨论的电子政务的价值所在。电子政务是政府信息化建设的核心，是国家信息化先行建设的重点，是国家信息化水平的重要标志和国内信息产业和服务业发展的关键动力。2002 年 7 月，国家信息化领导小组第二次会议强调要抓好电子政务，推动其他领域的信息化。电子政务之所以被给予高度重视，是因为推行电子政务将促使各级政府带头整合当地的信息资源，极大地丰富网上中文信息资源，使之发挥应有的社会效益和经济效益，为信息化奠定基础。由于政府是信息资源的最大拥有者和应用者，使电子政务成为国民经济和社会信息化的中心环节。电子政务的实现将产生强劲的示范辐射，对国家信息化建设起着示范效应和引导作用，有力地促进国民经济和社会信息化的进程。为此，我国把电子政务建设提到了国家战略高度。

电子政务是经济与社会信息化的先决条件。一个国家的信息化建设需要多方面的力量的推进，其中，政府作为国家组成及信息流的中心节点在信息化进程中起着责无旁贷又无可替代的作用。联合国经济理事会从 1999 年起，连续两年都把通过信息化改进发展中国家的政府组织、重组公共管理、最终实现信息资源的共享作为重点。在全世界各国积极提倡的“信息高速公路”的五大应用领域中，电子政务也一直被发展中国家列为第一位。电子政务建设对国家信息化有巨大的拉动作用，这主要表现为直接和间接两个方面。其直接的拉动作用主要表现为带动了信息产业的良性发展。电子政务将成为国家信息化水平的重要标志和国内信息产业与服务业发展的关键动力。其间接的拉动作用主要体现在通过行政事务处理的网络化，带动企业信息化以及家庭与社区的信息化，即电子商务和电子社区。没有电子政务，就没有真正的电子商务和企业信息化，电子政务不仅为电子商务和企业信息化提供了良好的支持环境和对接方式，而且也成为电子商务的服务对象和客户。例如，政府网上采购将促进电子商务的复苏，政务信息公开将推进信息咨询与服务业的发展。近10年来，我国信息产业的年增速突破了32%，高于同期全部工业的年均增速近18个百分点，是40个工业行业中发展最快的一个，成为我国工业的第一支柱产业。同时，政府还要担负起引导、规范、监管和服务责任，制定好宏观政策、法律法规、技术标准和各种规范，创造信息化所需的良好外部环境。电子政务的发展之所以受到世界各国重视的重要原因还在于：一方面，因为政府是全社会中最大的信息拥有者、最大的信息技术用户，有效地利用信息技术，可以建立一个更加勤政、廉政、精简和有竞争力的政府；另一方面，因为信息技术能够使人民更好地参与政府的各项决策活动，从而促进全社会的进步。

电子政务的发展既是我国现代化进程中不可或缺的一环，也是我国现代化进程中的一个新的机遇。在信息时代，就像管理信息系统是管理企业必备的手段一样，电子政务已经成为政府治国所不可或缺的管理模式。电子政务的产生和发展是信息社会发展的直接产物。电子政务的发展不仅有利于提高我国政府的管理效率、监管能力和为公众服务水平，而且对带动国民经济和社会信息化的发展，促进信息产业的整体繁荣都有着十分深远的意义。据了解，未来5年我国在电子政务建设领域的投入将超过2000亿元，电子政务已经俨然成为整个社会信息化的龙头，将为信息产业带来新的发展契机。①因此，随着互联网和信息技术的迅猛发展，无论从我国政府转变职能的角度出发，还是从世界各国政府间日益激烈的竞争来看，大力发展电子政务都是一项必要而迫切的重要任务。

党的“十六大”报告在深化行政管理体制改革部分明确提出，要“进一步转变政府职能，改进管理方式，推行电子政务”，这要求政府应积极地以电子政务建设手段转变政府管理模式，提高政府效能，主动适应加入WTO（世界贸易组织）后的新要求。在推动政府信息化的过程中，必须创造电子政务的体制条件，不断推进行政体制改革，使电子政务实施拥有体制

① 张锐昕著．公务员电子政务培训教程［M］．北京：清华大学出版社，2005.

和制度保障。由此可见，推进电子政务是政府信息化和行政体制改革的必然选择。

4.1.2 电子政务建设的理论价值

电子政务的核心价值就是支撑行政管理体制改革和推动政府管理创新。推行电子政务旨在变革政府，使之更加以服务公众为中心。在此过程中，技术的价值直接表现为手段和工具。但是，由于电子政务并非信息技术与政务的简单组合，其发展的实质是对传统政府管理体制和管理方式的深层次变革，其运作的前提是政府管理的创新和组织流程的再造，因此，电子政务要取得成功，必须依赖于政府的思想观念、组织结构、管理方式和服务方式等的转变，从而推动与信息时代相适应的新的政府形态的产生和建立。所以说电子政务的实施是对公共行政理论发展与创新。这也是被近年来国际电子政务建设所证明的。

英国在其电子政府建设战略中提出“建设变革的政府”推进机构、流程、人员等方面的变革，让政府更具有变革性。

澳大利亚等国政府提出建立“一体化政府”即在业务优化和重组的基础上更好地服务于公众。

韩国制定《2003—2008电子政府发展规划》目标是通过“将电子政府发展成为跨机构的无缝在线服务，打造世界一流的电子政府”。

可见，电子政务不是在原有的政府机构和业务流程上具有信息技术，而是通过信息技术实现政府改革和创新。所以说电子政务的价值主要体现在其对政府的变革与创新的推动上，而这种推动主要体现在电子政务的发展会使政府的行政价值观、行政环境、行政权力体系以及行政组织结构等发生一系列深层次的变革，即通过对公共行政内涵的变革达到政府的变革与创新①。

(1) 电子政务对于行政价值观转变的价值

①电子政务行政主体的价值观转变

电子政务的良性发展，离不开其实施主体的正确引导。正确的观念是造就成功的必备条件。正如世界著名管理大师德鲁克所指出的那样：当前社会不是一场技术，也不是软件、速度的革命，而是一场观念上的革命。电子政务的发展需要行政主体从上到下的一场思想观念的变革来带动。要求整个政府，不管是领导者还是普通的公务员，作为电子政务的一部分，都必须做到

① 张锐昕著．公务员电子政务培训教程［M］．北京：清华大学出版社，2005.

思想观念的变革。第一，逐步树立了为公众服务的意识。明确维护人民的利益是根本，是公共权力的本质属性和内在要求；维护国家的利益是义务，是我国宪法和公务员法规定的公务员职业的基本要求；维护社会的利益是承诺，是政府与社会交易关系即收税人与纳税人之间所达成的契约关系的自然要求。将现代政府与公众置于新的社会关系平台上，从而赋予"为人民服务"以实质性的物质基础，而不再只是一句空洞的政治口号，这也符合电子政务状态下要求行政职能由社会管理转变为公共服务的前提条件。第二，树立了强烈的信息共享意识。在电子政务运作中，信息具有越来越重要的地位和更高的质量要求。只有对信息资源进行科学的收集、筛选、分类、及时更新和有效利用，才能使信息增值。为此，电子政务的实施逐步打破了政府各职能部门对信息资源的人为的垄断和封闭，潜移默化地转变了公务员的传统的行政文化观念，建立了新型的现代行政文化。现代行政文化要求摒弃传统文化封闭性和排他性所带来的本地主义和地方保护主义，是与电子政务相适应的开放的、兼容的系统。它要求打破行政组织内部的条块分割和信息垄断，重组行政流程，用先进的信息技术实现行政流程的集约化、科学化和高效化。

②社会公众的价值观转变

随着市场经济的深入进行，网络技术的广泛运用，公民和公民社会的自治式运作能力、与各种力量的横向协调能力、承受各种风险的自主能力等大大加强，公众的权利意识、平等意识、法治意识得到空前的提高，这些观念的转变都有利于电子政务的运作。这里强调两点：首先是公众自我意识的增强。在电子政务状态下，政府与公众之间是一种新型的合作关系，而非传统的自上而下的治理，以及公众被动地对管理的认同和监督的关系。两者是平等的，公众有权利依法保障自己的各项利益，如知情权、政治参与权、要求政府提供各种法定的信息和服务的权利等，这些随着电子政府时代的到来，已不再是空中楼阁。除了有技术上的保障外，关键还是需要公众强化自我意识，加强自我权利的保护和应用，明确自身与政府的关系，逐步消除对公共权力那种天然的畏惧心理，以纳税人的身份去接受政府提供的服务、监督政府的各项管理活动。其次是公众整体信息化意识的增强。电子政务对公众来说，就是强调"以公众为中心"的理念，即公众可以利用各种渠道，通过各个部门互联的"单一窗口"，"一站到底"式地获取政府的信息和服务。电子政务作为一种革命性的政府运作模式，从根本上改变了公众与政府联系的途径和方式，它使政府提供的服务与公众接受的服务主要以在线的形式在双方之间交互完成，因而，公众必须树立强烈的信息意识。目前，正在试点建设的电子社区就是为社区居民提供在线服务的一个典范。但其前提是公众有能力、有意愿接受网上服务，这两点在我国当前都是亟待解决的问题，相信随着市场经济和信息技术的不断发展，公众的信息意识会不断增强。

（2）电子政务对于行政环境的变革价值

①促进政府的开放性

政府的开放性体现在两个方面：一是内部的开放。电子政务强调信息流通的畅通无阻，这就需要打破部门之间的界限，打破地方保护主义等一切不利于信息流通的旧的制度阻碍，实现政府部门之间的开放，从而首先达到政府内部信息的相互流通，进而实现信息对外的开放。二是政府对外的开放性，也是电子政务所极力要达到的目标。政府部门作为社会秩序的管理者、公共利益的维护者以及社会服务的提供者，开放性是其本身的一个固有属性。随着社会信息化进程的逐步加快和全球经济一体化的持续推进，特别是加入WTO后，我国必将面临更为剧烈的国际竞争环境，对政府的管理水平和服务质量也必然提出更高的要求，这在客观上要求政府进一步开放，而电子政务的实施从技术上提供了政府开放性扩大的可能性。首先是政务信息的开放，政府通过网站和政务公开，向社会及时准确地传递信息，依法满足公众的知情权；其次是政务活动的开放，公众可以通过网络了解政府承担的各项公共服务的内容、程序、办事方法等，也可以通过网络平台足不出户地接受政府的"一站式"全天候服务，并对政务活动实施有效的监督和反馈。

②强化政府与公众之间的互动性

现代行政是一种服务型行政，而政府部门提供的公共服务并不是自身的单向性活动，它需要在与社会和公众的互动过程中实现。这不同于传统的权力行政，政府主要职能是运用权力从事社会管理活动，而忽视了公众的需求和意愿。在现代行政中，尽管政府既是社会秩序的管理者，又是公共服务的提供者，这使得政府对自身角色的定位会发生错位的情况，但电子政务的运作模式还是在很大程度上改善了政府与公众之间不平等的关系，促使政府由权力行政转向规则行政。政府通过大力推进电子政务，利用网络平台公开政府信息、加强与公众的信息沟通，实现了行政管理的准确、快捷和互动。公众通过充分享有自身的知情权，能够把自己的利益和意愿反馈给政府部门，从而体现自己的政治参与权，这种政府与公众的良好互动是政府提供社会服务成败的一个重要衡量标准，也是政治民主化的重要体现。

③提升公众对政府的信任度

一种良好的政府治理模式需要政府、公众、企业和社会之间的信任关系的存在，因此，现代政府在忙于处理复杂多样的行政事务的同时，应特别注重通过同国内外各界公众之间的双向信息交流来建立并维护良好的相互了解和信任关系，树立政府在国内外公众中的良好形象和信誉。构建电子政府，实施电子政务，为行政管理导入了全新的理念，将有利于塑造中国各级政府的网上形象。它有利于提高政府工作的透明度，从而加强公众对政府的了解和监督力度，提高政府决策的科学性和民主性，增强公众对行政决策的信任度；有利于提高政府办事效率，为公众提供全方位的服务，增加公众对政府行为的满意度；有利于行政信息资源共享，及时、快捷、权威地发布信息；有利于提高政府机关工作人员的素质和政府的全面建设，等等，而这些都将促进政府良好形象的建立。

(3) 电子政务对于行政权力变迁的价值

行政权力是政治权力的一种，是指国家行政机关依靠特定的强制性手段，为有效执行国家意志而依据宪法原则对全社会进行管理的一种权力。行政权力是行政管理的基础，合理调整、配置行政权力，恰当运用行政权力是实现和提高行政效能的关键。电子政务的实施使理论界开始关注和重视行政权力结构在政务信息化过程中所发生的种种变迁。

①决策权的变迁，由垄断趋于分散。

改革开放以来，我国对计划经济体制形成的高度集权的管理体制进行了变革，取得了一定的进展和成效。从已有的规定来看，现在政府决策都强调必须遵循一定的程序，即要求按照：发现问题→调查研究→资料与信息收集→拟定各种可行的备选方案→对各种备选方案进行可行性评价→提交相关会议研究决定→组织力量实施决策→反馈信息等。由此可见，我国各级党委和政府的决策权并不为个别人所掌握。但是，在事实上存在着非程序化甚至是违法的决策，谁权大谁说了算，有关决策的规则、程序不过是形式的东西。官大的定了的事下面就必须做，即使决策错了，下属也不敢纠正，有谁敢对“一把手”说“不”呢？电子政务的实施采用现代决策体制、原则和方法，严格遵循科学的决策程序，大力发展现代决策体制所要求的信息整合，完善体制内的政策研究机制，发展体制外的政策研究咨询组织，建立和完善专家咨询制度，有效地避免了传统决策的种种缺陷，促使政府决策的科学化、民主化、法制化。

②控制权变迁，由集权趋于分散。

在传统政府中，政府往往通过垄断和封锁那些不利于政治稳定的信息，控制媒体和舆论导向，有选择地发布信息等方法来强化和维持现存的政治秩序。同时，科层制组织呈现着层次分明、等级森严的金字塔式结构，其内部也在自上而下层层争夺信息控制权，按照自己利益最大化原则对信息层层过滤，这样就使大部分有用的、真实的信息被滞留在各级官僚手中，导致官僚制对社会管理的严重迟钝，也使得对官僚制的监督困难重重。电子政府通过网络化的信息传输渠道从技术层面扫清了解决信息控制的障碍，同时又打破了传统科层制的金字塔式的组织结构，使其朝扁平化方向发展。这样，管理层次的减少加强了信息传输的速度和准确度，公众可以在第一时间真实全面地了解政府的运作状态，及时把自己的意见反馈给政府部门，增强了公众的政治参与度和对政府的监督力度，能有效地督促政府更好、更快捷地为公众提供服务和公共产品。

电子政府的构建、电子政务的实施，使公众的政治利益得以迅速地表达，政治社会化程度进一步提高，决策能力和决策信息相结合，使公众具有了管理自己的能力，因而要求决策分担，更多地实行分权。在电子政府中，政府“嵌入”社会中，通过与社会组织网络的合作来实现目标，即水平方向上的交流与合作，而非科层制内通过垂直方向的命令链来实现合作。信息技术的发展，电子政务的运作，使得行政权力的流变存在着分散的趋势，具体表现在三个方面：一是权力从中央政府向地方政府分散，从官僚体制的顶端和中枢向体制的下层和外围分散；二是从政治形态的权力体制向社会形态的组织体制分散，即权力从体制内向体制外分散；三是权力从个人权威型向体制权威型转变，权力不是集中在某一具体人的手中，而是集中在合法的体制中。

③权力制约变迁，由弱势趋于强势。

在现实生活中，人们意识到人以及人所组成的机构在道德和理性上不是完全可靠的，道德上的不完善是以私人利益损害公共或统治利益的原因，理性的有限性导致决策的失当与错误，因此有必要设立一定的机制监督与制约政府机构和政府官员的行为。在电子政务环境中，尽管信息的发布权还在政府手中，但规范化的信息流通渠道使政府无力对信息进行隐瞒，公众可以在第一时间了解政府的动态。电子政务模式下的政府将从直接管理的模式转化为管理服务型的模式，一方面，政府提供的各种服务会比以前更高效、更快捷，对公众的需求和意见反应的速度也会大大提高；另一方面，电子政务具有外向型信息服务功能，可以利用高效可靠的政府网络将政府信息快速、方便、准确、廉价的传输给社会公众，通过这种方式加强与社会公众的交流与互动，有效促使政府部门改善服务质量，密切与公众的联系，同时也使公众能对政府活动进行更好的监督。

在电子政务环境中，通过政府信息的公开，改变政府权力运行的方式，使机关的职权、程序、服务方式、监督方式为人民群众所熟知，同时赋予人民获得信息的权利以及相应的获得救济的权利，可以使对政府机关的权利制约机制更加丰富，在传统的监督体制之外，发展个人权利和司法权力对行政权力的监督，形成权利制约的科学体系。

(4) 电子政务对于行政组织变革的价值

电子政务的发展对行政管理有着深刻的变革影响，这种变革尤其表现在行政组织的变革上。它将引起行政组织存在的结构模式以及由此而产生的行政组织的运行方式、内容和行政组织公务行为全方位变革。

①加速行政组织的重组

具体体现在两个方面：一方面，行政组织功能的多元化。电子政务的应用改变了传统行政组织的单一管制功能，使其功能多元化，由过去的单一功能向服务、管理、消费三种功能并存转化。另一方面，行政组织结构由金字塔型向扁平型转变。若干世纪以来，管理层次多的金字塔型组织结构是政府和其他社会组织主要的结构形式。在传统社会里，行政组织中的中间层次的主要功能就是上传下达，充当信息驿站的作用。而随着电子政务的实施，行政系统内部本身以及行政系统与外部环境的信息交流变得更直接，这样，中间层次因失去了继续存在的价值而逐渐消失，使行政组织结构趋于扁平化。正是在这些变化的驱使下，行政组织要由重分工向重整合的转变。马克斯·韦伯的科层制的一个重要特征是重视工作的专门化与分工，行政组织内有数目众多的专业部门，行政机构和工作人员各有明确的职责，互不“越雷池一步”。随着电子政务的实施，政务处理集约化，统一的电子政务平台的建立，打破了过去的行政组织“条块分割”的现象，使行政行为突破了地域、层级、部门的限制，促进了行政组织的整合，促使行政组织进行网络化重组。

②促使行政组织运作智能化。

电子政务的实施不仅仅是由行政组织的传统柜台式服务向网络化服务的简单移植，同时还涉及信息技术对政府组织机构的重组和对政府服务的整合，涉及政府行政组织运作方式的变革，即由原来的技能化运作方式转向智能化运作方式。

传统的行政管理是规制化管理，行政机构是金字塔式的科层制，行政管理的运行主要依靠技术官僚的专业知识，官员个人的写作、沟通、协调技巧和政府机关执行公务的效能是最重要的资源。但是在电子政务环境下，信息化的发展会为行政组织内涵的智能化打下基础。政府制定的各种规划方案、重大决策的酝酿和论证等，是通过现代化的政府信息网络进行智能化处理的，即采用信息决策系统分析数据，归纳处理数据，最后做出决策方案。整个过程具有科学性、定量化、智能化的特点，这一特点表现出行政组织具有学习与策略功能、对社会需要的快速反应功能、行政组织内部沟通改善功能、行政组织与外界的合作与协调功能。行政组织运行方式的这种智能化为提高政府的决策水平和行政效率奠定了坚实的基础。

③促进行政组织运作方式的民主化

它主要表现在两个方面：一是行政组织内部运作方式的民主化。电子政务实施后，信息是共享的，人员是相互平等的，组织中只有一个中心的格局被打破。人人都可以是中心，都可以参与管理，都可以对政府的政策、计划、方案、措施等提出意见和建议，从而发挥了公务员的自主性和能动性，调动了下级部门的积极性，把行政权力的运行置于民主监督之中，使民主行政得到充分扩展。二是行政组织外部运作方式的民主化。电子政务的实施增强了公众的参与意识，驱动了电子民主化，成为行政民主化的全新模式。行政组织通过利用信息技术加强民众与政府之间的对话和交流，增强公众的参与程度，使得每一个公民都具有获得政府电子政务服务的权利，使信息应用普及社会各个阶层和每个地理区域，使政府积极转变管理理念，促进了政府管理的民主化。同时，电子政务通过电子民主的发展使民众能够有效地监督政府决策，促进政府勤政廉政建设，提高民众对政府的信任度，使行政管理得以进一步走向民主化。

④改善行政组织运作结果的高效化

在电子政务环境下，行政组织通过电子网络，在政府与政府之间、政府与社会之间、政府与公众之间建立了信息交流、互动共享、资源整合的功能，从而提高了政府管理的信息化，改善政府的公共服务，提高了政府服务的质量与效率。首先，电子政务提供的网络支持，可以使行政组织及时、全面、准确、完整地获得社会经济、政治信息，文化发展的信息为政府决策提供科学依据，缩短了政府的信息准备时间，提高了工作效率。其次，电子政务降低了行政成本，提高了工作效率。在电子政务环境下，行政组织系统内部办公自动化的普遍运用，大量以往需要手工作业的工作，可以在一种全新的网络环境下低成本高效率地完成，同时政府的办公自动化也使提高效率成为可能。

4.1.3 电子政务的实践意义

电子政务的建设不但使信息技术和互联网在发挥政府职能和政府管理方面起到了更加积极作用，而且还使政府的行为方式发生改变。电子政务不只是一种技术概念，它的出现带来了政府管理与服务的转变，促使了政府职能的变革。其实践意义可概括为以下几个部分①：

（1）重塑政府业务流程

电子政务并不是简单地将传统的政府管理事务原封不动地搬到网络上，而是在政府业务流程优化和重塑的基础上，以一种创新的方法和程序去完成原有的业务功能。传统的政府机构条块分割，职能包罗万象，传统的政务流程复杂且分散，整个业务数据流不得不按地理位置和人力分配被分割在多个部门，从一个部门转到另一个部门，增加了交接环节和复杂程度。电子政务的发展将打破政府部门人为的职能分割，为政府业务流程的重组和优化提供全新的平台。

①政务流程有清晰可辨的输入与输出

输入在流程中增值转化为输出业务流程的优化是在一定的政治环境下，立足于现有流程，对政务流程进行审视和再思考，它是指在原有流程的基础上通过对原有流程的清理、简化和整合，获得政务作业水平的显著提高。清理是指消除原有流程中非增值的环节。非增值的环节是那些对满足公众需求没有贡献的活动，比如活动的等待、不必要的文牍和信息传递、重复的活动、反复的审核等。整理是对清理后的非增值流程予以简化，并对这些分解开的流程进行整合，使整个流程更加顺畅。将原来不得不交给更多人完成的任务，通过信息技术手段交给更少的人去完成，从而降低出现交接差错的机会，消除过多的等待。

②政府业务流程由串联转为并联

重塑政府业务流程不是以人为的线性序列，而是按流程的自然先后次序进行整合，通过技术革新，将可能的业务流程由串联转为并联。在传统业务流程中，有很多人为的硬性的直线顺序。但事实上，按照流程的自然顺序，不同的步骤可以同时进行，这可以大大提高工作效率。由于公众的需求是个性化的，因此在当今的技术环境下，重塑之后的政府业务流程更加具有柔性化，同一业务流程有多种变化形式。传统的流程因为将许多可能出现的情况

① 张锐昕著．公务员电子政务培训教程［M］．北京：清华大学出版社，2005．

都考虑进去，可能复杂冗长。流程重组优化以后，每一种流程只处理相应的事项，因而简单明了，且不存在特殊事项和例外事项，事情的处理更加规范化，处理速度也会大大加快。

在传统的业务处理流程中，相同的信息往往在不同的部门重复存储、加工和管理，这就存在着许多重复性劳动。在网络环境下，信息处理完全可以由处在不同业务流程中的人员完成。通过业务流程再造，确立源头，一次性捕获信息，确定每个流程应该采集的信息，并通过信息系统的应用，实现信息在整个流程上的共享。

③业务流与信息流高度重合

重塑电子政务业务流程的过程，就是对工业时代的政府的所有业务活动从逻辑上进行梳理和加工的过程，梳理的目的是要弄清政府的功能与业务流之间的关系，以及政府各个业务流之间的逻辑依存关系。无论是中央政府各部门还是地方政府，只有和业务流重合的信息流才是准确可靠和可持续的。根据轻重缓急将政府职能中带有不变性质的业务流逐步信息化，是避免强化和固化原有的政府结构，实现政府业务重塑的一种有效方法。今天，发达国家已经实现了从强调功能型的组织向强调流程型的组织转变。这一转变使得政府的业务活动更精简、有效和合理，更适合于在信息技术的环境下运行，使政府管理效率的提高取得了非常显著的效果。

(2) 促进政府工作方式转变

随着电子政务工程的逐步实施，政府将逐步实现办公手段的自动化、业务工作的程序化和管理的科学化。这些都将促进政府的工作方式发生重大转变，具体表现在以下方面：

①从体力操作型向知识智能型转变

由于政府管理创新的需求更为迫切，例行性工作的自动化趋势越来越强，使管理能力的好坏与知识能力的发挥成正比关系。知识和技能既是工作人员维持自身生存的基本条件，也是胜任管理工作的基本要求。

②从职能分工型向综合多功能型转变

科技的进步为打破分工过细的工作安排提供了条件：管理中的事务性工作可以借助计算机为主体的现代办公系统去做；利用网络信息技术再造工作流程后，“集成化”、“模块化”、“无缝隙”、“一体化”的工作流程模式，要求管理人员必须具有综合业务处理能力；借助于网络学习、组织学习以及传统的继续教育、多技能培训，可以促进管理人员向综合多功能型方向发展。

③从被动型向主动型转变

知识型、综合型和高素质的管理人员越来越不满足在政府中处于被动的地位。他们要求更多地参与组织的决策和拥有更多的灵活性，对自己的工作进行自我控制，并更多依靠责任心来自我约束。

④从独立向团队合作转变

在信息社会的政府中，人力和知识是工作的核心，在政府内部和政府之间建立多个功能交叉（以任务为中心）的合作团队，将其通过清晰、简洁、共同的目标联系在一起，形成"团队网络"。职能部门将作为资源、技术和人员的基地及标准的提供者而存在。不同的职能部门不再是按照序列进行工作，而是同时工作；团队则负责项目从开始到任务完成的全过程。网络信息技术可以保证团队成员的全方位沟通和团队与团队之间的信息交流，从而有利于提高政府的绩效。

此外，政府工作人员的工作方式还将发生如下变化：从例行程序到适应复杂性和不断创新；从按程序作业向并行作业和同步行动转变；从不信任和服从到对话式合作；知识和技术的更新更快；虚拟办公和对话式工作等。

（3）提高行政效率

行政效率作为公共行政绩效评估体系中的一个重要衡量标准，一直是现代公共行政的核心价值理念和追求的主要目标。电子政务的实施极大地提高了行政效率，这既是电子政务的目标也是人们对电子政务的期待。在党和国家领导人的讲话中也多次提到了电子政务对提高行政效率的意义。

2003 年 11 月，温家宝总理在讲话中提道："电子政务从根本上讲是提高行政效率，降低行政成本，改进政府工作，方便人民群众。"这段话简洁、深刻、精辟地阐明了电子政务的根本目的，而且指明了电子政务应该遵循的出发点与原则。"十五大"报告也指出："深化政府体制改革，优化组织结构，减少行政层级，理顺职责，推行电子政务，提高行政效率，减少行政运行成本。"总的来说，电子政务对于行政效率的提高主要表现在以下几个方面：

①有助于行政效率的测定

从行政效率测定的角度看，电子政务的实施，将通过组织再造、流程整合和机构重组等方式克服各种物流障碍和组织障碍，杜绝传统管理组织形态和物质构成中强调分工所造成的部门分割和官僚主义，使信息分配和流动渐趋合理，使社会平等地获取信息资源，这些都逐步打破了传统政府由于服务垄断而产生的信息垄断，使公众得以迅速、及时、快捷地掌握充分的信息，对特定组织的效率进行科学评判和监督，同时确定理想的效率水平和评价标准。同时，电子政务的运作使传统政府由劳动密集型逐渐向知识密集型、技术密集型转变，这导致政府从事公共管理和服务的流程日趋标准化、规范化，为定量测定行政效率提供了客观依据和可行性。

②有助于将重点放在提高公共服务质量的层面。

电子政务的发展以公众的需求为导向，以公众对公共服务的满意度为最终衡量标准，这就决定了电子政务并不以所用技术是否先进为必要条件，而必须具备最广泛的公众基础。电子政府建立的网上服务系统，使服务由面向办公室、柜台、窗口转向计算机屏幕，实现“人机对话”，使政务通过电子文件交换方式进行，如税收通过电子转账来完成；通过标准化中介工具，极大地简化了原来的手续与步骤，提高了行政效率。

③提供降低行政成本的工具

行政成本可以定义为政府组织在为社会提供公共服务，生产公共产品的活动过程中投入的人力、财力和物力资源。建立电子政府，可以实现资源共享，有效地利用政府内部和外部资源，提高资源的利用效率，对改进政府治理，提高行政效率，降低行政管理成本具有十分重要的意义。它可以把一定区域乃至全国的行政机关连接在一起，使信息、知识、人力以及创新的方法、管理制度、管理方式、管理理念等各种资源真正实现共享，提高包括信息资源在内的各种资源利用的效率。这些工具有：决策支持系统，可以及时提供全面、正确、可靠的信息，并能及时与各部门进行沟通，为科学民主的决策提供信息支持，极大地提高行政效率；办公自动化体系，将工作人员从体力劳动中解放出来，节约了大量的时间。

（4）促进科学决策和民主决策

西蒙认为，在不能获得足够信息的情况下，人们的决策行为只能是有限理性的判断和决策，不可能存在最优的决策模式。而在电子政务中，电子政务系统能凭借现代的信息技术以公众的需求为导向，快捷、准确、全面地进行信息收集、数据统计和模型分析，用科学的方法、手段和程序代替传统的经验决策、直觉决策，极大地提高了公共政策的水准和质量。

①促进政府决策过程的公开化与程式化

电子政务除了利用开放性的网络技术，为公众参与决策、维护自身利益提供了实践的可能性以外，还在客观上为决策的制定限定了一个科学的程序，从而促进了经验决策向现代决策的转变。在电子政务的诸多系统中，信息管理系统以多个数据库和控制系统对信息进行加工整理，为决策提供全面、准确、即时的信息资源；专家系统以完备的知识体系为决策出谋划策，提供科学的、理性的备选方案，为决策提供了有力的智力支持；监督反馈系统以其便捷、四通八达的信息反馈渠道，监督决策执行过程，从而保证决策执行按预定的方向进行，最终实现决策目标。在这一决策过程中，决策权虽然还是掌握在决策中枢系统中少数几个人手中，但实际上他们可选择的范围已经被限定在有限的空间内，个人的因素已很难在决策中发挥决定性作用，因而，决策权在无形中已经被技术设计的程序规范化和科学化了。另外，信息技术使这些决策工具和方法的运用变得简单化、可操作化，从而也大大改进了决策的有效性和效率。

②收缩行政决策的范围，实现了“小政府，大社会”的价值追求

电子政务实施的重要价值主要体现在对行政信息流程的变革上，它使传统信息历经了由封闭到开放、由信息占有不对称到信息共享的深刻转变。这就是说，政府原来因信息占有不对称而具有的协调作用要减弱，某些权力要归还社会，这主要是决策权的回归，即某些原本由政府决策的领域或事项交由民众自己管理，自行决策，这也是一种特定意义上的决策民主化。

③强化对政府决策的监督

决策监督应贯彻于政府决策的全过程。首先，电子政务的建设强化了对政府决策的监督，完备的信息决策系统与监督系统的建立，为政府决策过程设立了一套可供参照的规范和标准，设立了监督的依据。计算机程式化的监督体系具有理性化的设计和非人格化的特点，更少受到外界环境因素的影响，从而避免了政府官员对于监督的非理性化的干预。其次，电子政务运用网络技术简化了监督信息反馈的传输渠道，使各级监督系统和公众对决策实际执行效果的各项反馈信息能够即时、准确地通过多种机制反馈给决策中枢系统或决策执行部门，以便对偏离决策目标的行为或现象进行调整和纠正，达到决策效果的较佳状态。再次，网络技术能以“秘密投票”的方式确保监督者特别是公众敢于监督，确保监督者的合法利益，打消监督者的顾虑。

4.2 电子政务建设的指导思想与原则

4.2.1 电子政务建设的指导思想

我国电子政务建设的指导思想是：以邓小平理论和“三个代表”重要思想为指导，适应改革开放和现代化建设对政务工作的要求，转变政府职

能，提高工作效率和监管的有效性，更好地服务人民群众；以需求为导向，以应用促发展，通过积极推广和应用信息技术，增强政府工作的科学性、协调性和民主性，全面提高依法行政能力，加快建设廉洁、勤政、务实、高效的政府，促进国民经济持续快速健康发展和社会全面进步。

4.2.2 电子政务建设的指导原则

根据电子政务建设的指导思想，我国电子政务建设要坚持以下原则：

(1) 统一规划，加强领导

电子政务建设必须按照国家信息化领导小组的统一部署，制定总体规划，避免重复建设。各级党政主要领导同志要亲自抓，防止各自为政。要正确处理中央与地方、部门与部门的关系，明确各自的建设目标和重点，充分发挥各方面的积极性，分类指导，分层推进，分步实施。

(2) 需求主导，突出重点

电子政务建设必须紧密结合政府职能转变和管理体制改革，根据政府业务的需要，结合人民群众的要求，突出重点，稳步推进。要讲求实效，坚持经济效益和社会效益相统一。当前要重点抓好建设统一网络平台、建立标准、健全法制，建设和整合关系国民经济和社会发展全局的业务系统。

(3) 整合资源，拉动产业

电子政务建设必须充分利用已有的网络基础、业务系统和信息资源，加强整合，促进互联互通、信息共享，使有限的资源发挥最大效益。要在符合标准的条件下优先使用国产设备与软件，逐步推进系统建设、运行维护的外包和托管模式，带动我国信息产业的发展。

(4) 统一标准，保障安全

加快制定统一的电子政务标准规范，大力推进统一标准的贯彻落实。要正确处理发展与安全的关系，综合平衡成本和效益，一手抓电子政务建设，一手抓网络与信息安全，制定并完善电子政务网络与信息安全保障体系。

4.3 电子政务建设的目标和任务

随着经济全球化的发展，发达国家政务电子化的步伐不断加快，经过20多年的努力，一些国家已经建设起与本国国情相适应的电子政务体系。与发达国家相比，我国在电子政务建设上还存在差距。这种差距既是我们的劣势，又为我国跳跃式发展提供了条件。我国可以借鉴各国成熟的经验，充分利用成熟的网络技术手段，通过面向需求的政务信息资源，整合与信息化不相适应的业务流程，在推进传统政府职能和运行模式转型的同时，跳过发达国家在发展电子政务上的某些发展阶段，直接进入现代电子政务模式，实现跨越式发展。

4.3.1 电子政务建设的“十五”目标与成就

(1) 电子政务建设“十五”目标

“十五”期间，我国电子政务建设的主要目标是：标准统一、功能完善、安全可靠的政务信息网络平台发挥支持作用；重点业务系统建设取得显著成效；基础性、战略性政务信息库建设取得重大进展，信息资源共享程度明显提高；初步形成电子政务网络与信息安全保障体系，建立规范的培训制度，与电子政务相关的法规和标准逐步完善。这些工作完成后，中央和地方各级党委、政府部门的管理能力、决策能力、应急处理能力、公共服务能力将得到较大的改善和加强，电子政务体系框架将初步形成，为下一个“五年计划”期的电子政务发展奠定坚实的基础。

(2) 电子政务建设“十五”成就

“十五”期间，我国电子政务取得较大的发展，获得了很多有价值的经验。主要有以下几点①：

①《电子签名法》的生效为电子政务和电子商务的深层次应用打下了坚实的法律基础。

②中央下发的《关于加强信息资源开发的若干建议》进一步明确了电子政务的核心任务，当前最迫切的任务是加强信息资源的开发利用，必须大幅度提高电子政务的绩效。

③电子政务重在构建服务型政府，重在为社会服务的理念更加深入人心，越来越成为各级政府坚持电子政务建设的指导方针和首要目标。

④电子政务的管理理念在实践中不断深化。宏观层面上，我国省级政府终于在电子政务的领导体制和组织保障取得了标志性突破；微观层面上，国家的重要的部门，如银行、电力、电信等，从实践中已经认识到得到内部IT管理的极端重要性，从而迈向IT管理的新阶段，相关人才培训和技能管理培训正在呈上升趋势。

⑤具有自主创新和自主知识产权的产品在电子政务建设各个领域中有了

① 陈拂晓．总结经验，实现电子政务跨越式发展［J］．电子政务，2006.

长足发展，为电子政务建设提供了更加高效和低成本的技术、产品、方案。

⑥具有示范性的成功案例越来越多，电子政务建设更趋务实和理性化。

尽管我国电子政务建设取得了重大成果，但是就电子政务的整体而言还是存在很多问题，“重硬轻软，重纵轻横，重网络轻应用，重建设轻管理”的现象还很严重，尤其是在宏观和政策方面的一些问题没有得到解决，已经对“十五”期间的电子政务建设带来了损害，并对“十一五”期间的政务建设带来了挑战。

4.3.2 电子政务建设的“十一五”目标与任务

为了更好地解决电子政务建设中出现的问题，更好地推进新时期电子政务的建设，国家提出了“十一五”期间的电子政务建设目标。新形势下推行电子政务建设，要以邓小平理论和“三个代表”重要思想为指导，全面落实科学发展观，深入贯彻中央关于电子政务建设的一系列决策和部署，按照国家电子政务总体框架的要求，以提高应用水平为重点，以信息资源开发利用为主线，以国家电子政务网络为依托，建立信息共享和业务协调机制，完善信息安全保障体系，加强各项基础工作，促进行政管理体制改革，带动信息化发展，面向政务需求，服务人民群众，搞好统筹规划，加快建设步伐，走出一条中国特色的电子政务发展道路。

（1）电子政务建设“十一五”目标

“十一五”期间，我国电子政务建设的主要目标是：到2010年，覆盖全国的统一的电子政务网络基本建成，政务信息资源目录体系与交换体系、信息安全基础设施初步建立，重点应用系统实现互联互通，政务信息资源公开和共享机制初步建立，法律法规体系初步形成，标准化体系基本满足业务发展需求，管理体制进一步完善，政府门户网站成为政府信息公开的重要渠道，50%以上的行政许可项目能够实现在线处理，公众认知度和公众满意度进一步提高，电子政务降低行政成本、提高监管能力和公共服务水平等方面的作用明显增强。

（2）电子政务建设“十一五”任务

实现上述目标，关键是促进五个转变，一是要从电子政务重建设、轻应用向注重深化应用转变；二是要从信息网络分散建设向资源整合利用转变；三是要从信息系统独立运行向互联互通和资源共享转变；四是要从信息管理偏重自我服务向注重公共服务转变；五是要从信息网站自建自管向发挥社会力量转变。当前和今后一个时期，推进电子政务建设任务主要是要着力抓好七项工作①：

一是深化电子政务的应用，扩大政务公开的范围和内容，及时准确地发布政务信息。围绕为广大人民群众提供公共服务、为企事业单位提供服务和为政府决策和管理提供服务，来深化电子政务的应用，提升电子政务的服务功能。

二是推动应用系统的互联互通。对已建系统，要通过法规政策、行政协调和技术支持等手段来推动互联互通；在建系统要根据互联互通的要求，实事求是地进行调整；新建系统要加强规划，把互联互通作为立项审批的重要条件；对应用系统要统一格式、标准，在硬件上能连接，软件上能适应，切实解决“信息孤岛”这一制约电子政务效能发挥的瓶颈问题。

三是推进信息共享和业务协同。继续推进工商、税务、质检等部门间的企业基础信息共享，推进财政、税务、银行、国库间的信息共享；推进居民身份、个人征信、社会保障等方面的信息共享；推动建设、商务、劳务、质量等领域的信息共享和业务协同；继续抓好金农、金水、气象支农工程和综合信息服务平台建设，探索建立农村信息共享和服务机制；继续推动文化信息资源共享工程；加快建设包括人口、资源、空间地理等基础信息库，开发利用好国家战略性、基础性的信息资源。

四是建立全国统一的电子政务网络。曾培炎强调，要按照《国家电子政务网络建设意见》，用 3 年左右的时间形成全国统一的国家电子政务网络。各地要充分利用现有资源，确保中央到省的电子政务传输骨干网对接，实现纵向和横向的互联互通。要完善国家电子政务网络管理体制，建立国家电子政务网络管理中心，加强国家电子政务网络的运行管理。

五是做好信息安全保障工作。要认真贯彻“积极防御、综合防范”的方针，按照“谁主管谁负责，谁运行谁负责”的原则落实责任；要统筹建设安全基础设施体系和应急响应、灾难备份等体系；做好风险评估和分级、分层、分域信息保障措施；正确处理好保障安全和促进发展的关系；立足自主创新，加强信息安全核心技术的研发。

六是加强法规建设和人才培养。要按照电子政务发展的需要，加快信息公开、信息共享、信息安全、网络管理、项目管理、电子认证等法规体系的建设，完善法律法规体系；抓紧研究制订急需的共性、基础性标准；加强电子政务培训和宣传，提高电子政务的社会认可度和服务功能。

---

①　曾培炎．全国电子政务工作座谈会发言 [C]. 2006.

七是按照完善社会主义市场经济体制的要求，坚持政府主导，吸引社会参与，推进体制创新，建立有利于电子政务合理建设、科学管理、有效运行及维护的机制。要通过加强政府自身改革和建设促进电子政务发展；要探索投资多元化、建设与运行维护社会化的发展机制；同时，研究建立电子政务绩效评价制度，建立激励竞争机制。

5 电子政务建设的原则与模式

本章主要内容：

- 电子政务建设的原则
- 电子政务建设模式的概念
- 电子政务建设的项目模式
- 电子政务建设的管理模式

本章学习要求：

- 理解电子政务建设的原则
- 了解电子政务建设模式的概念
- 掌握电子政务建设的基本模式
- 理解电子政务建设的管理模式

电子政务建设是国家信息化建设的重要组成部分，直接关系到国家信息化进程，是转变政府职能、提高政府工作效率、建设“服务型”政府的重要举措，是全面建设社会主义、构建社会主义和谐社会的内在要求。国家高度重视电子政务建设，成立了电子政务办公室、信息化领导小组等专门机构或组织，对电子政务建设进行统筹规划和监督管理。电子政务建设要以正确的原则为指导，采取科学的管理模式才能实现电子政务的目标，更好地为政府和公众服务。

5.1 电子政务建设的原则①

20 世纪 90 年代中后期，随着国外电子政务浪潮的兴起，我国电子政务

① 主要参考刘邦凡编著．电子政务建设与管理［M］．北京：北京大学出版社，2005.

开始起步，已经取得一定成就，政府网站体系初步形成，信息库建设不断推进，各地电子政务工程蓬勃开展，政府信息公开工作普遍推进。但“重电子、轻政务”，“重建设、轻应用”的现象仍普遍存在，网络建设各自为政，重复建设，结构不合理；业务系统水平低，应用和服务领域窄；信息资源开发利用滞后，互联互通不畅，共享程度低；标准不统一，安全存在隐患，法制建设薄弱等问题突出。从总体上看，我国电子政务建设仍处于初始阶段，要克服目前存在的种种问题，就要明确电子政务建设的原则，保证电子政务向正确的方向发展。

5.1.1 应用原则

以需求为导向，以应用促发展，通过积极推广和应用信息技术，增强政府工作的科学性、协调性和民主性是我国电子政务建设的指导思想。电子政务建设的目标通过电子政务的应用来实现，电子政务的发展也通过电子政务的应用来推动，因此应用原则是电子政务建设的首要原则。

所谓“以需求为导向，以应用促发展”，是指要以需求作为动力，以应用推动政府信息化的发展。这就要求各级政府在政府信息化建设过程中，要善于分析政府决策的需要，有计划地开展各项系统建设和应用开发工作，制定科学合理的规划不断完善电子政务系统，并通过各项应用工作的开展来推动政府信息化的发展。

电子政务的建设与发展，与一个国家、一个地区一定时期内政治与经济发展状况和任务紧密相关。在现阶段，我国电子政务建设以需求为导向，可以理解为：电子政务建设必须紧密结合政府职能转变和管理体制改革，根据政府行政业务的需要，结合人民群众的要求，突出重点，稳步推进；2010年前重点抓好建设统一网络平台、建立标准、健全法制，建设和整合关系国民经济和社会发展全局的业务系统。

而所谓电子政务建设应该注重“以应用促进发展”，可以用一些学者提出的三角形原理来概括：“IT”、“业务”、“用户”三者互动，紧密结合、合理选择，应用推动，如图 5-1 所示。

IT：网络技术，数据库技术、信息安全技术 IT 管理，等等。

业务：地域经济基础、信息化程度、业务特点、制度，等等。

用户：公务员、企业用户、社会公众，等等。

由图 5-1 可见，三角形原理也存在潜在的不足：IT、业务、用户三者的关系中，没有讲明它们相互作用的内在关系、主次关系、动态关系等深层次

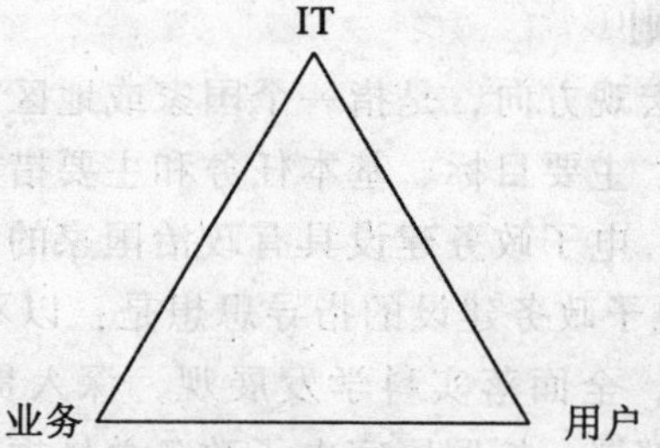

图 5-1　“IT”、“业务”、“用户”三角形原理

问题，没有深刻体现在现实中，应用系统构建的主导因素和应用系统推动发展的内在规律。业务，是由业务逻辑和业务资料构成，而业务逻辑即是业务流程，体现在应用程序上，业务资料正是信息资源。用户，不仅是指应用系统的使用者，还包括决策者、信息系统管理者，是机构、组织。

电子政务的核心不是电子，而是政务，电子为政务提供支持和保障。从电子政务的构成来看，应是三分技术、七分管理，技术是指电子政务所采用的 IT 技术，管理则是指适应电子政务环境下的政府组织结构和管理流程。提高电子政务水平的关键不在于技术，而在于对政府行为、公共管理行为的研究和改进。电子政务建设并不是简单地将现有的政府管理、运作的框架网络化或电子化，而是要按照市场经济和电子政务的要求，以需求为导向，对现行的政府管理职能、组织以及行政流程进行必要的调整和改革，增强政府决策的科学性、民主性和协调性。应用原则就是重政务、重内容的原则。

电子政务有广泛的应用领域，涉及政府管理的各个方面，不仅为政府自身服务，还为企业和公众服务提供平台。由于各地区政治、经济发展水平不同，电子政务发展水平也有所不同，因此要把实用性原则放在首位，根据自身的实际情况，按照不同的要求，紧密结合政府职能转变和管理体制改革，着眼于政府业务和人民群众的需求，积极开展政府网站建设和数据库建设。

5.1.2　方向原则

电子政务建设目标的确立是电子政务建设的核心，要实现电子政务建设的目标就要坚持正确的方向。电子政务建设的方向原则是指各级政府在政府信息化过程中要进行系统规划，明确电子政务的发展方向和目标，根据电子政务建设的主要任务有计划地开展各项系统应用工作。正确的方向是电子政务建设顺利开展的保证。

(1) 宏观方向原则①

电子政务建设的宏观方向，是指一个国家或地区在一定时期内建设电子政务的总体指导思想、主要目标、基本任务和主要措施，是对电子政务的总体规划。从宏观上讲，电子政务建设具有政治国家的发展方向原则。

"十一五"期间电子政务建设的指导思想是：以邓小平理论和"三个代表"重要思想为指导，全面落实科学发展观，深入贯彻中央关于电子政务建设的一系列决策和部署，按照国家电子政务总体框架要求，以提高应用水平为重点，以信息资源开发利用为主线，以国家电子政务网络为依托，建立信息共享和业务协同机制，完善信息安全保障体系，加强各项基础工作，促进行政管理体制改革，带动信息化发展，面向政务需求，服务人民群众，搞好统筹规划，加快建设步伐，努力走出一条有中国特色的电子政务发展道路。

"十一五"期间我国电子政务建设的主要目标是：到2010年覆盖全国的统一的电子政务网络基本建成，政务信息资源目录体系与交换体系、信息安全基础设施初步建立；重点应用系统实现互联互通，信息资源公开和共享机制初步建立，法律法规体系初步形成，标准化体系基本满足业务发展需求，管理体制进一步完善；政府门户网站成为政府信息公开的重要渠道，50%以上的行政许可项目能够实现在线处理，公众认知度和公众满意度进一步提高，电子政务降低行政成本，提高监管能力和公共服务水平等方面的作用明显增强。

"十一五"期间，我国电子政务建设的主要任务：一是深化电子政务应用，在户籍管理、教育培训、文化娱乐、劳动就业、医疗卫生等方面开展网上服务，网上办理登记设立、资质认证、行政许可、税收征缴、劳动保障等业务；在市场监督管理、资源配置调控等方面提高管理服务能力。二是推动应用系统互联互通，通过法律规范、政策引导、行政协调、技术支持等手段，推动互联互通。三是推进信息共享和业务协同，继续推动企业基础信息共享，推进居民身份、个人诚信、社会保障信息共享，推动建设、商务、劳务、质量等领域的信息共享和业务协同，抓好金农、金水、气象支农和农业综合信息服务平台建设，推动文化信息资源共享及宏观基础数据库的建设。四是建立全国统一的电子政务网络，地方电子政务网络建设，要充分利用现

① http://www.hbjzit.gov.cn/News_View.asp?NewsID=169 [EB/OL].

有资源，形成统一的政务网络结构，保证中央与地方传输网的对接。五是做好信息安全保障工作，统筹建设包括网络信任体系、信息安全监测系统，应急响应及密钥管理等安全基础设施。六是加强法规建设和人才培养，抓紧制定电子政务法及信息安全管理条例等法律法规体系。七是建立健全有利于电子政务发展的机制，增强领导干部、公务人员的信息化意识和技能，打破政府条块分割，组织协作联合，促进行政体制改革，并研究建立电子政务绩效评价制度。

“十一五”期间，为加快电子政务建设，要重点开展以下几项工作：

第一，推进门户网站建设，提高政府服务能力。中国政府门户网站体系要在巩固成果的基础上，重点加强门户网站内容建设，提高网站的服务能力。一是进一步做好政务信息发布工作，突出政务特色。一方面要深入开展政务信息的梳理、甄别工作，为《政府信息公开条例》的公布实施做好思想上和技术上的准备。另一方面要加强政务信息的组织、挖掘工作，提高政务信息的开发利用能力，增强政务信息的发布效果。二是深入整合网上服务，提高公共服务能力。继续推动政府机关行政许可项目和服务内容的上网工作，深入整合各项网上服务，拓展主题服务功能，推动网站服务窗口与后台应用支撑之间的有机结合，提高网上服务能力。三是创新互动形式，方便公众参与。深入研究领导信箱、留言板、网上信访、网上公示和网民建言议政等栏目的后台支撑机制，适时开通有关栏目，为加强公众参与和公众监督提供手段。同时，要进一步加强中国政府门户网站体系建设。

第二，深化政务应用系统建设，提高行政效能。政务应用系统建设已经覆盖的核心政务、辅助决策、部门业务和行政监察等各个方面，要进一步完善功能，强化运用。下一步重点工作：一是按照资源共享、业务协同的原则，加紧建设覆盖信息处理、应急处置和应急指挥于一体的应急管理平台，提高政府应急能力。二是在现有辅助决策系统的基础上，建设基于数学模型、具备数据分析和数据挖掘能力的决策支持系统，提高政府决策水平。三是广泛推动监督管理和绩效评估系统的建设，切实规范行政行为，完善行政监督，提高行政效能。

第三，完善政务网络建设，确保政务信息化的安全高效。政府系统将认真贯彻《国家信息化领导小组关于推进国家电子政务网络建设的意见》(中办发［2006］18 号文）的精神，切实做好网络建设工作。一是以国家电子政务基础传输平台为依托，尽快将政府专网改造成满足政府系统需要的支持多媒体业务且安全高效的政务内网。二是完善并推广部署安全支撑平台和应用支撑平台，确保政务内网提供安全可信的运行环境以及统一的应用系统接入服务。三是本着自愿原则和业务协同的需要，逐步整合政府系统的办公业务系统及网络。

第四，整合资源，促进政府信息的共享和增值。根据国家信息化领导小组下发的《关于加强信息资源开发利用工作的若干意见》(中办发［2004］34号文)，我们应重点做好三项工作：一是按照统一标准和规范，配合国信办逐步建立政府信息资源目录体系和跨部门的政府信息资源交换体系，指导政府信息资源的整合和共享。二是加大政府专网网站的建设力度，推动资源整合和信息共享。以网站为平台，整合各地区、各部门的信息资源，无偿提供和有偿服务相结合，探索必要的成本补偿做法，推动并规范信息采集和共享。三是通过互联网门户网站，推动政务信息发布和增值利用；健全政府信息公开制度，依法公开政府信息；鼓励社会公益性机构进行增值开发利用。

(2) 微观方向原则

电子政务建设不仅要从宏观上进行整体把握，还要注意联系经济、社会发展实际，适时把握微观层次的建设方向，开展电子政务建设实践。总体来说，要注意以下几个方面：

①社会性

电子政务不仅为政府管理服务，还要为企业和公众提供信息服务，电子政务建设要以公众需求为出发点，加强网络建设，鼓励企业和公众上网，建立政府、企业、公众交流平台，使电子政务成为共同的桥梁，通过网络进行行政管理和服务。

②安全性

电子政务具有开放性，在电子政务建设中要充分重视电子政务安全，不仅包括系统安全，还包括信息安全，这关系到政府工作的绩效甚至是国家信息化的进程。这就要求建立电子政务安全保障体系，制定电子政务安全法律法规，进行电子政务风险评估，保证电子政务系统安全可靠，抵抗来自人为和自然的威胁。

③可靠性

信息资源是电子政务建设的基础，信息资源的可靠性是保证电子政务效益的前提。这就要求建立信息资源保障体系，保证信息资源来源和内容的可靠，为行政管理提供科学合理的依据，为公众提供准确有效的服务。

④合法性

合法性即电子政务具有法律效力。在法律框架下进行电子政务建设符合电子政务发展特点和规律，能够有效推动电子政务发展，推进国家信息化进程。这就要求加强电子政务立法工作，完善相关信息法律法规，制定专门的电子政务法律，提高电子政务的法律效力。

⑤管理性

这也就是电子政务应成为支持管理创新的平台。推行电子政务的目的不是只为了在原有政府机构中采用信息技术，得到浅层次上的工作质量和工作效率的提高，而应当是以“降低行政成本”为驱动力，实现“业务优化、流程再造、机构整合和管理创新”，从管理结构上不断改进政府管理，推动政府的机构改革，逐步构建符合信息社会要求和扁平化的、高效的、低成本的、廉洁的政府。实现扁平化管理结构，重要的是必须依靠信息技术提供的“跨地域、跨机构”的管理能力方能实现，否则无法实现；必须建立能推动“管理结构优化”的技术支撑平台，它决定于应用架构；必须要达到推动“降低行政成本”的目的，否则就没有资金来源，无法进入良性循环和促进可持续发展。

5.1.3 经济原则

电子政务建设需要大量的成本，在电子政务建设中，要树立成本观念，进行成本—收益分析，避免建设方式“重新建轻整合”、建设投入“重硬轻软”和“信息孤岛”等问题，不能仅仅简单从政策、技术角度去解决，应该注重经济学的视角。总括起来，主要包括以下三个方面：

(1) 从需求出发

电子政务的需求，来自于业务工作实践。电子政务究竟能给业务工作带来哪些好处？这是业务部门真正关心的问题。建设方式“重硬轻软”的原因之一就在于“软环境”的建设在很大程度上依赖于有效需求，需求不足，何谈投入？对“硬投入”的重视，是改善办公条件、树立先进形象、获得上级肯定等外在需求的体现。但这些外在需求不能成为发展电子政务的持久动力。只有确立长期、稳定的来自业务工作自身的内在需求，才有可能形成可持续发展的良性循环。这就要求我们最大限度地挖掘和培养这类需求。对于需求，只有那些对业务与技术两方面都很了解的人，才有发言权。因此业务人员必须有意识地提高信息技术素质，才有可能发现业务工作与信息技术的最佳结合点，从而提出有价值的需求。最有价值的需求，不仅在于工作效率的提高，更体现在电子政务能够实现传统政务难以达到的深层领域，如科学决策、优化管理等。

需求也存在于电子政务实施过程的控制中。降低代价，就要在实施的步骤、方案上有所取舍。从代价小、成果明显入手，并用取得的成果弥补付出的代价。例如在用户的选择上，以一线业务人员为突破口；在项目的选择上，以日常工作的实际需要为主攻方向。在已经取得较好效益的电子政务工程中，“金关”、“金税”等成功范例都证明了其合理性。

无论是通过电子政务与传统方式的比较来开发需求，还是利用电子政务自身实施代价的控制扩大需求，都是以降低代价，刺激需求为手段，达到推动电子政务发展的目的。

(2) 注重建设的利益最大化

利益最大化主要有两个方面：

①有偿共享

这里的“有偿”，并不仅限于物质方面，也可能是某种无形资产的增加。“信息孤岛”的出现固然有规范标准滞后的因素，但其根本原因还在于：“孤岛”和“整合”，哪个给资源拥有者带来的收益更大？共享使资源拥有者在一定程度上失去了对于资源的垄断和控制，这种利益的损失如何弥补？可见，要整合资源，就先整合利益。形成这种效应的前提是资源使用者同时又是资源提供者，每个资源提供者的利益都通过共享得到了补偿。这就好像是加入了某种联盟或多边协议，享受利益的前提是必须遵守约束，即作出贡献。现实情况比较复杂，有的资源使用者并没有提供可共享的资源，有的资源提供者本身并不需要使用资源，且资源的质量不易量化。这种情况下整合利益的关键在于，把资源使用者从共享中获得的利益通过利益补偿机制反馈给资源提供者，使资源提供者和资源使用者在利益分配上趋向平等，从而通过人为干预达成“合作均衡”。只有满足了资源提供者的切身利益，才能保证共享信息的质量、数量，形成资源利用的良性循环。这就需要在各个资源提供者和使用者之间建立横向的资源利用监控与评估体系，这一环节既不能光凭资源提供者的一面之词，也不能仅靠资源使用者的主动反馈，而要通过第三方实现。所以，要做好信息共享，除了统一的规范标准外，还需要公正、有效的资源使用监控、产权保护、应用效益反馈和评价机制。

②量入为出

这里的“入”是指收益，“出”是指支出。支出的价值可以通过收益来体现，通过收益可以很好地控制支出，建设单位为了今后的利益最大化，不能吝惜自己当前的支出，势必在对应用效益有决定作用的“软投入”、“软环境”和现有资源的整合上多下工夫，这就有效杜绝了“形象”工程、“县花”工程，限制了自建自用的“孤岛”工程，鼓励了“共享”工程、“实效”工程。这是通过改变约束条件、利用人在重复博弈情况下谋求长远利益最大化的结果。有偿共享，量入为出，无论是帮助获利还是限制获利，都是通过“利益最大化”对电子政务建设进行有效控制的方法。

（3）以人为本

需求也好，利益也罢，其最小的具体行为单元都是人。信息技术带给人的解放是全方位的：网上办公与网上购物，使人拥有更多的自由时间；工作方式的改变，可增强人的成就感；在线交流沟通，满足了人的社交需求；多媒体娱乐，缓解了日常的焦虑。人是统一的整体，自由的、快乐的、全面发展的人，是社会发展的基础，其具有的能量和潜力是不可限量的。人本管理不仅要激发人的工作积极性、主动性和创造性，更在于促进人自身的自由，使人获得全面的发展。在信息系统建设中，把信息技术对人需求的满足和自由的提升作用人为地剥离出来并加以抛弃，这是造成业务人员对信息技术普遍缺乏兴趣、水平长期得不到提高的原因之一。

将欲取之，必先予之。要利用信息技术创造价值，必须先让其深入人心。实施人性化的管理，是实现这一步骤的有效手段，也正顺应了现代管理理论的潮流。

5.1.4　效益原则

电子政务从根本上讲是为了提高行政效率，降低行政成本，改进政府工作，方便人民群众。目前国内外流行的电子政务评价体系有很多指标，但最核心的评价指标只有三项：一是电子政务的构建、运行成本，二是电子政务的经济效益、社会效益，三是公众对电子政务的满意度。在中国当前的管理体制下，提高电子政务建设的效益可以从如下三个方面入手，第一是降低电子政务建设及维护成本，第二是通过系统整合消灭“信息孤岛”，第三是扩大公共服务的范围。

因为政府提供的全部服务均不以盈利为目的，电子政务建设能产生巨大的社会效益，如密切政府与社会公众的关系、推进社会主义民主化进程、提高行政监管的有效性等。但是在电子政务建设中还能产生巨大的经济效益，表现在降低政府管理成本、带动基础设施建设和 IT 产业的发展等。

在电子政务建设中，应该采取政府主导、企业参与的形式，将外包和自建结合起来，先由企业投资建设然后通过运营维护等方式收回投资。这样一来，一方面能够有效地提高系统的运营维护水平，降低项目建设的成本；另一方面，政府参与电子政务项目建设进程，对项目建设进行监督和检查。

由于我国电子政务建设仍处于初级阶段，许多因素限制了电子政务效益的实现，具体表现在以下几个方面：

①电子政务建设成本居高不下，需要大量的资金、技术、人员、系统等投入，效益的实现周期较长。很多电子政务项目建成后，不能马上产生明显的经济效益和社会效益。另外，由于电子政务以为公众服务为建设原则，并不是以盈利为目的，效益相对于其他工程项目而言较少。有些电子政务项目规划不合理、缺乏质量监控等导致建成后不能发挥应有的效应。

②普遍存在的“信息孤岛”现象也大大地影响了系统效能的发挥。有可能出现这样一些尴尬局面：在一些国家部委内，一个司局甚至一个处室使用几套信息系统，而且彼此不共享，甚至无法互联。提高电子政务建设的效益当前迫切需要解决电子政务发展不平衡尤其是“纵强横弱”的现象。例如，税务部门从上到下有自己的系统，工商部门从上到下也有自己的系统，但横向的联系很弱，只要把两个系统连起来，如工商和税务部门交换企业基础信息，就能产生巨大的经济效益。

③导致电子政务建设效益不明显的另一个重要原因是，一些部门在电子政务建设中主要面向机关内部提供服务，电子政务系统服务的主要对象不是广大企业、百姓，而是上级领导和机关内部工作人员。有人算了一笔账，在一个有 50 万人口的中等城市，有 200 人编制的政府机关已经是大单位了，电子政务系统如果面向机关内部即使有 100% 使用率，也不过 200 人在用；但如果面向百姓提供服务，即使只有 1% 的使用率，也有 5000 人在用。哪个系统产生的效益大，可想而知。现在政府花钱为自己用，很容易为本部门谋利益，因而整体效益不明显；如果把电子政务服务的重点转向企业、百姓，不仅服务空间广阔而且容易取得成效，因为过去政府没有这种服务，现在企业、百姓只要享受到服务就很满意。

5.1.5 规划、实施、监理三结合原则

电子政务是国家信息化建设的一项重要战略性任务。要保持电子政务的持续、健康发展，就必须科学处理好规划、实施、监理三者的关系。规划是前提，实施是基础，监理是保障，三者相互促进，互相制约。只有协调好三者的关系，发挥三者最大的作用，才能保证电子政务的持续、快速、监控发展。

（1）电子政务系统规划

电子政务系统规划就是政府机构信息系统建设的战略规划，是对政务系统建设目标、发展战略以及政务系统资源和开发工作的一种综合性计划，是针对机构电子政务系统的最高层次的管理和规划。规划工作的主要目标是明确电子政务系统的发展方向、电子政务系统规模和开发计划。

电子政务系统投资大，周期长，复杂度高，若规划不好，不仅造成自身损失，由此引起政府机构运行不畅而导致的间接损失更为惊人。如果操作错误可能损失几万元，设计错误则会损失几十万元，计划的错误就能损失几百万元，而规划错误的损失则能达到上千万元，甚至上亿元。所以，在我国电子政务建设中，要把系统规划摆到重要的战略位置上，通过科学、客观、准确地总体规划减少系统开发的盲目性，使电子政务系统有良好的整体性、适应性、扩展性，缩短系统开发周期，节约开发费用。

在实际的电子政务建设中，规划的具体操作却远非想象得那么完美，而如今的电子政务规划往往陷入了技术至上的误区。总体上看，电子政务规划普遍存在如下一些问题：第一，大多数的规划是从信息技术出发而不是从管理出发制定的，许多城市信息化规划或机构信息系统规划大部分内容都是信息基础设施的建设规划，因此很多规划千篇一律。第二，大多数规划中的信息化目标过于庞大或空洞，缺乏精确的描述，指导价值和可实施性较差。第三，系统规划与政府职能转变脱节，缺乏规划质量的重视和考核，规划质量还有还大的提高余地。

规划是电子政务建设得以顺利实施的前提条件，也为监理工作提供了可操作的指标和依据。规划是电子政务健康发展、良性运作的前提条件。一方面，完善的项目规划可以为将来电子政务建设的具体实施和评价提供理论上的基础，也可以明确建设中的各项责任和指标。另一方面，完善的规划有利于资源的整合配置，避免重复建设带来的浪费。并且可以在项目完成以后，及时地协调后期运作诸如维护、更新和管理等方面的关系，降低建设成本和缩短建设周期。电子政务建设初期对机构和业务流程的整合是一个复杂的过程，但这也正是电子政务规划的意义所在，需要在认真思考的基础上慢慢摸索。

总之，一个没有全面规划的电子政务建设，不可能在实施和监理过程中取得突破性的进展，只会严重拖延整个建设进度，为工程带来巨大损失。

（2）电子政务系统实施

电子政务系统实施是继系统规划、系统分析和系统设计之后的又一个重要阶段。任何一个系统设计方案只有通过精心实施，才能带来现实效益。电子政务实施是电子政务系统开发工作的最后一个阶段，在这一阶段的工作中，将投入大量的人力、物力、时间，电子政务系统实施阶段的主要内容有：程序设计、系统测试、系统切换和人员培训等。

规划是实施的前提，电子政务建设需要对政府部门运作模式及错综复杂的部门间协作模式有透彻了解，要确切地知道各部门之间的关系。只有清楚地知道这些，才能够在实施过程中建设出特点鲜明、效果明显、操作性强的电子政务整体规划。而电子政务在规划基础上设定的总体目标和阶段目标，及信息系统的总体设计和在此基础上确定开发的应用标准和规范，都将成为电子政务工程监理工作中的具体指标和依据，为整个工程良性运作提供一个参考指数。

在我国，电子政务建设必须按照国家信息化领导小组的统一部署，制定总体规划。各级党政主要领导要亲自抓，防止各自为政。要正确处理中央与地方、部门与部门的关系，充分发挥各方面的积极性，明确各自的建设目标和重点，分类指导，分层推进，分步实施。实施作为电子政务的基础性工作，必须在前期规划和监理监督指导下积极稳妥地开展建设。

我国电子政务的实施目标定位于改善政府工作流程，提高政府的透明度、规范化和实时性，促进政府机构高效、互动和廉洁的运转上。按照国务院制定的有关方针和政策，我国推动政府信息化的指导原则是："以需求为导向，以应用促发展，统一规划，协同发展，资源共享，安全保密"。所谓"统一规划，协同建设"，是指政府信息化建设必须在国务院的统一规划指导下，由各地区、各部门遵循统一的规范和标准协同建设，共同发展，以便使这项涉及面广、技术和资金密集的系统工程，更好地发挥整体效益。所谓"资源共享，安全保密"是指在政务信息化的建设中，各地区、各部门要按照系统建设的要求，从政务信息化的全局出发，打破条块分割，主动提供相关信息，实现资源共享。同时，要严格遵照国家的有关安全保密的法规，采取有效措施，确保国家秘密的安全。

电子政务的建设与发展，必须坚持统一规划，分步实施；立足全局和长远，制定总体规划，科学设计电子政务整体构架。要明确工作重点，分清轻重缓急，对那些社会需求大、经济和社会效益明显以及基础性、全局性的项目，集中人力、物力、财力，加快建设步伐。正确处理上下左右级的关系，充分发挥各方面的积极性，确保互联互通、资源共享，避免重复建设，防止各自为政。

(3) 电子政务监理

电子政务监理是指具有信息系统工程监理资质的单位，接受业主的委托和授权，依据国家有关的规定、电子工程建设标准、业主与开发方签订的委托开发合同、委托监理合同等，在系统分析、系统设计、系统开发等项目建设过程中，代表业主对该电子政务项目进行规范的监督、审核、控制、协调，以确保政务信息系统的成功建设。实施项目监理的目标就是协助业主在预定的投资、工期、质量要求下完成项目建设合同内的建设内容，最终完成工程项目。

电子政务监理方式比较典型的是全程式监理，可以根据项目进程分为三个阶段：项目前期监理、项目建设阶段监理和项目后期监理。建立过程的核心内容可以总结为三监理、三控制、两管理、一协调，三监理是指事前、事中、事后监理，三控制是指质量控制、投资控制和进度控制，两管理是指合同管理和信息管理，一协调是指监理方站在中立的立场上协调业主和开发方的工作。

电子政务监理贯穿在整个电子政务建设过程中，对电子政务规划和实施进行监督，保证电子政务规划的合理、科学、可行和电子政务顺利、及时实施。根据电子政务监理实践，电子政务工程监理可以改变信息系统工程建设中业主和开发方之间严重的信息不对称现象，提高信息工程的管理水平，杜绝开发双方不符合工程建设规律的态度和行为，从而为业主和开发方之间的合作提供保证。

电子政务建设的规划、实施与监理三结合，还具体表现为先易后难、先简单后复杂地组织电子政务的建设和实施。在这方面，同样需要统一规划和协调。由于各地政治经济发展不平衡，电子政务建设不可能全面开花、齐头并进，必须有选择、有重点地进行。但究竟哪些是国家首先必须实现电子政务的领域，或者哪些重点公共服务事项是必须优先发展的领域，这些都必须通过国家的相关规划或政策予以规定，否则，就可能出现某些混乱。根据我们的研究，电子政务在某一具体行业的建设相对较容易，比如目前我国的工商、税务、金融、海关等领域的一些电子化管理等，但是要实现跨行业、跨地区，特别是某项公共服务涉及多个部门的在线服务，难度就要大得多，这不仅对公共管理本身提出很高要求，而且对电子政务的技术、安全等都有很高的要求。可见，我们在电子政务的具体实施中，必须遵循先易后难、先简单后复杂的原则，稳步推进，这是电子政务顺利进行的保证。

5.1.6 标准、开放、安全三前提原则

电子政务的建设首先基于一个共通共用的技术标准和管理制度之上，同时这样的标准和制度必须是开放的和安全的；在开放的要求和安全的前提下，建立和实现标准；以标准为架构，实现安全的开放。

电子政务是一个复杂的系统工程，它的运行需要有法律条件、信息资源条件、标准化系统机构等外部条件的支持。标准化是支撑电子政务的重要手段，是我国电子政务建设的基础性工作，是电子政务系统实现互联互通、信息共享、业务协同、安全可靠的前提。电子政务标准的制定要遵循“急用先行、成熟先上、科学先进、切实可行”的原则，采取开放的方式进行，充分调动各部门的力量，充分发挥各方面的技术优势和积极性，有效利用现有的资源和标准化成果。

电子政务标准涉及的范围十分广泛，基本上包括基础标准、安全标准、操作标准、EDI（电子数据交换）标准和其他标准五部分内容。基础标准主要包括计算机基础标准和基础通信标准、其他基础标准、网络标准等；安全标准主要包括加密标准和认证标准等；操作标准主要有电子合同、电子文件等方面的标准；EDI 标准主要是与 EDI 有关的基础、代码、报文、单证等方面的标准；其他标准是除以上几种以外的与电子政务有关的一些特殊标准。从某种程度上讲，电子政务标准是推动电子政务社会化发展的关键。

随着计算机信息技术的发展，电子政务在政府实际工作中已经发挥越来越重要的作用，与之相应的是，针对各种电子政务资源的安全威胁也越来越严重。无论是来自内部还是外部都存在着各种威胁因素。因此，保障电子政务安全非常重要。

电子政务安全问题从本质上是一种信息安全问题，并且在宏观和微观两个层面上同时显现出来。发展电子政务，安全保障是基本前提。电子政务的安全保障是一个复杂的系统，必须建立一个完善的保障体系，需要从技术保障、管理保障、安全保障和基础设施保障等四个方面来构建。电子政务安全管理可以看成是微观层面的电子政务安全管理体系，虽然电子政务安全属于技术因素占很大比重的信息安全，但是保障电子政务安全却不能仅仅依靠技术，关键还在于管理。技术是一把双刃剑，安全的防范技术与破坏技术总是势均力敌、相互促进的，就破坏者而言，从技术上寻找突破口，远比从管理上寻找突破口的代价要大得多。因此，有效实施电子政务领域的信息安全管理，才是电子政务安全的关键。

安全是电子政务必不可少的环节，电子政务特别需要加强信息安全和系统的安全管理。但从本质上说，电子政务系统不是封闭的系统，而是与社会进行信息交流的开放系统。首先，因为电子政务系统是面向服务的，其系统输出是面向社会的。随着社会信息化程度越来越高，政府的职能由管制控制转向服务和信息交流，政府行政能力的最终衡量指标是对社会公众的服务好坏，不能够给社会提供良好的服务，电子化程度越高，就越是“信息孤岛”。其次，电子政务系统工作的输入来源于社会公众，电子政务系统在与社会的互动过程中产生动力来源。

电子政务建设要正确处理开放与安全的关系，综合平衡成本和效益。一手抓电子政务建设，一手抓网络与信息安全；一手抓安全技术手段，一手抓安全规章制度的建立与完善。根据电子政务建设的不同阶段，采取相应的安全措施和手段，按照政务公开和国家安全的要求，科学合理地划分信息保密等级。

5.1.7 系统原则

电子政务建设既有传统的项目建设的一些内容和特征，也具有以往任何项目建设不具有的特征——基于电子技术的系统构造和建设，也就是说，从物质表现的层面看，电子政务建设表现为一系列电子政务的系统。电子政务系统是指各类政务机构基于现代信息技术实现政务活动目的的应用系统。电子政务建设应遵循系统原则，电子政务系统有以下性质：

(1) 电子政务系统是以信息为处理对象的系统

电子政务系统的基本工作对象是信息，它决定了电子政务系统的基本性质是一种信息系统。信息系统的基本目的是输入数据而输出有用信息或形成有用知识。政府管理活动常常可以分为三层：作业层、管理层、战略层。电子政务系统也可以从层次上进行划分：业务处理系统（TPS)、管理信息系统（MIS)、决策支持系统（DSS)。

①业务处理系统层的电子政务系统

业务处理系统层的电子政务系统是指面向具体的管理和服务业务，针对行政管理中的日常业务进行处理的电子政务系统。这些日常事务结构性强、发生频率高，利用电子政务系统可以大大地提高工作效率，节省时间，降低办事成本。如乡、镇、区、县、市工商行政管理部门，为加快电子政务建设，逐步实现网上审批、网上办理、网上年检、网上查询。处理这类日常例行事务的电子政务系统属于TPS层。如北京市西城工商分局实行电子政务，

2002年8月14日，在网上批出了全市首张营业执照；又如，金税工程是我国税收管理部门电子政务系统的总称，该工程二期已于2001年开始运行，目前主要是监管增值税专用发票，遏制骗税、遏制税款流失，使纳税人依法纳税。行政机关各部门业务互不相同，都需要开发相应的系统，如教育行政管理部门，实现各级各类学校设置和专业设置的审批、检查、控制，学位的注册登记管理需要响应的TPS，科委、经贸委、计生委等的职能部门需要对应的TPS层的电子政务系统。因此，TPS层的电子政务系统开发量大，是目前的发展重点，而且它是MIS层电子政务系统的基础。

②管理信息系统（MIS）层的电子政务系统

管理信息系统（MIS）层的电子政务系统对应管理控制层的政务活动，主要服务于中层政府管理人员如县级干部、市、省政府领导，对于本地区情况的调研、统计，根据本地区情况，管理制定地方政策，合理地配置资源，落实中央的政策。目前，这一层次的电子政务系统功能主要由人工完成。如根据统计部门提供的统计数据，根据各办公室（或秘书科）的调研情况，产生相关的信息，提供给中层领导。这一层次的电子政务系统，可以在TPS的基础上开发，由TPS提供基础数据，然后对这些数据进行加工，产生相应的报告。如金税工程，它不仅包含TPS层系统，也有MIS层系统，它可以对全国、省、市、地方的税收情况进行统计，如在一定时期不同地区税收情况统计，2003年的情况与2002年同期的比较等，这类电子政务系统与TPS层相比，使用频率降低了，所面向的是半结构化问题。

③决策支持系统层（DSS）的电子政务系统

决策支持系统层（DSS）的电子政务系统对应战略层的电子政务活动，为确立国家、地区或行业发展宏观目标，制定长远政策、发展方向，提供信息支持。面向的是半结构化或非结构化的问题，使用频率比MIS更低。目前，这一层次的电子政务系统功能主要由行政机关中的智囊机构完成，如国务院政策发展研究中心、财政部关税政策研究中心、国家经济贸易委员会产业调查局、国防科学技术工业委员会政策法规司等。

也有少数行业正在探索DSS层电子政务系统的建设。如国家科技部组织全国15个部门与单位开发的农业专家决策与信息技术系统，其中全国耕林草地总量和土地动态监测与分析决策支持系统已粗见雏形，此系统分为两个层次：地块监测和总量监测。前者监测一个个地块，细部变化，为经营治理服务，地块监测结果是总量监测的数据输入，总量监测用于监测国家、省、自治区的总量，为决策提供支持。又如江苏省防汛决策支持系统，对苏北大运河输水进行监测调度，对沿线300多公里的近100个用水点进行监测、控制，利用GIS、气象卫星接受系统，并与省厅、各市水利局、厅属各工程管理单位联网，将用水点监测数据输出作为防汛决策支持系统中防汛决策模型的数据输入，使信息采集、传输、处理十分快速、准确，大大提高了防汛决策、工程调度水平。

从以上三个层次对电子政务系统的分类可以看出，低层电子政务系统是高层系统的基础，为高层提供数据。TPS输出的数据可作为MIS的输入，DSS可以同时以TPS和MIS的数据作为输入。高层电子政务系统所需要的数据输入可以由现有的TPS和MIS产生，也可以另建数据库。不过前者更经济，而且便于同一功能不同层次系统的整合。

另外，电子政务系统具有与政务特点相适应的信息生命周期特征，电子政务系统必须能有效地实现政务信息的规划、生成与收集、组织与保存、存取、利用、维护等生命周期过程。

(2) 电子政务系统是具有统一性的系统①

电子政务系统的统一性是指电子政务系统在时间和空间上打破行政行为的主体和客体之间的物理隔阂而构成统一体的性质；是指客观条件上为政府机构与机构之间、政府机构与社会之间实现信息资源共享，从而提高行政行为的科学性而构成统一体的性质；是指历史延续上的各个子系统之间的标准的统一性，离开标准的统一性，电子政务系统就无法体现出系统应有的功能；是指政府各个部门对社会服务及相关信息的统一性。这种统一性又可称为虚拟性，通过现代信息技术，政务机构要转变成虚拟型政府。这些性质具体表现为：

①网络互联与实时通信使系统空间联系实现统一。

公司可以通过互联网与政府机构建立即时的通信关系，消除政府和企业之间的空间距离，以完成政府对企业的管理以及企业履行社会责任和义务。社会公民可以通过互联网与政府实现每天24小时、每周7天无间断通信关系，以获得政府提供的必要信息，接受政府提供的服务，同时履行监督政府工作的权力。政府机构与政府机构之间通过互联网或者是专网建立无缝通信关系，以使政府之间交换信息、协同工作。虽然各级各类政府机构的职责不同、任务范围不同，电子政务系统通过网络途径和实时通信关系的建立，使传统政务系统中政府机构与社会之间、政府机构之间的物理隔阂得以打破，构成统一体。

① 赵国俊主编．电子政务［M］．北京：电子工业出版社，2009.

②信息资源共享使系统在信息联系上实现统一。

电子政务系统优于传统政务系统的一个重要方面就是能够实现信息资源共享，这是电子政务系统的基本性质。信息资源共享对各个信息源子系统的必然要求是，信息生成和利用是统一布局、统一设计的，信息形式是具有统一性和一致性的，内容上也是一致的和极少冗余的。再者，通过大型的政府信息资源库实现信息资源共享，也是电子政务系统的基本性质，它有着传统政务系统无可比拟的信息资源集中能力，特别是信息共享能力。

③电子政务系统由标准实现历史的统一。

政府组织目的和形式一般是稳定的和时间上长期延续的，而政府为保持其行为的历史延续性，就必须使其信息具有延续性，客观上要求电子政务系统在时序上以标准保持一体化，简单地说，就是今天系统产生的信息在未来也具有可读性、可用性。

④电子政务系统由标准实现子系统的统一。

如果电子政务系统在技术上是各自独立的，将使我国电子政务系统的整体功能丧失。各行政系统和各地区的电子政务系统各自为政建设，不同技术标准之间的冲突在系统建成后就会全面凸现出来，各个系统之间的纵向或者横向信息交流将无法进行，信息共享无法实现，电子政务系统无法发挥应有效用。

⑤电子政务系统是多部门、领域的综合和统一。

电子政务系统不是原有政府结构的电子化翻版，建立在统一规划、分步实施的整合和统一的系统，才具有电子政务系统的基本性质。政府机构、政务信息应由统一门户整合，形成内外既有分别、分割，又有统一入口、协同服务、信息互动的统一系统。统一建设跨部门的信用信息库、人口信息库、地理信息库、法人信息库等信息资源库，是符合信息化趋势的，也是电子政务系统性质的体现。

5.2 电子政务建设的模式

5.2.1 电子政务建设模式的概念①

(1) 模式的含义

模式，即 pattern，其实就是解决某一类问题的方法论。我们把解决某类

① 刘邦凡编著．电子政务建设与管理［M］．北京：北京大学出版社，2005.

问题的方法总结归纳到理论高度，那就是模式。Alexander 给出的经典定义是：每个模式都描述了一个在我们的环境中不断出现的问题，然后描述了该问题的解决方案的核心。通过这种方式，可以无数次地使用那些已有的解决方案，无需再重复相同的工作。

(2) 电子政务建设模式的含义

电子政务建设模式就是指各级政府在进行电子政务建设过程中采取的方法模式，通过采取行之有效的模式来解决电子政务存在的问题，推动政府电子化、信息化的发展进程。根据不同的划分原则，可以分为不同的模式。以建设工作量为标准，可以把电子政务建设模式分为宏观建设模式与微观建设模式、国家建设模式与地方建设模式；以建设方式与方法为标准，可以把电子政务建设模式分为过程建设模式、技术建设模式、项目建设模式、外包模式；从建设后营运与使用情况看，可以把电子政务建设模式分为企业模式、政企共赢模式等。但总体上看，大体上可以把这些模式分为项目模式、技术模式和管理模式。

(3) 电子政务建设模式选择原则

目前我国已经将电子政务纳入信息化建设的重要内容，但电子政务建设中的种种问题，仍然困扰着各级政府和部门。其中最为关键的问题就是，在电子政务建设过程中采取何种模式更为可取、更为有效。总体而论，要解决这一问题，必须做到以下两点：

①以社会公众的需求为电子政务建设的出发点

电子政务的本质是“以网络为工具，以用户为中心；以应用为灵魂，以便民为目的”。电子政务就是政府机构运用现代网络通信与计算机技术，将其内部和外部的管理和服务职能通过精简、优化、整合、重组后到网上实现，打破时间、空间以及部门分隔的制约，为社会公众以及自身提供一体化的高效、优质、廉洁的管理和服务。

在刚刚开展全面电子政务建设的阶段，不少政府领导对其运行机制、模式和功能还不是十分清楚。政府各个部门纷纷从其部门管理的角度出发，建设一整套从上到下的垂直行业管理体系，将原来的行政审批事项简单地复制到网上来进行，体系之间相互封闭，互不相通，构成一种以自身职能为出发点、以垂直行业管理体系为主导的电子政务框架。那么，这样下去就很可能形成新的部门屏障与数字鸿沟，强化行业部门的局部利益，增大地方政府的管理协调难度，给企业和社会公众增添新的负担。因此，在各级政府开展电子政务建设的时候，一定要明确工作思路和模式，强化部门合作与资源共享。

传统的政府工作模式是以政府的机构和职能为中心，企业或公众围绕政府部门转。企业或公众要办一件事，常常必须了解各个政府部门的职能权限、处室分工，然后一个个部门跑，来来回回反复报批。新型的电子政府工作模式，则是以用户为中心，以用户的需求为出发点，也就是说，政府要围着企业或公众转，把企业和公众真正作为客户，对其进行管理和服务。政府对公众来说是一个整体，一个面孔。公众根据自己的需要提出一项业务请求，在网上查询了解相关法律法规后，根据要求或表单填报材料，提交给一个“电子政府”，由“电子政府”自动分发用户材料到各相关部门，并组织各相关部门在规定的时间范围内对其进行审批。公众不必知道政府部门如何设置，职能如何进行分工，业务需要哪些部门批、由谁批。但随时可以查询了解到审批的状态和反馈的意见，当然也就不必到各政府部门去来回跑了，审批的时间也相应缩短。这样，既可以大幅度提高办事效率，方便用户，又可以大大减少腐败现象的发生，真正体现我们政府是先进生产力的代表和人民群众根本利益的代表。

②以横向区域性管理体系为电子政务建设的主导

要实现真正的电子政务，就不能是简单建立各政府部门的网站，以各部门的管理职能为出发点；也不能以垂直行业管理体系为主导，而应当以用户的需求为出发点，以横向区域性政府管理体系为主导，重组优化各行业管理部门的职能，实现“一站式”电子政务服务。

从世界各国开展电子政务建设的经验和发展趋势来看，“以民为本，一网式服务”已经成为世界各国政府的共识。美国、英国、加拿大、日本、新加坡等国家的电子政务系统设计原则都是以区域性政府为主体，按照不同人群和不同需要为主线来展开的。比如英国在线（UK online），开辟“求学”、“求职”、“退休”等一系列针对学生、工人、老人等不同用户的服务。在“退休”所要处理的问题后面，可能牵涉地方政府劳保部门、人事管理部门的多项管理工作，但这些政府职能都被重新组合，隐藏在“以民为本”的原则后面了。

如果以行业管理体系为电子政务建设的主导，各地电子政务建设各自为政，使政府部门间的数据共享和交换几无可能，容易造成重复建设，造成巨大的资源浪费，同时给政府带来沉重的运行维护费用负担。因此，电子政务系统的建设必须以区域管理体系为主导，建立起面向用户的、连接各个政府单位的、横向区域性政务平台，打破时间、空间的限制，实现政务信息的共建共享，为公众提供便捷的服务。

综上所述，我国电子政务应当以“以民为本，一网式管理和服务”作为开展建设的总体框架和思路。

5.2.2 电子政务建设的项目模式

不论是国家层次还是区域、地方、行业等的电子政务建设，最终都通过工程项目的落实来实现。电子政务建设如同其他工程一样，也是由人、硬件、软件和数据资源组成，目的是收集、加工、传递和提供决策所需的信息，实现系统的各项既定功能目标。

(1) 电子政务建设基本模式

总结国内外电子政务建设项目的实践，自建模式和外包模式是电子政务项目建设的基本模式。在电子政务建设中，各国政府都面临各种制约，如IT人才匮乏、基础设施不完善、资金不足、系统服务升级能力有限等问题。如何应对这些挑战，采取适合本国国情的电子政务建设模式成为关键。

①自建模式

自建模式是指政府通过投资建设自己的主服务器和电子政务系统来实现内部业务或公众服务电子化的一种建设模式。在该模式中，电子政务系统一般通过招标的方式委托第三方建设，政府自己（也可能委托第三方）维护、管理和更新，系统产权属于政府。

②外包模式

外包模式是指政府部门将其电子政务规划、建设、监理、运维和信息资源管理、业务管理等工作中过去自建或者自管的内容通过市场化机制或授权委托交给专业机构来完成，进而实现内部业务或公众服务电子化的一种建设模式。在这种模式中，从硬件平台到应用软件，不是发生在政府本地的设施上，而是由所委托的ASP提供，并由ASP进行维护、管理及更新，政府和公众通过网络获得服务。费用由政府按租赁方式向ASP支付。

政府在考虑采用何种电子政务项目建设模式时，首先要了解两种基本模式各自的优劣，然后充分考虑资金、设备、人才等因素，结合项目性质选择恰当的项目模式。

③自建模式和外包模式的比较如下①：

① 陈明亮．中国电子政务建设模式和政府流程再造探讨［EB/OL］．http://www.amteam.org/k/BPM/2003-9/470318.html.

第一，资金投入。以公众服务电子化为例说明。如果采用自建模式，政府必须包揽硬件、软件、培训、升级等方面的所有投资，因而将面临巨大的资金压力。也许中央政府可以勉强承担，但对于财政本来就困难的地方政府来说，这是无能为力的，到最后很可能出现“启动轰轰烈烈，之后悄无声息”的局面。如果采用外包模式，则政府可以在少投入或不投入的情况下为公众提供电子服务，因为这种模式政府给了 ASP 一个巨大的增值服务市场。ASP 的收益：部分有偿的公众服务向公众直接收费，免费的公众服务由政府支付的代理服务费（政府没有增加投资，传统方式提供公共服务时这笔费用本来就有的）。更重要的是，政府可以将所掌握的信息资源作为投入与 ASP 合作为公众开发增值服务，这样，不仅可以获得良好的社会效益，而且可以获得可观的经济效益。政府应当和 ASP 共享经济效益。这笔收益可用来向 ASP 支付月租费，也可用来投入到内部政务的电子化建设中。

第二，IT 人才及基础设施需求。电子政务建设对技术的要求很高，技术因素是决定电子政务项目建设成败的关键。由于政府机关缺乏高水平的 IT 专业人员，因此政府 IT 人才十分短缺，难以满足自建模式的需要。外包模式则不同，ASP 充足的高级 IT 人才资源可使政府摆脱自身 IT 人才缺乏的困境。另外，ASP 在提供支持电子政务需要的 IT 基础实施方面也具有很强的优势，一些 ASP 甚至有能力为电子政务提供可与财富 500 等顶尖企业相媲美的数据仓库和服务器能力。

第三，服务更新能力。采用外包模式，政府能够在最短的时间内享受 ASP 提供的最新应用服务。ASP 某项新的业务一经推出，如果政府或公众需要，政府只需在客户化上作少量投资，便可马上获得该项目服务。ASP 为政府提供一项这样的服务一般只需数日或数周（因客户化程度不同而异），而自建模式则往往需要数月甚至数年。因此在外包模式中，借助 ASP 与技术发展保持同步的优势，政府可以实现以花费更少、历时更短、风险更小的方式推动信息技术在电子政务中的应用，不断改善政府的服务。

第四，安全保障。电子政务的安全可以分为信息安全和计算机网络安全两个方面。信息安全可以通过 PKI、CA、安全认证协议、安全认证技术以及加密来实现；计算机网络安全可以通过物理隔离、防火墙、代理服务器、入侵监测等工具来实现。显而易见，自建模式比外包模式有更高的安全性。但不能把安全问题绝对化，动不动就建专网、搞隔离，或盲目提升安全性的要求。应本着实事求是的原则，根据不同的情况分别处理。一般来说，中央政府安全性要求高，地方政府安全性要求相对较低；内部业务安全性要求高，公众服务安全性要求相对较低。

虽然电子政务的建设分成外包和自建两种模式，但两种模式不是相互割裂、相互对立的，而是相互支持、相互促进、相互补充的，必须有效地融合这两种模式。单纯依靠政府的力量（自建）是无法保证电子政务建设的可持续发展的，市场机制（外包）应成为电子政府建设的基本机制，但安全问题也是必须考虑的。在综合权衡利弊的基础上，我国电子政务应采取自建与外包相结合，但中央政府以自建为主，地方政府以外包为主，内部业务以自建为主，公众服务以外包为主的电子政务项目建设模式。

④外包模式创新发展①

2002 年，中办发 17 号文件明确指出要逐步推进系统建设、运行维护的外包和托管模式，由此推动了我国电子政务服务外包实践的发展。2006 年公布的《2006—2020 年国家信息化发展战略》提出要创新电子政务建设的模式，提高电子政务建设和运行维护的专业化、社会化服务水平。服务外包就属于电子政务建设模式的创新内容之一。

外包模式已经成为国内外电子政务建设过程中提高工作效率、精简机构、减少开支的发展方向。如美国联邦政府教育部的 IT 系统从 1993 年开始外包给 ACS 公司，ACS 公司同时为教育部门的基于互联网的学生贷款服务系统提供服务和支持。2001 年，美国运输安全局（TSA）把 1 亿美元的 IT 可管理服务外包给了 UNISYS 集团。目前，UNISYS 已承接了 20 个州政府机构的数据中心。从经济、效益、效能等诸多方面权衡后，许多国家政府部门的电子政务建设、运行维护都是委托市场化的专业外包服务公司提供服务，政府工作人员只承担行政管理职能，进行信息加工分析，提出对公众服务的项目要求。

电子政务外包可以大致分为流程式外包、混合式外包和创新式外包三种外包模式。政府部门在选择外包模式之前，要进行电子政务外包分析，主要包括电子政务发展阶段、当地外包市场、外包参与部门、外包起因、外包就绪条件、外包依据、外包内容、外包方式、外包风险等九项分析内容，每项分析内容都有具体的判断指标，如表 1 所示。其中，电子政务发展阶段是判断外包各项分析指标的起点，当地外包市场的成熟程度是选择外包模式的基本条件，外包参与部门决定了外包管理的工作分工，外包起因直接影响着外

① 张勇进，汪玉凯．电子政务服务外包模式比较研究［J］．中国行政管理，2008（4）：51-56.

包模式的选择，外包就绪条件是推行外包的理性依据，外包依据是选择外包内容的判断标准，外包内容受制于发展阶段、外包市场成熟度、外包就绪条件和外包依据等要素，外包方式主要由外包起因、外包参与部门来决定。

表1　　电子政务服务外包分析框架

分析内容	选项1	选项2	选项3	选项4	选项5
电子政务发展阶段	平台建设	业务上网	协同服务	智能决策	其他
当地外包市场	不成熟	基本成熟	成熟	其他	
外包参与部门	信息化主管部门	业务主管部门	下属事业单位	政府关联企业	社会机构
外包起因	规避不正之风	部门人手不足	建设资金压力大	转移技术风险	建设工期紧等
外包就绪条件	系统和业务需求	外包管理能力（技术和项目）	外包边界和责任	承包机构合作关系	其他
外包依据	技术难度	业务敏感性	产权清晰	投资规模	业务成熟
外包内容	平台建设和运维	系统建设和运维	业务需求技术方案	基础设施租用	项目监理等
外包方式	委托建设	合作建设	租赁使用	其他	
外包风险	服务责任界定	人员异动管理	知识产权	业务持续可控	技术壁垒等

- 流程式外包

流程式外包是指传统上由政府部门或下属事业单位自建自管的电子政务服务的某些环节或者所有流程交由专业机构处理，政府部门负责外包合同的监管，并承担电子政务建设和管理的最终责任。流程式外包这种方式在政府部门开展信息化建设和推行电子政务服务的过程中应用得非常普遍。政府部门将电子政务基础设施、业务系统和信息资源等通过合同或者直接授权的方式外包给专业机构来建设或者维护，同时自身还负责工程项目的组织协调、外包合同监管和电子政务服务应用等。

目前在我国，商务部的公共商务信息服务属于典型的流程式外包。公共商务信息服务是商务主管部门主导的，以城乡市场、企业和社会公众为主要服务对象，以收集、发布商务信息为方式，以促进国内城乡流通、发展对外贸易为主要目的，以公益性、非盈利性为基本特征的公共服务产品。

公共商务信息服务实行流程式外包的项目多达四十余个，外包内容涵盖业务系统和数据库开发、信息资源管理、技术支持和系统运维等电子政务建设与管理的各个环节。其中，系统开发外包包括各类网站发布系统、业务系统和数据库的软件开发；信息资源管理外包包括各类数据库的数据采编录入和维护、数据合成；技术支持外包包括短信商务和电话商务、网站技术支持、内网安全平台等；系统运维外包包括数据库、业务系统和网站的运行维护。

公共商务信息服务实行流程式外包的条件基本具备。业务司局根据各自的业务需求直接提出项目建议，业务边界清晰，责任明确。为多个业务司局服务的项目或者相同类型的项目，由信息化主管司局负责项目执行，信息化主管司局具有较强的外包管理经验，与信息企业有长期、良好的合作关系，当地外包市场基本成熟。

商务部选择流程式外包来开展公共商务信息服务，主要理由如下：第一，既熟悉业务又熟悉信息技术的人员很少，电子政务自我建设自我管理面临较大的技术风险；第二，采用政府采购的方式公开招标，可以减少人员扩编、预算增概、项目说情等压力；第三，信息化建设人手不足，单纯依靠业务司局、信息化主管部门和下属事业单位，难以在短时间内建成各类业务系统，提供稳定可靠的信息服务。

商务部的流程式外包方式为委托建设这种形式，通过择优委托的方式选定承办单位。无论是部下属事业单位、系统内部关联机构还是社会企业来商务部申请承担外包项目，都是采用招标或择优委托的方式加以确定。商务部的外包合同一般是一年一签。外包合同到期后，可以对项目承办单位重新招标选择，也可以由原承办单位按照择优委托的规定继续承办。对于业务内容只有个别单位才能承担、项目金额低于 80 万元或者由原通过招标选择的项目承办单位继续承办的项目，可以不经过招标，而直接采用择优委托的方式选定外包项目承办单位。

通过流程式外包，商务部所建业务系统支持了业务司局电子政务的发展，通过外包支持了商务部事业单位的改革与发展。商务部下属电子商务中心、投资促进事务局、国际贸易经济合作研究院、《国际商报》等，都分别承办了公共商务信息服务的相关项目和部分工作。通过汇集社会上优秀的信息服务机构承办公共商务信息服务项目，促进了公共商务信息服务体系的有效运转。同时，公共商务信息服务流程式外包中也存在一些难题，如业务系统在建设和运维过程中存在内容安全、信息安全、系统安全、介质安全和知识产权安全等可能失控的安全隐患等，未能针对外包项目的服务责任有效开展第三方评价，外包日志没能体现工作比例和工资档次以及社会保障费用，可量化管理有待改进。

- 混合式外包

混合式外包是指电子政务服务由政府部门的下属事业单位或者关联企业来负责具体实施，提供给主管单位或者其他相关政府部门使用，承担外包任务的下属事业单位或者关联企业可以将电子政务服务的某些环节外包给社会其他机构，但仍然代表上级政府部门承担电子政务建设和管理的最终责任。混合式外包主要存在于一些信息化综合实力较强或市场运作机制相对灵活的政府部门中。

国家信息中心承担的国家电子政务外网平台（中央部分）属于混合式外包。国家电子政务外网的管理由国信办会同国家发委负责统筹协调。根据国家电子政务外网项目初步设计的批复，外网平台由国家信息中心承担建设，组织工程实施。国家电子政务外网平台属于混合式外包模式。它是由政府部门下属事业单位，即国家信息中心负责建设和维护，供中央政府部门直接使用。国家信息中心在建设和维护国家电子政务外网的过程中，可以采用政府采购的方式将其中的部分环节交由社会机构来具体实施。国家信息中心代表上级政府部门承担外包合同监管的最终责任。

外网平台采取混合式外包，由该平台的业务特征和政府信息化机构的现状所决定。该平台定位为统一的国家级政务外网，必然涉及中央部委和地方政府的多种非涉密业务，全部委托给社会机构来建设和运维，业务安全可靠性难以得到有效保证。政府部门如果为了建设和管理外网平台而增设相关机构，必然会受到人员编制和资金的限制。

外网平台采取混合式外包的条件基本具备。网络平台的建设技术比较成熟，需求清晰，边界明确，本地外包市场基本成熟。因此，依靠具有行业经验的下属事业单位——国家信息中心代表政府部门来建设和维护外网平台，现实可行。

外网平台实行混合式外包的主要内容有，依托国家电子政务通信传输网络，连接国务院部分部委局署和部分省（自治区、直辖市）级节点，建设安全可靠的、具备承载运行有关部门业务系统能力的国家电子政务外网，并负责政务外网中央网管中心的运行维护。

外网平台在实行混合式外包过程中面临的主要风险是部门之间的协调和管理难度大，服务责任难以界定。外包工程施工过程中，涉及各省市地方节点单位、监理公司、承包公司及其地方分公司等，工作边界复杂，协调难度大。外网的运行维护涉及中央和地方政府部门，单靠国家信息中心难以理顺管理体制和服务体系。

国家电子政务外网平台实行混合式外包，具有以下优势：第一，可以充分发挥国家信息中心现有的组织与人力资源优势及其多年在电子政务网络运行维护中积累的经验，培养一支稳定、高效、自主的运维队伍；第二，中央政府部门无需重建政务专网和管理机房，就可实现业务互联；第三，政府部门不必投入巨大的人力和财力去组建一个庞大的内部电子业务服务部门，从而专注于宏观管理职能。

此外，混合式外包中，也可以由政府关联企业负责建设和维护电子政务系统或者网络平台。例如，自 2001 年起，国家检验检疫电子申报服务的建设和运营开始由国家质检总局信息中心和北京某公司联合组建的关联企业来具体承担。国家质检总局和全国 440 多个检验检疫机构，直接利用该平台接受全国几十万家进出口企业的网上报检申请并进行在线审批。该关联企业负责建设、维护和管理电子申报公共平台。

- 创新式外包

创新式外包，是指电子政务规划、投资、建设、管理、运维等主要环节由单个或者多个企业负责，政府部门提出建设需求并付费使用电子政务系统或网络平台，政府部门无需承担电子政务建设和管理的责任。最典型的是 BOO（Build-Own-Operation，即建设-拥有-运行）模式，指企业对政府的电子政务项目进行筹资、建设和运营，所建系统的产权归属企业，不移交给政府；政府部门提出电子政务特定基础设施或者业务系统的应用和运营需求，通过与企业签订服务协议明确应用需求，授权企业进行筹资建设和经营管理，每年向企业支付系统使用费和设备维修费购买使用权。

创新式外包与流程式外包、混合式外包的最大区别在于产权的转移，政府不再是电子政务系统的拥有者，而只是使用者；社会机构成为电子政务系统或平台的所有者，可以向多个不同层级不同地域的政府提供租赁服务并收取使用费和设备更新费。

北京市信息化建设项目已经开始引进这种创新式外包模式。始建于2007年的北京市东城区图像信息管理系统项目，全部采用BOO模式进行运作。截至2008年2月，该项目基本完成总体建设方案的要求，开始进入稳定运营状态。北京市采用BOO模式作为创新式外包的项目，还有承载着近600万人口医疗保险业务的北京市医疗保险信息系统、连接1300多家市级行政单位的北京市统一电子政务网络，覆盖市、区和街道三级社区服务中心的北京市社区服务公共信息平台等。

北京市政府部门在信息化建设项目引进创新式外包的条件基本具备。北京地区的外包市场基本成熟，尤其是具备网络平台、通用电子政务系统等项目建设经验的企业众多。政府部门从零开始规划、建设和管理这些项目，效率低，周期长。这些项目直接交由社会机构自我筹资建设和管理，政府部门只是负责租赁使用，方便可靠。此外，创新式外包边界清晰，责任明确，对政府部门的外包管理能力要求低。

北京市选择创新式外包来开展电子政务服务，主要理由如下：第一，BOO模式年度支付额偏小，减缓了财政压力，而且维护期当年更换设备的发生额由企业承担，政府财政可缓一年支出；第二，在BOO模式中，政府部门可以不用筹措资金，不用逐个管理分包商，不用协调工程施工，不用组建运维机构，只需提出应用和运维需求，建立服务考核评价体系对企业的服务质量进行管理；第三，保证了技术应用的先进性，降低了政府的投资风险和技术风险。

北京市电子政务服务引入创新式外包，使政府由直接管理建设项目转向提供需求和直接应用，建设过程中技术风险和管理风险转移给投资者，在一定程度上减轻了政府的短期财政压力。还可以利用企业的技术优势和管理优势，加快项目进度，提高运营质量。但是，在BOO模式中，政府部门在约束企业管理和维护电子政务系统方面，存在一定的管理风险。

5.2.3 电子政务建设的管理模式

(1) 电子政务建设的目标模式①

电子政务目标模式的基本特点是“服务导向”，以政府的服务质量为主，兼顾政府的管理效率。电子政务建设可以提高政府内部工作效率，提供更优质、便捷的公共服务，实现我国政府由职能型向服务型的转变。参考国

① 刘邦凡编著．电子政务建设与管理［M］．北京：北京大学出版社，2005.

外电子政务建设的经验，政府的服务质量是电子政务重要目标，因此，电子政务建设一个关键点就是以公共服务实现为中心，具体说来，要切实注意以下几点：

①实现是一个过程

电子政务目标的确定是一个发展的过程。最初，我国政府应用信息技术大多集中在办公自动化等系统中，其直接目的就是要利用先进技术提高工作效率，许多内部工作流程与原有的流程并没有太大差别，甚至可以说是一个把原来手工业务流程“电子化和网络化”的过程，其着眼点就是政府的管理职能。随着我国政府体制改革的推进，“政府由职能型向服务型转变”概念的提出，许多人逐渐认识到电子政务最终是要实现服务型政府，其不仅仅是流程的“电子化”，更要围绕服务进行政府流程的优化，因此以服务为中心的建设思想成为主流。但是，每一项改革和建设都要一定的发展过程，尤其是服务型政府的建立不仅需要电子政务，更需要政府体制改革、内部组织调整、业务流程重组等多项复杂的措施，这就存在一个较长的过渡阶段。

②把管理与服务紧密结合起来

随着我国政府的转型，政府的管理职能将逐渐从单纯的管理向更多元化的治理过渡。从政府的管理理念上看，将从管制逐渐转变到服务，政府的导向性将会有明显的改变。从政府的管理方式上看，将从政府强势管理转变到与公众的广泛互动，公众的意见将会及时反馈到政府部门，作为其决策支持的重要内容。从政府管理的手段上看，将从单一的行政手段转变到适度引入市场机制，政府与非营利性组织、企业等在实施管理职能上的合作将越来越多。从政府管理的过程来看，将从以控制过程为重点逐步转变到以控制成本为重点，政府部门对结果（投入产出比等）将会越来越重视，绩效评估等手段将被越来越多地应用。同时，随着我国经济体制的改变，公共服务的实现形式也有了较大的变化。在计划经济体制下，公共服务主要由政府直接提供资金，由政府和国有企业、事业单位等共同提供服务项目；但在市场经济体制下，政府完全提供资金的公共服务项目将逐渐减少，政府将与一些非营利性组织，甚至许多私营企业合作，共同为企业和个人提供一些公共服务，这样将在保留政府一定管理职能的条件下，解决政府资金不足的问题，增加公共服务项目的范围。我国政府的管理和服务两项职能是相互融合、不可分割的：管理要向服务转变，服务也需要管理。汪玉凯指出，电子政务建设要提高公共服务的质量和透明度，增强公众满意度，这些不仅需要政府的服务水平得到提高，政府内部的管理效率也同样需要提高，因此在建设中既要重视服务质量，也要重视管理效率。

③注重后续建设

基于“服务导向型”目标模式，后续的电子政务建设需要注意以下几点：一是在应用系统建设中，可以从管理系统上切入，但必须同时考虑管理和服务两项职能；二是电子手段和政务流程需要融合，要梳理好现有的业务，业务流程清晰后再利用信息技术对其进行优化应用；三是要注重门户网站和政务外网的建设，尤其要突出对公众的服务项目的信息化建设；四是核心政务应用系统和各部门业务系统完整对接，最大限度地实现政府各部门间网上协同和资源共享。

（2）分布式网络职能（DNI）模式①

DNI（Distributed Networked Intelligence）中文可以表述为“分布式网络职能”。该模式将电子政务视为公共管理网络化和智能化的过程。因此，网络化和智能化就成为决定电子政务建设过程的关键因素。该模式的特点有：

①政府工作人员效率提高

政府对其工作人员进行教育和培训，使政府工作人员更新知识结构，掌握与新的岗位相适应的信息技术，并学会利用这些新技术提供工作效率，增强协作的能力和信息的收集、加工和处理能力。

②成立高绩效的办公自动化小组

基于先进的信息技术平台，政府部门将有效率的个体整合在一起，在群体合作、信息处理、时间管理以及决策制定等多方面形成新的结构模式。办公自动化技术引入政府之后，行政管理人员在某种意义上便成为“信息工人”，既要担负起信息保存和传播的责任，更要重视信息的使用与创新。办公自动化从微观最普及的层面对政府的管理职能提出了更高的要求。

③政府信息基础设施更加完善

加大技术设备的投入，依照标准规范建立起企业化、大规模的政府信息技术基础设施，把局部的自动化扩充到整个政府体系中，从而在更广阔的范围内保障信息的共享和交流。中央政府的政令能够畅通无阻地抵达权力底层，基层的反馈也能迅速地向上传递，同级政府之间可以实现互联互通，则很难在内部实现统一高效的指挥和管理。传统的政府界限被打破，政府的信息和功能得到整合。

④政府信息资源数字化

---

① 赵国俊主编．电子政务［M］．北京：电子工业出版社，2009.

当新的技术设施开始运作时，信息内容的提供就变得愈发重要。政府不仅应该督促机构之间的合作与努力，创造出更为广泛的数字化资料内容，还应该重新整理自己所拥有的大量资源，以最有效的方式提供公众使用。

⑤开放的电子化政府

政府信息设施与互联网连接，并提供开放的入口。在以互联网为核心的全球互联的虚拟空间中，只要人们需要，政府可以跨时空障碍执行公务，当政府的触角以电子方式广泛而深入地伸向机构、公民和所有服务对象，当机构、公民和服务对象也能以电子方式广泛而深入地伸到政府内部时，一个全新的政府在技术上就已经构建起来。这时，政府可以产生一些新的行政程序，如电子听证会、电子民意调查等，来赢得民众的支持和认可，并且形成良好的互动。

(3) 电子政务发展战略实施策略模式（PITT）模式①

PITT 模式的基础是以电子服务为核心的电子政务发展战略实施策略模式。该模式从公共管理的角度，将电子政务看成政府管理和服务方式的创新，即利用现代的信息和通信技术来实施公共管理、提供公共服务的一种信息的途径。电子服务式电子政务的出现，主要与传统的行政管理模式转型有关。最典型的国家是新西兰。

PITT 模式的名称源于其四个步骤的英文名称的缩写，它以政府网站功能的扩展和完善过程为核心，以电子服务的发展规律作为实施电子政务的基本出发点，以政府系统变革为最终目的。具体实施步骤如下：

①建立网站（Web Presence）

政府机构通过建立门户网站，向公众提供基本的信息服务。政府电子政务门户网站是指在各政府部门信息化建设基础上，建立起跨部门的、综合的业务应用系统，使公民、企业和政府工作人员都能快速便捷地接入所有相关部门的业务应用、组织内容与信息，并可获得个性化服务。此过程是构建电子政务平台，作为网络门户或专题化的站点入口，门户网站拥有搜索引擎、新闻发布、地图服务、论坛等各项服务，涉及政治、经济、文化、社会生活各方面的服务。

②互动（Interact）

政府机构扩展其网站的能力，使得公民可以通过登录政府网站，获得所需要的信息，并能进行信息反馈，可以进行表格下载、事务网上办理等。打

① 赵国俊主编．电子政务［M］．北京：电子工业出版社，2009.

破时间、空间的限制，为公众提供24小时服务，政府可以根据公众的反馈意见改进工作流程，提高工作效率。

③处理（Transaction）

政府机构在网站上增加自我服务功能，人们能在线实现完整的事务处理。网站开始补充其他服务通道，为公众提供跨机构的、共享服务的、全方位的接口和机会。在此阶段，政府网站也征求建议，提供投标法规，开始走向电子采购。电子政务的一些基础项目也开始规划。

④变革（Transformation）

政府提供服务甚至政府自身的运行开始重新界定，传统的政府机构之间、机构和公众之间的界限被打破，界限信息、服务提供和政府程序被不断整合。信息和服务越来越多地针对公众和企业的特定的需要来定制。政府机构之间、政府和公众之间以及政府和企业之间的关系也通过电子政务被重新塑造，新兴的电子民主开始出现。即整个公共部门的设计、运行和文化都出现了能更好地反映信息社会的发展方向和要求的广泛而深入的变革。

(4)“双棱柱”发展模式①

中国社科院信息化研究中心课题组完成一份关于电子政务建设的报告，从行政生态学的新颖角度研究了电子政务发展规律。该报告认为：我国电子政务的行政体制与其他国家不同，我国应在转变公共产品和服务的生产方式过程中，建立“双棱柱型”行政模式，适时全面推进政府流程再造和服务型政府的建立。第一个棱柱是实现农业组织方式向工业组织方式的过渡；第二个棱柱是实现工业组织方式向信息组织方式的过渡。这是由我国所处的半农业、半工业、半信息化的复杂行政环境决定的。不考虑行政环境中的农业社会遗留问题，行政策略选择就会脱离国情；不考虑行政环境中的信息社会挑战问题，行政策略选择就会丧失机遇；更重要的是，不考虑工业社会的现实问题，行政策略选择就会失去重心。

这种模式的特征在于不是以我国现有政策为框架，而是把现有政策放在更广泛的国际框架中，进行实证比较；它并不评价政策本身的是非，而把重点放在政策与环境的适应关系上，按照国际上的统计概率，看类似国情环境条件下，别人能做到什么程度，我国能做到什么程度。

经济要素作为行政环境的首要环境因素，对电子政务的发展阶段和策略选择，具有决定性影响。一个国家电子政务发展阶段的策略，与其经济要素

① 刘邦凡编著．电子政务建设与管理［M］．北京：北京大学出版社，2005.

水平，呈现高度正相关性。经济要素水平高的，电子政务发展阶段和策略较高；经济要素水平低的，电子政务发展阶段和策略水平低。而其他三个环境要素（沟通网、创新基础和人力资源），只在组间比较存在类似规律；组内比较不存在类似规律。

（5）企业型的新加坡模式①

在新加坡政府看来，“让政府看起来像公司”即意味着如何利用技术和新的运作模式来保持和提升政府内部流程及内外互动的效率。新加坡是全世界最早推行政府信息化的国家之一，也是全球公认的电子政务发展领先的国家，已成为获得竞争力优势的核心要素。新加坡的企业式电子政务建设模式其特点有以下几点：

①将政策和运作分开

新加坡政府建设电子政务的远景是通过在线的电子公共事业服务提升整个社会的效率和便捷性。政务宗旨是“以公民为中心”，让各个政府部门的服务无缝、集成地结合起来，为公民提供服务。要实现电子政府，就需要从根本上想清楚，怎么利用技术和新的商业模式来提升内部流程和内外互动的效率。

在现实中，政府会根据公民的需要调整流程，而不是让公民围着流程转。例如，开酒吧首先需要有工商类政府部门的注册；如果想提供消遣节目，还得去内政部和警察部门拿批准证；如果还想卖食品，则需要去环境发展部门拿许可证。不过新加坡政府网站上的“企业注册”功能可以让公民顺利地完成上述的整个过程，而无需知道背后有哪些政府部门在提供服务。

从新加坡政府自身来说，保持高效率是政府看起来像公司的要素。政府有很多诸如国防部这样的政府部门，但在这些部门下面政府设置了半官方的“法定机构”，负责所有实际事务的运作，例如 IDA。法定机构拥有自己的“法令”，政府必须要按照法令来操作。换句话说，政府部门的公务员主要做一些政策方面的事情，法定机构则更多的是执行和操作。这是新加坡精简政府机构的结果，特别是为了在变化迅速的 IT 领域保持高效率，政府故意将政策和运作分开来做，以保证充分的灵活性。

另外，政府把很多项目外包给企业。在政府的国家电脑化计划刚启动时，只有很少的 IT 人才，但私人企业不同，它们有自己的体系和培训，拥有很好的人才、专业知识和技术创新。例如“企业注册”管理系统正是由

① 刘邦凡编著．电子政务建设与管理［M］．北京：北京大学出版社，2005.

新加坡电脑系统公司（SCS）开发的。

②采购过程公正透明

政府通过一整套采购的标准来决定某个企业能不能接手一个项目，这个采购过程是公正透明的。政府让企业写清楚标书之后来参与投标，看他们对项目理解多少，是否有过往的经验，是否真正有能力做。对于一些企业没有做过的新项目，政府就会先让一些具有先驱技术的企业做试点。而在选定了企业之后，另一项非常重要的工作将是项目管理。IDA 有 1200 名员工，其中有 600 人都在做一个事情，就是项目管理。外包不是包给企业干就可以不管了，而是要有一个很好的项目管理，否则项目一定不会成功。

③目的明确

新加坡是一个很小的国家，人力资源很少，为什么要实施电脑化？就是要减少人力。然而，中国人力资源很丰富，减少人力不是一个大前提，或许其他方面例如物流可能更重要。因此，最重要的还是要明白政府需要做什么，策划非常重要。

以“ERP”（电子公路收费系统）为例，政府的停车场是自动收费，中国要不要做呢？这要看中国想要达到什么样的目的。如果我们想要做到不使用现金，就应该做电子收费。如果是想降低人力资源的话，请人来收费可能成本更低，这样的话为什么还要花几百万元或者几千万元来做这个电子收费？新加坡 ERP 的核心是交通管制，例如某个时候进市区要付钱。而在北京，车辆和道路数量的比例不太平衡可能是堵车的首要原因，在此问题解决之后才是考虑要不要限制进入城市的车辆。所以对于中国电子政务建设首先要明确想要达到什么样的目的。

6 电子政务建设的规划与管理

本章主要内容：

- 电子政务建设的规划
- 电子政务建设的管理

本章主要要求：

- 了解电子政务建设中的整体规划、阶段规划、项目规划
- 了解电子政务建设的管理体制、组织架构、管理制度
- 掌握电子政务建设中的项目组织与管理

电子政务建设既是当代信息化建设最重要的领域之一，又是一场触及政府管理灵魂的政务变革，涉及行政理念转变、行政制度创新、办公模式再造、政府流程重组和组织机构调整等多方面内容，也是一项需要统一筹谋和长远规划才能付诸实施的复杂项目工程，单纯依靠信息技术是无法实现电子政务的。需要我们在电子政务建设的过程中，进行系统、长远的规划，从整体规划、阶段规划、项目规划、项目管理等几个方面为电子政务做一个全面的规划。此外，好的管理体制能促进体制内各项事务的良性发展，电子政务建设的规划体制就是为了达到这样的目的，我们将从电子政务建设管理体制、组织架构、管理制度、项目的组织与管理四个方面讨论电子政务建设的管理体制。

6.1 电子政务建设的规划

6.1.1 电子政务建设的整体规划

不同国家、不同地区在电子政务建设的过程中所采取的战略与方案是不尽相同的，实现这些战略与方案的建设步骤也是不尽相同的，但总体上可以

概括为规划、实施和监督管理三个基本方面。规划是前提，实施是基础，监理是保障，三者相互促进，相互制约①。

通常一个项目的上马，需要做大量的前期准备工作，其中关于项目的整体规划是不可缺少的一部分。电子政务作为事关国计民生的重大战略项目，对其进行整体规划是不可或缺的，只有进行整体规划，系统考虑到电子政务建设的目标、任务、方法、问题等，才能使电子政务在一个有序的环境中，有条不紊地建设。

随着电子政务的发展，国家颁布了《关于我国电子政务建设的指导意见》，各省自治区也都颁布了自己的电子政务建设规划如，河南省颁布了《河南省电子政务建设总体规划》，青岛市颁布了《青岛市 2002—2005 年电子政务工程总体规划纲要》等，它们充分说明了规划在电子政务建设中的指导性作用。

(1) 国家层面电子政务建设规划的设计

电子政务建设规划可以是文件、政策与指导意见，也可能是一系列法律法规和管理条例。我国电子政务建设的总体规划目前没有以法律法规的形式出现，而一些西方国家则以法律法规来体现，如美国就颁布了《电子政务法》。而其主要内容其实大同小异，主要都是从以下几个方面来设计电子政务建设规划。

①提出规划的工作对象

规划的起点主要理清两个基础问题，一是电子政务的性质；二是电子政务的理念。

电子政务的建设和传统的系统工程有着性质上的差别。电子政务的对象系统是处在变革、发展进程中的政务管理系统，不是一个纯客体（如铁路、机场、水库）建设的系统工程，而是一个包含主体特征的复杂的生命系统。在经济全球化全新的生存竞争的环境中，电子政务是一个集技术水准、经济实力、文化传统于一体，在不断适应环境、不断新陈代谢的演化进程中不断发育成长的有机体。因此，规划的起点就是规范电子政务的理念。

- 电子政务的提出是以新技术革命和全球化为背景的

主要理念由网络、政府管理职能、服务公众三个要素构成，分别表示技术层次（物理层次）、职能层次（逻辑层次）、服务层次（战略层次）的工作对象。电子政务的建设是为了适应国内外环境的变动，从全局的高度组织

① 刘邦凡著. 电子政务建设与管理［M］. 北京：北京大学出版社，2005.

网络建设、职能优化、服务公众三位一体、同步运行的改革实践。因此，工程的规划是以上述三个层次的有机结合为出发点的。

- 开放的理念

在电子政务与外部环境的关系上，电子政务是政府与开放的市场环境相互改造，相互优化的吐故纳新的过程。它应是以市场为基础坚持以服务促监管的立场，而不是封闭环境下的“戊戌变法”。

- 改革的理念

在“电子”和“政务”的关系上，“电子”是手段，优化政府的管理职能，更好地服务人民群众是目的。因此，电子政务的性质不是传统政务流程的电子化，而是通过信息化推动我国的政务改革。“电子”为“政务”服务是工程规划的基本立场，即从提高政府监管的有效性和为公众服务的能力评价项目和网络化需求。

- 全局的理念

电子政务是一项全局性的政务创新工程。它是以各部门管理信息系统的建设为基础的，但在性质上并不等同于这些管理信息系统扩展的总和。电子政务的理念是全局性的创新理念，是以国家的立场观察各部门信息化需求，从总体上优化管理流程，并推动部门之间互联互通的过程。而不是以部门信息化的立场看待国家电子政务，不是部门信息化建设的必然结果。因此规划的立场是全局的立场，是按照部门职能的关联性整体推进、协调发展的立场。

- 渐进的理念

电子政务是一个渐进的过程，是网络建设、职能优化、服务公众三者之间相互补充、相互渗透、相互改造、逐步成熟的长期任务，不可能一步到位。因此，工程规划也不是一成不变的，它必然在发展的过程中不断调整和完善。

②规划的层次和边界

电子政务规划的层次包含三个概念：概念模型，逻辑模型，物理模型。

首先要确定电子政务的概念模型。概念模型提出一个国家、民族电子政务的发展观，作为统一行动的纲领。它的主要内容，第一是确定电子政务的使命，在全球化背景下定义本国的电子政务是什么。第二，提出战略目标和原则（发展战略）。第三，明确路径的选择（个性化道路）和策略（政策措施）。第四，明确推动实施的战略性的组织属性。

其次要确定电子政务工程的逻辑模型。制定工程规划，本质上是依据对环境和目标的分析，从总体上确定可实现的信息流结构的最优组合。理论上，这个信息流的最优模型是唯一的。主要内容是：环境分析、目标分析、结构分析、资源分配。环境分析，就是分析现状和约束，识别能干什么，可能干到什么程度；目标分析，就是依据概念模型提出近期可评价的状态目标，明确要干什么，要干到什么程度；结构分析，就是由状态目标确定启动的信息结构，它的外部表现是分系统/数据库的有机结构，即回答怎么干最好的问题；资源分配，就是确定生命体新陈代谢的机制和初始投入的资源。

最后要选择电子政务工程的物理模型。物理模型可以是多重的，按照效益/成本的原则，在多重方案中对支持逻辑结构的物理网络及软、硬件设施进行比较选择，在总体上满足基础物理层次的有效运行。

③规划的思路与方法

规划的思路，按通俗的说法就是选择什么样的思路，性质是什么，它的理论背景是什么，相对于进程的战略思路是什么。在思路选择的性质方面，电子政务的建设体现了政府改革的个性化追求，需要借鉴世界各国的经验，但不可能完全照搬外国人的思维模式；电子政务的本质是改革，是反传统的，不可能完全依托传统的管理模式；电子政务的建设思路必须创新。规划思路的选择，本质上是寻求通过信息化实现体制创新的路径，也可以说从信息化的视角提出了政务改革的指导思想。

• 研究思路的背景

从信息化的视角看待电子政务，可以对其作出如下判断：一是把它看作一个生命体，作为一个复杂系统的生命体，它演化的过程是有规律的。有关信息化曾经提出过一个模型，这个模型叫四阶段模型，包括起步、扩展、定型、成熟等。一般来说，复杂系统的演化要经过这四个阶段，每个阶段的特征是不一样的，我们对这个问题的看法是：思路选择第一要全局观测，这个概念模型一定要大，要纵观全局，包括人文历史在内的所有问题都要想到。起步的过程要小，在这个阶段它一定是一个原型。第二，扩展要快。这个阶段的核心是动力机制问题，实际上就是和市场交互的问题。第三，定型阶段。就是所有业务和环境之间相互协调的水准问题。第四，成熟阶段。就是与外部环境同步运行的水准。这个是我们思路选择的第一个背景，是从一般意义上如何看待这个电子政务的进程的。从组织系统角度看电子政务系统是一个自组织系统，在这个系统里有很多因素。电子政务形成、发展与完善的进程，也就是其固有自组织理论形成过程。而这个自组织理论，第一个问题就是需要初始的形式体系，这个形式里包含它基本的形式和内容。比如说，我们需要有一个平台——国家信息平台，它同时需要有信息资源网的原型和业务原型之间的一种交互。通过它和外部的交换，其新陈代谢就能出现一个新形式、新内容。

电子政务是一个自组织系统，对于不能预知和严格定义状态目标的复杂系统，着眼点是提取和控制决定演化的自组织要素。其要素包括：一是基本合理的初始形式原型；第二，必须是开放系统；第三，必须寻找拖动这个系统的需求动力，这个动力能够使它向着优化的方向过渡，就是我们说的需求主导与公众互动。

- 相对于进程的规划思路

依据对象系统的性质和演化的一般规律，按照“大处着想，小处起步，发展迅速”的战略思路进行规划。将工程对应为启动、扩展、定型三个阶段实施。定型阶段现在没有法说，把启动和扩展两个阶段的基本内容尽可能地提取和规范出来。

“大处着想”就是纵观全局。目的是建立国家或地区个性化的电子政务概念模型。主要工作是：研究环境，信息化和全球化的挑战和机遇；研究对手，各国电子政务的经验和教训；研究自己，历史、现状、特色和比较优势，例如在我国，把电子政务理解为以数字化形态进行的中国文化融入全球化的改革实践，从中国文化的智慧（比较优势）中寻找、确立个性化的发展战略。

“小处起步”就是确定启动原型。目的是在概念模型的基础上，建立电子政务的逻辑模型。它要有启动原型的完整结构，同时要考虑重点业务系统逻辑结构分析的方法。启动原型的完整结构由国家电子政务基础设施的建设、重点业务系统的建设和公共环境的建设三部分构成。其中，基础设施是指建设和整合统一的电子政务网络平台、政府数据中心和安全认证中心，以支持业务运行并推动互联互通和资源共享。重点业务系统的建设是指选择一批最具主导性、相关性、可实施性的项目作为试点示范工程。公共环境的建设是指国家电子政务网络体系的建设以及相关法律法规的制定和完善，在工程起步阶段，推出试行的规范和标准。基础设施、业务系统和公共环境是原型结构运行的三个要素，需要同步建设、协调发展。

“发展迅速”是起步之后的快速扩展。也就是在总结启动原型的经验教训基础上，形成完整的工作方案、工作体制和评价体系。工作对象以应用系统的整合和信息内容建设的扩展为主线，配套发展基础设施和运行环境的建设。工作的重点是研究动力机制的有效性。

④要研究自组织进程中的动力要素

在原型启动、扩展、定型的每个阶段中，始终对应着系统的开放性，原型的协调性和需求动力的有效性问题。其中，在开发的市场环境里政府与公众的互动是电子政务的出发点和落脚点。需求主导是贯穿工程建设始终的策略原则，体现了电子政务工程建设中立足国情、激活动力机制的指导思想。

需求主导提出两个原则，一是实用的原则，二是整合的原则。实用的原则是指对原型结构所选择的业务内容，必须讲求实效、效益优先，一切从国情能够确切识别的、能够实现的实际需要出发，而不简单套用西方模式：整合的原则是指对原型结构所确定的初始形式，应充分尊重各部门的特征和需求，通过政策导向和动力机制的协调，推动各部门互联互通、共享资源，有步骤、有计划地实现“由线到面，网际互联，消灭孤岛”的整合目标。

适应经济全球化和科技进步加快的国际环境是电子政务建设的初衷，而实现政府与公众的一体化是电子政务的归宿。

在社会发展的医疗、卫生、就业、教育、社会保障等诸领域中，区县一级是纵横信息的交汇点，社区一级是公众需求和社会服务的集散点，整合区县的信息资源，通过建设政府的一站式服务门户与公众的需求互动，完善社区信息服务网络，是电子政务工程的重要环节。

（2）地区性、行业性或地方电子政务建设整体规划

对于一个国家内的地区或行业电子政务建设，其规划往往是在国家层面的基础上制定的较为具体的意见、安排和实施办法。我国各省市县地方电子政务建设的规划以及各行业电子政务建设就属于这种情况。制定这类电子政务建设规划，主要注意围绕以下几个方面展开：

①国内外政府信息化建设的现状与趋势

在国外，特别是欧洲和美国，政府信息化建设在某些领域已经相当成熟，它们的某些案例和运营思路对于政府信息化刚刚起步的国内电子政务领域有相当重要的启发作用。而目前国外政府信息化的发展趋势与未来国内电子政务市场的发展趋势应该是基本相同的。

②本地区的电子政务建设的现状和问题

每个地区、每个领域的电子政务都具备差异化，而且由于历史、现实的各种原因，各地区的现状和面临的问题都是不同的。

③提出本地区电子政务建设的目标

电子政务建设的目标是整个电子政务规划最后的目的，如何有步骤、有计划地实现这个目标是我们规划方案的重要内容，也将对该地区未来的电子政务建设起到指导性的作用。

④电子政务建设的关键问题与思路

统一规划、分步实施；资源整合、拉动产业；统一标准，保障安全；以业务流为主线，同时与政府的职能转变相结合；创新的协同工作模式；使处理流程更加清晰；使信息资源流动更加顺畅；对各分散的信息系统进行整合，实现“信息集成”，充分保护投资；在这个架构基础良好的平台上可以进行扩充，任意增加各种功能模块。

⑤电子政务的目标和分阶段实施计划

它主要包括建设先后进度；每阶段的投资；达到的目标；各阶段的关联。

⑥电子政务的应用设计

其基础应用有：根据各地不同的特点和应用水平提出不同的应用方案，例如政府信息门户系统、办公自动化系统（OA）、一站式审批系统、数据中心、政府公文交换系统等。综合应用有：基于社会、社区全面电子化和信息化基础的电子政务深入应用。例如网上虚拟政府、网络政治与网络民主、政府客户关系管理系统、电话与网站相结合的呼叫中心系统、知识管理、社区信息化工程、电子采购系统、多媒体网络会议系统、人才资源管理系统等。

⑦电子政务技术平台的系统设计

它主要包括电子政务平台系统的体系结构、网络框架，系统的设计原则，安全管理、安全保障体系的内容和实施方法、容灾备份系统的建设策略，基础服务平台，包括安全平台、企业数据交换平台、政府数据交换平台，系统的管理、维护规范，提供系列培训（包括基础技术培训、系统管理培训、电子政务专题培训），系统的推广建议等。

6.1.2 电子政务建设的阶段规划

不论是国家层面的整体规划还是地区性或地方的整体规划，都是关于国家、地区的中长期发展计划，围绕这样的计划，还要制订可行的实施计划——阶段规划。例如，我国1999年启动的“政府上网工程”以及后来逐渐启动的“金”字工程，在本质上就是发展我国电子政务建设的阶段规划工程。

制定一个战略实施规划要注意遵守以下原则：领导挂帅协调管理；体制

机制厉行统一；统一规划、整体设计、系统建设；提高全民信息化意识，大力培养信息化人才。

我国将建立以内网、专网、公众网、资源数据库系统——“三网一库”为构架的政府信息化框架，即在政府内部政务信息化方面建立行政决策系统，在外部建立为公众服务的系统。以“三网一库”为基础，我国电子政务阶段规划主要包括以下内容：

①信息基础结构的建设。加速国家信息化的步伐，经过一段时间的发展，将政府、企业、社会组织和公民连接在一起，使整个社会彼此分享信息。

②建设政府机关内部的局域网应用环境。提供各级政府代表人员运用电子邮件、电子目录、电子新闻、电子信箱的环境。

③建设和发展电子化政府的系统平台。建设政府信息化服务及信息设施。

④发展单一窗口、一站到底的政府信息服务系统。

⑤确保电子政务安全。在电子政务建设中，安全问题直接关系到信息系统的正常运行，关系到系统中信息的安全和可信度。一方面要建立适应我国政府电子化的安全法规。另一方面要在各级政府及政府各部门间建立安全保障体系，采用必要的网络结构安全技术和密钥体系，为系统提供保障。这些安全技术包括用户身份认证、网关安全、主机安全、网络安全、内容安全和系统运行安全等具体措施。美国为保障政府信息化发展，制定并颁布了专门的法律、法规和行政命令，如《政府信息公开法》、《个人隐私权保护法》、《美国联邦信息资源管理法》等，这些法律、法规对政府信息化发展起着重要的保障和规范作用。

电子政务建设需要按战略目标分阶段实现。一般情况下可分为四个阶段：启动阶段、发展提高阶段、以公众为中心阶段（成熟服务阶段）、全方面转型阶段（电子政府建立阶段）。通常电子政务建设的阶段规划报告主要包括以下内容：系统需求分析；确定系统总体目标和建设原则；总体方案设计；系统功能分析；数据规划；网络支撑平台；技术线路与关键技术解决方案；风险与控制；培训计划；项目进度安排；经费筹措；项目建设队伍组织；项目效益分析①。

① 刘邦凡著．电子政务建设与管理［M］．北京：北京大学出版社，2005.

6.1.3 电子政务建设的项目规划

信息技术是21世纪的三大关键技术之一①。在全球信息化的大趋势之下，电子政务的发展程度直接影响政府的竞争力，成为衡量各国发展水平的一个指标。美国早在1993年就提出利用新科技改造政府的目标。1995年加拿大在改造政府的蓝图中就对信息技术情有独钟，将其看作是提高政府公共服务削减相关费用的良方②。电子政务正是利用信息技术提高政府行政能力的手段，要保证电子政务建设取得实质性成果，关键性的重要前提是要有科学的、规范的，完善的电子政务项目规划。

项目规划如此重要有三个原因：一是如果项目规划都不完善、不符合要求，将来的实施和评价就会出问题，而且将导致责任不清；二是项目规划不清的话，将来的资源保障也会出问题，要么需要资源的时候不能及时提供，要么浪费了大量的资源；三是一旦项目完成，将来的维护、更新和管理也将带来更多的问题，这是最大的问题。例如在政府门户网站建设中，如果在初期的项目规划中，不能决定网站的基本地位，所提供的功能以及与上下左右政府机构网站关系的话，那么将来大量的子网站（政府业务部门和其他机构）诞生后，每个网站都会遇到一件非常麻烦的事情——难以对信息进行综合处理和利用。

(1) 电子政务项目规划的含义

电子政务项目规划是指由各级政府部门组建的电子政务项目团队为了实现电子政务项目目标而进行的预测未来、确定任务、预计可能碰到的问题并提出完成任务和解决问题的有效方案、方针、措施和手段，以及所必需的各种活动和完成工作成果的过程。

(2) 电子政务项目规划的内容

电子政务项目规划要以国家电子政务战略规划为指导和依据，从本地区、本部门的实际情况出发，因地制宜地制定适合自己的电子政务项目规划，使本地区、本部门的电子政务项目建设良性运作，从而推动整个国家电子政务的发展。其具体规划内容如下：

---

① 明安香．信息高速公路与大众传播［M］．北京：华夏出版社，1999.

② Treasury Board of Canada. *Blue Print for Renewing Government Services Using Information Technology* ［M］. Ottawa: Treasury Board of Canada, 1995. The references in this book are to the on-line version from the Treasury Board's Web Site.

①国内外相关电子政务项目建设的经验与实施的现状；

②本地区、本部门电子政务建设的任务；

③电子政务项目建设的指导思想和方针；

④电子政务项目建设的目标；

⑤电子政务项目建设的原则；

⑥电子政务项目的资源分配，包括对人力、财力和物力资源的分配；

⑦电子政务项目的体系结构、网络框架；

⑧电子政务项目建设的分阶段实施计划；

⑨电子政务项目的基础设施；

⑩电子政务项目的标准化体系；

⑪电子政务项目的安全保障体系；

⑫电子政务项目的推广建议；

⑬电子政务项目队伍的培训设计，包括信息技术培训、项目管理培训、电子政务专题培训等；

⑭电子政务项目的应用方案，包括基础应用和综合应用；其中，电子政务的基础应用包括政府门户网站、办公自动化系统、一站式审批系统、数据中心和政府公文交换系统等。电子政务的综合应用包括网上虚拟政府、政府客户关系管理系统、电话与网站相结合的呼叫中心系统、知识管理、社区信息化工程、电子采购系统、多媒体网络会议系统、人力资源管理系统等。电子政务项目的应用必须根据各地区、各部门不同的特点和应用水平提出相应的应用方案。

(3) 电子政务项目规划的设计步骤

①建立完善的领导机构和实施机构

以地方政府信息化为例，目前在我国通常是这样的情况：

- 成立由该地政府（或部门的）正职、主管信息化的副职、办公厅负责人和该信息中心负责人以及技术专家组成的系统建设领导小组，统筹领导和协同系统建设的全过程。
- 组成通常由主管信息化的副职为首的项目执行机构，主要负责项目的具体落实。即确定决策层和实施层两个机构。

②确定明确的需求，以问题和需求为导向，设定总体目标和阶段目标

整个电子政务系统的建设要以符合当地或部门的实际情况和发展需求以及资金状况，优化政府管理工作的各个核心业务流程，提高工作效率，更好地发挥政府宏观管理/综合协同与服务的职能为总体目标，根据实际需求进

行轻重缓急安排。具体实施可分为内部建设、政府上网、政务上网、网间互联等几个阶段进行，循序渐进逐步加以完善。做好需求分析是确定总体目标和阶段目标的基本保障，也是项目成功的关键。

③进行信息系统总体设计，确定开发应用标准和规范

结合电子政务系统信息和应用的特点，综合考虑网络体系、支撑安全体系、应用体系等组成部分，进行系统的总体设计。同时要建立各子系统所必须依据的统一技术规范、应用平台、指标体系、信息代码、运行管理制度等，以确保整个政务系统成为高效运行的有机整体。这是从整体上将电子政务的任务进行分工。

④从技术和功能层面构建基本支撑和应用体系

构建基本支撑体系方面的工作有：确定底层通信网，如通常选用 TCP/IP 网络；选用合适的技术开发工具和开发平台；构建安全管理体制，包括安全监测、实体安全、运行安全、信息安全、网络公共秩序和人员管理等安全法规的规定，以及稽查制度和事故应变制度等；确定系统可靠性方案，如备份、防病毒、复杂系统的容错、应急体系等。

考虑到电子政务系统的应用具备以下特点：随处访问服务，大量的潜在用户，应用必须安全可靠，与工作流程紧密结合，与现有信息系统高度集成等，在构建电子政务应用体系时要遵循以下步骤：

• 熟悉政府机关工作规则、明确需求，划清业务流程，确定每个节点进入、流出的信息与正常工作的运转情况相一致；或者能够通过客户统一设立新流程。建议选择具有高可伸缩性、能够实现多系统并存所需的互操作能力，以及多种资源管理能力的应用开发平台。

• 确定应用开发模式，在构造电子政务系统各子系统和应用环节时，应尽可能投入使用，在应用中发现问题、解决问题，并尽快与已有系统融为一体。

• 遵循系统开发方法，在系统规划和分析阶段采用生命周期法确定系统目标、主要功能、共享数据库，在具体实施上采用原形法，在开发过程中需要政府部门工作人员始终参与系统开发过程。

需要指出的是，由于应用体系的构建应该根据技术发展，应用需求的变化和组织结构的变化，因此它应是一个不断完善、动态调整的循环过程。

⑤进行系统评价标准，确保目标逐渐实现

首先是根据目标确定待评价系统边界和范围，明确评估的目的；其次，确定待评估系统的状态与所处的阶段（如可行性分析、总体设计、系统开

发与运行等各阶段），确定适当的评估指标，然后收集有关数据资料进行计算、分析，得出评估结果，并做出评估报告；再次是根据目前的状况和存在的问题，提出下一步工作计划与改进方案。

（4）电子政务建设项目规划的管理

电子政务建设项目规划的管理也就是电子政务规划期的管理，可以分为规划的管理、需求的管理和预期的管理①。

①规划的管理

对任何一个地区或部门而言，制定电子政务的总体发展规划，都是有积极意义的。对经济发达的地区和一些重要的政府部门，则是非常必要的。规划的主要目的是根据本地区、本部门的实际情况，辨识电子政务建设的目标（解决经济和社会发展中的什么问题）和优先级，搞清楚应该先做什么，后做什么，它们之间的逻辑关系是什么。并不是每一个部门和地区的电子政务都必须从规划开始，因为做一个好的规划需要相当的投入；而且，不一定能够做好。根据自身需求，将其他地区或部门已经成功和成熟的系统拿来就用，马上取得效益，也是启动电子政务建设的一种做法。

由于信息技术发展太快，新的技术层出不穷，产品生命周期不断缩短，电子政务的规划期一般都不超过五年。超过五年的规划，五年以后的部分只能是一种目标或任务的描述，很难具体化。规划不能只顾“要什么”，还必须考虑到“有什么”。规划必须考虑其实现的约束条件，如果不根据可以获得的资源（人财物）做规划，规划的目标不能实现，规划就只是一纸空文，没有现实意义。目前，我们的电子政务规划普遍存在不计投入，贪大求全的倾向。只说要什么，不知道要多少钱。

规划的一般原则即电子政务工程项目必须坚持“审慎规划，小步快走”的原则。“大处着想，小处起步，发展迅速”，是国际上公认的信息化系统工程建设的战略原则。规划中确定的项目必须是有效益的，而且，这种效益应该是可以测度的。一哄而上，是电子政务的大忌。

大处着想（Think Big）：“大处着想”是把与其相关的、方方面面的问题都想清楚。根据对信息技术发展的预期，审慎地确定本部门、本单位电子政务长远的发展目标，或者说是绘制一个期望实现的“电子政务”的蓝图。规划的目标应该是产出明确、可以测度的，而不是抽象的、概念化的。规划要“大处”着想，“远处”着眼；要充分发挥想像力，要有洞察力。

① 刘邦凡著．电子政务建设与管理［M］．北京：北京大学出版社，2005.

小处起步（Start Small）：系统建设一定要以小的、容易实现的、效果明显的项目起步，确保“初战必胜”。或者，将大的项目分解成若干个小的项目组织实施。这样做，不仅是为了在实践中锻炼队伍，获得经验，汲取教训；也是为了“以小胜求大胜”，取得领导的信任和用户的支持。无论什么类型的系统，从原型开发入手十分重要。这样，既可以摸清问题的所在，又可以及早与用户沟通，发现系统设计中的问题。起步小可以把风险降至最小。

发展迅速（Scale Fast）：在已经取得经验和效益的基础上，由点到面，由局部到全局，把原型试点的经验尽快加以推广到整个系统。加快系统扩张的步伐，尽快拿下这个系统所应有的全部经济和社会效益。这样，一方面可以充分享受信息化和信息技术带来的好处；另一方面，也可以扩大影响，在更大程度上取得政府和相关部门的支持。还要善用80/20定律。按照“80/20定律”，我国现阶段的信息化建设应该尽量做到以20%的努力去获取80%的效益，而不是以80%的努力去争取剩余的20%的效益。不贪大、不求全，只求效益最好、最大。

②需求的管理

需求分析是展开电子政务建设工程的第一步。

要研究电子政务的规划，首先要搞清楚：目前政府或政府部门在履行其职责时面临着哪些问题？最头痛的问题是什么？最困难的问题是什么？或者，经济与社会发展的瓶颈是什么？

其次，是研究和分析这些问题中，哪些有可能通过利用现代信息技术得到比较好的解决？条件是什么？代价是什么？风险是什么？如果这些问题没有想清楚，电子政务的建设最好先不要起步。

准确定义需求很重要。电子政务工程的目标、规划或计划，是根据地区经济社会发展或政府业务改造对信息技术的需求来确定的，不是技术决定的，更不是为电子政务而电子政务的形象工程。实事求是、准确地定义需求，无论对电子政务的总体规划还是一个具体的电子政务工程项目都是极为重要的。错误的需求评估将导致错误的目标设定、错误的系统设计和开发、错误的网络和软硬件配置，并因而导致资源浪费的严重后果。充分利用公用信息基础设施，少花钱，多办事，是明智的需求战略。

需求是环境、技术和时间的函数。这是需求的特征。一个电子政务工程项目的需求，首先要看该政府部门所处的环境，包括已有的信息技术装备和系统、人员信息化的准备情况，以及系统所针对的业务流就信息化而言的成熟度。此外，还要看适用的信息技术是什么，生命周期有多长，成本有多高。现代信息技术产品的生命周期短则三年，长不过五年，不是立即要用的，轻易不要纳入系统的需求之中。所以，需求也是随时间而变化的。对于一个不成熟的业务流，不应该急于将其信息化。否则，这个系统最终的命运不是作废就是没完没了的改动。

需求要受到地方或部门对于电子政务可能的投入的约束。即必须“看菜吃饭，量体裁衣”。这是需求的约束。国家或者地方对于电子政务的投入都不可能是“上不封顶”的。政府要做的事情太多，对电子政务的投入一定是有限的。在有限的投入之下，充分地利用有限的资源，做好需求这篇文章，是规划工作和系统设计高水平的体现。

另外，对需求要进行有效的管理。在电子政务工程建设中，由于花的是公家的钱，政府部门有可能夸大需求，“不要白不要”，贪大求全是比较普遍的现象。此外，产品供应商及系统集成商都可能从自身的利益（利润）出发，高估政府部门的实际需求。因此，实事求是地评估需求，对电子政务工程建设而言是一大难点。解决这个问题的办法是发展客观、公正、中立的第三方咨询机构，形成用户、供应商和咨询商三方互相制约的机制。政府部门更要充分利用第三方的咨询机构。

③预期的管理

首先要有正确的预期。在进行电子政务的规划时，应该冷静地认识到，信息技术只是种手段。对于电子政务工程可能产生的效益，必须进行实事求是、认真地分析：包括可能的经济效益和社会效益。对于经济、社会效益说不清楚的电子政务工程项目，宁可先不上。对电子政务工程不能期望过高，必须实事求是地判定电子政务工程在政府和经济社会发展中可能扮演的角色，只去追求那些肯定可以拿得到手的效益和好处。

同时要明确预期是有限的。不能夸大电子政务在政府职能转变、管理体制改革中的作用，在某些情况下，没有信息技术的帮助，政府某些职能的转变或者管理体制的改革是不可能完成的，或者是非常困难的；但是，并不是所有的情况都是如此。事实上，政府职能的转变、管理体制的改革在很大程度上有赖于领导者的政治意愿，而不是信息技术，信息技术只是“协助”而已。具体负责电子政务工程的领导者或专家要合理地说明“预期”，不能“谎报军情”，不能为了项目审批过关而夸大其词。

实现预期是有一定条件的。电子政务不可能解决一个政府部门中面临的所有问题。恰恰相反，信息化和信息系统只能在一个管理有效、高效率运行的部门才有可能正常运转，充分发挥其功能。因此，要把一个单位的电子政务搞好，实现预期的目标，首先要把这个单位的管理搞好，要有强有力的领导班子，要先理顺这个单位现有的业务和业务流。不能指望用电子政务来解决一个单位领导不力的问题和管理混乱的问题。否则，电子政务工程非但不能成功，反而会带来更多的问题。

预期的控制是负责电子政务工程的领导者或专家的责任，是在强调“有限预期”的基础上，有效地控制预期。不能控制预期，就不能避免失望和失败。经过论证的、比较现实的预期应该让所有的领导和相关干部了解，以统一认识，有利于电子政务工程的顺利实现。信息技术的飞速发展，有可能使人们产生一种过高的、虚假的预期。因此，在电子政务规划和工程进行的过程中，根据客观情况的变化，适时地调整预期是必要的。

(5) 电子政务项目规划的意义

项目规划的完善与否直接关系到电子政务项目的成败。据 Standish Group 的报告，在美国 2000 年所有的政府和企业的信息技术项目中，就“预算”、“功能”及“按时完成”三个指标衡量，大约只有 28% 算是成功的，23% 的项目被撤销，其余的项目只能说是部分成功，不能完全按上述三个指标完成。

电子政务项目建设是相当复杂的过程，电子政务项目的不成功，更多是由于电子政务项目规划的不完善，所以加强电子政务项目规划具有非常重大的现实意义，是电子政务项目成功的基石。

①完善的项目规划能够引导电子政务项目按时实现既定目标。

②完善的项目规划有利于资源的整合配置，避免重复建设带来的浪费。

③完善的项目规划能够使电子政务项目更具有可操作性。

④完善的项目规划能够为项目实施和监理工作提供指标和依据。

6.2 电子政务建设的管理

6.2.1 电子政务建设管理体制

如何确保电子政务可持续发展，是现阶段电子政务建设需要思考的关键问题，而电子政务的管理体制问题则是重中之重。

电子政务管理体制是电子政务起步时最早遇到、也是一直以来强调最多的问题。这一问题几乎在任何一个电子政务相关文件中都可以看到，在关于电子政务大部分文章中也经常提到。可见，电子政务建设的管理体制，是一个深受人们关注的问题。

(1) 电子政务管理体制的形式

目前国内电子政务管理体制存在四种形式：一是成立各种形式的领导小组及办公室（临时机构）；二是成立专职机构，如信息办、信息产业厅(局)、省市信息中心；三是落实到一个政府部门机构来负责，如科技局、计委；四是由各级办公厅（室）处室管理。

这些管理机构的设置都在一定程度上推进了电子政务的发展，但是并不完全符合现阶段电子政务发展的要求，其中主要的问题就是：这些机构定位是否合理？作用职能是否到位？比如前些年地方政府根据上级有关机构意见，下文通知各市（区）县政府一律停建缓建政务信息化建设项目，但是同期上级有关部门又要求各地抓紧建设，这使地方政府无所适从。其次是临时机构规格很高，但主管日常工作的可能就是一个处级机构，临时机构又不是正式行政机构，政府目标考核也不明确，这导致实际协调、推进的效果很不理想。新设立的很多专职机构由于起步规格不高，实际上都是挂在一个政府部门，对现阶段电子政务全局性工作的作用往往不能到位。办公厅（室）系统的机构往往行政职能不到位，也不能发挥应有的作用。因此，电子政务管理体制问题到了急需解决的地步，需要以现行中国政府的管理体制为前提，适时建立合理的电子政务管理体制，设置相应的管理机构。

(2) 现阶段我国电子政务管理体制存在的问题

①从整体看，名称编制混乱

目前各地政府部门领导信息化建设的机构名称非常混乱：同为“信息办”，有的地方叫“信息化领导小组办公室”，有的地方叫“信息化工作办公室”；同为“信息中心”，却存在“信息中心”、“信息管理中心”、“经济信息中心”、“信息网络中心”等不同叫法，其人员编制有的为行政编制，有的则为事业编制；另外，还有“政务信息化管理服务中心”、“办公厅自动化办公室”、“办公厅信息处”、“信息化委员会”、“电子政务处”等不同称谓、不同性质的机构，都在从事政务信息化的管理工作。

②从个体看，权利责任失衡

将传统的政府管理与现代的信息技术相结合是一项全新的历史使命，作为主管机构，必须对政府的流程机制以及信息技术的特点都很熟悉。另外，政府信息化效果的发挥关键在于实现资源的互联互通和数据的共享，为了做到这一点，信息化的主管部门必须有足够的权限。而现有的信息化主管机构在这两点上都存在缺陷。如最常见的“信息办”，其本质是一种临时性议事机构，不是政府组成部门，没有行政权力，政府目标考核也不明确。信息办主任的行政级别同其他委办局“一把手”是平级的，大多无权参与最高决策，也没有对其他部门和对社会的有效管理手段，在规划和指导这一层面上缺乏足够的权威性，无法有效地对其他部门相应机构业务改革的指导以及信息产业的指导。而多为事业编制的“信息中心”协调能力则更逊一筹。从业务来看，现有的信息化主管部门大多相对偏重技术，往往对技术很了解，但并不了解各职能部门的业务，无法掌握它们的信息化需求，因而也就无法提出让其他部门普遍认可的信息化规划。类似信息办和信息中心这样的机构发挥的职能还只是停留在技术层面，而具有真正意义决策权的信息化领导小组成员则主要由机关的一把手与各条线主管副职领导组成，他们往往又缺乏信息化技术背景，办公厅（室）系统的机构往往行政职能不到位，也不能发挥应有的作用。

③从横向看，多头领导严重

我国的政务信息化管理体制，除了上述提到的名称、隶属、权责问题外，还存在着同一地方多个机构并立、多头领导、政出多门的现象，这也是管理体制诸多问题中最严重的一个。旧体制的历史惯性可能导致了同一区域内多个部门都有信息化管理职能，或者是有些地方没有利用已有的信息化管理机构而另外新建了机构，导致新旧部门之间的职能交叉。

目前国内除个别地区以外，绝大多数地方存在政务信息化主管机构不止一个的现象，往往政府办公厅（室）、信息产业厅（局）、发改委（计委）、信息办各管一块。造成了有些领域重复建设，有些领域多头领导、政出多门的现象。根据《信息化建设》杂志 2006 年所做的调查，在四川省某地级市，全市目前有市委办公室、政府办公室、发改委、财政局、统计局、劳动局、公安局、物价局、开放办、教育局、农业局、广电局等 10 多个市直部门设有专门的信息科室或事业机构，在分头从事与政府信息化有关的工作。

④从纵向看，隶属关系无序

各地的政务信息化主管部门在隶属关系上呈现出一种无序状态。例如，合肥市的信息化主管部门“合肥市信息化工作办公室”直接隶属于合肥市政府，而同样是“信息办”的杭州市余杭区“信息化领导小组办公室”则隶属于党委系统，还有些地方“信息办”设在信息产业厅（局）、办公厅等部门下面。又比如，一些地方类似“信息中心”的机构是设在“信息办”下面一个主管技术的事业编制单位，但也有不少“信息中心”挂靠在发改委（或计委）系统或办公厅（室）系统，如石家庄市2003年10月重组成立的“信息中心”就隶属于市政府办公厅。

粗略统计，各地信息化主管机构在隶属上，有直接隶属于市政府、隶属于党委，以及办公厅（室）系统、发改委（计委）系统、信息产业厅（局）系统、科技局系统等多种模式。隶属关系不同还带来一个问题就是上下级部门之间的协调困难。如江苏省盐城市也因为市和下面的区县没有形成统一对口的管理体制，没有专门的职能机构，导致“信息孤岛”不断出现。要解决电子政务建设中管理体制出现的问题，必须首先在电子政务建设中明确以下问题：

• 电子政务的本质是利用现代通信技术的政务创新。人们对于电子政务的含义理解并不统一，但人们普遍承认：电子政务中的关键是“政务”而不是“电子”，在电子政务中，“政务”是主体、是内容、是灵魂，而“电子”是手段，是为革新和改进政务服务的。因此，电子政务的本质是利用现代通信技术的政务创新。只有各级政府、各级领导机关及其管理者、领导者们对电子政务的本质有了这样的把握，才可能在现行政府管理体制里，摆正电子政务管理机构的设置位置。

• 因地制宜地确立电子政务管理体制。电子政务不仅与信息科学技术和通信环境直接联系，而且与社会经济发展水平有着必然联系，所以，一方面，总体而论电子政务是快速变化的发展性事物，电子政务的发展变化也决定了电子政务管理体制随之发展变化；另一方面，我国地域广大、各地社会经济发展不均衡，决定了不同地域、不同地区的电子发展现状，也就决定了这些地域、这些地区在电子政务管理体制上与其他地域、其他地区是有所不同的。

• 确立我国电子政务管理体制的基本结构。一个政府的电子政务管理体制的基本结构应该包括：协调小组、管理职能机构、实施机构、咨询机构、各部门的专职机构、参与的企业这些组成部分。其中最主要是前三个部分。

第一，电子政务协调小组是不可缺少的，协调小组实际体现领导建设电子政务的意图，各级领导如果不能对管理现状具有深刻的洞察力和理解，就不能在较高的层次、开阔的视野里对管理现状开展批判性、建设性反思，就只能仅仅停留在工具层面，电子政务的潜力将无从发挥，电子政务的意义会大打折扣。各级领导要站在建设社会主义政治文明的高度、站在实现“执政为民”宗旨的层面上，有政府管理的标准和绩效意识，并落实在具体制度中。

第二，有具有权威的电子政务管理机构。这样的管理机构应该是各级政府办公厅（室）领导兼任的行政机构。这样责权才能与现在面临的信息资源整合，与为社会提供各类服务相对应，因其行政范围涉及一级政府的各项政务，也可以使技术与政务有效地结合。如果机构负责人不是办公厅（室）领导，那跨部门工作就只有通过协调小组来实现，但往往这是一个临时机构，因此就可能事倍功半，以至不能实施到位。

第三，有独立或相对独立的实施机构。实施机构可以是各部门的信息中心或者服务外包企业。由于政府往往没有真正的权威专家，因此在立项、开发和合作方式、规划进程及费用等方面缺乏科学的论证咨询，这是需要我们在实施过程中始终注意的问题。

第四，明确管理机构职能。发展电子政务涉及很多问题，但管理体制是电子政务走向制度化、规范化的重要保证，其中管理机构又是基础。电子政务管理机构的职能主要包括：一是领导职能。负责解决、协调电子政务建设中的重大问题，督促检查工作，并建立科学的审议和评估机制。二是协调职能。它首先要处理好与市场的关系；其次要协调好电子政务管理机构在垂直方面的关系。最后是人员，管理机构、实施机构迫切需要两栖人才，既懂政务又懂技术。目前公务员队伍的素质还不够高，这已经成为制约我国电子政务发展的“瓶颈”。电子政务很大程度上是应用，人员的情况决定了电子政务推广的进度。

(3) 电子政务建设管理体制改进措施

①统一全国的电子政务管理体制

在全国范围内推行一套“统一”的政务信息化管理体制，最好能以法律的形式加以确定。这个“统一”具体有两层意思：一是在同一区域内，只应该有一个政务信息化的主管机构，或者是一种“一主多辅”的形式，但必须保证只有一个决策核心。只有这样，才能在同一地域范围内有效地整合各种资源、协调各部门，形成合力推进电子政务建设。二是在机构性质和隶属关系上应该保证“统一”。这样能避免上下级信息化主管部门隶属关系各不相同的现象，从而能有效地加强政府信息化的纵向联系，以更好地发挥信息系统效力。

②按照“广义政府”的概念确立管理体制

在中国的政治体制下，党委、人大、政府、政协等四套班子是相对独立的，而它们又都有信息化方面的需求。它们之间是应该各自建单独的系统还是统一规划、统一管理呢？国家行政学院汪玉凯教授认为，中国的政府信息化“除了中央层面比较特殊，政府和党委系统在信息化建设时搞两套系统还情有可原以外，从省一级以下，包括地级市、县，绝对不能在信息化过程中搞两套分立的系统，凡是搞两套的，都是一种结构性的浪费。”笔者同意这种观点，建议设立一个如同“编办”那样横跨党委、政府的信息化领导机构，统筹广义上的“电子政务”，而人大、政协信息化的需求比较少，更不宜重起炉灶。事实上，国内目前有很多地方推行的是这种广义电子政务概念，如青岛市、合肥市、余杭区等，均取得了明显的实际效果。

③建立权责相称的政府信息化管理机制

为了有效地推进电子政务，必须保障政府信息化主管部门职能和权限的统一。管理机构必须具有针对同级政府部门的议事协调权，要实现这一点，最好能有地方“一把手”领导的介入，并有党委秘书长和政府秘书长的参与；管理机构也必须有同级财政资金的信息化项目审批权和信息化专项资金管理权，这样才能保障同一地域内政府信息化按统一规划、统一部署进行，防止重复建设；最后，应当将政务信息化纳入行政效能考核，并由信息化管理机构和政府监察机构共同负责实施，这样能加强各部门对电子政务的重视程度，提高电子政务实施效果和推进电子政务建设的长效机制。

6.2.2 电子政务建设组织架构

电子政务建设的组织架构是否合理直接关系到电子政务是否能够持续健康地发展。只有确立了组织架构，才能落实人员配置和职能定位，保障电子政务建设的领导力和推动力。合理的组织架构必须能够有效地承担起电子政务的管理职能，包括一是领导职能。负责解决、协调电子政务建设中的重大问题，督促检查工作，并建立科学的审议和评估机制。二是协调职能。它首先要处理好与市场的关系；其次要协调好电子政务管理机构在垂直方面的关系；最后是人员，管理机构、实施机构迫切需要复合型人才，既懂业务又懂技术。

目前，许多信息化水平领先的国家政府机关普遍采用了与企业类似的层次化组织架构。最高层通常是该组织最高领导或其授权的信息化指导委员会。其作用是从战略层面为电子政务工作提供宏观指导和战略决策。第二层是直接向最高领导或领导机构汇报的“首席信息官”（CIO，即 Chief Information Officer）及其领导的办事机构（CIO Office）。CIO 的关键职责是为整个机关设计长远的信息化战略发展规划，并负责管理监督信息化工作，保证信息技术能够真正地不断促进行政和业务管理水平的提高。最后一层是信息化建设的基层组织，通常由信息部门和分支机构的计算机部门组成，主要负责信息技术的日常管理，包括开发和维护等。

我国的电子政务起步较晚，至今尚未形成较成熟的电子政务管理体系和组织架构，这在一定程度上制约了我国电子政务建设向国际先进水平迈进。目前，大部分政府机关都设置了技术主导的专职机构（如信息中心等）。但在实际工作中，由于缺乏必要的协调职能和权限，以及人员配置的不合理等原因，这些机构往往难以有效地全面承担起信息化建设的重任。同时，一些政府机关的业务或行政部门独立进行信息化建设，以满足自身的需求，效果不太理想。

电子政务建设组织架构是完善我国电子政务的管理体系的首要问题。它至少包括三层含义：一是合理设置决策、管理和执行三个层次组织架构；二是解决电子政务建设“条”“块”的协同建设问题；三是每个政府机关内信息化主管机构的设置①。

（1）我国当前电子政务建设组织架构

与信息化水平较高的国家相比，我国现有各类电子政务建设组织架构对电子政务建设和推广的保障和促进作用明显不足。目前我国政府机关信息化管理形式主要存在四种形式：一是成立各种形式的领导小组及办公室（临时机构）；二是成立专职机构，如信息中心、信息产业厅局）等；三是落实到一个政府机构来负责，如信息办、科技局等；四是由各级办公厅（室）处室管理。虽然这些机构在各自职责范围内推进着我国电子政务的发展，但都存在不同程度的问题，主要体现在机构和职能定位上。

①专职机构的管理形式

电子政务专职机构主要是信息中心、信息产业厅（局）等，在各自层级推动电子政务建设，如图 6-1 所示。专职机构管理形式的最常见问题是机构定位不合理、协调乏力。电子政务建设中的主体是“政务”，技术只是提高政务水平的手段。但目前我国大部分信息化专职管理机构是单纯的技术部门，在行政机构和编制上还是事业单位，本身就没有足够的行政职权，往往缺乏足够强大的协调力量来综合协调各业务和行政管理部门的关系，甚至难以保障这些部门积极参与信息化工作。这种政务与技术的脱节和不平衡发展最终会导致信息技术无法体现出应有的效益。

---

① 刘惠著．电子政务建设方法与案例解析［M］．北京：清华大学出版社，2006．

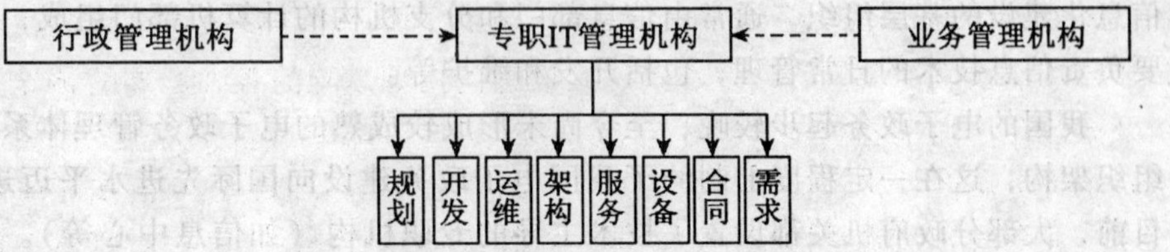

图 6-1　专职机构管理模式图

②特定政府机构负责

特定政府机构主要是信息办、科技局等专业机构及各地设立的信息化领导小组的常设专职机构——信息化工作办公室（信息办）。但是信息办能否发挥作用主要看其机构专业程度、职能定位及其协调机制的有效性。例如，部分地区信息办实行与当地信息中心一套人马两块牌子双重职能，还有部分地区与科技部门合署办公。

由一个特定的政府机关负责电子政务的最大问题往往是令出多头，如图6-2所示。一方面，下级机关在信息化建设必须接受上级机关多个部门的领导，各项政令又缺乏协调，甚至出现冲突不一致的情况。另一方面，上下级机关的信息化主管部门之间又没有明确的分工，导致下级机关在电子政务建设中常常放不开手脚。例如，前几年，某地根据上级有关机构意见，下文通知各市（县）政府一律停建缓建政务信息化建设项目，但是同期上级有关部门又要求各地抓紧建设，这使地方政府无所适从。

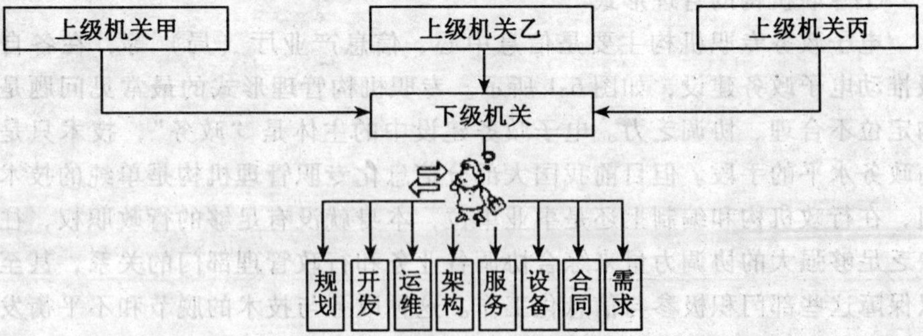

图 6-2　特定机构管理模式图

③临时性的领导小组及办公室

临时性的领导小组及办公室主要是由中央、省、市各级政府成立的跨部门领导小组及其办公室，以及在某一政府部门内部成立的各种形式的领导小组及办公室（临时机构），如图 6-3 所示。其主要问题通常是职能不到位。虽然大部分临时性机构的规格很高，但一般不是一个实体，没有落实相应的技术和业务骨干负责具体工作，只能停留在决策和协调的层面。对具体工作的考核评估也没有清晰的办法和标准。因此，一般仍是由级别较低的专职机构负责具体工作。因此临时性的领导小组在推动电子政务的发展时也是困难重重。例如，有些地方政府成立了地区信息化工作领导小组及其办公室，并明确把包括电子政务建设在内的推进信息化工作职责赋予当地信息办具体负责，但由于信息办缺乏行政管理职权，履行电子政务建设的协调监管职责难度很大。

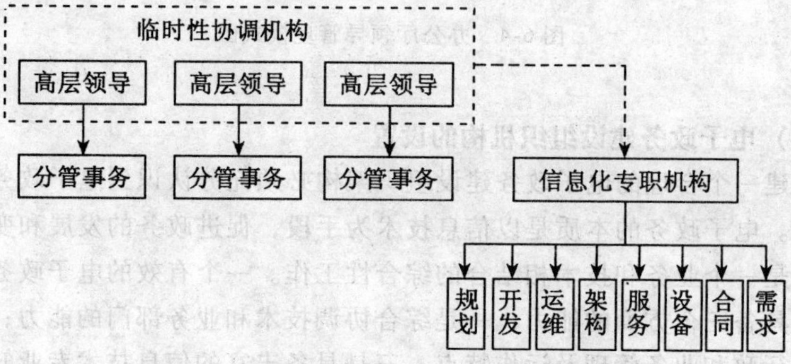

图 6-3　临时性领导小组办公室管理模式图

④各级办公厅（室）管理

办公厅（室）管理模式有两种形式：一是在一级政府中以办公厅（室）为电子政务管理机构，例如省、市政府办公厅。在以办公厅（室）行政枢纽的政府机关，办公厅（室）具备了协调业务和技术部门的领导力量，并且是一个实体，因此可以较好地保障电子政务的长期发展，如图 6-4 所示。由办公厅（室）负责电子政务建设的主要问题是办公厅（室）本身不是电子政务建设专职机构，实际承担电子政务建设管理职能，对电子政务建设协调作用大于实施管理作用。二是在某一政府职能部门中由办公厅（室）担任电子政务管理机构。通常，办公厅（室）一般主要关注机关的内部行政管理，不负责面向公众的服务和管理。这类办公厅（室）处室与业务和技术部门间的关系相对较平等。这样，办公厅（室）的领导和管理力量就相对较弱，也难以对电子政务起到较好的促进作用。

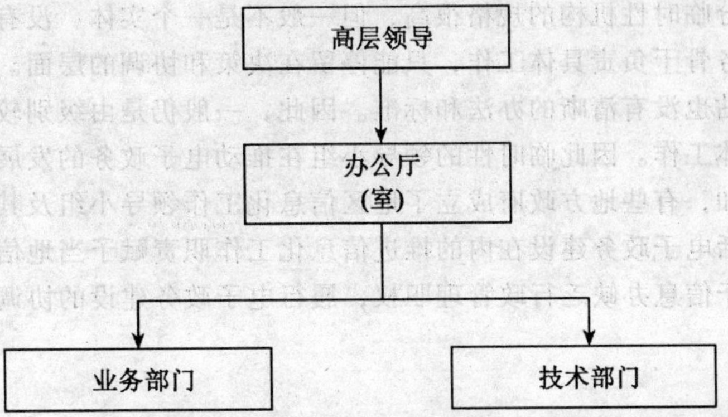

图 6-4　办公厅领导管理模式图

（2）电子政务建设组织机构的设置

构建一个合理的电子政务建设组织架构必须充分认识到电子政务建设的专业性。电子政务的本质是以信息技术为手段，促进政务的发展和变革。因此，它是一个业务和技术相结合的综合性工作。一个有效的电子政务管理机构必须具备三个方面的能力；一是综合协调技术和业务部门的能力；二是充分了解行政和业务管理及运作特点：三是具备丰富的信息技术专业知识。只有这样一支综合性队伍，才能以提高“政务”水平为本，结合信息系统的技术能力，制定合理的电子政务发展战略规划。只有业务加技术，才能有效管理电子政务建设的各项具体工作，保证以合理的技术投入换取最大的业务收益。

根据我国政府机关的特点，结合国际电子政务管理模式的先进经验，在现行行政管理体制下，应建立一个层次化的组织架构，以保持强大的领导力、推动力和执行力。其关键是要落实具体职责，配置合理的人力物力资源，保证协调能力、业务能力和技术能力的平衡发展。我国国家机构包括党组织、人大、行政（政府）、政协、法院、检察院、社会团体机关，电子政务建设组织架构的构建方法大同小异。为简化起见，本书统一用政府来指代所有国家机构。按管辖范围不同，政府可分为中央和地方政府两类。按我国现行行政区划，地方政府又分为省级、市级、乡级三级政府。一个合理的电子政务建设组织架构，应包括各级政府、政府职能部门、上下级政府机构三类组织架构的设置①。

①一级政府电子政务建设组织架构

一级政府电子政务建设组织架构主要是跨部门的信息办设置问题，例如省级政府如何建立全省电子政务建设组织架构。其组织架构包括三个层次，如图 6-5 所示。

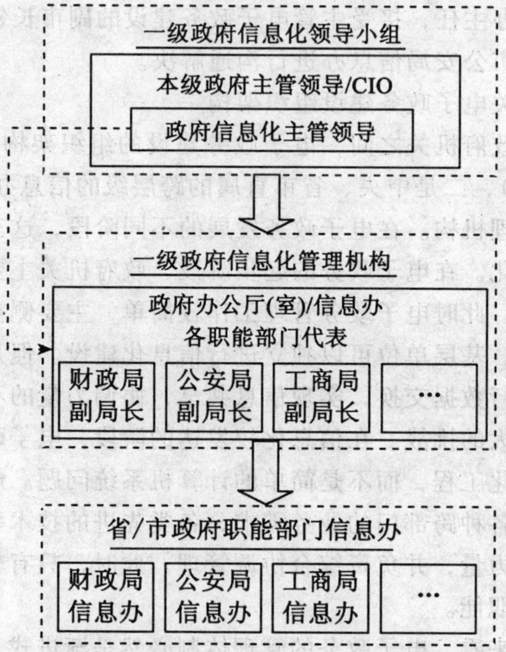

图 6-5 一级政府电子政务建设组织架构图

一是电子政务建设领导小组，通常称为信息化建设领导小组。其主要职能是对本级政府电子政务作出战略规划、部署本区域电子政务建设计划、协调所属各个职能部门建设进程和存在的问题。通常需要由本级政府最高行政长官担任组长，即最高总指挥，并指定一名副职为负责具体管理和执行的主管领导，即信息化办公室主任，充当首席信息官（CIO）的角色。

① 刘惠著．电子政务建设方法与案例解析［M］．北京：清华大学出版社，2006.

二是电子政务建设专业管理机构。以信息化办公室主任为行政首长，组建一个推进本级政府电子政务进程的专业管理机构。通常一级政府电子政务专业管理机构仍将落实在办公厅（室）或常设的信息化工作办公室（简称信息办，下同），由信息办负责具体管理、协调、执行和监督，并对信息化办公室主任负责。

三是各职能部门电子政务专业管理机构，比如公安、工商、税务等职能部门信息办，接受同级政府电子政务专业管理机构领导，推进本部门按同级政府电子政务规划和部署建设电子政务工程。例如，市公安局信息办，由主管副局长作信息办主任，接受主管电子政务建设的副市长领导，日常管理事务由市信息办与市公安局信息办进行沟通解决。

②上下级机关电子政务建设组织架构

我国上下级政府机关之间，电子政务建设的组织架构通常有三个层次：一是中央（高层），二是中央、省市直属的跨层级的信息办的组织（中层），三是机关内部管理机构。在电子政务发展的不同阶段，这三个层次承担的职能也有较大的变化。在电子政务的起步阶段，政府机关主要侧重开发信息系统取代手工操作，此时电子政务管理工作较简单，主要侧重于单个系统的开发和维护。因此，基层单位可以独立进行信息化建设。但是，随着技术的进步，系统开始进行数据交换，实现信息共享，协调力量的不足给基层单位的信息化带来了较大的挑战。在信息化较发达的阶段，电子政务建设已经是一项全局性的系统化工程，而不是简单的计算机系统问题。电子政务建设的管理必须全面考虑各种跨部门的业务需求，各类先进的技术手段，引入开发商和监理商等外部力量，并负责综合协调管理。此时，只有较高级别的机构才能够承担起管理职能。

从发展阶段来看，电子政务的管理体制必然是渐进式、集约式的，最终将形成高层规划、中层实施、基层应用。国家级机关的信息化建设领导小组和信息办负责制定全国范围内的信息化整体规划和总体规范，组织采购、开发和部署全国统一使用的软硬件设施，并就全国信息化建设中有普遍意义的方向性问题作出决策：省级机关（或计划单列市）的信息办则负责以国家级机关制定的整体规划和总体规范为依据，制定能满足地方特殊需要、比较具体而详细的规划和规范，在此基础上组织采购、开发和部署满足地方特殊需求的软硬件设施，并就本级（区域）信息化建设中的重大问题作出决策：市县一级信息办的职能依此类推。主要的信息系统在哪一级集中部署，则应在该级别以上的各级政府机构中都设立信息办。一般来说，信息系统在省级或者市级集中部署，效率较高，管理有效性也较强。上下级政府机构电子政务管理体系架构如图6-6所示。

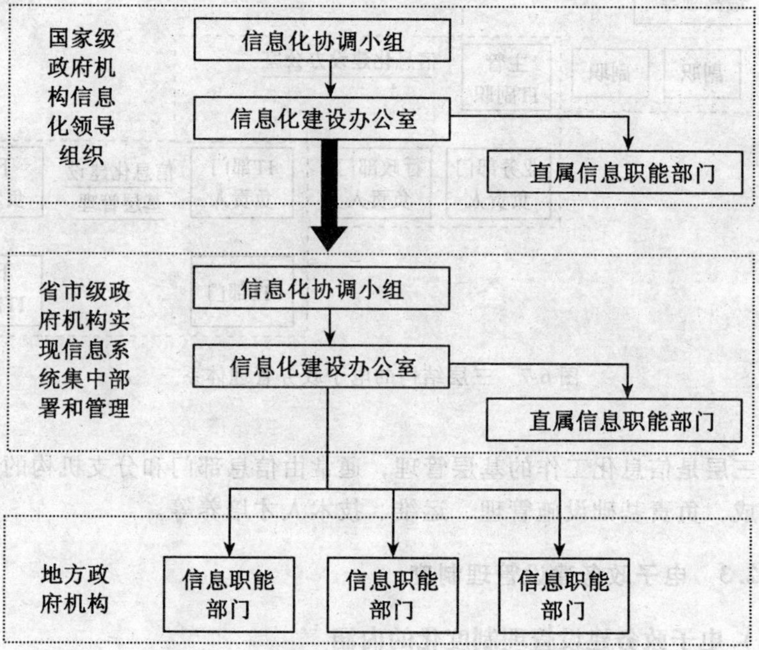

图6-6　上下级政府机构电子政务管理架构图

③政府职能部门内部电子政务建设组织架构

政府职能部门内部的电子政务建设组织架构也分为三个层次，如图6-7所示。

第一层由部门（机关）领导组成信息化建设领导小组，把握电子政务建设的宏观战略方向。信息化建设领导小组位于电子政务建设管理组织架构的顶层，由最高领导层的成员组成，负责从总体上推动本单位的信息化工作、协调业务部门和技术部门的参与、指导信息办的工作，并就关乎信息化建设发展方向的重大问题作出决策。在信息化建设领导小组中，应指定一名主管IT的副职负责。

第二层是负责信息化工作的领导组建并领导信息化建设办公室（信息办），在电子政务建设中负责决策和整体管理。通常信息办应由业务和技术部门的相关领导、骨干通过不同的专职管理小组履行职能。

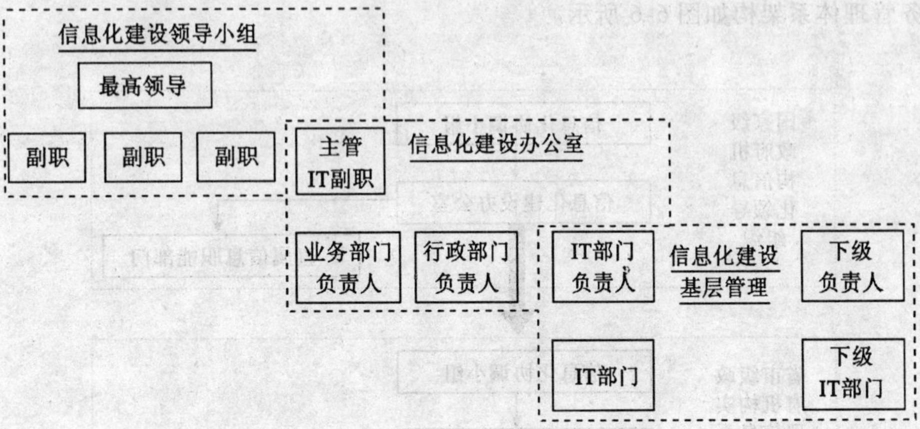

图 6-7 三层结构的电子政务管理体系

第三层是信息化工作的基层管理，通常由信息部门和分支机构的计算机部门组成，负责基础设施管理、运维、技术人才培养等。

6.2.3 电子政务建设管理制度

(1) 电子政务建设管理制度化的内涵

一个有效的管理机制实际上构成了一个完善的 IT 管控模式。制定电子政务建设管理制度是管理制度化、流程化的根本要求，也是 IT 管控的重要内容和电子政务建设管理成功的关键。通过流程化和制度化的规范管理，可以实现建设管理流程化驱动，而不是靠个人责任心和领导喜好来推动。制度化管理的实施要点包括：

一是将工作事项流程化。流程管理的工作方法是把所有的工作分成若干环节，由每个环节的人来负责本环节的工作，通过流程规范地逐步向前推进，每个参与建设的各个节点的人员都非常明确自己的职责、位置和工作量。

二是将工作流程制度化。有了流程作为基础，管理制度便容易建立。制度建设也是电子政务建设有效管理的基本条件，可以成为所有参与工程建设的成员共同遵守的法则。

三是将工作流程和制度尽量电子化、自动化。通过将管理制度电子化，使工作流程和要求实现办公自动化，每个环节的人员对自己需要处理的工作任务非常清楚，环环相扣，最大限度地保证管理制度的刚性。

(2) 电子政务建设管理制度框架

在电子政务建设管理体系中，制定合理的管理制度（包括规范、流程和标准）同构建合理的组织架构一样，是至关重要的。该项工作应该由信息办负责完成。反过来，信息办在完成各项日常工作时，也必须严格遵守这些管理制度。一般来说，为保证电子政务建设中各项工作的顺利进行，至少应该从以下几方面着手，制定相应的管理制度：总体管理、需求管理、合同管理、开发管理；项目管理、运维管理、设备管理、数据管理、预算管理和采购管理。

上述管理制度中，总体管理制度就是对组织电子政务战略目标、管理机构和管理制度框架作出原则性的规定。预算管理和采购管理制度与其他几类管理制度不同，具有如下三个特点：第一，这两类管理制度在政府机关中具有普遍的适用性，并不是电子政府建设领域内的特殊管理制度；第二，这两类管理制度在传统政策法规的约束下制定和实施，且由规定的部门负责，信息化建设领导小组和信息办没有主导权；第三，从电子政务建设的角度来看，这两类管理制度的特征不具有典型意义，相应的管理工作也与电子政务建设中的其他各项工作界线分明。因此，这里讨论的管理制度重点将在以下七类管理制度上。

①需求管理制度

需求就是用户（客户）的要求和需要，是对某产品或服务的功能和性能特征的记录。电子政务需求就是用户为满足管理和服务目标而对电子政务项目提出的具体要求。它定义“做什么”，而不是“如何做”。理解需求的概念应注意区别“需求”与“问题”这两个不同的概念。系统问题通常是指系统试运行或上线后用户在使用过程中提出的系统运行问题。这些问题，从内容上分可以包括业务（功能）、性能、数据、系统（技术）等方面的问题。从来源上可以包括原需求范围内的系统问题（错误），也可能是超出原需求范围的优化需求或新需求。也就是说，问题来源于原需求，也可以转化为新的需求。因此，如果确定是系统问题，应执行问题管理流程，如果问题转化成需求，应执行需求管理流程。

- 需求的分类

从需求内容来分，需求可以分为业务（功能）需求和技术需求。其中，业务需求包括内容需求、功能需求、质量需求和使用性需求。技术需求包括性能需求、安全需求、运维需求、技术架构需求和部署/上线需求。

从需求的撰写者来分，可分为用户需求文档和开发需求分析文档，通常，用户代表或业务主管部门负责提出系统业务需求，形成需求文档，而开发方项目开发团队则负责进行需求分析，并与用户方项目组、业务主管部门进行需求确认，并形成需求规格说明书。这里我们所提及的需求主要是用户需求的收集、评估和确认的过程中的需求，而不是开发方需求分析报告或需求规格说明书。

从需求发生的时间来看，需求分析分为新需求和变更需求两类。在项目立项前，用户提出的需求经过评审合理的，应相应成立项目组，启动项目管理流程，此为新需求管理。而在项目立项后，用户所提出的需求经过评审合理的，应交付相应项目组实施，此为需求变更管理。

- 需求的特征

一个成熟的需求是具有鲜明的特征，并可以作为需求的检验标准。具体包括：无二义性，即需求只有唯一的解释，不能用“或”、“通常”、“很少”等容易产生歧义的词汇，尤其注意需求边界的定义，含糊的语句表达将引起需求的不可验证；可理解，简洁明了，而非晦涩难懂；完整，没有“待确定”的需求；一致，内容相互一致；可量化，尽量采用量化指标；可修改；各个需求互相独立，改动或删除一个需求，不影响其他需求；适当，不适当的需求表现为：违背战略方向，对广泛问题的短视的解决方案，引用已被用过并失败的方案，可追踪；需求的渊源是可跟踪的，如果引用标准，这一标准的内容和版本都要被引用；需求的变动，要评估这种变动的影响，有责任人或解释人，落实需求的提出人担当该需求的负责人/解释人的角色。

- 需求的级别

通常的需求，又称为外在的需求。即用户明确表达的需求。大多数需求属于此类。这类需求的实施既不提高也不降低用户（需求提出方）的满意度。

期望的需求，又称为暗示的需求。即用户认为需求分析人员已经理解；对现行系统不要求更改的部分，必须维持现有的水平。这类需求被满足时也不增加用户的收益程度。但它如果不被满足，就会非常明显让客户失望，从而对项目的成功和客户的满意度造成很大的风险。

超预期的需求。即用户并没有直接提出该类要求。通常，这类需求提供比客户期望的改进的流程或更好的功能，从而提高了用户的满意度。这类需求如果被排除，不会降低客户的满意度，但它的实施会使得一个应用系统更容易被用户接受。

• 需求管理的原则

专业统筹管理原则。严格来说，工程质量就是工程或项目如何与用户需求保持统一。因此，从这个角度来说，识别用户或需求提出方的需求是系统工程的基本目标。需求管理的核心内容是收集、评估和确认用户需求，并使用户方和开发方达成共识。首先，用户需求通常通过非术语的形式进行表述。这里的“用户”泛指在实际应用环境中每一位可能使用最终产品的人。其次，项目组业务或技术需求分析人员应努力使用户方和开发方达成共识。

分级管理原则。信息系统需求根据实现的紧迫程度划分为紧急、较高、一般三个级别；根据项目影响程度划分为重大和普通两个级别：紧迫程度的三个级别。紧急：只有这个需求得到实现，整个系统的业务功能才能达到预定目标；且该需求有法律法规规定或上级要求不得拖延的解决时限。较高：只有这个需求得到实现，整个系统的业务功能才能达到预定目标；且该需求无不得拖延的解决时限。一般低：如果需求没有得到实现，总体的业务功能也能实现，但是对于用户而言，所需的功能性或效率将减少。影响程度的两个级别有重大和普通重大：影响前台生产业务正常运行的，或属于本机关信息化建设规划中重要的新系统的需求；影响项目范围、业务模式、技术框架的需求变更。普通：不影响前台生产业务正常运行的，或属于本机关信息化建设规划中新系统的需求；对项目进度和工作时间有影响，但不影响项目范围、业务模式、技术框架的需求变更。

统一入口和集中评审原则。对于一个较为复杂的单位，或者开发一套大型的项目，需求可能比较庞大复杂。需求收集过程可能是一件比较困难的事。为方便最终使用者能够以最便捷的途径反映其需求，并保证需求管理部门能够收集到足够的需求信息，应设立需求统一入口，负责归集和初步筛选系统需求。

②合同管理制度

在电子政务建设过程中，政府部门越来越多地利用社会资源，通过政府采购活动，选择有经验和有资质的供应商提供产品和服务。从法律层面上看，政府部门和供应商的法律地位是平等的，合同是规定双方法律关系和经济交往的具体文件。因此，政府部门应重视合同的法律意义，了解自己的合同行为应承担的法律责任。特别是当政府部门与多个供应商签订合同，需要与多个供应商接口时，对合同进行科学、规范、合理的管理，是一个十分重要的工作。

按照我国《合同法》的规定：“合同是平等主体的自然人、法人、其他组织之间设立、变更、终止民事权利义务关系的协议。”通俗地说，合同是具有约束力的协议，合同规定卖方有提供指定产品和服务的义务，买方有支付价款的义务。合同可简可繁，通常反映产品和服务的繁简程度。

合同管理是确保卖方履行合同要求的过程。对于需要多个产品和服务供应商的大型项目，合同管理主要是管理与不同供应商之间的接口合同关系的法律本质性，执行组织在管理合同时必须准确地理解行动的法律内涵。

合同管理包括对合同关系适用适当的管理过程，并把这些过程的输出统一到整个组织的合同管理中。当涉及多个卖方和多种产品的时候，在各个层次上都需要统一管理和组织协调。合同管理活动中应注意以下几个问题：

第一，任何违反合同的行为都会带来极大的风险，应根据合同法规定履行和更改合同。

第二，不要在合同签署之前，以及没有得到合同管理负责人对工作范围或涉及工作范围变更的确认之前，投入大量资源以及确定时间表。

第三，所有合同的变更（包括图表、时间进度、附加物和附件）都需要通过合同管理负责人的批准。

第四，在遵循合同的前提下，与供应商保持良好的合作关系。

合同管理流程包括六个阶段：确定合约关系、提交合同建议书、确定合同、执行合同、更改合同和结束合同。

确定合约关系。政府部门在进行电子政务建设相关政府采购时，必须严格遵守《政府采购法》等相关法律、规章和制度。确定合约关系就是选择和确定供应商。政府部门一般都是通过依法进行的政府采购活动来确定合约关系的。合同管理只是政府采购流程中的最后一个后续环节，而确定合约关系只是启动起草合同等后续合同管理活动的前置环节和准入条件。

起草合同。起草合同是合同管理的首个环节，主要是根据政府采购活动产生的文件中具体内容来起草，如招标文件、投标文件、询价书等。起草合同的过程其实也是洽谈合同细节的过程，采购方和供应商需要经过多次协商、谈判，多次修改合同草稿。

审核和签订合同。正式签订合同前，应按照一定的流程进行审核和批准。审核工作一般由专业的部门和人员执行。可以由一个专门的或固定的部门和人员独立完成审核，也可以由多个部门和人员，根据各自的专业领域和职责分工，分别对合同的不同方面进行分工审核，例如技术方案、业务需求、知识产权等。审核工作可以一次性完成，也可以细分为初审、审核、终审、修改、签订等过程。

执行合同。执行合同是按照合同的规定，定期对合同的阶段性交付物进行验收，并支付相应合同款。合同内容的复杂程度、时间跨度不一样，合同执行过程的复杂度和时间跨度也不一样。例如：小型的硬件设备采购合同，在设备验收入库后，合同就执行完毕；大型的软件开发或系统集成项目合同，要经过初验、中验、终验、售后服务等多个阶段，可能要经过一两年，合同才能执行完毕。

变更合同。在合同执行过程中，经常会出现工作范围、工作计划、合同费用等项目的变更，当变更的内容超过原来合同约定的范围时，通常需要对合同进行变更。变更合同需要合同双方对变更事项进行谈判并达成一致意见，最后签订补充合同或补充协议。合同的变更同样需要经过一定流程的审核和批准。合同变更的流程通常会在原合同中进行约定。

结束合同。合同正常执行完毕，或者出现异常无法正常执行完毕，需要中止合同时，就要结束合同。正常结束合同时，主要工作包括合同归档、正式的验收和收尾，以及最后合同款的支付。异常关闭时，主要工作包括谈判、判断违约责任和法律诉讼、谅解备忘和补充协议等其他善后事项，当然也包括合同归档。合同异常结束同样需要经过一定流程的审核和批准。

合同综合管理。合同管理部门负责合同的综合管理工作，包括：通过统计报表和数据分析，对合同管理的绩效进行评估，为改进合同管理工作本身以及与合同管理相关联的工作提出建议，如政府采购、财务管理、档案管理等；分析合同执行情况，向合同主办部门、相关项目组或部门提出加强项目管理、控制项目风险的建议：定期编制合同管理报表，为高层领导的信息化预算、政府采购等重要决策提供数据支持。

③开发管理制度

开发管理主要承担两项职责。一是指对政府机关信息部门自行完成的非立项开发工作进行管理。这类开发工作一般是对处于正常运行和维护状态中的应用系统进行少量的修改，以便增加或更改少量功能。此时，开发该应用系统的项目组已经解散，且由于开发的工作量和技术难度较小，仅需要临时组织政府机关自己的技术人员就可以在短时间内完成开发，没有必要再重新立项并组建项目组。二是对于那些需要通过立项并组建项目组来完成的开发任务，提供专业指导，并参与工程管理共同保障系统开发质量。其主要任务是：组织构建并维护完善的内部开发架构，以便提高开发的工作效率并保证质量；确认需求可通过非立项的自主开发来完成；制定开发计划，将一组适当的需求纳入其中，确定开发范围、技术方案、工作量、进度计划和所需资源；组建开发团队，组织完成设计和开发任务；合理控制进度、问题和风险，确保开发工作按时保质完成；组织完成测试和验收；组织完成版本发布上线工作，组织进行相关培训。

④项目管理制度

描述项目开发生命周期中的具体规范、流程和标准，包括开发的准入条件、开发方式确定流程、立项管理制度、标书制作规范、项目设计开发相关规范和标准、时间进度管理方法、范围变更管理方法、成本管理方法、质量管理/风险管理/问题管理流程和标准、项目测试/验收/培训的流程和标准、开发工作量评估方法、项目沟通管理等，以及各相关部门和机构在项目管理中的职能。

⑤运维管理制度

规定各种信息化基础设施、软硬件平台、应用系统的运行维护流程和标准，以及流程中涉及的任务与岗位责任。

⑥设备管理制度

对计算机设备进行分类，并描述设备管理的原则、岗位职责和管理程序，即针对如何采购、验收、领用、调拨、借用、清点、回收和报废设备进行详细说明。此外，该类制度还应该具体说明个人设备、专用系统和培训设备的配置原则。

⑦数据管理制度

就数据应用体系中的数据统计和分析以及数据质量管理的规范、流程和标准作出规定。

6.2.4 电子政务建设的项目管理

信息技术的应用给人们生活工作的各个层面带来了深刻的影响，政府信息化建设也迎来了新的机遇和挑战，电子政务已经成为各级政府关注的焦点。电子政务是指高效、开放的政府凭借计算机技术、现代通信技术等高新技术在安全可靠的网络平台上行使管理职能、开展政务活动。电子政务的本质是政府管理的一场革命性的变革。其建设和发展反映了现代政府管理的客观发展要求，反映了信息社会发展的规律和特点，因而具有强烈的时代特征。同其他工程项目一样，电子政务项目首先是一项项目工程，因此必须在其建设过程中采用项目管理的思想和方法。

(1) 项目管理定义

说到项目管理，人们会认为是“对项目的管理”，这个也就成为项目管理最初的定义。在这个定义里包含了两方面的含义，第一，项目管理应该属于管理的范畴，项目管理学也就成为管理学下的一个分支。第二，项目管理的对象是项目，离开了“项目”，项目管理也就无从谈起了，两者是密不可分的。下面给出国际项目管理界对项目管理的两个权威定义：①PMI 的定义：项目管理是在项目活动中运用知识、技能、工具和技术，以便满足项目的需求；②ISO10006 的定义：项目管理是通过对项目的计划、组织、监测和控制，以达到一定项目目标的连续的过程。综合上面两个定义发现“项目管理是通过项目经理和项目组织的努力，运用系统理论和方法对项目及其资源进行计划、组织、协调、控制，旨在实现项目的特定目标的管理方法体系”，这个也就是项目管理的一般定义。

（2）项目管理的组成

早期的项目管理主要关注的是成本、进度，后来又逐渐扩展到质量、资源、采购等各个方面。最近十几年间，项目管理已经发展成为一个涵盖了九大知识体系的一门单独的学科分支。

①范围管理

为了实现项目的目标，对项目的工作内容进行控制的管理过程。包括范围的界定，范围的规划，范围的调整等。

②时间管理

为了确保项目最终按时完成的一系列管理工程，包括具体活动界定、活动排序、活动时间估计、进度安排和进度控制等过程。

③成本管理

为了保证完成项目的实际成本、费用不超过预算成本、费用的管理过程。包括资源的配置，成本、费用的预算以及费用的控制等多项工作。

④人力资源管理

为了保证所有项目关系人的能力和积极性都得到最有效的发挥和利用所做的一系列管理措施。包括组织的规划、团队的建设、人员的选聘和项目的班子建设等一系列工作。

⑤风险管理

涉及项目可能遇到各种不确定因素。包括风险识别，风险量化，制定对策和风险控制等。

⑥质量管理

为了实现项目的目标，对项目的工作内容进行控制的管理过程。包括范围的界定，范围的规划，范围的调整。

⑦采购管理

为了从项目实施组织之外获得所需资源或服务所采取的一系列管理措施。包括采购计划，采购与征购，资源的选择，以及合同的管理等项目工作。

⑧沟通管理

为了确保项目的信息合理收集和传输所需要实施的一系列措施，包括沟通规划，信息传输和进度报告等。

⑨项目综合管理

指为确保项目各项工作能够有机地协调和配合所展开的综合性和全局性的项目管理工作和过程，包括项目集成计划的制订，项目基础计划的实施，项目变动的总体控制等。

(3) 项目管理对于电子政务的重要性

同其他信息化工程一样，电子政务建设首先是一项项目工程，因此必须在其建设过程中采用项目管理的思想和方法。但是在项目管理过程中又必须有所创造，这是由电子政务的目的、制度、手段和评价工具等软性化因素所决定的：与具体建筑类工程相比，通常其功能难以确定和细化；与企业信息化的工程相比，效益难以评价。现在看来电子政务不仅是一项技术应用——通过信息技术提升办公效率，而且更是一项制度变革，即传统政务上网引发的制度和流程的变革。这些效果很难通过技术指标来反映。如果从不同利益者来分析，其建设者、委托者、使用者和受益者的利益难以统一，因此要将立项、建设、管理和运营统一起来。这也是电子政务效益最大的难题。自己建，由于没有竞争者，很难具有监督性，且自己本身就是监督者，再加上政府机构的技术人员的专业化水平很难与专业公司相比，因此很难建好。这也就是说必须按照项目管理理论来实施，分清各个阶段主要利益者不同的权利和责任，解决电子政务中各个阶段的难题。在我国目前电子政务的建设、运行、维护的体制问题比较复杂，必须走专业化、市场化的道路，要进行合理分工。

(4) 我国电子政务项目管理现状

在我国即使在许多工程中应用了项目管理的方法，也通常存在以下亟待解决的问题：

①项目管理缺乏规划和系统性

项目运作主要体现为过程行为：我国电子政务项目的任务细分与计划性不够，出现项目进度延迟、资源浪费、质量低下或项目失败等现象。其中一个重要原因是项目的规划能力不强，目标不明确，以及下一步发展不清晰，缺乏系统性。例如在建设政府网站时，政府网站的功能是什么？网站与政府信息管理系统是什么关系？建设电子政务项目中的多种资源如何有效配置？等等问题，都需进行系统地、全盘地考虑。

②项目管理控制体系不健全，缺乏相关的技术标准

同我国其他信息化项目一样，大部分政府机构缺乏完整的项目管理体系，相关的责权不够分明，项目管理的漏洞较多，缺乏协调性。例如决策和执行的关系，通常可能在众多项目中被混合在一起，增加了项目的实施难度，并妨碍其效果的发挥。例如在业务流程改造设计中，本来应该由最高决策层确定的事情，可决策层觉得比较难以处理，把问题推给执行层，而执行层又常常把它推给技术实施公司，结果在技术实施公司层面模糊处理，最终问题在应用中又暴露出来。

③项目风险防范意识缺乏，存在不确定性因素

很多电子政务项目管理没有风险防范计划，项目的可行性分析流于形式，项目计划时不注重项目中来自政府、投资、技术、管理与运作的风险分析，项目实施中不重视风险的监控。结果因项目风险管理不当招致项目中途停工，或者即使勉强建成也问题成堆。

④项目领导技巧普遍欠缺，缺乏有经验的团队

在从事政府项目建设中，来自IT企业的项目经理领导技能较弱，在许多情况下对政府内部业务不熟悉，缺乏决断力，加上项目本身存在一些不确定因素，常常出现项目经理不能得到组织高层领导及政府客户的有效支持等问题，导致项目中途下马或更换项目经理。

⑤不注重项目经验总结和知识共享

大多数电子政务项目收尾草率，缺乏项目总结过程，建设与运营脱节，导致项目管理原地踏步，项目绩效较低。当然目前在项目决策与实施，管理与技术之间的处理也存在一定的冲突。同时我国许多电子政务项目建设中存在的问题和积累的经验，还不能普遍、相互地与其他机构共享，导致许多同样的错误在许多其他项目中不断重演。

（5）国外电子政务项目建设经验

在国外，电子政务项目同样是一个新事物，在实施过程也出现了一些问题，例如目标过高而一时无法实现，导致项目失败，但也有一些值得我们借鉴的经验：

①注重项目规划，并将规划制度化

我国目前一些电子政务项目建设思路边走边看，俗语说“草鞋没样，边打边像”。而国外电子政务建设通常具有非常鲜明的计划性，没有通过审查的规划就不能实施，而且会将此规划向社会公布。例如美国联邦政府和地方政府在发展电子政务时，都公布了详细的规划，其内容丰富，计划详细，非常具有可操作性；再如电子欧洲计划和英国出台的各种电子政务计划，其行动方案也是十分清晰，步骤非常明确。目标明确化，可以考核的电子政务的建设目标愈明确，操作就愈有成效。通常国外电子政务项目在编制后，目标非常明确，而且可以检验考核。例如对办公自动化，可能具体到某个比例的文件必须通过网络来进行信息处理：对于政府业务上网程度、整合程度和处理程度都有明确的规定。同时对于可能带来的效益也一目了然。

②形成明确的项目组织机构，而且从各种资源上予以保障

通常国外电子政务项目规划一旦通过，各种资源保障就相应跟上，无须与一些部门讨价还价，从而无须像我国一些电子政务项目，担心半路缺粮或者不断花时间来争取资金，协调关系。这样也保证了电子政务建设的效益与速度。

在规划初期就充分借助外部力量将电子政务项目的咨询、建设和维护等业务分别包给不同的专业公司，每个公司通过自己的专业服务各自承担一块，服务专业，职责分明，效果很好。

(6) 电子政务建设项目的组织与管理

电子政务建设项目是为实现高效、透明、规范的电子化内部协同办公和对外服务提高政府竞争力的一系列投资，建设的目的是通过信息网络，提高政府的监管能力和服务水平，提高行政效率，促进政府信息和决策的科学化和透明化。同时电子政务建设又是一个投资大、历时长、涉及面广的系统工程。它的艰巨性和复杂性，以及对政府影响的长期性和广泛性决定了项目的建设必须加强组织与管理。

通常情况下，一个电子政务项目建设应包括如下过程①：

①成立项目建设工作组

电子政务建设的自身特点决定了任何一个项目建设都不能单凭个人力量与智慧去完成，需要吸收相关专业人士组成项目工作做共同完成。

②开展前期调研

主要包括以下内容：一是国家信息化政策、国家电子政务指导思想、总

① 姜春超等．电子政务建设项目的组织与管理［J］．信息化建设，2004.

体规划以及上级政府和部门对电子政务工作的具体要求，这是指导项目建设的依据。二是本地区、本部门信息化建设的现状。三是具体项目建设的可行性，这是项目成功实施的关键和保证。四是规模相当性质相近的相关案例，可以为项目的实施提供宝贵的经验。

③进行项目的需求分析

需求分析是项目建设实施过程中最基础的环节，决定了整个项目的建设成败。项目的需求分析是在全面掌握调研材料基础上展开的，需求分析按照从大到小，从粗到精，从全体到局部的过程分步实施的。需求分析的主要内容是，根据国家或上级机关的相关要求，从本地区本部门的实际情况出发，理清政府管理流程分析系统建设的依据和可行性，分析系统建设的总体目标、系统结构、主要功能、具体任务以及建设原则最后形成项目需求方案。

④公开征集技术方案

这个环节是需求和技术首次结合的过程。需求方案形成后，项目建设可通过有一定影响力的公共媒体，通常采取无偿的方式面向网络集成商和设备供应商公开征集解决方案。征集方案的通知中通常要说明征集方案的目的、征集方案的对象及资质、索取需求方案的地点、时间和联系人，以及返回技术方案的截止日期等。

⑤编制项目建设方案

编制项目建设方案是在收回技术方案后，项目建设工作成员按照需求方案组成部分进行相对分工，分头对技术方案进行认真研读，弄清各家方案的总体思路，采用的有关技术，以及与需求方案的结合程度等。然后，工作组成员集中在一起，由组长首先提出项目建设方案的总体框架在组内进行充分讨论，达成共识后，以收回的技术方案为基础，采众家之长，结合具体需求，进行项目建设方案的编制。方案要紧密结合本地、本部门实际以满足实际应用需求作为唯一标准，突出实用、注重实效，避免由于盲目追求设备的先进性、高性能、高起点，造成资金浪费。

⑥提请专家论证

项目建设工作组要做好组织专家论证的各项前期准备工作，预先将方案复印分送有关专家，以保证专家有足够的时间审查方案，做好参会准备，保证专家在会上充分发表意见，确保方案制定的科学性、可行性、合理性以及可操作性。专家论证会应对所论证方案形成具体的书面意见，供领导决策。

⑦报批（立项）与落实建设资金

专家论证后，项目建设工作组须按照专家论证意见对方案进行相应地调整和修改，总结项目的前期工作情况形成工作报告，以建设方案为基础，本着多渠道筹集资金的原则，提出落实资金的请示或建议，连同项目建设方案、专家论证意见等材料一并报领导审批。

⑧以建设方案为基础与形成招标文件

电子政务建设项目招标是政府采购行为，此时，项目建设工作组的主要任务是和政府采购部门联系落实招标工作相关事宜，起草招标申请或委托函，确认项目立项已获批准，项目资金已经落实，界定投标企业资质，同时，以建设方案为基础，编制招标文件的技术文档，送采购部门一并形成招标文件。

⑨公开招标

招标工作在政府采购部门的统一组织下进行。公开招标包括很多环节，其中至关重要的环节是开标、评标和定标。开标是指在规定的日期、时间、地点公开启封收到的所有投标书，由采购组织部门当众宣布投标者名称和报价；评标工作是评标委员会在众多参与投标活动的投标人中，依据技术参数、价格、提供售后服务等因素，客观、公正地评出中标者的评审活动和过程。定标是指根据评标结果确定中标人，形成评标报告，下发《中标通知书》的过程。

在招标过程中，建设单位作为业主，根据《招标投标法》全过程参与各环节的活动。《中标通知书》发出后，项目建设工作组要与中标企业尽快确定时间，在采购部门的主持下，对合同文件进行细节上的交流与谈判，达成一致后即签订承包合同。这时，中标人的身份发生了变化，由中标人改为承包商，并要对所承包的项目工程负经济责任和法律责任。至此，整个工程的招标及评标工作宣告结束，正式转入工程的实施阶段。合同内容要求包括：建设要求，要求工程标准规范、设备型号、数量、配置与价格、设备到货与安装调试时间；软件要求；工程进度要求，包括测试方法、验收要求；培训计划；拨款方式；技术文档要求；保修和售后服务以及违约责任等事项。这是通常的做法，有时为了简单明晰，特别是大的工程项目，合同可以仅包括商务方面的内容条款，而技术方面的内容则通过制定具体的实施方案确定，这也为工程的组织实施提供了依据。

⑩工程实施

工程实施是项目建设的关键阶段，实施工作的好坏直接关系项目的成败。工程实施的核心问题是工程的进度和质量。转入工程实施阶段后，项目建设工作组的工作重点主要是切实发挥好组织、协调、监督和管理的作用。

要加强工作的组织与协调，为项目的建设提供良好的外部环境和内部条件；列出详细的并切合实际的工程实施进度表，严格按照工程进度组织进行，特别是可以并行的建设项目，要做到心中有数，有条不紊，注意衔接，按照工程建设方案，严把工程质量关，将方案中包括的建设目标和主要任务落到实处。

⑪工程验收

工程验收是对工程的检查和总结，通常由政府采购部门组织参与该项目的评标专家进行。工程验收前，项目建设工作组要组织和督促项目承包商将工程建设过程中形成的资料、图表、技术文件等基础数据收集整理好，确保完整、齐全，对系统进行全面测试并起草完成对任务进行分解的详尽的工程验收报告，以便考核。准备工作完成后，及时与采购部门沟通协商，确定项目验收时间。验收按照听取项目建设情况报告、项目建设有关问题质询、现场勘查和测试等程序进行，专家组要根据验收情况形成书面验收意见，对工程中尚存在的问题提出改进意见或整改措施。

⑫组织培训

做好培训工作是确保系统高效运转的保障。一个新的系统建设完成后，要组织对使用人员和技术管理人员的培训。使用人员的培训通常由项目工作组统一组织，承包商现场完成，通过培训，要做到能够熟练操作和使用；技术人员的培训一是通过参与工程建设、熟悉情况，在具体工作中进行，二是参加主要设备供应厂家提供的专题培训，全面掌握设备性能和维护技能，确保设备维护工作的正常进行。

⑬加强使用管理与维护

建设的目的在于应用，只有将建设项目很好地应用于具体的工作实际，才能使系统切实发挥作用，提高工作效率。因此，项目建成后，要制定相应的制度和措施，落实相关工作责任制，建立顺畅的运行与维护机制，确保系统高效运行。

7 电子政务建设的技术与规范

本章主要内容：

- 电子政务建设技术
- 电子政务建设标准
- 电子政务建设制度

本章学习要求：

- 了解电子政务开发的关键技术
- 掌握电子政务系统软件设计的要求和内容
- 了解常见的电子政务安全防护关键技术
- 掌握电子政务标准化的意义和作用
- 掌握电子政务建设标准体系内容
- 了解网络民主对电子政务的作用
- 把握我国电子政务法律法规建设的现状

电子政务的发展充分利用了各种现代技术手段，如各种软件开发工具、系统安全防护技术，同时顶层设计等理念对电子政务的整体架构搭建提供了理论支撑。另一方面，电子政务系统又是多种应用系统、多种信息资源和多个单元网络的集成体系。电子政务在处理过程中要求能够在异构平台、异构环境、异构网络中实现数据交换和业务处理，这就涉及数据和文档标准化问题。标准化体系与技术规范是电子政务顺利实施的重要保障，也是电子政务长期、可持续发展的重要前提。除了标准建设，电子政务还应加强在内部管理、法律保障等方面的工作，以保证电子政务的健康有序发展。

7.1 电子政务建设技术

电子政务建设不同以往一切建设工程的显著特征是：电子政务的建设必

须在强大的信息科学技术发展基础之上，利用最新的信息科学技术成果和最新的信息网络设施工具，建构一个实体与虚拟相结合的工程。因此，搞好电子政务建设的一个关键环节就是作好建设过程中电子技术的选择与预期。

7.1.1 信息开发技术设计

(1) 开发技术设计概论①

电子政务涉及计算机软硬件设备、计算机网络技术、数据库技术和各种开发工具，是一个规模庞大的系统。因此在建设电子政务之前，就存在一个技术选择的问题，即选择何种信息开发技术和开发工具。这些选择受到多种因素的影响，如以往的技术基础、经费、知识产权、规划与政策、人才等。

实施电子政务所需要的硬件环境包括服务器、客户机和各种网络设备以及与互联网的连接方式；软件环境主要包括操作系统和数据库。操作系统属于系统软件，为用户提供一个服务界面，帮助用户管理计算机的各种资源和外部设备，如存储系统、文件系统、打印机、扫描仪等。建立电子政务系统必须选择合适的操作系统，操作系统的选型要综合考虑操作系统的性能、版权、产品升级、技术支持、是否有丰富的开发工具、维护的难易、系统的安全性等多方面的因素，现在流行的 Windows 系列、Unix 系列和 Linux 系列都是比较成熟的操作系统平台。数据库是电子政务系统中的一个重要支撑平台。电子政务系统的各种信息都存放在数据库中。作为电子政务的后台数据库系统，应当考虑到访问数据库用户的数量、并发的请求数等指标，选择能够支持联机事务处理的大型数据库系统。现在，比较流行的数据库系统包括 Oracle、Sybase、SQL Server、DB2 等大型数据库系统。

在构造好电子政务运行平台之后，上层的各种应用开发将是关键之所在。到目前为止，电子政务基于网络的应用大体可以归为三类：政府部门内部的电子化和网络化办公，主要通过网络办公系统来实现；政府部门之间通过计算机网络进行的信息共享和实时通信，主要通过电子邮件系统来实现；政府部门通过网络与民众之间进行的双向信息交流，主要通过政府网站来实现。相关的开发技术包括：信息存储和挖掘技术，包括信息存储的方法、数据挖掘方法和决策支持等；办公系统开发技术，主要以 Lotus 为代表的开发技术；网站开发技术，主要包括 Html、Xml 信息组织方式和 ASP、JSP、PHP 等动态网页开发方法。

---

① 陈冰，等. 电子政务技术与安全 [M]. 北京：北京大学出版社，2003.

(2) 电子政务系统软件设计开发原则与要求

电子政务的建立以信息技术作为基础，从政府信息发布、政府网上服务到政府部门间及政府部门内的信息共享和网络办公，都需要不断发展的信息技术作为保障。与电子政务相关的信息技术包括：Web应用技术、数据库技术、全文信息检索技术、数据仓库和数据挖掘分析技术、网络连接技术、数据通信技术、安全技术等。在这些技术中，对数据和信息进行灵活、有效、多元化的管理尤为重要。电子政务处理过程中要求能够在异构平台、不同的网络中实现数据交换和业务自动处理，这些必然涉及数据、公文和文档格式的标准化、统一化，需要建立一个能够描述政府内部、政府部门间和政府与公众间数据交换和业务处理流程的规范标准，以减少数据在处理过程中因标准不统一而引发的诸多问题。

①电子政务系统软件设计开发原则

电子政务系统软件开发工作必须遵循以下原则：

• 以公众为中心提供服务，服务对象既包括政府机关内部，也包括其他机关、团体、企业和社会公众。

• 充分利用政府内部资源和技能。

• 建立完善的信息发布管理机制，针对不同类型的用户提供不同的信息。信息内容包括机关内部信息、可在一定范围内流动的信息和可公开发布的信息。

• 在联机提供服务的同时也应加强其他服务手段。

• 包括受理各种申请、投诉、建议和要求，既有信息的发布与接收，也有交互的数据处理。

• 建立坚固、稳定、管理功能强大的Intranet/Internet网络平台，提供24小时的可用性。

• 具有强大的数据访问、存储、操作与管理功能。

• 建立易扩展、易二次开发的应用平台。

②电子政务系统软件设计开发要求

电子政务系统以党委、政府等机关为服务对象，必须符合以下需要：

• 电子政务系统由于是党委、政府等机关的日常事务管理应用系统，是机关的主要业务系统，是关系到机关能否积极有效地发挥职能的关键，因此机关迫切需要计算机管理系统。

• 目标用户具有明显的层次化。垂直机构设置，上下级单位之间数据交流频繁，应用软件系统结构应提供与上级单位、兄弟单位、下级单位连接的开放接口。

• 比较复杂的公文（收文、发文）流程，对文字审核有严格要求。系统应保证公文文字、逻辑等方面的正确性。

• 对信息采编（汇编）有较高要求，保证信息上传的顺利进行。

• 系统提供了移动办公、远程办公能力。

• 系统在实现无纸化办公、提高办公效率的基础上，应注重为领导提供服务；针对为领导服务的要求，系统应该提供领导讲话管理、领导日程安排等功能模块。

• 系统为广大用户提供相互交流的场所。

• 对系统数据安全、用户权限控制有严格要求。

• 系统提供办公数据备份支持。

由于电子政务系统涉及单位大多数工作人员，因此系统使用培训非常关键，正规有效的培训是系统正常运行的保障。

(3) 电子政务系统软件设计特点①

电子政务系统软件采用模块化设计的理念，充分考虑电子政务的普遍性原则，尽可能具备通用性的特点。其核心思想是以目录服务技术为基础，构建网络应用基础平台，能够在多种操作系统环境中并存，在多个局域网互联的情况下实现统一网络用户、统一网络资源、单点登录一次认证、资源使用个性化等管理。

在保证系统安全的前提下，既有使用于内网的组件，也有使用于外网的组件，并且能实现内外网的有机统一。在电子政务的每个组件设计方面都将系统分成若干模块，包括目录区、主信息区、信息处理区、系统管理区等。

①目录区：根据电子政务系统软件应遵循的原则，可以组合式安装，能够为各地政府及其部门使用的通用性软件。其安装过程较为简便，只要在目录区填写具体名称、类别等，就可以直接使用电子政务某个特定的部分。

②主信息区：系统用户可查询、发布、交流的信息。它分为类别信息、部门信息、内部信息等。

③信息处理区：分权限对信息进行管理。所有用户在信息系统管理中均设定权限，在平台上构筑一系列内部应用软件，包括内部网门户、信息发布、公文流转、业务跟踪、档案管理、项目管理、经济分析等政府办公和决

---

① 杨羽，贺盛瑜主编．电子政务应用基础［M］．西安：电子科技大学出版社，2005：136.

策软件。

④系统管理区：确定系统的类别和用户管理权限，使系统安全、稳定运行。

（4）电子政务系统软件设计内容①

①体系设计

体系设计一般是在进行了结构、流程和信息资源等分析的基础上，参考国家的相关标准和要求，在比较国内外成功的电子政务体系和成熟的技术应用后，找出本机构电子政务建设要解决的关键问题，确定政府机构运作的核心功能模块，并结合通用功能（如干部管理与人事管理、公文管理、财务管理等）形成功能体系架构。

在确定功能体系架构之后，还要确定电子政务建设的目标体系。不同政府机构根据其职能和地域特点，建设的目标体系在内容上不尽相同，一般既包括总体目标也包括分阶段建设目标。

在确定了目标体系和功能体系架构后，就可以据此规划出相应的总体系统技术架构。总体系统架构包括：系统技术结构和基本网络通信等的技术方案，各系统之间的关系描述，相关各系统的性能指标要求，例如，通信系统的数据流量、网络拓扑结构、管理软件系统的应用平台设计等。

在明确了系统体系后，就要明确技术选型要从对系统体系适应度、技术的通用性和可用性、对软硬件的投入大小等方面综合考虑。一般技术选型要明确以下信息：主要硬件环境，如数据库服务器和应用服务器采用何种产品；操作系统，包括服务器和客户机的操作系统；应用系统内的各种服务器软件；开发语言及开发工具。

②功能模块设计

功能模块设计是对政府的各项职能及其流程进行分级、分解、描述和设计的过程。对政府所涉及的决策、管理和申报审批的职能活动，由流程图和结构图两个角度明确了系统内部的关系，表明各功能模块之间的调用关系，并进一步进行功能模块的细化和具体的模块描述。要明确模块运行的程序、外部引用模块程序、程序的总体功能和具体功能与目的、程序运行条件，以及模块标识符、功能描述、输入、输出、内部算法等信息，并写出相应的源码。

③数据库设计

① 侯卫真主编．电子政务［M］．北京：中央广播电视大学出版社，2005：69-72.

数据库设计是系统设计的重要组成部分。数据库设计首先是构建数据关系结构，通过 E-R 方法（Entity-Relationship）设计实体、实体属性、实体联系、主键定义、属性域等信息来标示信息实体概念及联系，即生成具体的数据模式。再利用数据工具生成相应的脚本及生成相应的物理数据库结构。此外，还要对数据库的存储过程、触发器等功能模块进行设计。

④界面设计

首先要明确系统界面的风格，可以先做一个系统原型听取意见，明确界面色调、文字的字体和字号等。根据流程图及功能框架图设计界面的风格、色调，进行窗体层次图及窗体功能说明，明确每个窗体内的控件、事件及属性，将要完成什么功能及调用哪些功能模块。最后，使用相应的编程工具将界面表示出来，并完成后台相应的功能模块及调用代码，使系统运转起来。

(5) 电子政务的解决方案

目前国内已开发了多种政府上网或电子政务解决方案，考察各种方案在体系结构、支撑平台以及系统安全等方面的差异，较为成功的解决方案有：国信技术的 EGS 系统，海信公司电子政务方案，海南中企公司电子政务系统，朗新公司基于 Linux 的政府上网解决方案，慧点科技（Smart Dot）电子政务方案，以及 Lotus E-government 电子政府应用解决方案等。

各种解决方案的硬件系统大多选择技术处于领先地位的著名厂商，如 IBM、HP 的产品。操作系统有 Windows NT/Unix/Linux 三种选择。至于互联网安全系统，各方案原则上是在内部和外部网络之间设一道防火墙，以保证信息不受外界的攻击，同时又不同外界隔绝。通过防火墙可以在内部对信息进行严格控制，保证信息在有控制、有监督的状态下，为合适的人所利用。只有朗新公司在方案中明确提出使用其自主开发的系列服务器。海信公司指定其路由器、拨号访问服务器、交换机都采用 Cisco 公司的产品。

在应用服务器方面，除基于 Linux 方案以外，其他大多方案无一例外地选择了 Lotus Domino/Notes 产品。

7.1.2　电子政务安全技术

由于政府部门担负着管理国家事务的重任，是整个国民经济赖以运行的管理体系。如何保证这些国家机密信息和其他社会活动资源信息的正确性、完整性和安全性关系到国家的整体利益？本节在分析电子政务安全需求的基础上，介绍目前主流的信息安全关键技术。

(1) 电子政务安全概述

电子政务行使政府职能的特点会引致来自外部或者内部的各种攻击，包括黑客组织、犯罪集团或某些国家行为的攻击。实施攻击主要依靠技术手段，包括基于监听、截获、窃取、破译、业务流量分析、电磁信息提取等技术的被动攻击和基于修改、伪造、破坏、冒充、病毒扩散等技术的主动攻击。此外，技术本身即是一把双刃剑，任何技术手段都不可能完美无缺，它们也存在缺陷。例如，网络硬件设备的弱点将危害网络的可靠性和可用性；操作平台的漏洞可能构成系统隐患；网络协议的开放性也会导致网络存在安全风险等。这些缺陷一旦被人为地加以利用，就会给系统的运行带来极大的风险。

从技术角度分析电子政务的安全需求，主要包括以下五点：

①信息系统的可用性

发展电子政务的一项主要任务就是让政府在互联网上树立良好形象，但是如果政务系统经常遭到攻击和破坏，基本的安全都不能保障，就更谈不上形象。因此必须采取适当的技术保障系统的安全可靠，从而保证各种业务的连续性和一致性。

②政务信息的保密性

在政府的管理和服务过程中产生的信息，相当一部分是有保密要求的，因此要求在电子政务活动中保护这部分信息的隐秘性。未经授权的人，即使采用各种手段获得了数据的访问权，也无法理解实际信息的内容。

③政务信息存储和传输安全

政务信息的存储安全主要是指信息访问的可控性，即只有授权的、安全级别与数据机密性要求一致的用户才允许访问相应的数据。而所有未经授权的用户不能对信息进行任何操作，包括读取、复制和删除等，另外存储安全还包含使信息存储免遭破坏的意思。

不仅保密信息在传输中要确保安全，电子政务系统涉及的各种敏感信息，例如各种报关手续、企业财务报表及纳税情况等，也要求在传输过程中不会被窃听、篡改和损坏。

④系统的安全备份与恢复机制

鉴于政务信息的重要性和特殊性，建立必要的备份制度、有效的系统和数据恢复机制也是保障电子政务安全的基本要求。

⑤身份识别和权限控制

为进行电子政务业务的实体定义唯一的电子身份标识，并通过该标识进行身份认证，才能保证用户身份的真实性、可靠性和不可抵赖性。电子政务需要划分若干个安全域，安全的要求、级别是不一样的，因此需要把使用不同级别政务信息资源的用户划分成不同类型，实现不同类型人员对不同级别信息访问的控制策略。

综上所述，解决好电子政务系统中信息共享与保密性、完整性的关系、开放性与保护隐私的关系、互联性与局部隔离的关系，是实现"安全的"电子政务的前提。

电子政务系统的安全技术可以归纳为：

①通过防火墙保证电子政务内部网络的边界安全，"御敌于国门之外"；

②通过虚拟专用网 VPN 技术实现电子政务信息跨越公网的传输安全；

③建立入侵检测系统，将潜在的威胁扼杀在摇篮之中；

④通过加解密技术保证信息的机密性；

⑤通过颁发数字证书和建立认证中心进行用户身份验证；

⑥通过容错技术和数据备份与恢复技术保证电子政务的高可用性；

⑦制定完善的安全管理方案。

(2) 电子政务系统安全保障关键技术

①反病毒技术

计算机病毒是某些人利用计算机软、硬件固有的脆弱性来编制具有特殊功能的程序。反病毒系统是防范病毒的主要工具，通常是一种软件系统。

计算机技术发展越来越快，使得计算机病毒技术与计算机反病毒技术的对抗也越来越尖锐。我们现在的反病毒技术是针对计算机病毒的发展而基于病毒家族体系的命名规则、基于多位 CRC 校验和扫描机理、启发式智能代码分析模块、动态数据还原模块、内存解毒模块、自身免疫模块等先进的解毒计算机，较好地解决了以前防病毒计算机顾此失彼、此消彼长的状态。

作为新一代反病毒软件应做到以下几点：

- 全面地不仅有传统的手动查杀与文件监控，还必须对网络层、邮件客户端进行实时监控，防止病毒入侵。
- 快速反应的病毒检测网，采用虚拟跟踪技术，识别未知病毒和变形病毒。
- 完善的在线升级服务，对新病毒迅速提出解决方案。
- 对病毒经常攻击的程序提供重点保护。

② 防火墙技术

防火墙是一个或一组系统，它在网络之间执行访问控制策略。实现防火墙的实际方式各不相同，但是在原则上，防火墙可以被认为是这样一对机制：一种机制是拦阻传输流通行，另一种机制是允许传输流通过。一些防火墙偏重拦阻传输流的通行，而另一些防火墙则偏重允许传输流通过。了解有关防火墙的最重要的概念可能就是它实现了一种访问控制策略。同时，防火墙也是目前一种最重要的网络防护设备。

防火墙技术的发展大概经历了四个阶段：

- 第一代防火墙是基于路由器的防火墙。由于路由器具有分组过滤功能，使得网络控制功能可以通过路由控制来实现，所以具有分组过滤功能的路由器被称为第一代防火墙。但这类防火墙安全防护能力很差。
- 第二代是用户化的防火墙工具包，它将过滤功能从路由器中分离出来，加上审计和安全警告功能，并针对用户需求提供模块化的软件包。但这类软件产品的技术要求高，在处理速度、差错率等方面仍有不足。
- 第三代是建立在通用操作系统上的防火墙。它可以实现分组过滤功能，配有专有的代理系统，监控所有协议的数据和指令，保护用户编程空间和可配置内核参数的设置。因此安全性和处理速度都大大提高了，但由于操作系统的源码是保密的，而多数防火墙厂商并不是通用操作系统厂商，因此用户要依赖防火墙厂商和操作系统厂商两方面的支持。
- 第四代是具有安全操作系统的防火墙。此类防火墙就是一个操作系统，防火墙厂商具有操作系统的源代码，可以实现安全内核，对服务器、子系统都作了安全处理，一旦黑客攻破了一个服务器，将被隔离在这个服务器中，不会对其他部分造成威胁。

防火墙技术的发展方向是：

- 防火墙将从目前对子网或内部网管理的方式向远程上网管理的方式发展。
- 过滤深度会不断加强，从目前的地址、服务过滤、发展到 URL（页面）过滤、关键字过滤和 Active X、Java 等的过滤，并逐渐有病毒扫描功能。
- 利用防火墙建立专用网是较长一段时间用户使用的主流，IP 的加密需求越来越强，安全协议的开发是一大热点。
- 单向防火墙（又叫做网络二极管）将作为一种产品门类而出现。
- 对网络攻击的检测和各种警告将成为防火墙的重要功能。
- 安全管理工具不断完善，特别是可以活动的日志分析工具将成为防火墙产品中的一部分。

③防火墙技术

防火墙有效地监控了内部网和 Internet 之间的任何活动，保证了内部网络的安全。但是很明显，对于内部网的安全问题，防火墙起不到任何作用。

防火墙是由中国软件通用产品总公司提出的，是用来加强信息系统内部安全的重要工具，它处于内部网络中，是一个内网监控系统，可以随时监控内部主机的安全状况。其着重点是用技术手段强化内部信息的安全管理，利用计算机口令字验证、数据库存取控制技术、审计跟踪技术、密码技术等对机密文件、重要的行业数据、科学发明专利等机密信息进行保护，防止对信息的非法或违规的窥探、外传、破坏、拷贝、删除，从本质上阻止了机密信息泄露事件的发生。

通过一系列的事前预防、事中监督和事后审计等措施，构建严密的内网安全防范体系，有效防止内网安全事件的发生。

④入侵检测技术

入侵检测系统是一套监控计算机系统或网络系统中发生的事件，根据规则进行安全审计的软件或硬件系统。与防火墙的被动防御相比，入侵检测系统是一种主动防御工具。入侵检测系统可以事先发现试图攻击或滥用网络系统的人员并阻止入侵事件，而且还可以提供有效的审计信息。这些详细记录黑客入侵过程的记录可以帮助管理员发现网络的脆弱性。

根据检测对象的不同，入侵检测系统可分为主机型和网络型。基于主机的入侵检测系统（HIDS）通常是安装在被重点检测的主机之上，主要是对该主机的网络实时连接以及系统审计日志进行智能分析和判断。如果其中主体活动十分可疑，入侵检测系统就会采取相应措施。基于网络的入侵检测系统（NIDS）放置在比较重要的网段内，不停地监视网段中的各种数据包。对每一个数据包进行特征分析。如果数据包与系统内置的某些规则吻合，入侵检测系统就会发出警报甚至直接切断网络连接。目前，大部分入侵检测系统是基于网络的。

⑤物理隔离技术

物理隔离是指通过专用硬件使两个或两个以上的网络在不连通的情况下进行网络之间的安全数据传输和资源共享的技术。简而言之，就是在不连通的网络之间提供数据传输，但不允许这些网络间运行交互式协议。对于电子政务网络中很多部门的内网和专网都是涉密网，而在电子政务信息系统应用中，势必要内网、专网、外网间进行信息交换，因此物理隔离技术已经成为政务信息系统中必不可少的重要措施之一。为此，国家保密局发布的《计算机信息系统国际联网保密管理规定》中第二章第六条规定："涉及国家秘密的计算机信息系统，不得直接或间接地与国际互联网或其他公共信息网络相联接，必须进行物理隔离。"

物理隔离的解决思路是：在同一时间、同一空间，单个用户是不可能同时使用两个系统的，只要使两个系统在空间上物理隔离，就可以使它们的安全性相互独立。

物理隔离技术发展至今大致经历了以下几个阶段：

- 双网双机技术。具体是在一个机箱内同时安装两套主板、内存、硬盘和 CPU，并且共用一个显示器。用户通过客户端开关，分别选择两套计算机系统。该代产品客户端成本过高，但技术水平相对简单。
- 双硬盘物理隔离卡技术。在客户端增加一块 PCI 卡，客户端硬盘或其他存储设备首先连接到该卡，然后再转接到主板上。通过该卡能选择控制客户端不同硬盘或其他存储设备，同时选择了该卡的网络接口，可以连接到不同的网络。该方法技术水平更高，成本低廉。但是该代产品仍然需要网络布线为双网线结构，还是存在较大的安全隐患。
- 基于服务器端的物理隔离卡技术。它的工作原理是采用基于服务器的物理隔离设备来连接两个网络，在同一时刻这两个网络没有物理上的连通，但又可以快速分时地处理并传递数据。

⑥数据加密

数据加密技术是最基本的网络安全技术，被誉为信息安全的核心。数据加密技术最初主要用于保证数据在存储和传输过程中的保密性，通过变换和置换等各种方法将被保护信息置换成密文，然后再进行信息的存储或传输，即使加密信息在存储或者传输过程中为非授权人员获取，也可以保证这些信息不为其所认知，从而达到保护信息的目的。数据加密技术的保密性直接取决于所采用的密码算法和密钥长度。

电子政务的飞速发展对数据完整性以及身份鉴定技术提出了更高的要求，数字签名、身份认证就是为了适应这种需要从密码学中派生出来的新技术和新应用。数据传输的完整性通常通过数字签名的方式来实现，即数据的发送方在发送数据的同时利用单向的 Hash 函数或者其他信息文摘算法计算出所传输数据的信息文摘，并将该信息文摘作为数字签名随数据一同发送。接收方在收到数据的同时也收到该数据的数字签名，接收方使用相同的算法计算出接收到的数据的数字签名，并将该数字签名和接收到的数字签名进行比较，若二者相同，则说明数据在传输过程中未被修改，数据完整性得到了保证。

根据密钥类型的不同可以将现代密码技术分为两类：对称加密算法（私钥密码体系）和非对称加密算法（公钥密码体系）。在对称加密算法中，数据加密和解密采用的都是同一个密钥，因而其安全性依赖于所持有密钥的安全性。对称加密算法的主要优点是加密和解密速度快，加密强度高，且算法公平，但其最大的缺点是密锁的秘密分发困难，在用户较多的情况下密钥管理复杂，而且无法完成身份认证等功能，不便于应用在网络开放的环境中。在实际应用中，通常将两种算法结合使用，利用 DES 或者 IDEA 等对称加密算法来进行大容量数据的加密，而采用 RSA 等非对称加密算法来传递对称加密算法所使用的密钥，通过这种方法可以有效地提高加密的效率并能简化对密钥的管理。

⑦虚拟专用网络（VPN）

虚拟专用网络不是真的专用网络，但却能够实现专用网络的功能。虚拟专用网指的是依靠 ISP（互联网服务提供商）和其他的 NSP（网络服务提供商），在公用网络中建立专用的数据通信网络的技术。在虚拟专用网中，任意两个节点之间的连接并没有传统专网所需的端到端的物理链路，而是利用某种公众网络资源而动态组成的。

虽然实现 VPN 的技术和方式很多，但所有的 VPN 均应保证通过公用网络平台传输数据的专用性和安全性。在非面向连接的公用 IP 网络上建立一个逻辑的、点对点的连接，称为建立一个隧道。可以利用加密技术对经过隧道传输的数据进行加密，以保证数据仅被指定的发送者和接受者了解，从而保证了数据的私有性和安全性。

在安全性方面，由于 VPN 直接构建在公用网上，实现简单、方便、灵活，但同时安全问题也更为突出。必须确保其 VPN 上传送的数据不被攻击者窥视和篡改，并且要防止非法用户对网络资源或私有信息的访问。

目前 VPN 主要采用四项技术来保证安全，分别是隧道技术、加解密技术、密钥管理技术、信息认证技术和身份认证技术。隧道技术是 VPN 的基本技术类似于点对点连接技术，它是在公用网建立一个数据通道（隧道），让数据包通过这条隧道传输。隧道技术必须有专用的隧道协议作为支撑。加解密技术是数据通信中一项较为成熟的技术，VPN 可直接利用现有技术。密钥管理技术的主要任务是如何在公用数据网上安全地传递密钥而不被窃取。信息认证技术和身份认证技术用以鉴别用户的合法身份，提供访问控制，为不同用户设置不同的访问权限。

7.1.3 电子政务顶层设计①

电子政务顶层设计，是关系到电子政务建设成败的关键问题，已引起各国领导层的高度重视。近几年来我国电子政务建设取得了快速发展，但是"重部门自建、轻整体统筹"的现象还较为突出，特别是条块分割、地域分割、部门分割建设所形成的"条块"系统和"孤岛"系统难以整合的问题更为严重。究其原因，主要是缺乏一种整体的组织和顶层的设计。因此，为了避免以上问题的出现，整合现有系统，使电子政务建设取得成效，必须做好电子政务的顶层设计。

（1）电子政务顶层设计的内涵

"顶层设计"是 TOP-DOWN Design 的翻译。顶层设计是一种自上而下将复杂的问题简单化的设计概念，其含义是先确定总体思路、设计总体布局，然后设置零部件，从而完成一个完整的设计。在用项目或工程设计过程中，为了达到 Top-Down，有很多的具体的技巧和方法，通过这些技巧和方法的应用，才能实现 Top-Down 的思路，达到自顶而下设计的目的。根据国内外项目设计和工程设计的实践，对于大型和复杂的产品，采用 Top-Down 设计具有独到的优势。

顶层设计的内涵是把整个政府看作一个系统，在各个局部系统设计和实施之前对总体架构进行分析和设计，从而使各个分系统的设计与实施具有统一的标准，确定与其他分系统之间的关系，需要与哪些系统进行资源共享和业务相互协同，从而解决跨部门、跨系统的合作。

电子政务顶层设计的主要目的是，在电子政务建设中实现理论上一致、功能上协调、结构上统一、资源共享、部件标准化的目标。目前着眼于业务的电子政务的顶层设计，主要有两种不同的思路，一种是侧重于信息资源规划的电子政务顶层设计；另一种是侧重于业务流程再造的顶层设计。侧重于信息资源规划的电子政务顶层设计，主要通过对政务运行过程中的信息资源的梳理和规划，对信息的采集、处理、传输和使用进行全面的规划，确定系统数据模型和系统功能模型，以便进一步构建系统体系结构模型，最终完成应用系统设计。侧重于业务流程再造的顶层设计则是通过对业务流程的梳理与整合，确定行政管理体制、政府职能及具体业务类型之间的关系，形成政

① 齐冬梅编著．电子政务与管理创新［M］．天津：天津人民出版社，2006：159-163.

府的电子政务业务系统的体系模型。

电子政务顶层设计中“顶层”的含义主要有三个：第一个“顶层”的含义是指整体和全局的关系。顶层设计必须跳出局部环境的束缚和影响，站在整体高度和全局视野下去分析决定电子政务中的具体决策。第二个“顶层”的含义是指电子政务的重点是业务、是政务，而不是技术。顶层设计要分析应用系统的业务可行性，分析利益关系。根据经验，顶层设计的成功与否，80%与业务领域的事情有关，重点是与业务领域相关的哪些工作。要正确全面地描述用户需求，尽力满足用户需求是系统成败的关键因素。而这里的用户需求，重点绝不仅仅是用户的操作需求，而是用户业务需求。顶层设计是用信息工程的方法，从宏观上对信息流与业务流进行分析，以获得丰富、清晰、完整的业务资料，利用这些业务资料来帮助和推动电子政务系统中的业务决策设计、业务利益关系设计与业务职能转变和改革。第三个“顶层”的含义是指电子政务强调政府绩效。政府绩效是围绕实现政府职能转变，完成社会经济发展目标而展开的。政府职能是公共服务、社会管理、经济调节、市场监管。它是电子政务的核心目标，要实现这一目标，需要优化工作流程，促进职能转变，提高政务效率，推动体制创新。实现政府绩效目标，应该是顶层设计的深层含义。

（2）电子政务顶层设计的对象

在电子政务建设的早期，顶层设计理念是围绕信息技术而展开的。电子政务系统本身就是多种信息技术的综合运用，是应用系统级别上的互联互通的系统，是要改变和整合以往的条块分割、地域分割、部门分割建设所形成“烟筒系统”和“孤岛系统”电子政务系统的复杂形态。系统的复杂层次结构、系统的众多外界约束大大超过我们已有的系统建设经验和知识。这时的顶层设计思想内涵主要是用系统论的方法，对信息系统建设的各个方面、各个层次、各种参与力量、各种正面的促进因素和负面的限制因素进行统筹考虑，理解和分析影响系统建设的各种关系，从全局的视角出发，进行整体技术结构的设计，并做出各种管理和技术决策，提出体制和业务的改进建议。

目前，在电子政务取得显著建设成果的同时，顶层设计的视野也已经从信息系统扩展到政府体制改革、政府职能转变和政府业务与技术的结合上，这时的顶层设计理念是围绕电子政务项目投资和建设绩效展开的。顶层设计的内容扩大到要考虑我国政府从计划经济时代向市场经济时代转型的变化，要考虑政府职能客观存在的越位、缺位、空位的情况，要考虑到我国政府的法制化水平还较低，规范化水平还较低的客观现实，要尽量规避体制上的缺陷和不足，从根本上减少风险。

业务和技术，正是顶层设计的两大范畴。顶层设计中所指的业务，不但包括业务职能、业务结构、业务流程，还包括业务体制、业务法律法规、业务模式、业务布局等方面。顶层设计中所指的技术，主要是从全局和整体出发，对技术战略、技术框架和技术标准的分析和定义，还包括为了减少重复建设，增加资源（业务需求分析、数据模型、软件模块、界面和网页设计素材等）重用性，以模块化服务的形式，来定义政府所有的应用系统。进行顶层设计，就是围绕电子政务建设中上述业务和技术的种种问题，用系统规范的科学理论方法，描述业务和技术的状态，理清业务和技术中的各种关系，确定建设目标，选择和制定实现目标的路径和战略战术，从信息化的“今天”走向信息化的“明天”。

(3) 电子政务顶层设计的意义

电子政务顶层设计理念的出现，为电子政务健康发展指明了方向，将有利于改变目前相互独立、各自为战的电子政务发展局面，对我国电子政务向纵深发展产生重要的作用。电子政务顶层设计的重要意义，归纳起来主要有以下几个方面：

第一，电子政务顶层设计，将为电子政务建设中一系列重大实践问题找到解决的途径，促进我国电子政务建设中一系列的指导文件、管理规范、技术标准的建立和完善，使电子政务的运作管理走上精细化的道路。改变早期电子政务建设仅仅是依据国家的宏观建设方针和原则，而缺少比较详细的框架与指南，各个分系统的电子政务建设缺乏依据和指导的状况。

第二，电子政务的顶层设计将使电子政务建设由技术主导走向政务主导的正确道路，更多地关注业务层面和利益层面。电子政务建设的目的是利用先进的信息技术创新管理方式，提高公共服务质量和水平。顶层设计将促进电子政务与政府改革的互动，使电子政务的管理创新与服务创新具有合理性，并能够产生出效益，从而避免将电子政务建设停留在单纯提高办公效率的工具层面，充分发挥信息技术对于政府管理的潜力与应用。

第三，电子政务顶层设计将促进我国电子政务建设由局部上升到整体，由各自为战，“信息孤岛”的状况转变为资源整合，协同合作的一体化格局。过去几年我国电子政务建设主要侧重于各个行业或单位的独立设计与建设，各个行业与相关部门之间的电子政务建设没有充分考虑相互职能的协作与资源的共享，难以发挥电子政务的整体效益。电子政务的顶层设计将大大减少电子政务建设中存在的盲目建设、重复建设、“信息孤岛”、绩效监测失控、投资黑洞等问题，有利于各个行业与部门之间电子政务系统的整合，形成电子政务系统的资源共享、互联互通、协同合作的一体化格局。

7.1.4 电子政务操作平台设计

电子政务依靠的硬件基础是计算机技术，计算机的使用依靠的是各种软件操作平台。尽管由于部门性质不同、使用目的不同、使用者不同，选择使用的软件操作平台不尽相同，但到目前为止，Microsoft 办公系列是最常使用的。因此，有必要在此简单介绍一下 Microsoft 办公系列的基本情况。

（1）Microsoft office 2003 简介

继广受好评的 Office XP 以后，Microsoft 公司适时推出了功能更强大的 Office 2003。与以前的 Office 版本一样，Office 2003 包括优秀的子处理软件 Word、功能更强大的表格处理软件 Excel 和方便易用的演示文稿软件 Power Point，此外还增加了其他的一些软件。它们功能强大、使用方便，是现代政务办公中不可或缺的得力助手。

①Word 2003 简介

Word 一直是文字处理领域的佼佼者，它凭借人性化的设计、方便快捷的操作、完善的功能以及丰富的效果被各行各业的办公人员广泛使用。Word 2003 中文版不仅具有强大的文字处理、格式和版式编排功能，还具有强大的表格、图形处理功能。

Word 2003 在完善 Word 2002 中的八个任务窗格的基础上，提供了“开始工作”、“帮助”、“剪贴画”、“信息检索”、“剪贴板”、“搜索结果”、“新建文档”、“附件选项”、“共享工作区”、“文档更新”、“保护文档”、“样式和格式”、“显示格式”、“邮件合并”和“XML 结构”共 15 种任务窗格。在任务窗格中包含了许多命令的超链接和按钮，单击这些超链接或按钮能够执行相应的命令，极大方便了使用。与 Word 2002 相比，伴随着任务窗格数量的增多、分工的细化和功能的完善，每种任务窗格有了更强的针对性。

此外 Word 2003 增加了“阅读版式”功能，在文档结构图版式的基础上，增加了缩略图版式。在缩略图版式中，可以通过单击缩略图查看整篇文档的整体效果，同时对文档内容进行编辑。

②Excel 2003 简介

Excel 2003 是 Office 2003 中的表格处理软件。作为一种表格式的数据综合管理与分析系统，Excel 可以高效完成多种多样的表格和图表设计，进行数据计算、管理与分析，因而被广泛应用于财务、统计、审计、金融、分析以及办公事务的日常管理等诸多方面。

Excel 2003 最大的改进在于对 XML 的支持，并完美地展现了 XML 真正的优势。对于网站管理而言，使用 Excel 2003 编辑 Web 网站数据时，能够直接读入 Web 页面上的 XML 数据，同步更新 Web 站点上的数据，也就是说能够以 Excel 为窗口，与 Web 服务协同工作。

除了网络功能，Excel 2003 还在其他方面作了很大的改进，操作起来更加易于使用。除了进一步完善 Excel 2002 中已有的任务窗格外，Excel 2003 的新增功能还包括以下一些方面：

Excel 2003 能够更好地支持数据库数据导入和查询。对于许多数据库格式的数据可以直接查找并导入到 Excel 2003 中，更易于与其他软件或数据库进行协同工作和资源共享。

Excel 2003 扩展了“公式和函数”功能，使用公式和函数进行计算将更加方便。在 Excel 2003 中改进了边框绘制工具，可以分级显示复杂的边框。此外，还新增了用颜色标记的工作标签，可以使用不同颜色来组织工作标签的工作。

③PowerPoint 2003 简介

PowerPoint 2003 是一款优秀的电子演示文稿制作软件。即使作者没有任何美工基础，也能通过它轻松地制作出色彩绚丽、图文并茂的幻灯片。通过计算机屏幕或投影设备放映文件，配上讲解，在会议、报告、产品演示、教学等各个方面都可以收到良好的效果。

与 Word 2003、Excel 2003 一样，PowerPoint 2003 作为一个组件集成在 Office 2003 的应用程序中。它不但自身具有强大的功能，而且能够直接利用 Word 中的文档和 Excel 中的电子表格，将其插入或链接到制作的幻灯片中，展现各种文本、表格、数据、图形，甚至包括声音、电影等多种对象，最终形成极具专业风格的演示文稿。使用 PowerPoint 制作演示文稿进行演讲，能够将要表现的信息在最大程度上进行可视化。

与 Word 2003、Excel 2003 相比，PowerPoint 2003 的改进不大，主要从丰富创作素材入手进行了改进。例如，增加了新的动画效果，在进入和退出动画、计时控制等方面都增加了许多新功能。此外，提供了新的图库，使模板的选择更加丰富。所以由于 PowerPoint 2003 中采用了新的绘图工具，对于较大的组织结构图文件，减少了文件的大小，并且更加易于编辑。

④FrontPage 2003 简介

FrontPage 2003 是一个具有所见即所得功能的网页设计和集成开发工具软件包。使用 FrontPage 2003 来制作网页并不要求用户了解 HTML、JavaScript 等网页开发语言，这使得用户可将精力更集中到网页的构思和创意上。可以像在文字处理程序一样编辑网页，当输入文本、设置文本格式以及添加图形、表格等网页元素时，FrontPage 2003 就会在后台添加相应的 HTML 标记符，网页就会如同在 Web 浏览器中一样显示出来。

⑤Outlook 2003 简介

Outlook 2003 是用来管理个人 E-mail 和其他信息的工具，具有电子邮件管理、制定日历、安排约会、编写便笺和组织提醒等功能。Outlook 2003 的新功能如下：

- 杜绝垃圾邮件。
- 洞察连接情况。
- 快速查找信息资料。
- 需要打印的内容更少，一次可以读取的内容更多。
- 组织收件箱。
- 自动组织邮件和接收提醒。
- 轻松地查找邮件。
- 快速访问"Contact"(联系人)、"Calendars"(日历)和"Tasks"(任务)。

⑥Access 2003 简介

Access 2003 是专业数据库管理工具，其强大的数据库、表、查询、窗体、报表数据库管理和分析能力，使用户能简单地完成制表、计算和分析工作。Access 2003 的新功能如下：

- "自动更正" 选项，可以 "自动更正智能标记"。
- 在窗体和报表设计中检查错误。为用户标识和标记常见错误，并给用户提供更正这些错误的选项。
- 自动标识对象依赖项。
- 更轻松的数据库备份。将正在使用的数据库的副本保存到应用程序的另一个位置。
- 增强的 XML 支持。与 XML 数据文件一起使用，主要以改进的 XML 导出和导入功能的形式。
- 支持 XP 的主题功能，让数据库界面变得更漂亮。
- 跟 SQL Server 的数据库合并，可用 "存储过程设计器" 修改数据库文件。

7.2 电子政务建设标准

国内外信息化的实践经验证明，信息化建设必须有标准化的支持，尤其要发挥标准化的导向作用，以确保其技术上的协调一致和整体效能的实现。标准化是保证电子政务能够有序和规范的基石，它将各个业务环节有机地连接起来，并为彼此间的协同工作提供技术准则。通过标准化的协调和优化功能保证电子政务建设少走弯路，提高效率，确保系统的安全可靠，并保证网络的无缝连接和互操作性。

7.2.1 电子政务建设标准化的含义与作用

(1) 电子政务标准及标准化

标准是以科学、技术和实践经验的综合成果为基础，经有关方面协商达成一致，由主管机构批准，以特定形式发布，供大家共同遵守的准则和依据。标准具有经济性、民主性、科学性、法规性等特点。标准的制定、发布、出版、实施等整个过程，则称为标准化。电子政务建设不仅需要法律强制性的规范和引导，也需要行业、技术层面的标准融合。因此，及时掌握电子政务标准化的发展趋势，建立并完善我国电子政务标准化体系，尽快制定电子政务建设急需的标准是当前电子政务建设亟待解决的问题。

电子政务标准包括应用标准和技术标准两个方面。应用标准将配合政府职能的转变，在优化流程的基础上，加以形成和推广；技术标准则既要满足电子政务系统的安全性，也要规范电子政务建设，防止各成体系、各自为政、无法互联互通的局面出现。

电子政务系统是一个内含多种应用系统的集成体系。各类应用系统彼此作用，相互链接，形成了一个有机的数据、信息处理体系。由于各类应用系统在应用范围、建构方式、系统结构、数据资源等方面存在一定的差异，对整个电子政务系统平稳、高效地运行存在较大的影响。因此，电子政务的整体应用能够成就多大的规模，关键是看电子政务的标准化体系建设。

(2) 电子政务标准化的作用

电子政务标准化的具体作用主要有三点：

①标准化是实现电子政务网络互联互通、数据共享和业务协作的有效途径。

目前，国内各行业、各地区已投入大量资金建设了不同规模的网络平台和业务系统。由于政府部门之间缺少一致的数据共享手段和有效的业务协作机制，导致信息资源利用率差，办公效率低，业务部门信息沟通困难，通过相关标准的统一，可以推动这些问题的解决。

②标准化是规范政府职能和保障信息安全可靠的重要手段。

政务信息化直接设计各级政府的核心政务，要求电子政务的实施过程始终具有高度的可靠性和安全性。信息安全是我国电子政务建设发展的关键问题之一，建设保证业务正常运转和系统安全可靠的信息安全标准已成为普遍关注的焦点。

③标准化是促进信息产业发展的推动力。

政务信息化建设必然给众多的软件、硬件和系统集成厂商创造了一个巨大的市场空间。在遵守国际惯例的前提下，通过标准化的手段来进一步规范电子政务相关产品的开发，对提高我国信息产业的国际竞争力有重要意义。

7.2.2 电子政务建设标准体系构建原则与目标

为解决电子政务的标准化建设问题，应构建电子政务的标准化体系。电子政务标准体系是电子政务标准化工作的核心，也是电子政务总体设计的重要内容。

(1) 电子政务标准体系的构建原则

①科学性

科学性是标准化的最基本原则，是采用所述标准的有关应用系统和技术系统安全、可靠、稳定运行的根本保障。

②全面性

充分地将电子政务所需的各项标准分门别类地纳入相应的位置，并使其协调一致、互相配套，构成一个完整、全面的整体，做到有的放矢，减少盲目设置，保证相应的应用系统的通用性。同时，还适当兼顾国内电子政务的建设状况，体现一定的继承性，突出重点。

③系统性

系统性是标准体系中各个标准之间内部联系和区别的体现，在内容和层次上要充分体现系统性，做到层次合理、分明，标准之间体现出相互依赖、衔接的配套关系。

④先进性

充分体现相关技术的发展方向，积极等同或等效采用国家标准、国际标准和国外先进标准，保持与它们的一致性或兼容性。

(2) 电子政务标准体系建设的目标

我国电子政务标准建设的总体目标可概括为：一是建立并不断完善电子政务标准体系，为电子政务建设提供支持与服务；二是制定一批电子政务关键标准，为实现互联互通、信息共享、业务协同、信息安全打好基础；三是建立电子政务标准实施机制，为标准的实施提供有效服务。

7.2.3 电子政务建设标准体系内容

以《电子政务标准化指南》为基础，按照电子政务标准技术参考模型，我国电子政务构建的电子政务标准体系由六部分组成：总体标准、应用业务标准、应用支撑标准、信息安全标准、网络基础设施标准和管理标准。

(1) 电子政务总体标准

电子政务总体标准包括电子政务总体性、框架性、基础性的标准和规范。它又可分为电子政务总体框架、电子政务术语、电子政务中文信息处理和其他电子政务综合标准。

(2) 电子政务应用业务标准

电子政务应用业务标准包括各种电子政务应用标准，主要有数据元、代码、电子公文格式和流程控制等标准。它又可分为电子政务基础数据、电子政务文件与单证格式和电子政务业务流程，其中电子政务基础数据又包含电子政务数据元和电子政务代码标准。

(3) 电子政务应用支撑标准

电子政务应用支撑标准包括为各种电子政务应用提供支撑和服务的标准，主要有信息交换平台、电子公文交换、电子记录管理、日志管理和数据库等标准。它包含电子政务信息交换、电子政务置标语言、电子政务数据处理和电子政务服务标准。

(4) 电子政务信息安全标准

电子政务信息安全标准包含电子政务信息安全基础标准、电子政务物理安全标准、电子政务物理环境和保障、电子政务信息安全产品、电子政务系统与网络标准、电子政务应用与工程标准和电子政务管理标准，具体包括为电子政务提供安全服务所需的各类标准，主要有安全级别管理、身份鉴别、访问控制管理、加密算法、数字签名和公钥基础设施等标准。

(5) 电子政务网络基础设施标准

电子政务网络基础设施标准包含电子政务建设规范和电子政务网络管理规范，具体包括为电子政务提供基础通信平台的标准，主要有基础通信平台工程建设、网络互联互通等标准。

（6）电子政务管理标准

电子政务管理标准包含电子政务软件工程、电子政务验收与监理、电子政务系统测试和评估，以及电子政务信息资源评价体系。具体包括为确保电子政务工程建设质量所需的有关标准，主要有电子政务软件工程、电子政务验收与监理、电子政务系统测试和评估，以及电子政务信息资源评价体系。

7.2.4 电子政务标准化策略①

（1）建立电子政务标准化体系

电子政务标准化体系主要由电子政务的总体标准、应用业务标准、应用支撑标准、网络基础设置标准、信息安全标准、管理标准以及其他相关标准七个分标准体系组成。每个分标准体系又可分为若干个子标准体系。

电子政务标准化体系建设主要包括以下几个方面的内容：第一，电子政务标准管理体系的建设。为保证电子政务建设各项标准的快速制定和有效实施，应建立起国家标准化管理委员会统一组织，各有关主管部门协助配合，各有关全国标准化技术委员会相互协调、积极参与组织管理机制，实施电子政务建设过程中统一标准的目标。第二，进一步完善已初步建立的电子政务标准框架，结合应用新的标准。第三，逐渐建成一个针对电子政务建设不同应用的测试认证体系，以保证电子政务相关标准的实施。如对电子政务工程的监理、验收，承担电子政务工程建设的机构资质认定，电子政务安全性测评，软件符合性认证等。

（2）电子政务标准化工作要不断完善其基础标准

无论哪种形式的电子政务服务，都有许多基础标准是要共同遵循的，包括统一电子政务工作所涉及的术语和其他电子政务综合标准。如现在经常说到的“电子政务”、“电子政府”、“数字政府”等名称，当各类专家在一起讨论时，对这些名词的理解又各有差异，这种状况如不及时改变，将对电子政务建设产生不良影响。

（3）电子政务标准化建设应着重抓好4个环节

首先，要采取的政策和措施，在信息技术开发阶段进行标准化。其次，要在制定、修改标准的各个环节上下工夫。在标准征求意见阶段，提高征求意见的效率；在标准送审阶段，提高审查质量，加速审查速度；在标准报批

---

① 王卫国等编著．电子政务系统［M］．北京：科学出版社，2007：7.

发布阶段，要简化报批手续，缩短出版发行周期。再次，应搞好标准化专业队伍建设，培育和选拔一批有一定信息技术专业知识、有一定协调能力、有较高的外语水平和相当文学修养的复合型人才从事标准化制定、管理的专门工作。最后，应采取措施加大贯彻实施的力度，并随时进行监督和检查，发现问题及时解决，对不贯彻标准的单位或违反标准的单位应给予必要的制裁。

（4）以应用为导向是电子政务标准化管理的重点

为保证我国电子政务稳健、有序发展，国家确定了坚持“急用先行、成熟先上、科学先进、切实可行”的电子政务标准化建设原则。标准体系的研究与制定方式，可借鉴国外的经验，采取开放式，以政府统一组织领导，调动各部门尤其是企业的力量，邀请企业界的专家参与，以市场方式驱动，发挥各方面的积极性和技术优势，并有效利用现有的资源和标准化成果。这其中既要培育竞争机制，又要加强统筹协调；既要重视对外开放与合作，又要加强自主科研开发的电子政务标准化建设方针。电子政务的发展，标准是支撑，标准化要先行，但是标准不是摆设，而是用来指导应用的，因此标准不能脱离实际，不能脱离应用，没有成功的应用就没有成功的标准。

7.3 电子政务建设的制度

7.3.1 电子政务建设的政治制度①

（1）政治对电子政务的推动

电子政务实现中最大的问题不是技术问题，而是政治问题。电子政务要达到的是一个政治目标，而不是技术目标。电子政务实现过程中的最困难之处不是技术上的困难，而在于克服各种各样的社会阻力，协调各种利益集团的利益冲突，以及人力、物力和财力等资源的保证。因此，没有领导人的政治决心和有力支持，电子政务是不可能实现的。这种政治支持首先表现为各级领导对相关通信技术和信息技术的重视与应用。政府高级官员们并没有必要学会如何编写 Java 语言，但它们应该对技术有一个基本的了解，应该知道这些学科的一些基本知识。其次，在政府内部要建立一个拥有决策权和有权动用资金的领导小组，它可以把政府各部门的主要行政官员集中在一起，共同为电子政务制定行动方案和技术标准，并提供有力的政治支持和资金保

① 刘邦凡．电子政务建设与管理［M］．北京：北京大学出版社，2005：158-173.

障。新加坡电子政务的牵头工作就交给了财政部和负责制定 IT 电信政策的信息通信发展局，这两个部门在新加坡都是举足轻重、财大气粗。总之，建设电子政务是十分复杂的过程，牵涉各方面的利益，面临巨大阻力，这不是能由一个政府部门单独完成的。政府的支持尤其是高层领导的支持，对政府电子化进程能够起到关键性的推动作用。电子政务把政府技术和政府管理结合在一起。我国自 1999 年开始建设电子政务以来，主要依赖于政府和 IT 企业的推动，这并不是一个很好的体制。事实上，建设与发展电子政务应该依靠四个方面的力量：

①政府

政府作为电子政务的主要建设者和主要使用者，对推动电子政务的建设至关重要，无可置疑政府是推动电子政务的主体。

②政治体系

无疑政府是政治体系中的重要一环，但就当代政治国家而言，政府不是政治的全部，政党、利益集团、非政府组织、国际组织、市民社会都成为政治体系的重要组成部分。就我国现阶段的电子政务建设与发展而言，这些政治力量所起到的作用是不够的，尤其未能发挥利益集团、非政府组织、国际组织、市民社会对于电子政务建设与发展的应有作用。以市民社会为例，目前在电子政务发展方面社会广泛支持的程度是欠缺的，也就是说，中国电子政务发展的社会政治基础是不够的。众所周知，电子政务实际上是一个政府全面的变更，一种政府管理改进的形式，是一种新的方式和手段，在这种意义上，如果缺乏足够的社会政治支持的话，这个电子政务是很难有实质性的推进的。同样，要把推动中国电子政务建设的使命更多的分配到一些社会成员、社会组织身上，而不仅仅是政府和 IT 企业的参与。也就是说，在电子政务的建设过程中增加多个主体，尤其增加那些有一定的社会公信度的非政府组织是十分有意义的。

③IT 业对电子政务的推动

IT 业是发展与建设电子政务的直接受益人，至少从经济利益角度看是这样的。不过，我国 IT 业对于我国电子政务的推动仍然是一种无组织的行动，这极大地削弱了 IT 业在电子政务建设与发展中应该起到的作用。前不久，全国电子政务软件主要开发商成立了一个全国性的协会，相信这将是整合 IT 业推动电子政务建设与发展的重要开始。

④网络社会对于电子政务的建设与发展也是非常重要的

目前全世界已有 186 个国家和地区的数亿人使用互联网，并且它还在呈现快速发展的态势，其主机数和联入网络数大约每10个月翻一番。自20世纪90年代以来，原来只为军事、科研、教育等服务的互联网，开始向各行各业、社会公众提供多样化服务，从而引起整个社会生产与生活方式的变化。在经济领域，它突出了知识、信息的价值，有利于广泛、迅速地传递商贸信息，沟通顾客和生产厂家，及时生产出满足顾客需求的产品；在政治领域，它可以用在政府与民众之间进行信息沟通，充分发挥公民的民主权利，提高政府机构的办公效率，提高其科学管理及决策的水平；在军事领域，它可以使军事指挥系统全面迅速地掌握敌情，加强全局的协调、控制和快速反应能力；在科教文卫领域，方便人们查询、利用各种信息资源，进行科研合作、远程教学、医疗会诊；在生活领域，可以实现电子购物、虚拟旅游、交互式娱乐；电子广告、电子商场、电子银行、电子报刊、电子教室、电子图书馆、电子论坛、电子会议、电子购物、电子游戏，以及远程医疗、远程点播等网络应用皆出现了爆炸式的增长。

这期间，人们的社会交往、活动方式也出现了引人注目的改变：现实社会中人与人之间交往的主要形式是面对面的直接交往，交往、活动的范围受到物理时间和空间的限制；而以互联网为基础，人们之间的交往以间接交往的形式为主，以符号化为其特征，交往、活动并不受物理时空的限制，也就是说，网络交往、活动在广度和深度上，都是现实社会所无法比拟的。总之，互联网正以极快的速度，把社会各部门、各行业以及各国、各地区连成一个整体，形成了所谓的“网络社会”或“虚拟社会”。现实社会生活将在很大程度上依赖网络，甚至可以说离开互联网，现实社会生活有可能陷入瘫痪状态。网络社会与现实社会有着极大的不同，如何利用网络社会，既是发展与建设电子政务的出发点，也是电子政务建设过程中的重要环节。事实上，发展和建设电子政务从本质上看就是为了适应网络社会的到来。

（2）网络政治与电子政务

①网络政治的兴起①

所谓网络社会，并不是一个独立存在的社会，而是基于互联网的社会。社会生活全面的信息化、网络化的到来，信息技术在展示科学技术向当今社会的全面渗透、推动社会文化的演化发展中发挥着核心作用。今天的世界正向互联网络时代过渡，互联网络创造了一个特殊的、虚拟的空间，这就是人们所说的“网络空间”。一种新型的政治现象——网络民主（Cyber

① 刘文富．电子政务［M］．西安：电子科技大学出版社，2004：44-50．

Democracy)，也同时呈现在世界政治舞台上。

②网络政治的特点

• 直接性

当今的民主制度，是一种代议制。由公民选举的“代表”来参政议政。而在网络政治中，任何人不需要再由彼人来代表自己，他自己就可以直接发表自己的政治意见，并对政府的议案进行投票。因此，公民直接参政议政是网络政治的一种最突出的表现。

• 平等性

平等在政治上表现为：一是人人都有参政议政的平等权利，二是这种权利在人与人之间应该没有差别。网络对政治平等的促进作用是显而易见的。在网上，只要达到法律允许的参政条件，任何人都可以发表自己的政治主张。也许你的意见与政治家的意见在网上所取得的信息效应是一样的。盖茨认为信息高速公路的优点之一是“虚拟平等”远比现实世界中的平等容易实现。在虚拟世界里，每个人的平等政治权利都得到了保障。

• 便捷性

政治事件的发生，你的意见、政治家的态度以及政府决策和相关表决结果，这一系列与政治有关的活动和内容，在网络上是以光速在传播的，因此政治活动变得非常迅速。

除此以外，网络政治还具有方便性、廉价性等特点。

(3) 网络政治对电子政务的推动作用

首先，网络发展削弱了集权控制的能力。专家们指出，在互联网络出现以前，大型计算机及其对信息的垄断处理方式是权威、组织乃至技术精英统治的有力象征。随着人类社会进入信息时代，由于各种形式的权力包括公众的生计都一天比一天更加依赖于信息，对信息的了解与掌握就成为民主政治的生命线。事实上，一部电脑技术的发展史，就是一部从集权不断趋于分权的历史。其中有两个意义重大的转折：一个是电脑从中央控制式的大型主机转变为普通百姓也可使用的个人电脑，另一个就是网络的兴起。前者类似贵族专有向平民化的转变，它强化了分权和平等的观念；后者使亿万台计算机连同电缆和卫星技术一起，交互作用，这一不放过任何东西的庞大的蛛网对打破信息垄断和由此衍生的集权控制潜在地具有颠覆作用，它扩大了公众的选择机会也天然地符合民主精神。

互联网络作为一种新的传播媒介，具有极其鲜明的特征，同时与那种传统媒体的霸王相比，基于个人电脑的网络更加富有个性，电视传播是单向的、选择面窄、自由度低，而网络的异步传输与交互式沟通使得个人能够更加从容地选择和吸纳信息，公民在面向世界的同时被尽可能地因兴趣爱好等而分化，它弱化了个人对于社团的相对依附，把权力分散到了更多的人和群体当中。二是促进了交流的平等。顺畅通达的电子访问大大削弱了严格的科层制等级观念，一个平民通过网络访问总统变得比从前容易了许多；身处偏僻乡野的孩子也可能与城市富裕的子弟访问同样的知识资源；无中心散布式的网络结构使平等自由的思想交流成为可能。三是提高了参与的能力。比特能以光速无障碍传播这一特质，结合网络打不烂、堵不住的设计原则，开创了信息多元传递和言论自由的全新局面。由于传播成本相对低廉，它使得财力有限的组织和个人通过网络广泛传播其思想的能力大大增强，完全受大众传媒控制的状况得以改观。

其次，网络发展改善了民主参与的技术手段。传播学界的天才学者马歇尔·麦克卢汉面对马歇尔大规模发展的电视就曾经预言：“随着信息运动的增加，政治变化的趋向是逐渐偏离选民代表政治，走向全民立即卷入中央决策行为的政治。”而网络作为新的政治参与手段无疑更具威力，当电脑被广泛应用于连线政治后，它必然推动公民与政府官员的直接对话，提高民意在政府运作中的分量，从而在很大程度上改变未来政治参与的结构与模式。

从公众的角度看，网络这种能够使信息传递不受时空阻碍乃至政治控制的互动的媒介方式，使人们在感知与介入世界方面获得了前所未有的痛快淋漓的感觉，它甚至提高了人们参与政治的兴趣。人们设想，一个连线的、一拨即可通达的议会，每一项议案都可能会引来大量电子邮件，民众的情绪会左右议会的局势。政治家们可以立刻看到对公众意见的调查，网络将成为进行政治对话的一条主要途径。从技术上说，在不久的将来，美国就具备了利用网络来进行政治投票或对重大问题实行全民公决的可能性，而别的后发国家也正在奋力追赶这种趋势。阿尔文·托夫勒夫妇把这种从依赖性转为依靠人们自己的过渡称为“镶嵌体民主”。而有人进一步提出，以前仅仅能在小国寡民状态实施的直接民主由于技术的进步已经能够在广袤的大国展开，今后议会和代议制民主都没有存在的必要。

(4) 电子政务与电子民主的互动关系

①电子政务有利于推进网络民主建设。

电子政务的构筑平台主要是现代信息通信技术和设备，包括计算机技术、网络技术、数据库技术等，而这些方式、渠道也是网络民主的主要载体。电子政务主张通过 G2G 的模式与公众加强沟通，为公众提供更好的服务。而这都将为网络民主建设提供新的发展空间。电子政务在无形之中已经将官僚制金字塔的高度降低，层级减少，可以大大提高公民政治参与广度与深度，促进电子民主的构建。

②网络民主本身也是电子政务的价值追求所在。

电子政务追求的是高效率、高透明度，低层级、低损耗，旨在构建一种可以惠及全民的公共服务提供模式，它倡导政府、企业和个人之间的一种双向沟通方式。通过计算机网络等电子媒介来提高民主程度，即是网络民主之所在，所以说电子政务与网络民主是殊途同归的。

③网络民主的推进有利于电子政务的建设与开展。

电子政务是一种互动的政务开展方式，它需要政府、企业、个人都参与进来，否则就形同虚设。电子民主建设使得群众更加信任电子渠道表达民主的方式。网络宣传要比传统宣传方式效率高得多，这样就可以使电子政务从建设阶段走向实用阶段，电子政务建设也可以根据实际应用情况来调整建设方式，从而更好地进行下一阶段的建设。

从发展趋势和发展潜力来看，随着网络社会化程度的进一步加深，“网络民主”所标志的直接民主形式作用的范围必然会持续扩大，作用程度也会愈益提高，这符合民主发展的方向。而从“网络民主”的特性来看，其作用的性质和方向呈现一定程度的非正向性，因此必须加强对“网络民主”建设的引导，通过电子政务建设去整合、主导“网络民主”发展。首先，要加快“电子政府”的网络信息平台建设，为建立政府与公众制度化互动机制提供前提。正视并满足公众参与民主和行政过程的愿望和需求，为政务公开和依法执政创造条件。其次，实行政务公开，建立制度化信息交流机制，促进决策的科学化、民主化和依法执政。将公民参与纳入决策全过程，从决策目的、决策目标的设定、决策方案的选择到决策的执行过程、结果状况等都要广泛吸收公众参与，反映公众愿望和要求。同时为公众实现民主决策和当家作主提供途径。它还可以主导舆论导向，有效消除公众非理性民主、情绪式民主带来的消极后果。

7.3.2 电子政务建设的政府制度①

（1）政府管理制度

政府再造是以技术理性为主要基础，引进“竞争的市场机制”以及

① 刘邦凡．电子政务建设与管理［M］．北京：北京大学出版社，2005：158-173.

“有效的变迁策略”，转变政府职能，精简组织机构，重构业务流程，从而促成传统政府的整体转型。电子政务是通过在网上建立政府网站而构建的虚拟政府，其实质是把工业化模型的大政府，即集中管理、分层结构、在经济中运行——通过互联网转变为新型的管理体系。可见，电子政务本身就需要政府再造来支撑。政府再造是一项系统工程，它包括重新设计和定位政府职能、重组政府部门，再造其运作流程，创新并整合其服务等诸多方面。从政府职能的科学配置来看，核心是要按照市场经济和电子政务的要求，以及我国加入 WTO 面临的客观环境，重新定位政府的角色，减少政府不必要的干预。

为此，首先，要树立“科学管理、优质服务”的职能意识，由管制型政府转向服务型政府。其次，在行政体系内部要合理界定和划分政府各部门的职责权限，加强服务的有效性。从政府组织机构的整合来看，要应用信息技术改变传统的、层级化的政府组织架构。

减少政府机构的管理层次，使组织扁平化，并增加控制幅度，多控制渠道并存。减少中层管理人员，形成更少层级制度的精益组织，从而建立网络型政府。从行政流程的重组来看，要对计划经济体制时期形成的传统行政流程进行大刀阔斧的改造，建立一个无缝隙的政府，即在任何时间、任何地点得到服务的政府。信息系统提供了将各职能部门联系起来的平台，成立为某一特定目标服务，基于流程的工作团队，打破职能层次体制的界限，直接为客户或公众服务。政府组织从强调功能型组织向强调流程型组织过渡。重新设计工作流程，确立顾客与消费者导向的政府。

(2) 电子政务人员培养制度

建立电子政务，首先是政府行政人员的意识或理念的“电子化”。行政人员应转变观念。长期以来，与文件打交道是我国政府部门的主要工作之一，这就培养和造就了一大批业务精干，具有好文笔、好书法的行政人员。政府机关浩繁庞杂的各种文件，均是通过大量公务员及层层领导的手工撰写而完成，再由打字员打印、校稿，最后签发、存档。一周工作五六天，周末假日关门，几十年如一日，这种传统政务方式使不少行政人员自觉不自觉地滋长了程度不一的衙门作风。而这种作风与具有平民化本质的现代信息网络社会格格不入。为此，行政人员应转变观念，主动接受电子政务的洗礼，为我国政府迈入无纸化办公的全新时代做好准备。另外，“官本位”及政府“全能统制”的行政观在我国根深蒂固。

实践证明，政府应该“掌舵”而非“划桨”。同时，信息技术的应用，要求政府行为透明度高，更加规范，公共权力的行使和运用受到限制和监督，这些都要求行政人员更新观念，树立全新的竞争、民主，以及以民众为中心的理念。政府职能由统制变为服务，形成民本位的行政观。电子政务的运用对政府行政人员的知识和技能提出了更高的要求。我们可以把互联网看作一条通道，通过这个容量超大的通道，将会有大量的信息涌向政府。如果行政人员没有一定的知识存量、不具备处理问题的综合能力，电子政务就不可能实施。

近年来，我国在加强行政人员的知识培训，提高行政人员的管理能力和水平方面进行了一系列卓有成效的工作，包括行政人员的计算机知识等方面的提高。但从整体上看，仍然不能适应政府信息化发展的需要，从公务员的文化知识来看，经过1998年的机构改革，国务院近1.7万名公务员虽然有65%以上的人具有大学本科学历，但在地方政府，则相对较低，近500万名公务员拥有本科学历的只占10%，即使一些学历较高的公务员在计算机操作方面的技能仍较欠缺。据国家行政学院对司局长培训班的一项调查，大概有20%的行政人员对计算机操作几乎处于空白的状态，这说明在推进政府信息化的进程中，提高公务员的整体素质，特别是计算机应用方面的能力，将是一项艰巨的任务。

因此，应充分利用政府上网的契机，要求行政人员不断更新知识与改善自己的知识结构体系，利用正规学校教育、在职培训、请专家讲座等多种途径，宣传普及信息基础知识，适应环境的变化，提高综合应用能力，熟练掌握先进的技术手段，努力使之成为"集成型行政人才"，以顺利登上电子政务的工作平台。

（3）基础环境建设制度

①要建设政府信息网络和完善社会信息基础设施

信息基础设施和公众获取政府信息与服务的多样化渠道是"电子政务"建设的基石。电子政务是政府内部各个部门、各级政府之间和政府与公民的互动过程，它必须建立在良好的电脑、网络等基础之上。政府要优先建设骨干网络作为电子政务的主要信道，这样其一可以扩大政府网络的宽带，其二还可以整合网络和信息资源，节省各机关网络通信费用，并加速各机关上网。为建设电子政务，必须积极推动"整合型入口网站"的建设，"整合型入口网站"是民众与政府之间单一沟通的桥梁，是政府服务民众的网络"单一窗口"。电子政务一方面要建设各种渠道的"单一窗口"，方便民众从各种渠道都可以获取全部的政府服务；另一方面政府应当积极在各种场所建造多种信息渠道设施，方便民众在各种场合随时都能“接近政府”。

②建立和发展公用电子资料库

信息和资讯数据库是电子政务的基础。新技术带来的最显著的特征并不是信息量的绝对增加，而是信息传递和利用的极大改善。据国外学者研究，80%以上的重要信息资源掌握在政府手中。政府对拥有的庞大信息如果不使之数字化，那么电子政务所倡导的网络化行政就会失去实际意义。建立和发展公用电子资料库是充分利用政府信息的重要手段，是政府信息化最基本的工作之一。政府信息化的一个重要目的就是共同利用政府所拥有的信息资源，为公民提供最好的行政服务，向公民公开政府信息，使政府掌握的大量信息发挥其应有的作用。如何利用新技术使已有的资讯数据实现有效共享，并转变为知识和财富，同时开发新的资讯数据库，成为建立电子政务的一个关键点。

③电子社区也是电子政务建设中非常重要的一环

电子或数字化社区是电子政务时代的新概念。世界上一些信息化程度较高的国家如美国、新加坡等正在积极建设电子社区，这对促进本国电子政务和信息社会的发展意义非凡。我国一些信息化程度较高的地区如上海、北京等地已经开始建设电子社区。电子社区是整个信息系统工程中的一部分，如何寻求政府与私人的合作，以及如何把社区建设纳入“电子政务”的总体规划中，还需要做大量的研究和探讨。

(4) 电子政务运行安全制度

政府信息不仅是国家资产，而且是需要精心管理的重要资源。信息安全在一定程度上是电子政务的生命所在，应多方面对之进行保护。

①从技术上确保电子政务的安全

应运用加密、鉴别方式。加密是对数据进行编码，保证信息不会被侵入者阅读，而鉴别则可防止信息被变更或被修改。

运用口令原则，这是进行访问控制的简单而有效的方法。只要口令保密，非授权用户就无法使用该账户。

防火墙必不可少。这是一种抵制外来非法入侵的装置，通常处于政府内部网与互联网之间，限制互联网用户对内部网的访问以及管理内部用户访问外界的权限。一道防火墙在一定范围内为安全可信的内部网络和被认为是不那么可信的外部网络之间提供了一个封锁工具。此外，应采取措施对病毒进行防范，杀毒软件的经常使用，也是必要的。

②从管理上增进电子政务的安全

电子政务的安全行政管理，就是指在政府内部，以行政命令或行政规章制度为手段，以人为对象的政府信息系统安全管理活动。安全行政管理一般分为两个层次：一是领导层。安全工作需要由一个主管领导负责，安全组织不能隶属于信息系统运行和应用部门，需要保持它相应的独立性。二是业务管理层。它负责具体的工作开展。从行政管理的角度看，日常安全管理工作有如下内容：协助领导制定安全管理的目标、制度及其细则，制定系统信息保护策略和安全应急计划，做好系统安全规划和协调，进行系统的安全风险和威胁分析并制定采取的对策措施等。

电子政务的运行安全管理，即通过对系统运行状况的监测，及时发现不安全的运行因素，并能及时报警，采取某些技术措施，以改变不安全状态或减少不安全的范围和影响。最后，从法制上保障电子政务的安全，制定完善电子政务安全方面的立法，同时加大执法力度，严格执法，对破坏信息安全的重大事件进行调查与处理。

（5）信息普及制度

不同社会经济层面和地理区域中的个人、家庭、企业，对享有信息和通信技术的机会程度以及对之参与广泛活动的互联网的使用程度有很大差异，从而产生数字鸿沟。这一问题，无论在发达国家还是发展中国家都普遍存在，在中国则更为明显。政府必须高度重视信息化社会的公平与平等问题，努力缩小信息利用不均而出现的“信息富人”和“信息穷人”之间的差距，尽快普及全民的信息网络化知识，使得每一个人都具有获得政府电子服务的权利，尤其是那些非常关键的服务，例如教育、社会保障、福利、政治选举等。

为解决数字鸿沟问题，政府应对“信息穷人”采取积极有效的措施，如加大公共设施的投资力度，加强对公众进行电脑使用的培训，使普通公民能够自由上网。尤其是对下岗职工，实行了下岗职工再培训计划，使许多下岗职工得到接触电脑、学习先进技术的机会。再如，为推进我国西部大开发的进程，系统的计算机教育培训也理应在那里全面发展，以便边远山区的孩子们有机会接触信息时代的先进科学和技术。政府只有利用信息技术，将数字鸿沟填成一条布满“数字机遇”的大道，所有美好的前景才能真正变为现实，使信息应用普及社会每个阶层和每个地理区域，惠顾信息弱势群体，缩小信息差距。

7.3.3 电子政务建设的法律制度

(1) 电子政务建设法律制度概况

电子政务作为一种新的政府运行方式，涉及诸多部门，以前的法律制度是为了适应信息时代之前的社会环境而制定的，它并不适合政府电子化的要求。在新的环境下，需要制定相应的法律制度来规范、引导，配合政府电子化的进度，以制度保障政府快速有效地处理信息反馈和提供服务，提高效率，从而促进政府和公民网上互动。因此，必须以为公众提供更快更好的服务为宗旨，法律先行，实行法治，依法保证电子政务的发展。

①国外电子政务建设的法律制度

美国有《政府信息公开法》、《个人隐私法权保护法》、《美国联邦信息资源管理法》等，德国有《信息和通信服务规范法》，俄罗斯有《联邦信息、信息化和信息保护法》，英国有《政府信息公开法》等。这些法律对政府信息化发展起着非常重要的规范和保障作用，对我国电子政务建设有极其重要的借鉴意义。我国虽然也相继出台了《互联网信息服务管理办法》、《互联网站从事登载新闻业务管理暂行规定》、《互联网电子公告服务管理规定》等法律、法规和部门规章，但还不完善，有些领域存在法律“真空”。

事实上，涉及政府信息化的立法范围十分广泛。它包括政府信息公开方面的法律制度，政府信息保护方面的法律制度，政府信息存储管理与内部信息传递方面的法律制度，政府信息获取方面的法律制度。除此之外，还包括公众访问政府的电子渠道运用、电子身份卡、数字签名、消费者保护、电子交易、网上税收、电子隔离等有关的政策规范。

②我国电子政务法制建设

今后，电子政务法制建设重点在以下几个方面：

制定网络法，对网络中计算机硬件与软件的保护、对利用网络传播有害信息的处罚等做出相应规定，规范人们的网络行为，以保证信息网络的安全运行和网络信息的充分合理利用。

尽快建立并逐步完善电子公文法律制度，确定电子公文的法律效力，规定电子公文发送与接收的规则。

进一步完善知识产权法，尤其是要对电子政务专用软件、电子公文、政府数据库产品、政府网站或域名的知识产权保护做出更加具体而合理的法律规定。

制定专门的电子政务信息安全法，对电子政务中的信息安全行为及保障措施、破坏电子政务信息安全的处罚等做出规定，使我国电子政务的运作有一个良好的政策规范和制度环境，使电子政务战略或计划实施的每一个阶段，都有一个明确的政策先导。

（2）电子政务法律制度建设基本原则及重点①

随着电子政务在我国的逐步推进，电子政务法制建设需要同步向前发展。电子政务法制建设遵循的基本原则主要包括以下四个方面：

①突出重点，层层推进

任何一个法制体系的建设都不可能在短期内完成，电子政务本身的复杂性、重要性和严肃性，更决定了它所需要的法制体系不可能一下子就建立起来。因此，我们必须以科学的态度进行电子政务的法制建设工作。突出重点，层层推进就是电子政务法制建设的重要策略，也是一项重要原则。坚持这个原则，必须实事求是地立足于实际需要和客观条件，首先集中有限的资源，针对必不可少而又具备基本条件的重要对象重点进行立法，然后再根据必要性和可能性逐步推进。

②立足现实，兼顾发展

电子政务的发展绝不是一蹴而就的事情，而是一个长期和复杂的过程。在发展电子政务法制建设的过程中，必须遵循电子政务由浅入深、由简单到复杂、由局部到全局发展的客观规律，兼顾现实和未来发展两个方面的需要，实事求是地从整体目标需要出发，既注重充分满足电子政务发展现实对法制建设的需求，又充分考虑到电子政务事业长期发展的需求。坚持这个原则，需要重视并认真做好电子政务法制建设的宏观规划和微观计划工作，在宏观规划指导下，及时有效地制定和修订，特别是实践具体的法制建设计划。对电子政务发展所需要的法律、法规和制度，制定时机和条件成熟一个就制定一个，使整个法制建设工作目标明确、有条不紊、优质高效。

③保持必要的动态适应性

电子政务在全世界范围内尚且处在发展变化中，为处在发展阶段的事物立法，有着特殊的规律性。要使相应的法律制度能实现自己的功能，特别是能有效地保护先进事物，推动事物的良性发展，需要注意保持客观事物发展变化的动态性。坚持这个原则，不仅要求及时地制定和修订相关法律制度，而且要求在处理立法过程中的有关问题时，注意为事物的正常发展变化留出一定的空间，不要机械地一味追求规范的高度完美和稳定，更不要对不具备

① 张旭霞．电子政务［M］．北京：对外经济贸易大学出版社，2006：239.

约束条件和约束必要性的事物进行约束。

④中央立法与地方立法相结合

我国各地电子政务的发展水平很不平衡，各地各单位对电子政务法制建设的要求也有所不同。因此，在进行电子政务法制建设时应当注重发挥中央和地方两个方面的积极性，从中央角度可以考虑“抓大放小”，即中央把具备全局性、根本性的法律法规的制定权牢牢控制住，各个地方根据国家的法律精神，结合自己本地区电子政务的发展情况，在不违反上位法的情况下，制定适合本地区的电子政务法规制度。

(3) 电子政务建设法律制度体系框架①

电子政务法是新兴的以行政法为基础的跨部门的法律领域。电子政务法律体系由几方面法律法规所构成，分为三个层次的内容。

①实施电子政务的基础性法律法规

主要是与政府一般信息行为相关的一些法律法规。其中有规范电子政务实施主体及其程序的组织法和程序法，主要是与实施电子政务的行政主体的权限和关系以及实施行政行为的程序有关的法律法规。实施电子政务需要根据行政组织法来协调政府间的信息行为关系和政府部门间的信息行为关系。实施电子政务还需要根据行政程序法来处理政府信息行为与行政相对人的关系。进一步完善行政组织法和尽快制定行政程序法，有利于顺利推进电子政务的实施。在涉及政府一般信息行为的法律法规中，最主要的是信息公开法和信息资源开发法。

②实施电子政务活动的核心性法律法规

主要是有关政府信息网络、建立政府信息网站、政府无纸化办公等直接规范电子政务活动的法律法规。

涉及计算机信息网络安全的法律法规有信息安全法、电子信息犯罪法、电子信息出版法、电子信息知识产权保护法、电子信息个人隐私法等。如我国公安部发布的《计算机信息网络国际联网安全保护管理办法》(1997 年 12 月 16 日)》；我国国务院信息化工作领导小组印发的《计算机信息网络国际联网管理暂行规定实施办法》；国务院信息化工作办公室发布的《中国互联网络域名注册暂行管理办法》等。

规范政府电子信息管理活动与个人数据保护关系的个人数据保护法律法

① 吴江主编．电子政务理论与实践［M］．北京：党建读物出版社，2003：124-126.

规。从20世纪70年代以来，许多国家都陆续制定了个人数据保护法或个人情报保护法。

在政府电子信息公开法方面，在美国，1996年出台了《电子信息自由法修正案》；1980年颁布了《文书缩减法》，旨在促进政府的信息公开和信息流通，指导各级政府部门最大限度地开发和利用政府信息；1996年出台了《电子信息自由法修正案》；美国国会1999年通过《政府文书工作缩减法》，要求各级政府尽可能使政府职能网上运作，减少政府办公所消耗的大量纸张，五年内实现无纸化办公，使政府与公民的互动关系电子化。

③具体电子政务活动的运作性法律法规

在这方面的法律法规主要涉及电子签名、网上采购、网上申报、网上解答等活动。1998年欧盟发布《欧盟电子签名的法律框架指南》。美国克林顿总统签署的《电子签名法案》，推动了电子政务和电子商务的发展。2000年6月，美国宣布建设第一政府网，促进了一站解决向政府申请贷款和竞标合同的问题。美国各级政府都有自己的网站。到2006年，美国各级政府将从网上接收3亿多份来自行政相对人的各种申请和报告，并在网上推出1.4万种网上申请服务。

（4）我国电子政务立法现状

我国的电子政务立法还处于起步阶段。我国在信息化建设发展过程中，也形成了一些法律、法规。但这些法律、法规多属于信息技术应用和管理层面的，如计算机及通信设施、网络设施、网站、域名管理，以及与传统信息安全立法衔接的安全规范。例如，《计算机软件保护条例》(1992年)、《中华人民共和国计算机信息系统安全保护条例》(1994年)、《公安部关于对国际联网的计算机信息系统进行备案工作的通知》(1996年)、《中华人民共和国信息网络国际联网安全保护管理办法》(1997年)、《商用密码管理条例》(1999年)、《计算机信息系统国际联网保密管理规定》(2002年) 等。此外，1997年3月颁布的新《刑法》第285条、第286条、第287条，对非法侵入计算机系统罪、破坏计算机信息系统罪，以及利用计算机实施金融诈骗、盗窃、挪用公款、窃取国家机密等犯罪行为作出了规定。

总体看来，我国信息化立法有以下几个特点：已有立法的调整范围只覆盖了信息化建设部分领域；立法用传统的调整方式来调整信息化关系，相关立法条文不直接、不贴切；法律效力层次较低，真正意义上的“法律”还没有，基本为部门规章。严格地讲，我国目前还没有专门的电子政务的立法，这主要与我国电子政务发展的基本状况有关。国外发达国家的电子政务建设的基本动因是政府通过网络设施的建设，来实现政府与社会公众之间的更密切的联系，提供公共服务。而我国的电子政务发展的特点是“重内轻外”、“纵强横弱”。电子政务发展的初期，政府与社会的关系并未出现急需用法律规范的突出矛盾，其发展水平并没有提出迅速立法的刻不容缓的要求，电子政务建设多数是“一把手”工程，电子政务的发展、政府之间关系的调节，往往通过行政命令和行政手段来推动。

下面我们简单介绍一些与电子政务相关的信息化法律法规的情况。

①《行政许可法》

我国于2004年7月1日正式开始实施的《行政许可法》，为电子政务发展和运行提供了基本的法律保障。《行政许可法》的立法目的是简化行政环节，缩减政府规模，提高公共服务质量和公众满意度，提高政府行政执法的法制化和规范化水平。它为政府的行政活动确立了一系列重要制度，从行政许可的设定、实施以及监督与责任等环节对行政许可进行了全面规范。主要包括：行政许可的设定制度，规定了有关国家机关依照法定权限、范围创设行政许可的行为。这与电子政务建设的目的是一致的，为电子政务提供了政务发展的基础：一是《行政许可法》在法律上规定了政府在行政许可领域公开政务信息的义务以及具体做法，使政府信息公开有了法律依据。二是电子政务为公众服务和为公众负责的理念在《行政许可法》中得到了法律确认。三是《行政许可法》中确定的程序民主化的规定，为电子政务提供了运行民主行政的法律基础。

②《电子签名法》

2004年8月28日十届全国人大常委会第十一次会议表决通过了《电子签名法》。这部法律规定，可靠的电子签名与手写签名或者盖章具有同等的法律效力。《电子签名法》已于2005年4月1日起正式实施，标志着我国首部“真正意义上的信息化法律”已正式诞生。这部法律主要规定了四个方面的内容：第一，确立了电子签名的法律效力，明确了在众多的电子签名方法和手段中，满足什么条件的电子签名才具有与手写签名或者盖章同等的效力。第二，对于数据电文，也就是电子形式的文件作了相关规定。一是电子文件在什么情况下才具有法律效力；二是电子文件在什么情况下可以作为证据使用；三是规定了确定电子文件发送人、发送时间和发送地点的标准。第三，设立了电子认证服务市场准入制度。第四，规定了电子签名安全保障制度。对于电子签名人，草案一方面要求其妥善保管进行电子签名所使用的私人密码；另一方面，要求电子签名人向认证机构申请证明身份的电子证书时，提供的信息必须真实、完整和准确。

这部法律的出台和实施，电子签名将获得与传统手写签名和盖章同等的法律效力，意味着在网上通行有了“身份证”，对我国电子政务的发展起到极其重要的促进作用。

③信息产权保护方面的相关法律法规

1991 年 5 月 24 日国务院第八十三次常务会议通过了《计算机软件保护条例》，同年 10 月 1 日该条例开始实施，标志着我国对信息产品知识产权的保护进入了有法可依的阶段。该条例成为保护计算机软件著作权人的权益，调整计算机软件在开发、传播和使用中发生的利益关系，鼓励计算机软件的开发与流通，促进计算机应用事业的发展的重要法规。该条例后来进行了修订，新版《计算机软件保护条例》于 2002 年 1 月 1 日开始实施。新版的《计算机软件保护条例》对软件著作权采取了非常严格的保护措施。

④信息网络服务方面的相关法规

在信息网络服务领域，针对信息网络接入服务、互联网信息服务以及互联网上网服务，均已制定行政法规予以规范。1997 年 5 月 20 日发布实施的《国际互联网管理暂行规定》是规范我国互联网国际联网和接入服务最主要的法律性文件。2000 年 9 月 25 日公布实施了《互联网信息服务管理办法》。2001 年 4 月 3 日，国务院办公厅发布《关于进一步加强互联网上网服务营业场所管理的通知》。2002 年 8 月，《中国互联网络域名管理办法》出台，2004 年 11 月，信息产业部再次修订和公布了该办法，修订后的管理办法已于 2004 年 12 月 20 日正式实施。

⑤信息安全方面的相关法律法规

我国对信息化发展中的信息安全问题十分重视，从 20 世纪 90 年代起，制订和颁布了一系列的信息安全方面的法规。

1994 年 2 月 18 日国务院发布实施了《计算机信息系统安全保护条例》，这是中国第一部计算机安全方面的法规。该法规详细规定了保护的对象、保护的重点，制定了安全保护的基本制度，规定了由公安机关行使计算机信息系统安全保护的职责。1997 年 3 月全国人大修订通过的新刑法，较全面地将计算机犯罪纳入刑事立法体系，增加了针对计算机信息系统和利用计算机犯罪的条款。

1997 年 12 月 12 日公安部发布《计算机信息系统安全专用产品检测和销售许可证管理办法》，把信息安全产品及其安全产品功能检测的工作纳入了法规管辖的范围。1997 年 12 月 30 日经国务院批准，公安部发布了《计算机信息网络国际联网安全保护管理办法》。该办法规定任何单位和个人不得利用国际互联网从事违法犯罪活动等四项禁则和从事互联网业务的单位必须履行的六项安全保护责任，加强了对国际联网的安全保护和管理。国家保密局下发了《关于政府上网信息保密管理的通知》、《计算机信息系统国际联网保密管理规定》。2000 年 4 月 26 日公安部又发布了《计算机病毒防治管理办法》，2000 年 12 月《全国人民代表大会常务委员会关于维护互联网安全的决定》发布。这些法律法规的出台，结束了中国计算机信息系统安全及计算机犯罪领域无法可依的局面，并为打击计算机犯罪活动提供了法律依据。

我国网络信息安全法律体系的建设呈现出一些特点：一是多头制定，多头管理。信息安全管理工作涉及包括公安部、国家安全部、国家保密局以及信息产业部等诸多部委，因此形成了信息安全法规法出多门、条块分割的局面。二是法规体系不健全。我国的信息安全法规在数量上形成了一定的规模，但众多的法律法规并不能构成条理清楚的体系，多数法规是因应对现实中出现的法律盲点，缺乏高层设计和规划。三是修订频繁。由于信息技术发展迅速，其问题变化较快，导致法规的修订频繁。如国家保密局 1998 年制定了《计算机信息系统保密管理暂行规定》，2000 年初又发布了《计算机信息系统国际联机信息系统保密管理暂行规定》；1996 年 2 月 1 日中华人民共和国国务院令第 195 号发布《中华人民共和国计算机信息网络国际联网管理暂行规定》，根据 1997 年 5 月 20 日《国务院关于修改〈中华人民共和国计算机信息网络国际联网管理暂行规定〉》的决定，1997 年对其又做出了修正。

信息安全问题是信息化社会的基本问题，也是电子政务得以正常发展和运行的基础。因此，信息安全问题越来越受到国家的高度重视和社会的普遍关注，完善我国计算机信息安全体系，制定信息安全法的呼声也越来越高。相关立法工作已经展开。

8 电子政务应用系统

本章主要内容：

- 电子政务应用系统总体设计
- 电子政务信息处理系统
- 电子政务信息技术系统
- 电子政务的应用集成

本章学习要求：

- 理解如何进行电子政务应用系统的部署
- 掌握电子政务应用系统的框架体系
- 了解电子政务应用系统建设的技术体系和关键技术
- 了解电子政务中信息处理的类型和维度
- 掌握电子政务应用系统的总体构成以及各应用子系统的特点

电子政务的主要内涵是运用现代信息技术，打破行政机关的组织界限，使政府机关之间、政府与社会各界之间由各种电子化渠道进行相互沟通，政府从惯有的“封闭行政系统”中拓展出来，加入到全球的网络信息环境中。概括地讲，电子政务系统的建立是政府部门通过对信息技术的规划、开发、管理和运用，实现对政府部门中三种最重要资源的运用，实现政府、社会和公众之间建立有机的管理和服务集合。虽然电子政务系统在应用范围、管理模式等方面存在诸多差异，但从信息处理的角度来看，电子政务系统的建设具有许多共性的问题。

本章将从这个角度，介绍电子政务系统中的信息处理特点及电子政务系统中各种类型的应用子系统，理解如何进行电子政务应用系统的部署。

8.1 电子政务应用系统总体设计

8.1.1 电子政务应用系统的总体部署

(1) 电子政务应用系统的部署原则①

尽管各类政府部门有不同的应用需求，其电子政务建设有不同发展轨迹和进程，但从宏观角度来讲，电子政务系统应该是以由事务处理系统、客户服务系统、管理信息系统、信息资源管理系统、决策支持系统和主管信息系统这六类主要的应用系统构成（如图 8-1 所示）。并以此为基础，政府部门内部实现基于 Intranet 的网络化办公，政府部门之间通过 Extranet 实现信息交换，借助于 Internet 实现远程信息利用、外部信息发布及社会公共管理和服务等，从而构建起电子政务组织互联系统。在具体部署时，应以“硬件的集群”、“数据的集中” 和 “应用的集成” 为主导原则，形成以信息资源管理为核心，事务处理、分析处理和决策支持集成化的整体发展局面，构建新的管理模式下强化依法行政的电子政务信息系统，并重点考虑以下几个问题。

①资源利用规范化

充分考虑已有硬件、软件和信息资源利用的充分性以及对现有业务流程和管理模式的适应性。硬件资源以扩充和拓展方式分档次，按层次加以利用，软件资源以兼容性、开放性等方式保持平滑过渡；信息资源以提取重组、过滤消除等方式进行优化；业务流程和管理模式以逐步规范方式保持衔接。总之，在电子政务系统部署时，应尽可能降低应用对软硬件平台的依赖性，充分发挥已有硬件软件和其他资源的效用，实现这些资源的“集群”，提高信息交换的通畅程度，减轻信息系统的维护压力，改善系统安全控制手段。

②内部工作协同化

以网络建设为纽带，实现工作信息的集中管理、高度共享；以 Web 服务为核心，实现应用操作的统一组织和协调配合；以群件技术为工具，实现工作组织、调配和管理的协作，并尽可能让系统用户在相对单一和个性化的应用平台上进行管理和应用。

---

① 孙正兴，等．电子政务原理与技术［M］．北京：人民邮电出版社，2003：204.

③工作信息传输网络化

增强信息系统对管理应用的适应性和灵活性，提高信息系统功能的完备性和合理性，改善信息系统数据采集的有效性和准确率，实现信息资源规范化管理和深层次利用。建立以网络化为平台，从应用需求出发、以人生旅程为依归、以不同的社会群体为对象、以功能为出发点，建设电子政务“信息门户”，让内部用户获得组织严密、内容齐全、展现丰富、交换顺畅的信息服务；让外部对象尽可能获得更加多元化的服务手段和更多的政务信息与知识。逐步建设政务系统高速综合业务主干网络，最终实现政务的“一站式”服务。

④应用信息组织层次化

异源异构数据分布采集、集中管理，通过对已有数据源的提取、过滤以及数据主题化、时效化处理构建税务信息数据仓库；实现操作数据、历史数据和时效数据相互剥离；细节数据、概括数据层次化组织；应用数据多视角动态管理。

决策支持智能化：以联机分析处理为工具组织应用信息，以数据仓库为基础获取基本信息；以数据挖掘为手段识别有效信息；以人工智能为导向提供智能决策；以可视化为支撑提供方便应用。逐步建设电子政务知识生成、流动和使用的管理和控制体系。

(2) 电子政务应用系统部署的内容

概括起来，电子政务应用系统的部署应该既保证电子政务建设成果的有效利用和对政务管理的有力支持，又保证信息系统对技术发展和业务应用的可适应性和可持续发展性。在电子政务系统建设时，应根据基础设施应用环境等的不同，分阶段、分重点实施以下几个方面。

①建设政府宽带专网

宽带网是电子政府的基础网络设施，是政府各部门的网络互联平台，特别适合于跨部门的应用，可避免各部门重复建设，节省财政资金，提高资源利用率。宽带网为政府网上应用提供高速、海量信息的疏通与转接，是电子政务的信息“高速公路”。宽带网平台分为内网、外网两部分。内网与国际互联网物理隔离，为政府内部办公自动化及政务信息资源共享等政务应用提供网络互联平台；外网与国际互联网相连，是展示政府形象，面向社会为企业和个人服务的窗口。

②实现政府跨部门政务交互与集成应用

政府各部门和部门之间的交互与集成应用建设是电子政务的基础和核

心。抓好内部过程优化、提高政府部门办事效率、实现政务信息资源的共享、堵塞管理上的漏洞、增强政府工作透明度是电子政务进一步面向社会、企业、公众服务的关键基础。政府各部门和部门之间的交互与集成应用主要有三大类：跨部门跨平台办公自动化、分布式交互政务典型应用系统及决策支持系统。

③建设网上电子政府

通过政府网站与社会沟通，向社会提供服务及政府网上采购、网上招商等。政府网站是政府在网上的公开形象，是政府在互联网上的窗口。它提供最权威的政府信息发布和最方便的公众信息服务，同时还为社会公众提供网上申报、网上查询办事结果等电子政府的服务，成为接受舆论和社会公众监督的重要渠道。

④标准化建设

充分利用数字虚拟空间，跨越各政府部门间的限制，实现各级电子政府互通与跨部门政务互动是电子政务发展的必然阶段。要做到这一点，就必须建立电子政务的标准化体系。遵照此标准化体系，按地区及政府部门职能机构属性划分，建立若干信息交换中心，对数据和信息进行灵活、有效、多元化的管理，实现以政务信息驱动横向和纵向政务流程。同时，电子政务标准化会带动 B2B、B2C 电子政务接入，实现多种社会功能和“网络社会”。

⑤安全体系

电子政务系统的安全关系到国家安全。一个安全、完整的电子政务系统是电子政务发展的最终要求。安全的电子政务体系就是要确保信息内容在存取、处理和传输各个环节中的机密性、完整性和可用性，确保电子政务系统的合理应用和有序运行。电子政务系统的安全要从内外网互联、操作系统、数据库、中间件和应用服务器以及应用程序等每个环节做出具体考虑和整体规划。

8.1.2 电子政务应用系统的框架体系

图 8-1 所示为电子政务应用系统的框架体系。总体上，电子政务应用系统的建设必须以计算机硬件、软件和网络等建设为基础，以电子政务业务和管理的标准化体系和电子政务支撑平台的建设为前提，以电子政务的安全体系为保障。

具体地说，电子政务应用系统的建设包含“修路”、“建桥”、“造车”和“运货”等 4 个主要方面。首先，必须修建计算机及其网络等基础设施，

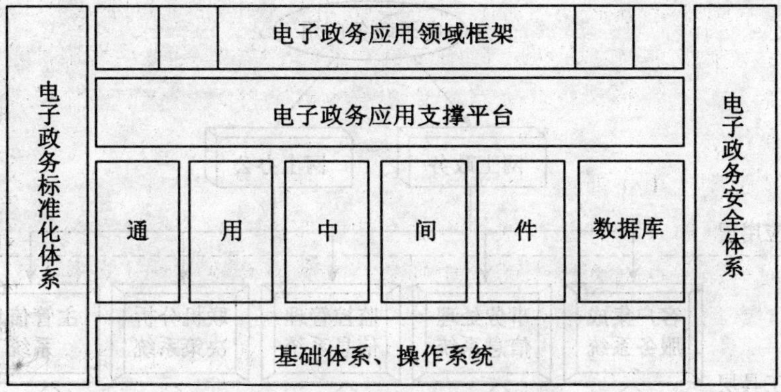

图 8-1 电子政务应用系统的框架体系

即所谓“修路”，建成覆盖全局的计算机网络和数据库管理系统，有效解决因受空间物理阻隔而制约管理的“瓶颈”问题。其次，必须架设应用需求与信息技术之间的“桥梁”，也就是说，必须建立比较系统和完整的电子政务应用领域框架，全面修订业务制度和操作规程，对业务流程进行优化和重组，实现流程的简约和规范。“造车”是指开发面向的是应用全方位的软件。“路、桥、车”解决了电子政务应用的基础，而“运货”则是电子政务建设的核心，“运货”就是要充分利用“路、桥、车”加强信息资源的管理和利用，强化数据处理功能，提升政府管理和服务水平。

8.1.3 电子政务应用系统的技术体系①

不同的政府机关、不同的职能部门、不同的公务员都有自身的应用需求，对电子政务应用系统分类也可以有不同的视角。因此，罗列所有的电子政务应用系统几乎是不可能的，只能根据实际应用需求才能确定电子政务应用系统的类型和内容。从总体上看，电子政务应用系统的构成体系可概括为：一个支撑平台、两大系统功能、三层体系结构、四类数据库系统、五个应用子系统，如图 8-2 所示。

(1) 一个支撑平台

它指电子政务应用系统的建设目标是为政府部门管理现代化和依法行政

① 阎立主编．信息化纵横［M］．南京：南京大学出版社，2003：151-153.

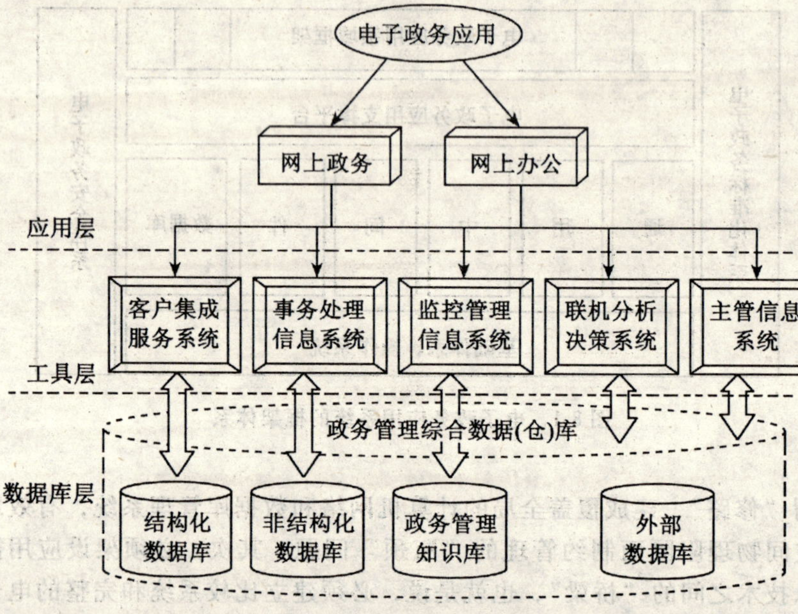

图 8-2　电子政务应用系统的技术体系

提供一个强有力的信息化支撑平台，实现打破时间与空间的、规范化的政务管理和服务。

(2) 两大系统功能

它指的是电子政务应用系统为政府部门提供“网上办公”和“网上政务”这两大功能：“网上办公”指的是政府部门内部实现基于 Intranet 的办公和管理自动化；“网上政务”指的是各级政府部门之间通过专用计算机网络进行局域网之间的互联、信息的共享和实时通信系统及政府职能部门通过互联网为公众提供网上交互式客户集成系统。

(3) 三层体系结构

它指的是在 Internet/Intranet 环境下的电子政务应用系统的计算模型是采用基于三层（浏览器/应用服务器/数据服务器）或多层体系结构模式。而分布式计算模型（体系结构）于整个系统的构建至关重要：一个良好的体系结构有助于减少高昂的系统开发及维护代价，保证系统运作的高效率；而选择失败将影响信息系统建设的各个环节，尤其是系统的维护代价及系统的可扩展性。

(4) 四类数据库系统

它包括结构化数据、非结构化数据、业务和管理知识及外部数据库等包含政府部门政务管理和服务全方位的政务管理数据（仓）库，也就是电子政务的信息资源管理和利用，既是电子政务以信息资源管理为核心的重要支撑，也是政府部门向知识管理发展的基础。

(5) 五种应用子系统

五种应用子系统包括客户集成系统、事务处理系统、监控/管理信息系统、决策支持系统和主管信息系统（见图 8-3）。

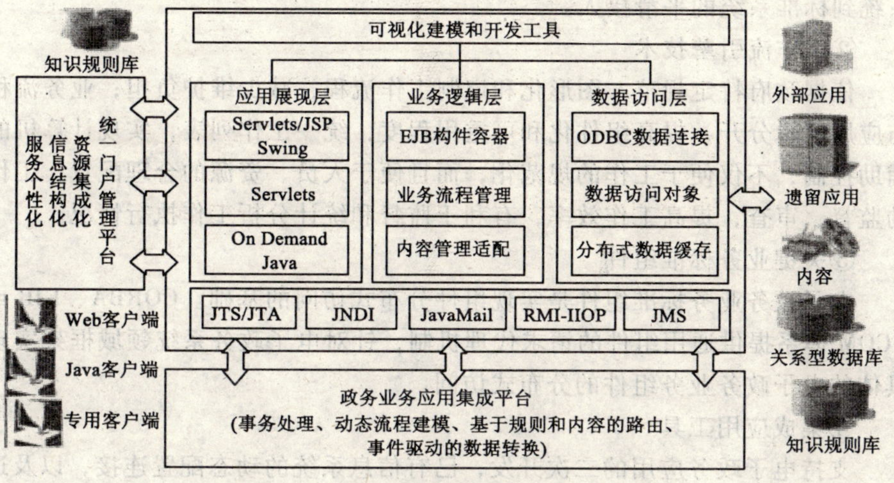

图 8-3　电子政务应用软件逻辑结构模型①

当然，这个技术体系并不是上述组成部分的简单组合，既需要针对特定政府职能部门业务的完全整合、流程的合理重组和优化，还需要利用各种各样的信息基础平台技术来进行有效通信、服务、软件和安全等的管理。电子政务所涉及的关键技术有 Web 应用技术、中间件技术、数据库技术、信息安全技术、全文检索技术、数据仓库和数据挖掘技术、网络技术、分布计算技术、数据通信技术、移动计算技术、中文处理技术、多媒体技术，以及智能技术等。而建立电子政务标准处理语言与电子政务标准处理规范、公共数据交换基础设施、安全体系、标准业务组件、集成应用环境更是重点中的重

① 孙正兴，等．电子政务原理与技术［M］．北京：人民邮电出版社，2003：209.

点。建设电子政务系统时，需要用到以下多项关键技术（有关详细技术将在后面的章节中介绍）。

①统一数据接口与异构数据访问

电子政务处理过程要求能在异构平台、异构环境、异构网络中实现数据交换和业务自动处理，这些必然涉及数据、文档格式和公文的标准化、统一化。遵循国家现行政务标准，利用 XML 技术，建立一个能够描述政府部门内部、政府部门间和政府与公众间数据交换和业务处理流程的规范标准，以减少数据在处理过程中因标准不统一而引起的诸多问题。通过建立异构数据库访问平台，提供各种流行数据库系统到标准数据库系统的接口，实现现行系统到标准系统的平滑接入。

②工作流引擎技术

依据政府特定规范，图形化和定制工作流程，减少维护负担；业务流程与应用逻辑分开，提高组件化和可重用程度，统一工作列表，实现计算机的辅助控制，不仅便于工作的规范化，而且便于人员、资源的合理配置，工作的监督、审查，提高工作效率，有利于监督和统计分析工作执行情况。

③关键业务标准组件

电子政务业务标准组件是实现组件分布式访问的基础。CORBA、EJB 或 DCOM 体系提供通用组件的请求代理机制，针对电子政务系统领域框架实现具体的电子政务业务组件的分布式访问。

④集成应用工具

支持电子政务应用的二次开发，已有信息系统的动态配置连接，以及适当的数据挖掘技术，综合电子政务系统各个应用领域的需求，建立电子政务系统数据挖掘原型系统。

⑤个性化和门户技术

不同角色具有不同的界面；用户和管理员可以对界面进行定制；系统将不同的内容提供给不同的客户。通过统一的入口访问整个系统；从工作列表界面启动不同的应用。

⑥数据采集技术

可以实现在线/离线信息采集；信息汇总统计；基础数据更新；与其他信息系统相连接；支持多级组织机构；信息流转等功能。

⑦智能报表技术

主要实现通过定义生成报表；应用平台无关性；数据库系统无关性；智能化、人性化的界面设计；统计报警功能；支持各种复杂的报表格式等功能。

⑧用户管理与系统监控

电子证书与权限控制相结合；登录到用户管理中心，即可访问所有系统；对系统进行实时监控；定期审计用户操作，防止信息泄露。

⑨安全技术

要求保证数据的完整性、保密性，系统的可靠性和一致性，身份认证、数字签名、访问控制及电子印章管理。

电子政务应用系统的软件结构是构架整个电子政务应用系统技术体系的核心。

应用软件应该是以基础构件（服务）为基础的，以功能和信息集成为手段的广泛应用服务。这些基础构件（服务）主要包括：分布式对象服务、Web 服务、事务管理（Transaction Management）服务、消息（Messaging）服务、数据库访问服务、命名（Naming）和目录（Directory）服务、安全（Security）服务和管理服务。这些基础构件可支持各种类型的客户环境，包括通过 LAN 连接在一起的桌面机器、基于 Internet 的 Web 浏览器 Client、智能卡（Smart Cards）以及其他 Internet 设备等，纯瘦客户通过传统的 HTTP/SSL 协议直接访问 Web 容器的页面逻辑，页面逻辑同时触发业务逻辑由 EJB 容器完成。胖客户端不直接访问 EJB 容器或者是直连数据库，而是通过 HTTP/SSL 协议，访问经过 SOAP 协议包裹后的 Web 容器的逻辑，同时该逻辑触发业务逻辑由 EJB 容器完成。表现逻辑由应用服务器处理，而业务逻辑作为可重用的应用组件被配置在 EJB 服务器上，这两个逻辑都归属于 J2EE 服务器环境；这些组件访问数据源环境（各种数据和应用程序）包括：关系型和非关系型数据库、文本文件、非结构化数据和遗留系统数据等。有关应用软件的集成问题将在下面做进一步介绍。

8.1.4 电子政务应用系统的内容①

不同的业务需求决定了电子政务应用系统具有不同的内容。因此，电子政务应用系统内容的确定要体现需求导向，这是电子政务应用系统具有实用性的重要保证。

① 蔡立辉著．电子政务：信息时代的政府再造［M］．北京：中国社会科学出版社，2006：242-248.

(1) 电子政务应用系统的构成

从总体上来看，电子政务应用系统主要由以下三大部分构成：

①政府部门内部的网络化办公系统

该系统通过政府部门内部局域网以实现各级政府内部各管理部门之间的管理、业务、文电、信息、督察、会务、值班、接待等主要办公和业务的数字化、信息化、网络化，主要包括业务及其办公自动化，数据、文档及视频等的检索及辅助决策支持等。它的主要表现形式是内部网站和信息门户。

②政府部门之间信息共享和实时通信系统

通过该系统可以实现政府部门内部网之间的互联和资源共享。它的主要形式是电子数据交换（EDI），即根据“大政府”中各政府职能部门间的结合程度，采取应用集成的方式来实现更高级的数据集成和交换。例如，通过电子邮件系统的互通互联，实现专网内政府工作人员间的邮件传递，进行有效的信息沟通与信息传递；通过公文交换平台，实现政府部门纵向之间、横向之间的信息传递。

③政府部门通过互联网为公众提供网上交互式客户集成系统（CIS）

尤其是各部门间的资源共享和协同工作。在政府部门资源共享的基础上，实行政府部门虚拟整合和实现网上并行联合办公，把曾经只能在物理空间行使的政府职能，通过数字化的方式延伸出去，将原来需要大量的人力来处理的行政事务，可以在数字化设备和虚拟空间中自动地进行，将政府内部办公职能面向公众延伸，逐步开展网上申报、审批、注册、年检、采购、招标、纳税、招商、举报、信访、服务等，提高政府管理的透明度和服务质量。同时，通过政府网站与呼叫中心实现政府与公众之间进行公共信息的发布与双向的信息交流，及时发布公共信息。

(2) 电子政务应用服务系统

电子政务应用服务系统实质上是各种电子政务应用系统的网络化表现形式，通常是以“政府网站”或政府“信息门户”的形式出现。电子政务应用服务系统主要包括：

①政府信息的网上公告

政府网站是公布国家法律、法规、政策和宣传政府作用的网上窗口。一般政府网站公告信息包括：机构名称、职能、组成、办事规章制度，相关文件、资料、档案等。由于网上信息多以文字为主且容量较大，因此有益于及时、完整、细致、系统地提供各种信息。

②政府职能的网络化

利用 Internet 将政府职能自动化系统设置于网上，使公众或企业以上网形式进入办事程序，如获得办事规则、提交数据、履行程序等。此时，政府网站如同一个虚拟的政府机构，公众通过政府网站可以获取政府信息与服务，实现网上办事，从而极大地方便了公众办事，节省了时间和人力，提高了办事效率，大大拓展了政府的办公空间和服务空间。例如，网上行政许可、网上注册、网上申报等业务的开展，申请人从一个入口递交申请，系统将申请自动地分发给相关部门，经相关部门实施许可、核查和批准行为之后，将意见反馈到申请人的信箱，或者根据申请人的指引，特许可决定，许可证书通过快递公司递交到申请人手中。政府与申请人的所有行为都是通过网络来进行的，对申请人而言，获取政府服务时无须再去跑各个部门；对政府部门而言，通过运用网络信息技术，大大提高了对公众需求的回应能力、收集信息和处理信息的能力，解决了政府管理和服务手段落后的问题。

③网上对话与调查

政府网站可以起到政府与公众之间的信息桥梁作用，可在政府网站上开办专题论坛、领导人热线、信访邮箱等，吸引群众参与政府管理和建议，使领导人能够直接听取群众的意见和建议。更有效的对话应建立相应的接待机制，对来信和意见要及时反应并作出有效处理，同时提供监督与督办功能。此外，为了了解民意，可以以政府名义就专项问题展开网上调查，为政府决策提供依据。

④网上政府信息统计

统计信息上网有助于更大限度地发挥统计数字的作用，起到导向作用。向社会提供统计数据可以作为政府经常性的服务项目，使群众和企业了解全局信息，发挥专业数据库的作用，避免因信息不全面或不系统而导致错误的发生。各政府机构管理的资料、档案和数据库中的信息在社会信息总量中占有相当大的比例，其中相当数量的信息是可以向社会公开的。政府信息机构可在网站上建立面向社会的资料档案咨询服务功能，充分挖掘潜力为社会提供服务。在经济管理方面，政府数据库系统可以向各行业交易市场提供实时、系统、全面、权威的市场信息以及政府发展计划的方向性信息，在市场经济发展方面起到主导作用。

(3) 电子政务办公自动化系统

办公自动化就是完全采用计算机技术处理业务，并实现信息共享、交流和协作，实现办公业务的处理、流转、信息检索、管理过程电子化、自动化和一体化。在办公自动化环境下，政府部门及其公务员可以在任何地方进行办公和处理事务。这种办公方式就是虚拟办公（Virtual Office），实现虚拟办公的技术就是OA。

办公自动化实现了政府部门内部、政府部门之间、政府部门与公众之间的网页浏览，通过E-mail收发公文等业务处理和信息交换。Internet支持的一些通用的网络办公自动化软件包括工作日程管理、网上会议等功能，对于提高办公效率和减少办公经费很有好处。网络是实现办公自动化的基础条件，建立信息资源数据库、构成信息交换中心则是建立电子政务应用服务系统的核心。因为它可以保证各种应用之间的信息传递和组织机构信息交换，负责共享政府办公业务信息资源，使政府行政管理、应急指挥和快速反应的能力进一步提高，实现高效率、高质量的宏观管理和科学决策。在政府信息资源开发利用方面，资源数据库的功能体现在建立政府信息资源管理体制，建立政府信息公开和面向社会服务制度，制定政府信息资源管理、信息采集、交换、公告、信息网络建设实施标准、信息库建设规范，建设一批能对主要政府业务工作和重大决策提供支持的数据库群，保证政府信息在政府机构内部实现畅通流转、充分共享。办公自动化是政府实现电子政务的基础，它使大量以往由行政人员手工作业的工作在网络状态下进行，从而克服了工作场所的物理约束，使政府治理从封闭的行政系统中拓展出来，有效地降低了政府公共事务管理的成本，改善了办公环境，从根本上改变了以往政府公共服务技术手段落后的问题。办公自动化的运用对于加强跨政府部门和跨地区政府之间的沟通，对于以电子化手段实现信息的上传下达，对于克服文山会海、公文旅行等现象，具有十分重要的意义。电子政务办公自动化系统是由公文管理、公共信息、个人信息、会议管理、人事档案管理、自动传真服务、文档管理、视频会议和电子邮件等几大功能模块所组成。

①待办事宜系统

待办事宜系统是整个办公自动化系统的重要组成部分，该系统主要开展收文、发文、信息采编、督办查办、领导讲话、会议管理等业务活动。待办事宜系统是办公自动化系统面向领导和具体工作人员的一个窗口，系统正常运行后，上报领导的公文、请示、信息都集中在领导的待办事宜系统中，领导转办的事项集中在办理人员的待办事宜系统中，领导只需查看、处理待办事宜系统中的文件，批示、审批、审阅的工作都可以完成，极大地方便了领导办公。同时，一般工作人员也需要经常查看待办事宜，办理领导交办的事项，以免延误待办事宜的处理。

②公文管理系统

公文管理系统执行“收文”、“签报”、“发文”、“传阅件”和“档案室”的管理工作，并对文件的审批过程进行“统计”。公文是政府部门在实施公共管理过程中所形成的具有规范体例和法定效力的公务文书。公文管理系统由“发文”、“收文”、“签报”、“传阅件”、“档案室”和“统计”等模块组成，能够实现公文的电子起草、传阅、审核、批示、会签、签发和接收工作，处理反馈、催办、流程跟踪与统计、查询和归档等任务。

③督办查办系统

督办查办系统的主要目的是利用计算机网络辅助进行政务督查和建议、提案督查的登记、信息反馈、查询、统计等工作，实现督办查办流程的实时监控；通过计算机网络及时发送督办查办部门的有关交办或答复文件，及时反馈交办单位的办理意见，供领导和有关工作人员查询、统计，提高督办查办的效率。

④收文系统

该系统主要完成收文所涉及的一系列操作，包括公文上报、登记、拟办、中转、转发、处室拟办、领导审核、承办单位办理、归档、相关单位查询公文等。注重数字化信息的一次性录入、减少重复劳动是该系统的重大特点。

在操作过程中，收文系统采用收文和待办事宜配合使用的方法使流程更加直观，一般用户只需经常查看并办理待办事宜即可进行日常办公。收文系统还可具有完善的流程跟踪和控制功能，对收文的整个流程进行跟踪，详细记录公文的当前状态、办理的过程和拟办、批示意见以及办理结果。

⑤发文系统

该系统主要完成发文所涉及的一系列操作，包括处室拟稿、领导审签、文字初审、文字复审、领导签发、文书印发等。系统采用发文和待办事宜配合使用的方法使流程更加直观，一般用户只需经常查看并办理待办事宜即可进行日常办公。系统应具有完善的流程跟踪和控制功能，对发文的整个流程进行跟踪，详细记录发文的当前状态、发文审核的过程和领导审签、签发意见。

⑥公共信息系统

该系统能为单位或某个工作组提供“公告栏”、“综合信息”和“讨论”。“公告栏”相当于日常办公中的公告板，提供一个发布各种公共信息如公告、通知或启事等的场所。“综合信息”提供一个轻松休闲的场所，大家可以在这个地方交流学习与工作的体会。“讨论”相当于一个非正式的会议室。在这里，围绕一个中心议题，每个工作组成员既可以“聆听”他人发表见解，也可以“陈述”自己的观点。公共信息系统中的“信息采编”是其重要组成部分，完成上报信息收集、采编、网上发布，并具备从信息上报到成为电子刊物发布全部为数字化操作的功能，避免了数据的重复录入。

⑦个人信息系统

该系统为每个工作人员提供“个人文档”、“名片夹”。“个人文档”是个人资料保存库，可以用它来保存、管理任何有价值的资料。这些资料可以是摘录自书本杂志的，可以是从其他地方复制过来的，也可以是起草的文件的副本等内容不限。“名片夹”是一个容量很大而且易于查询的电子名片夹，可以将亲朋好友或业务伙伴等的信息输入该模块中以备查询。

⑧会议管理系统

该系统主要用于制定会议安排和发送会议通知、记录会议摘要。会议召集人在选择与会人员时能够方便地查看这些人员在会议召开期间是否空闲，制定出合理的会议安排，从而确保会议的出席率，提高会议的效率。会议管理子系统具有了解和视图查看、建立会议议题库、提供领导审核会议议题等功能。每次起草会议安排前可以通过待办事宜系统请主管领导审核会议议题安排，然后根据主管领导的审核意见起草会议安排，提供会议安排、会议通知单、会议纪要、会议议题归档库，可以对归档库中的内容按指定的方式进行查询和统计；提供对会议通知单反馈信息的实时跟踪，系统通过待办事宜系统发出会议通知单，用户对会议通知单的反馈信息可以查看，这些宝贵的实时信息有助于管理者动态掌握会议安排，提供功能强大的全文搜索功能，与会人员还可查看和记录会议纪要。

⑨领导讲话管理系统

领导讲话管理系统具有下列功能和特点：(a) 提供公用和私有素材库。拟稿人员可以建立素材库，收集重要素材，方便领导讲话拟稿。(b) 提供归档稿件库。领导采用过的稿件及时存档，方便了稿件的查询和讲话拟稿，也便于重复引用和全文搜索。

⑩人事档案管理

该系统完成人事管理工作中的人事信息的编辑、处理和归档。按照人事管理的保密原则，一般人员只能查看到基本信息，授权人员可以查看全部人事信息，在授权范围内进行编辑归档工作。系统将人事档案按不同的标准分类，建立相应的索引，可以解决长期以来人事档案管理繁杂、查阅不便的问题。

⑪电子邮件和自动传真服务系统

电子邮件是指用户利用终端和存储设备通过计算机网络发送、存储和接收信息。该系统不仅是系统中各种流程衔接的纽带，同时可以非常方便地促进工作人员之间信息的交流。通过系统可以起草和发送电子邮件、发送文件等。该系统除了可以实现通常的Fax收发功能之外，还能将别人给自己发来的传真转发到自己的邮箱中，当自己想给别人发传真时也可以用发邮件的方式来发送。

⑫文档管理系统

文档管理系统是整个办公自动化系统的重要组成部分，它将有保留价值的各类公文进行整理，归档保管，包括档案分类编号、档案保管、档案检索查询、档案打印等。系统应收录上级单位发布的各种文件及本单位发布的文件，并能及时、准确地进入办公自动化系统；系统应提供对文件信息按照不同的分类（如文号、年度、关键词等）进行查询的功能。该系统还具有强大的全文搜索功能，确保用户能快速地在海量信息中找出所需要的信息。

⑬视频会议

视频会议系统是利用政府现有的计算机网络设备加上相应的视频设备，实现政府分布在各地的机构的相关人员能够通过网络参与可视会议，“面对面”进行交谈、探讨。视频会议系统对机构庞大、办公地点分散的政府来说很有用，尤其是对工作组的协同工作特别有用。

8.2 电子政务信息处理系统①

21世纪的今天，信息已被公认为比物质和能量更为重要的劳动资料，更是众多组织在现代网络经济环境中进行运作的基础。下面我们将从信息的维度、信息的流动方式及信息处理的任务这三个方面来介绍组织中的信息及其处理。

8.2.1 电子政务的信息类型及维度

(1) 电子政务信息类型

不同的工作需要不同的信息，因此，组织内部不同的人所需要的信息类型也是各不相同的。信息可能是内部的或外部的、客观的或主观的，也可能

① 阎立主编．信息化纵横［M］．南京：南京大学出版社，2003：138-141.

是几者兼而有之。

内部信息主要描述组织中特定业务的内容；外部信息描述组织周围的环境；客观信息定量描述已被人们所知的事物；而主观信息则试图描述当前还不为人所知的事物。任何政府部门每天都要处理各类内部、外部、主观和客观的信息。当然，各类内部、外部、主观和客观的信息还可以按照涉及的业务类型不同、社会背景和经济环境等的不同进行不同的分类。

(2) 电子政务信息维度

同时，对各种不同类型信息必须对其价值进行判断，以确定哪些信息对于管理和业务等是有用的，或者各种不同的工作或不同的业务应用对信息的需求。然而，信息是无形的，信息的价值是很难测量的。在实际应用中，我们可以按照信息的维度（时间、内容和形式）来确定人们对信息的需要，即按照何时需要信息（时间）、需要什么样的信息（内容）以及以何种方式获得信息（形式）来定义信息。

信息的时间维度涉及信息是“何时”的（When），信息的时间特征包括两个方面：及时性和新颖性，即在人们需要时及时获得最新的信息。及时性的含义是当人们需要信息时而拥有信息，当人们不能在需要时获得正确的信息，那么就几乎不可能做出正确的决策；新颖性则意味着拥有最近或最新的信息，在当今快节奏发展的信息社会环境中，昨日的信息往往已是过时的，且对知识工作者而言是无用的信息。

信息的内容通常被认为是信息中最重要的方面，它涉及信息“是什么”(What)。它的特征包括：准确性、相关性和完整性。信息的准确性特征说明你接收的信息已经过正确处理的；信息的相关性和完整性特征是相辅相成的，也就是说，你应该只接收与你的工作相关的信息（相关性），而且，你应该接收全部你所需要的信息（完整性）。在很多实际应用中，基于信息技术的环境往往带来信息量的剧增，它很容易使我们忽略信息的相关性，同时远远超出人们对信息的吸收能力，也可能提供的是人们根本不需要的信息。而完整的信息就是指接收的信息是完成一项任务或作出一项决策所需要的全部信息。

信息的形式则是涉及信息是“什么样的”(How)。它主要包括详尽性和呈现性这两个主要特征。信息的详尽性特征涉及接收的信息其概括或详尽的程度，详尽性问题也叫做信息细化，细化的信息将以非常详尽的程度记载信息；反之，粗化的信息只是对信息的高度概括。信息的呈现性特征涉及接受信息的形式（也许是图形、报表，甚至可能是影像形式），在当今，信息的呈现方式能使人们赢得或失去许多机会。当然，信息的呈现性还包括用于提供信息的技术，例如，你可能接收的是打印方式的信息，也可能将带有或不带动态、影像、动画或声音等形式的信息显现在屏幕上，甚至可能是直接体验的方式。

从某种意义上讲，对信息类型及其维度的理解和运用是电子政务系统建立的前提和基础，反过来，电子政务系统的目标就是：在人们需要信息的时候（时间维度），以人们希望得到的形式（形式维度）获得正确的信息（内容维度）。当然，不同层次的工作人员所需和处理的信息有不同类型和不同维度。例如，高层的决策者更关注那些粗略的信息，而操作层的工作人员则更关注细化的信息。

8.2.2 电子政务的信息流动方式

从构成层次来看，一个组织看作是由一个四层的三角形构成，如图 8-4 所示。最顶层是战略管理层，它负责对组织整体的指挥和领导；第二层是战术管理层，它按照战略管理制定的目标和战略进行具体策略的制定；第三层是运作管理层，这一层的任务是对日常运作的管理和指导，以及对目标和战略的实施；最后一层则是由非管理人员组成的操作层，他们是一些实际从事日常活动的员工。

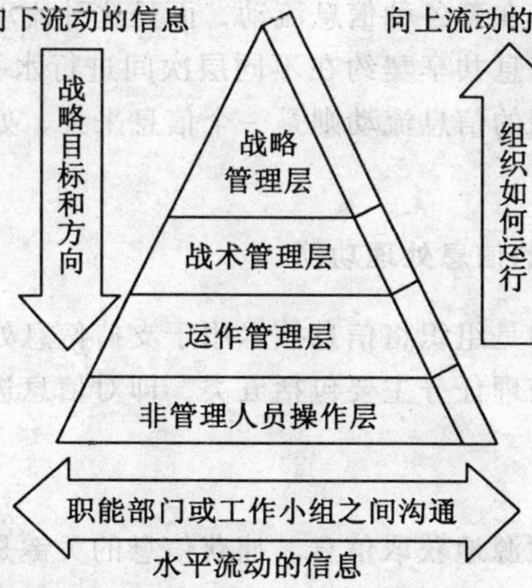

图 8-4 电子政务应用软件逻辑结构模型

由于共享信息和分布式计算的性质，组织中的信息向三个方向流动，即向上、向下和水平方向流动。

(1) 信息向上流动

或者说向上流动的信息，描述了基于日常事务的组织当前状态，例如，当一项业务发生时，信息发源于组织的最基层，然后信息通过不同的管理向上流动。当信息向上流动时，会变得更加简明。信息系统在信息向上流动时，扮演着十分重要的角色，信息收集是信息系统日常工作的一部分，它将信息向上传送给负责监督并对问题和机遇做出相应对策的决策者们。

(2) 信息向下流动

向下流动的信息包括源于最高层的战略、目标和指令，这些信息向较低的层次流动，使得管理层能明确决策者的意图，并进行目标和功能的分解，再传送到承担各自功能的操作层，最终在整个组织中实施。信息向下流动的过程是信息的细化和具体化过程，在这个过程中，高层的信息概念不断地分解并转化成各种可完成的操作。

(3) 水平流动的信息

它是在职能业务单位或工作小组之间的水平流动。这个流动过程可能是组织流程间的不同阶段的体现，也可能是信息的不同视角的信息加工、过滤和处理过程，也是职能业务单位或工作小组之间进行沟通的手段。

除了发生在组织的内部的上述信息流动外，组织与其他组织之间及组织与服务对象之间同样存在着各种信息流动，而且这种流动是双向的。组织之间的信息流动是根据信息共享契约在不同层次间进行水平方向的信息交换；而组织与服务对象之间的信息流动则是一个信息采集、处理、加工和使用的过程。

8.2.3 电子政务的信息处理功能

信息时代最重要的是组织将信息技术用于支持信息处理任务之中。概括起来，组织中的信息处理任务主要包括五类，即对信息进行捕获、传播、创建、保存和通信。

(1) 捕获信息

它是指在信息的发源地获取信息。捕获信息的关键是在信息发源地获取信息，当今，组织必须努力在发源地获取信息，而不是在信息发源地对该信息进行重新输入，传播信息与捕获信息截然相反，也就是说，传播信息是指将信息以最有用的形式提供给需要它的人。传播信息的关键是以最有用的形式提供信息，也就是说，你可能希望以图形方式、纸张印刷的数字化方式，也可能是以声音的方式获取信息。传播信息的处理任务与信息的形式维度密切相关。

(2) 创建信息

它是最容易理解的信息处理任务。它是为获取新的信息而对信息进行处理。例如，我们要确定信用卡余额就包含了创建信息的活动，也就是说，信用卡余额的利息是通过确定信用卡中每日的平均余额，并乘以相应的月利率而得来的。创建信息通常采用两种方式，即事务处理和分析处理。所谓事务处理就是对发生在组织内部的事务进行处理，如用计算机处理员工的工资，计算某个企业应该付的税款等，这些都是通过事务处理创建信息的例子。另一方面，分析处理是为支持决策工作进行的信息创建活动，如运用回归分析考察经济环境对税收收入的影响程度就是通过分析处理来创建信息的。从我们本身和技术的观点来看，事务处理和分析处理是截然不同的。如果运用事务处理技术的话，技术本身就能够应付所有的信息处理。对于分析处理来说，许多信息的处理还要依赖于决策者，或者说，分析处理只能提供可能发生的事情，而最终具体采取什么行动仍取决于决策者本人。

(3) 保存信息

就是将信息存储起来以供今后使用或共享。当今，信息的保存或保持对各类组织都是至关重要的，信息时代保存信息供以后使用是极有价值的活动。

(4) 信息通信

它是将信息传递给别人或传到另一地点。信息通信是通过调制调解器、数字信号、卫星和微波等电子通信技术实现的。当今，塑造现代新颖组织的压力使信息通信的任务对所有组织而言都成为一种必然。

对于信息系统的建设，了解组织中信息处理任务的性质是非常重要的，这有助于确定选择哪种信息技术系统是最好的。在本章下面的几节将讨论当今常用的七种信息系统，这些系统中有些是支持通过事务处理来创建信息的，有些是支持通过分析处理来创建信息的，还有一些主要是支持组织与人之间进行通信的。当然，在实际应用中，必须先确定信息处理的任务，然后才能确定需要什么技术来支持。

8.3 电子政务信息技术系统

政府职能涉及面广及其多样化与复杂性，电子政务需要建立多个应用系统，完成多个应用目标。从信息技术角度来看，电子政务系统中主要包括七种信息技术系统：事务处理系统、客户服务系统、管理信息系统、工作组支持系统、主管信息系统、决策支持系统和组织互联系统，如图 8-5 所示。下面分别介绍。

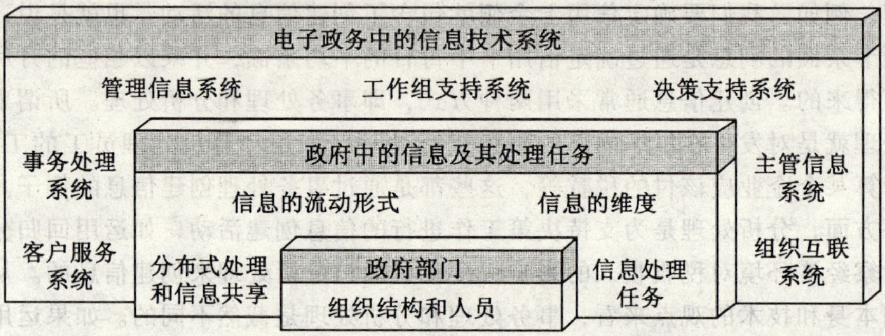

图 8-5　电子政务中的信息技术系统①

8.3.1　事务处理和客户集成服务系统②

在信息时代，一个组织成功的基础主要源于信息系统，而信息系统的主要职责就是在信息发源地捕获信息，在捕获的事务性信息基础上创建新的信息，并将捕获的信息和创建的信息保存在一个可操作的数据库中。对于这些系统而言，信息创建的过程就包含了事务处理的过程，它的主要职责就是捕获、创建和保存信息。

在任何政府部门中，捕获、创建和保存信息都是最重要的信息处理任务，这些至关重要的捕获、创建和保存信息的系统就是事务处理系统。一类事务处理系统是面向政府部门内部管理及其业务运行的事务处理系统，网络化办公自动化系统就属于这类系统；另一类事务处理系统是直接为客户服务的客户集成服务系统，如为社会提供政府服务，为社会公众办理和处理各种公共事务（如纳税申报、办理证件等）。同时，事务处理系统还要向管理信息系统、工作组支持系统、决策支持系统、主管信息系统和组织互联系统等

① 孙正兴，等．电子政务原理与技术［M］．北京：人民邮电出版社，2003：187.

② 蔡立辉著．电子政务：信息时代的政府再造［M］．北京：中国社会科学出版
2006：398-400.

其他信息系统提供各种政务信息，并最终将这些信息用于整个政府部门。因此，事务处理系统是政府部门进行信息化建设的基础之一。

(1) 事务处理系统的过程

事务处理系统主要支持政务管理和服务的常规业务中例行和日常的活动，它处理有关组织的基本业务、记录更新所需的详细信息，并将这些信息传递给使用者。其基本处理活动包括数据采集、数据编辑、数据修改、数据操作、数据存储和文档生成等事务处理周期。

(2) 事务处理的特征与方法

所有的事务处理系统都有相似的特征，即：能迅速有效地处理大量数据的输入输出；能进行严格的数据编辑，以保证记录的正确性和时效性；通过审计保证所有输入数据、处理、程序和输出是完整、准确和有效的；提供了有关安全问题的防护能力；支持许多人进行处理，因此，系统的故障会对组织有严重和致命的影响。

事务处理的方法主要有两种：批处理系统（Batch Processing System）和联机事务处理（On-line Transaction Processing，OLTP）。批处理系统将一段时间内的一批事务一次性处理。这段时间的长度要根据用户的需要而定。批处理系统的重要特征是在事件的发生和更新记录的最终事务处理之间有延迟。

联机事务处理或实时处理中，每个事务即时进行处理，而不是累积成批。输入后计算机程序即刻完成必要的处理，并更新这一事务涉及的数据。因此，联机事务处理系统的数据在任一时刻都能反映当前状况。

此外，还有一种方式是处理延迟的联机录入，这是批处理和联机处理的折中。这种方法中在事务发生时就送入系统，但不立刻处理。

(3) 事务处理系统的目标

利用事务处理系统可以达到的目标概括为以下几个方面：

①处理由事务产生的及与事务相关的数据

事务处理系统的基本目标是获取、处理和存储事务以及产生与组织运营例行活动相关的不同文档资料，这些活动直接地或间接地与生产、管理及服务有关。

②保持高准确度

任何事务处理系统的目标之一是输入和处理无错数据。在引入计算机技术之前组织就有事务处理系统，在这原有的人工系统中，员工检查所有由人工事务处理系统产生的文档和报告。由于人难免犯错，因此，常常发生不准确的事务，从而消耗时间、劳力和资源来加以修正。

③保证数据和信息的完整性

事务处理系统的另一个目标是保证所有存储在计算机数据库中的数据和信息是准确的、即时的和适合的。确认和编辑过程也常被用于在数据存储前检查其准确性和即时性。当要处理和存储的数据量增大时，个人和机器就难以检查所有的输入数据。然而，做这项工作是很关键的，因为事务处理系统产生的数据和信息常被组织的其他系统使用，所以，组织要保证数据的完整性和准确性。

④及时生成文档和报告

人工事务处理系统要花费较长的时间才能生成文档。而计算事务处理系统极大地降低了响应时间。信息技术的进步，特别是硬件性能的提高和通信技术的发展，使得事务能在几秒钟内完成。及时处理能力对组织的创新是很重要的。

⑤提高劳动效率

以前人工处理需要许多员工和设备。如今事务处理系统能充分降低人力需求，许多事务处理系统由于节省劳力而降低了工作成本。

⑥有助于改善服务

很显然计算机支持的事务处理系统能够为组织提供客户服务的快速反应和响应能力，缩短服务时间而又提高服务质量。

上述目标的相对重要度取决于组织的特征和目标。达到上述目标的事务处理系统有助于实现降低成本，提高生产率、工作质量、客户满意度，更有效率地完成组织目标。

8.3.2 管理信息系统（Management Information System，MIS）①

一旦事务处理系统和客户集成服务系统捕获到了信息，就会对其进行处理并将它保存或存储到数据库中，组织中的所有人都能以某种形式或方式对其进行访问。管理信息系统就是为实现整体管理目标，对管理信息进行系统化综合处理，并辅助各级管理人员进行管理决策的信息系统。

(1) 管理信息系统的特点

①它是一个一体化的系统或者集成系统

---

① 王浣尘主编．信息技术与电子政务（实用版）[M]．北京：北京交通大学出版社，2003：60-62.

管理信息系统对企业进行信息管理时，是从总体出发，全面考虑，这样可以保证各种职能共享共同的数据，减少数据的冗余性，保证数据的兼容性和一致性。严格地说，只有对信息进行集中统一，才能成为企业的可用资源。要保证一体化就要有一个全局的系统实现计划，每一个小系统的实现均要在这个总体计划的指导下进行。

②具有集中统一规划的数据库

建立集中统一的数据库标志着信息已集中成为资源，为各种用户所共享。数据库有功能完善的数据库管理系统，管理着数据的组织、存取等，使得数据可以有效地为多种用途服务。

③利用数学模型分析数据和辅助决策

只提供原始数据或者总结性报表，还不能满足管理者的需求。管理信息系统可以利用一些数学模型，为问题寻找可行解、非劣解或最优解。相对于决策支持系统，信息管理系统对信息的分析能力、决策支持能力较弱。

（2）管理信息系统的基本功能

从客观上看，管理信息系统对信息的处理包含了从信息搜集到信息使用的整个过程，主要有：信息收集、信息传输、信息存储、信息加工、信息输出。

①信息收集

信息管理系统的首要任务是把分散在组织内外各处的信息收集并记录下来，整理成信息系统要求的格式和形式。信息的收集有许多方式和手段，例如人工录入数据、网络获取数据、传感器自动采集等。信息的收集和录入是整个系统的基础，因此应该保证收集和录入的信息准确、全面，表达清晰。

②信息的存储

信息的存储需要考虑信息的组织，以方便信息的处理和检索。信息存储有物理保存及逻辑组织两方面的考虑。物理保存是指安排适当的地点，寻找适合的介质来存放信息，例如记录在磁带、磁盘等磁性介质上。逻辑组织则是指按照信息的逻辑内在联系及使用的方式，把大批信息组织成合理的结构，从而提高查找的速度，为使用信息的人员提供方便。目前，信息一般都是存储在磁带或磁盘上，利用操作系统对其中的信息进行合理的管理和使用。

③信息的处理

对于采集到的信息，需要经过一定的加工处理，才能得到所需的信息。例如，对财务数据的统计、结算、预测分析等都需对大批数据作数学运算，从而得到管理所需的各种综合指标。信息加工的范围很广，从简单的查询、排序、合并、计算到复杂经济模型的仿真、优化等。在管理信息系统中，对信息的加工一般都比较简单。

④信息的输出

信息输出是指根据不同的需求，将经过解释的信息以不同的形式和格式进行输出。输出的信息一般是直接供用户查询或使用的，因此应该采用易读易懂、直观醒目的格式。

⑤信息的传输

在收集、使用信息的过程中，有时需要把信息从一个子系统传送到另一个子系统，或者从一个部门传送到另一个部门，即数据通信。随着计算机网络技术的高速发展，主要的传输方法是通过计算机网络，或者以可移动的存储介质为手段实现文件的传输。目前，可移动的存储介质包括软盘、U 盘、可移动硬盘等。

管理信息系统所提供的信息处理功能包括通过分析性的处理创建信息并将信息传递给任何需要它的人。管理信息系统也常被称为警报系统，因为它“警告”人们（通常是管理人员）问题或机遇的存在。这正是管理信息系统与其他支持管理工作的系统之间的重要区别。管理信息系统设计的主要目标是概括发生的事情并将人们引向存在的问题和机遇。但是，由管理信息系统产生的报告很少告诉人们存在的问题和机遇的原因，也很少提供解决方案。当然在某些特殊场合，对于那些具有结构化特性的问题而言，由于其不需要更多的分析，因此，管理信息系统能够帮助人们决定何时、何地采取相应的行动。而对于那些非结构化问题或机遇则需要更多的分析，它们就构成了决策支持系统、主管信息系统甚至是人工智能系统等这类更高层应用系统。

8.3.3 工作组支持系统（Wok Support System，WSS）

电子政务应用改变政府环境的一个重要方面就通过利用工作组或团队来重新构架一个组织，这些工作组或团队通常称作跨职能部门的团队。工作组或团队组建的首要条件是确立一个共同的、为大家所理解的目标或需要解决的问题：组建工作组或团队构成时应该考虑：挑战性、地理位置分散、来自单位的主要职能部门、有天赋的领导者、灵活性、适应性和持久性等；工作组或团队可以包括：在内部中有重要地位的人员、已经或即将在一起进行合作的人员、多职能协作小组、内部核心部门的工作人员、其他许多部门的工作人员；建立工作组的过程包括：组建、磨合、规范、运作，工作组成员应相互了解并和睦相处。为了让这些工作组或团队能够有效地合作，他们需要建立和维护共享空间，尤其需要工作组支持系统来支持信息的共享、传播和流动。

工作组支持系统（WSS）是专为通过支持信息共享和信息流动来改善团队工作而设计的系统。对一个短期的项目小组而言，当他们在解决一个问题或利用一个机遇的优势时，工作组支持系统可以帮助他们进行有效的交流、信息的共享和思想的交换；对于长期固定的小组而言，工作支持系统不仅支持信息的流动，而且还将支持内部其他正在实现的自动化处理。

工作组支持系统的基础都是群件，群件的定义允许使用群件的用户（团队）根据需要来定义和选择工作群件。一般定义和选择群件的主要实现目的是：

①团队动态交流

团队动态交流是群件提供的最基本和基础的支持。团队动态交流包括召开会议、在小组成员之间交流信息，以便解决问题、利用机遇和处理工作流程等任务更加便捷高效。在支持团队动态交流的重要群件中，可以选择：电子消息群件、电子会议支持群件。

②文档管理

文档管理是群件产品中至关重要的软件。它是通过一个群件文档数据库实现的以下功能：负责组织和管理与特定小组有关的所有文档；支持多级安全权限，以便控制对数据库文档的访问，验证建立新文档或修改已存在文档的用户身份，并保护数据不被误用；提供小组可对群件文档数据库中的许多有价值的信息进行存储、访问、检索和组织工具；提供复杂的追踪机制，追踪到一个文档被谁更改过，以及更改过该文档的那个版本。

③应用开发工具

在群件中应用开发工具包含有丰富的用于快速创建应用程序的基本模块，支持团队成员做到一上来就投入工作。这些基本模块包括预写应用和编程工具，开发者可以用它来创建自己的应用程序，完成小组的特定任务。

8.3.4 信息资源管理系统（Information Resource Management System，IRMS）①

（1）信息资源的涵义

信息资源（Information Resource）的概念分为狭义和广义两种。狭义的

① 蔡立辉著. 电子政务：信息时代的政府再造［M］. 北京：中国社会科学出版社，2006：403-404.

信息资源是指信息及其载体。信息是事物之间相互联系、相互作用状态的内容描述；载体又称媒体，是信息从信息发送者到信息接受者的传递者。载体上反映信息内容的物理符号或信号，在信息处理中称为数据。因而可以说，数据是信息的物理形式，信息是数据的内容，两者形影不离。因此，狭义的信息资源又可以理解为数据资源，它是以数据库和数据仓库为特征的。广义的信息资源不仅包括了信息及其载体，而且反映了信息采集、传输、加工、存储与利用的能力和发展潜力。广义的信息资源是以数据资源为核心，连同其外围资源如网络资源、硬件软件资源等一同构成完整信息模型的资源综合。

(2) 信息资源规划

在电子政务系统建设中，信息资源管理最核心和最基础的工作是首先作好信息资源规划，这一点长期以来为人们所忽视，造成了“重硬件轻软件，重软件轻数据”的现象。长期以来，政府部门掌握着大量有价值的信息，而电子政务中，不管是综合决策、行政监管还是提供公共服务，核心都是要解决信息资源的开发和利用问题。没有好的规划是数据资源得不到应用和共享的重要原因。

在电子政务系统建设中，各级政府信息资源规划的基本内容和工作步骤大致是相同的，包括调查分析信息需求和数据流、制定信息资源管理基础标准、建立政府总体和各职能域的信息系统框架——功能模型、数据模型和信息体系结构模型。功能模型是系统的功能结构框架；数据模型是系统的数据结构框架；信息体系结构模型是系统的功能和数据关联结构的框架。信息资源管理基础标准是政府信息资源管理所必须遵循的最基本的标准，包括数据元素标准、信息分类编码标准、用户视图标准和数据库表标准等。这些标准的建立，直接决定了信息数据库组织的科学性，信息采集、处理、存储、检索和传输的高效率。

政府信息资源规划工作包括大量、复杂的调查资料的分析整理，尤其是在众多人员分小组进行工作时，需要保持定义与理解的一致性；资料的存储、修改和支持后续应用开发，需要规划信息和知识记存与使用的连续性。为此，必须要求信息资源规划的文档是电子化和自动化的，即建立计算机化的文档。

(3) 信息资源管理（Information Resource Management，IRM）

信息资源管理是20世纪80年代初在美国开始提出的一个新概念。近二十多年来，信息资源管理已成为世界范围内信息研究的一个热点。关于信息资源管理的内涵有两种不同的说法，形成两种不同的概念。一种概念认为信息资源管理就是信息的资源管理，即对“信息”进行“资源管理”，是以“信息”为对象的一种“资源管理”。这里的信息当然是指狭义的信息资源，即信息本身。另一种概念认为信息资源管理是对“信息资源”的管理，这种解释以“信息资源”为对象。这里的信息资源是指广义的信息资源，因此，信息资源的管理是对信息、信息设备、用于信息活动的资金和从事信息工作的人员的综合性的全面管理。这种管理由于是一种新的管理对象，因此也就形成了一种新的管理领域。信息资源管理的最终目标是实现各个层次的决策支持。决策支持所需的数据和信息支持，要求能链接和集成各种数据和信息源，并按照决策问题的需求进行面向内容的综合。信息资源管理系统是在信息资源规范化组织和管理的前提下，在实现信息的有效提取、高度集成、充分共享的基础上提供各种服务。事务处理、管理信息系统及工作组支持系统是信息资源管理系统的基础或信息资源来源；而信息资源管理系统又是工作组支持系统、决策支持系统及主管信息系统等更高级应用的“桥梁”。因此，信息资源管理系统是整个电子政务系统构成的“中心”。

信息资源管理的功能就是要协调和控制信息的活动，将信息活动中的各要素包括信息、设备、机构、技术、人员、资金、体制等作为管理对象，以系统理论为主导，强调多维机制，运用多种方法进行经济、技术、人文诸方面的综合管理，贯穿法律与道德规范，结合多媒体技术、防病毒技术、加密或解密技术、编码技术与层次管理技术等，以保证信息资源的合理运行，使有效信息为人们最大限度地利用。也就是说，信息资源管理就是实现“异源异构信息资源的分布式采集、集成化管理、层次化组织、主题化存储”，提供应用信息的多视角动态管理、按需索取的集成化综合服务，使之成为政府部门信息收集的“通道”、信息加工的“平台”、信息集成的“仓库”、信息服务的“枢纽”和信息发布的“窗口”。

信息资源管理系统的核心是信息资源的存储和管理。数据仓库就是实现这一功能的新兴技术。实际上，数据仓库既是一种结构和信息集成方法，也是一种技术。信息从不同的信息源提取出来，然后把这些信息转换成公共的数据模型集成到数据仓库中，并且按照主题、时间、综合度进行划分。传统数据库主要面向业务处理，数据仓库面向复杂数据信息分析和高层决策支持。

8.3.5 决策支持系统

决策支持系统（DSS）是指那些通过分析性处理提炼信息的信息技术工具，其目的是促进那些需要有效努力和分析的决策任务。系统地说，决策支持系统是用于支持专门问题的人力、过程、软件、数据库和设备的一个有组织的集合，主要用来解决非结构化或半结构化问题的决策。非结构化或半结构化是相对高度结构化和程序化的决策而言的，高度结构化问题比较直接，主要从已知的事实和关系进行判断；而非结构化和半结构化问题比较复杂，其数据之间的关系往往不太清晰，也可能以多种形式展现，而且这些数据往往难以处理和获取。决策支持系统的最基本功能就是把这些不同形式、不同种类的数据归结为一个简单的、有用的相关信息集。通常，这种类型的问题可能比结构化问题对组织更有影响。

决策支持系统可以使各种不同类型的问题结构化，即将不同形式、不同种类的数据归结为一个简单的、有用的相关信息集，这样，决策支持程序就能帮助决策者处理半结构化和非结构化的问题。同时，决策支持系统能够发现利用简单直观规则难以发现的隐藏的数据及其关系，从而产生对决策更大意义上的支持，如规律、趋势等。在大多数人看来，决策是高层管理者的事情。实际上，虽然决策支持系统侧重于高级管理层，但是，在各级管理层都可以且应该使用，因为在某种程度上，各级管理者都面临着非结构化或非常规问题，而且随着一个管理者在组织中职位的提升，其决策的层次或沿着操作决策、战术决策和战略决策的路径发生变化，其决策的数量和范围也在增加。决策支持系统具有帮助决策者在不同情况下决策的能力，可以在问题解答的全部或大部分阶段、决策频率（可以支持从单一性决策到重复性决策）和问题结构（解决从高度结构化和程序化问题到非结构化和非结构化问题）的不同程度上起作用，也可以帮助各种层次（包括操作层决策、管理层决策和战略层决策）的决策过程。

一般地说，决策支持系统具有很好的交互性。这一特征赋予人们两个方面的能力：一是进行一系列“what-if”分析，观察某种输入如何影响输出；二是运用各种不同的模型分析工具来分析信息。这也是管理信息系统与决策支持系统的重要区别。管理信息系统一般只提供预先确定的报告，以便向人们提醒潜在的问题和机会；而决策支持系统则允许用户交互输入新的输入数据，并确定它们对输出的影响，以及运用不同的模型工具分析信息。

尽管管理信息系统（MIS）也能在一定程度上提供决策支持，但决策支持系统与管理信息系统在许多方面有所不同。决策支持系统面向个人、小群体以至于整个组织，适用于处理不易于被程序化的非结构化问题，它是以提交交互报告的方式直接支持决策的所有阶段和时期，为决策提供即时的关于问题的信息和答案结果，但它不代替决策者，决策仍然由人来完成；管理信息系统则主要用于组织，通常用于比较结构化的问题，它通常以规划报告的形式，定时提交管理分析报告，为特定阶段和时期的决策提供间接支持，而且有些阶段和时期可以由系统自动决策而取代决策者。同时，决策支持系统比管理信息系统更灵活，可由用户执行，因此决策支持系统开发周期更短而且能更好地对用户的要求作出响应。

决策支持是一个十分复杂的问题，它要求计算机系统不仅能辅助决策人员收集整理信息，还能对决策问题辅助进行定性和定量相结合的分析，并将这种辅助与基于集体讨论的决策方式相结合，构成一个多媒体综合集成的辅助决策环境，所以，决策支持系统还有群体决策支持系统、电子地图系统等多种形式。从技术角度来讲，设计决策支持系统应该考虑以下几个重要问题：第一，决策支持过程中对资料是必需的，系统应提供对广泛分布的各种多媒体信息资料进行检索的手段。第二，对决策支持问题的研究在很大程度上既要考虑许多定量问题，也要考虑许多（可能更多）定性问题，定性与定量相结合是最基本的特点。这就要求把定量的模型计算与定性知识有机地结合起来，实现定性知识与定量数据之间的相互转化，使"专家"介入到模拟过程中，解决那些计算机不好解决的非结构化问题，发挥"人机一体，各取所长"的作用，这就要求环境系统必须提供相应的手段。第三，决策支持涉及的领域非常广泛，因此，需要许多方面的专家共同合作，而环境系统就要为这些专家的交互提供通信、网络、人机接口等支持手段。更重要的是，环境系统还要提供合作研讨的现代信息手段。第四，由于研究的问题可能涉及的因素很多，需要许多仿真系统、数据库系统等的支持，工作人员和系统运行时可能要访问这些外围系统。因此，环境系统就必须具有多种模型交互、分布式交互仿真的能力。第五，不同的决策问题有不同的决策研讨方式，环境系统应能提供相应的支持。

一个典型决策支持系统主要包括：①数据管理子系统：DSS 的数据库通常包括在数据仓库中。数据仓库是集成的、面向主题的数据库集合，它是用来支持决策支持功能的，其中每个数据单元都不随时间改变。数据仓库的数据通常从内部和外部数据源中抽取。内部数据主要来自于组织的事务处理系统。外部数据包括行业数据、市场调查数据、人口普查数据、国家经济数据等。②模型管理系统：一个包含有财务、统计、运筹和其他定量模型的软件包，能够提供系统的分析能力和合适的软件管理能力。在模型库中的模型为战略性的、策略性的、运营性的等。③知识管理系统：许多非结构化和半结构化的问题是如此的复杂以至于除通常的DSS能力外，它们还需要特别的专业知识。这些知识可以由专家系统或者其他智能系统提供。因此，更高级的DSS系统还包含成为知识管理的组件。④用户界面子系统：用户与DSS应用之间的交流，如交互式界面、报表打印。为了实现组织内的信息共享，还应包括Intranet/Internet的发布方式。⑤用户：用户可看作系统的一部分。DSS的用户主要是各层次的管理者和分析人员。

8.3.6 组织互联系统

电子政务的主要目标之一是构建或进入已有的信息生态圈，在互联网上覆盖跨部门、多层次的政府服务职能、管理职能和保障职能的“虚拟政府”。为了实现这种虚拟政府的有效性，政府必须采用一流技术来支持信息生态圈内各方的信息流动，我们称这类技术为组织互联系统（IOS）。组织互联系统使组织之间的信息自动流动，用以支持政府管理事务的计划、实施、监督和服务。

从应用角度来看，电子政务的组织互联系统是上述各种信息技术系统之间的信息集成问题。而这种信息的基础是工程思想和系统思想的结合，它需要从信息处理和交换规范和要求为出发点，对系统硬件（设备、地理条件、投资、安全等级等）到软件（用户管理方式、耦合程度、信息类型、处理方式、实施策略、软件产品、开发产品等）进行综合、联系、统筹、系统地分析和设计。

8.4 电子政务的应用集成

电子政务是沿着政府机构工具信息化、事务信息化、管理信息化和组织信息化的发展轨迹而成长起来的。目前，我国的电子政务信息系统建设基本上处于事务信息化向管理信息化和组织信息化的过渡时期，迫切需要解决的是应用集成和整合问题，尤其是如何将分散的“信息孤岛”进行有机的集成。也只有进行集成和整合，才可能有完整的电子政务，电子政务也才可能向更高水平的应用发展。

8.4.1 电子政务应用集成的概念与功能

我国电子政务应用系统建设始于20世纪80年代，经过多年的建设多数政府部门建起了政府门户网站和办公自动化系统，特别是一系列"金"字工程的成功实施，为政府的信息化建设积累了宝贵经验。但政务应用系统本身是一个庞大而复杂的系统，再加上系统建设中缺乏整体、统一的规划，而且采用的硬件、软件分别来自不同的厂商，数据报表格式也可能互不兼容，用户界面也是五花八门，在业务运作过程中，用户常常需要从一个系统切换到另一个系统，或者重复输入大量的数据，结果造成工作效率低下、数据准确性差等一系列问题。更为重要的是，电子政务发展阶段性和过程性所产生的多数电子政务应用系统普遍存在相互独立，难以完成系统间的动态交互和信息共享，这些问题已严重影响了我国电子政务应用系统的健康发展。同时，与所有的信息化建设一样，电子政务的建设和应用不是一蹴而就的，而是政务管理改革和信息技术运用的互动过程，在这个过程中，电子政务既面临着飞速发展的信息技术更新换代等技术应用问题，也需要不断地进行跨越各种应用、各个部门及各地业务过程的更新和改善，还要通过新的技术和管理模式向各类用户提供新的价值，尤其是要面临如何引入新的应用、如何实现新旧应用集成、如何用新的方式组合已有应用、如何保持数据同步和一致性及如何更加有效支持内外部团队的紧密协作等一系列集成和整合问题。为解决这些问题，除了健全制度并加强管理之外，更为重要的是提供必要的技术手段整合现有系统资源，实现信息资源的连通和共享，提高资源的共享水平和使用效率。

(1) 电子政务应用集成的涵义

这种集成和整合不仅需要政府基层业务的规范和自动化，政府各级管理决策者更需要信息的及时获得，以克服政府内部普遍存在的信息不对称问题，同时也希望通过运用信息技术的运用，能够监控依法行政的各个业务运行过程，特别是一些关键点和过程。另外，这种集成和整合已经不仅单单涉及某个政府部门内部，而是涉及整个政务价值链，包括政府部门之间、政府与社会民众之间、电子政务与电子政务之间等。集成和整合的需求不仅需要各种应用之间搭建无缝的接口，而且需要在政府的高层管理应用和业务运营操作各层次之间架设动态沟通的平台，还需要在不同的政府部门之间及政府部门与社会民众之间搭建起信息交换的桥梁，也就是说，电子政务的集成和整合并不只是需要一个集成产品，更需要一个集成服务平台，亦即必须建设综合信息系统。

建设综合信息系统可保护已有和未来投资。尽管综合信息系统的概念产生于对已有系统的互联，但对于开展电子政务具有特别的意义，因为政府部门都使用着大量已开发的应用系统。通过这种自上而下的规划，能够充分考虑各子系统之间的接口和整个系统的标准化及可扩充性，可以有效防止和避免上述“信息孤岛”现象的发生。这不仅保护了已有投资，更能最大化地保护其未来投资。

建设综合信息系统源于业务流程重构和协同电子政务的需求。电子政务信息系统的互联不仅仅是数据的静态共享，而应是不同系统间动态的数据交互，是在一定的业务流程和权限控制之下的交互。综合信息系统的实施必然要彻底打破原来部门之间的条块分割和相对孤立的局面，形成一个合理、高效、协作的新的业务流程，即业务流程重构。每个部门（或者每个应用系统）内部都有各自的局部流程，我们称为“小循环”；同时，政府作为一个整体系统，还有一个全局的流程，我们称为“大循环”。这些大小“循环”相互嵌套构成了政府整体的优化的信息链，用以驱动部门间的协同运作，实现真正意义的电子政务。

综合信息系统建设就是电子政务应用集成问题或电子政务应用的一体化问题，它同电子商务中的企业应用集成 EAI（Enterprise Application Integration）具有同样的内涵。在企业中，由于资金等条件的限制，只能对各个部门的信息化进行逐步的实施，如首先在处理顾客订单上实现信息化管理，建立相关的客户关系、管理系统和客户关系的数据库，随后又分别建立了企业的采购管理系统、生产控制系统。在各个系统建设完成后，又需要考虑到系统集成之间和数据之间的共享问题。在这种需求的牵引下，EAI 适时出现了。它是将基于各种不同平台，用不同方案建立的异构应用系统集成起来的一种方法和技术。人们对 EAI 寄予了很多期望：可以对企业的价值链进行全面、彻底的透视和控制；全面掌控客户、供应商、项目、订单、资产等信息；全面掌控财务、人力资源、生产、分销、物流等信息；全面掌控系统、数据、流程等；对信息实时存取，对业务流程全面透视。EAI 将会为组织的业务和相关的各应用系统规划一个全新的架构，将已有的系统融入这一架构，在增加新的应用系统的同时，以更有效的方式利用原有的应用系统。所以说，尽管 EAI 是针对企业应用集成提出的，但是它同样适用于电子政务的应用。

(2) 电子政务应用集成的功能

①信息总线功能

EAI首先能实现异构应用系统的互联。所谓“异构”，是指组织原有的各种各样的应用系统，如业务应用系统、人事管理系统、财务系统等。由于各种原因，如缺乏统一规划、不同的开发商承建等，使这些系统可能运行在不同类型的服务器上，并使用着不同的操作系统、数据库、数据结构、通信协议，甚至有些数据或应用分布在不同的地点，与组织数据中心的网络连接方式也不尽相同。因此，采用总线方式互联的优势是显而易见的。

②信息共享功能

信息共享对于企业提高服务质量的情况，如果不借助EAI技术，很难实现异构系统间的信息交换。其次，EAI对应用系统的互联采用的不是“一对一”的直接连接，而是通过采用一些先进的结构和软件技术实现总线方式的连接。“一对一”的连接是两个系统之间互联的最直观的方法，但是当系统数量增多时，势必造成错综复杂的网状连接灾害，由原来的“信息孤岛”变成“蜘蛛网”。降低运营成本有着非常直接的作用，借助于EAI工具和技术平台，可以实现综合信息系统内的信息共享。

③信息协作平台功能

数据共享不应该仅仅是数据的静态共享，而应该是在一定业务流程驱动下的动态交互。通过强大的工作流（Work Flow）机制，EAI能实现各部门、各应用系统之间的协调运作，以实现业务自动化，业务流程的定制、改造和优化，达到业务流程重构的目的。

④信息导向功能

信息系统应用中产生的数据量相当庞大，如何组织和管理好这些数据，提供给相应的部门和人员，信息的使用者如何从大量的数据当中查找到自己想要的信息等，都是至关重要的。EAI提供强大的信息目录服务（IDS）、检索手段、信息路由机制和重定向功能，引导信息从正确的数据来源，经过特定的路径，到达指定的目的。

⑤信息升华功能

分散在各个系统中存储的数字和文档是静态的数据；将静态的数据经过适当的加工和处理，并在不同的应用之间流动起来，就将数据变成了信息；同时，如果将信息高度综合或深入挖掘，再加上人的参与，信息就转化成了规律、结论、判断，即知识，可为管理决策提供支持。EAI具备其他MIS系统和OA系统等单个系统所无法实现的功能，因为它能够获取来自企业各方面的、充分的、全面的、综合的数据。信息的升华功能是EAI系统建设的最高要求和最终目标。

8.4.2 电子政务应用集成的内容①

电子政务的应用集成涉及在两个或更多的应用系统之间实现无缝集成，使它们就像一个整体一样。尽管这种集成常常针对一个部门内的信息系统，但当在多个政府部门系统之间进行数据交换及为社会公众提供服务时，这种集成也需针对不同实体之间的应用系统，例如G2G、G2B和G2C的电子政务。从内容构成来看，电子政务的应用集成很复杂，涉及结构、硬件、软件以及流程等政务应用系统的各个层面。

电子政务应用集成有不同的层次，首先要考虑的是数据和信息的集成，其次要考虑的是各种应用系统的集成，更为复杂的是面向过程的集成，下面分别予以介绍。

(1) 数据集成

电子政务系统的业务运行过程实质是一个政务信息收集、传递、加工处理和发布的过程。因此，电子政务应用集成的首要任务是数据集成。它的主要目的是将位于不同地点、不同服务器和不同应用平台上的物理数据库进行集成，形成不同数据源的共享交换、综合分析和统一展现。数据集成发生在应用领域内的数据库和数据源级别，特点是低成本和点到点固定应用集成。通过从一个数据源将数据移植到另外一个数据源来完成数据集成。数据集成是现有集成解决方案中最普遍的一种形式。然而，数据集成的一个最大的问题是业务逻辑常常只存在于主系统中，无法在数据库层次去响应业务流程的处理，因此限制了实时处理的能力。

数据集成是进行下一步集成的基础。数据集成对数据进行标识并编成目录，确定元数据模型。只有建立统一的模型后，数据才能在数据库系统中分布和共享。数据集成采用的主要数据处理技术有数据复制、数据联邦和接口集成。

①数据复制

数据复制的目的是为了保持数据在不同数据库间的一致，而数据库可以是同一厂商也可以是不同厂商的，甚至可以是采用了不同模型和管理模式的数据库。对于数据复制的基本要求是数据必须能够提供一种数据转化和传输

① 陆敬筠，邵锡军. 电子政务集成技术 [J]. 电子政务，2005 (Z5)：17-20.

的基础结构，以屏蔽不同数据库间数据模型的差异。数据复制服务的基本原理是这样的：在两个或多个数据库之间设置一个软件中间件，在一边，数据从源数据库中被抽取，而在另一边，数据被导入目标数据库。有的是以实时方式工作的，也有的是以批处理方式工作的。特点是简单低成本，易于实施，但是需要对系统业务内部深入了解，固定应用。

②数据邦联

数据邦联是将多个数据库或数据库模型集成为一种统一的数据库视图的方法，也可以认为，数据邦联体是一种虚拟的业务数据库，它包括了多个实体的物理数据库。数据邦联方法在分布的数据库和应用之间放置一个中间件层，该层与每一个后台的数据库用其自带的接口相连，并将分布的数据库映射为一种统一的虚拟数据库模型，而这种虚拟模型只在中间件中存在，应用程序就可以使用该虚拟数据库去访问需要的信息。同时，该数据邦联软件也可以通过将相关的数据映射导入实体数据库，进行数据库更新。数据邦联方法的优点是通过单一的预定义的邦联接口访问各类应用 DB，仍然使用方便的操作语言，而无须改变源数据和应用。

③接口集成

接口集成方法利用良好定义的应用接口实现对应用包和客户化应用的集成。可以说，它是目前得到最广泛应用的集成方法。在面向接口的集成中，集成代理是一个时髦的概念，它通过提供用以连接应用软件包和应用适配器的方法来实现集成适配器，通过其开放或私有接口将信息从应用中提取出来。另外一些类型的适配器可以通过面向消息的中间件、数据库管理系统，文件系统或其他系统和应用间接集成。有些解决方案可以通过接口抽象屏蔽适配器的自然属性，来促进信息交互，从而实现应用的交互，甚至也可以屏蔽同应用间的信息传输。这种通过接口抽象的方法提供了集成不同类型应用的高效率，也是面向接口集成方法的主要优势来源。缺点是缺少了一个集成框架，提供有限服务。

（2）应用系统集成

电子政务建设要求实现面向业务过程的转变，IT 支持系统需要实现面向过程的集成，具有过程支持功能，而这其中必须实现应用系统间的集成。对于只有少数的业务系统可以采用的是点对点的系统集成结构，在这种点对点的结构中，每个应用系统都与其他应用系统通过接口相连。这种集成方式不需要对应用系统做大的修改，编程工作量较少。但是当需要集成的系统对象较多时，系统相互之间的连接接口将会变得非常复杂，造成错综复杂的网状连接灾害，并且一个系统升级或新的信息系统实施后，与该系统相连的所有接口都要进行改变。随着应用系统的个数增多，接口问题越发明显。为了解决应用系统点对点集成的问题，使用消息代理的集成结构被提出来了。在这种集成结构中，系统之间的通信和数据交换是通过消息代理来实现的。这种结构大大减少了接口连接数量，同时由于有消息代理作为信息交流的中介，当某一系统发生改变时，只需要消息代理中相应的部分发生改变，降低了系统维护和升级的复杂性。消息代理是现行应用集成使用较多的一种技术。

（3）业务过程集成

虽然数据集成已经证明是集成的一个流行的形式，然而，从安全性、数据完整性、业务流程角度来看，数据集成仍然存在很多问题。组织内大量的数据是被业务逻辑所访问和维持的。业务逻辑应用并加强了业务规则、业务流程和安全性，而这些对于下层数据都是必需的。

系统集成不考虑系统之间的工作过程，而过程集成产生于跨越了多个应用的业务流程层。通常通过使用一些高层的中间件来表现业务流程集成。这类中间件产品的代表是消息中介，消息中介使用一个总线模式或者是 Hub 模式来对消息处理标准化并控制信息流。

业务过程将客户当做过程的起点，经过一系列的活动完成整个过程。到目前为止已经出现过很多有关过程集成的技术和思想，如为了实现过程并行化的并行工程，为了优化过程结构的业务流程重组，为了实现企业间的过程互连的供应链管理和扩展的供应链管理，为了缩短过程时间和周期的敏捷制造，为了实现过程的自动化的工作流，以及为了实现过程实效性和瞬时性的虚拟企业和动态联盟等。

与上面讨论的消息代理相比，过程代理可以看做是消息代理的扩展，它除了处理消息代理中的格式化的应用会话外，在过程代理中还封装了与各个应用系统相连的过程逻辑。当所有的过程逻辑都封装在过程代理中时，就可以建立一个过程库对过程进行统一管理，并且使用可视化的图形界面对过程进行设计、在线监控和调整，完全可以消除传统企业中的那种“抛过墙”的问题。同时这种可视化的过程设计界面减少了过程设计的复杂性，并且可以使不同层次的人都能参与到过程设计中，大大提高了过程设计的效率和过程的合理性。

8.4.3 电子政务应用集成的方式

通常情况下，应用集成的困难来自于大量的业务需求和技术的变化。快速的业务变化和发展需要应用系统能更快地发布和使用，而且，业务上的需求需要更多的、高度的应用集成。电子政务应用集成服务方式类型划分方法很多。

（1）按照成熟级别划分

①点对点集成

它通常使用面向消息的中间件，应用程序之间通过应用程序接口（API）进行点对点的数据和信息交换。系统是松散的集成，应用之间存在一定程度的依赖性。

②结构集成

在这一个层次，集成采用的是一种中央集线器型的架构，取代了点对点的集成架构。在这一阶段，采用了中间件工具来统一实现和控制数据的传输和交换。控制应用程序之间的数据和事务的业务规则都集中到所采用的中间件中，如应用服务器、ORB（对象请求代理）、消息代理（Message Broker）等。

③流程集成

它使用公共的、统一的业务模型来扩展系统。在这一层次，组织不是单纯的共享信息和数据，而是更好的管理数据在应用程序间的单向流动，业务流程得到集成和管理。这时需要采用一些中间件来实现流程的建模、工作流的自动化以及决策支持。

④外部集成

外部集成是实现与外部合作伙伴的集成。

（2）按拓扑结构划分

①点到点型。应用之间直接链接，适合同步通信以及永久链接的应用场景。

②网络型。适合有一些异步活动以及相关交易必须和其他应用同时存在的情况。

③总线型。源应用将消息集中放置在逻辑服务软总线之上，各个应用在总线上选择提交和广播消息。

④管线型。适合无须动态配置且多个应用管线相互作用的结构。

⑤集线器型。将消息从各自的源发送到中央集线器，集线器中央接点集中转换和发送减少手工重复录入，鼓励重用。

尽管目前有许多提供不同集成方法的厂商，但多数应用集成软件包将提供给用户工具，帮助用户建立业务处理过程，将应用程序与中间件链接使各种应用程序可以通过数据消息进行通信。由于EAI软件很大程度上独立于它所链接的不同应用程序，因此，业务处理过程可以在不改变应用程序的情况下进行变化和扩展。这种支持表现在五个层次。

A. 过程。许多厂商都提供使用户可以可视地编制业务过程流程图的工具。在业务流程图中，用户可以为每条消息定义规则。

B. 传输。数据可以点到点传送或利用一种所谓的“发行/预订”架构传送。在“发行/预定”的架构中，一些应用程序先告知代理对某种消息感兴趣，然后其他应用程序则向这些应用发送这类消息。根据应用程序所处的网络和平台，传输可以利用像数据库驱动程序、组件对象模型或消息传输中间件等这类中间件来完成。

C. 服务。消息需要多种服务才能成功地完成任务。这些服务包括下列内容：如果接收消息的应用程序比发送消息的应用程序速度慢，用队列保存消息；交易的完整性用来保证交易在消息发送前或确认接收前完成；消息的优先级；错误处理以及使网络管理工具可以控制数据流的“挂钩”。

D. 接口。EAI软件通过连接不同应用程序的接口获得对这些应用程序的访问。这些接口通过向平台的组件模型提供说明信息或利用程序的应用编程接口实现与应用程序的互操作。

E. 转换。由于不是所有应用程序都能以同样的方式或相同的格式存储数据，因此，多数EAI软件包括将数据转换为接收应用程序所要求格式的功能。一些软件包括使用户可以可视地将一种应用数据格式“映射”到另一种数据格式或将此格式与其他格式协调的工具。

8.4.4 电子政务应用集成的解决方案

电子政务应用集成解决方案可以呈现多种形式，并以多种级别出现。EAI适合的级别依赖于许多因素，包括系统规模、业务类别、应用的集成度或项目的复杂度以及预算等。目前，电子政务应用集成的解决方案通常采用如下一种或多种方法：用应用服务器通过新的瘦型网络或无线应用接入遗留系统；用应用集成引擎实现数据同步；采用工作流技术集成业务处理，支持信息在人员和系统中流动；利用数据仓库巩固和分析重要业务数据；利用中间件技术进行集成开发。

(1) 应用服务器

应用服务器为开发网络应用提供环境，帮助保护在遗留系统上的投资，使原来的遗留系统可以保留它们的业务逻辑和数据存储，巩固了网络应用和后端遗留系统之间的业务数据和移动交易。这种服务器通常包含一个强大的数据库访问部件。应用服务器还通过简单的网关代理提供一些简易的机构以实现与遗留系统的通信，而它们最擅长的或许是能够为特定用户提供对通用业务对象模型的支持。

把应用服务器集成到遗留系统有三种主要方式。建立包含或隐藏遗留系统的新的公共接口。这种方式使将来覆盖遗留系统更加简单，但如果隐藏在下面的系统仍然需要使用而不可以马上被覆盖的话，就需要额外的维护。建立业务对象，从遗留系统中透明地析取信息。这种方式也妨碍未来的升级和改变，因为遗留系统的接口被隐藏并贯穿在新的应用当中。在新的应用和遗留系统之间使用一个集成引擎。

（2）应用集成引擎

解决应用集成问题最常用的方法是 Hub-Spoke 轮状集线器结构，通常与“发布-订阅引擎”相结合。轮状集线器包括适配器（Adapter，协议转换器）和集线器（Hub，数据路由器或者发布引擎）。

适配器负责对遗留系统的接口，它将原来的信息形态（诸如 CICS、TCP/IP 之类的协议甚至字符终端信息）转换成集线器能读懂的通用协议；适配器还用于数据格式转换，将数据转换成一个通用的格式，比如 Unicode 或 ASCII；适配器的第三个也是最重要的任务是转换数据结构。

集线器或数据路由器负责将源数据发送到目标系统，保证数据在传输过程中不会遗失。基本的集线器提供路由表，有时候会提供识别和映射源系统和目标系统的规则。高级一些的集线器实现了发布-订阅引擎，对请求进行智能过滤。目标系统（订阅者）请求新的数据或特殊类型数据的更新，而源系统（发布者）发布数据和更新。集线器自动将数据送到对它感兴趣的地方，并执行管理任务。

这种方式保证了一个系统中的数据更新能反映到另一个系统中。另外，连接新的订阅者系统时可以不影响发布者系统的操作，并且不需要太多的人工干预。

（3）工作流技术

工作流处理的集成包括确定、监控和改变业务过程，通常使用图式模型。将流经系统的信息和组织的边界画在图中，生成一个集成方案。但是业务处理通常很复杂，不容易被重新绘制到一个人工生成的模型工具中去。另外，很多方案只是改变了信息的路由方式，而不支持数据的协作处理。工作流技术很擅长高度有序的程序化流程，它们的显著特征是需要高效完成可以预先确定的重复性任务。但是大多数的组织有横跨各个部门和组织的、复杂的多层次业务处理，这种时候工作流系统就不足以处理数据和应用的同步了。

(4) 数据仓库

数据仓库方法在规定的时间里从不同的系统中捕获数据。数据仓库包围了遗留系统，这样就不必重写这些系统来支持集成数据仓库，从而降低了成本。但进行数据处理的时候，这种方式不支持实时交易和真正的系统集成。数据集成工具可以读取、转换、移动、载入数据，通常提供批量和定时的解决方案，解决初始载入仓库或大批量转移数据的问题。数据集成工具在直接读取和载入数据的时候，只允许数据在物理层复制。这种方式下，将数据在特定时间内从一个地方移动到另一个地方时，不提供数据库层之上的增值业务逻辑。

(5) 中间件技术

用系统之间提供整合中间件是目前各类 EAI 方案提供商的主要方式，一般说来，中间件产品主要应用了以下几类技术。

①数据访问技术：提供直接访问不同数据源的手段，而不必改变应用层的程序，比如大家熟悉的 ODBC、JDBC、JDO、ADO 等数据标准接口。

②基于消息的中间件技术（MOM）：MOM 提供了一个异步消息传送机制。MOM 中间件在所有需要集成的应用系统内，都要安装 MOM 的 API 调用程序，以把消息递交给中间件进行处理。显然，MOM 的优点是发送方和接收方不必在线等待（松耦合）；缺点是会发生过载情况。当然随着产品的不断改进，在负载平衡方面会得到进一步改善。

③运程过程调用（Remote Procedure Call，RPC）：远程过程调用也同 MOM 一样利用客户/服务器模式，不同点是，RPC 是同步在线的，即要等待接收方的回复才能继续自己的工作。这样减少了出错概率，但等待使速度变慢。

④交易处理监控器 TP 监控器（Transaction Processing Monitors）：作为一个中间件，是现代应用服务器的雏形。它主要用于监控和管理客户端及多个后台应用之间的交易状况，考虑负载平衡，将客户的请求映射到各个应用。

⑤对象请求代理（Object Request Brokers，ORB）：ORB 是专门替应用转交功能组件的“中介”，是业务功能整合层次的整合中间件，它基于 COM、CORBA 及 Java RMI 等标准组件。

⑥门户服务器技术（Portal Server）：Portal Server 往往是提供一种集成的门户服务。通过可扩展的门户框架，集成了对企业信息的标准访问途径，可以将内部和合作伙伴与他们所需要的信息链接起来。

9 政府机关内部电子化公务处理系统

本章主要内容：

- 电子化公务处理系统内涵、功能与目标
- 电子化公务处理系统结构及核心技术
- 电子化公务处理系统应用

本章学习要求：

- 掌握电子化公务处理系统的含义与类型
- 理解电子化公务处理系统的目标和功能
- 了解电子化公务处理系统的结构
- 掌握电子化公务处理系统的应用

电子政务是通过广泛应用电子信息技术改善政府管理，实现政府管理职能的过程，这个过程首先发生在政府机关内部。也就是说，电子政务首先是政府机关内部公务处理的电子化。政府机关内部公务处理电子化既是电子政务的核心，又是电子政务的基础。电子化公务处理系统有特定的目标、结构和功能，根据不同的标准，这些系统可以划分为不同的种类。政府电子化公务处理系统通过提供电子化手段，可以克服政府在管理和提供服务方面的缺陷，实现政府办公自动化，有利于优化政府管理流程，提高政府工作效率，因此在整个政府办公活动中被广泛应用。

9.1 政府内部电子化公务处理系统概述

9.1.1 政府内部电子化公务处理系统含义与类型

(1) 政府内部电子化公务处理系统的含义

政府内部电子化公务处理系统，是指运用现代信息技术与网络技术，将政府办公活动转移到网络上完成，实现政府网上办公的信息处理系统。政府部门内部的公务处理活动，主要通过各种电子化公务处理系统实现，这些公务处理系统内容很多，包括办公自动化系统、人力资源管理系统、多媒体检索系统、视频会议系统、财务管理系统、物资管理系统以及其他相关的办公事务处理系统。电子化公务处理系统可以有效管理政府内部各种信息资源，辅助政府机关工作人员处理各种公务，实现政府办公信息化、自动化，提高政府管理水平和管理效率。

一个完整的政府机关电子化公务处理系统，其基本内容包括信息的生成与输入、信息的审核与识别、信息的加工与处理、信息的存储与检索、信息的复制、信息的传输与交流以及信息的安全与保密管理等在内的全部内容；在功能特性上，还必须具备网络通信功能，强大的文档处理能力，多种共享方式和强大的共享能力，并且必须有利于优化政府流程，确立有效的安全保障，同时应当能与其他业务应用系统实现有效集成。

（2）政府机关内部电子化处理系统的类型

根据具体管理功能和管理水平的不同，政府机关内部电子化处理系统可分为事务型、管理型和辅助决策型三种类型。

①事务型

事务型公务处理系统主要是辅助机关工作人员完成日常常规性工作，辅助完成工作量大但工作难度不高的组织管理活动，如公文管理、会议管理、日常事务处理等。它的应用范围一般是一个机关或机关内部的若干部门，以分散式管理为主。该类型的系统处理的事务，一般都具有内容重复简单、工作量大等特点，可以减轻人工处理的压力，具有较高的工作效率。这类系统产生的信息资源往往成为政府机关的核心信息源，是其他更高程公务处理系统的基础，为政务活动的有序开展奠定坚实的基础。

②管理型

管理型公务处理系统建立在事务型公务处理系统基础上，由各种比较完善的信息数据库和具有通信功能的多极网络组成并通过对大量的数据进行综合管理。它的应用范围更为广泛，在系统管理方面有较强的能力，以集中式管理为主。不仅能集中处理机关日常活动所需的数据信息，而且能对大量的信息进行综合管理，满足机关内部、政府系统内部对信息的共享需求，提高政府机关管理水平和决策能力。

③辅助决策型

辅助决策型公务处理系统是最高层次的公务处理系统，代表电子化办公处理系统的发展方向。具有方案比较和辅助决策功能，常常利用预先设计的决策模型辅助人们做出判断和决策。辅助决策型公务处理系统综合了事务型和管理型公务处理系统的功能，并具有专家系统和人工智能所组成的决策功能和发展预测、结构分析等功能。对政府知识管理的实现及知识性政府的建立有重要的推动作用，有利于提高政府的行政管理水平和管理技能。

对政府机关来讲，上述三种类型公务处理系统都是政府机关内部电子化公务处理系统必不可少的组成部分。根据管理水平的不同，在建设过程中一般遵循循序渐进的原则，首先进行事务型公务处理系统建设，在数据处理能力、数据管理能力不断提高的情况下，逐步增加信息管理和辅助决策的功能。目前，我国已建立并实际运作的电子化公务处理系统大部分仍处于管理型阶段。

根据我国政府机关电子化公务处理系统的实际应用情况下，依据系统应用和发挥作用的领域不同，可以分为通用系统、专用系统两种类型。

①通用电子化公务处理系统

它是指可以广泛存在和作用于所有政府机关，用于对所有公务活动提供普遍性支持的系统。这类系统用途广泛，通用性强，是所有政府机关需要普遍建立的，它可以为几乎所有性质的公务活动提供基本支持。

②专用电子化公务处理系统

它是指用于对专门政府机关或对政府机关的专门公务活动提供专门性支持的系统。这类系统可以存在和作用于专门的政府机关，也可以存在和作用于一般政府机关的专门公务活动领域。

9.1.2 政府内部电子化公务处理系统目标与功能①

(1) 系统目标

政府办公系统处于行政决策和执行的中枢位置，其工作的实效、质量直接关系着政府运转的效率，关系着政府的形象。政府内部电子化公务处理系统的目标是利用先进的网络技术和信息技术，提供先进的信息处理手段，打破时间和空间限制，实现政务信息交换与共享，提高政府办公质量和效率，实现政府公务管理网络化、自动化。具体来讲，包括：

①建立内部通信平台和信息发布平台

政府是拥有最广泛的信息源的机构，如果能充分利用这些信息资源，实

① 赵国俊主编．电子政务［M］．北京：电子工业出版社，2009.

现政府信息流通和信息共享，不仅能辅助管理者进行科学决策，而且能扩大政府服务范围，提高政府服务效率，扩大公众参与度。

建立电子化政府，推动政府信息化的通信网络的搭建与信息发布平台的建设，实现内部通信和信息发布平台以作为政府信息交换及资源共享的平台，保证信息在各部门之间顺畅流通，为领导决策提供科学依据，促进信息流通利用和平等共享，是政府机关内部事务处理系统建立的重要因素。

②实现跨部门协同工作和办公自动化

传统的电子办公系统限定了最终用户只有在办公室才能访问和利用信息，不能实现异步协作，工作人员外出时就无法享受信息技术的便捷，可能造成工作上的延误。政府机关内部电子化处理系统应该能实现文件、信息存储与查询的自动化，能满足远程办公、移动办公、协同办公的需要，工作人员可以通过远程拨号，根据需要随时登录到政府电子化公务处理系统，进行公文的传递、审批、处理等，改变传统手工办公方式，达到无纸化办公。

③实现核心公务处理工作流自动化

工作流自动化的目标就是协调组成工作流的四个基本元素，即人员、资源、事件、状态，推动工作流的发生、发展、完成，实现全过程监控。早期的电子办公系统只是在处理公文的传送方面起一些作用，但在核心公务处理工作流（如公文处理、事务管理等）上没有实现自动化，无法形成有效的约束机制。政府机关公务处理电子化就是用优化的电子流程代替人工流程，通过把需要处理的事项输入电脑，各部门按照既定的流程进行办理，规范各项公务处理活动，增强各部门之间的协作，大幅度提高工作人员的工作效能。另外，电子化公务处理系统还必须确保各种保障性工作的自动化。这些保障性工作对核心公务的处理起到基础、辅助的作用，涉及文档管理、会议组织、后勤服务、流程监控等各个方面，实现保障性工作的自动化可以节约各种资源和时间，降低管理成本，提高管理效率。

（2）系统功能

一个完整的电子化公务处理系统，不仅能对政府资源进行有效管理，实现信息传递与共享，而且可以对信息进行整合加工，辅助政府决策，优化政府管理流程。具体来讲，政府内部电子化公务处理系统应具备以下功能：

①具备网络通信能力

政府内部电子化公务处理系统的运作是在 Internet 上实现的，Internet 是系统运作的平台。一个政府各个部门之间的联系、电子化公务处理系统中各个应用子系统之间的联系，都需要有网络环境提供的通信能力作为支持，如果没有网络支持，各部门、各系统之间就无法实现互联互通，电子化公务处理系统也就失去了存在的价值，它的其他功能也就无法实现。

根据政府工作开展的需要，目前大部分政府机关采用电子邮件系统作为电子化公务处理系统的统一入口。电子邮件系统作为信息传递与共享的工具和手段，满足电子化公务处理系统最基本的通信需求。换言之，电子邮件系统作为电子化公务处理系统的通信基础设施，主要提供两方面的功能：一是直接作为一种应用提供人与人之间通信的手段，适应随时需要的电子化通信要求，代表的是一种不规则的、随意性很大的通信需求，比如工作人员之间互相发送电子邮件，传送对方某种信息，或者是向工作人员临时发出一项通知等，所传递的信息内容和传递的时间往往是无规则的；二是为各种应用提供通用的通信平台，灵活适应不同应用系统对通信平台的要求，两个应用系统之间按照某种条件传递符合某种规范的信息内容，往往是比较有规律性的。

在一个电子化公务处理系统中，针对不同的业务需求，通常包含了多个应用子系统，如收文、发文、信息服务、档案管理、活动安排、会议管理等，电子邮件系统作为办公应用系统的统一门户，每一个用户通过关注自己的电子邮件信箱就可以了解到需要处理的工作，并且将处理结果发送出去。以电子邮件作为统一入口的设计思想可以提高系统用户的友好性和易用性，提高公务处理效率。

②具备强大的文档处理能力

政府活动产生大量的公务文档，这些文档具有数量大、来源广、形式多、内容复杂等特点，不仅包括文字、图形、音频、视频、表格等单一形式表达的文件，还包括各种表达形式集成的多媒体文件。公文处理系统的信息不仅包括政府机关内部产生的信息，还包括其他机关产生的与本机关有关的信息、公共信息等，这就要求公文处理系统具有强大的文档处理能力。

电子化公务处理系统以文档数据库应用为核心，同时结合应用关系数据库来实现对数据信息的管理，具备有效处理海量信息的能力。传统的关系型数据库由于本身的局限性，存储效率低、流程控制和管理功能不足，而文档数据库不仅可以处理和管理各种非结构化数据，还可以提供全文检索、版本控制和文档链接等手段，可以实现文档及时有效的处理。

③具备多种共享方式和强大共享能力

信息共享是建立电子化公务处理系统的基础，信息交换和处理都建立在信息共享的基础之上，信息共享水平和能力直接关系到政府机关公务处理结果和效率。因此，要充分利用各种技术手段和管理手段，尽可能使系统具备多种共享方式，形成强大的共享能力。

政府电子化公务处理系统可以利用各种协同工作手段，包括多线程讨论、文档共享、电子邮件及一些辅助工具，提供在线及时共享。除此之外，还提供不同层面的信息共享方式，包括移动通信设备的支持、手机的 WAP 接入访问、PDA 的支持等，使用户随时随地访问和登录公务处理系统，不受时间和空间的限制，获得系统公布的信息和待处理的信息。另外，知识管理与电子政务相结合建立知识型政府已经成为提高政府管理水平的重要举措，将知识管理引入政务管理流程中，利用知识管理原则与方法对政府知识流进行管理、开发、利用，有助于实现工作流的自动化。而电子化公务处理系统作为政府知识管理的平台，系统共享能力得到很大的提升。

④支持协同工作和移动办公

电子化公务处理系统不仅应注重信息的生成与输入、加工与处理、存储与检索，还要注重信息的传输与交流以及利用，这对电子化公务处理系统的设计及功能提出更高的要求。

在日常办公中，办公人员需要花费大量的时间进行讨论和交流意见才能做出某种决策，而这种在群体中互相沟通、合作的工作方式就是协同工作(工作流是其中一种相对有序的协同工作方式)。为了以最快捷的方式在政府各部门之间传递信息，同时通过网络的数据库快速地获取信息，政府电子化公务处理系统支持异步协作方式（如电子邮件、网络论坛等）和同步协作方式（如视频会议），使工作人员随时随地参与到协作工作中，更及时地完成事务处理，提高工作效率。

电子化公务处理系统作为网络应用系统，还支持用户移动办公。移动办公就是提供办公人员在办公室以外的办公方式，人们可以远程拨号或登录到出差地的网络，通过电话线或广域网络，随时访问到电子化公务处理系统。为提高工作效率和减少费用，人们还可以选择“离线”工作方式，即将需要处理的信息先下载下来，将信息处理完毕后，再连通网络将处理结果通过网络发出，并再次下载新的待办事项。

⑤优化政府流程

在电子政务环境下的政务流程优化与再造是政府根据电子政务运作的内在机理，对传统的以行政职能为中心的行政流程进行优化与再造，转变成以公众服务需求和输入各种公共信息为起点，到政府创造出对公众有价值的“产品”或服务为重点的一系列借助网络进行的政务活动。

电子化公务处理系统可以突破业务流程对管理和决策水平的桎梏，对政府流程的优化作用表现在：一方面，系统绝不能绝对忠实于原有的组织结构和原有的政府流程，可以对原有组织结构和原有政府流程进行改造，根据需要将合理部分保留，不合理部分进行重新优化设计和革新，使之不断适应政府公务活动的发展变化。另一方面，它必须能够适应经过优化处理的新的政府流程，使新流程形成真正的优势，产生真正优化的结果。此外，系统还可以提供个性化服务，系统的使用者可以根据实际情况和个性化需求对政府流程进行调整和优化。

⑥完整的安全性控制功能

政务信息与其他信息相比有其特殊性，与国家政治、经济活动密切相关，许多信息关系国家安全和公共利益，不得向外界公开，因此，保证政务信息的安全可靠成为电子化公务处理系统的重要设计原则。

政府电子化公务处理系统与传统的公务处理系统不同，公文流转过程、事务处理过程都是在网络上进行，实行网上办公，其面临的安全威胁更多，对安全性能的要求也更高。

电子化公务处理系统的安全性主要包括系统安全、信息安全和网络安全三个方面，系统安全是指防止非法用户进入系统，避免因为自然因素或人为因素造成的系统运行不正常或崩溃等状况。信息安全是指通过采取各种技术措施防止因自然因素或人为因素造成的信息失真、丢失或更改等现象。网络安全是指保证网络正常运行，防止黑客等各种网络入侵行为，避免各种机密信息的丢失和防范网络犯罪。安全性的实现依赖于制定和执行严格的规章制度与管理规程，通过采取权限控制、身份识别、加密技术、电子签名、防火墙技术等技术措施构建应用层安全解决方案，防止自然因素和人为因素的影响，保证系统和网络的正常运行，保证信息的真实性、完整性、可靠性和可识别性。

9.2 政府内部电子化公务处理系统结构

9.2.1 系统结构及核心技术

(1) 系统结构

政府内部电子化公务处理系统是以知识管理为核心，集信息处理、业务流程和知识管理于一体的应用系统，它是办公自动化系统的高级阶段，必须依托办公自动化提供的多功能公务处理平台才能实现。

由于政府信息的特殊性，政府内部电子化公务处理系统应定位为内网应用，因此应该在与因特网物理隔离的内网环境下开发使用。

通常政府内部电子化公务处理系统包括行政事务管理、人才管理、信息管理等内容，模块结构如图 9-1 所示。

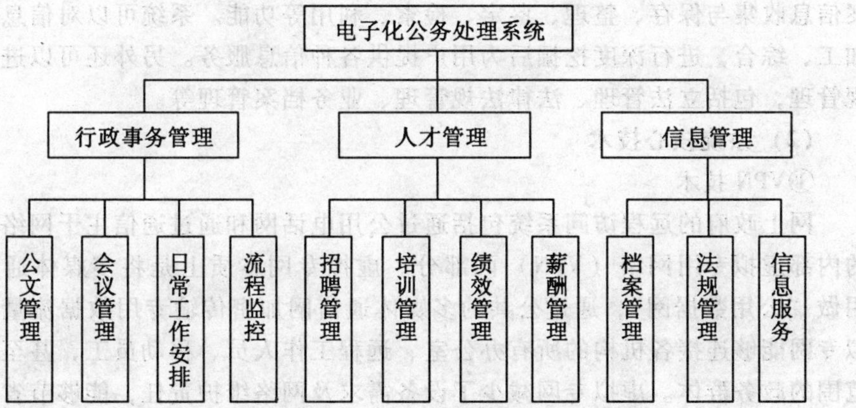

图 9-1　政府内部电子化公务处理系统模块结构

①行政事务管理

行政事务管理模块包括公文管理、会议管理、日常工作安排、流程监控等。其中，公文管理是政府内部电子化公务处理系统的核心，公文管理涵盖了公文流转的全过程，从公文的拟稿、审核、会签、领导批示、修改，到公文的发送、接收、传阅等一系列过程均可在网上实现，并可随时在网上调阅以前的公文。另外，政府机关日常工作十分庞杂，除文书工作、会务工作之外还包括调查研究工作、信息加工工作、信访接待工作、财产管理工作等多个方面，利用电子政务技术管理这些日常工作，能够提高政府机关的管理水平，减少人员编制，提高工作效率。

②人才管理

人才管理模块包括招聘管理、培训管理、绩效管理、薪酬管理等。招聘选拔模块的具体功能为制定招聘计划、发布招聘信息、网上报名、自动预筛选、面试管理、录用管理，可以节约招聘选拔费用，提高招聘选拔工作效率。培训系统电子政务功能包括辅助制定政府培训开发计划、提供网上远程培训等，可以降低培训费用，增加培训的计划性和灵活性。将绩效管理与电子政务业务管理系统一体化设计，可以实现对绩效的动态监控，并记录绩效目标和计划的调整过程。

③信息管理

政府电子化公务处理系统的信息管理范围广泛，包括公共信息、个人信息、办公事务信息等。政府活动过程中形成大量的文件信息，经归档后形成档案保存，对这些档案有效的管理可以为以后的工作查考提供方便，包括档案信息收集与保存、整理、鉴定、检索、利用等功能。系统可以对信息进行加工、综合，进行深度挖掘后为用户提供各种信息服务。另外还可以进行法规管理，包括立法管理、法律法规管理、业务档案管理等。

（2）系统核心技术

①VPN 技术

网上政府的远程访问系统包括通过公用电话网和通过通信主干网络构成的内部虚拟专用网络（VPN）两部分。虚拟专网本质上是将多媒体通信网用做“公用数据网”，通过公共的多媒体通信网加密传输专用数据流量。虚拟专网能够连接各机构的所有办公室、远程工作人员、移动员工，甚至全国范围的政务群体。虚拟专网减少了设备需求及网络维护责任，能够节省大量的开支。在 VPN 中，PPP 数据包流是由一个 LAN 上的路由器发出，通过共享 IP 网络上的隧道进行传输，再到达另一个 LAN 上的路由器。VPN 具有低成本、扩展性好、网络兼容性好、容易管理等优点。

②PKI 技术

PKI 即公钥基础设施，是一个用非对称密码算法原理和技术来实现并提供安全服务的、具有通用性的安全基础设施。在电子政务的建设中，PKI 实际上是提供了一整套的、遵循标准的密钥管理基础平台。用户可以利用 PKI 平台进行安全通信，因为 PKI 能够为所有网络应用透明地提供采用加密和数字签名等密码服务所必需的密钥和证书管理。

③OCR 软件集成

汉字识别 OCR（光学字符识别）是为了使汉字信息高速输入计算机，以解决低速的信息输入与高速信息处理之间的矛盾，从而提高整个计算机系统的效率。这种根据汉字人工编码录入汉字文本的方法，从根本上改变了人们对计算机汉字人工编码录入的概念。使人们从繁重的键盘录入汉字的劳动中解脱出来。只要用扫描仪将整页文本图像输入到计算机，就能通过 OCR 软件自动产生汉字文本文件，速度比人工输入快很多倍。在电子化公务处理系统中，将中文 OCR 产品与后台数据库无缝集成，实现对文字的自动扫描与识别。

④数据通道与接口

用以实现应用系统与应用系统之间、模块与模块之间可定义的数据交换。数据通道是外置的，独立于应用系统或模块，若数据交换是在不同应用平台之间进行的，则需利用接口程序来实现。

⑤共享授权

电子化公务处理系统的目标和功能之一就是提高多种信息共享方式、具有强大的共享能力。信息共享的实现机制是授权，因为政务信息有一定的机密性，有严格的访问权限的设置，用户只用通过认可才能登录、访问信息系统，利用信息处理行政事务。授权分为使用级授权和方案级授权两种，只有信息拥有者给予授权，其他人才能共享其信息，是保证信息安全的重要措施。

⑥自动提醒和逾期处理

政府公务处理系统具有事务处理、日程安排等功能，采用电话、短信、邮件及提示窗口等方式，提醒用户有文件需要办理，对接近和超过办理期限尚未办理的文件，给予不断的定时提醒，并在逾期后，作出相应处理，如记入日志或发送邮件汇报给领导。

另外，通过流程配置可以任意地配置和定义流程，定义其使用授权、流向和各环节控制方法，并根据工作中的需要随时调整流程。系统还要具有修改痕迹保留功能，及时记录每个用户的每一次修改，保证公文在整个流转过程中的真实性与透明度。

9.2.2　系统构成要素

根据政府工作的实际需要和分工不同，政府内部电子化公务处理系统主要由公共信息、办公事务、个人信息三个系统组成。①

(1) 公共信息系统

政府公共信息是指关系公众日常工作、生活的开放性的各种服务信息，包括政策法规、便民信息、政务公开信息等。公共信息系统主要提供综合信息、常用信息、交流信息等服务功能。公共信息系统具有全面和及时两个特点，全面指尽可能全面地涵盖各类信息来源，及时指尽可能快捷地反映国家的方针政策，支持交互处理。

① 杨路明等编著．电子政务［M］．北京：电子工业出版社，2007.

公共信息系统还可以提供人员外出管理功能，对人员外出情况进行查询和管理。当我们给外出人员发信息时，可以自动根据该人员的出差信息查询其目前情况，如果该人员已出差，系统会提供其返回日期，并询问用户是否继续发送，用户可以根据文件或信息的缓急程度决定是否另选一位接收人，以保证文件审批或会议召开等工作的实效性。

(2) 办公事务系统

办公事务系统提供政府内部办公流程的实现和公文的管理，主要有会议管理、文档管理、活动安排等。

①会议管理

会议管理一般经过以下过程：提出会议动议、会议筹备、会议出席、会议主持，在此过程中要进行会议记录和会议纪要。会议管理系统主要用于制定会议安排和改善会议通知、记录会议纪要等。会议安排人员可以查询会议召开期间是否和与会人员的日程安排冲突并将冲突的事由列表，方便组织者确定会议时间；会议召开后，对反馈信息进行实时跟踪，动态掌握会议安排。此外，还能建立会议议题库、会议议题归档库，对会议达成的共识和文件进行有效管理和提供利用。

②公文管理

公文是用于公务活动的一种应用文书，是国家用来颁布法律、法规、规章，传达政策法令，请示和答复问题，汇报情况，联系工作，制订计划及记载政务活动的重要工具。一般来讲，公文处理要经过拟制、审核、核对、签发、收发、存档、拟办、批办、承办、统计等步骤，公文管理系统可以对公文处理全过程进行有效管理。

③文档管理

政务活动中形成海量的公务文件，对于有保存价值的文件进行收集、整理、归档保管、提供利用，实现对文档的自动化、规范化管理。文档管理系统收录了上级单位下发的多种文件及本单位发布的文件，对于有关单位的相关政策、制度的制定具有指导意义。

④人事档案管理

人事档案是人事管理活动中形成的，记述和反映个人经历和德才表现，以个人为单位组合起来，以备考察的文件材料，是个人参与社会方方面面活动的记载和个人自然情况的真实反映。人事档案是进行人事考核、任免的依据，对其进行科学有效的管理有重要的现实意义。人事档案管理系统进行人事管理工作中人事信息的编辑、处理和归档，根据不同标准进行分类，建立相应的索引，可以解决人事档案管理繁杂、查询不便等问题。

⑤领导日程安排

日程安排一般按周进行，该系统提供直观的日历格式视图，可以显示领导日程安排，提供针对某个领导活动的查询功能，方便用户查询，可以根据领导时间安排各部门的工作，选择适合的时间进行工作汇报、请示和审批工作。其主要目的是辅助安排领导的活动日程表，并通过网络供本单位内部人员查询，进行工作的合理安排。

⑥督办查办

其主要目的是利用计算机网络辅助进行办公事务的督查和建议提案督查的登记、信息反馈、查询、统计工作；实现督办查办流程的实时监控，通过计算机网络及时发送督办查办的有关交办单、答复等文件，及时反馈交办单位办理意见，供领导和有关工作人员查询、统计，提供督办查办的效率。

(3) 个人信息系统

个人信息是政府办公系统信息的重要组成部分，工作人员通过个人信息的查询利用，可以进行信息交流和共享。政府公务处理系统个人信息系统可以提供与工作人员相关的各种服务模块，为个人办公提供方便，节约工作时间，提高办公效率。

①电子名片

电子名片实际上就是通信录，详细记录了通信地址、邮件地址、联系电话等基本信息，是办公过程中进行信息交流的基本工具，具有查询方便、容量大等优点。利用电子名片，根据日程安排自动提醒相关人员要进行的各项活动，可以自动总结并输出单位和某人在任意时段的活动大事记，还可以为发文系统提供群发功能，提高活动通知的效率，降低通信费用。

②电子邮件

电子邮件是电子化公务处理系统中最基本的功能，通过电子邮件可以方便地起草、发布、浏览信息，并根据内容分类存档。电子邮件系统是政府内部电子化公务处理系统面向领导和工作人员的窗口，工作人员上报领导的公文、请示、信息都集中在领导的邮件数据库中。领导传办的事项集中在邮件数据库中，领导只需查看、处理邮件数据库中的文件，领导批示、审批工作都可完成，极大方便了领导办公。同时工作人员通过查看邮件数据库，办理领导交办的事项，并将结果通过邮件反馈给领导。借助电子邮件系统可以实现各类信息在单位各部门及个人之间进行快速、高效、安全的传递。

③日程安排

个人信息系统可以保存用户的工作日程和安排，并记录工作进行和完成的全过程。系统可以设置提醒功能，根据日程安排提示待办事项，避免造成工作遗漏。此外，用户可以通过工作日志，向领导汇报工作进程和现状，领导可以就此提出指导意见。通过日程安排可以查询工作事项详细办理状况，便于进行工作总结。

公共信息、办公事务、个人信息系统并不是完全相互独立的三个子系统，因为政府工作的关联性，三个子系统之间相互联系、相互作用。

9.3 政府机关内部电子化公务处理系统应用①

政府各部门通过一系列办公管理过程，实现其内部的行政沟通、协调和监控。在行政办公管理过程中，需要以网络技术为基础，运用现代的管理思想、先进的设备等实现办公过程的信息化、智能化、数字化管理，保证各部门之间信息交流的顺利实现，加速公文流转过程，提高政府的监管能力和公共服务水平。政府电子化公务处理系统通过提供电子化手段，可以克服政府在管理和提供服务方面的缺陷，因此在整个政府办公活动中被广泛应用，如公文处理、会议管理、事务处理、日程管理、流程监控、档案管理、信息服务、电子签章等。

9.3.1 公文处理

政府办公活动的重要内容之一就是办理和制发文件，即“办文”。公文是政府机关公务信息的主要存在形式，是政府机关处理公务和行政管理的重要工具。公文处理具有很强的流程性及规范性，利用网络信息技术对公文的形成、运转、存储、销毁进行全过程规范的管理，有利于提高公文流转速度，提高政府办事效率和效能。

(1) 电子公文

公文是公务文件的简称，是指政府机关或企事业单位在处理公务活动中，按特定体式与使用、具有法定效用的文件，它是政府机关处理公务和行政管理的重要工具。

随着电子政务的开展，政府网上办公成为政府办公的重要方式，电子化公务处理系统处理的公文主要指电子文件。电子文件是指以数码形式记录于

① 主要参考赵国俊主编．电子政务［M］．北京：电子工业出版社，2009.

磁带、磁盘、光盘等介质，依赖计算机系统存取并可在通信网络上传输的文件。与传统的纸质文件相比，电子文件具有存储密度高、检索速度快、支持异地存取、共享性高等优点，随着计算机技术和网络技术的普及与发展，电子文件的数量成倍增长，成为公文办理的主要对象。但电子文件内容与载体的分离性、非直观性与设备依赖性、交互性与动态性、易更改性等特性，电子文件的真实性、完整性、可读性难以保证，使电子文件在产生、形态、传递、存储与管理等方面均与传统纸质文件有明显的差异，这要求政府机关制定有关于电子文件管理制度，规范电子文件管理的技术手段和操作方法，这对机关的作用方式、流程、管理方法以及工作制度都将产生直接的影响。

(2) 电子公文处理系统

公文处理是指对公文的创制、处置和管理，即在公文从形成、运转、办理、传递、存储到转换为档案或销毁的完整周期中，以特定的方法和原则对公文进行创制加工、保管，使其完善并获得功效的行为或过程。公文处理的基本任务就是及时、准确、有效地创制、加工、传递、保管、处置公文，为公务活动提供适用的信息。

①电子公文处理系统的内容

电子政务环境下，公务处理需要通过电子公文处理系统来实现，其主要内容主要有①：

• 公文撰制

公文的撰制一般经过交拟、撰写、注发三个步骤。首先由主管领导交代草拟一份公文，并提出拟制这份公文的要求和主要内容；然后秘书根据领导的要求草拟公文，进行公文的撰写；最后，送交领导审核，若未通过审核则由秘书进行修改完善后重新递交给领导审核，审核通过后注上发文标记，标志着一份公文的形成。

在电子政务环境下，公文的撰制通过电子化公务处理系统实现，实行电子化的公文管理。首先，主管领导进行网上交拟，通过文字或语音方式，提出公文拟制的主要内容和要求，主要是明确公文完成时限等。秘书根据网上交拟提供的具体要求进行文书撰写辅助系统，利用计算机检索技术搜集所需材料、数据，找出材料中包含的符合要求的观点、结论、意见等。然后根据公文处理系统中提供的具体文种、受文对象和适用场合的具体模板，进行公

① 苏新宁，孔敏，俞华，朱晓峰编著．电子政务理论［M］．北京：国防工业出版社，2003.

文起草，最后将成文的文书按一定格式保存，并通过公文传输系统交给主管领导，由主管领导进行网上审核，决定是否发文。因此，电子化公文撰制不仅是秘书进行文书的撰写，而且还记录下领导交拟和审核的公文撰制全过程。

• 发文管理

发文管理流程一般包括拟稿、审核、签发、校对、登记、缮印、用印、分发、整理、归档、销毁等环节。为了明确发文具体的运作过程和政府管理的责任，发问管理的各个环节都需要完整记录。因此，电子政务下的发文管理，不仅要有文件账号维护、自动生成发文号、归档形成红头文件等功能，而且还需要记录文件起草人拟稿、部门领导审稿、机关秘书核稿以及单位领导会签、签发文件、批阅流转等具体运作过程。在上述发文的整个行程过程中任何人对文件的修改均有记录，每个人修改的部分在后台数据库中都保存下来，可以查询修改人、修改时间甚至修改内容。形成的最终发文可以采取电子公文方式通过网络发给收文单位，并可直接进入对方的收文管理系统。

• 收文管理

收文管理流程一般包括签收、登记、审核、分送、拟办、批办、承办、注办、催办、查办、整理、归档、销毁等环节。一般来说，秘书收到其他部门发来的文件后，要进行登录，获得拟办意见后，按照要求送递到有关人员手中，批阅完毕后，进行收文的归档。这需要耗费秘书大量的时间，影响文件传阅速度。因此，电子政务下的收文管理，可以通过网络接收其他单位发来的文件，并自动登录进入收文数据库，减少数据的重复录入。然后，自动形成拟办意见，设置文件拟办流程，根据流程自动进行收文的批阅流转、查询以及办毕文件的归档，提供方便、灵活、直观的文件批示处理，并实现对文件的密级区分、应用人员的权限设定和控制以及相关收文管理操作。

• 文件处理归档

文件经办理后退出运转，成为文件处置。文件处置电子化管理方法有：①清退设计，根据收文数据库中记录的来文地址，自动将承办经过或意见，发还给来文机关；②销毁，有些文件经承办后失去保存价值，可以作删除处理；③暂存设计，对不可能在文书处理后立刻见效或结束的事项，标注为待办转台，并注明待办进度，系统自动进行待办提示和流转；④归档设计，收发文管理模块中传输来的文件，可以按照档案管理的方法对其进行自动标引、自动组卷等处理，并提供打印功能，可以打印案卷目录、卷内文件目录、案卷封面、卷内备考表及著录卡片等。对未正式归档前的预组卷，正式归档后提供自动移卷、封卷、著录标引、案卷检索、借阅及归还等操作。

②电子公文处理系统的功能

电子公文处理系统实现公文的电子化处理，节约了公文传递和办理时间，提高了公文办理速度，是电子政务发展的需要。具体功能包括以下几个方面：

- 公文拟制自动化

系统中保存有反映公文某些特征的项目，如文件号、题名、发文单位、承办单位、密级等信息，可以进行自动标引。政府机关领导可以将公文拟制的主要内容和要求通过网络发布，秘书通过文书撰写辅助系统，根据系统提供的不同文种和收文对象的具体模板进行公文的起草，公文的审核也通过网络进行，具有时间的灵活性。

- 机构内部公文流转自动化

所谓机构内部公文流转自动化，就是一组人员为完成某一项业务所进行的所有工作与工作转交过程实行自动化。办公自动化应用系统的大多数应用如公文审批、各类申请等需要实行公文流转自动化。每一项工作以流程形式，由发起者（如文件起草人）发起流程，经过本部门以及其他部门的处理（如签署、会签），最终到达流程的终点（如发出文件、归档入库）。可以打破单位界限，使公文以极快的速度和极低的出错率被处理，大大提高了办公效率和质量。发生于机关与机关的相关部门之间，如上级部门的发文处理过程结束后引发了下级部门的收文处理过程。

- 机构之间公文传输自动化

它主要是指相关机构之间收文管理、发文管理工作的网络化自动操作。电子公文通过网上传输，只要点击鼠标，短短几分钟就能发到所有收文单位。公文传输由过去的一个星期左右缩短为几分钟，在实现办公自动化方面正发生一场变革。并且公文传输自动化，扩大了文件的覆盖面，方便了使用者。它可以根据需要和密级限制，落实发放范围。人们还可以通过网络检索到任何一份电子公文。由此可见，传输公文实现电子化、自动化是改进工作方式、提高工资效率、推进政务信息化的重要措施。

- 公文处置归档自动化

电子公文处理系统在文件办理完毕后，可以对文件进行自动鉴定，提出公文处置方式，决定公文执行销毁或归档保存，可以按照处置意见自动进行待办提示和流转，也可以自动组卷、自动编目，而不用组织工作人员逐一进行鉴定和归档。可以节约工作时间、提高工作效率，使工作人员将更多的精力放在公文的开发利用上。

③公文处理的原则

公文处理是一项具有特定功能、特定方法与程序、特定内容与形式的活动，为保证这项活动有序有效进行，必须顺应其内在特殊规律，遵循一定的原则。

公文处理的基本原则主要包括：

- 法制原则

即通过法律、法规、规章和制度对公文处理活动加以调整和规范。

- 实事求是原则

一切从实际出发，使判断合乎实际，方法措施切实可行。

- 全面质量原则

在公文处理活动中必须追求其全部质量指标的优化，创造全面的优质。

- 时效原则

在公文处理中必须有高度的时间观念，应及时而适时地处置各种事务，维护公文在特定时间范围内的有效性，使其对公务活动产生更加充分的有利影响。

- 集中统一原则

在公文处理活动中各级各类工作人员要接受集中统一的领导，要遵行统一的公文处理制度，一部分公文处理活动必须由公文处理的专门机构或人员统一进行。

- 保密原则

在公文处理活动中，应确立保密观念，严格执行保密规定，严格保守党和国家及团体的秘密。

- 简化原则

在公文处理活动中，为使工作更有效率，更加优质，应在保证其具有相同功能的前提下，以各种方式对有关事物化繁为简。

9.3.2 会议管理

会议是党政机关、人民团体，企事业单位实施管理的一种工作方式，会议的要素包括：明确的目的、组织、会议名称、时间、地点、会议主持或主办方、与会人员、专门议题、会议结果等。电子政务环境下会议管理系统包括会前筹备系统、会务管理系统、会议文书系统，以实现会议管理、会议审批、会议决策等功能。

(1) 会务筹备

利用计算机进行会议筹备管理，包括会议目的、内容、地点、参加人员要求等会议信息的发布，可在政府网站上发布会议消息，也可以利用电子邮件或其他网络手段发出会议通知。根据会议召开的时间和人数，确定会议召开的地点，并将此次会议加入会议安排数据库。有的大型会议还专门建立会议网站，提供远程访问，与会人员通过网站了解会议各种信息，提交各种与会信息，包括提交的文章、会议时间安排、预订车票、住宿要求等。对每天的日程和具体作息时间都利用计算机管理起来，并进行定时提醒，做到有条不紊地进行会务工作。

(2) 会议资料管理

将会议的议题、与会人员、发言情况等信息存入数据库中以供查询、归档及生成会议文件。最后将会议的讨论结果及决策形成的报告，除递给相关人员和相应的领导及部门，并根据需要将会议精神传达给各部门工作人员。重要的、大型的会议，文书工作更为复杂，常用到的有会议文件、会议简报、会议快讯、会议纪要等文种。电子政务提供规范化的文书格式，进行电子化文书管理，会议结束后的有关资料如会议纪要、会议文集等，可以结合发文系统进行分发。

(3) 视频会议

在电子化公务处理系统中，目前会议电子化的主要形式是视频会议系统。视频会议系统是通过网络通信技术来实现的虚拟会议，使在地理上分散的用户可以共聚一处，通过图形、声音等多种方式交流信息，支持人们远距离进行实时信息交流与共享、开展协同工作的应用系统。

在传统的电视会议系统中，需要专门的摄影设备、编码解码仪器、专线和专门会议室来调解几个固定的政府部门。这样不仅需要很大的投资，并且会议的灵活性和扩充性也受到很大的限制，软硬件设施维护更新费用也很高。而在电子政务环境下，就可以利用现有的服务平台，在几乎不增加任何硬件投资的情况下，通过现有的网络将任何地方的 PC 机相连，实现多点到多点实时的音视频多媒体会议。视频会议系统是集通信技术、计算机技术、微电子技术于一体的远程异地通信方式。与传统的会议形式相比，视频会议具有直观性强、信息量大等特点，单个会场的终端通过通信网络相连，接收其他会场的图像和声音，同时向其他会场发送本会场的图像和声音。在多点会议的情况下，出席会议的人员通过会议系统的多点控制单元控制会议进程，随意浏览对方的会场，观看会场全景或发言人的特写镜头，进行交谈商讨。另外，视频会议系统提供的会议记录器可以把会议全过程以文件形式记录下来，与会者可以在会外通过实录回放功能进行回放，也可以把记录文件下载进行回放。

①视频会议系统的分类

根据不同的标准可以把视频会议划分为不同的种类，下面介绍比较常用的分类方法：

根据支持视频会议的通信网络的不同，可以分为：基于普通老式电话业务（Plain Old Telephone Service，POTS）、基于局域网（LAN）、基于综合业务数字网（Integrated Services Digital Netware，ISDN）、基于异步传输网（Asynchronous Transfer Mode，ATM）和基于 Internet 的视频会议系统。

根据传输内容的不同，可以分为：文件会议系统，即与会者共享屏幕上的一个或多个窗口，通过这些窗口交换信息的会议系统。文件会议系统可以传输图文，但不能传递语言；数据会议系统可以在相同的通信线路上增加同时传送声音的功能；可视会议系统，在数据会议系统基础上，又增加了静态图像或准动态图像传输的功能；桌面视频会议，支持语音、视频、文本、图形等多种媒体，因此又称为多媒体会议系统，它的功能最完整，是视频会议的发展方向。

②视频会议系统的功能

视频会议系统可以提供多种会议模式：多方会议，用户终端将媒体流通过单播方式传送到会议服务器，会议服务器再将媒体流通过多播或轮播的方式传送到参加会议的各个终端；广播会议，在广播会议中，媒体流是单向的，只有一个与会者是发送者，能够发送媒体流，其他与会者都是接收者，只能接收媒体流。发送者由用户在预定会议时指定，任何用户或受邀请的用户都能参加会议，除非会议举办者在预定会议时将该用户列于禁止参加的列表中；研讨会议、混合会议，它是指其中一部分与会者的会议模式是多方会议，另一部分是广播会议，通过会议方式参与会议的与会者获得发言权，其他未授权的职能接收媒体流；两点会议，是用户直接呼叫另一端而建立的会议，用户可以直接呼叫终端地址或从目录服务中查询到在线用户，点对点会议中的两个与会者完全是对等的，都具有发言权和会议操作权。

视频会议系统的种类众多，功能也不完全相同。下面以基于互联网的 IP 桌面视频会议系统为例来介绍视频会议系统的基本功能。如图 9-2 所示，视频会议系统的功能包括会议管理、媒体流管理、数据会议及会议文档管理四个部分。

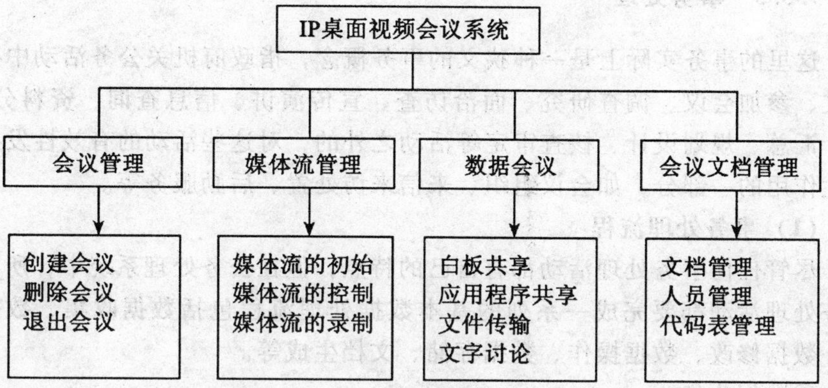

图 9-2 视频会议系统的基本功能

其一，会议管理包括会议的创建、删除和推出等，其中会议信息管理涉及安全性的问题。

其二，媒体流管理包括媒体流的初始、控制和录制等。媒体流管理就是把会议形成的文本、图像、音频、视频等多种形式的信息进行初始化、压缩、发送、接收、解压、回放等，将会议进行全过程记录，以便今后需求时进行回放，重现会议过程。

其三，数据会议，为了满足会议需要，除了要提供视频、音频会议外，还应具备会议文件分发、会议讨论等功能，数据会议所提供的白板会议、应用程序共享、文件传输、文字讨论等功能基本可满足视频会议系统用户的需求。

其四，会议文档管理，是指对桌面视频会议的各种信息包括会议内容、会议过程、与会人员信息等进行有效管理，是增强视频会议系统功能的一个重要方面。其中，文档管理对录制好的多媒体会议文档进行有效的管理，人员管理对与会人员的信息进行管理，代码表的管理对与会议有关的地区、职称、职务等信息进行有效管理。

此外，视频会议系统还应具有良好的用户界面，一般通过几个典型的窗口（如视频窗口、共享窗口、个人窗口等）实现计算机与若干用户之间的友好交互。另外为保证系统在任何时候任何情况下一般都只有一位用户发言，还需要使用集中发言权控制方式如指定方式、自由方式、有线服务方式、由主席控制方式等进行控制。

9.3.3 事务处理

这里的事务实际上是一种狭义的事务概念，指政府机关公务活动中处理公文、参加会议、调查研究、面洽访查、宣传演讲、信息查询、资料分析、统计汇总、规划设计、核查审定等活动之外的，对这些活动的有效性发挥保障性作用的一部分，如会议组织、来信来访处置、后勤服务等。

(1) 事务处理流程

尽管任何事务处理活动都有自己的特点，但在公务处理系统中，所有的事务处理活动都要完成一系列的基本数据处理流程包括数据收集、数据编辑、数据修改、数据操作、数据存储、文档生成等。

①数据收集

获取和收集完成事务处理所需要的数据的过程称为数据收集。有些情况需要手工完成，如某些接待情况的登记。还有一些数据的收集可以采用系统自动生成、扫描仪等输入设备自动完成等方式。

②数据编辑

作为数据处理的重要步骤，数据编辑的目的是检查数据是否达到有效性和完整性的要求。例如，数量必须是数字类型，否则数据无效。通常很多与事务活动有关的代码颜色对应于数据库中的有效代码进行编辑，如果输入的代码不在数据库中，那么它将无法编辑。

③数据修改

数据修改包括对部分数据的修改及重新输入全部数据。系统应该提供错误信息，以便向用户提出警告。这些错误信息应该说明出现了什么错误，并提出修改建议。

④数据操作

数据操作及进行计算和其他数据转换工作。数据操作包括数据分类、数据排序、数据计算、汇总等。

⑤数据存储

数据存储指用新的数据更新数据库的过程。一旦更新完成，数据就可以被其他子系统使用。

⑥文档生成

文档生成包括生成输出记录和报告，它可能是硬拷贝的纸文档，也可能仅仅显示在屏幕上。

（2）事务处理系统的功能

事务处理系统作为电子化公务处理系统的一个重要的子系统，具有会议组织、来信来访处置、后勤服务等功能。

①会议组织

会议组织功能主要指要求系统实现直接在计算机上进行会议日程及会议室安排、会议资料准备、会议通知、会议记录、会议决策通报等。

②来信来访处置

处置来信来访是机关信访工作的重要内容，直接关系到群众利益的落实，影响政府形象。电子化公务处理系统的来信来访处置功能主要包括信访登记、分办、转办、承办、拟办、催办等，根据情况报机关领导批阅、领导会签或签发、结案，将处置结果告知有关部门或人员，将信访文件立卷归档，信访机构对处置结果进行督察、查阅信访文件等。

③后勤服务

后勤服务主要是指通过对内部各种办公设备、办公用品、器材、车辆等进行统一管理、调度，为机关活动的开展提供后勤保障。后勤服务方面的功能主要是进行登记、确认、服务提供情况记录、服务结算等。例如，用车服务主要包括登记车辆资源情况，发布用车制度，进行车辆预定申请，车辆服务确认，服务费用结算等。

9.3.4　日程管理

（1）日程管理的涵义

电子化公务处理系统提供的日程管理实际上是一种对工作人员公务活动进行时间管理的工具，是利用计算机网络平台，完成约会的时间、人员、地点、程序安排与管理，从而实现工作计划、办公会议、业务活动的自动安排。在传统办公环境中，人们常使用各种日程表、记事本、便条、白板等方法记录工作安排、提示待办事项等。但是，这类方式的固有缺点极大地限制了它的使用范围和效用：首先，这类提示手段大多具有私有性，像私人记事本和日程表，除了本人及助手外，他人不能查看，因而无法利用其来安排活动；其次，这类手段虽然有查考的作用，但都不能起到自动提醒的作用，而一旦丢失后基本不具有恢复手段，从而造成工作安排上的极大被动；最后，这些方式仅仅具有提示功能，并不能起到联系和通知的作用，因而功能有限。

在电子政务环境中，电子日程管理模块可以系统地解决上述问题。合理的日程管理能够为办公活动带来极大的便利，能够帮助办公人员对时间等资源进行宏观调控和协调，实现优化管理，提高办公效率。

日程管理包括电子日程表、任务安排等方面，其中日程表是对一定时期内每天各时间段的约会做出安排，一般是按时间进行排序的。任务则是一项与人员或工作相关的事务，且在完成过程中要对其进行跟踪。任务可能发生一次也可能重复执行（定期任务），如定期任务就需要按固定间隔重复执行。

（2）电子日程表的功能

电子日程表的主要功能是对工作的执行时间段做出安排，在公务处理系统中日程表具有以下功能：

①活动安排

这里的活动安排主要指将具体的活动与日程安排相结合，实现办公时间的合理安排，通过日程管理应用系统的协调，避免各类活动的时间冲突，灵活管理各类活动。具体功能包括日程表的设置、活动输入、活动修改、活动删除、活动查询、自动提醒、自动通知等。

②会议安排

会议安排的主要步骤是：首先将会议主题、与会者名单、会议地点、会期等基本数据输入系统，系统会根据与会者名单逐一查询其日程表并通过电子邮件方式逐一统计。系统帮助管理人员找到所有人都空闲的最近的时间。当通过电子邮件将会议通知发送给被邀请者时，每个人都会在自己的“收件箱”中收到会议要求。当他们打开会议要求时，如果该会议与其“日历”中某个现有项目冲突，系统会通知他们，他们只需单击按钮来接受、暂时接受或谢绝会议。如果会议组织者允许，被邀请者可以提出不同的时间建议。组织者仅需打开“会议”便可跟踪接受、谢绝会议或建议会议时间的人。

③例行活动管理

在活动安排过程中，经常有一些活动是有规律出现的，比如每天的例行检查、每周的总结会、月末汇报等活动，这些活动就是例行活动。对例行活动可以一次性定义，而无须重复安排。

公务处理系统除了常规的日程管理功能外，还应结合办公环境的实际需要，提供与日程管理密切相关的辅助功能。例如，提供与邮件系统无缝集成的功能，通过邮件系统向活动参与人员自动发送邮件；提供人员管理功能，将相关人员的详细信息记录下来，使日程管理系统通过人员管理系统选择活动的参与人员，并利用其中的邮件地址实现活动通知的自动发送等。此外，还可以根据具体需要，将日程管理与时区管理、火车时刻表、组织通信簿等关联，为公务活动的顺利进行提供更多方便。

9.3.5 流程监控

电子政务的本质主要在于加强政府的服务职能和监控职能，建立规范完善的工作流程，并使其得到最大程度的贯彻实施，是提供工作绩效的关键。而流程监控是保证工作按照预定流程进行的重要措施。为了对工作流程进行监督控制，就要了解所监控的工作流程的进展情况、流程经过的节点上人员的状态（准备情况、完成情况等），以便分析工作进度。

电子政务环境下的流程监控就是对公务处理过程的监督和控制。流程监控是公务处理系统的重要功能。一般的流程控制程序均可以在各种工作流程执行过程中随时监督控制流程的进展以及流程主要节点上的人员工作情况，直接掌握流程中工作的进展情况，任务完成情况，及时了解工作中的各种困难和问题，根据预设的标准和条件，找出工作中的偏差，提示或者督导有关方面采取相应对策，直到圆满完成任务。

流程监控一般分为在办事务的监控、结案事务的监控两类。

（1）在办事务的监控

在办事务的监控可通过设置总体工作项、在办工作项、逾时在办工作项、待办工作项及被催办的工作项的方式，完成监控任务，也可以通过列出某一工作项所有已进行的活动过程的方式实施监控。

（2）结案事务的监控

结案事务的监控可根据参与者、任务或角色等分别查询结案事务的所有工作项及逾时工作项。结案事务的监控与在办事务的监控一样，也可以列出某一工作项所有已进行的活动过程。此外，在结案事务的监控中列出所有工作项的处理周期。

完善的流程监控功能使公务处理的每一具体步骤的情况均有记载，有利于追踪工作的执行过程并及时反馈有关信息。

对公务处理过程的监控主要是通过工作流管理系统实现的。电子政务工作流管理系统与工作流执行者（人、应用）的交互可以很好地推进工作流实例的执行，并监控工作流的运行状态，在工作流运行时实现知识共享和使用，单纯的基于信息传递的工作流系统仅仅实现了处理事件在不同地方转移，而不能构成“工作流”。工作流程必须具有“智能”，并在流程中实现知识的增值，按预先定义的规则和过程进行流动，流动过程能被跟踪和监控，能与应用相结合。

电子政务工作流管理系统体现了电子政务职能流程的结构。系统设计过程包括模型定义以及模型解析，模型定义处理知识共享与业务流程的抽象化，模型解析是针对定义模型的处理，并最终实现工作流应用。工作流管理系统的功能包括业务流程建模、工作流描述以及工作流执行与自动控制等方面。

9.3.6 档案管理

档案管理是将各种信息按照一定的规则进行归档保存起来，以方便日后的查阅和利用。电子政务环境下的档案管理，则是采用电子政务技术，实现档案数字化，自动归档组卷，辅助查询，它取代了档案人员大量繁重的手工操作，使档案管理更加科学化、规范化，从而提高政府档案管理水平，满足政府管理和为社会公众服务的需要。档案数字化是相对于传统档案工作而言的，它是档案信息化、现代化的重要内容之一。

(1) 政府档案的来源

政府活动过程中形成大量的历史记录，其中有保存和利用价值的作为档案保留下来。政府档案主要记录上级政府信息、同级政府信息、政府内部信息、社会信息等，包括公文档案、声像档案、照片档案等多种载体形式，电子政务环境下还包括对各种电子化政府信息进行管理。政府档案信息源主要有①：

①上级政府信息

上级主要通过法律法规、“红头文件”、会议、批示、电报、讲话、传真等直接指导下级机关工作，是下级机关决策的重要依据。主要信息内容有：文字信息，包括党中央的路线、方针、政策；中央国家机关的法律法令、规定指示；党和国家领导人及上级主管部门负责人带有指导性的讲话文字稿；上级党政机关发出的政策性指令；上级领导机关的文件，上级党政机关的报纸、简报、通报中的工作指导精神；上级领导的外事交往、考察、调研、访问等文字稿；音像照片信息，包括党和国家领导人及上级主管部门带有指导性讲话的录音、录像和照片，上级领导的外事交往、考察、调研、访问等录音、录像和照片。

---

① 苏新宁，孔敏，俞华，朱晓峰编著．电子政务理论［M］．北京：国防工业出版社，2003.

②同级政府信息

它主要指级别对等的地方政府之间、同级别的部委办局之间、地方政府或部委办局内设的职能部门之间的来往信息。包括统计机关相互之间往来或交换文件材料，如相互之间的建议、要求，还包括互相参观、学习和交流的录音、录像和照片等。

③内部信息

它指政府机关内部或其所管辖系统内的信息，包括机关自行收集的或下级报送的各种定期信息、不定期信息和突发信息、专题信息和综合信息等。下级向上级提供信息的方式有：书面的请示与报告，实地的调研、座谈，听取汇报，接待来信来访，各种统计报告、简报，以及通过某些非正常渠道获取信息等。

④事件处理信息

政府各部门在日常工作中需要对下级部门的请示报告给予批复和意见，一些重大事件的处理过程和处理决定也需要作为档案保存，对于管辖范围内的中央项目的材料及批准意见也应当保留，针对有关事件向上级报送的请示报告以及相应的批复文件需要存放在一起。

⑤社会信息

社会信息是指社会不同地区、民族、阶层、职业、性别、年龄、学历的群众所提意见、建议、要求、呼吁，新闻媒体的社会调查材料，人民群众来信来访，党政机关关于社会情况的材料，社会科学的研究成果，国际社会信息等。

(2) 档案管理内容

电子化公务处理系统中进行流转的公文或其他形式的文件，有很大一部分最终要进行归档保存，以备以后工作查考和历史研究的需要。电子化公务处理系统应当提供比较完备的档案管理功能，主要包括：收集、整理、鉴定、检索、保管。

①档案收集

电子政务环境下档案管理与手工档案管理相比，具有不可比拟的优势。利用公务处理系统进行档案管理时，要能够自动收集其他电子政务系统中有关信息（如数字化图纸、电子化文件、电子会议记录等），要根据国家档案管理的标准化要求，建立相应的档案数据库，实现档案管理网络化数据传输。对于政府机关而言，其档案类型主要为文书档案、会计档案、人事档案三大类。根据档案管理要求，按照不同的部类进行采集、组卷归档。

电子文件的归档范围主要包括：在行使本机关职能中形成的各种文本文件，对需要保存草稿的文件，修改应在拷贝件上进行，记录版本号，并将草稿和定稿一起保存；本机关制作的各种数据文件，包括数据报表、数据库等；为保证电子文件长期可读性而收集的各种支持软件，包括操作系统、应用软件，以及相关的数据和配套文档资料；以上各种电子文件的整理、著录和鉴定信息。

②档案整理①

档案整理即按照一定原则对档案实体进行系统分类、组合、排列、编号和基本编目，使之有序化的过程。收集、存储档案的目的是为更好地为政府、公众提供档案服务，因此需要对各种信息按照档案管理的要求进行处理归档。根据信息化原理完成对政府各类文件和信息档案的前期分析，包括自动标引、自动分类、自动组卷、自动赋予案卷题名等。

- 档案标引与分类

档案的自动标引可以借助于文献标引已有的成熟技术，由于档案文件比较规范，各类档案所涉及的标引词汇相对集中，通常可以用现有的政务工作主题词表建立主题词典，用来对档案文献进行自动标引。档案的分类可以依据现有的文献自动分类技术，根据档案主题词表分类。

- 自动组卷

档案组卷，即把所收集的档案文件按一定特性（如项目、时间、活动、事件等）组织整理，并将相关文件按一定规则组成一卷，并给予一个档号来标示。利用计算机组卷可根据事件或分类号将相关文件聚集在一起，计算出一个事件所有文件的页数，然后根据各部门对档案厚度要求，决定将其组成一卷还是多卷。

不同类型的档案采用的组卷方式不同。首先，在组卷时间上，文书档案每年集中组卷，即采用批处理方式组卷；科技档案则为当某一产品、课题、工程、项目等结束后立即组卷，又称即时组卷；会计档案按年组卷；人事档案组卷后，其案卷处于活动状态，即随着档案文件的不断增加，原有案卷也在不断扩充。其次，不同部类档案的组卷标准与规则也不相同。

- 自动赋名

组卷后的档案并没有题名，手工管理过程中每个案卷的题名是由人工赋

① 濮小金，司志刚，濮琼编著．电子政务系统建设及应用［M］．北京：机械工业出版社，2009.

予的，这不但增加工作量，而且还有可能造成档案案卷题名的不一致。档案的案卷题名与案卷文件内容有着直接的关系，卷内文件的信息决定了题名内容。电子化公务处理系统提供的档案管理功能能实现档案的自动命名，即根据卷内文件的内容，自动赋予案卷合适的题名。

③档案鉴定

鉴定就是根据一定的方法和原则，判断电子档案的历史和现实价值，确定其保存期限，还包括对保存期满的电子档案进行再次鉴定，并按照再鉴定的结果对档案进行相应的处理。它直接决定档案的存毁，是档案管理中最重要也是难度最大的工作。鉴定的基本方法包括内容鉴定法和职能鉴定法两种，前者通过审读档案的内容来判断其价值，后者通过判断形成档案的职能活动的重要程度来鉴别价值。在电子档案大量生成的情况下，后者效率较高。

④档案检索

电子档案检索系统的建设包括存储和查找两个方面，即存储具有检索意义的档案信息，并据此开展查找工作，为利用者提供利用服务。一般通过电子档案著录系统实现对档案信息的存储，即分析、组织和记录关于文件内容、结构及文件系统的信息，并将其纳入电子档案信息数据库中。电子档案的查找具有多种方式，原则上任何被著录的项目都可以作为查找的条件，甚至包括全文查找，在实际应用中一般通过著录的关键词和分类标识从电子档案信息数据库中进行查找。

⑤档案保管

电子档案的保管包括数字化载体的保管和电子档案信息的保护。前者要求选择合适的数字化载体，按照载体保护的标准进行管理。后者需要电子文档管理系统能够有效利用信息加密、信息认证、病毒防治、网络安全等安全技术。

电子政务中的档案保管同样要符合档案开放的期限和保密的限制，国家档案馆保管的档案一般应当自形成之日起满 30 年向社会开放。对于政务活动中产生的档案具体的开放期限要根据档案内容的保密性进行适当调整，可以在网上公布开放档案的目录，提高档案的网上搜索，确定档案存放地点，并提供网上资格审核，审定对已经开放的档案或未开放档案的利用。

9.3.7 信息服务

这里的信息服务主要指为满足政府机关内部公务处理过程中的情报信息

需求而提供的服务。信息服务是政府机关公务处理系统的核心功能之一，可以进一步细分为电子公告、电子讨论、大事记和信息查询等内容。

电子公告相当于日常办公中的公告板，是发布各种信息（如公告、通知或启示等公用办公信息）的场所，主要功能包括告知性文件的起草、发布、删除等。用户通过某种方式（如 Telnet 终端仿真程序）与提供电子公告板服务的主机相连，即可以阅读消息或发布信息。

电子讨论也就是在线论坛（BBS），包括论坛模块管理、论坛版主管理、论坛浏览、新文章、论坛排行、论坛的权限管理等功能，电子论坛可作为信息交流的场所。BBS 具有良好的交互性，可以和被调查者进行跨越空间的实时交流，并且可以保存讨论的每一次发言，事后慢慢分析消化。

大事记忠实地记载着一个地区、一个部门的重要工作活动和重大事件，它首先可以为本地区、本部门的工作总结、工作检查、工作汇报、工作统计和上级机关掌握面上情况提供系统的、轮廓性的材料。其次，大事记具有史料价值，可以起到录入备查的作用。大事记可以完成机关大事、要事信息的录入、整理、汇总和查询功能，是机构重大事件汇总、整理、发布和查询的重要场所。

信息查询是信息服务中的关键环节，信息查询提供针对机构各类信息的检索服务。随着 Internet 的普及，机构的信息查询应该提供基于 Web 的查询服务，因此信息查询中的信息安全问题就显得尤其突出和重要。

9.3.8 电子签章①

传统电子签章及文书往来是以书面文件（如政府红头文件）及领导签名、单位盖章来确定相关的法律责任；电子政务环境下电子文件是政府主要的公文形式，必须依赖电子签章来确定行政责任。

所谓电子签章，是指以电子形式存在，依附在电子文件并与其逻辑相关，可用以辨识电子文件签署者身份及表示签署者同意电子文件内容。电子签章可以进行身份辨识，身份辨识在传统的纸质文件往来的行政行为中非常重要，对于电子政务而言，身份辨识问题更加重要。为保证电子政务的发展，世界各国如美国、德国、日本、新加坡、欧盟等均制定了电子（数字）签章法，将电子文件、电子签章的法律或认证机构的管理纳入法律规范，并

① 薄鑫，邓建勇．电子签章技术在办公自动化系统中的应用［J］．计算机与信息技术，2007（35）：278-279.

保障使用者的权利和义务，以构建一个完善的电子签章使用环境。

运用电子签章技术，可确保重要电子文档在流转的各环节中的真实性、安全性，真正实现安全、便捷的无纸化办公，对于提高办公工作效率、提升领导决策水平、节约办公成本等具有重大现实意义。目前最成熟的电子签章技术是基于 PKI 的数字签名技术。

（1）数字签名过程

将要传递的原始文档利用某种杂凑算法（如 Hash 算法）得到不可逆向恢复的信息摘要，再利用私钥对信息摘要进行 RSA 加密运算，即可得到此电子文档的数字签名值（如图 9-3 所示）。该签名值唯一地代表了该文档的信息特征，并且被信息的发送者加密保护，任何人无法伪造，但可以通过与该加密私钥相对应的公钥进行解密验证，以确定信息发送者的真实身份。

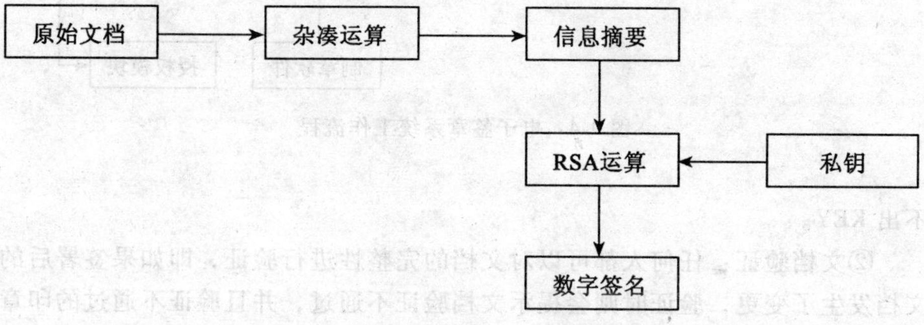

图 9-3 数字签名过程示意图

（2）电子签章系统

电子签章系统由电子签章服务器及电子签章客户端组成，服务器端包括制章功能模块、印章授权管理模块、签章服务软件和印章数据库、日志数据库、加密卡等几部分，客户端包括智能密码钥匙（USB Key）、客户端签章控件等。电子签章系统的工作流程主要包括制章、授权、印章使用以及验证等工作过程，具体如图 9-4 所示。

电子签章系统在使用上相对独立，它可以提供以下功能：

①文档签章：能在 Word、Excel 电子文档上任意地方签署单位印章或个人手写签名。印章上浮透明显示，效果如同纸质盖章或签名。支持多个单位或个人会签，签名前印章可移动，一旦签名则印章不能移动。印章存放于 USB Key 中，不能被伪造，签名运算在 USB Key 内进行，绝对保证签名私钥

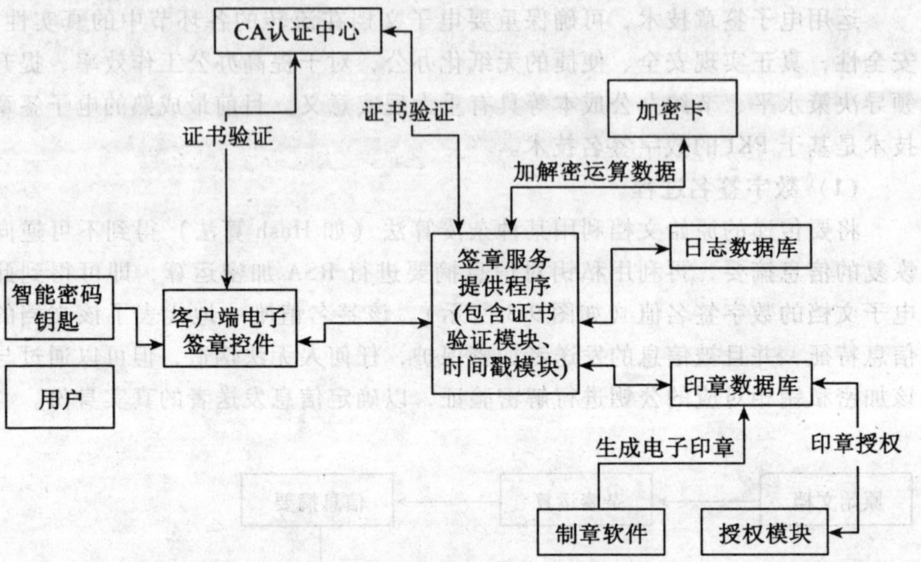

图 9-4　电子签章系统工作流程

不出 KEY。

②文档验证：任何人都可以对文档的完整性进行验证，即如果签署后的文档发生了变更，验证时则会提示文档验证不通过，并且验证不通过的印章会画横杠。

③签章认证：能认证所用印章的真实性与可靠性。

④撤销签章：用户如对印章位置不满意可用此功能撤销印章后，移动到合适位置再签，但此功能只对原签署者有效。

⑤查看证书：能查看签署者身份资料及证书颁发机构，以明确其真实身份。

⑥查看签章时间：能查看签署者签署文档的时间。

⑦打印份数设置：为了适用各种应用的要求，确保所签署文档及印章的打印可控，该功能实现了非常复杂的打印控制，可以由签署者设定该文档的允许打印份数。

⑧文档锁定：文档锁定功能主要用于保护文档不被篡改。一旦文档被锁定，则变为不可更改文档。解锁时，首先认证操作人的身份，身份认证通过后再进行口令校验，两者都通过的情况下方可解锁。

10 政府电子化公共服务系统

本章主要内容：

- 政府电子化公共服务概述
- 政府电子化公共服务系统构建
- 政府电子化公共服务的应用及发展

本章学习要求：

- 理解电子化公共服务的内涵以及与电子政务的关系
- 掌握电子化公共服务分类和主要特点
- 了解发展电子化公共服务的意义
- 掌握电子化公共服务系统的功能与目标
- 把握政府门户网站与其他网站的异同
- 了解目前公共服务电子化的实现方式
- 了解电子化公共服务的应用状况
- 把握电子化公共服务的发展趋势怎样以及要注意的问题

本章首先阐述了政府公众服务电子化的内涵及性质，说明了公共服务电子化与电子政务的关系，对电子化公共服务与传统政府的公共服务的特点进行了比较，并介绍了电子化公共服务各种类型的划分方法和开展电子化公共服务的意义；然后介绍了电子化公共服务系统的实现方式，包括系统功能目标的确定，系统的设计与开发，以及基于政府门户网站的作业模式；最后对我国政府目前所提供的电子服务进行了说明，分析了我国公共服务电子化存在的问题及解决对策。

10.1 政府电子化公共服务概述

现代信息技术的发展，尤其是互联网技术的一日千里，为政府公共服务的电子化提供了理想的条件，加强政府公共服务电子化，提高政府电子化服务效能已成为一种必然的趋势。如何为社会公众提供可靠、实用、个性化的服务已成为政府机构共同关心的问题。本节对政府公共服务的电子化的内涵及特点进行介绍，并阐述推动政府公共服务电子化的意义。

10.1.1 电子化公共服务的内涵与性质

(1) 电子化公共服务的内涵

①公共服务的含义

所谓公共服务（Public Service）是与私人、私益服务相对的一个概念，指公共管理机构特别是政府为社会公众提供的不以盈利为目的的服务。公共管理理论认为：尽管政府扮演着多种角色，承担着多种职能，但管理和服务是政府最基本的两大职能，两者相辅相成，缺一不可。但是在相当长的一段时间内，政府的公共服务职能并未受到应有的重视，或者说政府没有真正从服务的角度来看待政府工作，这种定位上的偏差造成了政府效能低下，政府公信力遭到质疑。为此，各国纷纷进行改革，推行公共服务，建设服务型政府已经成为各国政府改革和制度创新的一个新取向。电子政务建设不仅顺应了这一发展趋势，而且为变革提供了新的机遇和平台。通过电子化手段改革公共服务，成为各国政府的必然之举。

②电子化公共服务的含义

电子化公共服务，又称为“公共服务电子化”、“电子化的政府服务”、“政府服务电子化”等，即：在电子政府条件下，充分利用以互联网为核心的信息技术，对传统政府服务方式和内容加以改造和创新，通过互联网、呼叫中心、电话、信息家电、移动中心等各种途径向社会提供全天候、全方位的服务，以便在反应速度、效率和准确性等方面，获得对社会公众服务的实质性提升。电子化公共服务的含义主要包括三个方面：一是以公民为中心，改变传统的政府公共服务以官僚为中心或以政府机构为中心；二是使各个公民群体都能够以最快捷的方式获得政府的服务，并能利用以互联网为核心的现代通信技术更直接更有效地和政府沟通；三是以人为本，提高政府的工作效率和有效性，从而获得公众对政府的高满意度和信任度。

电子化公共服务与电子政务紧密联系。我们可以将电子化公共服务理解为政府通过电子手段提供的公共服务，或者是狭义上的电子政务。首先，这两者在理念和目标上是一致的，都要求“以公众需求为中心”，最终目的都是为公众提供优质服务、满足公众的需求。其次，发展电子化公共服务，是电子政务建设的核心。电子政务的本质就是建设一个高效的服务型政府从而为了给公众提供更方便、快捷的服务，“电子政务的最佳状态，将是政府对公民服务需求做出更快捷的反应，公众更直接和广泛地获得由政府提供的各种服务”。

(2) 电子化公共服务的性质

①广泛性

广泛性体现在服务对象和服务内容上。在服务对象上，政府电子化公共服务具有广泛性，一般以一个地区为单位，向这个地区的所有公民普遍提供的服务。政府不得不以经济消费能力作为认定服务对象资格的标准，更不能采用非歧视性的服务政策。此外，电子化公共服务的内容也相当广泛，涉及政治、军事、经济、科技、文化等多个领域。

②公益性

政府提供给公众的产品带有公益性质，属于公共产品或半公共产品，一般情况下，私人消费品不在政府服务的范畴内。从形态上，政府提供的公共或半公共产品可以区分为物质产品和非物质产品两大类，前者如水、电、气、路、通信、交通工具等，后者如公共安全、医疗、教育、娱乐等。这些产品无法、难以或是不便于部分或完全地由私营组织来提供并且公共服务的项目随着社会的发展而不断增多。

③非营利性

这并不是说政府提供服务一律不收任何费用，而是说政府提供服务不是以营利为目的。为公民和组织提供服务是其本职工作，由国家财政支持。当然，在某些情况下，公民和组织也需要为政府的服务付出一定的费用。不过，相对于商业服务而言，政府服务应该是低价位的。

④权威性

政府公共服务的权威性来自政府机关本身的权威性，作为公共权力的代理人，政府机关在提供服务时务必严格守法，公正合理，不能利用手中的权力弄虚作假，以保护公众的利益，维护政府自身的形象。

10.1.2 电子化公共服务的特点与意义

(1) 电子化公共服务的特点

随着信息技术的发展和应用，新的技术环境、新的服务手段为公共服务注入了新的元素，带来了新的活力。与传统方式的公共服务相比发生了明显的变化，电子化公共服务具有自身鲜明的特点，这些特点表现在以下几个方面：

①以社会公众需求为导向的服务理念

新公共管理理论强调政府应该向企业一样以顾客的需求为导向，提高服务效率和质量。以社会公众为导向的服务理念，是政府电子化公共服务较传统方式服务最大、最本质的不同。传统公共服务的工作模式以政府机构和职能为中心，公众围绕政府各部门转，从而使政府公共服务效率低下，质量不高。而"以社会公众需求为导向"的政府电子化公共服务最大限度地从公众的需要出发，以公众为中心设计服务项目，以便提高服务效率，降低服务成本，改善服务品质，为社会公众提供最大的服务效益。

②以网络系统为主要平台

这是最为明显的变化。传统的公共服务是建立在人工平台之上的，包括办公室、窗口、柜台，而电子化公共服务则需要建立在网络平台之上，包括政府网站、政府内部的公务处理系统等，公共服务项目的申请、受理、传递都可以在网络上进行。政府公共服务的平台由手工向网络迁移，为下述诸特点的产生提供了基础和可能。

③随时随地提供服务

传统公共服务的时间、地点都受到很大的限制，一般为一周5天、每天8个小时，需要公众必须亲自到政府部门所在地办理事务。与传统方式服务显著不同的是，政府电子化公共服务通过互联网、现代通信技术的应用，打破了时间、空间上的限制，实现了让公众随时随地享用政府的服务。"随时"指每周7天，每天24小时；"随地"是指不管公众身处何地，只要能够接入互联网，都可以获取其永久居住地以及临时居住地的政府服务。

④集成性、智能化

政府电子化服务的集成性是指在以"公众为中心"的服务理念指导下，将众多政府部门不同职能通过互联网集成在一起，构建"一站式"网站，让社会公众享受"一站式"的政府服务，以便节省服务时间，提高服务效率。同时，服务关注的焦点从职能部门转移到服务种类和服务流程上。集成性的政府服务要求政府不同部门打破各自为政的传统做法，进行服务业务流程重组或再造，建立起快捷、顺畅的业务流程，让公众获得高效、全面的政府服务。

政府电子化服务的智能化是指政府服务部门综合利用网络技术、计算机技术以及现代通信技术，为社会公众提供高水平的智能化服务。智能化服务有效地减少了政府服务过程中的人为干预，使得政府服务更为规范、科学。

政府服务的智能化有益于提升政府形象，提高政府的工作效率，节省服务成本。

⑤个性化、自助化

传统政府提供的公共服务是“粗放型”的，无法按照服务个体的需求提供个性化的服务项目。而在电子政府条件下，政府公共服务有了明显的提高，使政府能够面向公众提供个性化和“一对一”的服务，例如：面向个人的健康保健、教育培训，面向企业的税务服务，都可做到按个性化要求提供服务方案，并通过互联网等形式主动提供服务。例如，新加坡公民可以设计个性化的提醒功能，政府网站通过短信（SMS）或电子邮件提醒个人关心的事项，包括归还图书馆的图书、缴纳养路费等。

政府电子化服务对提高服务自助化程度也有很大帮助。互联网的应用使得社会公众能更加主动地获取政府服务，并能充分按照个人的意愿选择服务项目，在一定程度上提高了公众对政府服务的满意度，保护了个人的隐私。比如，通过电子化手段办理结婚、离婚手续，使得当事人更自主地做出决定，能有效地避免隐私泄露。

⑥双向、互动、多样化的服务方式

传统公共服务中，服务内容、方式、过程、方法的唯一决定者是政府，政府是主动者，而公众基本上处于被动地位。电子化公共服务则改变了这种格局，通过网络，公众既可以将服务申请上传，也可以发表对服务内容、过程、方法的意见，政府则必须对这些意见做出相应的处理，而且处理的过程和结果都是公开化的。因此，电子化公共服务的服务方式由“政府对公众”变为“政府对公众、公众对政府”，即由一方主动变为双方互动，由单一化变为多样化。

从另一个角度讲，以上特点也是对政府发展电子化公共服务所提出的要求。如果不能满足这些要求，不具备这些特点，电子化公共服务相比传统服务模式就毫无优势可言，也就失去了意义。

（2）推动公共服务电子化的意义

政府致力于公共服务电子化的推动，其意义不仅在于提高服务本身的效率和质量，同时，电子化公共服务的发展对政务体系改革也有重要的作用。

①有利于带动政府内部管理体制的完善，推动政府职能转变和政务流程的优化

要推动政府公共服务，有赖于其内部管理体制的完善。公共服务好比是政府与公众之间的一个桥梁，桥梁建得好，只是物品传输通畅的一个条件，

比这更重要的是政府内部可供输出的物品要足够丰富、足够优质，加工这些物品的各“车间”之间、上下“工序”之间彼此协调，高效运转。因此，推动公共服务的电子化，是以公众需求而不是以政府部门为中心，发展公共服务必然要求政府机构内部管理体制的改革，推动政府部门职能的转变和政府流程的优化。

②有利于加强行业管理

我国目前的市场经济还存在很多不规范、不完善之处，政府还需要充分履行“经济调节、市场监管、社会管理、公共服务”四个方面的管理职能，而电子化服务可以帮助政府履行这些职能，提高管理绩效。政府可以通过电子化的手段和服务，为社会有关方面建立相应的专业交易市场，以推动经济的发展。尤其是针对资金、技术有限的民营企业，政府可以通过为其建立起面向供需双方的专业化网上市场，促进其发展，对于搞活经济，繁荣市场发挥着不可替代的作用。

从1993年底开始的“金卡”、“金关”、“金税”等“三金工程”的实施，加强了政府部门对经济监管的力度，减少了偷税、漏税和出口套汇等现象，增加了国民收入。公共服务的电子化，对稳定社会、经济、生活和生产秩序，发挥了巨大的作用。

③有助于提高公民参政议政的积极性

过去，由于技术条件的限制，在政府制定法律、政策的过程中，只能在有限的范围内征求意见，只有一小部分政府公务处理过程和结果得到公布，而且多为事后公布，公民参政议政的范围比较小，基本上只是政府决策的接受者。今天，通过政府网站，政府决策过程和结果得以实时公开，公民通过政府提供的电子邮箱、电子举报箱、电子听证会等，可以非常容易地对国家法律、法规、政策的制定发表自己的看法，也可以随时随地对公共服务的内容、数量、质量等做出评价，提出意见和建议。因此，公共服务的电子化过程，也是政府管理的透明化过程，它保证了公民的知情权、参与权和监督权等，拉近了公民与政府的距离，公民参政议政的积极性提高，既促进了社会民主和进步，又提升了政府决策的质量。

④有助于树立廉洁、公正、高效的政府形象

公共服务的电子化过程，同时也是行政管理的透明化过程；公共服务的电子化过程，也是服务观念转变的过程，全社会民众以主人翁的姿态参与到政府与公众之间的互动中；公共服务的电子化过程，更是服务流程规范化的过程，只要具备接受服务的资格和条件，任何个人或组织在网络面前一律平等。这样一种局面的出现和发展，无疑将有助于消除公共权力滥用现象，树立廉洁的政府形象，消除不公，弘扬公正；消除拖沓、扯皮、推诿的恶习，提高政府效能。

⑤降低服务成本

电子化公共服务成本的降低表现在两个方面：一是公众获取公共服务成本的降低包括办理时间的减少、空间地点的不受限制等；二是政府提供服务成本的降低，虽然为了提供电子化服务，政府需要建设信息基础设施，开发网站和电子化办公处理系统，短时间内看成本可能高于传统服务方式，但是从长远来看，工作流程的简化，决策质量的提高，服务周期的缩短都可以持续地降低成本。

⑥提高服务效能

服务效能提高是一个由上述多种因素综合作用的结果。其具体表现包括政府网站能够同时容纳多用户访问，而实地接待用户访问则必须逐个进行；工作繁忙的用户可在 8 小时法定工作时间之外办理相关事宜，将获取政府公共服务改在其他时间进行；将政府现有的信息资源在网站上发布，实现了政府信息资源的增值等。而其中表现最为突出的就是用户从申请到获得处理结果的时间大为缩短。

10.1.3 电子化公共服务的类型

政府提供的公共服务的种类非常多，因国家、地区或地方的情况不一而各具特色，而且随着科学技术的发展和公众需求的变化不断扩充和变化。我们将从不同角度对政府提供的公共服务的种类加以区分。对政府提供的公共服务，按照不同的划分标准加以区分和认识，将有助于我们进一步认识现有和将来的电子化公共服务项目，合理架构电子化公共服务体系。

(1) 按服务对象划分

在电子政府环境下，政府公共服务的对象主要有四种：政府自身、公务员、企事业单位、公民。政府与公民、政府与企业、政府与政府、政府与公务员，这三种关联关系构成了政府公共服务的主要业务内容。按服务对象的不同进行分类，电子化公共服务可以划分为以下三种：

①政府对公民提供的公共服务（Government to Citizen, G to C）

其主要包括两个方面：一方面包括政府向公民提供各种信息与服务，如电子就业服务，电子公共事业服务，电子认证服务，电子教育，电子医疗服务等；另一方面包括公民对政府活动，公民缴纳各种税款和服务费用，公民通过电子网络参政议政等。

②政府对企业提供的公共服务（Government to Business，G to B）

其主要包括两方面的内容，一是政府向企事业单位发布的方针、政策、法规，通过电子网络向企业提供的各项公共服务，如电子采购，电子招标，电子证照办理，电子税务，信息咨询服务；二是企业对政府的活动，如向政府缴纳税款，参加政府工程的投标，向政府提出企业的希望、意见和建议等。

③政府对政府提供的公共服务（Government to Government，G to G）

其主要是指政府内部、政府上下级之间、不同的地方政府之间的公共服务，也包括政府对其工作人员的服务。主要包括国家和地方的基础信息，政府之间各种业务流所需要的信息，如政府部门提供现行的各项法律、法规、规章、行政命令和政策规范；在保证信息安全的前提下，在政府上下级之间，不同部门之间传送的报告、请示、批复、公告、通知等；行政机关和司法机关之间的共享司法信息；电子财政管理等。

按照服务对象划分电子化公共服务项目，目的在于区分政府不同客户的需求，以便采用有针对性的服务，这是国际上一种常用的分类方法，政府门户网站大多采用这种方法来组织公共服务项目。

（2）按职能领域划分

各国政府体制不尽相同，多按专业或行业分工设置公共服务部门，由这些部门来从事不同的公共服务活动，形成诸多富有特色的职能领域。公众也往往是按照职能提出服务申请，要求政府提供服务的。按照职能领域可以将电子化公共服务项目分为四大类：政治服务，经济服务，文化服务，社会服务。其中，政治服务包括军事服务、国防服务、安全服务等；经济服务包括工商服务、税务服务、金融服务等；文化服务包括教育、体育、娱乐等服务；社会服务包括法律、邮政、交通、劳动就业、医疗卫生、保险、婚姻、社会福利、环境保护、气象等多项服务，是内容最为广泛和丰富的一类公共服务。

按照职能领域划分政府电子化公共服务，涉及了公共服务的具体内容，这些内容往往是公共服务不可或缺的。因此，大多数组织、团体、学者在调查、分析、比较、评价各国电子政府服务水平时，是从职能领域的角度出发选取电子政务服务项目的。比如：2002 年 5 月，联合国公共经济与公共管理局和美国公共管理学会发表了一份联合报告，对联合国 190 个成员国的电子政务建设情况进行了调查研究与分析比较，被评估的国家必须满足的条件之一就是在教育、医疗健康、劳动就业、社会福利与服务、金融5个关键部门建有网站并提供在线服务①。同年，美国埃森哲咨询公司在调查、分析、评价世界上有代表性的23个国家或地区的政府门户网站时将169项政府在线服务项目按照职能领域分为9大类：保健与人类服务、司法与公共安全、国家财政收入、国防、教育、运输与车辆、政府条例与民主、采购、邮政等。②

(3) 按具体行政行为划分

政府的公共服务多由国家和地方行政机关承担，提供服务实际上就是行政机关向公众实施具体行政行为的过程。所谓具体行政行为，是指行政机关在行使行政权过程中，针对特定人或特定事件做出影响相对方权益的具体决定和措施的行为。③ 按照行政行为的类型，可以将电子化的公共服务划分为以下五种：

①行政许可服务

行政许可是指在法律允许的范围内，行政主体根据行政相对人的申请，通过颁发许可证或执照的形式，依法赋予特定的行政相对人从事某种活动或实施某种行为的权利和资格的行政行为。执行行政许可行为的电子化公共服务有驾驶执照、工商企业营业执照、出国护照等许可。

②行政征收服务

行政征收是指行政主体凭借国家行政权，依法向行政相对人强制地、无偿地征集一定数额金钱或实物的行为。最典型的关于此种行为的电子化服务就是电子税务，目前已有很多国家和地方的税务部门已经实现了网上报税、发票核查等业务。

③行政确认服务

行政确认是指行政主体依法对行政相对人的法律地位、法律关系或有关法律事实进行甄别，给予确定、认定、证明（或否定）并予以宣告的具体行政行为。执行行政确认行为的电子化公共服务如网上防伪打假，对公民身份、婚姻、学历状况等提供的网上认证或公证服务等。

④行政给付服务

---

① 汪玉凯．如何评估政府门户网站［EB/OL］．赛迪网，http：//industry.ccidnet.com/.

② 赵国俊．电子政务［M］．北京：电子工业出版社，2003：176.

③ 张正钊．行政法与行政诉讼法［M］．北京：中国人民大学出版社，1999：113.

即行政物质帮助，是指行政主体在公民年老、疾病或丧失劳动能力等情况或其他特殊情况下，依照有关法律、法规规定，赋予其一定的物质权益或与物质有关的权益的具体行政行为。执行行政确认行为的电子化公共服务如社会福利的电子支付。

⑤行政合同订立服务

行政合同是指行政主体为实现行政目的，与行政相对人之间基于相反方向的意思一致而缔结的契约。最典型的行政合同订立服务是政府电子采购合同的订立。

(4) 按服务方法划分

不同的服务内容、项目可以通过不同的方式来提供，这些服务方式往往由一定的技术支持。按照服务方式可以将电子化的公共服务划分以下几种：

①信息发布服务

即通过电子手段将政府信息向社会发布，这是最基本，也是应用最广泛的一种服务方式，政府网站是其主要发布平台。政府发布的信息又分为静态信息和动态信息。静态信息主要包括法规、指南、手册、档案资料、研究报告等；动态信息主要包括通知、展览、办事程序、市场动态、部门设置、官员名单、联络方式等。

②信息搜索服务

如果说信息发布方式中，用户接受信息的方式较为被动的话，那么，在信息搜索服务中，用户获取信息的方式则较为主动，用户向搜索系统提出需求，系统经过处理后，将查询结果返回给用户，这种服务适合信息量非常大的政府信息系统。

③文件下载服务

公众除了在政府网站上查询和阅读有关信息外，还可以将它们下载到本地。政府网站上提供下载的文件类型很多，最为常见的就是表格。在很多服务活动中，需要公众填写相关表格，表格下载服务，使公众不必亲自去相关部门索取，方便了公众。

④在线业务处理

在线业务处理是指从政府受理服务请求、处理到返回服务结果的整个过程都在网上进行的一种服务方式。它已成为电子政务系统建设的一个重要目标，实现了公共服务全过程而不是一个环节的电子化，需要整合多种 Internet 技术和安全技术。

⑤电子邮件服务

为了方便公众及时向政府发送意见、建议、要求，很多政府机关都向社会公布了其领导、部门的邮件地址，公众可以通过电子邮件的形式及时与政府沟通。

⑥留言板、公共论坛服务

除了电子邮件外，很多政府网专门设置了留言板，公共论坛等栏目，不仅让公众能够随时与政府交流，而且能互相交换看法，了解政府的反馈意见。

⑦电话呼叫中心

电话呼叫中心（call center）是一种将电话和互联网联系起来的公共服务方式，是一种集成传统通信技术和计算机网络技术的服务方式，大多用于业务咨询、客户意见受理等。该项服务在前端接听公众电话，在后端与计算机系统连接，可以将公众电话内容输入计算机，也可以从计算机系统中寻找答案提供给公众。电话呼叫中心不仅接电话，而且还可以定期打电话给相关人群，并能处理信件、电子邮件、短信、传真等多种信息源。现有电话呼叫中心主要包括：网上 114 电话服务、网上 12345 监督服务、网上 12315 消费受理服务等。

10.2 政府电子化公共服务系统构建

电子化公开服务系统是指政府部门根据社会和公众的服务需求，利用互联网技术等为公共服务的不同对象提供各种具体服务的信息系统。电子化公共服务系统的建立，使得政府在为公众提供公共服务时，突破了时间和地域的限制，在提高政府办事效率的同时也大大提高了客户的办事效率。此外，通过电子化公共服务系统，公众可以充分享受到政府提供的一站式服务、在线服务等，通过不断地完善和发展，逐渐形成一个整体的公共服务体系。

10.2.1 政府电子化公共服务系统的功能与目标

（1）政府电子化公共服务系统的主要功能

电子政务是实现政府职能转变的一个重要工具，它通过政府门户网站提供公共服务，加强政府与公众的沟通，方便百姓办事，充分展示和提高政府形象。目前我国政府电子政务公共服务系统正处于后台内部整合、互联互通，内网、外网、政府门户网站同时建设的时期，也处于从内到外、从局部到系统的演进发展阶段，推动公共服务系统的建设是目前电子政务的核心工作之一。总体来讲，政府公共服务电子化具有以下主要功能。

①方便公众享用政府服务

互联网由于具有每周 7 天，每天 24 小时全天候提供服务的特点，为公众享用政府服务提供了极大的便利，而且，互联网作为全球性的网络，可以突破空间的限制进行双向交流，这为社会公众随时随地获取政府服务创造了理想的条件。互联网特有的交互性，运用于政府服务中比传统的报纸、杂志、广播、电视等传播媒介更方便、更直观、更生动活泼，而且通过相关数据库的开发与应用，能够实时、动态地自动记录和处理相关信息。可以说，这种交互式的电子化政府服务与政府上门服务质量相当，有时还略胜一筹。电子化服务系统还可与传统的政府人工服务系统以及电话客户服务系统进行有机集成，形成更强大的服务能力，最大限度地为社会公众提供方便。

②降低政府服务成本

电子化服务在降低政府服务成本方面所起的作用是十分明显的，它可以有效减少客户服务人员的数量，大大降低纸质文件在纸张、印刷、邮递方面的费用，大幅度节省电话、传真等通信费用，大大缩减政府服务部门和办公设施。譬如在传统的情况下，政府通过纸质文件形式下发给有关当事人，所投入的费用极为可观。若改用政府网站发布，费用将大大降低。据统计，通过柜台办理银行业务，每次的成本约为 1.07 美元，而通过互联网办理，每次只需 0.01 美元，由此可见，互联网在降低服务成本方面潜力巨大。

③提升政府服务品质

电子化服务对提升政府的服务品质是显而易见的，它可以充分利用互联网这一媒介，获取公众访问政府网站状况、对政府现有服务的评价以及进一步明确潜在的服务需求，并针对公众的需求提供个性化服务，让公众得到更为满意的服务。电子化服务使得政府服务的信息容量更多，服务的速度更快，服务的效果更好，服务的针对性更强。比如，政府通过互联网提供面向公众的就业服务、医疗服务、保险服务等，能大大改善传统服务的不足，为公众提供高水平的就业中介、医疗保健顾问服务等。

④促进电子化民主进程

政府电子化服务将使政府与公众的关系发生根本性的变化。一方面，由于电子化服务要求政府服务牢固树立起“以公众需求为中心”的服务理念，必然会提高政府服务的自觉性和主动性，以赢得社会公众的积极支持和广泛参与。另一方面，电子化服务为公众参与政府事务提供了畅通的渠道，既可以有效监督政府的各种行为，使政府事务更为公开、透明，又可以让公众参与政府的具体决策，大大提高政府决策的科学性和民主性。所以说，政府电子化服务对推动政府民主化进程起到了重要的作用。

⑤推动政府服务的持续创新

互联网为政府与社会公众之间架起了一座畅通、便捷、高效的服务桥梁，为政府服务的持续创新提供了广阔的空间。根据中国香港特别行政区政府电子政务的实践，政府电子化社会服务的范围十分广泛，公众参与的形式方便灵活，服务项目多种多样，产生了政府与社会公众“双赢”的理想效果。在我国内地，随着政治体制改革的不断深入，社会公众参与电子政务的热情提高，我国政府电子化社会服务无论是形式还是内容都会出现重大变化，这对推动政府服务的持续创新将发挥不可低估的作用。

（2）政府电子化公共服务系统的目标

①塑造良好的政府形象

政府形象是政府综合素质和工作状况的集中表现形式。良好的形象是政府赢得公众信任的重要条件，对政府工作发挥有力的支持作用。从根本上说，良好的政府形象来源于政府的具体社会实践。同时，政府形象的塑造又必须借助于各种高水平、高效率的服务活动的开展。通过公共服务的电子化建设，有助于树立廉洁、公正、高效的政府形象。

②加强政府与公众的沟通

政府与公众的关系问题是电子政务根本性的问题。政府与公众的沟通是指政府作为活动主体，通过多种途径和方式与公众进行思想与信息的交流过程。要想使公众满意政府的执政行为，就要从两方面入手：一是分析、认清公众的需求。一些地方政府抱怨他们经常给群众提供很多便捷的办事程序，但公众却并不认可。其实，这是政府对公众的需求认识不清的结果。二是要重点解决窗口部门的问题。从公众的角度看，他们所接触的政府主要是政府对外的窗口部门，这些部门服务水平的高低直接决定着公众对整个政府服务的认同度。由于通信手段的进步、信息传播效率的提高，事实上，政府已经被置于能见度较高的“鱼缸”之中，称为“鱼缸效应”。政府与公众这种服务与被服务的关系，是一种“鱼水”关系，二者互相依存，缺一不可。脱离任何一方，电子政务就无法运营。

③提高对公众的服务质量

与传统的政府服务方式相比，网络政府所提供的服务方式不仅功能优越，而且服务效率和服务质量大大提高，解决了传统服务效率低、服务技术手段落后等问题。网络服务方式能够减少机构冗员和中间管理层次，可以克服官僚主义所带来的低效率问题，拓展了为社会公众服务的广阔天地。政府为社会公众进行网上服务的内容和方式是多种多样的。

④实行政务公开

政务公开是实现行政公平、公正的前提，是人民群众履行自己的基本公民权利，是政府有效实施为公众服务的重要手段。自我国加入 WTO 后，在国内经济与全球经济进一步融合的情况下，政务公开已成为我国政府必须解决的重要问题。政府公共服务电子化为推进行政公开创造了优越的条件，它能以其强有力的手段保障政务公开的有效实施。

实行政务公开，要正确确定可公开的政务内容和范围，解决好实施公开的方法、途径，推进其实施的保证性措施等问题。要对可公开的和不可公开的行政内容进行界定，尽量扩大可公开的内容，缩小不可公开的内容，除涉及党、政、军机密和公开后会危及国家安全、影响政府管理有效进行的信息外，能公开的内容要尽可能公开。

⑤缩小数字鸿沟

政府是公益性服务的主要提供者，也是纠正社会不公现象的主要执行者。公共服务电子化的过程，需要坚持平等原则，考虑弱势群体的需要，包括穷人、残疾人等，为他们享受电子服务提供必要条件。比如中国香港特别行政区政府在不同地点为失明及视障人士设立“社区数码站”，装置附有特别设施（如显示放大软件、语音仿真软件）的计算机，让他们获得电子化公共服务及其他信息科技服务。公共服务电子化网站也采取了一定的技术性措施，方便失明及视障人士使用。这些举措对于缩小数字鸿沟起到了重要的推动作用。

⑥实现网络民主

所谓网络民主，主要是指民主过程及方式的电子化，包括通过网络和在线服务实现价值观和政治立场的交流、反映和集中。在网络民主的运作框架下，网络将所有的社会成员以每人一票的原则组织起来，快捷地收集、统计、公布、实施每个成员的意愿。由于网络智能系统能迅速、准确地统计得票结果，并可将结果直接发布实施，完全排除了人为干扰和暗箱操作，极大地提高公共事务的服务效能。

10.2.2 政府电子化公共服务系统的设计与开发

电子化公共服务系统的建立打破了时间和地域的限制。网络服务系统为政府机构提供了大范围、大容量的事务处理机制，在提高政府办事效率的同时也提高了服务对象的办事效率。此外，电子化公共服务系统的建立还进一步促进了政府的政务公开，从而改变了政府与社会、公众、企业的信息不对称的现象。

（1）设计与开发的原则

电子化公共服务系统是具有特定功能、特定结构的信息系统，在设计与开发的过程中需要遵循以下几个方面的原则：

①以公众为中心提供服务

公共服务系统的服务对象广泛，社会公众是其中的核心部分，因此，在系统设计与开发过程中，一定要以公众为中心，充分了解和掌握公众的服务需求，始终以满足公众的需要和要求作为系统设计开发的最高宗旨，一切“想公众所想，急公众所急”。

②针对性和实用性

针对中国的实际情况，充分利用电话、传真、短信、信件、网络等多种手段，充分发掘政府内部信息资源的潜能，充分提供公众所需的数据和信息，及时有效地处理公共服务中的各种问题，建立适合国情、省情、市情、县情、区情的公共服务系统。

③确保信息的安全性

建立完善的信息发布管理机制，要针对不同类型的用户提供不同的信息，善于将各种信息按权限分级管理、分级共享，保证政府重要信息的安全性。

④系统具有反馈和即时互动能力

整个系统除了提供信息发布的功能之外，一定要重视信息反馈机制的建设，使系统真正具有即时互动的能力。系统还需要具有必要的智能管理能力，比如，能自动积累和生成大量数据，能及时了解和分析公众和各种社会组织对政府服务的需求，及时将有用信息反馈给政府的决策部门，作为政府决策中的重要依据。

⑤具有稳定性、快捷性、可维护性、灵活应变性及可扩展性

建立坚固、稳定、管理功能强大的 Internet/Intranet 网络平台，为公众提供真正方便、快捷、优质的服务。为此，各种网络系统要具有强大的数据访问、存储、操作与管理功能；系统还必须具有可维护性。在系统提供的主页模板上，经信息处理工作后的信息将自动生成网页在网上发布。可以利用系统提供的模板随时扩充新的应用，页面模板应当可以随意更换。系统应当具有灵活应变的能力和扩充性能，建立易扩展、易二次开发的应用平台，以

适应不断发展的需要。

（2）电子化公共服务系统的内容

根据目前社会、公众和企业对政府公共服务的多方面需求，我国政府公共服务系统实际应用中提供的服务主要包括：

①面向公众的服务

个人证件的申请和延长（护照和驾照）；汽车登记（新车、二手车以及进口车）；建设许可证的申请；公共图书馆在线资源提供；在线教育服务提供、入学登记；地址变更服务；就业信息查询；社会保险缴款；有关健康的设施和服务等。

②面向企业的服务

员工的社会税款缴纳；公司所得税的申报和通知；增值税的申报和通知；新公司注册；向统计部门提交数据；有关环境的许可证（包括报告）；政府公开采购等。

③面向社会提供的一般应用服务及信息发布

包括各类公开信息和一般的、非敏感的社会服务。例如，基于政府互联网网站的信息发布及查询；面向全社会的各类信访、建议、反馈及数据收集统计系统；面向全社会的各类项目计划的申报、申请；相关文件、法规的发布及查询；各类公用服务性业务的信息发布和实施，如工商管理、税务管理、保险管理等。具体内容如下：

- 交通服务。申请续办驾驶执照、申请续办车辆牌照、预约驾照考核、预约或更改检车时间、更改驾驶执照通信地址、更改车辆牌照通信地址、旧车交易、道路交通信息服务、道路损坏报告、交通堵塞报告、交通时刻表、电子地图、交通部门介绍。
- 个人服务。申办出生证明并查询相关信息、申办死亡证明并查询相关信息、申办结婚证书并查询相关信息、申办户口及证明、申报举办公益活动并查询相关信息、财物招领、报失财物、物品捐赠、更改个人资料、公共服务查询、天气预报。
- 信访服务。信访部门作为政府面向群众的一个重要窗口，提供网上服务营造一个民主的环境。所有 Internet 提供的信息或反映的问题将根据分类转入政府机关内部公务处理系统中的不同人员的信箱，整理后做相应处理。
- 预约服务。受理各种申请和答复、办事预约，可根据具体的业务情况做出安排。

• 教育服务。各小学、中学、大学资料检索、各省市及国外大学资讯、网上学习课程、教育部门介绍。

• 就业服务。登记求职、登记职位空缺、查询职位空缺、查询求职者、各类劳动法规介绍、劳工部门介绍。

• 纳税服务。税务查询、市集及商户销售报告申报税项、更改纳税人资料、缴纳税款、税务部门介绍。

• 保险服务。通过电子网络建立覆盖地区甚至国家的社会保险网络，使公民通过网络及时全面地了解自己的养老、失业、工伤、医疗等社会保险账户的明细情况，有利于加深社会保障体系的建立和普及；通过网络公布最低收入家庭补助，增加透明度；通过网络直接办理有关的社会保险理赔手续等。

• 法律服务。法律服务查询、政法部门介绍。

• 文娱服务。旅游资讯、图书馆书籍查询、申报举行公开活动并查询相关信息、文娱服务部门介绍。

• 商务服务。申请营业执照并查询相关信息、中小型企业技资指南、公共服务查询、更改商户资料、办理国外雇佣通知书、缴付政府费用（税款、电费及水费等）、邮递服务查询、政府新闻信息服务、常用统计资料、订购政府刊物、商务部门介绍。

• 旅游服务。旅游资料、电子地图、报失财物、旅游部门介绍。

10.2.3 政府电子化公共服务系统的平台——政府门户网站

（1）政府门户网站发展现状

门户网站是通向互联网世界的大门，迈向网络社会获取信息资源及服务的第一步。门户网站通过集合众多内容，以及提供多样服务，成为网络用户的首选网站。同时，门户网站引导互联网用户前往其他目标网站，普遍具有鲜明的个性化特征和地域性特征；及时跟踪用户的使用兴趣、爱好和行为，满足用户的需求；通过桌面化组织管理和资源分类，消除信息冗余，使用户能顺利访问多种类型的信息。

政府门户网站是电子化公共服务的一个最重要的窗口。所谓政府门户网站，即是指在政府部门信息化建设的基础上建立起跨部门的、综合的业务应用系统，使公民、企业与政府工作人员都能快速便捷地接入所有相关政府部门的业务应用、组织内容与信息，并获得个性化的服务，使合适的人能够在恰当的时间获得恰当的服务。①

政府门户网站作为政府电子化公共服务系统的窗口和应用平台，近年来在我国呈现出良好的发展势头。但是由于我国的电子化公共服务系统起步较晚而且没有现成的经验可以借鉴，目前的政府门户网站存在一切不可忽视的问题：如政务公开不够充分、网上信息不够丰富、更新频率低、应用水平比较低、网上办事功能不强、不能提供“一站式”服务等情况。因此，我国的政府门户网站建设应该说在整体上还处于起步阶段，即使一些搞得好的地区或部门的网站建设，不仅与国外一些先进国家相比有较大的差距，而且本身也存在一些突出的问题。这些问题主要表现在以下三个方面②：

一是发展不平衡。从横向来看，无论电子政务发展，还是政府门户网站建设，总体上东南沿海经济较为发达的地区，电子政务发展比较快，政府门户网站所占比例大，而中西部地区相对落后，政府门户网站的比例比较小。从纵向来看，中央、省市行政层级比较高的政府及其部门的电子政务发展比较快，门户网站建设比较完善，而行政层级比较低的政府或部门，相对落后。据时代财富科技公司发布的《中国电子政务研究报告》表明，中国目前的电子政务实现度仅为22.6%。这说明，我国电子政务无论信息的实用性、完整性，还是实质性的电子政务功能都还离公众的期望有很大差距。而这种差距，直接地体现在政府的门户网站方面。

二是政府门户网站建设普遍缺乏有效的组织和规划。这不仅体现在一些政府门户网站的站名、域名不规范，更重要的是政府门户网站的内容设计也是五花八门，缺乏最起码的规范，导致一些政府的主页形象与政府形象有较大差距。

三是相当一部分政府门户网站有名无实，信息不更新，没有深入链接，有的甚至变为“死网”。据机构调查评估，目前全国2500多个政府门户网站中，约有1/3的网站难以打开，约有1/3的政府网站应用价值比较低，还有相当数量的网站存在信息更新不及时、服务功能不健全、发布的信息无时效价值等现象，有的站点新闻最后的更新日期及最新时间甚至与现实相距半年以上；许多网站只有静态功能的介绍，欠缺动态信息交流；有的网站与用户交流沟通的手段单一；相关链接范围窄、深度浅；还有一些政府网站存在

① 杨路明．电子政务［M］．北京：电子工业出版社，2007：105．

② 杨冰之．国外政府门户网站的发展特点对我国的启示［J］．信息化建设，2004(11)：31-33．

着与自己的本职工作联系不紧密，脱离实际等问题。

从国外电子政务创新国家的经验看，可以看出政府网站的发展大体分为三个阶段，即第一阶段以信息发布为主，通过网站介绍自己的基本信息，并发布各种政策信息和政府公告；第二阶段以对公众提供政府办事服务指南为主，根据浏览者的不同通过信息分类索引到各个专项政府对公众服务信息网站上，双方的交流是单向的，此阶段和第一阶段的主要区别是政府网站从单纯的信息介绍型向服务型的转变；第三阶段是在第二阶段基础上更加突出服务功能，使公众能够在网上通过统一的窗口直接进行各种与政府交互的办事审批工作，双方的交流是双向的，而政府部门之间的交互被屏蔽在内部进行，使政府网站进而向电子政务方向发展。

目前国际上的一些发达国家的政府门户网站已经发展到第三阶段，如美国、新加坡、加拿大、英国等。

（2）政府门户网站的功能

随着国民经济和社会事业的发展，网络信息技术在人们的日常工作和生活中发挥着越来越重要的作用，人们在积极参与国民经济和社会信息化进程的同时，也在充分享受信息技术为我们工作和生活所带来的便利。政府门户网站正在逐步成为人们了解政府工作动态，查阅政府信息，指引公众办事，反映民情民意，实现网上办理事项等的重要服务窗口。政府门户网站是电子政务系统的一项重要内容，是公共化服务的一个最重要的窗口。政府门户网站主要具有“信息公开、在线办事、公众参与和资源整合”四大功能。

①信息公开

信息公开是政府门户网站建设的首要功能。政府掌握着大量有价值的信息资源，也承担着信息资源的宏观管理职能和具体的服务任务，有责任、有义务实时公开必要信息，以满足公众的知情权。信息公开包括政务信息的及时发布，政府行政办理程序及结果公示，财政、采购、人事任免等关键性政务信息公示，在做好行政管理和服务工作的同时保障公民的知情权，接受公众监督。政府门户网站信息公开，是加强电子政务建设的需要，同时也是人民政府为人民的现实要求。

②在线办事

在线办事是政府门户网站最重要的功能，也是推行电子政务的根本目的所在。在传统政府治理模式下，公众对政府提供的公共服务常常处于被动状态，没有选择的空间，而政府门户网站建设可以从根本上改变这种局面。政府门户网站面向公众开展网上办事的过程需要逐渐经历从初级、中级到高级三个阶段。在初级阶段，政府机关一般从办事指南入手，将办事内容、依据、要求、流程以及需要注意的问题等对外发布。在中级阶段，政府机关一般是将用户需要填写的表格放到网上，用户将表格下载后填写好，再带着打印好的表格到有关部门办理。在高级阶段，用户进入门户网站后，可以直接在网上填写表格，提出申请，提交相关材料并上传到规定地址，等候职能部门上门考察，在规定期限内办理结果将按照用户选择的方式在网上公布或以电子邮件形式回复给公众。目前，我国政府门户网站的网上办事功能大多处于初级发展阶段，少部分处于中级发展阶段。随着政府职能转变的不断加快，公共服务在电子政务中的地位还会不断提高，未来政府门户网站将逐步实现真正的“一站式”服务。

③公众参与

政府门户网站的又一个功能是可以使广大公众参与到社会政治活动当中来。政府门户网站是营造民主型政府的重要手段。因为通过政府门户网站，公众可以参与政府重大决策的讨论，可以向政府有关部门反映自己的意见和看法。正是因为政府门户网站具有的这种功能，使以往公众不可能参与的事情目前成了现实。政府门户网站已逐步成为政府与公众之间的重要交流渠道。通过政府门户网站，政府能够加强与公众的沟通，就公共政策的制定征求普通民众的意见，通过健全社会公示、社会听证等制度，让人民群众更广泛地参与公共事务的管理。因此，发展政府门户网站，对保障公民的参与权有着重要的意义。同时，通过政府门户网站，政府各部门也加强了内部的协调和配合，提高了政府的办事效率。

④资源整合

资源整合应作为政府门户网站的一个重要功能。门户网站建设不只是建设一个网站，其关键是要将相关部门的资源整合在一起，为公众和企业提供一条龙、一站式的服务，实现无缝隙政府。为此，各级政府在门户网站功能设计上，必须突出资源整合的特点，将资源整合的理念贯穿于门户网站建设、运行以及维护的全过程之中。首先，要将比较分散的各类政府网站综合到一个协调一致的目录下，将政府内部的结构很好地“隐藏”起来，对访问者的需求进行充分的分析和方案的优化，根据特定用户群的需求来开发一系列集成的政府服务项目，为公众提供优质的多元化服务。其次，针对当前政府机构间仍然分离，并且这样一种治理模式仍将长期存在的实际，要积极采用网站地图、站内导航、站外链接等技术手段和措施，使网站栏目内容清晰易用，功能和服务灵活多样。

总之，政府门户网站的信息公开、在线办事、公众参与和资源整合这四大功能为政府门户网站的工作指明了基本方向，也是评价政府门户网站绩效的基本依据。

(3) 政府门户网站的建设

①建设目标

政府门户网站是信息化时代政府与社会公众之间的有效载体，是电子政务重要的对外服务窗口。政府门户网站的建设目标是：具有高性能、高可靠性、能实现统一的信息发布、集中的信息存储备份、专业的系统管理维护和边界的网上办事系统。也就是要建立一个能够突出政府及其下属行政单位的职能，满足政府通过网络迅速发布政策、法规及其他公益性信息和获取社会的反馈信息的需要，并能够进一步扩展到完成网上各项事务性处理及应用的统一系统平台。①

②建设原则

阶段开发性原则。网站全面规划，功能实现分阶段进行。

易用性原则。表现为方便读者上网使用和最大限度地减轻后台管理人员的管理负担，做到部分业务的完全或部分自动化处理。

规范化原则。在系统设置、网页设计、数据库开发等所有的工作中，也为将来的进一步开发制定了完善的规范，具有较强的实际操作性。

可扩展性原则。系统设计要考虑到业务未来发展的需要，同时考虑网站建设的阶段性，要尽可能的设计简明，各个功能模块间的耦合度小，便于系统的扩展。

维护量最小原则。尽可能将经常更新的部分利用数据库技术实现自动操作，达到日常信息发布不需要进行网页设计和 FTP 上传；审核和权限管理原则：由于政府网站的严肃性，在网站系统上要实现在信息发布的操作中分级权限管理和后台检验审核的功能。

安全、稳定性原则。在充分考虑到站点访问性能的同时，要格外重视建成站点的安全和稳定性问题。

③建设内容

政府门户网站的建设内容主要包括以下五个主要方面。

• 栏目设置

栏目是网站的形象，公众访问政府网站，首先接触的就是栏目。栏目设

① 王卫国，等. 电子政务系统 [M]. 北京：科学出版社，2007：226.

置的合理与否直接关系网站的访问量和声誉。政府主站点和各单位子站点的栏目设置应该满足各自对外宣传的需要，同时需要突出不同职能单位的特点并对栏目进行分类。

- 网站管理

通过网站管理，保障网站系统正常运作，降低维护强度和维护成本。对于大量的维护工作需要提供自动、高效且强有力的内容采集、管理和发布工具，包括 Internet 上自动收集的信息，政务办公系统中发布的信息，各委办局是对同一级但不同称呼的委员会、局和办公室上报的信息等。

- 内容管理

网站内容的有序管理和利用是充分发挥网站作用的关键。通过网站内容管理，用户可以按照需要灵活定义要发布信息的信息数据的格式（字段），可以对各类数据中的文字、图片、统计类数字信息、日期信息进行统一管理和统一发布。

- 数据检索

需要提供一种易用且高效的网站内容检索、查询机制，以便于对所需要的网站信息进行定位。

- 网站信息安全

保证网上信息传输、存取和处理过程各个环节的安全性、机密性和完整性，保证网站系统的可靠性和可控性，同时需要考虑网站受到攻击破坏后的自动恢复能力和容灾能力。

④构建框架

政府门户网站的构建框架主要包括三个平台、两大体系和三类应用系统。

电子政务网络、应用支撑和信息发布三大平台是政府门户网站的基础。电子政务网络平台是电子政务的载体，其核心是宽带网络。应用支撑平台是承载各个应用系统之间的信息共享和交换等。信息发布平台则是承载政府信息和各应用系统处理结果等的显现。

政策法规与保障和安全保密两大体系是政府门户网站顺利建设和安全可靠运行的保障。政策法规与保障体系是为政府门户网站建设及运行提供法律、经济和管理等诸方面的保障，是政府门户网站不可缺少的部分；安全保密体系是保障政府门户网站安全可靠地正常运行，防止外来攻击等的重要保护屏障。

信息发布、公众服务和各类业务处理系统是政府门户网站发挥其作用的根本。信息发布系统主要是实现政府信息采集、审核和发布，提供各种事项办理结果的查询等；公众服务系统主要是收集社会公众的意见和建议，受理社会公众的投诉等，将相关意见、建议和投诉通过网络直接转交相关职能部门处理，并将处理结果及时反馈给社会公众。同时根据不同时期各人的实际情况，提供个人资料申报，查阅个人所享有权利和应尽的义务（如个人可以享受哪些社会福利，企业可以享受哪些优惠政策等）等功能；各类业务处理系统主要是受理并处理政府工作部门的各种服务项目（如各种行政审批系统等），它着重使“人”（包括自然人和法人）可以方便地在网上办理各种事项。

（4）政府门户网站绩效评估

①绩效评估的内涵和意义

从衡量政府部门活动效果的角度来看，绩效（performance）是一个包含多元内涵和多元目标的概念，是政府活动所体现出来的效率、效果和效益的集成。政府门户网站是电子政务公共服务的核心平台，是政府管理和服务社会的重要形式和渠道。作为政府和社会公众互动的桥梁，其发展水平成为衡量国家及地区电子政务建设的最重要的标志。因此对政府门户网站的评估，一定意义上就是对电子政务绩效的考察。

政府门户网站绩效评估是在计算机网络技术发展起来以后，随着绩效管理理论的兴起而产生的一个崭新的研究领域，是绩效评估理论在政府电子化建设进程中的具体应用。政府门户网站绩效评估的含义是：专门评估机构和人员依据政府门户网站建设和功能发挥的基本客观事实和数据，按照一定的评估规范与流程，遵循统一的评估标准和特定的指标体系，综合运用定量定性、纵横对比、成本收益分析等方法，对政府门户网站的效率、效果和效益所做出的客观、公正和准确的价值性判断与技术性测量。①

综合来看，评估扩大了政府网站的知名度。客观、公平的评估结果借助网络的传播会产生良好的宣传效应，有利于树立政府形象。同时也吸引了新用户，激发了众多的潜在用户；形成网站竞争优势。网站的排名结果，反映了当地政府部门的电子政务发展水平，受到公众的广大关注，因而政府会更加重视政府网站建设。另外，通过网站之间的比较分析，取长补短，形成竞争优势，带动了政府网站的集群化发展；深化了以用户为中心的电子政务建

① 徐卫．政府门户网站绩效评估：意义、研究现状与趋势［J］．上海行政学院学报，2009（9）：29．

设理念。信息内容是政府网站建设的重点，也是网站评估的重要指标。以用户为中心的网站建设理念促使政府更加重视用户的满意度，深化电子政务建设的内涵。

②绩效评估方法

根据参与评估政府门户网站的主体不同，政府门户网站的评估方法可分为以下四种。①

- 用户评估法

用户评估法就是通过政府门户网站的使用者如企业、事业单位或个人，对网站进行评估的方式。因为用户经常使用政府门户网站，因此他们最有发言权。用户评估法有三种方式：一是，召开用户座谈会，用户发表对网站的意见；二是，政府网站设计好调查指标，采用问卷调查方式随机访问用户或重点访问某些用户；三是，在网站上列出调查内容，然后用户网上填写意见。

- 专家调查法

邀请计算机网络技术和管理专家、信息科学专家、政府领导和工作人员、有关学科的专家等对政府门户网站进行评估。专家评估的方式有座谈会和问卷调查两种形式。

- 自己评估法

网站运行一段时间以后，政府门户网站的工作人员研究国内外政府门户网站发展情况，确定评估指标，与国内外政府门户网站进行对比研究，找出差距。

- 专业咨询公司评估

随着各类网站的蓬勃发展，一些专门对网站进行评估的咨询公司也应运而生。专业咨询公司不但技术力量雄厚、人才济济、设计的评估指标科学，而且掌握着比较先进的业内信息，评估态度也较为公正，因此，其评估有较高的可信度和科学性。世界上有名的一些咨询公司也经常发布对各国政府门户网站的评估结果。

在实际工作中，四种评估方法各有优势，如果四种方式能够结合起来使用，就会达到最好的评估效果。我国北京、海南等地方曾由政府组织对政府门户网站的评估，并向社会公布评比结果，这对于推动当地政府门户网站建设起到了很大作用。

---

① 刘焕成，等．我国政府网站建设的若干问题研究［J］．情报科学，2004（11）：31-41.

③绩效评估的指标体系

国内很多研究单位和学者从不同角度不同方面，构建了相应的政府门户网站绩效测评指标体系。受国务院信息化工作办公室的委托，中国电子信息产业发展研究院与中国信息化绩效评估中心（北京化工大学）在2005年中国政府网站绩效评估的基础上结合2006年政府网站的发展特点，将我国政府网站绩效评估指标体系进行完善和升级，构建了以下政府网站评估指标体系。整个评估指标体系分为部委类网站绩效评估指标体系、省级政府网站绩效评估指标体系、地市级和县级政府网站绩效评估指标体系。

- 部委类网站绩效评估指标①

部委类网站绩效评估指标体系框架如图10-1所示。

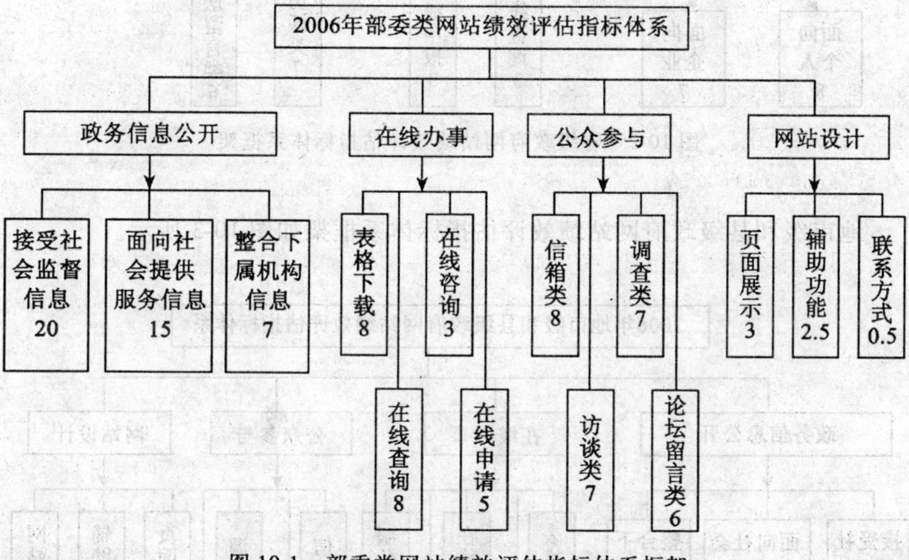

图10-1　部委类网站绩效评估指标体系框架

- 省级政府网站绩效评估指标

省级政府网站绩效评估指标体系框架如图10-2所示。

- 地市级和县级政府网站绩效评估指标

①　中国电子信息产业发展研究院.2006年中国政府网站绩效评估报告［R］.［2006-12］.

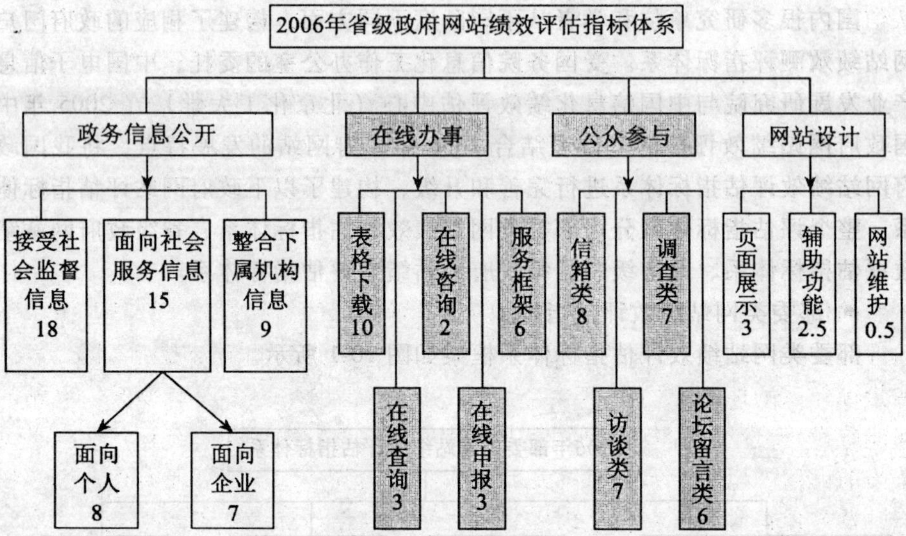

图 10-2　省级政府网站绩效评估指标体系框架

地市级和县级政府网站绩效评估指标体系框架如图 10-3 所示。

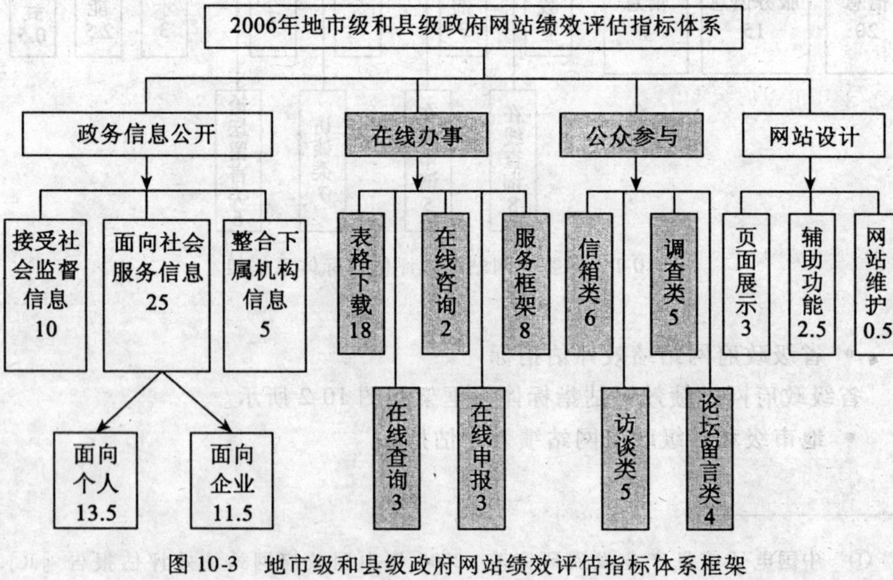

图 10-3　地市级和县级政府网站绩效评估指标体系框架

从以上介绍的政府网站绩效评估指标体系中可以看出，评估工作主要是从信息公开、在线办事、公众参与和网站设计四个方面来衡量我国政府网站的绩效水平。在四个评估指标体系中，政务信息公开所占的比重最大，但是各个类别的网站的侧重点却有所不同，部委类网站侧重接受社会监督信息的评估，地市级和县级政府网站侧重面向社会提供服务信息的评估。

该评估指标体系综合性很强，四大类一级指标是统一的，在一级指标下面，根据网站类型的不同，设置不同的二级指标，但大体上是一致的，就是根据不同类型的网站，对三类网站的评估指标设置的权重有所不同。本指标体系的优点是能够根据不同类型的网站设置不同的指标权重，评估具有很强的针对性和合理性，考虑到了不同政府网站的特点和侧重点有所不同。虽然本指标体系的体系结构合理，但也存在不足的地方，其只是针对政府网站的功能来设置，是站在政府的角度，虽然也从网站技术层面进行评估，但是关于当前网络安全等一系列对网站发展影响较大的技术问题并没有作为测评指标，这就使得测评指标体系内容有所欠缺，评估指标内容不是很全面。

10.3 电子化公共服务的应用及发展

电子化公共服务将产生比传统服务更加优化的服务特性。主要在于它在可靠性、时间性、经济性、无缝性、周到性等方面具有传统政府服务不可比拟的优势，也就是说，它具有更好的服务特性，能为客户提供及时、可靠且富于个性化的服务。

10.3.1 电子化公共服务的应用

目前，世界许多国家及地区在网上开展了许多类型的电子化公共服务，如中国香港电子政府为了向市民提供简便易用、崭新、可靠且优质的公共服务，推出了“公共服务电子化”计划的项目，采用以公众为本的方式，为市民提供来自 40 多个决策局、部门和公共机构的约 140 项网上公共服务，该项目正在进行之中。下面介绍几种较为典型的电子化公共服务的应用。

(1) 电子税务

电子税务（E-Taxation），是税务系统电子政务的简称，是电子政务的伴生概念。在我国，电子税务和电子政务一样，都处于起步发展阶段，关于电子税务的概念还处于不断探讨和完善之中。我们通常所说的网络税务局、电子税务局、数字化税务局、税收信息化等提法，都从某个侧面反映了电子税务的概念和特征，因此都可以看作电子税务概念的某种表述，但是都不尽完整全面。

电子税务是电子政务的重要组成部分，它是指税务部门利用现代信息通信技术，在互联网上实现税务部门组织结构、工作流程的优化重组和流程再造，超越时间、空间和部门分割的限制，全方位地为纳税人提供优质、规范、透明的税收征管和税务服务。这样定义电子税务，至少包括了以下三个方面的含义：第一，电子税务必须借助于以网络通信为核心的现代信息通信技术；第二，电子税务的业务处理涵盖了税务管理的全部业务，既包括了对纳税人的管理，又包括了对税务机关的管理；第三，电子税务不是简单地将传统的税务管理事务原封不动地搬到互联网上，而是要利用现代信息通信技术的优势对传统的税务机构进行组织结构的重组，对传统的税收业务实行流程再造。

“电子税务”的提法与传统的“税务信息化”的提法既有区别，又有联系。电子税务侧重于税务职能的网络化、电子化和虚拟化，它的主要对象是面向各纳税主体和社会公众。它是在税收信息化建设的基础上实现税务部门之间及其与纳税人和社会公众之间的双向信息交互。而税务信息化主要是指税务机关利用信息通信技术实现与政府相关部门、部门内部以及与企业之间的信息沟通与交流，达到信息资源集中和共享，业务活动协调运作的目的。可以说，电子税务既是税务信息化的重要组成部分，又是税务信息化的高级表现形式。与此同时，电子税务的成功实施必须依靠良好的税务信息化基础设施和人才作为支撑。电子税务和税务信息化两者相辅相成，相互作用，相互影响，共同推进税收事业的发展。

（2）电子采购

电子采购，是我国政府重要的电子服务项目，通过电子化的公开招标、选择性招标、谈判采购、竞争采购等，可以帮助各级政府机关和其他公共部门、事业单位完成采购任务。电子采购具有价格透明、效率高、竞争性强、节约成本等优势。

电子采购的种类根据进行电子采购主体的不同可分为：

①企业采购

企业普遍看好网上采购的前景。通用公司估计公司通过电子采购每年节约100亿美元。在中国，海尔、万科等企业纷纷启动生产资料的网上采购平台，结果显示实现网上采购的企业在盈利能力方面有了不同程度的提高。

②政府采购

1998年11月，美国总统宣布自1999年起美国政府的公务用品采购一律实行网上招标、电子商务洽谈。从1999年年初起，我国也兴起了一股政府采购热。1999年5月24日，国家发布了政府令对中央和地方政府实行政府采购下达了明文规定，从而标志着我国政府开始走向规范化、普遍化、透明化。

此外，电子采购还可根据实现方式分为：通过第三方服务商运营的网络和应用环境实现，如全国电力行业第一家专业的第三方电子采购服务提供商；通过企业或政府本身运营的网络和应用环境实现，如惠普公司。

电子采购的应用将通过以下几种方式来改进传统的采购过程。首先，能及时地将电子采购订单送给正确的人员批准和执行，省略了纸张文件。其次，电子采购系统迫使终端用户从政府中有议定合同的首选供应商那里采购。最后，电子采购系统允许管理层跟踪各个供应商和产品类别的费用，给问题区域以可见性。

通过网络公布政府采购与招标信息，为企业特别是中小企业参与政府采购提供必要的帮助，向他们提供政府采购的有关政策和程序，使政府采购成为阳光作业，减少徇私舞弊和暗箱操作，大幅度降低企业的采购费用和交易成本，缩短企业采购周期，节约政府的采购支出。

(3) 电子邮政

电子邮政服务就是建立整体性的电子邮递系统，以电子手段实现信息高速传递。这种电子服务可以增进政府之间、企业之间、公众之间，政府、企业、公民几者之间的信息沟通效率。目前，我国开展的电子邮政服务主要是实物函件到电子函件、电子函件到电子函件、电子函件到实物函件等传送服务。

按业务内容，电子邮政大致可以分为四大类：

①邮政电子商城

以电子化手段实现商品交易如提供网上购物、实物递送、代购代销、邮局连锁代售、网上支付等。

②邮政信息服务

它就是以电子化的手段，实现邮政信息服务，像邮政业务的查询、编码查询、邮政业务的咨询、企事业单位的名址信息、用户信息服务，邮政受理投诉和建议、广告业务等信息服务。

③邮政电子银行

它是以电子化手段，实现银行的各种交易，比如说邮政电话银行，邮政网上银行，邮政代收代缴业务。

④电子邮局

在这里所说的电子邮局不是现有2万多个电子化支局的概念，包括了以电子化手段向公众提供现有的和不断外发的邮政业务，比如安全电子邮件、混合邮件、电子邮戳、电子邮票、电子账单、电子广告等。

（4）电子认证

在介绍电子认证之前，我们首先来了解一个与之相关的重要概念——电子签名。电子签名是电子形式的数据，是与数据电文（电子文件、电子信息）相联系的用于识别签名人的身份和表明签名人认可该数据电文内容的数据。电子签名是基于国际PKI（Public Key Infrastructure）标准的网上身份认证系统，相当于网上的身份证，它以数字签名的方式通过第三方权威认证有效地进行网上身份认证，帮助各个主体识别对方身份和表明自身的身份，具有真实性和防抵赖功能。

电子签名只是从技术手段上对签名人身份做出辨认及能对签署文件的发件人与发出电子文件所属关系做出确认的方式。但如何判定公共密钥的确定性以及私人密钥持有者否认签发文件的可能性等问题，则是电子签名技术本身无法解决的问题。这样就需要一个具有权威性公信力的第三者作为安全认证机关（Certificate Authority，CA）对公开密钥行使辨别及认证等管理职能，以防止发件人抵赖或减少因密钥丢失、被偷窃或被解密等风险。由此可见，电子签名的安全使用必须配合安全认证机关体系的建立。这样，网络上电子签名与CA认证的相互结合就解决了前面阐述的由于电子签名技术方面无法解决的信用度问题。

电子认证的过程为：首先，发件人在做电子签名前，签署者必须将他的公共密钥送到一个经合法注册，具有从事电子认证服务许可证的第三方，即CA（Certificate Authority）认证中心，登记并由该认证中心签发电子印鉴证明（Certificate）。其次，发件人将电子签名文件同电子印鉴证明一并发送给对方，收件方经由电子印鉴佐证及电子签名的验证，即可确信电子签名文件的真实性和可信性。

（5）电子审批

电子审批是指用户直接在网上窗口提交申请和相关的基本信息资料，由主受理单位负责向各个相关的审批单位提交子申请，各个前置审批部门在本业务审批流程内对各自的申请进行审批，主受理单位汇集这些审批结果后，再完成最后的审批工作。主受理单位的工作包括通知前置审批、协调处理及自身审批工作。

电子审批并不是指整个审批过程完全在网上进行的。

对客户而言，是指从政府网站上下载相关电子表格及文档模板，在线填写完成后，先通过网络发送给专门的受理机构预审，待各项材料经政府内部预审通过后，再携带相关的纸质材料到审批窗口，一次性复核发证。

对公务员而言，是指通过网络接收办事者提交的材料，将政府内部的审批流转程序在专门的业务系统上加以实现，并及时把处理结果以网站公告、E-mail、手机短信等方式通知客户。

(6) 电子证照办理

让企业通过因特网申请办理各种证件和执照，缩短办证周期，减轻企业负担，如企业营业执照的申请、受理、审核、发放、年检、登记项目变更、核销，统计证、土地和房产证、建筑许可证、环境评估报告等证件、执照和审批事项的办理。

(7) 呼叫中心

政府呼叫中心系统是可以将传统通信媒介和计算机技术相结合的综合信息服务平台。传统电话和互联网是当前常见的通信手段，将其与政府部门现有的信息资源相结合就可以实现7×24 小时的热线服务，在解答市民关心的热点问题、电子化业务申请处理、政府信息发布和决策信息收集、提升政府形象、提高工作效率等方面起到重要作用。

(8) 应急联动服务

随着城市规模的日趋庞大，如何提高城市的社会应急反应能力成为城市管理急需解决的问题。应急联动服务应运而生，它通过一个通信系统与信息系统集成的平台，统一协调公安、消防、急救、交警、公共事业、民防等政府部门，为市民提供快速、及时的救助及相应的服务。统一报警、统一指挥、快速反应、联合行动是该服务系统的显著特色。一个时期以来，在我国绝大部分城市的应急服务多处于分散管理状态，有 110 的公安指挥中心、119 的火警、120 的医疗急救服务、122 的交通事故处理等。它们各有分工各有特定的功能，但由于缺乏统一管理，造成了投资分散、技术不完善、资源配置重复，不利于应急服务所需的快速反应和合成作战指挥。有些市民根本就搞不清相关号码的服务内容，也导致了救助时间的延误。为了把公众所需要的电子服务落到实处，我国一些大中城市已开始构建统一的社会应急联动服务系统并投入运行，这个系统将 110、119、120、122 等纳入统一的指挥调度体系，从而实现了跨部门、跨地区以及不同警种之间的统一指挥、协调一致，使高效应急、联合行动成为现实。

10.3.2 国外电子化公共服务的发展趋势

即使是在世界范围内，电子化公共服务也还是一种新生事物，它的基本存在方式虽说早已存在，但系统的、表现新型关系的电子化公共服务大多还是近些年刚刚出现的。因此它的表现形态可能还比较初级，它的实际水平还很不尽如人意，它的基本规律还有待我们去进一步研究和认识。尽管如此，在这几年中，电子化公共服务在世界范围内所表现出的勃勃生机和巨大活力，在发展政府公共服务职能中所产生的不可替代的巨大影响，使世界各主要国家的政府几乎都看到了它的重要性和巨大的发展潜能，并以切实的措施不断推动其发展。

电子化公共服务代表着政府管理发展的方向，电子化公共服务是电子政务的核心和本质，电子化公共服务正日益成为政府管理领域的共识，优先和重点发展电子化公共服务正日益成为各国电子政务发展的必然选择。根据对电子化公共服务基本发展线索的初步研究，我们认为电子化公共服务有着巨大的发展空间和发展潜能，最近一个时期，它无论在广度上还是深度上，都会有一个比较大、比较快的发展。

(1) 一站式服务成为政府电子化公共服务发展的新模式，政府门户网站的建设成为主流

在信息时代的今天，公众期望在任何时间、任何地点，以多种渠道获取自己所期望的服务形式和服务内容，政府服务日益直接面向民众，公众可以利用各种渠道，通过各部门交互串通的单一窗口，便可一站到底地获取政府的信息和服务。为此，为满足民众需求，世界各国政府将不断自我创新和调整，整合传统公共服务，建立单一窗口，给民众提供一站到底的公共服务。美国政府的“第一政府”网站基本实现了一站式服务。英国提出在增进政府机制的效率和有效性的同时，建立起政府的信息服务中心，提供单一窗口式服务，发展数字签章、认证、数码电视等。法国提出要开放政府信息，通过网络为社会提供各种窗口式服务。

(2) 以客户为中心，不断增加政府电子化公共服务的深度和广度

电子服务将更加直接、便利和容易理解。政府信息化的核心之一，就是要改善政府的公共服务，提高公共服务的水平和质量。一切以客户为中心的理念正成为各国建设电子政府的出发点。2002 年国际著名咨询公司埃森泽 (Accenture) 对全球 23 个国家和地区在发展电子政府过程中对公众做的公共服务进行了调查研究和测评，其中采用了两个指标：一是服务成熟度；二是客户关系管理（CRM），两者合成的综合指标即是一个国家电子政府的总体成熟度。服务的成熟度指服务的广度和深度，包含三个层次：公布信息、交互和政务处理。政府网站的成熟度分为适中、较低、低和很低四个等级。客户关系管理这一指标包含五个方面：可识性、交互性、组织结构、客户建议性和网络性。两个指标相加的结果即为整体成熟度。CRM 水平深刻地反映了政府对自身服务提供者的角色的认知程度，有助于政府更好地为客户服务。

(3) 缩小“数字鸿沟”，促进服务平等

积极消除“数字鸿沟”问题，努力缩小“信息富人”和“信息穷人”之间的差距，使得每一个人都享有获得政府电子化公共服务的权利，尤其是那些非常关键的服务，尽力避免新的信息技术给人们带来新障碍，照顾信息弱势群体，缩小信息差距，使政府电子化公共服务更具有普遍性。

(4) 发展和完善政府电子化公共服务的评估体系

从世界一些先进国家电子政府的发展历程来看，建立一套科学的、完善的政府网站评估体系，对于促进电子政府的建设和发展有着重要的意义，对于政府电子化公共服务也是如此。评估是政府电子化公共服务建设走向成熟的必要环节，可以比较全面地总结当前状况，为政府电子化公共服务的未来发展提供了指南。比如，加拿大政府就在致力于开发出一套行之有效的电子政府标准化评估体系，以此来衡量电子服务的有效率、用户满意度和服务的有效性等。

10.3.3 我国电子化公共服务的发展举措

近几年我国的电子政务得到了长足的发展，但总体来说尚处于初期发展阶段，我国电子化公共服务的水平还比较低。联合国经济和社会事务部于 2006 年 1 月公布的《2005 年全球电子政务准备报告》，对我国政府在加快电子政务方面做出的努力予以了肯定。报告从“政府网站建设现状”、“信息基础设施建设”以及“人力资源素质”等三个方面提出了衡量一个国家电子政务发展水平的“电子政府准备度指数”，并以此对各国电子政务的准备情况和民众参与情况进行全面评估。评估结果表明全球有 179 个国家实现了电子政务，平均准备度指数为 0.4267，中国电子政务准备度指数为 0.5078，全球排名第 57 位。

因此，积极促进电子化公共服务的发展已经成为我国电子政务建设的重要任务。要完成这样一个任务，需要我们采取有效措施尽快处理好以下问题：

（1）要强化对电子化公共服务的认识

从目前我国的实际情况出发，无论是政府还是社会公众，无论是政府的决策层还是一般的公务员，都需要进一步提高对电子化公共服务重要性的认识。

我们知道，电子化公共服务实际上就是公共服务的电子化。而我国是在公共服务还很不发达的情况下进行电子政务建设，发展电子化公共服务的。不管是服务还是电子化，我们的起点都不高，认识水平都很有限，甚至对政府公共服务本身的认识都还存在问题。这将构成电子化公共服务发展最大的思想障碍。现实告诉我们，我国在电子政务建设中，普遍存在着“重监控、轻服务”，“重政府内系统建设，忽视对外公共服务系统建设”的倾向。这一现象的思想根源在于我们还没有真正认识到，政府改革的世界性趋向都是要使政府职能实现的方式从以管制为主转变到以服务为主。政府发展电子政务的核心价值之一就是改善政府的公共服务，提高公共服务的水平和质量。正因为如此，国外在发展电子政务的过程中，普遍把政府为公众提供电子化公共服务作为优先实现的内容。

我国在电子政务建设中，从政府到公众并没有真正认识到这一点。道理非常简单，如果人们根本就没有想到电子政务主要是发展公共服务，那么，没有服务又哪里会有电子化公共服务？如果社会公众没有普遍的服务需求，甚至把从政府部门获得的本来就是天经地义的点滴服务也视作“施恩”，更不能以强有力的方式向政府表达自己的服务需求，那么，又会有多少政府部门会主动放弃传统的管制权，发展公共服务并把它电子化？

（2）要重视服务设计

电子服务最本质的内容就是服务，但由于政府部门长期以来是重管制轻服务，因此，服务实际上是政府管理中的弱中之弱——水平低，效果差，投入少，欠账多。这其中的原因除了前面所说的认识问题之外，也与我们不讲究服务设计有关。其实，服务是有特定目标、特殊规律性的活动过程，有着特殊的复杂性，如果对服务目标、服务项目、服务方式、服务标准、服务提供过程、服务效果的评定缺乏整体规划和具体安排，就难免目标不明、管理粗放、服务质量不高、服务效果差强人意。我们实在很难想通，人们在物质生产领域，为了保证质量，便于生产和管理，可能对生产小小的螺丝钉也不敢放弃甚至不敢随意设计，但对关涉因素包括人、财、物、信息等所有方面，过程与结果高度复杂的公共服务却不讲究设计，甚至根本就没有设计。在服务方面，政府部门需要向企业界学习，特别是要学习企业注重服务设计的精神。电子化的公共服务实际上要比企业为社会提供的服务复杂得多，因此也就更需要精细、科学的设计。

（3）要注重电子化公共服务资源建设

资源是服务的根本，如果电子化公共服务缺乏资源，服务就成了空谈。人、设备工具、资金等都是电子化公共服务所需要的资源，但其中的核心资源当然还是信息，因为电子化公共服务所提供的主要还是信息服务。从目前我国电子化公共服务的实际状况看，我们最为欠缺的恰恰就是信息资源。一些政府机关自己建的网站，技术并不落后，装备水平也不低，但老百姓并不买账，其中的原因非常简单，网站上面没有什么信息可用，这样的服务就不是什么服务，再好的电子化手段也永远是手段，没有内容的服务实际上就是没有服务。政府电子化服务，第一位的是内容，否则，方式再多样，手法再花哨，样子再漂亮，态度再友好，但如果人们根本得不到所需要的东西，就永远不会满意。我们知道，政府并不缺乏信息原材料，社会信息中的80%以上实际上都在政府的掌握之中，关键还在于愿意不愿意、敢不敢、善于不善于把有用的信息拿出来，让它真正为社会公众所用。愿意不愿意的问题，需要通过政府和全社会各个方面不断增强认识、树立正确观念，通过形成必要的社会压力（包括充分的立法）等方式解决。敢不敢问题的解决，需要政府部门解放思想，同时也需要国家尽快立法，确立信息公开的法律保障，既维护社会公众的合法权益，也给政府部门的信息公开活动确立依据，减少政府机关工作人员的后顾之忧。善于不善于的问题，则完全是政府部门自己的事情，系统地研究和确立信息公开的工作机制，培养出合适的人才，掌握信息公开的一整套方法，这是电子化公共服务资源建设过程中亟待完成的历史性任务。政府部门在这方面必须尽快完成从不熟悉、不适应到全面熟悉、全面适应的转变。

（4）要关注电子化公共服务的成本控制

任何服务都需要支出，都有成本。对于电子化公共服务来说，无论服务提供方的政府机关，还是服务受用方的公众，都需要支付一定的时间成本、机会成本、人力成本、金钱成本等。我们知道，电子化公共服务与传统服务方式相比的重要优势就是总的综合成本低。也就是与传统公共服务方式相比，人们通过电子化公共服务方式获得数量和质量服务的总体投入一定要低于传统方式。如果我们提供的电子化公共服务在总体成本上不具备优势，自身就难以发展。一方面，在可以获得等量、等值服务的情况下，趋利的本能会帮助人们选择成本最低的方法，另一方面，电子化公共服务的成本如果较长时间内居高不下，势必加剧“数字鸿沟”现象所造成的危害，在客观上形成更加严重的社会不公平。如果电子化公共服务只是被少数人享用，而社会绝大多数人被排斥在外，则电子化公共服务也就失去了其存在的价值。因此要求我们在电子化公共服务的设计规划中，要注意以下问题：

①树立成本控制观念，完善成本控制制度

电子化公共服务从开始的高投入到建成运行及维护，是一个复杂的过程，需要大量的资金支撑，而这些资金来源于纳税人，来源于公众。因此要强调最大限度地降低电子化公共服务的成本，要像企业家经营企业一样，精打细算，尽可能把成本降到最低。这就要求我们一定要重视电子化公共服务建设与管理中的经济效益，重视所提供的电子化公共服务是否能为公众带来直接或间接的效益，这是对纳税人、对公众高度负责的表现。

②切合国情实际，讲究够用实用

电子化公共服务不能贪大求洋，不能搞花架子，更不能搞不切合国情实际的“高、大、全”。电子化公共服务是公共服务的电子化，是信息技术的实际应用项目，它面向的是大众，是全国各地各级各类处于不同发展水平的政府机关，讲究的是“够用”、“能用”。为此，无论是硬件建设，还是软件建设，都要从实际情况出发，一定要在保证质量，保证安全的前提下，尽可能降低投入，让老百姓用得起，让基层政府用得起。能通过现有基础设施实现的，就尽可能不建新的。西方一些比我们发达得多的国家在为公众提供电子化公共服务时，都选用现有的电视网、电话网。实际上，我国的有线电话网、有限电视网电力网具有非常强的普及率，其中许多潜在的能力还没有利用起来，因此我们的一部分电子化公共服务完全可以考虑用已经到村到户的电力网、有线电话网、有线电视网实现，不必“另起炉灶”，再费时费力费线搭建新网。中国政府提供的电子化公共服务一定是一种“亲民服务”、“平民服务”，一定是全国人民、各地各级政府都用得起的优质服务。

③通过市场化的渠道加强电子化公共服务的有效性

为了公共利益最大化，降低电子化公共服务的成本，政府还可以考虑把一些通过市场化运作方式将能更有效地为公众服务的服务项目交给市场。如采用委托、代理、承包、合同等一些市场经济中惯用的做法，有限度地把社会力量引入到电子化公共服务中来，从政府独家投资变为多家投人，充分利用闲置资金，调动企业的积极性，改变由政府大包大揽的局面。在服务过程中也要学会运用市场化的管理手段，提高电子化公共服务管理运行的有效性，达到既降低服务成本，又确保电子化公共服务高质量的目标。

(5) 全面创新服务观念与机制

政府服务机制不健全是导致服务水平低下的重要原因，比如服务程序不完整，服务流程不清晰，服务体系不完善或服务任务不明确等。因此，服务机制创新在政府电子化服务的发展中同样具有重要作用。具体包括：

①服务运作机制创新

服务运作机制创新要求政府相关部门和人员建立起“技术为业务服务，后台为前台服务”的全方位服务理念，理顺各个部门的关系，明确各自的职责，建立起规范化的服务业务处理流程，提高服务效率和水平。

②服务监督机制创新

服务监督机制创新要求政府相关部门不断完善服务监督机制，逐步采用定量化的服务质量评价方法，加强部门工作绩效考核，不断提高服务人员的素质，形成科学合理、优胜劣汰的服务机制。

③服务激励机制创新

服务激励机制创新要求政府有关部门把调动政府服务人员的积极性、主动性和创造性作为一项重要的机制，加大政府服务的激励力度，鼓励政府公务员不断提高服务水准，为创造高水平的政府服务工作尽心尽力。

(6) 要注意信息数据来源的复杂性和实效性问题

在我国的电子政务逐步构建完成以后，政府在网上提供的电子公共服务会越来越广泛，数据库的信息来源也会越来越复杂。如果在推行电子政务的初期，政府对形形色色的数据库缺乏统一的规划，就会造成相同信息在不同数据库中的重复，并且无法相互连接。在这种情况下，如果某一个人的数据稍有变化，就需要到政府的各个部门逐一进行修改，这不仅没有提高政府的办事效率，反倒给公众服务带来了极大不便。因此，在我国构建电子政府的初级阶段，我们必须重视数据来源的复杂性问题，注意加强政府各部门及地方政府间的协调，争取把数据库应用系统建设得既能彼此相互独立又能彼此相互连接，从而有效避免因重复建设而造成的重复投资。也只有建成这样的信息数据库系统，才能使电子政府的公众服务体系名副其实地发挥作用。

另外，从我国目前已建立的政府网站看，几乎所有的站点都有一个通病，就是信息的更新速度过于缓慢，根本无法保证让广大公众及时、准确地了解政府各部门的最新动向。有些网站的信息一个月才更新一次，还有些网站已开通了数月，而网上的信息却自开通以来从未更新过。这些政府站点的网页主要由简介与图片构成，所发布的信息基本是关于政府职能机构的介绍、政策法规的讲解及重要会议精神的传达等。这些信息固然应该发布，但作为面向社会、企业、公众的窗口，政府网站如果只是在网上发布一些陈旧过时、索然无味的信息而丝毫发挥不出电子政务所特有的高效、快捷的优势，那么企业将会对政府的网上采购失去兴趣，老百姓将会对政府的网上服务失去信心，从而使政府提供的电子公共服务变为一纸空谈。

(7) 要加强电子化公共服务管理体系建设

几十年来，我国的政府机关主要靠管制实现自己的职能，因此公共服务对于多数政府机关来说是一件不能算陌生，但也并非得心应手的事情，电子化公共服务更是一个全新的领域。今天，我们究竟应该怎样面对从管制为主到服务为主的转变，怎样尽快跨越世界主要发达国家“先有普遍的公共服务再实现其电子化”的发展道路，普遍实现电子化的公共服务？这就需要我们从电子化公共服务起步阶段就加强真正科学意义上的管理。

我们认为，在电子化公共服务刚刚起步的阶段，也就是在各方面关系处于新的调整变化时期，方方面面阻碍公共服务发展的陈规陋习难以产生效用的时候，抓住大好时机，用科学方法建立起电子化公共服务管理体系是非常重要和必要的。比如说，我们完全可以借助国际标准化组织制定的 ISO9000 标准，以这套标准所依据和弘扬的全面质量管理的原理和方法，建立起以服务质量为核心的政府电子化公共服务管理体系。有了这样一个体系，我国政府的电子化公共服务就可以建立在规范化、科学化管理的基础上，确保服务质量，确保服务效能，确保电子化公共服务的健康发展。ISO9000 标准在制定之初，就考虑到了对政府机关的适用性，特别是对政府服务性活动的适用性。

国际上已经有为数不少的国家在公共服务管理体系建设过程中采用了这套标准，甚至直接接受按这套标准进行的质量管理体系认证，取得了非常好的效果。我国深圳市的部分政府机关，部分地区的税务、工商管理部门，也在构建相关服务体系的过程中通过了 IS09000 质量管理体系认证，同样获得了良好的社会反响。因此，采用这套标准，用这套标准提供的原理与方法建设电子化公共服务管理体系是可行的。

(8) 要建立科学的电子化公共服务绩效评价机制

电子化公共服务要发展，离不开对它的绩效管理。因为好的绩效管理不仅能使政府部门明确自身在电子化公共服务中的责任，激发政府工作人员的工作热情，提高资源的有效利用率，而且可以使公共服务对象的服务需求和对服务的满意度得到有效表达，从而推动电子化公共服务更讲质量，更讲效能。而我们知道，绩效管理的核心环节是绩效评价。道理很明显，如果电子化公共服务的绩效不可知，所做工作也就失去了方向和依据。为此，对电子化公共服务绩效进行管理的关键是建立绩效评价机制，而绩效评价的关键点就在服务绩效的评价指标体系。

我国在建立和发展政府电子化公共服务评估体系方面，也做出了尝试和努力，2002年，计算机世界研究中心受国务院信息化工作领导小组办公室委托并在其指导下，成立了专门课题组，对政府网站评估体系进行研究，重在关注两个方面：一方面，网站提供的电子服务项目；另一方面，围绕服务的实现，加强政府网站的建设质量。其中，电子政务又体现在两方面：以政务公开为核心的内容服务和以网上办公为核心的功能服务。

11 政务信息资源管理系统

本章主要内容：

- 政务信息管理
- 政务信息的组织
- 政务信息管理系统的功能与构建

本章主要要求：

- 理解政务信息管理的内涵
- 掌握政务信息组织方法的选择
- 了解政务信息管理系统的功能与架构

信息不只是杂乱无章的数据集合，而是一种需要管理的资源，我们可以理解其特性，并用之于建立掌握信息后的竞争优势。

——托马斯·巴克霍尔兹

11.1 政务信息管理

11.1.1 政务信息管理的内涵

(1) 政务信息

政务信息是信息家族中的重要一员，政务信息管理是一门应用科学，它在实践中产生、发展、逐步完善，最后上升到理论，成为一门科学。广义上讲，政务信息管理是在国家形成以后，随着国家行政管理机构——政府的行政管理职能的强化和完善而产生和发展起来的，但是它作为一项系统性、科学性较强的工作，则是近几年的事情。

①政务信息的含义

政务信息应当包含以下两层含义：反映政府主体工作运转情况；是政府

系统其他活动发生联系情况的反映，政府系统以外的信息与政务活动发生联系时刻转化为政务信息。

因此我们将政务信息定义为：政务信息是反映政府工作运转情况的信息以及政府领导决策和指挥工作所需要的信息，它包括两个组成部分：

一是政府自身产生的信息。这部分信息称为内生信息，如各种条例、规定、办法、章程、命令、指示、批复、议案、通告、通知、公函、会议纪要、合同、协议书等；

二是政府从外部获取的与政府管理活动有关的信息。这部分信息称为外生信息，如新闻报道、消息资料、群众信访、社会调研信息等①。

②政务信息的基本特征

政务信息与其他信息所共有的特征：

- 真实性

它指对政府活动和社会各方面情况所作的客观、公正的反映。它有两个基本含义：一是指政务信息所引起接受者的联想是否与客观事物及其发展规律相吻合，如果吻合，就是真实，反之，就是不真实；二是指政务信息的优化程度，较优和适用的信息离最优的差距越小，政务信息的真实程度就越高，反之，真实度就越低。

- 时效性

即政务信息从发出、传递、接受到进入利用的时间间隔短则其效率高。具体而言，其时效性主要体现为：一是高度敏感性，即对于一切有利于领导决策的事物具有高度敏感性。善于从各种行政管理活动和社会活动中发现新问题、新情况，并能快速进行信息处理；二是超前性，即为政府领导进行某些决策服务的信息，其信息的收集和处理一般要处于决策的前期阶段，具有超前性；三是快速反馈性，即在政务信息中，有相当一部分是为政府领导修正决策和调整政务活动服务的，这类信息只有快速反馈，才能减少偏差所造成的损失；四是公开及时性，即政务信息必须具备较强时效性，否则，公众将不对它感兴趣，甚至对政府的信息公开产生怀疑。

- 广泛性

一方面，各级政府管理工作门类很多，各方面的信息都要向政府办公系统传输；另一方面，政府领导决策和指挥工作又需要多方面的信息做依据，

① 周晓英，王英玮主编．政务信息管理［M］．北京：中国人民大学出版社，2004.

这就构成了政务信息的广泛性。

• 共享性

它指政务信息扩散以后，信息载体本身所含的信息量并没有减少，人们可以与信息接受者共享信息。

政务信息的固有特征：

• 宏观性

国家各级政府是相应各级地方政府的最高行政管理机构，它的职能主要是进行宏观决策、宏观管理、宏观调控。所以，各级政府的领导都是抓大事，抓大政方针，抓关系全局的大问题、关键问题。作为为政府领导服务的政务信息，首先应该是宏观性的信息。当然宏观与微观是相对而言的，是有层次之分的。一个问题在县级机关来看是大问题，拿到省级可能就是微观问题了。因此我们要区别对待，具体问题具体分析。

• 政治性

政务信息工作是社会管理活动的组成部分，是国家管理社会的工具。政治性是政务信息的突出特点。特别是在目前改革开放的新形势下，各种新问题、新情况、新经验层出不穷，无论哪一级政府决策，都越来越不可能单靠以往经验，而必须根据新情况，研究制定新的政策措施，才能促进改革顺利发展。

• 层次性

所谓政务信息的层次性，有两层含义：一是政务信息本身有层次性。低层次政务信息一般是初级的、零散的、局部的信息；高层次的信息一般是整体的、本质的、深层的信息。二是政务信息服务对象有层次性。政府的领导体制是有层次的，处在不同层次的领导，他们所承担的职责、管理的范围、决策的目标不同，决定了他们所需要的信息也是不同的。

• 权威性

政务信息一般是经过政府系统逐级审查检验过的，既有较强的真实性、可靠性、指导性，因此也就构成了政务信息的权威性。社会各界对所谓“官方信息”比较信任，就是因为它具有较高的权威性。

• 机密性

政务信息中有相当一部分信息涉及国家大政方针、重大政务活动、重要工作部署和重大社会动态的机密资料，这部分信息机密性较强，不宜随便扩散。有些重要的信息只能控制在小范围的领导层之内，有的信息不到一定时机不能公开，如不注意，就会给政府工作造成困难和损失。

（2）政务信息管理

通俗地讲，政务信息管理就是对政务信息进行的管理，是借鉴信息管理科学的精华，从政府机构处理日常事务的电子政务系统出发，以通用化的政府工作事务流程和相关法规制度为依据，对政务信息进行管理。

电子政务是世界性的潮流。在许多国家所积极倡导的"信息高速公路"计划中，电子政务是其中重要的一环。我国政府上网工程自1999年启动，发展迅速，政府上网使政府工作的透明度越来越高，为政府内部进一步加强沟通提供了技术手段，为国际上政府间的信息交流提供了更多的机会，为政府公开化的操作提供了技术支持。所以说，如果以前我们更多的是把政务信息管理目光集中在内部信息管理，那么现在随着政府由"管理型"向"管理服务型"转变，政务信息管理也将延伸到政府内部以外的信息。

由此我们认为，现代的政务信息管理具有如下特点：

①管理目标的多样性

主要有如下几种：为政府决策当好参谋；宣传政治、经济、军事和科技、文化思想，以实现政府的管理目的；树立政府形象，提升政府社会影响力；实现办公自动化，提高办公效率。

②管理模式的灵活性

如同政府信息资源管理的繁杂多样、量大面广一样，大大小小、背景不同、基础不一的政府部门亦多如牛毛。正是这一点，政务信息的管理模式常常因部门不同而异，体现出灵活性的特点。这一特点要求我们在进行政务信息管理时，要注意因地制宜，具体问题具体分析，不能将一个部门的成功管理模式完全照搬到另一个部门。

③管理手段的多维性

在政务信息管理领域，主要使用的管理手段有行政手段、法律手段、技术手段等。由于行政手段直接出炉于政府部门，具有直接、迅速、有效的特点，因此被管理者视为珍宝。但是在现代电子政务环境中，由于信息技术的大量利用，技术手段将成为必不可少的手段。

④对政府改革性更强

在现代电子政务环境中，要求的是信息的无缝链接，信息的自由流通，信息的高度公开性。但是，在我国政府掌握了绝大部分信息，而且这些信息大部分分散在各个部门，部门为了自身的利益，并没有公开这些信息，造成了信息的垄断，使这些信息没有最大限度的发挥社会效益。因此在电子政务环境中，政务信息的高效管理，要求打破部门之间的界限，进行机构改革，以更好的实现信息共享。

⑤政务信息管理本身的系统性

现在的政务信息管理是依托在电子政务基础上的，电子政务本身就是一个复杂的系统，因此在其上运作的各个部分也势必是系统的组成部分。另外，政务信息包含了关于政治、经济、科学文化等庞大的信息量，如果不以系统的观念去看待它，将无法管理。

从上述特点我们可以看出，政务信息管理就是借助于现代信息技术充分运用经济、人文、科技等手段，对社会中存在的各种类型的政务信息及信息活动加以管理，以求最大限度地发挥它的作用，实现它的价值，并带来效益。在这里，管理包括对信息资源进行规划、组织、配置、传递、利用、反馈和评估；政务信息管理不但是一种管理的思想，它还是一种管理的技术手段，在某种程度上说，它还是一个系统。它具有以下内涵：

现代政务信息管理具有浓烈的技术色彩：它要充分利用信息技术，将它作为一种有力的手段，完成信息资源管理的目标。

现代政务信息管理是为了更好地完成政府管理的职能：它可以充分管理信息资源与知识资源，最大限度地发挥它们的作用，为社会带来效率。

现代政务信息管理是一种管理的思想：它将信息与知识作为一种资源处理，建立起基于信息或知识资源的管理体系与管理文化。

现代政务信息管理是一个管理的过程：在此过程中，要充分利用经济、人文和技术等手段，保证此过程的顺利进行。

现代政务信息管理是建立在对信息的微观处理过程基础上的管理系统。

现代政务信息管理是随着社会中各种环境的变化而不断演进、变化的。

现代政务信息管理理论是多学科研究的成果：它集合了管理学、图书馆学情报学、信息技术学科、经济学等多学科的视野，是它们交叉研究的结果。

11.1.2 政务信息管理的作用

政务信息在加快经济建设步伐，促进社会发展中具有重要的作用。

(1) 促进政府职能转变

在我国，随着经济体制改革的深化，政府职能定位和转变政府职能成为关注的焦点。政府机构庞大、人员过多等问题直接阻碍了改革的深化，因此政府职能转变刻不容缓。党的“十四大”提出了政府职能之一就是信息引导，即政府在实施管理过程中，运用信息，调节控制国民经济和社会发展。

它是提高行政管理水平、管理层次的重要体现。政务信息管理是政府实施信息引导的基础，通过政务信息管理工作的有效开展，各级办公部门经常地、及时地为各级政府反馈科学决策所需的信息，成为各级政府获取信息的主要源泉和基础。并且通过政务信息管理政府可以实施信息引导，实现政府职能转变。

(2) 促进电子政务发展

政务信息管理与电子政务密不可分。电子政务是处理与政府有关的内部事务和公共事务的综合系统。政府通过电子网络进行电子采购和招标，精简管理流程，快速为企业和公民提供各种信息服务。因此，电子政务需要借助于新型的、先进的、革命性的政务管理系统。同时，政务信息管理是开展电子政务的手段，合理、有效、快速地进行政务信息管理可以改善施政、提高政府工作效率；便利公众享受政府提供的公共服务；增加政府工作的透明度和责任性，建立廉洁高效的政府；及时掌握准确的信息，做到合理规划、有效管理、制定正确及时的公共决策①。

(3) 为进一步发展市场经济提供了基础

在市场经济条件下，信息的来源、结构均发生了重大变化，信息来源更加呈现出多元化，不仅包括国家机关、全部微观经济活动的主体和各类社会中介服务组织，而且行业内部信息、商品市场信息、商情信息等提供的信息对政府来说也更真实，涉及面广。同时，信息结构呈现分散化。社会制约市场经济是宏观指导下的以市场来配置资源的分散型经济结构，与此相适应，随着市场经济的深入，信息结构也呈现分散化的特点，因此建立相适应的信息网络结构和收集信息、加工整理的系统就更为重要。政务信息管理为更好的收集各种信息提供了便利的条件，并且从宏观上加以整理、分析，从而能为市场经济的继续深化发展奠定良好的信息基础。

11.1.3 政务信息管理的基本原则

政务信息管理的原则，指的是政务信息管理主体在实施政务信息管理时观察问题、处理问题应遵循的行为准则，是获取良好管理效果的前提。同时政务信息管理原则是政务信息管理特点的主观反映，是符合事物客观规律的主观规定②。

---

① 杨路明，等编著．电子政务［M］．北京：电子工业出版社，2007.

② 颜海．政务信息管理［M］．武汉：武汉大学出版社，2009.

(1) 系统原则

系统原则是以系统的观念和方法，立足整体和联系，统筹全局地认识管理客体，以求获得满意效果的管理思想。

政务信息管理中之所以存在系统原则，第一是因为政务信息管理的客体本身就是一个系统，而且是政务管理大系统的子系统；第二是政务信息系统是政务信息流的通道，是政务信息功能得以实现的前提和基础；第三是政务信息系统是对政务信息和政务信息活动进行管理的重要工具，任何政务信息管理的意图都是通过系统来实现的，离开了政务信息系统，很难使政务信息管理获得成功。

正确实施政务信息管理的系统原则，包括两个方面的基本要求：一是为了解信息系统的构成，二是确立系统原则理念。

系统原则理念具体包括：整体性理念、历时性理念和满意化理念。

整体性理念是指政务信息管理者在管理中应该把管理客体作为一个合乎规律的由若干部分组成的有机整体来认识。要求首先把握系统的整体性质，按整体规律去分析问题，同时认识到任何系统不仅自身是一个系统，而且总是另一个大系统的子系统。系统内各部分之间、系统外与其他系统之间都是相互作用、相互制约的。因此，整体性理念要求人们把管理客体作为一个整体来认识，从整体和部分的相互关系上来解释管理客体的运动规律。

整体性理念还要求在整体和局部之间关系的处理上有整体性的思想，即当整体与局部发生矛盾时，局部应服从整体的原则。

历时性理念是指政务信息管理者在管理中必须注重管理客体的产生、发展的过程及其未来的发展趋势，要把管理客体当做是一个随时间推移而变化着的系统来考察，根据管理客体在形成过程中所表现出来的规律来认识客体。这是整体性理念在时间维上的体现。它要求政务信息管理者从纵向上来认识系统的整体性特征。

满意化理念是指政务信息管理者在管理中必须对管理客体进行满意化处理，从整体理念出发，调整整体与局部的关系，拟定若干可供选择的调整方案，然后根据本系统的需要和可能，选择满意度最高的方案。这包含两层含义：

第一，决策方案的选择，其标准是“满意”而不是“最优”。决定政务信息管理工作成败的因素很多，某一方案从这一角度来看是最优，但从另一个角度来看可能就不优了；有的方案从理论上看是最优，但缺少可操作性，无法实施，也就不能选择；等等。所以在实际工作中，只能权衡利弊，统筹全局，兼顾各方，选择满意度较好的方案。

第二，通过调整政务信息系统的结构获得满意化方案。任何政务信息系统本身都是可以通过人为调整进行满意化处理。经验告诉我们，任何一个系统，局部最优，不等于整体最优；局部不优，也不等于整体就一定不满意。组成整体的各个局部会因为组合方式的不同而使整体表现出强弱不同的功能，可能是本来都是最优的局部，却组成不了最优的整体，也可能是本来不优的局部，却组成了一个满意的整体。

所以，对系统作满意化的处理，必须是局部优化以整体优化为指导，整体优化要通过局部优化来协调，从整体的结构设置和局部的协调组合来达到满意化系统的目的。

（2）序化原则

序化原则是指对所获得的政务信息按照某种特征进行处理，形成集中而有序信息的管理思想。

政务信息管理中遵循序化原则首先因为政务信息量大面广，如果不进行序化处理，不仅查找困难，而且还会因此贻误政务决策；其次，通过序化，可以使同类的政务信息归并在一起，可以显示出某类政务信息总体的内涵和外延，也能发现所采集的信息的冗余和漏缺，对检索起到指导作用。

序化原则包含分类序化、主体序化、题名序化、著者序化、号码序化、时间序化、地区序化、计算机序化等方法。

（3）激活原则

激活原则是指对所获得政务信息进行分析和转换，使政务信息活化，便于管理的思想。

政务信息具有多种功能和价值，但是，这些价值是潜在的，不能自动实现，未激活的政务信息无法实现其应有的功能，只有在激活后才会产生效用。

信息激活能力是政务信息管理者信息管理能力的核心。信息激活按照行为主体来划分，有“个体激活”和“群体激活”。

“个体激活”指的是政务信息管理者个人的信息激活行为，方法有综合激活法，推导激活法和联想激活法。

“群体激活”指的是政务信息管理者群体的信息激活行为。群体激活法是三种个体激活法的综合运用，具体有头脑激活法，德尔菲激活法，对演激活法。

（4）共享原则

共享原则是指在政务信息管理活动中，为实现政务信息潜在价值，最大限度利用政务信息的管理思想。

政务信息管理中的共享原则不仅体现了政务信息的特点，同时，对政府机构来说，政务信息共享是在政府机构内相互弥补、相互增强，尤其是可以相互激活，挖掘出政务信息和政务信息活动的潜在价值。

共享原则的实现是有条件的。它总是在有限的范围内实行，而且必须是具有某种共同利益的范围。它要求在范围内的成员贡献自己的信息，又要防范范围之外的人占有本范围的信息，即并存着“贡献原则”和“防范原则”。

11.2　政务信息的组织

当今社会，信息成了人们衣食住行所离不开的内容之一，人类从来就没有像今天这样依赖信息，国家、社会、集团和个人之间也从来没有像今天这样通过信息而紧密地联系在一起，离开信息便无所适从。由于信息的各种传输网络十分快捷，从而改变了人们对距离的感觉，偌大的地球仿佛变成了一个小小的村落。在信息产生和传递速度快速增长的同时，巨量的信息也给我们的知识获取和利用带来了负担。著名的美国未来学家约翰·奈斯比特就说过：我们被信息淹没，却渴求知识。这句话很好地形容了社会中人们对巨量信息中索取知识的困惑。而要想从信息集合中获得知识的一个途径就是有效地对信息进行组织和管理，信息的组织是指用科学的方法对杂乱无序的信息进行加工整理、组织成序，进而存储和利用。

11.2.1　政务信息组织的方法体系

现代网络环境下，政务信息资源的多种存在形式使政务信息组织的对象逐渐多样化，范围随之扩大，它不只停留对其特征的描述，而深入到知识单元、信息单元。所以，针对不同类型的政务信息有不同的组织方式。

与传统的政务信息组织相比，现代网络环境下，政务信息组织呈现以下特点：

政务信息的组织对象变成更加丰富的信息、信息链甚至知识；

政务信息组织的范围从信息外部特征深入到信息单元、知识单元；

政务信息组织的结果从静态的文本格式发展到动态的多模式链接；

政务信息组织的形式从数据结构发展到知识单元，即要求信息组织的透明化、易用性；

政务信息组织的技术从手工单一发展到半自动化、自动化、智能化，即要求信息组织的标准化、兼容化。

(1) 政务信息组织方法

①自由文本方式

它主要用于全文数据库的政务信息组织，是对非结构化的政务文本信息进行组织和处理的一种方式。它无须前控，不必用规范化的语言对政务信息进行复杂的处理，不是对政务信息特征的格式化描述，是用自然语言深入揭示政务信息的知识单元，根据政务信息全文的自然状况直接设置检索点。它能够完整地反映政务信息的全貌，通过计算机自动进行政务信息的处理和组织。基于全文数据库的检索，可以将任意字符作为检索标识，这样，用户用自然语言就可以直接检索未经标引的政务信息。

用这种方式进行政务信息组织的优点是简单方便，可以非常容易地利用这些现有的技术和方法，成本较低，同时可以存储非结构化的天然单位，方便利用系统文件进行管理。但是随着政务信息资源利用的不断普及和政务信息量的不断增多，以文件为单位共享和传输政务信息就会使网络负载越来越大。因此，文件组织是政务信息管理的辅助形式或者作为信息单位成为其他政务信息组织方的管理对象。

②超媒体方式

超媒体方式是超文本方式与多媒体技术的结合，它将文字、图像、图表、声音、视频等多媒体信息以超文本方式组织起来，使人们可以通过高度链接的网络结构在各种政务信息库中自由航行，并找到所需要的任何政务信息。

用超媒体方式来组织政务信息，就是将网络上所获得政务信息媒体包括文本、图像、视频、声音等利用超文本技术有机的编织在一起，每一个媒体信息为一个节点后基本单位，节点间以链路链接，将信息资源组织为某种网状结构，用户可以从任何节点开始，自由跳转，浏览和查询信息①。

可以说超媒体方式不仅是政务信息也是所有网络信息资源信息组织的未来发展方向，它以符合人们跳跃性思维习惯的非线性方式来组织信息，具有良好的包容性和可扩充性，不足之处是采用浏览的方式进行信息搜寻，当超媒体网络过于庞大时，很难迅速准确地定位，且很难保存浏览过程中的所有历史记录，容易导致迷航现象。

---

① 马费成，等著．信息管理学基础［M］．武汉：武汉大学出版社，2006.

③数据库组织方式

数据库组织方式是将所有已获得的政务信息以固定的记录格式存储，用户通过关键词及其组合查询就可以找到自己所需要的政务信息线索，并通过政务信息线索直接连接到相应的政务信息资源。这种方式极大地提高了数据的处理效率，从而提高了政务信息管理的效率。以数据库技术为基础建立大量的政务信息系统能够形成一整套系统分析、设计与实施的方法，为人们建立政务信息系统提供了现成的经验和模式。但是这种方式缺乏直观性和人机交互性，必须由应用程序将其进行适当处理才能以比较直观的方式提供给用户，缺乏灵活易用的界面机制。

④主题树方式

此种方式是指将所有已获得的政务信息按照事先确定的概念体系结构分门别类地逐层加以组织，用户通过浏览的方式逐层加以选择，直到找到所需要的政务信息线索，并通过政务信息线索找到相应的政务信息资源。

11.2.2 政务信息组织的方法选择

政务信息的组织方法，属于信息组织的方法体系，一般在实践中常用的信息组织方法主要有两种①：分类组织法和主题组织法。

（1）分类组织法

分类组织法是一种很重要的信息资源整合的方法，实际上是按照学科体系范畴，依据类别特征组织排列信息的方法，它以分类标识作为检索标记符号，按学科性质进行系统排列，具有良好的层次性和系统性。分类法是信息资源组织的一种方法，特别是对于网络信息资源的组织，用分类法进行组织可以方便用户进行浏览检索，确保检索信息的针对性和准确性。分类是区分事物的基本形式，是认识世界的基本方法。人们可以通过分类法来认识和区分事物，可以通过分类使大量繁杂事务条理化和系统化，从而为进一步探讨事物本质、开展科学研究创造条件。

①分类组织法的规则

一般来说，分类应该遵循以下几条规则：

类目的划分，每次应该按照统一标准进行，不能同时采用两个或两个以上的标准；

每个类所分出来的子类应当是相互排斥的；

① 杨路明，等编著．电子政务［M］．北京：电子工业出版社，2007．

所划分的所有子类外延之和等于其母类的外延；

划分的子类应当是连续的，不能出现跳类现象，即每一次划分必须把母类划分为它最邻近的子类。

②信息分类的特征

按照信息资源内容特征的相互关系加以组织；

从一定角度出发组织信息资源；

以一定的标记符号作为排序工具；

通过类目索引提供从字顺角度查找类目途径。

③分类组织法的类型

信息组织使用的方法一般包括两种类型，即体系分类法和组配分类法。体系分类法主要采用概念划分与概括的方法，组配分类法主要采用概念分析与综合的方法。

- 体系分类法

它又称等级分类法、列举分类法，是一种直接体现知识分类的等级制度概念标识系统。它是对概括文献信息内容及某些外部特征的概念进行逻辑分类和系统排列而构成。这种分类法通常将类目体系组成一个树状结构，按照划分的层次，逐级列出详细的子目，以线形显示。

- 组配分类法

它是一种依据分析兼综合的原则编制的分类法类型。因为一个复杂的概念可以分析为若干个简单概念，若干个简单概念可以综合成为一个复杂的概念。因此，一个复杂的主题概念可以用若干个简单概念标识的组配来表达。组配分类法是体系分类法的发展，因为这种分类法放弃详尽列举的做法，代之以简单概念组成复合类目的方式。

④分类组织法在政务信息组织中的应用

目前，分类法仍然是网络信息组织的一种基本方法。分类组织法具有自己的特殊优势，在政务网络信息中发挥着独特的作用。

- 便于检索浏览

在网络环境下，浏览检索的重要性逐渐突出，用户越来越多的通过检索来确定其尚不清楚的信息需求，并根据需要随时间调整检索的范围。分类组织法具有较强的系统性和族性检索功能，其分类体系便于人们浏览一个学科或专业范围的信息资料，从而确定自己的检索范围，能较好地满足浏览检索的需要。

- 便于组织非文本信息

非文本信息的内容特征难以用文字来表达，分类法独特的聚类功能机号码表示体系可以为之提供一条可能的途径。

• 具有允许多语种检索的潜力

由于分类法使用独立于任何一种特定语言的分类号信息，不依赖于任何一种特定语言，因此，具有允许多语种检索的能力。

• 检准率、检全率高

分类法的等级结构便于用户利用分类法确定检索词的上、下位类，克服相关干扰，过滤无关信息，降低误检率，检准率较高。

（2）主题组织法

主题组织法是根据信息的主题特征来组织排列信息的一种方法，它以语词作为检索标目，按字顺排列，直观性较强，提供了一种直接面向具体对象、事实或概念的信息组织方法和信息检索途径，也是传统信息资源和网络信息资源整合使用较多的一种信息整合方法。

主题组织法在政务信息组织中的使用主要表现为两种形式：一是使用现有词表组织信息资源；二是广泛采用关键词法。关键词法应用更为广泛，具体应用方法有：

①使用关键词法组织网络信息

关键词法是一种采用自然语言来组织信息的方法，由于关键词能深入、直观地揭示信息中所包含的知识，而且符合人们的思维习惯，因此得到广泛的应用。网络上各种各样的搜索引擎和数据库大多采用了关键词法来组织信息资源。关键词法组织信息具有易标引，用户易于掌握及管理费用低等优点，但是由于关键词完全取自于自然语言，未经任何规范化处理，常给数据交换和检索带来困难。因此用关键词法组织的信息系统存在着检索效率不高的问题。

②主页信息按字顺主题组织

目前，各类网络中关于机构、事物名称或个人的信息几乎都毫无例外的用主题字顺组织方式建立查询系统。该系统能够按照所提供的事物主题名称将有关信息集中在一起，以便于用户对有关信息进行全面查询。

③用叙词法组织信息

叙词法是主题法中较晚出现的一种方法，它吸取了其他多种方法的优点，使之成为一种质量较高的并能较好适应电子计算机系统组织信息的方法。由于叙词是一种规范化的检索语言，其参照系统和检索系统都比较完善，适用于科学地组织和管理网络信息，用叙词法组织的信息系统检索效果较高。但是叙词表一般规模较大，而计算机内存有限，往往很难将整个词表全部输入计算机，而且非专业人员未经专门训练很难掌握其使用方法，所以叙词法组织信息仍有一定困难。

④用关键词法与叙词法相互结合的形式组织与揭示信息资源

由于关键词法和叙词法各有长处与不足，因此可以将两者相互结合组织信息，具体做法是：对网络信息资源进行组织与揭示时，可同时给出标引词——关键词和叙词，然后建立关键词与叙词之间的参照关系，还可对每个叙词进行多个关键词注解，使关键词较准确地覆盖叙词。

⑤创建主题树与指引库技术查询信息

首先利用指引库技术将网络信息进行集中、分类、整理，然后再以主题树的形式指引用户查询特定信息。所谓指引库是指在建立的数据库中，从物理上讲该库并不存储各种实际的信息资源，而是把信息资源按照某种事先确定的主题体系分门别类逐层加以组织，用户通过主题树的浏览方式层层遍历，指引用户到特定的地址获取信息。

⑥使用分类主题一体化方法组织信息

分类主题一体化方法是将分类法与主题法有机融合为一个整体，实现了一个分类系统与一个主体系统的完全兼容，即能发挥各自独特的功能，又能通过配合，发挥最佳整体效应。

11.3 政务信息管理系统的功能与构建

11.3.1 政务信息管理系统的功能

政务信息管理系统是将各种政务信息数据进行收集，分类、整理、汇总从而成为可供人们使用的信息，并需要根据信息的发展变化不断进行更新。

政务信息系统是信息系统的一种。所谓信息系统是指由计算机硬件、网络设备、计算机软件、信息资源、信息用户和相关的规章制度组成的以处理信息流为目的的人机一体化系统。作为信息系统的一种，政务信息系统具有以下基本功能：

(1) 输入功能

它即是对政务信息数据的采集与输入。一般情况下，信息系统的输入内容包括信息资源的采集、控制指令的输入、信息检索条件的输入等。信息资源的采集是将信息资源进行收集，初步整理后输入信息系统，它是用户进入信息系统的渠道。控制指令的输入是信息系统在需要用户干预的时候，由用户发出的控制命令，它通常需要根据输出的反馈进行决策。政务信息的采集与一般系统有所不同，由于政务信息数据类型复杂，政府部门对信息数据要求的多样性、电子政务系统所处理数据量的日益增长及政府部门对数据的更高管理要求，决定了政务信息系统数据来源不是简单的某一个部门或某一个地区的信息数据，而是一个多源的、全方位的、集成的信息来源，能够反映社会全面的信息情况。

由于政务信息数据来源复杂，因此在收集信息时应该按照一定的标准进行，从而能够合理地利用有限的人力物力和财力，使收集到的信息能够发挥最大的作用。因此在政务信息数据采集时应按照以下原则：

①专业性。政务信息大多来源于国家专业统计和信息机构，并提供专业科研机构和专家人士的权威分析，是专业人士和管理决策者优选的基础信息来源。

②前瞻性。荟萃政府要员、著名专家学者、权威机构等的重要研究成果和预测分析，把握各行各业动态，透视经济热点。

③及时性。敏锐追踪热点，实时报道要闻动态，快速更新数据信息，是社会各界了解政府发展动态的窗口。

④实用性。专业的数据分类、强大的在线检索功能和集中制定的数据文库及使用指南，为网上用户提供方便的服务和友好的平台。

（2）存储功能

信息系统的存储功能是与输入功能紧密联系在一起的。存储功能是指系统存储各种信息资料和数据的能力。当原始数据和资料输入信息系统后，首先要将其存储起来，以便多次利用，并在多个处理环节和过程中实现数据资料的共享。数据经过加工整理后，更需要将其存储在适当的内外存储器上，以便在用户需要时提供利用。政务信息系统由于是面向全社会公众的，信息量十分庞大，更应注重系统的存储功能，防止因为“信息爆炸”带来的检索、输出的困难，造成系统的服务效率降低。这就要求在信息采集阶段，注重信息质量，保证有用的、合理的信息资料得到收集存储。

（3）处理功能

大量的政务信息在得到收集与存储后，必须得到及时的加工处理。处理是信息系统内部的生产过程。为了减少不必要的重复劳动，提高工作效率，信息系统一般是将分散的处理业务集中统一进行。政务信息系统是一种人机一体化系统，系统工作时，任何计算机各自发挥自身的优势，快捷、方便、灵活、准确地处理信息。随着人工智能和专家系统的发展应用，一些功能很强的数据处理软件也将在政务信息系统中得到运用，加快系统的处理效率。在政务系统中对信息的处理就是要对信息进行结构化和规范化的处理，使其形成一个有章可循的数据库。

①数据的结构化

主要通过两种途径来实现：一是数据挖掘，以 XML 为基础的新一代 WWW 环境中是直接面对 Web 数据的，不仅可以很好地兼容原有的 Web 应用，而且可以更好地实现 Web 中的信息共享与交换。XML 可看做是一种半结构化的数据模型，可以很容易地将 XML 的文档描述与关系数据库中的属性意义对应起来，实施精确查询与模型抽取。二是数据结构化分析。使用节结构化的方法进行分析，建立数据之间的结构联系，加强数据之间的结构性。

②数据的规范化

政务信息资源提供了一个整合政府部门内部各业务系统数据，实现政府部门之间和政府与公众之间的数据交换和业务处理平台。从而保证各级政府按照标准统一、体系完善、内容充实、流程规范等原则，建立起一批统一的“大而全，大而精”的政府电子信息数据库群，实现电子信息资源库管理、查询与共享。因此，政务信息系统要对信息进行规范化的处理，对数据进行统一标准。主要有：数据处理分析、数据标准化、词语规范化等。

（4）输出功能

各种各样的信息系统，都是旨在满足各类用户对信息的不同需求而建立的。政务信息系统时也是如此。因此系统的各种功能都是为了保证最终实现最佳的输出功能。信息经过处理后，输出的内容包括经过信息系统加工处理后的资料信息、信息系统运行过程状态的反馈信息，以及需要人工干预时的信息。资料信息是信息系统产生的最终产品；状态的反馈信息是为了方便地监控、管理、维护信息系统而产生的一种实时信息；提示信息是用于信息系统在需要人为进行干预的时候，提供给用户进行决策的临时信息。后两者的输出都是为了保证最终产品的形成。信息系统的输入功能、传输功能、处理功能、存储功能都是根据输出功能来确定并不断进行调整的。

（5）控制功能

为了保持信息系统的输入、存储、处理、输出等环节均匀连续地进行，系统必须具有进行管理和控制的功能。信息系统的控制功能体现在两个方面：其一是对工程系统的各种信息处理设备，如计算机、通信网、人员等进行控制和管理；其二是对整个信息加工、处理、输入、输出等环节通过各种程序进行控制和管理。信息系统的控制功能是多变量、多因素、复杂的动态过程。为了实现有效的控制，必须时刻掌握系统预期要达到的状态和实际状态，不断使实际状态与预期状态保持一致，从而使整个系统运行最佳化①。

11.3.2 政务信息管理系统的架构

从某种角度来讲，政务管理过程是政务信息的收集、加工、处理和反馈过程。因此，政务信息系统建设对于提高行政效能，促进政务管理的科学化和现代化具有重要意义。下面我们将通过深圳市政务管理系统的建设探讨政务信息系统的建设。

深圳市通过近二十年的实践，逐步建立了比较先进完善的政务管理信息系统，并在行政管理的运作中发挥着越来越重要的作用。其政务信息的建设主要包括以下几部分组成②。

(1) 行政信息采集系统

行政信息采集系统包括各行政职能部门、各行政区的信息采集子系统，具体包括市政府33个局（办）以及多家企业及海关、银行等统计部门的信息收集。行政信息采集系统将各统计单位的社会经济统计信息以联网的形式及时准确地收集到统计信息局，并将信息储存在主机系统中供信息统计系统进行加工处理。

(2) 专业职能调控系统

专业职能调控系统包括各行政职能局（办）的行政信息系统和各行政区行政信息系统。这些系统都包括有从企业、基层单位、社会各行业采集信息的信息采集子系统，也有综合调控信息系统、市领导决策支持系统等的信息交换系统。通过全面建设政府各职能部门管理信息系统，实现办公自动化、无纸化，提高政府部门的管理水平和工作效率。专业职能调控系统与其他信息系统，如社会公共信息服务系统、公民信息管理系统、金徽信息系统、教育信息服务网络系统相衔接，形成一个覆盖全市各行各业的大信息、大网络。

---

① 马费成，等著．信息管理学基础［M］．武汉：武汉大学出版社，2006.

② 汪永成．构建行政管理的“千里眼”和“顺风耳”［J］．管理信息系统，1998(10).

(3) 综合调控信息系统

综合调控信息系统是整个大系统承上启下的关键环节。它主要包括:

①统计信息系统

统计信息系统是综合调控系统的基础，由基本统计系统和国民经济其他部门的统计系统组成。基本统计系统包括市局各类指标库、统计报表、各类统计分析报告、指标体系分析报告等。统计信息系统负责行政信息的收集和整理，完成统计工作的各个流程，包括根据各类经济指标生成各类报告和以各种数据形式上报统计信息等，以满足行政决策支持系统对信息的要求。经过统计信息系统处理的初级产品再以直观、形象的表现形式上报至主要行政领导，提供决策信息。

②社会经济预测系统

该系统以深圳市政府及各行政职能部门为主要用户，借助于各种经济分析手段和现代计算机及通信技术，真实、准确、及时地对社会经济运行动态、发展趋势、政策效应等进行预测、检测、模拟和分析研究，并以高效快捷的信息服务方式支持市政府实施有效的社会经济调控。这一系统通过社会经济预测分析信息来引导经济活动主体优化资源配置，调控社会有序运行和良性发展，从而减少政府运行和社会经济发展中的不确定性。

③企业与产品信息系统

这一系统的目标是向政府部门、国内外企业提供市内企业的基本运行数据（包括企业资讯、企业财务数据、企业通信联系、地理位置、经营范围等信息）和企业生产活动相关的信息及服务。该系统以深圳市统计信息局为核心，横向连接政府各职能部门，纵向连接国家信息中心，建立起以数据库、信息产品等为基础的服务体系。

④政府法规信息系统

该系统的功能建立面向社会的政府政策法规信息服务体系。该系统能及时向全社会提供包括法律、行政法规、司法解释、地方性法规和地方政府规章、国务院部门规章以及我国政府批准参加的国际公约、国际条约等较完备的政策法规信息服务，能为深圳市政府及有关部门的法规备案和依法行政工作提供电子自动服务。

(4) 行政决策支持系统

行政决策支持系统是整个行政信息系统的中枢环节。它由以下几个功能各异的子系统构成:

①中央控制室系统

中央控制室系统负责整个行政信息系统的运行控制和管理，是整个系统的中枢环节，它连接各个子系统，协调系统的资源分配，监控各子系统硬件和软件的运行。同时，中央控制室系统又是全市社会经济信息的总汇地，实时监控社会经济的运行，并根据主要领导的指示发出各种指令。根据规划，中央控制将最终发展成多点会议电视的控制中心、全市社会经济运作的监控中心、无纸办公系统的指挥中心，担任政府与企业等社会组织及上下级行政部门之间联系的桥梁。

②会议电视系统

会议电视系统的建立旨在实现政府工作会议网络化，提高会议的效率，集成办公系统环境，是政府领导获取信息的有效途径和决策的重要工具。在政府的系统需求中，建设中的会议电视系统与传统的会议电视有所不同。它不但完成普通会议电视所具备的面对面交谈的功能，而且能做到数据传输，共享屏幕，即在多媒体电视系统的显示屏幕上能看到交谈对方的视频图像和相互交谈。它还可以根据领导的指令和中央控制中心发出调度命令，同时处理多个终端所发出的图像和数据。

③会议秘书系统

为了对会议电视系统进行有效的管理和进行多点会议，行政信息系统设计了一套辅助的电视会务管理系统——会议秘书系统。该系统可根据行政领导的要求，安排会议的议题并向有关人员发出会议通知，进行自动呼叫。在开会期间进行录音和录像，并辅助秘书自动生成会议文件，包括会议纪要，并发布会议的有关文件的决议，供有关会议人员随时查阅。秘书系统其他的功能还有：声控会议电视呼叫、摄像探头控制、会议纪要的整理、会议纪要的下达、通知下达、电子邮件、批示电话记录等。

④决策支持系统

决策支持系统负责向主要领导提供决策的信息数据、方案及建议，以经济分析方法、数字模型计算和顶层分析为主的研究手段，采用定性与定量相结合的研究方法，以专家的经验模型，对统计信息进行加工处理，从而提供智能化、系统化的高级信息，包括决策方案、指标预测、景气描述和政策模拟等。

⑤决策执行系统

这一系统是决策智能化系统的主要反馈系统，负责系统的主体输出，通过网络系统及办公自动化系统对各职能部门和主要的基层单位发送政府决策指令和各类文件如会议纪要、统计月报等。决策执行系统也将通过网络系统与办公自动化系统最终将达到整个市政府的无纸化办公。

⑥数据库、方法库、模型库和知识库

这些“库”都是为行政首长决策服务的。数据库主要包括交通、能源、科技、人力资源、国际经济与政治、政策法规、政府财政等方面的数据库。模型库包括：投入—产出模型、计量经济学模型、经济控制论模型、运筹学模型、系统学模型等。方法库包括运筹规划方法、预测与决策方法等先进的管理方法。知识库主要包括进行行政管理、行政决策的一些社会、政治、经济、文化方面的知识，用以消除行政管理过程中的不确定性。

以上就是深圳市政务信息管理系统的基本架构，深圳地处我国东南沿海，经济发达，与国际交流较深，其政务管理系统的建设，在全国也具有先进的水平，对于其他地方的政务管理信息建设具有重要的借鉴指导意义。同时对于全国性的政务管理系统的来讲也是重要的组成部分。

12 政府决策支持系统

本章主要内容：

- 决策支持系统概述
- 政府决策支持系统的结构、功能和应用
- 政府的知识管理与决策支持

本章学习要求：

- 了解决策支持系统的概念、特点、模式与发展
- 掌握决策支持系统的结构与功能
- 掌握政府决策支持系统的结构与功能
- 了解决策支持系统在政府中的应用
- 掌握政府知识管理模型及学习型政府的构建
- 了解知识管理对政府决策支持系统的作用

12.1 决策支持系统概述

决策支持系统是基于计算机技术的交互式信息系统，主要目的是为决策者提供有价值的信息，帮助决策者解决半结构化决策问题。自20世纪70年代中期被提出，得到迅速的发展，广泛应用于经济等各个领域，已经成为系统工程、管理科学、人工智能等领域新的研究热点。

12.1.1 决策支持系统的概念与特点

计算机最早用于科学计算，20世纪50—60年代，计算机的应用领域扩展到电子数据处理EDP（Electronic Data Processing），EDP把人们从繁琐的事务处理中解脱出来，目的是实现办公自动化。20世纪60—70年代，在电子数据处理的基础上发展了管理信息系统MIS，使信息处理技术进入了一个新的阶段，并迅速获得发展。MIS能把孤立的、零碎的信息变成比较完整

的、有组织的信息系统，不仅解决了信息存放的“冗余”问题，而且提高了信息的效能。但是，由于 MIS 技术及方法论上固有的缺陷，使其难以适应多变的外部及内部管理环境，不能达到预期的社会经济效果。20 世纪 70 年代，计算机应用范围进一步发展到决策支持系统 DSS，它已经成为系统工程、管理科学、人工智能等领域十分活跃的研究课题。

(1) 决策支持系统的概念

在 20 世纪 70 年代初期，美国麻省理工学院的 Scott Morton 教授首先提出了决策支持系统（DSS）的概念，他将 DSS 定义为：“一种交互式的基于计算机的系统，该系统能帮助决策者使用数据和模型解决半结构化的问题。”当时称为“管理决策系统”（MDS）。自从决策支持系统概念提出以后，许多学者对决策支持系统进行了定义，比较典型的有以下几种。

Keen 和 Scott Morton 于 1978 年提出了 DSS 的另一个经典的定义：DSS 将人们的智能资源与计算机的功能相结合，以改进决策质量，DSS 是一种处理半结构化问题、为管理决策人服务的基于计算机的支持系统。它强调了 DSS 是支持而不是代替管理者进行决策，是改善决策的效益而不是效率。

Ralph Sprague 把知识和人的行为这一概念引入 DSS 中，认为 DSS 是通过应用，力求改善组织机构中知识工作者行为的一种程序系统。他提出 DSS 有以下四个特征：①倾向于描述高层管理者常碰到的半结构化和非结构化问题；②把模型或分析技术的利用与传统数据存取和检索功能结合起来；③特别强调由非计算机人员以交互方式使用；④强调适应环境变化和用户决策方式的灵活性和适用性。

Reimann 强调人机之间的交互作用，他认为 DSS 最重要的特征是它有一种交互的特别分析能力，使管理者完整地模拟问题并使之模型化。

截至目前，对于决策支持系统仍然没有一个学术界公认的权威定义，但是对其基本特征和内涵的认识有很多共同之处。如 DSS 是支持决策而不是代替决策；DSS 主要支持高层管理者的半结构化问题；DSS 是交互的计算机系统等。

结合上述学者对决策支持系统的定义，可以概括为：DSS 是以管理科学、运筹学、控制论和行为科学为基础，以计算机技术、人工智能技术和信息技术为手段，面对半结构化的决策问题，支持高级决策者的决策活动的一种人机交互系统。它能为决策者提供决策所需要的数据、信息和背景资料，帮助明确决策目标和进行问题的识别，建立或修改决策模型，提供各种备选方案，并对各种方案进行评价和优选，通过人机对话进行分析、比较和判断，为正确决策提供有益帮助。

DSS包含了决策者、决策信息和决策模型三个要素，问题结构、决策支持和决策的有效性是DSS的三个基本原则。它的目标是帮助管理者进行决策以解决半结构化问题，支持管理者的判断而不是取代它，提高管理者决策的有效性。

在DSS基础上发展了新一代的DSS，包括群体决策支持系统GDSS、分布式决策支持系统DDSS、智能决策支持系统IDSS、决策支持中心DSC、战略决策支持系统SDSS等。其中，GDSS是以计算机及其网络为基础，用于支持群体决策者，共同解决半结构化的决策问题的集成系统，典型的应用是远程会议。DDSS是由多个物理上分离的信息处理节点所构成的计算机网络，网络的每个节点至少含有一个决策支持系统或若干辅助决策的功能。IDSS是DSS和AI相结合的产物，其设计思想是着重研究把AI的知识推理技术和DSS的基本功能模块有机结合起来。

(2) 决策支持系统的特点

DSS是从MIS的基础上发展起来的，而且处于计算机信息系统的第三个阶段，因此DSS与MIS之间既有密切的联系，又有明显的区别。DSS与MIS的联系主要表现在：①MIS收集、存储及提供的大量基础信息是DSS工作的基础，而DSS使MIS提供的信息真正发挥作用；②MIS需要担负起反馈信息的收集工作，以支持DSS进行决策后果的检验和评价；③DSS的工作可以对MIS工作进行检查与审计，为MIS的改善及提高指明了方向；④DSS经过反复使用，所涉及的问题模式和数据模式将逐步明确化或逐步结构化而可纳入MIS的工作范围。

DSS与MIS的区别主要表现在：①MIS追求的是高效率，而DSS所追求的是高效能，即想办法把事情办得尽可能好一些，以提高决策的能力和效果；②MIS着眼于信息，而DSS着眼于决策；③MIS的设计原则是强调系统的客观性，努力使系统符合组织的实际情况，而DSS的设计原则是强调充分发挥人的经验、智慧、判断力和创造力，努力使系统设计有利于个人或组织决策行为的改善；④MIS的设计方法是以数据驱动的，通常以数据库设计为中心，强调采用现行的、结构化设计方法，而DSS的设计方法是以问题驱动的，侧重以用户参加为主的、非线性的设计方法；⑤MIS的分析着重体现系统全局的、总体的信息需求，而DSS的分析着重体现决策者个人或群体的信息需求；⑥MIS只能解决结构化的决策问题，人工干预日趋减少，而

DSS能够帮助解决半结构化和非结构化的决策问题，并以人机对话为系统工作的主要方式。这是MIS与DSS的主要区别。

根据DSS与MIS关系，可以归纳出DSS的主要特点：

①DSS直接面向决策者

系统的使用是面向决策者，在运用DSS过程中，参与者都是决策者。在系统分析和设计阶段，首先要考虑决策人在系统中的主导作用，其次是考虑决策者的知识、经验和技能。DSS辅助决策者解决半结构化或非结构化的问题，决策过程不同，对DSS的要求也不同。

②DSS主要解决半结构化问题

结构化的决策问题可以由决策支持系统自动给出，半结构化的决策通常使用系统模型，这样的模型能够预测选择替代方案的影响，但是仍需要决策者评估非结构化因素或处理非结构化决策的各阶段，并做出最终的决策。既要利用计算机自动化的数据处理，又要依靠决策者的直观判断。

③DSS主要是支持决策而不是代替决策

系统强调的是支持的概念，帮助加强决策者做出科学决策的能力。DSS把数学模型或分析技术与数据存储和检索功能结合起来，支持做出决策过程的所有状态，包括智能活动和设计活动等。DSS支持各种决策过程，能够满足不同变量类型之间的决策问题，具备良好的适应能力，可以满足不同环境和用户的需求。

④DSS强调交互式处理方式

DSS能提供友好统一的人机交互界面，强调在决策过程各阶段中决策者的介入，为决策者提供控制的权力，实现真正的人机交互系统。DSS对环境和用户有较强的适应能力，一个问题的决策要经过反复的、大量的、经常的人机对话，人的因素如偏好、能力、经验等对系统的决策结果有重要的影响。

12.1.2 决策支持系统的结构与功能

决策支持系统的体系结构是指构成决策支持系统的各组成部分的排列、组织和相互结合的方式。对决策支持系统结构的研究不仅要考虑决策支持系统由哪些元件组成，更重要的是探讨如何恰当地组织这些元件使它们协调工作。

（1）决策支持系统的结构①

自 Ralph Sprague 于 1980 年提出一种基于两库（数据库和模型库）的决策支持系统体系以来，人们陆续提出了各种各样的 DSS 框架结构。概括起来可以分为两大类：一类是基于 X 库的框架结构；另一类是基于知识的框架结构。

①基于 X 库的体系结构

Sprague 提出的两库系统由三个部分组成，它们分别是数据库及其管理系统、模型库及其管理系统和对话系统。其中，数据库系统负责存储和管理 DSS 使用的各种数据，并实现不同数据源间的相互转换；模型库存放预定的标准模型，支持模型的管理和各种分析与运算；对话系统负责接受用户的请求，并向用户提供决策结果。

Sprague 的两库结构对后来的 DSS 结构产生了很大的影响，相继出现了三库、四库、五库、六库，乃至七库的结构模式。其中，应用最广泛的、最具代表性的是三库结构模式（如图 12-1 所示）。

- 模型库子系统

模型库子系统是构建和管理模型的计算机软件系统，它是 DSS 中最复杂与最难实现的部分。模型库子系统由模型库和模型库管理系统两部分组成，模型库及其相应的模型库管理系统在 DSS 中占有十分重要的位置，但是模型库 MB 并不是 DSS 必不可少的部件，少数仅通过信息服务来做决策支持的系统就可以没有 MB，一些向 ES 方向发展的 DSS 也不太重视 MB 在 DSS 中的配置。MB 所构造的模型不一定很复杂，但一定要符合实际，建模时特别注意推理能力和决策者的干预。模型库用于存储决策模型，是模型库子系统的核心部件。实际上模型库中主要存储的是能让各种决策问题共享或专门用于某特定决策问题的模型基本模块或单元模型，以及它们之间的关系。由于模型的生成、修改、更新、删除、连接时经常性的操作，所以模型库的管理成为非常重要的工作，这通常由模型库管理系统来完成。模型库管理系统的功能就是应用子系统或其他模块创建模型、产生新的程序和报告、修改模型、操纵模型数据，通过数据库以及适当的链接使模型之间相互联系起来。

- 方法库子系统

① 主要参考梁静国编著．决策支持系统与决策知识发现［M］．哈尔滨：哈尔滨工程大学出版社，2007；张鹏翥主编．决策支持系统［M］．上海：交通大学出版社，2005.

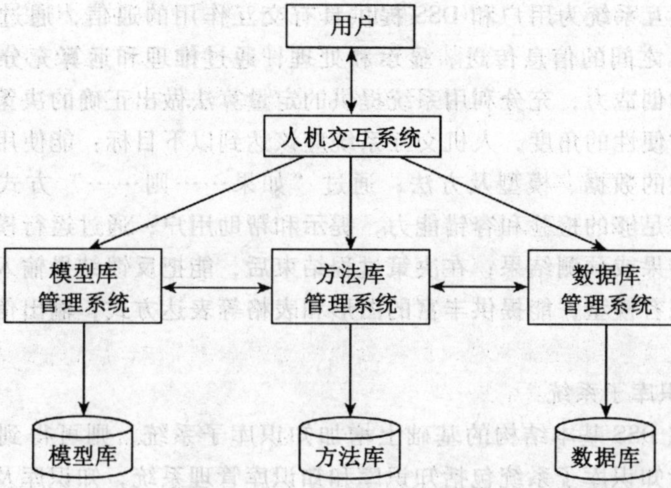

图 12-1　基于 X 库的 DSS 结构

方法库子系统是存储、管理、调用及维护 DSS 各部件要用到的通用算法、标准函数等方法的部件，方法库中的方法一般用程序方式存储。方法库子系统由方法库与方法库管理系统组成。方法库内存储的方法程序一般有：排序算法、分类算法、最小生成树算法、最短路径算法、计划评审技术(PERT)、线性规划、整数规划、动态规划、各种统计算法、各种组合算法等。按方法的存储方式，方法库可以分为：层次结构型方法库、关系型方法库、语义网络模型结构方法库和含有人工智能技术的方法库等。方法库管理系统是方法库系统的核心部分，是方法库的控制机构。

- 数据库子系统

数据库子系统是负责存储、管理、提供与维护用于决策支持的数据的 DSS 基本部件，是支撑模型库子系统及方法库子系统的基础，由数据库、数据析取模块、数据字典、数据库管理系统及数据查询模块等部件组成。DSS 数据库中的数据是从内部和外部数据源以及属于一个或多个用户的个人数据中抽取的，这些数据组织起来可被多个人在多个应用中使用。数据库管理系统负责管理和维护 DSS 中使用的各种数据，在模型运行过程中所使用的数据，按其数据内容分类，分别建立数据仓库文件。通过数据库管理系统有效的实现与模型库、方法库、知识库与用户接口部件方便、便捷的连接，实现数据的有效输出，以达到为各种决策服务的目的。

- 人机交互系统

人机交互系统为用户和 DSS 提供具有交互作用的通信，通过对话完成用户与 DSS 之间的信息传送、显示和处理，通过推理和运算充分发挥决策者的智慧和创造力，充分利用系统提供的定量算法做出正确的决策。从 DSS 系统使用方便性的角度，人机交互系统应该达到以下目标：能使用户了解系统所能提供的数据、模型及方法；通过“如果……则……”方式提问；对请求输入有足够的检验和容错能力，提示和帮助用户；通过运行模型使用户取得分析结果或预测结果；在决策过程结束后，能把反馈结果输入系统，评价和修正现有模型；能提供丰富的图形和表格等表达方式，输出信息、结论和依据等。

- 知识库子系统

如果在 DSS 基本结构的基础上增加知识库子系统，则可得到智能决策支持系统。知识库子系统包括知识库和知识库管理系统，知识库及其管理系统是以相关领域专家的经验为基础，形成一系列与决策有关的知识信息，通过知识获取设备形成一定内容的知识库，并结合一些事实规则及运用人工智能等有关原理，通过建立推理机制来实现知识的表达与运用。

基于 X 库的结构模式为 DSS 提供了支持内核，而且随着各库的增加，使 DSS 的功能由定量计算扩大到定量计算与定性分析相结合，方便了对模型的管理，也使人机界面变得更友好，对 DSS 发展产生了很大的推动作用。然而 DSS 功能的发挥并不是体现在支撑数目的增多上，而是体现在对决策者的支持上，因此很难得出库的数目与 DSS 效能间的正比关系。这是因为库的增加使系统的知识表示变得十分复杂，很难实现各子系统之间的接口和知识的处理。如果不能实现一致的信息组织与处理模式，势必导致 DSS 结构的松散和处理的低效率。此外，基于 X 库 DSS 结构模式并没有反映出 DSS 不同于其他计算机信息系统的特点，如决策者是 DSS 的主体，人机协同操作等，因此具有一定的局限性。

②基于知识的体系结构

基于知识的体系结构是 Bonczek 于 1981 年提出的，该 DSS 结构模式有语言子系统（LS）、知识库子系统（KS）和问题处理子系统（PPS）三部分组成（如图 12-2 所示），也有人称为基于问题处理的 DSS 结构。

- 语言子系统（LS）

语言子系统是用于与系统联系的工具，用户的问题通过语言子系统来描述和响应。

• 问题处理子系统（PPS）

问题处理子系统是 DSS 的核心部分，它完成系统的动态过程，即接受用户的问题，运用知识库子系统的知识，实现用户问题的求解过程。

• 知识库子系统（KS）

知识库子系统是 DSS 能够解决用户问题的智囊，它主要包括一个综合性的知识库，其中存放的是有关问题领域的各种知识（数据、模型等）。

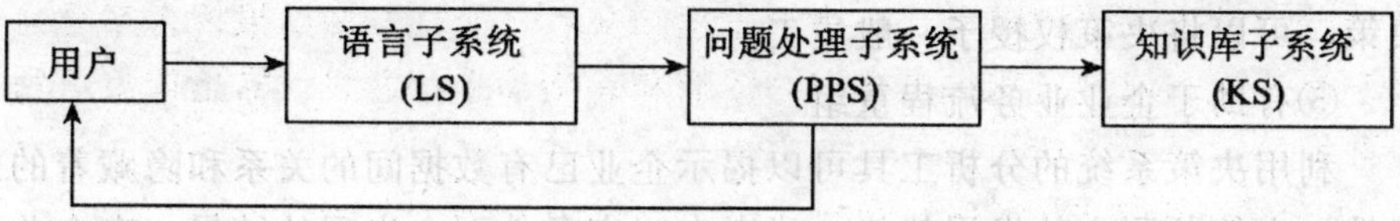

图 12-2　基于知识的 DSS 结构

基于知识的框架结构将专家系统中的问题处理技术引入到 DSS 的体系结构中，克服了 DSS 缺乏知识的弱点，符合 DSS 智能化发展的趋势，对 DSS 的发展也起到了很大的促进作用，较好地解决了对决策问题求解过程的控制。但该框架仍保留着专家系统的求解思路，未能充分体现出决策者在模型构造、模型选择等方面的作用和 DSS 模型驱动的特点。此外，基于该框架的 DSS 不具备学习能力，不能学习新知识或积累经验，因此也就无法改善自身的性能。

（2）决策支持系统的功能

DSS 是在 MIS 基础上发展起来的，因此具有 MIS 的基本功能，但为了能辅助决策者进行某些综合性、战略性的决策，具有处理非结构化和半结构化问题的能力。DSS 主要为管理者提供决策支持，具体来讲，DSS 具有以下功能：

①提供快速的数据输入和输出功能

通过友好的人机界面，DSS 允许用户选择适合自己的数据输入方式，并按照用户要求的格式输出数据，同时还能输出各种形式的图形，以直观的形式辅助用户进行决策。不仅能够随机查询所要求的数据，而且能够回答假设或虚拟之类的问题。

②为决策者提供快速的运算功能

DSS 允许决策者以较低的成本快速进行大量的计算。及时的决策在许多情况下非常关键，直接影响到决策的结果和效能。

③提供信息支持

DSS能够提取管理决策信息数据，并对数据进行加工、汇总、分析和预测，使数据增值，并将提取的数据建立在独立的数据仓库中，与实时信息处理系统进行隔离，提高信息系统的处理效率，以便用户能随时得到所需要的综合信息和预测信息。

④可以实现员工决策

DSS直接面向决策者，系统的参与者都可以是决策者，利用决策支持技术，如专家系统、人工智能技术等，可以使欠缺知识的一般员工做出良好的决策，可以将决策权授予一般员工。

⑤有助于企业业务流程重组

利用决策系统的分析工具可以揭示企业已有数据间的关系和隐藏着的规律性，也能预测它的发展趋势，或者在一定条件下会出现的结果。在企业业务流程重组中，系统可以研究竞争者的活动、定制产品、制定规划等。

12.1.3 决策支持系统的模式及发展

(1) 决策支持系统的基本模式①

DSS是一个开放系统，一个完整的DSS系统模式表示为DSS本身及它与真实系统、人和外部环境的关系，主要由管理者、基础数据、真实系统和DSS系统组成。其基本模式如图12-3所示。

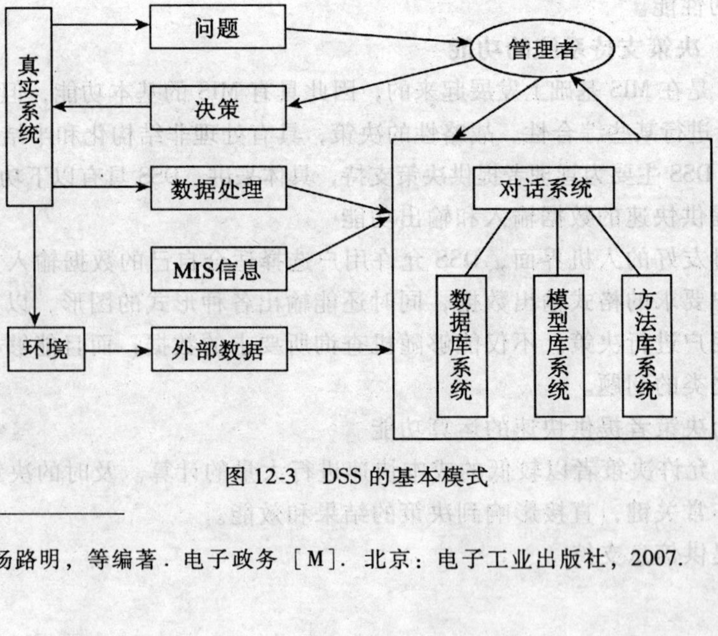

图12-3 DSS的基本模式

① 杨路明，等编著．电子政务［M］．北京：电子工业出版社，2007.

①管理者

管理者处于核心位置，他运用自己的知识，把他和 DSS 的响应输出结合起来，对他所管理的真实系统进行决策。管理者通常也需要协助人员的帮助。

②基础数据

与 DSS 有关的基础数据包括来自真实系统并经过处理的信息（如 MIS 信息、统计信息等）、环境信息、与人的行为有关的信息等。

③真实系统

就真实系统而言，提出的问题和操作数据是输出信息流，而人们的决策则是输入信息流。

④DSS 系统

DSS 系统由数据库系统、方法库系统、模型库系统、知识库系统和人机对话系统等部分组成。

（2）决策支持系统的发展

自从 20 世纪 70 年代决策支持系统概念被提出以来，决策支持系统已经得到很大的发展，经历了萌芽期、集成期和智能期，决策支持系统的功能更加完善。决策支持系统的发展体现了决策支持系统本质的演变：DSS 初期是利用模型库和数据库支持决策，到 IDSS 利用知识库和模型库结合支持决策，再到基于 DW 的 DSS 利用数据仓库支持决策。

①决策支持系统的发展阶段

• 萌芽期（20 世纪 70 年代中期）

20 世纪 70 年代，Scott Morton 教授首先提出了 DSS 的概念，认为 DSS 是一种交互式的基于计算机的系统，该系统能帮助决策者使用数据和模型解决半结构化的问题。面向模型的 DSS 的诞生，标志着决策支持系统这门学科的开端，称为初级 DSS。

• 集成期（20 世纪 70 年代末至 80 年代中期）

20 世纪 80 年代以后，关于 DSS 的研究逐渐深入和成熟，DSS 理论得到发展。

1980 年 Sprague 提出了 DSS 三部件结构，即对话部件（人机交互系统）、数据部件（数据库和数据库管理系统）、模型部件（模型库和模型库管理系统），明确了决策支持系统的基本组成，强调模型部件在 DSS 中的作用，便于 DSS 的设计和关键技术的解决，极大地推动了 DSS 的发展。

1981 年 Bonczak 提出 DSS 三系统结构，即语言系统（LS）、问题处理系统（PPS）、知识系统（KS），强调知识系统在 DSS 中的作用，利用知识辅助决策是 DSS 的一个重要方向，为 DSS 向智能方面发展提出了宏观方向。

20 世纪 80 年代中期在 DSS 基础上产生群体决策支持系统（GDSS），GDSS 是在多个 DSS 和多个决策者的基础上进行集成的结果，用于支持群体决策者共同解决半结构化的决策问题。

- 智能期（20 世纪 80 年代中期至 90 年代）

20 世纪 80 年代末 90 年代初，决策支持系统开始与专家系统（ES）相结合，形成智能决策支持系统（IDSS）。IDSS 充分发挥了专家系统以知识推理形式解决定性分析问题的特点，又发挥了 DSS 以模型计算为核心的解决定量分析问题的特点，充分做到了定性分析和定量分析的有机结合，使得解决问题的能力和范围得到了一个大的发展。IDSS 是决策支持系统发展的一个新阶段。

20 世纪 90 年代中期出现了数据仓库（DW）、联机分析处理（OLAP）和数据挖掘（DM）新技术，DW+OLAP+DM 逐渐形成新决策支持系统的概念，为此，将智能决策支持系统称为传统决策支持系统。新决策支持系统的特点是从数据中获取辅助决策信息和知识，完全不同于传统决策支持系统用模型和知识辅助决策。传统决策支持系统和新决策支持系统是两种不同的辅助决策方式，两者不能相互代替，更应该是互相结合。

把数据仓库、联机分析处理、数据挖掘、模型库、数据库、知识库结合起来形成的决策支持系统，即将传统决策支持系统和新决策支持系统结合起来的决策支持系统是更高级形式的决策支持系统，成为综合决策支持系统（SDSS）。SDSS 发挥了传统决策支持系统和新决策支持系统的辅助决策优势，实现更有效的辅助决策，是今后的发展方向。

由于 Internet 的普及，网络环境的 DSS 将以新的结构形式出现。DSS 的决策资源，如数据资源、模型资源、知识资源，将作为共享资源，以服务器的形式在网络上提供并发共享服务，为 DSS 开辟一条新路。

②决策支持系统应用技术的发展历程

随着决策支持系统的不断发展，决策支持系统应用技术也不断改进，经历了数据驱动、模型驱动、知识驱动等过程。目前，基于 Web 的 DSS、基于仿真的 DSS、基于 GIS 的 DSS 及通信驱动的在线分析 DSS 成为决策支持系统发展和应用的主流，相关问题的研究已经成为当成决策支持系统应用研究的热点。

- 数据驱动的 DSS

20世纪90年代，信息技术界掀起数据仓库和数据挖掘技术的研究和开发热潮，这为开发传统DSS存在的问题提供了技术支持，使DSS的发展跃上了一个新的台阶，也为DSS开辟了一条新的途径。目前开发的综合DSS是以数据仓库（DW）技术为基础，以联机分析处理（OLAP）和数据挖掘（DM）工具为手段实施的一整套解决方案。以多维数据为核心的多维数据分析是决策的主要内容，数据仓库的多维特征满足DSS对数据的分析要求，并能克服数据库的数据组织性差、利用率低的缺点。主管信息系统（EIS）和地理信息系统（GIS）属于专用的数据驱动DSS。

- 模型驱动的DSS

模型是决策支持的重要手段，对于比较复杂的决策问题，难以用单模型辅助决策，这就需要用多模型的组合来形成决策方案辅助决策，能扩大单模型的决策支持能力。模型驱动的DSS强调对于模型的访问和操纵，一般来说，模型驱动的DSS综合运用统计模型、金融模型、优化模型、仿真模型或多规格模型来提供决策支持。模型驱动的DSS利用决策者提供的数据和参数来辅助决策者进行决策。

- 知识驱动的DSS

知识推理是人工智能的核心，是决策支持的定性分析方法，知识驱动的DSS可以利用专家系统的知识向决策者提供决策支持。专家系统的知识有产生式规则、谓词逻辑、框架、语义网络等，专家系统通过知识的推理，达到人类专家解决问题的能力。知识驱动的决策支持是区别于模型及模型组合方案的决策支持，属于智能技术的决策支持方式。

- 基于Web的DSS

基于Web的DSS通过客户端Web浏览器向决策者提供决策支持信息或者决策支持工具，由客户端、浏览器、服务器等组成。运行DSS应用程序的服务器通过TCP/IP协议与用户计算机建立连接，可以通过Web技术访问系统数据库，并通过浏览器显示出来。Web技术可用以实现任何种类和类型的DSS。

- 基于仿真的DSS

基于仿真的DSS可以提供决策支持信息和决策支持工具，以帮助管理者分析通过仿真形成的半结构化问题。这些种类的系统全部称为决策支持系统。DSS可以支持行动、金融管理以及战略决策。包括优化以及仿真等许多种类的模型均可应用于DSS。

- 基于GIS的DSS

基于GIS（地理信息系统）的DSS通过GIS向管理者或商情分析者提供决策支持信息或决策支持工具。通用目标GIS工具是诸如ARC/INFO，MAPInfo以及ArcView这样一些程序，具有广泛的功能，但对于那些不熟悉GIS以及地图概念的用户来说，比较难于掌握。特殊目标GIS工具是由GIS程序设计者编写的程序，以易用程序包的形式向用户组提供特殊功能。以前，特殊目标GIS工具主要采用宏语言编写。这种提供特殊目标GIS工具的方法要求每个用户都拥有一份主程序（ARC/INFO或者ArcView）的拷贝用以运行宏语言应用程序。现在，GIS程序设计者拥有较从前丰富得多的工具集来进行应用程序开发。程序设计库拥有交互映射以及空间分析功能的类，从而使得采用工业标准程序设计语言来开发特殊目标GIS工具成为可能，这类程序设计语言可以独立于主程序进行编译和运行（单机）。同时，Internet开发工具已经走向成熟，能够开发出相当复杂的基于GIS的程序让用户通过World Wide Web进行使用。

- 通信驱动的DSS

通信驱动DSS强调通信、协作以及共享决策支持。简单的公告板或者线程电子邮件就是最基本的功能。组件比较FAQ（常见问题解答）定义诸如“构建共享交互式环境的软、硬件”，目的是支撑和扩大群体的行为。组件是一个更广泛的概念——协作计算的子集。通信驱动DSS能够使两个或者更多的人互相通信，共享信息，以及协调他们的行为。GDSS是一种混合型的DSS，允许多个用户使用不同的软件工具在工作组内协调工作。群体支持工具的例子有：音频会议、公告板和网络会议，文件共享，电子邮件，计算机支持的面对面会议软件，以及交互电视。

12.2 政府决策支持系统应用

政府管理的核心之一是政府决策，政府信息来源更广泛、数量急剧增加，如何对这些海量信息进行及时有效的处理关系到政府工作的效率和效能。政府决策离不开政府决策支持系统的支持，政府决策支持系统基于政府的数据库、模型库、方法库系统上，利用数据分析、数据挖掘、知识仓库等技术完成支持决策过程，它是一个政府决策支持的工具。决策者在决策过程中通过人机交互从计算机中存取信息和知识，并且选择方案。政府决策支持系统能够为政府决策人员提供各种决策信息、知识以及许多政府问题的解决方案，还可以根据模型库的运用，如经济运行模型等，对未来进行科学的预测，从而提高决策的质量和效率。

12.2.1 政府决策支持系统的结构①

(1) 政府决策支持系统的组成部分

政府决策支持系统主要由政府数据仓库（GDW）、政府联机分析处理（GOLAP）、政府数据挖掘（GDM）、政府模型库（GMB）、政府专家系统（GES）等技术和方法支撑起来的，并通过人机接口实现决策者与机器的交互，完成决策过程，如图 12-4 所示。

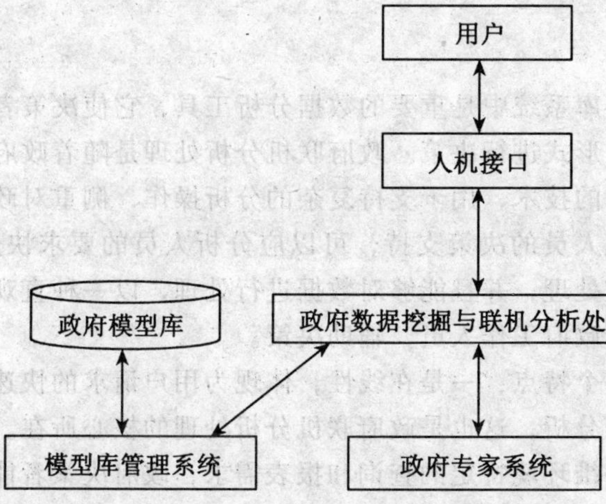

图 12-4 政府决策支持系统的组成

①政府数据仓库

数据仓库是大量的、面向主题的数据集合，具有支持决策的功能，数据仓库中的数据单元都是稳定的，与一定的时间相关联。政府数据仓库能够实现对决策主题数据的存储和综合及时间趋势分析。作为政府决策支持系统的重要组成部分，它为政府决策支持的分析处理提供以下服务：

- 数据提取

根据政府的需求，从联机事务处理数据库中抽取分析所用的政务数据，在抽取过程中，对原始数据进行分类、求和、统计等处理。

① 杨路明，等编著．电子政务［M］．北京：电子工业出版社，2007.

• 数据筛选

在抽取过程中，完成数据的选择，将不合格的原始数据去掉，并根据政务需求，对缺损的数据加以补充。

• 数据查询

数据仓库保存大量的主题数据和历史数据，可以对数据仓库进行访问，对保存的数据进行查询和分析。对数据仓库的查询经常需要使用多表连接、累计、分类和排序等操作。

• 数据组织

采用多种存储模式，解决海量数据存储和按照主题、粒度划分的数据组织问题。

②政府联机分析处理

联机分析处理在数据仓库系统中是重要的数据分析工具，它使决策者从多方面和多角度、以多维的形式进行决策。政府联机分析处理是随着政府数据仓库技术发展而发展起来的技术，用于支持复杂的分析操作，侧重对政府内部的分析人员和高层管理人员的决策支持，可以应分析人员的要求快速、灵活地进行大数据量的查询处理，并且能够对数据进行处理，以一种直观易懂的形式将查询结果提供给政府工作人员，辅助决策。

政府联机分析处理有两个特点：一是在线性，体现为用户请求的快速响应和交互式操作；二是多维分析，这也是政府联机分析处理的核心所在。政府联机分析处理能够实现多维环境特定的查询和报表需求，政府决策者能够灵活地处理政府的内部数据，从多方面和多角度、以多维的形式来了解和观察整个社会的状态和变化情况，进行科学合理的决策。

③政府数据挖掘

数据挖掘是从实际应用数据中提取隐含在其中的潜在的有价值的知识和信息的过程，数据挖掘方法是由人工智能、机器学习的方法发展而来的，结合传统的统计分析方法、模糊数学方法及科学计算可视化技术，以数据库为研究对象的方法。数据挖掘得到的知识表象形式，主要有四种：规则、决策树、浓缩数据、公式。

政府数据挖掘是从数据仓库保存的大量的政府数据中，抽取潜在的、有价值的信息和知识的过程，挖掘用户所需要的各种规则、趋势、类别、模型等，是深层次的数据分析方法。政府数据挖掘系统包括规则生成子系统和应用评估子系统两个部分。规则生成子系统主要完成根据政府数据仓库提供的历史数据，统计、产生相关规律，并输出相关结果；应用评估子系统可以理解为系统中的挖掘代理程序，根据生成子系统产生的规则按照一定的策略对数据进行分类预测，通过系统的任务计划对数据产生评估指标。

④政府模型库

模型库是提供模型存储和表示模式的计算机系统，是在计算机中按一定的组织结构形式存储多个模型的集合体，包括模型提取、访问、更新和合成等操作功能。模型库和模型库管理系统相结合构成模型库系统，主要有三方面的功能：模型的存储管理、模型的运行管理、支持模型的组合。

政府模型库及其模型库管理系统是政府决策支持系统的核心。政府模型库是根据政府要解决的问题集合而建立的，能够实现多个广义模型的组合辅助决策。一般情况下包括：宏观经济调控决策模型、固定投资控制决策模型、产业支持决策模型、异常情况决策模型等。

⑤政府专家系统

专家系统是一个具有大量的专门知识与经验的程序系统，应用人工智能技术和计算机技术，根据某领域一个或多个专家提供的知识和经验，进行推理和判断、模拟人类专家的决策过程，以便解决那些需要人类专家处理的复杂问题。简言之，专家系统是一种模拟人类专家解决领域问题的计算机程序系统。

政府专家系统是指模拟人类专家解决政府问题的计算机系统，它能够利用知识推理进行定性分析，为政府决策提供强有力的支持。政府专家系统能够避免周围环境的影响，不受时间和空间的限制，能够高效、准确、迅速地不停工作，总结各领域专家的专业知识和经验，广泛有力地传播专家的知识、经验和能力，更好地支持政府决策。它具有以下特点：

- 启发性

它能运用专家的知识与经验进行推理、判断和决策，能更好地认清政府面临的问题，并提出科学、专业的解决方案，提高决策的科学性和合理性。

- 透明性

它能够解释本身的推理过程和回答决策者的问题，以便决策者能够了解推理过程，提高对政府专家系统的依赖性。

- 灵活性

它能不断增长知识，接收来自政府内部和外部的有价值的信息和知识，并能够对原有知识进行修改，不断更新知识库。

(2) 政府决策支持系统的主体

从政府决策支持系统的组成以及组成部分的相互关系，可以看出政府决策支持系统包含了三个主体：第一个主体是政府模型库系统和政府数据库系统的结合，它是政府决策支持的基础，为决策问题提供定量分析的辅助决策信息；第二个主体是政府数据仓库和政府联机分析处理，它从政府数据仓库中提取综合数据和信息，这些数据和信息反映了大量数据的内在本质；第三个主体是政府数据挖掘技术和政府专家系统的结合，政府数据挖掘技术从政府数据库和数据仓库中挖掘知识，并将其放入政府专家系统的知识库中，由进行知识推理的专家系统达到定性分析辅助决策。

这三个主体既可以相互补充又可以相互结合，系统可以根据实际问题的模型和复杂程度决定采用单个主体辅助决策，还是采用两个或是三个主体的相互结合辅助决策。利用第一个主体的辅助决策系统就是传统意义下的决策支持系统；利用第一个和第三个主体相结合的辅助决策支持系统就是智能决策支持系统；利用第二个主体的辅助决策支持系统就是基于数据仓库的决策支持系统；将三个主体结合起来，即利用“问题综合和交互系统”部件集成三个主体形成的综合决策支持系统，是更高形式的决策支持系统。

12.2.2 政府决策支持系统的功能①

政府是拥有信息量最多的部门，如何对这些海量政务信息进行及时、准确地处理直接关系到政府决策，影响到政府的形象。政府决策支持系统作为政府决策的主要工具，具有转变政府决策方式、促进政府重组、提高决策者素质等基本功能。除此之外，还能够实现政府管理创新、处理突发事件等特殊功能。

（1）政府决策支持系统的基本功能

①整合决策依据，实现决策支持

随着各级政府信息系统的建立和完善，政府在日常业务中处理的信息量以几何级数增长。由于各行业和各部门的业务对象迥然不同，所以信息不仅仅内容上差异甚大，而且有不同的格式和模板。要在这种信息海洋中滤掉信息中的杂质，继而归纳出系统性的知识，会带来巨额的工作量。决策支持系统中所结合的海量数据库等计算机技术，正是解决这一问题的理想方案。DSS 技术的优势不仅在于计算速度比人快，更在于它能够将自然语言形式的信息通过形式化的方法转化为计算机可以识别和使用的方式，从而能以更为严谨的逻辑方式对信息进行推理，并得到其中系统性的知识。

① 杨路明等编著．电子政务［M］．北京：电子工业出版社，2007.

虽然很多政府业务涉及的模糊决策问题，通常被认为无法进行确切推理，只能依靠经验和主观判断来进行决策，但是模糊推理技术和不确定推理技术可以在一定程度上解决这一问题，这就使得更多的政府决策问题可以借助政务 DSS 技术来得到解决。

②组织决策信息，提供公共政策品质

决策支持系统可以运用存储于数据库中大量加工处理过的信息，通过计算机系统进行定量计算、定性分析及风险预测等，然后建立各种可行方案的模型，并由决策者综合各方面的要求，做出理性判断，选择最优方案。这种决策过程是现代政府决策中较为基本的模式，它用科学的手段和工具提高了政府决策和公共政策的水准和质量。

③转变决策方式，促进政府重组

决策支持系统成为决策过程中不可或缺的一部分，这大大改变了传统单一、主观的决策方式，朝决策科学化的道路上迈进了一大步。同时决策支持系统的有效运作需要有与之相适应的组织结构和运作方式，从实践来看，伴随着电子政府的建设，决策支持系统引入政府，打破传统政府地域、部门、层级的局限，将迫使政府组织和职能的重组。那些已被计算机系统所取代的手工劳动方式的去除，决策方案的计算机模拟代替漫长的人工求证方式的产生等，都大大提高了政府工作的效率。

④提高政府人员素质，改善决策者知识结构

决策支持系统的良好运行，需要有大批懂技术的专业工作人员进行开发利用和维护，因而需要大量既懂现代信息技术又懂管理的复合型人才。可以设想在决策支持系统广泛应用于政府决策过程中时，政府工作人员的整体素质会有很大提高，同时决策者在利用决策支持系统进行决策时，改变了自己原有的单一知识结构，通过决策支持系统提供的多种方案，以及从各方面对其可行性的论证中，思维向度增多，知识结构合理化。

⑤完善政府信息系统，推动电子政府建设

政府的信息系统建设是个庞大的系统工程，它分为不同的层次，而决策支持系统在信息系统中处于较高层次，因而决策支持系统的引入和逐步完善成熟，是政府信息系统过程中的一个重要里程碑，同时也使得电子信息技术为依托的电子政府迈上了更高的台阶。

与传统的主要依靠个人经验和直觉进行主观判断的决策方式相比，引入决策支持系统的现代政府决策过程更复杂、更科学，也更能提高决策的可靠性。

（2）政府决策支持系统的特殊功能

政府不同于企业，它是为公众提供服务的机构，作为一个特殊的实体，政府的特殊性决定了政府决策支持系统的特殊性。政府决策支持系统除了以上基本功能外，还具有以下特殊功能：

①实现政府管理创新，推动电子政务进程

政府管理创新是指政府机关不断根据经济与社会发展的需要及外部环境的变化，重新整合各种资源要素，以适应、满足和引导社会发展需求，从而达到政府管理与政府服务水平的最优化。政府管理创新既是我国社会主义市场经济发展的需要，也是政府自身改革与发展的必然趋势。政府管理创新具有“四全”特征：

- 全员性

政府管理创新需要政府员工共同参与，只有这样才能取得成效并得以长久，否则难以成功。

- 全方位性

政府管理创新是全方位、多层次的创新活动，需要政府的各个部门及各个管理子系统协调运作，步调一致。

- 全过程性

政府管理创新的范围是全过程的，要求政府工作的各个阶段及各个环节均要创新。

- 全面效益性

政府管理创新在提供政府管理与政府服务水平的同时，还表现为政府人员素质的提高及新的观念、新的理论、新的方法和由此组合产生的新思想与新文化、新的管理制度的产生等社会效益。

管理创新必将推动电子政务发展进程，因为电子政务不是一般意义上的新技术运用或革新，而是更高层次上的政府管理革命，它对政府管理方式、沟通方式及决策方式都产生了直接的影响。

②有助于政府及时处理突发事件

在我国经济社会发展突飞猛进的当代社会，各级政府经常面临各种不同类型的突发应急事件，迫切需要建立一套基于电子政务应用横向整合的危机处理机制。在危机发生后，可以迅速启动，以保证政府的有效指挥和社会生产生活的正常运转，从而把危机可能造成的损失降至最低。

突发事件的管理有两种决策模式——突发事件前决策和突发事件中决策。事前决策需要多方参与，在时间允许、信息充分的情况下，应当集体参与，做出最优决策。事中决策的程序会受到环境限制，可能用“次优的”和“满意的”代替“最优的”决策，但要选择尽量好的。

当发生突发应急事件时，政府决策支持系统能够立即启动突发事件应急处理决策指挥系统，帮助政府领导对决策任务尽快做出决定。决策支持系统避免了群体思维单一和个人主观盲目的决策，通过集中式决策研讨平台组织政府内部与外部专家，在突发事件限定的时间内，快速分析研讨决策目标、决策准则、资源条件、决策问题及决策方案，尽快进入机体指挥决策。

③实现政府信息化，推动国家信息化建设

以政府信息化带动国家信息化，是推进信息化建设的一个创造性举动。政府决策支持系统的建设与政府职能转变相结合，通过公共网络构造的决策支持模式，可以提高政府的办事效率和管理水平，特别是要针对群众最关心的问题，应用决策支持信息技术，增强为民办事的透明度和公正性，避免暗箱操作。这对于加快政务公开和廉政建设，具有十分重要的意义。因此，决策支持系统的建设将加快电子政务的建设，而电子政务建设对我国信息化建设的全局具有重大推动、引动和示范作用，它将带动相关领域和地区的信息化建设，推动城市信息化、企业信息化和社会信息化。

12.2.3 决策支持系统在政府中的应用①

由于DSS在实践中对解决决策问题，特别是对于复杂系统和问题的求解具有重要作用和意义，所以受到各国政府和各管理层的重视。经过30多年的发展，在理论探讨、系统开发和实际应用诸方面取得了令人瞩目的进步。在我国，该领域的研究也特别活跃，其应用最广泛的领域是区域发展规划，形成了我国决策支持系统应用开发和研究的许多重要成果。

（1）国家宏观经济管理和政府公共管理DSS

从20世纪80年代开始，我国政府投巨资对国家经济信息系统（SEIS）进行开发，以支持宏观经济管理。该系统包括分布于全国各省、市、乡村的100多个相对独立的子系统，用于评估和比较不同区域或整个国家的社会、经济和生态系统指标，模拟、预测发展趋势并分析政策所产生的影响。同时，许多不同层级的政府公共管理部门也开始开发DSS以支持它们的工作和决策，如税务管理、劳动就业、产业管理、城市环境管理、土地管理等，

① 田军，葛新红，程少川，汪应洛．我国决策支持系统应用研究的进展［J］．科技导报，2005（6）：71-74.

这些应用为DSS的发展提供了机遇并产生巨大的影响。该领域的主要应用如表12-1所示。

表12-1　　决策支持系统在政府中的应用

类型	内容	特点	典型应用	应用状况
宏观经济	评估和比较区域社会、经济和生态系统指标；模拟并预测发展趋势并分析政策产生的影响	智能化、综合化、可视化的信息管理与组织；模拟分析、预测和评价模型	山西省发展DSS；安徽省GODSS；辽宁省PADDS；湖南经济发展DSS；陕西SES-DSS	逐步开发，部分已投入使用
区域发展	就业信息、消费品交易价格和灾难等信息的查询；辅助农业决策和预测经济危机	采用人工神经网络（ANN）预测模型	北京区域经济BSS；区域经济社会发展DSS；郊区经济发展DSS	已投入使用
税务管理	税收管理、数据分析、税收预测、税赋核查等	利用AI和ANN分析和预测税收	智能税务DSS	21个省73个城市投入使用，占国家总税收的30%
劳动就业	存储所有大城市的劳动就业信息，支持政府微观调控	信息存储，统计、预测、模拟，指标控制	城市劳动与就业DSS	全国建立5个大的信息数据库
产业管理	帮助政府管理主要的产业群	使用投入产出模型	产业结构调整DSS	北京水资源消耗综合指数
环境管理	城市环境信息、监督和控制环境发展趋势、分析环境政策	地理信息系统（GIS）和动态仿真，多媒体	城市环境管理信息和决策支持系统（上海）	环境质量 & 效应 & 参数与政策
土地管理	城市土地信息，土地利用规划，商业用地价值评估	GIS，规划与决策模型，数据仓库技术	全国土地动态监测DSS、城市地价评估与规划DSS	土地规划和开发利用决策

（2）水资源规划和防洪防汛 DSS

我国的南方洪涝灾害频繁，国家各级政府和机构一贯对防治洪涝灾害十分重视。与此同时，我国北方的大部分地区又干旱缺水，水资源的合理规划利用与调配，也一直是国民经济发展中急需得到关注的问题。在 20 世纪 80 年代中期，国内学者开始将决策支持系统的方法应用于水资源规划和管理。到目前为止，在该领域已有许多成功的应用，主要包括以下 4 个方面：水资源数据库系统用于收集水资源数据以进行综合管理和识别，用于防止或控制洪水、供应城市需求和农业灌溉等；防洪预报与预警系统能根据洪水预报迅速计算不同防洪调度方案的后果，供防汛决策者进行方案选择，如长江防洪决策支持系统、黄河防洪 DSS、基于卫星遥感的河道防洪信息系统、浙江省防洪决策支持系统等；水资源规划与调度系统包括一个装有上百万数据的数据库、一个由概念化模型组成的模型库系统和灵活方便的人机交互系统，可帮助决策者对水资源规划中的决策问题进行辅助决策，如联合国开发计划署（UNDP）资助的华北平原地区水资源规划，采用微观经济模型和系统仿真模型，已扩大应用到全海河流域；黄河管理委员会建立的决策支持系统，可对黄河水资源利用规划方案及水分配政策做出科学的选择；水资源管理调度系统根据各地区水资源分配的不平衡状况，应用于一些跨区域的大型项目，如天津滦河引水项目中水库群调度、丹江口水库优化调度、三峡工程 DSS、南水北调中东线工程中的水资源规划 DSS，以及城市供水仿真 DSS 等。

（3）产业与行业管理 DSS

我国属于农业大国，所以对农业生产中的节水、农田管理和耕地规划等问题的研究历来受到重视。农业节水 DSS 由水资源分析计算、农业灌溉水优化利用、节水灌溉工程选择与评价、农业节水信息咨询等 4 个子系统组成，可优化水资源消费结构并改善灌溉的效率。山西省使用的农田管理 DSS 通过使用遥感和全球卫星定位系统监测农田，以支持农业可持续发展。土地资源微观调控计算机辅助决策系统可以有效地解决了土地利用规划中耕地控制的问题。在森林产物管理方面，植物管理 DSS 可通过模糊模型鉴定种子，执行决策仿真。

针对我国近海渔业资源的可持续利用，外海渔场的开发及我国海洋专属经济区、中日和中韩水域管理的需求，“863”计划设立专题开发海洋渔业和地理信息决策系统。该系统将遥感、地理信息系统、全球卫星定位系统和专家系统等技术综合应用于海洋渔业，开发了基于规则的模型自动拟合选择资源的评估系统，成功地应用于东海区主要经济鱼种的资源量评估及可能鱼获量预报，对全面规划渔业生产、合理开发海洋渔业资源、促进海洋渔业的可持续发展、辅助国际渔业谈判发挥了决策支持的作用。

（4）生态环境控制管理 DSS

生态环境建设与可持续发展问题，已经成为国家在制定经济发展政策方面需考虑的重要问题，在这方面应用决策支持系统是非常有发展潜力的。森林和生态系统智能 DSS 可帮助用户在一定区域中制定森林结构保护决策。国家“863”计划中针对西部地区生态系统保护开发的 DSS 可以综合评价影响生态系统的因素，分析政策的影响力，对促进西部地区生态系统及可持续发展发挥了积极的作用。环境地质与化学管理信息系统，采用环境模型，将地理信息系统与统计方法相结合，并通过专家系统进行分类分析，以便对环境的改变进行研究，并提供决策支持。

（5）金融与投资决策 DSS

DSS 在金融与投资领域的典型应用如表 12-2 所示。

表 12-2　**DSS 在金融与投资领域的典型应用**

应用类型	应用领域	主要功能	特点
项目投资决策	房地产投资	投资收益、组合投资策略、筹资方案及成本、期定房价等	采用技术经济模型
	工业企业投资	扩建、新产品开发、设备更新	采用智能化部件
	港口投资	投资方式与投资规模	事例库和知识库
	石油工业投资	预测、决策与评价	与专家系统结合
	农业投资	农业空间投资分配决策	GPS，GIS
	风险投资	投资风险、投资额、预期收益	与专家系统结合
	项目投资 DSS	投资经费划分与收益分析	数据仓库技术
证券投资分析	公共投资 DSS	进款分析和股票筛选	Web 技术
	股市分析系统	优化投资组合	数据挖掘
金融预警	金融预警系统	宏观经济金融预警	建立评价指标体系
	金融决策	金融风险分析、宏观调控策略	数据仓库、数据挖掘
银行管理	银行安全评价 银行决策支持系统 筹资决策支持系统	负债管理，危机预警，风险运营监控，客户信用评估等筹资决策分析	数学模型 三库系统 推理机

（6）企业生产运作 DSS

面向企业的 DSS 分为以下两种类型：一种是针对特定行业的业务模式而制作的 DSS，如针对证券业务的 DSS 和应用于水电企业的 DSS 等；另一种是针对企业运作中的某一方面，如财务管理、营销管理或人力资源管理等开发的 DSS。企业可以根据其实际情况选用不同的 DSS 或将多个 DSS 集成。表 12-3 列举了一些 DSS 在企业中的应用实例。

表 12-3　　**DSS 在企业中的应用**

类型	开发与应用	内容和特点
跨国公司 DSS	跨国公司 GDSS	支持跨国企业运作管理，促进国内企业的国际化进程
财务会计 ADSS 生产计划	天极发展信息公司 大庆炼油企业管理 长沙烟厂管理	模型与用户共同驱动 使用线性规划模型制订生产计划
人力资源管理 营销管理	安利芳服装公司 中都企业大厦	统计过程控制 产品定价、促销、客户分类及物流模式选择
客户关系管理	朋华证券公司 北京汽车销售公司	分析顾客特点、检查客服质量
金融管理 组织管理	上海电力公司 为小型制造企业开发的组织管理 DSS	管理公司金融信息，控制现金流 许多香港公司将生产移到国内，在香港保留支持部门，该 DSS 试图解决生产计划和控制的集成问题
农村水电企业	农村水公司运作管理	价格管理、电流规划管理和负荷平衡

12.3　政府的知识管理与决策支持

在知识经济时代，政府的知识资源是政府极其重要的财富和发展的推动力量。政府作为信息资源的最大拥有者，需要在巨大的信息量中筛选出有价值的信息，并进行深度挖掘和加工，实现信息共享，为企业和公众提供服务。面对激烈的市场竞争，政府只有加强管理创新，提高知识管理水平，增强政府的学习能力，促进知识共享，才能使政府的知识资源得到有效开发和充分利用。知识管理与电子政务相结合，建立知识型政府，是转变政府职能，提高政府决策效率的重要途径。

12.3.1 政府的知识管理

（1）政府知识管理内涵

知识管理，是对一个组织所拥有的和所能接触到的知识资源进行识别、获取、评价，从而使其充分有效地发挥作用的管理过程。知识管理的核心是对知识的开发、管理与利用。

从知识的角度看，任何组织都可以看成是一个知识处理系统，不断与外部环境进行知识交换。政府作为公共行政管理组织，其自身必然存在知识管理问题。政府知识管理就是政府对其所拥有的知识资源进行管理的过程，它是对与政府组织运作相关的知识、经验和技能进行捕获并分布到组织内的各个节点，以提高组织的决策能力和运行效率。它的核心是对政府知识流的管理、开发与利用。

从管理对象来看，政府知识管理可分为狭义和广义两种含义。狭义的政府知识管理是指对政府知识本身的管理，即对知识的收集、加工、存储、传播、应用、创新的管理。广义的政府知识管理不仅包括对知识本身的管理，还包括对与知识有关的各种有形资产和无形资源的管理，涉及组织结构、知识设施、知识活动、国家公务人员、文化氛围、规章制度等全方位和全过程的管理。

从管理范围看，政府知识管理也可分为狭义和广义两种含义。狭义的政府知识管理是指政府部门内部的知识管理，广义的政府知识管理则是指对政府部门内部和社会整体的知识管理。

从涉及的层级结构来看，政府知识管理可分三个层次，即宏观、中观、微观。宏观层次的政府知识管理是一种战略性管理，由相关中央国家机关部门运用经济、法律、技术和必要的行政手段加以实施，主要通过宏观层次的有关政策、法规、条例等进行组织、协调知识资源的管理活动，以使政府知识资源在保证国家主权和安全的前提下，按照国家宏观调控的目标得到最佳配置和有效利用。宏观层次的政府知识管理主要任务是从总量和总体结构上组织和协调知识资源的开发和利用活动，它具有全局性和整体性，要求国家知识资源的开发利用要有统一规划、步调一致。中观层次的知识管理是指某一地区或部门的知识管理，它是通过制定地区或行业性政策法规和管理条例，组织和协调本地区或部门知识资源的开发利用活动，以及与其他地区或部门的知识交流，使本地区或部门的知识管理活动在总体上与宏观层次的知识管理活动相协调，同时能更好地与本地区或本部门的客观实际相符合。它的主要任务是在本地区或部门内协调和组织知识管理活动，具有明显的地域性和部门性。微观层次是最基层的政府知识管理，由各级政府部门组织实施。主要任务是结合自身职能，了解知识需求，开发知识资源，以知识服务于本部门的各项职能活动。在这三个层次中，宏观和中观知识管理是微观知识管理的前提，微观管理是宏观和中观管理的基础，不同的管理层次包括不同的内容。

（2）政府知识管理模型①

美国管理学家迈克尔·波特（Porter）认为，组织每项活动都是创造价值的活动，组织中所有互不相同但又相互关联的活动，便构成了创造价值的一个动态过程，即价值链。政府知识管理的实质就是对知识价值链进行管理，政府内部的知识在动态中不断增值。从知识的生命周期角度出发，将知识管理分为知识的识别、获取、分类、存储、传递、共享及知识价值的评价等环节，在这个知识链上形成一条知识流，围绕这些节点对知识资源的有效管理形成政府知识管理模型，如图 12-5 所示。

①知识的识别

知识识别是知识管理的第一步，从知识论的角度，知识分为显性知识和隐性知识。政府知识管理首先要明确解决问题所需要哪些知识，即对知识进行识别，只有清楚了解所需要的知识是什么，才能进行知识的处理与评估。电子政府所需要的知识可能有：关于政府职能、行政管理等事实方面的知识，如政府的管理职责、服务范围、行政规章和制度等；关于为什么的知识，如为什么要通过网上申请和注册、为什么制定电子化政策；关于怎么做的知识，即在行政决策、行政执行、行政活动中的技艺或能力，如行政领导和公务员针对网络环境及时决策的技能；关于谁掌握更多的知识，即在行政管理实践中知道出了问题应该请教谁。

②知识的获取

知识获取是指从组织外部获取知识，并使之变得易为组织所用。电子政务中的知识获取途径可以通过数据库、上网、网络论坛、BBS、BLOG、远

① 苏新宁，等编著．电子政务技术［M］．北京：国防工业出版社，2003.

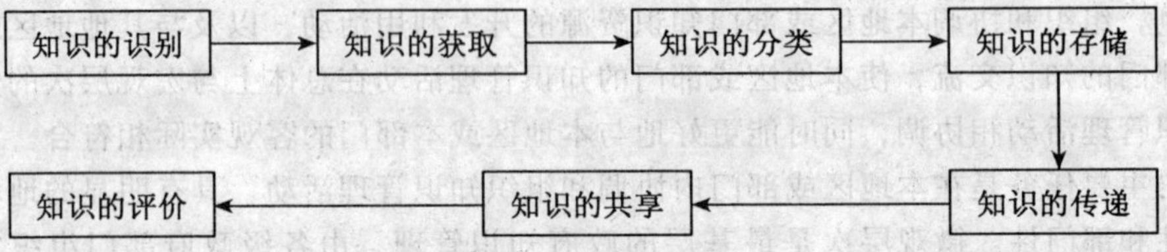

图 12-5　政府知识管理模型

程教育、搜索引擎、网络数据挖掘等。电子政务中的知识管理就是对政务活动中所需的知识与技能进行捕获，不必关心这些知识和技能是存在于计算机的数据库中、流动在网络上还是存在于服务器里都可以轻松获取，以帮助政府实现最大效率和科学决策。

③知识的分类

知识分类，是有效运用知识的基础。通过对已获得的知识进行分类，并存放在知识库中，能更有效地获取知识。在电子政务活动中产生海量的、纷繁复杂的知识，要想在行政工作中快速地检索到所需要的知识，提高知识查找效率，就需要对相关知识按其内容、用途进行科学的分类，方便统计、储存、检索，而且还可以通过合并和分解来进一步研究发现有用的知识。

④知识的存储

知识存储是指采用安全、高效、方便的存储技术将知识保存起来，使之便于政府工作人员使用和为民服务。在电子政务运行过程中，政府工作人员可以通过文件、报表、电子邮件、Web 页面获得大量的信息，但如果没有有效的工具将这些信息转化为知识并保存起来，其结果必然是政府虽然拥有大量的信息，但是当决策者需要查找某些信息资料时要花费很多时间甚至找不到合适的信息。所以，实施电子政务需要整合政府信息资源，按照统一标准的形式将挖掘的信息存储到相关知识仓库中。例如，各级政府部门将各种行政管理、突发事件处理的经验保存在行政案例只是数据库中，当遇到类似问题时，只要联机一查，就可以发现问题的症结所在及解决的方法。不仅能提高政府工作效率，还能提高社会公众对政府的信任，政府的威信和形象也可得到进一步的提升和加强。

⑤知识的传递

知识传递是指通过网络将不同机构和公众保存的信息进行传播、交流和应用，为各部门行政管理工作服务。知识传递是知识共享的基础和前提，基于互联网的电子政务为知识传递提供了硬件和软件的保障，能最大限度地使信息和知识在交流过程中得到融合和升华，使知识交流者得到启发和提高，并且不受时间和空间的限制。数字化的政府知识管理使得信息在整理、归类、检索、统计上都十分方便，最大限度地实现了知识资源的共享和交流。

⑥知识的共享

知识共享是指电子政府内部的信息和知识要尽可能公开，使每一个工作人员都能够接触和使用其他人员提供的知识和信息。知识共享利于知识增值，将管理的创新理论、行政管理经验、典型事例等进行数字化、网络化，并对其进行有序的组织和规范整合，使之成为部门协作、人员沟通、领导决策可共享的知识资源。电子政务数据挖掘的知识必须通过共享来保证其得到有效的利用，并不断地在使用中进行知识更新。要注意的是，在知识共享的同时，应针对不同用户的级别和权限，设定共享范围与内容，保证政府信息的安全。

⑦知识的评价

知识评价是对知识价值的鉴别，得到知识管理和使用过程的反馈信息，判断在经过识别、获取、分类、存储、传递与共享等一系列环节后产生的效益。在电子政务实施过程中，对知识的价值评价可以通过社会效益、经济效益、管理效能等几个方面来进行。如果评价结果有利于政府工作的开展，那么政府将在这样的知识环境中有序的运转；如果评价结构不利于政府工作的开展，那么政府要对管理模式和方式进行调整，使之更加科学合理。通过评价过程，可以更新知识库，提高行政能力和效能。

基于电子政府环境下的政府知识管理是一种新的管理理念和管理方法，对于促进政府职能的转变、提升政府效率和形象等多个方面起着重要的推动作用。

12.3.2 建立学习型政府①

(1) 学习型政府的理论来源及内涵

学习型政府源于学习型组织，是将学习型组织管理理论运用于政府的管理活动之中，从而对传统政府的管理模式和管理方法重新进行定位和调整，实现向现代化政府的转变。

美国学者彼得·圣吉（Peter M. senge）在《第五项修炼》中首次提出

① 陈恩平．学习型政府建设之研究［J］．工会论坛，2009（5）：19-20.

学习型组织的概念，他指出："所谓学习型组织，是指通过培养弥漫于整个组织的学习气氛、充分发挥员工的创造性思维能力而建立起来的一种有机的、高度柔性的、扁平的、符合人性的、能持续发展的组织。这种组织具有持续学习的能力，具有高于个人绩效总和的综合绩效。"尽管众多学者的理解有所不同，但无论哪种流派都强调组织内部竞争力的开发与培养，着眼于使组织内部形成竞争中的某种优势。

所谓学习型组织，就是能够积极主动地、持续高效地进行组织学习，不断完善组织运作方式，提高组织运作效率，从而获取组织成功的组织。这种组织通过培养弥漫于整个组织的学习氛围和采取适当的组织学习方式，充分发挥员工的积极性和创造性思维能力，克服组织学习的障碍，取得可持续的组织发展和成功。

学习型组织作为一门现代管理理论一开始便运用于企业中并取得良好的效果，在世界排名前 100 名的企业中，已有 40% 的企业正在建设学习型组织。同时，在运用过程中，学者们也渐渐发现其不仅适用于企业，同样也有助于政府的管理。由此，学习型组织的理念便引入政府管理当中。

学习型政府是指通过建立完备的学习机制，营造良好的学习氛围而形成的，善于获取知识、传播知识、创新知识，进而自觉利用知识于行政中，最终建立新型的服务性政府组织。具体来说，学习型政府的内涵包括以下内容：

①学习型政府的本质在于它是一个全新的理念，是现代政府的一种管理理论，而不是一种简单的学习方式，政府组织在学习中改革，在学习中管理，将学习放在政府管理的核心位置。

②学习型政府要求全员学习、团队学习，即各层级都要全心投入学习，尤其是管理决策层。学习型政府不但重视个人学习和个人智力的开发，更强调团队学习和群体智力（或称作组织智力）的开发，从而达到知识的组织共享和知识创新。

③学习型政府具有浓厚的学习氛围，人人有强烈的学习意识和自觉性。与传统政府管理模式相比，学习型政府不是靠组织内部严格的等级权力结构和行政命令来控制、影响、支配、领导下属，而是侧重于依赖政府成员的自主性、自觉性，依赖与组织内部相对稳定的运行机制，靠政府成员之间互相协作、学习和彼此激励，发挥成员的共同智慧，来更好地发挥政府的职能。

（2）构建学习型政府的影响因素

通过对学习型组织障碍因素的研究分析，在实践中可以发现学习型政府同样具有心智、体制、方法等方面的障碍，具体表现为：

①心智障碍

心智障碍即意识形态障碍，对于政府组织来说，则表现为在政府的体制中思想僵化、墨守成规、缺乏实践的教条主义和经验主义。这一障碍对政府体制改革和机制优化方案的创新人为地设置了许多禁区，使得学习型政府的理念得不到认同和实施。

②体制障碍

体制障碍，主要是政治与行政体制中纵向线性组织机构不合理。传统的政府组织结构中间管理阶层十分庞大，且权力高度集中，呈金字塔的形状。这样的政府组织僵化、呆滞、缺乏活力，必然会阻碍其成员的共同学习，无法发挥所有组织成员的热诚、能量和创造力，也就无法构建真正的学习型政府。

③方法障碍

方法障碍，即指学习型政府赖以建立的系统理论知识贫乏且系统方法掌握得不好。到目前为止学习型政府的建设仍缺乏理论指导和实践。通常都是直接运用建立学习型组织的方法，虽然学习型组织在企业有很好的效果，但是运用于政府组织具体操作中会出现许多与企业不同的问题，这就需要根据实际的情况采用不同的应对方法，否则便不能达到预期的目标。

(3) 建立学习型政府的对策

彼特·圣吉在《第五项修炼》中提出学习型组织需要开展五项修炼：自我超越（Personal Mastery）、改善心智模式（Tmproving Mental Models）、建立共同愿望（Building Shared Vision）、团队学习（Team Learning）和系统思考（Systems Thinking）。其中，最为重要的是第五项修炼：系统思考。学习型政府作为学习型组织，它的构建也要从以上五个方面入手，将政府管理与知识管理紧密结合起来，转变政府决策方式，提高政府决策能力。具体做到：

①加快改革构建扁平化的政府组织机构

构建学习型政府首先要求再造政府的组织结构，使之与政府组织的学习行为相匹配、相协调。传统的金字塔式政府组织结构不利于各类信息上传下达，影响了政府的学习效率和行政能力的发挥。

依据学习型组织理论，学习型组织是以信息和知识为基础的组织，它的特点之一就是组织扁平化，可见学习型政府要求的管理层次比传统结构要少得多。扁平型的政府组织能够提高政府的学习能力及认识水平，能减少信息传递的失真，增强决策的时效性；能大大减少政府机构和政府人员，提高行政效率，实现“小政府，大社会”的行政管理体制。

扁平型的学习型结构最重要的是减少中间层级，使上下级由从属关系转变为工作伙伴关系。同时，还要分解和细化政府组织，即将原有无所不包的大部门分解成具有相对独立性的若干执行部门，这些执行部门以执行某种公共服务为己任，使学习的范围和目标更为具体、集中而又高效。

②构建学习型政府组织文化

组织文化是组织的一种价值观，指组织在长期的实践活动中形成的并且为组织成员普遍认可和遵循的具有本组织特色的价值观念、团体意识、行为规范和思维模式的总和。它主要是通过共同的愿景、价值观、道德、行为准则等来凝聚人心，共同营造一种积极的、先进的组织氛围，这种氛围包括组织的学习氛围、创新氛围、和谐氛围等。这与学习型组织的理念相契合。

建立学习型政府组织，核心在于扬弃传统官僚制度政府组织的文化，全力塑造学习型政府组织的文化。用学习型政府的文化来孕育组织学习，推进学习型政府的建立。

第一，树立共同的目标。学习型政府组织首先要拥有一个共同的目标，以共同目标为指导，从自身日常工作中去发现问题，将问题加以分类，再提供给其他成员进行学习、分析和研究。鼓励政府成员在共同目标下参与管理，激励政府人员参加团队学习，形成一种风气。同时，共同的目标还能帮助政府培养所属成员主动而真诚的奉献和投入精神，从而取代成员对改革的抱怨以及对领导者个人理想目标的被动服从。

第二，强化团队学习，培养团队精神。在学习型政府组织中，团队是最基本的学习单位，也是最具创造力的单位。政府组织由多个团队构成，其所有目标都是直接或间接地通过团队共同努力来达到，学习能力也是由这些团队整合而成。团队学习通过集体思考，集合组织成员的智慧，能使学习的效果大大超过个体学习。

在政府组织当中，知识分享过程中会遇到的最大问题可能来自政府成员的疑虑和他们之间的不信任感。而构建学习型政府的一个重要前提是成员之间要彼此信任、互相宽容、互敬互重、合作共事。为此，应强化团队学习，培养团队精神，形成一种信任和开放的组织文化，鼓励政府成员对现有的公共管理模式提出质疑和挑战，并倡导他们积极寻求改善途径，使学习型政府的建设实现良性循环。

③建立科学合理的学习型政府运行机制

构建学习型政府，需要结合实际，建立一整套完整的、规范的、科学的机制来保障学习。

第一，营造良好的学习氛围。政府组织的各级领导要高度重视创建活动，推动舆论宣传和导向，形成创建学习型部门的良好氛围。加强对学习型政府建设的宣传，要把建设学习型政府作为一项长期的事关全局的战略任务，纳入议事日程，加强领导。

第二，加强政府成员的培训，提升他们的能力即完善学习型政府的培训机制。培训是开发政府成员人力资源的重要途径，政府应针对不同层次、不同类别的成员设计不同的培训课程。随着网络技术的飞速发展，电子学习已成为组织学习的一种新模式。建设网上学习政府，已成为培训的一种趋势。

第三，建立一整套自上而下的创建学习型政府的激励竞争机制。激励机制就是持续地激发人们的行为动机，使心理过程始终保持在激奋的状态之中，维持一种高昂学习热情的机制。运用激励机制，建立物质、精神奖励制度和职务晋升制度。运用各种有效手段，激发政府成员的学习热情，调动他们的积极性和主动性，发挥他们的创造精神和潜能。建立竞争机制，就是在政府组织中营造竞争的氛围，引导和迫使人们去学习，通过提高自身素质来积极参与竞争。主要措施应包括：确立学习绩效全面考核制度并完善其考核标准细则，将学习成果的大小作为政府成员业绩考核的依据之一，纳入年度考评，根据考核评估结果，对学习突出的政府成员要给予奖励。要注意的是应以精神激励为主，以物质激励为辅。

第四，建立约束监督机制。所谓约束机制，就是通过一系列的规章制度，规范人和组织行为，给予一定的外在压力，以增加人们学习的急迫感，把外在的压力变成内在的学习动力。而监督机制，则是通过社会公众、新闻媒体、社会舆论等对学习型政府进行监督。同时，政府组织内部也应建立相关的监督部门，对各种不利于学习的行为进行整治，对阻碍构建学习型政府的人员给予处分。

第五，完善创新机制。不断创新各层级组织及成员共同愿景、教育体制、教学方式、受教途径、学习内容的手段和举措。要根据形势的不断变化发展，在目标上适时调整共同愿景；要不断创新大众化、个性化的教育体制和教学方式；建立开放式课堂，拓宽受教途径，运用各种手段和方法来接受新鲜的学习内容。

我国构建学习型政府是知识经济的必然产物，是迎接新挑战的必然选择，是时代进步的必然要求。建设学习型政府，不仅对提高行政管理水平和效率，建立适应社会主义市场经济要求的行政管理体制有积极意义，同时是提高行政人员能力的重要途径。

12.3.3 知识管理对政府决策支持系统的作用①

政府知识管理的直接目标是知识创新，包括观念、理论、制度、组织结构、技术等方面的创新，在这些创新中最重要的是用于决策和服务社会的理论、制度等方面知识的创新，因为技术、组织机构等方面的创新只是适应内外环境的手段，最终为政府管理活动提供指导的是理论、制度等方面的知识，这些知识能够直接应用于实践。政府知识管理的最终目标是适应知识经济时代要求，提高政府管理的科学性，促进社会全面进步。

（1）知识管理在政府机关中的应用

知识管理是政府决策支持系统中的重要子系统，它融管理方法、知识处理、智能处理乃至决策和组织战略发展规划于一身。知识管理在政府中的应用体现在以下几个方面：

①知识管理的基础设施，包括知识管理规划组织、知识管理政策制定、网络与知识库等基础设施建设，构建人与人之间的各种交流渠道。

②知识管理与政务流程的融合，即重组工作流程，使政府内部形成流畅的知识链，使国家公务人员有效地获取知识并贡献自己的知识、经验与专长。

③知识管理的技术与系统的开发、运作、维护等，包括文件管理系统、信息管理系统软件、搜索和索引系统、通信和协作系统、专家系统和无形资产评估系统等。

④政府知识识别和存储，即知识需求分析、知识资源调研、知识资源收集、知识资源聚类、知识结构分析、知识内容分析、知识存储等。

⑤知识的获取和检索，即利用各种各样的软件应用工具多策略、多模式、多方法、多层次地检索和获取知识。

⑥知识的传播和共享，即知识成果传播、知识成果吸收、建立有利于知识共享的行政文化、设立专职的知识管理负责人员、建立知识管理的规章制度和鼓励制度等。

⑦知识管理评测，包括知识管理成果评价、知识网络系统评价等。

---

① 濮小金，司志刚，璞琼．电子政务系统建设及应用［M］．北京：机械工业出版社，2009.

（2）知识管理对政府决策支持系统的作用

决策支持系统引入政府决策具有重要的现实意义，政府决策支持系统的建立需要知识管理系统的支持。知识管理系统能够将系统中的每个成员纳入管理范围内，为其提供创新所必需的知识库，通过规定的知识创新步骤、设计好的知识表达的规范格式将每个成员蕴藏的非结构化知识，转化为可以由组织所共享的结构化知识，这就为政府决策支持系统提供了一个良好的创新氛围和技术条件。知识管理对政府决策支持系统的作用表现在四个方面：外化、内化、中介和认知过程。

①外化

外化是以外部储藏库的形式捕获知识，并根据分类框架或标准来组织，将其提供给决策支持系统。外化首先包括一个强大的搜索、过滤与集成工具，从政府的外部知识与内部知识中捕获各种有用的知识；其次是外部储藏库，它按照分类框架或标准组织捕获来的知识；再次是一个文件管理系统，它对储存的知识进行分类，并能识别出信息源之间的类似。

②内化

内化是设法发现与特定需求相关的知识结构。在内化过程中，人们从外部储藏库里提取知识，并通过过滤来发现与知识寻求者相关的知识，并把这些知识呈现给知识需求者。内化能帮助研究者就某一问题或感兴趣的观点进行沟通，并澄清那些与以往通过外化得来的知识相抵触的问题。内化过程强调明确、固定的知识传递。

③中介

中介针对的是那些无法编码存储于知识库中的知识，它将知识寻求者和最佳知识源相匹配。通过追溯个体的经历和兴趣，中介能把需要研究某一课题的人和在这一领域中有经验的人联系起来。同时，中介通过群件产品、政府内部网、工作流和文件管理系统等技术来实现自动化。

④认知

认知是将前三个功能交换得出的知识直接运用于决策支持系统，是知识管理的终极目标。现有技术很少能实现认知过程的自动化，通常都是采用专家系统或使用人工智能技术，并据此作出决策。

知识管理是政府信息化建设基础管理阶段的重要内容，它面向政府的信息传递、公务处理、知识整理、信息发布、知识分享等普遍应用领域，帮助政府工作人员理顺办公流程，消除“信息孤岛”。政府必须加强对知识的管理，利用决策支持系统提高政府决策的效率，为公众提供更优质的服务。

13 “一站式”电子政务服务系统

本章主要内容：

- “一站式”服务的产生与发展
- “一站式”服务的含义与功能
- “一站式”服务系统的架构及技术
- “一站式”服务系统的应用

本章学习要求：

- 了解“一站式”服务的产生与发展
- 理解“一站式”服务的含义与功能
- 掌握“一站式”服务系统的框架
- 掌握信息共享系统及联合审批系统

经过十几年的发展，电子政务已经由开始阶段的政府内部办公自动化向“一站式”服务与联合审批发展。目前发达国家的“一站式”服务已经日趋成熟，而我国由于电子政务起步的时间比较晚，社会发展电子政务的基础比较薄弱，因此，与发达国家比相对滞后，要想建立起有中国特色的电子政务系统，必须大力发展“一站式”电子政务服务系统。

13.1 “一站式”服务的产生与发展①

“一站式”服务一词最早来源于英文的“One-Step Service”，也就是传统意义上的资源外包服务，就是由某一组织充分调用自己各方面的资源，提

① 濮小金，司志刚，濮琼编著．电子政务系统建设及应用［M］．北京：机械工业出版社，2009.

供相关的全套服务。以往，人们如果需要小时工、复印、订票订房、照片冲印、干洗、订餐等方面的服务，都是通过找不同的公司完成的。一个一个地寻找，耗费时间和精力。于是，一种最先萌生在欧美，其后迅速扩展到全球，全面提供各种相关服务的一站式服务理念开始流行。

“一站式”服务从一般意义上讲，是指为了提高效率，在某个指定地点同时完成以往需要多个地点多次完成的服务。“一站式”服务的实质就是服务的集成、整合，既可以是服务流程的整合，也可以是服务内容的整合。最早出现在一些像 IBM、HP 这样的大技术型公司，他们对外提供完整的资源外包服务，提供从技术方案设计、硬件配置、安装调试和后续服务全套服务，全过程只要和一家公司联系，只要签订一份合同，只有一个项目负责人，省去了客户许多的麻烦，这就是一站式服务的雏形。之后，这种服务理念逐步延伸到多个领域，生活服务、技术服务，近年，由于行政服务观念的盛行，“一站式”服务逐渐成为行政服务领域的新宠。

“一站式”服务理念一经引入行政服务体系，很快获得了企业和公众的认可。在以往的行政服务中，申请批准成立公司往往需要二三十个公章，需要反复奔波在各个部门中间，费时费力。而企业和公众期望在任何时间、任何地点，以多种渠道获得自己所期望的服务形式和服务内容，通过各部门交互串通的单一窗口，可以一站完成所需要的服务。

目前，各国的政府部门、政府机构都在力图建立、完善适合自身特点的一站式服务，以公众的需求为出发点，把各政府部门的相关职能整合在一起，通过统一的入口为公众提供服务。如美国的第一政府网站、英国政府信息服务中心、新加坡的电子公民等，为公众提供数字签章、认证、申请等服务。

我国电子政务建设不断发展，最早阶段是办公自动化系统（OA），主要实现政府办文、办事、办会的计算机辅助处理，这是电子政务建设的基础。然后是政府上网工程，政府各部门、各级机构纷纷建立自己的网页，将一些静态的政务信息在网上公布，方便公众查询所需要的政务信息，而不受时间、空间的限制。随着网上政府的建立，电子化公共服务逐步兴起，“一站式”服务成为政府电子化服务发展的新模式。各级政府、机构纷纷建立“一站式”服务窗口，就任意一个具体事项提供不同深度的服务，从办事指南、在线咨询、在线查询、在线下载等办事过程整合在一起，极大地提高了用户的办事效率，如图 13-1 所示。

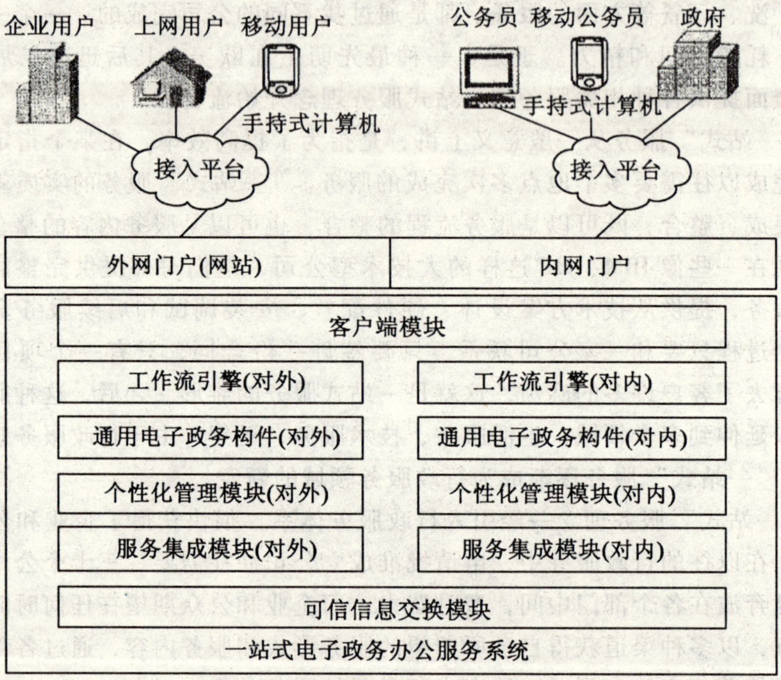

图 13-1　“一站式”电子政务服务架构

“一站式”服务是电子政务中的重要应用，也是展示电子政务作用、加强用户与政府机构交互沟通的重要途径。信息技术尤其是互联网的飞速发展，不仅对经济领域，对整个社会都是一场新的变革。利用先进的信息技术优化和革新原有的工作模式和服务，建设和发展电子政务已经是各国政府在信息经济条件下的必然选择。信息技术的飞速发展正在引发生产和生活方式的变革。在这场变革中，建设“电子政府”已经成为世界各国公共行政管理改革的重要目标。

“一站式”电子政务是电子政府建设发展到一定阶段的必然产物，它对互联网新技术的应用、政府行政管理思想及管理流程的优化、行政服务网络结构、行政服务提供的模式等均提出了新的要求，它要求政府真正以企业、市民为中心，以服务为出发点，而不是以各政府机构为中心，并且要求各政府机构的信息在一定程度上互联共享。

13.2 "一站式"服务的含义与功能①

13.2.1 "一站式"服务的基本思想

"一站式"服务是指为了提高效率，在某个指定地点同时完成以往需要多个地点多次完成的服务。它是一种最先萌生在欧美的服务理念，其后迅速扩展到全球。所谓"一站式"服务其实就是只要客户有需求，一旦进入服务站点，所有的问题都可以解决，没有必要再找第二家。例如，以往人们对于涉及私家汽车的服务，如果需要参观、试驾、购买、装饰、维修、购买零部件、上保险、挂牌照等，都是通过找不同的专业公司完成的，一个一个地寻找耗费时间和精力；但是所有这些服务现在可以在汽车4S店一站完成。

税务机关开展"一站式"服务算是比较早的部门，包括"一窗式"受理、"首问负责制"、12366服务热线等相关服务制度。同时，我国的政务公开工作起步也很早，目前行政许可和部分非行政许可审批事项都实现"六公开"。它们的实施，让纳税人无须在税务征收部门、管理部门、审批部门之间奔波，只需要在服务窗口提供相应的资料，就可以完成整个纳税过程。

再如，目前某些医院为了提高服务水平，纷纷推出新举措，成立了"一站式"服务中心，其目的也是为就医患者提供包括诊前、诊中、诊后的一体化服务，具体包括诊前的提供导医服务，指导患者挂号，指引就诊路线，帮助老弱患者就诊，为行动不便的病人提供轮椅、担架；诊中的电话预约专家门诊，预约特殊检查项目，预约体检服务：诊后的接受药物咨询、检验报告、医疗保健、电话咨询等；此外，它还负责帮助群众排忧解难，听取群众意见和建议，同时负责医保审批、病假证明、疾病证明、体检证明审批等。

13.2.2 "一站式"电子政务服务的定义

"一站式"电子政务是电子政务的重要组成部分，它是指政府公共部门通过网络提供一个有统一入口的服务平台，公民、法人和其他组织只需要登录、访问这个统一的门户平台就可以获得政府的信息和全程的、跨部门的网络化服务。"一站式"电子政务为公民、法人和其他组织提供了一种全新的

① 周贺来．电子政务［M］，北京：中国水利水电出版社，2007.

服务范式：公众或者企业只需要登录电子化政府的门户站点，就可以得到所需要的完整服务，避免了传统方式的烦琐和不便（后台的处理可能跨越不同政府部门或者同一政府部门的不同处室），服务过程对公众完全透明。

随着电子政务的发展，“一站式”服务也开始电子化，如美国的第一政府、新加坡的电子公民等。“一站式”服务是电子政务中的重要应用，也是展示电子政务作用、加强用户与政府机构交互沟通的重要途径。“一站式”服务应以公众的需求为出发点，把各政府部门的相关职能整合在一起，通过统一的入口为公众提供服务。其实质就是服务的集成、整合，既可以是服务流程的整合，也可以是服务内容的整合。

“一站式”电子政务服务的建设目标是整合流程，建立电子政务统一交互平台，以一个开放的、基于标准的电子政务统一应用平台为基础，实现政府各部门之间快速的信息交换和资源共享，并面向公众提供服务。

“一站式”电子政务服务系统是电子政府建设发展到一定阶段的必然产物，它对互联网技术的应用、政府行政管理思想及管理流程的优化、行政服务网络结构、行政服务提供的模式等均提出了新的要求，它要求政府真正以企业、市民为中心，以服务为出发点，并且要求各政府机构的信息在一定程度上互联共享。目前各地方政府部门、政府机构都在力图建立、完善适合自身特点的一站式服务，想群众之所想，把需要审批的事项集中到一个大厅、一个窗口，简化手续，提高政府办事效率。

13.2.3 “一站式”电子政务服务系统的功能

电子政务的“一站式”服务特点可总结为“以网络为工具，以用户为中心，以应用为灵魂，以便民为目的”。“一站式”电子政务服务系统，一方面使企业、民众办事简单快捷，不需要在政府部门间来回跑动，缩短了民众的办事周期，通过系统提供的统一入口的服务平台，“一站式”得到全程电子政务服务；另一方面通过改进政府部门工作方式，提高了政府工作效率和为社会服务的能力，为公众树立了崭新的政府形象。“一站式”电子政务服务系统作为政府服务平台，具体来讲有以下功能：

(1)“一站式”电子政务的推广应用可以实现信息共享

政府通过政府网站，向社会提供政府所拥有的公共信息资源，提供高效、优质、规范、透明和全方位的公共服务，打破时空和空间的限制。公众进入系统即可得到所需要的信息和服务，“一站式”电子政务在功能上强调的是为社会服务，不仅能够为公众和企业提供丰富的行业和经济、生活服务信息，还能提供有关政府政策、法规、新闻等证物方面的信息。具体包括通过政府网站发布信息，提供查询；面向社会的各类信访、建议、反馈以及数据收集和统计系统；面向社会的各类项目申报、申请；相关文件、法规的发布、查询；各类公共服务性业务的信息发布和实施，如工商管理、税务管理、保险管理、城建管理；政府电子化采购等。大部分与民众相关的政府事务，都能及时通过政府网站获得详尽的信息。

（2）“一站式”服务能够转变政府服务方式

“一站式”电子政务为公民、法人和其他组织提供了一种全新的政府服务传递方式，避免了传统服务方式的烦琐与不便。在传统政务管理模式下，事务处理可能跨越不同的政府部门或同一政府部门的不同处室，公众要在多个机构之间寻找服务、多次重复传递相同的信息，办理一件事情要跑很多路、经过很多政府部门，花费大量的时间和精力，即使如此还不一定能顺利办成。“一站式”电子政务在信任与授权服务平台的基础上，设置网上服务（Online Service）栏目，用于为民众提供各种查询、申请、交费、注册等服务，将分属政府各部门的业务集中在一起，极大地方便了公民办事。

（3）“一站式”电子政务可以实现跨部门协同工作和办公自动化

“一站式”电子政务服务可以实现政府部门的虚拟整合和跨部门的网络化协同办公、实时在线与快速反馈，极大地提高了政府部门的办事效率，为公众提供了方便。公众只需通过一个站点就可完成所请求的服务：具体的电子政务处理由“一站式”服务架构的后台进行处理，对用户是透明的，用户可通过查询系统了解后台的处理进程。“一站式”电子政务架构是电子化政府的门户与窗口，公民、法人和其他组织只需通过该门户与窗口就可以获得自己所需要的政府信息与服务，而根本不需要去判断“这个手续应该到哪个政府机构的哪个窗口去办理”、“哪个机构有这个统计资料”。在“一站式”电子政务模式下，政府的各个部门、各个机构成为一个网络化整体，通过网络信息技术的使用，公民、法人和其他组织不再需要特别关心他们需要的服务、需要的信息是由哪个部门提供的，而只需要关心他们所需要的是什么信息与服务，政府部门之间的边界不存在了，形成了无缝隙政府。只有无缝隙政府才能以一种整体而不是各自为政的方式提供公共服务。

（4）“一站式”电子政务可以提供个性化的政务服务

政府“一站式”服务的个性化体现在两个方面，一是提供个性化的政务资源检索服务，电子政务系统利用知识管理工具，构造智能化的搜索引擎，根据公民需求制定检索策略，在数据库中进行查询，并将查询结果主动提供给公民。二是提供公民网上服务个性化的过程服务，政务在为公民和企业进行网上服务时，应保证公民和企业的知情权和隐私权，即制定完整的安全策略和流程控制策略，既保证用户得到所需要的政务信息，又在法律的范围内保证其隐私不受侵犯。

13.3 “一站式”服务系统的架构

13.3.1 “一站式”服务系统的架构①

“一站式”电子政务服务系统是建立在“一站式”电子政务架构基础之上的，通过电子政府统一交互平台，实现政务信息的交换和共享，为企业和公众提供一站式服务的信息系统。

“一站式”服务框架的核心功能是基于可信 Web Service 实现资源的查询和调度，实现对社会公众的政务服务和数据资源的整合。“一站式”架构主要针对公众用户和政务专网用户，分别提供接入和工作流引擎、通用电子政务构件、个性化管理以及服务集成等基本的功能，这两部分用户之间可以通过可信信息交换模块来完成信息的安全交换功能，以满足目前对于电子政务内网敏感信息的安全保密要求。

“一站式”电子政务服务架构的接入系统提供了多种接入方式的支持功能，除了常用的互联网和政务专网接入、电信公用网拨号接入方式外，还可对无线接入方式以及 PDA 等多接入终端提供支持。下面对几个核心模块进行描述。

(1) 可信信息交换模块

信息交换是指利用交换媒介在组织内进行信息传递的过程，承担交换功能的媒介可以是硬件、软件等。电子政务跨平台的信息交换是基于 XML 技术的内容交换，可以为政务群体的协同工作和政务的“一站式”服务提供信息高速通道，从而实现政务信息交换的规范化和集约化管理。

由于“一站式”架构将同时为社会公众和政务专网用户提供政务服务，因此，“一站式”框架平台包括面向社会公众服务和面向政务专网用户服务两个部分。由于电子政务公众服务系统客观上需要与内部政务业务系统之间

① 周贺来．电子政务［M］，北京：中国水利水电出版社，2007.

进行数据交换，以实现政务服务请求的转入和服务结果的反馈，因此，在“一站式”框架中提供了可信信息交换模块，专门在对外（公众）服务和对内（政务）服务两部分之间进行安全、双向的数据交换。

可信信息交换模块由一个中间层数据共享介质和两个分别连接到对外和对内服务模块的电子开关共同构成。中间的数据共享介质仅提供数据交换功能，而不提供代码交换功能。对于通过共享数据介质交换的政务业务数据中的敏感部分，还可以通过底层的安全机制提供机密性、完整性以及抗抵赖性的保证。

(2) 工作流引擎

工作流引擎是“一站式”框架中对各政务业务系统提供的政务服务，以及对跨政府部门的工作流进行协调和统一调度的功能模块。并能针对服务的特殊需求重点增强对工作流程环节的监管能力，提供对政务服务的督办和催办。工作流引擎的主要功能有：

①异构计算环境下的广义工作流支持功能：负责在有关的政务业务系统提供的服务模块之间维持一个统一的广义工作流对象，并根据该工作流对象的工作流程模型，通过事件响应机制在这些服务模块之间完成工作任务的调度，以及与之相对应的信息流的驱动。由于政务服务的特殊要求，工作流引擎还需要对工作流的实际调度执行情况进行详细的可信日志记录，以便实现对政务服务的催办和督办功能。

②工作流的授权支持功能：工作流引擎还将通过底层的授权服务实现对工作流的动态调度，业务管理员可以通过管理操作灵活地改变工作流向。

③单点登录支持功能：主要是对工作流中每个服务环节的用户登录和配置信息进行统一管理，以便用户通过单点系统登录即可自动完成后续的一站式服务流程。

(3) 通用电子政务构件

对于“一站式”服务而言，每个政务业务系统所提供的服务都有许多通用的功能模块。如果这些功能模块在各个业务系统中重复实现，不仅会造成资源浪费，而且也很难保证实现的正确性与一致性。因此，理想的解决方案是在“一站式”框架中统一实现这些通用的政务业务构件模块。

通用的政务业务构件主要是在可信 Web Service 的基础上实现，主要包括以下功能。

①用户身份认证功能：主要支持基于公钥证书（PKC）认证的高强度身

份认证机制，认证功能的实现需要与客户端模块的证书管理功能和基础密码运算功能相结合。

②应用操作授权功能：主要支持基于属性证书（AC）的应用操作授权功能，授权计算的实现需要客户端模块证书管理功能的支持，并应提供对多授权模型的支持。

③安全数据交换功能：主要提供对通用政务数据的安全交换功能，提供对目标数据的机密性、完整性保护，并提供对数据交换过程的抗抵赖性保证。

④可信日志功能：主要提供系统级的可信日志功能，为“一站式”框架的运行轨迹记录提供支持，记录的日志信息通过安全机制加以保护。

⑤系统配置管理功能：主要提供系统级的配置管理功能，可以提供对配置信息的安全存储、有效性验证等操作支持。

（4）个性化管理模块

作为面向大规模应用的“一站式”服务，由于所面临的客户群体具有较大的差异性，因此，必须提供个性化服务功能，允许用户根据自己的偏好来定制所需的政务服务。个性化管理模块提供用户界面的风格管理和拖曳式的集成门户功能，并通过拖曳式的集成门户功能，将多个政务应用集成到一个站点，通过一个站点连接多个子站点，实现各部门政务的统一协同管理。个性化管理模块提供的功能主要包括以下内容：

①用户服务定制功能：允许用户根据自己的偏好，对一站式服务框架提供的服务界面的风格进行个性化定制，并允许用户根据实际需要，对个人主页上的信息栏目进行灵活定制，从而面向每个最终用户提供更友好、更贴近实际应用需求的政务服务。

②基于客户关系管理的服务定制功能：在基本的用户服务定制功能的基础上，还可以进一步针对客户关系管理功能，将用户对政务服务的使用情况进行分析，并在此基础上对用户进行分类化管理，提供相应的等级化区分服务。

（5）服务集成模块

服务集成模块主要是在“一站式”框架的层次上提供进一步的应用服务整合与集成支持功能。服务集成模块提供的功能主要包括以下内容：

①跨计算平台的接口功能：“一站式”框架能够通过服务集成模块对C/S、B/S以及非可信 Web Service 等多种类型的计算平台提供集成式支持，并提供更广泛的异构计算平台资源整合功能。

②集成的安全机制：“一站式”框架通过服务集成模块能够实现安全机制的嵌入，从而确保集成的应用服务能够得到全面、有效、一致的安全保障。

③单点登录支持功能：“一站式”框架通过服务集成模块能够提供单点登录支持，实现对各个政务站点登录用的证书管理及配置管理。

(6) 客户端模块

客户端是“一站式”电子政务服务系统的最终用户接口，它包括两层含义：首先，这一概念指的是客户端的应用程序（如浏览器）；其次，这一概念也指运行客户端应用程序的具体硬件设备（如 PC 机、PDA 设备等）。

客户端种类繁多，但是具有相同的特点：其一，通过 Internet 可以和电子政务系统连接，并进行交互；其二，一般具有图形用户界面 GUI，如果无 GUI 界面，那么需要具有易于非专业用户使用的特征；其三，客户端一般需要支持电子政务系统表示层的各种格式化数据表达标准，如 HTML、XML、WML 等；其四，如果客户端是专用的，那么一般支持 HTML/WML 的子集或者 Java 标准。

客户端模块是“一站式”框架的客户端支持模块。由于整个“一站式”系统是建立在 Web 平台上的，因此，客户端主要是一个通用的浏览器，而且客户端模块主要以插件的形式工作。客户端模块提供的功能主要包括以下内容：

①证书管理功能：“一站式”框架通过客户端模块能够提供用户证书下载、管理和验证等功能，为用户享用信任服务和授权服务提供支持。

②安全功能支持：“一站式”框架通过客户端模块能够对用户公钥证书的硬件载体及其软件环境提供安全功能支持，保护用户的私钥不会从证书所依附的硬件载体泄露出去，从根本上保证用户的信息安全。

③可信 XML 数据的解释与显示功能：“一站式”框架通过客户端模块能够提供可信 XML。数据的解释与显示，通过 Internet 浏览器享用政务服务。

④会话功能：支持“一站式”框架通过客户端模块提供会话功能，实现用户与一站式服务框架站点的人机会话。

⑤用户界面定制功能：“一站式”框架通过客户端模块提供用户定制功能，用户可以使用站点个性化工具直观地修改站点风格，使之符合自己的个性需求。

13.3.2 “一站式”服务的关键技术

(1) CegXML①

在一站式的电子政务架构中，XML是其运行的核心技术之一，也是整个框架中的应用层数据编码格式。XML作为国际标准并没有考虑到我国政府的工作流程特点和传统习惯，不能完全适合我国国情。针对我国一站式电子政务应用模式的实际需求，国家电子政务统一采用政务专用的XML语言，即CegXML（China E-Government XML）。

CegXML是可扩展标准语言，是一种基于SGML的简单灵活的语言，XML源自SGML，具有HTML语言所欠缺的巨大伸缩性与灵活性优势。CegXML实际上是一种元语言（Meta Imguage），不再像HTML一样有着一成不变的格式，是一种能够创建标记语言的语言，使用者可以定义无穷无尽的标记来描述文件中的任何数据元素，从而突破HTML固定标记集合的约束，使文件的内容更丰富、更复杂，并组成一个完整的信息体系。

CegXML规范定义了电子政务业务处理系统对智能化的信任与授权服务平台所提供的全网统一的信任和授权服务管理的集成调用接口，并可实现与应用业务密切结合的安全功能调用模式。

①CegXML的消息规范

CegXML支持请求/回应、单向发送和多向发送三种交互方式。请求/回应方式属于同步方式，由交互的一方发出请求，另一方接收到请求后进行处理，并发出响应，第一方只有接收到应答后才能继续往下执行，这种方式适用于双方进行的大部分交互活动，如政务查询等。单向发送方式是一种异步方式，交互的一方发出信息后就接着往下执行，这种方式适用于交互一方向另一方发出一些消息通知，如消息转发等。多向发送方式可以同时将信息发送给多个接收者，一般基于单向发送方式。

CegXML针对国家电子政务具体应用要求进一步定义了对应的公共元素、电子政务服务通知元素、状态元素以及电子政务服务目录元素，为电子政务的消息语义格式标准化提供了参考。

②CegXML安全机制扩展

CegXML在通用文档规范的基础上增加了对安全机制的扩展，使政务公文对象的表示和业务处理流程中的安全保护机制能够有机整合起来，最大限

① 余易民主编．电子政务技术与设计［M］．北京：机械工业出版社，2007.

度地发挥 XML 的优势。CegXML 在 XML1.0、DTD 和 XSL 规范的基础上，增加了消息安全机制和 XML 文档安全机制。在保留 XML 技术自描述等优点的同时，在应用层保证元素级数据的安全。

③CegXML 签名

XML 签名主要是针对 XML 结构树的制定部分提供数字签名，这与电子政务具体的应用需求相适应（特别是在文件中的不同组件由不同的实体分别进行授权的情况下）。这种灵活性保证了整个 XML 文档中各部分的完整性，并可保证文档其余部分的开放性。

（2）J2EE①

J2EE 是 SUN 公司提出的基于 Java 的组件构架，是一种利用 Java 2 平台来简化解决方案的开发、部署和管理相关的复杂问题的体系结构。J2EE 技术的基础就是核心 Java 平台或 Java 2 平台的标准版，J2EE 不仅巩固了标准版中的许多优点，例如“编写一次、随处运行”的特性、方便存取数据库的 JDBC API、CORBA 技术以及能够在 Internet 应用中保护数据的安全模式等等，同时还提供了对 EJB（Enterprise JavaBeans）、Java Servlets API、JSP（Java Server Pages）以及 XML 技术的全面支持。其最终目的就是成为一个能够使企业开发者大幅缩短投放市场时间的体系结构。

J2EE 核心是一组技术规范与指南，其中所包含的各类组件、服务架构及技术层次，均有共通的标准及规格，让各种依循 J2EE 架构的不同平台之间，存在良好的兼容性，解决过去企业后端使用的信息产品彼此之间无法兼容，导致企业内部或外部难以互通的窘境。

J2EE 使用多层的分布式应用模型，应用逻辑按功能划分为组件，各个应用组件根据他们所在的层分布在不同的机器上。J2EE 典型的四层结构，如图 13-2 所示。

①应用程序组件

J2EE 应用程序是由组件构成的。J2EE 组件是具有独立功能的软件单元，它们通过相关的类和文件组装成 J2EE 应用程序，并与其他组件交互。J2EE 说明书中定义了以下的 J2EE 组件：应用客户端程序和 applets 是客户层组件；Java Servlet 和 Java Server Pages（JSP）是 Web 层组件；Enterprise JavaBeans（EJB）是业务层组件。

① 刘湛．J2EE 全面简介［EB/OL］．http://www.ibm.com/developerworks/cn/java/j2ee/.

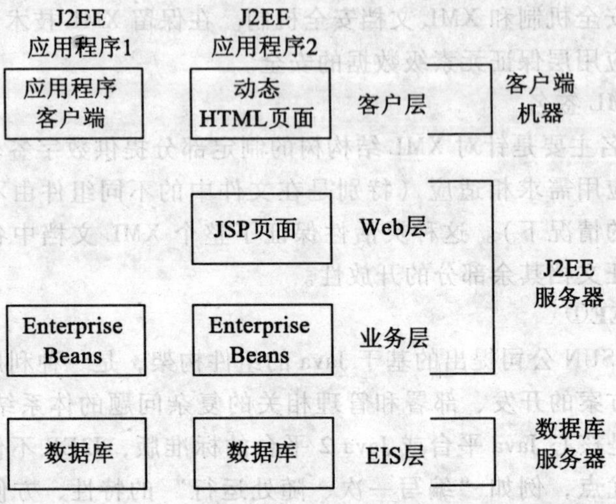

图 13-2　J2EE 结构

②客户层组件

客户层支持不同的客户端，包括基于浏览器的主客户端和其他客户端。J2EE 应用程序可以是基于 Web 方式的，也可以是基于传统方式的。

③Web 层组件

J2EE Web 层组件可以是 JSP 页面或 Servlets。按照 J2EE 规范，静态的 HTML 页面和 Applets 不算是 Web 层组件。正如图 13-3 所示的客户层那样，Web 层可能包含某 Java Bean 对象来处理用户输入，并把输入发送给运行在业务层上的 Enterprise Beans 来进行处理。

④业务层组件

业务层代码的逻辑用来满足银行，零售，金融等特殊商务领域的需要，由运行在业务层上的 Enterprise Beans 进行处理。

J2EE 体系结构提供中间层集成框架用来满足无需太多费用而又需要高可用性、高可靠性以及可扩展性的应用的需求。通过提供统一的开发平台，J2EE 降低了开发多层应用的费用和复杂性，同时提供对现有应用程序集成强有力支持，完全支持 Enterprise JavaBeans，有良好的向导支持打包和部署应用，添加目录支持，增强了安全机制，提高了性能（如图 13-3 所示）。

(3) Web Service 技术

Web Service 是一种构建在 Web 上的组件编程技术，W3C（Worldwide

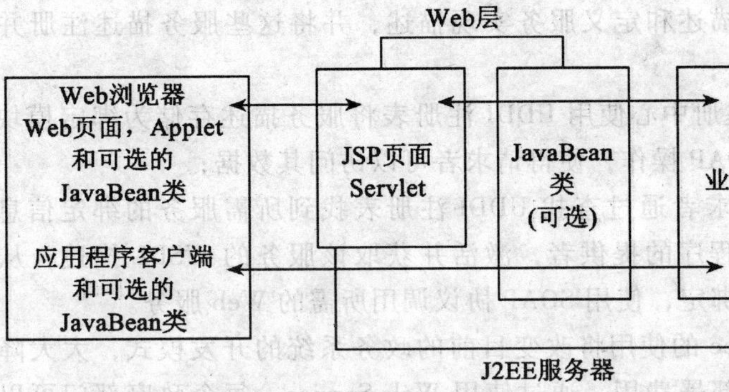

图 13-3 Web 层组件

Web Consortium，万维网协会）对其进行定义，提出 Web Service 是一种通过 URL 标识的软件应用程序，其接口及其绑定形式可以通过 XML 标准来定义、描述和查找，并能通过 XML 消息及 Internet 协议与其他程序进行直接交互。Web Service 提供的是基于网络的、分布式的模块化组件，能与其他兼容的组件进行互操作，不同系统之间能用“软件—软件对话”的方式相互调用，实现“基于 Web 无缝集成”。

Web Service 平台给用户提出一套标准，它定义了应用程序如何在 Web 上实现互操作性。功能全面的 Web Service 平台是可扩展标记语言(XML) + 超文本传输协议（HTTP） + 简单对象访问协议（SOAP） + Web 服务定义语言（WSDL） + UDDI。若要提供功能更强大的服务，还要加上 XAML、XFS、XKMS 等技术。其中，XML 是 Web Service 的基本标记语言，是 Web Service 的基石；SOAP 作为互操作协议，提供了应用程序和 Web Service 之间的通信手段；通过 UDDI 可以注册服务的特性，其他应用程序可以通过 UDDI 查找到需要的 Web Service；WSDL 作为服务描述语言，是描述 Web Service 的编程接口。

Web Service 吸收了分布式计算、Grid 计算和 XML 等各种技术的优点，解决了异构分布式计算以及代码与数据重用等问题，具有高度的可集成性和互操作性、跨平台性和松耦合等特点，为运行在不同平台、不同架构以及使用不同语言编写的各种软件应用程序之间的互操作提供了一种标准的解决方案。

Web Service 是建立在 SOAP 传输的基础上的，它的实现过程是：

①服务提供者开发和测试 Web 服务，使用 WS2DL 定义服务描述，包括定义服务接口描述和定义服务实现描述，并将这些服务描述注册并发送到 UDDI 注册中心；

②UDDI 注册中心使用 UDDI 注册表将服务描述存储为绑定模块，提供多种不同的 SOAP 操作，使得请求者可以访问其数据；

③服务请求者通过查找 UDDI 注册表找到所需服务的绑定信息，找到 Web 服务应用程序的提供者，激活并获取该服务的 WSDL 描述，从而与服务提供者进行绑定，使用 SOAP 协议调用所需的 Web 服务。

Web Service 的使用将改变目前的政务系统的开发模式，大大降低政府政务系统开发部署费用。通过使用 Web Service，每个政府部门可以根据这个标准将自身的政务系统组件化，很方便地在不同的部门之间共享，同时架构跨政府部门的政务应用，形成政务 Web 服务。同时这种政务 Web 服务是以 PKI/PMI 证书服务和基础安全服务为基本功能支撑，运行在自主技术的基础运行平台和软件支撑平台之上，足以保证安全、可信，可以规范定义、描述和注册调度。

(4) 工作流技术

工作流技术来源于计算机支持协同工作理论，CSCW 理论与 OA 产品的结合形成了工作流技术的基础。20 世纪 80 年代中期，File Net、View Star 等公司率先开拓了工作流市场，分别推出支持业务流程的集成化软件包，这便是早期的工作流管理系统，他们成为最早的一批工作流产品供应商。1993 年工作流管理联盟（WFMC）的成立标志着工作流技术开始进入相对成熟的阶段。为了实现不同工作流产品之间的互操作，WFMC 在工作流管理系统的相关术语、体系结构以及应用程序接口（API）等方面制订了一系列的标准。

工作流的概念起源于生产组织和办公自动化领域，根据工作流管理联盟（WFMC）的定义，工作流是一类能够完全或者部分自动执行的经营过程，它根据一系列过程规则，文档、信息、任务就能在不同的执行者之间进行传递与执行。它的主要特点是实现人与计算机交互结合过程的自动化。

工作流管理系统（WFMS）是一个完整定义、管理和执行工作流的系统，并按计算机表示的工作流逻辑规定的次序，以执行软件的方式执行工作流。为实现不同类型的 WFMS 的互连和互操作，1994 年 11 月 29 日，WFMC 发布了工作流参考模型（Workflow Reference Model），它详细描述了工作流系统的相关概念，并在此基础上给出了工作流管理系统的各主要组成部分，以及各部分的功能和相互之间的接口，如图 13-4 所示。

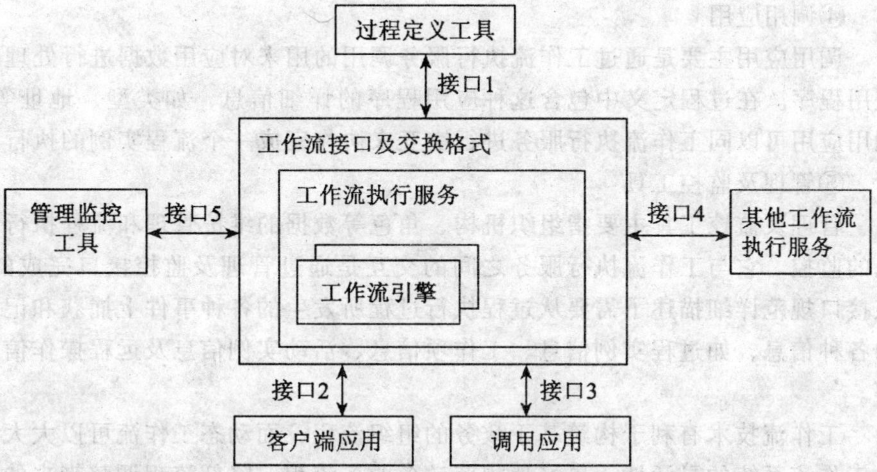

图 13-4 工作流参考模型

①工作流执行服务

工作流执行服务是工作流管理系统的核心部件，它的功能包括创建、管理流程定义，创建、管理和执行流程实例。在执行上述功能的同时，应用程序可能会通过编程接口同工作流执行服务交互。一个工作流执行服务可能包含有多个分布式工作的工作流引擎，不同的工作流引擎通过协作共同执行工作流，这涉及 WFMS 系统之间的互联。

②过程定义工具

过程定义工具是给用户提供对实际业务过程进行分析、建模的手段，并生成业务过程的可被计算机处理的形式化描述，即过程定义。过程定义工具与工作流执行服务之间的交互是通过工作流过程定义读写接口完成的，它为工作流过程定义信息的交换提供了标准的互换格式及 API 应用。

③客户端应用

客户端应用是通过请求的方式同工作流执行服务交互的作用，它的作用是给用户提供一种手段，以处理过程实例运行中需要人工干预的任务。每一个这样的任务就被称作是一个工作项，它包括处理上的一些要求（如处理时间的限制）及待处理的数据对象等。客户与工作流执行服务之间的接口为客户应用程序 API 接口。WFMS 的各种服务，如会话连接、过程控制、活动控制、过程状态、活动状态、工作项列表的处理以及过程实例的管理等都可通过此接口实现。

④调用应用

调用应用主要是通过工作流执行服务调用的用来对应用数据进行处理的应用程序。在过程定义中包含这种应用程序的详细信息，如类型、地址等。调用应用可以同工作流执行服务进行交互来协作完成一个流程实例的执行。

⑤管理及监控工具

管理及监控工具主要指组织机构、角色等数据的维护管理和流程执行情况的监控。它与工作流执行服务之间的交互是通过管理及监控接口完成的。该接口规范详细描述了需要从过程执行过程所发生的各种事件上捕获和记录的各种信息，如过程实例信息、工作项信息、活动实例信息及远程操作信息等。

工作流技术有利于构筑基于政务的组织流程，而动态工作流可以大大提供工作流系统的灵活性，更好地规范政务业务流程，降低流程调整带来的影响，实现跨部门的协同业务办理，加深电子政务应用的深度。

（5）业务规则技术

业务规则管理技术是伴随着面向对象技术、软件构件技术、人工智能、数据库、XML（数据库的表示）等相关技术的发展而出现的一项技术。业务规则管理系统是一组工具集，它主要包括业务规则、业务规则库、业务规则引擎和业务规则管理四个方面。它具有规则管理、规则部署、规则分析、规则定制和设计功能。

①业务规则

业务规则是描述和约束业务的语句，实质上也可以理解为一组条件和在此条件下的操作，用于描述、约束及控制企业的结构、运作和战略，是应用程序中的一段业务逻辑。它的理论基础是：设置一个条件集合，当满足这个条件集合时，触发一个或者多个动作。以规则形式捕捉策略语句能提供极大的灵活性和良好的适应性，是企业保持竞争优势的决定性因素。主要有声明性、准确性、原子性、一致性、非冗余性等特性。

②业务规则库

业务规则库用于存储业务规则和规则元数据以及与规则有关的属性。它提供一组工具用于存储、分类、查询、版本控制、权限控制、测试、提交等，规则的状态和有效性可以跟踪。

③业务规则引擎

规则引擎是执行业务规则的软件组件，它嵌入在程序中，是业务规则管理系统的核心元素。规则引擎的类型有：简单型、数据中心型和面向事务型。业务规则运行时，必须要有业务规则引擎对业务规则进行解释。可以将业务规则引擎理解为一种高性能的专用解释程序。根据规则库中预先定义的规则对输入的值和对象进行分析，然后返回修改后的值和对象，或直接执行操作。

④业务规则管理

业务规则管理为定制面向业务的规则语言提供支持，将业务人员的业务语言描述尽可能规范化，并将业务人员输入的业务规则翻译为IT系统可以理解的业务规则。

业务规则技术的核心思想是将系统处理的业务逻辑从程序代码中抽取出来，按照一定的逻辑方法将其转变为业务规则，并以结构化的业务规则数据来表示业务行为，集中存储在规则库中。业务规则管理技术的基本原理是用一个或多个规则引擎替换"固化"在程序不同位置的业务规则（逻辑）的程序代码。被替换的业务规则（逻辑）存储在程序之外的规则库中，规则库中的规则可以通过图形化规则管理工具实现定制、修改和部署。

13.4 "一站式"服务系统的应用

13.4.1 信息共享系统①

电子政务信息资源共建共享是适应电子政务建设内在要求的需要，是优化政务流程、提高行政效率的重要保障，是推进我国信息化、促进国民经济发展的需要。其中，实现政务信息共享是电子政务建设的基础，直接影响到电子政务应用系统的运行和电子政务工作成效。

(1) 构建政务信息共享平台的必要性

①政务信息资源共享的需要

政府因其职能和性质的特殊，拥有绝大部分社会信息资源，如何对这些信息资源进行及时、有效的开发整合、提供利用是政府面向公众服务的重要任务。由于以往区域、部门建设的独立性，大多数电子政务系统都是以某一

① 高洁，辛文卿．政务信息资源共享平台的构建［J］．情报技术，2005（12）：68-70.

地区、行业或某一厂家的操作系统与系统集成技术为基础，各系统自成体系，形成彼此隔离的“信息孤岛”式的信息系统，造成信息资源呈离散式分布，缺乏相应的整合与管理，处在无序或无效状态，从而导致了信息共享困难，应用水平低下。另外，一些有价值的信息资源多是以网页、文档等非结构或半结构化的形式分散存储在各级政府机构网站、政府专网、用户本地机等各种不同的物理空间位置上，无法整合为统一的形式和统一的接口供政府工作人员和广大公众方便使用。

为了有效解决这些问题，实现政务信息资源共享，必须建立统一的政务信息资源共享平台，将原本分散、独立的信息资源整合到统一的信息资源平台上，并且让不同的信息在一个统一标准的结构中进行传递，最大限度地收集、存储、利用信息资源，对各种政务信息实施一体化管理。

②电子政务系统应用共享的需要

电子政务系统以往的建设方式是每一个应用都对应着不同的应用平台，而每一个应用平台都由一个服务器硬件平台和与之相对应的信息存储平台组成。每增加一类应用，就会增加相应的硬件平台和信息存储平台，这样就导致硬件平台和信息存储平台的无限扩大。如果一直采用这种多服务器平台对应多存储平台的形式，必然会给政务信息资源管理带来巨大的挑战。一方面由于存储系统较多，各种信息的交互和管理复杂，导致信息应用的效率不高；另一方面由于信息呈现出不断增加的趋势，需要不断对信息存储系统扩容，使硬件的成本加大，同时导致整个政务信息系统的臃肿。

因此，如何整合电子政务系统内各应用系统和数据资源，架构一个统一的电子政务综合处理平台，实现政务信息资源的全面整合和共享，成为提高电子政务信息资源建设效益、电子政务整体应用水平和公众服务能力的关键环节。

（2）政务信息共享平台框架

针对目前电子政务建设过程中大量存在的“信息孤岛”问题，为了实现信息共享和应用共享，必须通过建立信息共享平台，把在实际电子政务建设过程中不同政府部门的服务器采用不同的操作系统、数据管理采用的不同数据库管理系统、业务系统采用的不同开发工具整合起来。

电子政务信息资源管理的核心在于资源的集成整合，政务信息资源共享平台是政务信息资源管理总体框架的核心内容。通过信息集成、流程集成、应用集成和门户集成，搭建一个通用平台，在兼顾信息资源现有配置与管理状况的条件下，对分散异构信息资源系统实现无缝集成整合，并在新的信息交换与共享平台上开发新应用，实现信息资源的最大增值。政务信息资源管理总体框架如图 13-5 所示。

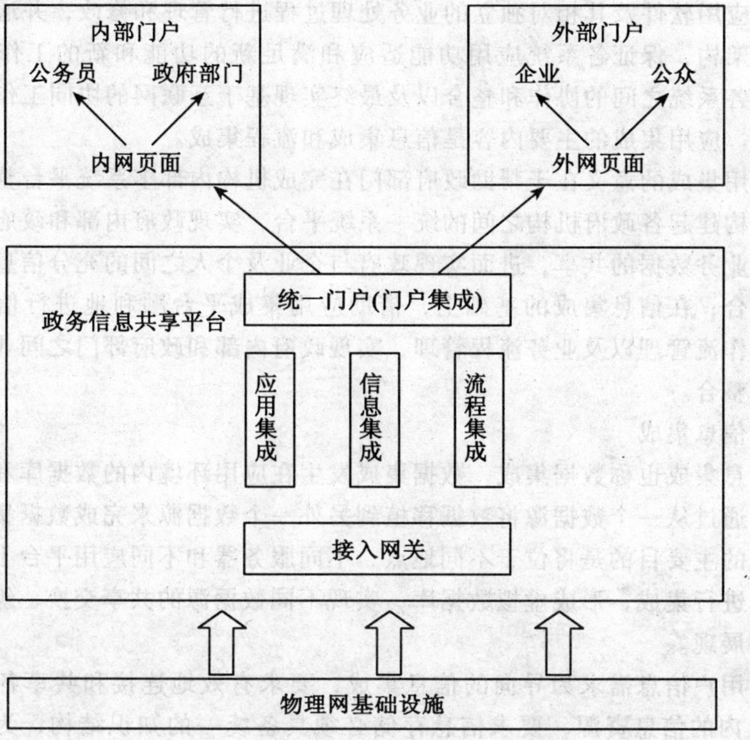

图 13-5 政务信息资源管理总体框架

政务信息共享平台由资源集成整合平台和接入网关构成。资源集成整合包含信息集成、流程集成、应用集成和门户集成四个层次。通过信息集成实现政府部门内部和政府跨部门的信息分享，流程集成的目的是为了使最终用户端能够非常好地协同工作，应用集成是将应用系统集成在一起，门户集成则将各种资源统一集成到通用门户之下，形成个性化的用户界面。

①接入网关

在电子政务领域，接入网关的作用是连接政府内不同的应用系统，通过它对应用系统的数据进行业务封装，并转换成统一的 XML 数据格式传送给信息交换平台。完成系统 XML 标准数据和各种业务应用系统之间的数据转换功能，实现不同的后台业务系统与信息中心核心交换系统——信息交换平台的互连。

②应用集成

应用集成又称功能集成或服务集成，就是要对电子政务系统中分散异构的各类应用软件及其相对独立的业务处理过程进行管理和修改，并通过重新整合和架构，保证各系统应用功能适应和满足新的功能和新的工作流程要求，为各系统之间的协作和整合以及最终实现基于互联网的协同工作环境提供基础。应用集成的主要内容是信息集成和流程集成。

应用集成的意义在于帮助政府部门在完成机构内部多系统平台整合的基础上，构建起各政府机构之间的统一系统平台，实现政府内部和政府部门之间不同业务数据的共享，进而实现政府与企业及个人之间的充分信息共享与信息整合；在信息集成的基础上，借助应用集成平台顺利地进行信息的交换、工作流管理以及业务流程管理，实现政府内部和政府部门之间业务流程的有效整合。

③信息集成

信息集成也称数据集成，数据集成发生在应用环境内的数据库和数据源级别，通过从一个数据源将数据移植到另外一个数据源来完成数据集成。信息集成的主要目的是将位于不同地点、不同服务器和不同应用平台上的物理数据库进行集成，形成虚拟数据库，实现不同数据源的共享交换、综合分析和统一展现。

以用户信息需求为导向的信息集成，要求有效地连接和共享各“信息孤岛”内的信息资源，要求信息存储必须具备统一的知识结构，为此必须建立规范的信息采集机制，建立政府信息资源共享机制，建立统一的面向用户的政务信息中心或信息交换平台，同时要加强电子政务信息资源基础数据库的建设。

④流程集成

电子政务系统中有一系列的业务系统。用户希望电子政务系统不仅能够解决办公过程中某个独立环节的业务问题，而且能够将过程中的所有环节衔接起来，使得上一个环节的业务处理结果能够自动流转到下一个环节以便利用或处理。工作流技术可以满足流程集成的要求，工作流以可视化方式定义业务应用系统中的处理流程，并能在政务工作流程发生改变时进行可视化的重构。

⑤门户集成

门户集成是在信息集成和应用集成的基础上，通过建设门户平台，将各种应用系统、数据资源和互联网资源统一集成到通用门户框架之中，根据每个用户角色的不同，形成个性化的应用界面，为特定的用户以高度个性化的方式集成、展示个性化应用，交互访问相关信息和应用软件系统，并通过对事件和消息的处理和传输把用户有机地联系在一起。

电子政务门户平台是各种应用软件、系统功能的集成，它的功能、性能、使用方便程度对整个电子政务系统具有决定性作用。它基于“协同”的核心思想，将政府内部、政府间的信息及业务整合在一个统一的平台上进行管理，实现内外门户的一体化，使政府变成一个内外部协同的工作组织。以政府内外资源的完全整合、高度关联的信息、无缝集成的应用、高效和规范化的流程，创建一个完全相互配合的、统一管理的、协作的政务环境，从而提升政府管理智能和政务效率。

门户平台的主要特征是“一站通”的访问方式和个性化的用户界面。用户进入一站式门户服务网站，可以直接调用和访问原系统分散于各独立系统下的功能模块、数据单元和应用资源；门户平台能基于不同用户对特定信息和功能的需要，定制出完全个性化的用户界面，便于不同用户直接阅读和处理个性化的信息内容，参与个性化的个人事务和协作。

13.4.2 联合审批系统

网上行政审批是电子政务的重要组成部分，也是促进政务公开和政务流程再造的重要推动力。网上审批系统的实现，能够大大改变传统政务的弊端，提高政府办事效率和透明度，并促进政府改革。实现网上联合审批，其目的在于通过信息化建设，优化政府行政审批业务流程，通过对行政审批业务的改革，转变政府职能，提高政府服务水平。

(1) 行政审批①

行政审批是指行政机关（包括有行政审批权的其他组织）根据自然人、法人或者其他组织提出的申请，经过依法审查，采取“批准”、“同意”、“年检”发放证照等方式，准予其从事特定活动、认可其资格资质、确认特定民事关系或者特定民事权利能力和行为能力的行为，是对于社会资源进行分配的一种手段。

行政审批的种类在各个时期、各个地方的情况有所不同，通常包括审

① 刘文海．行政审批的概念、特性、种类和作用［EB/OL］. http：//www.chinavalue.net/Article/Archive/.

批、核准、批准、同意、注册、认可、登记、检验、年检等几十种。但从行政许可的性质、功能和适用条件的角度来说，大体可以划分为五类：

①普通许可

普通许可就是准许符合法定条件的相对人行使某种权利的行为，是行政机关运用最广泛的一种行政许可。凡是直接关系国家安全、公共安全的活动，基于高度社会信用的行业的市场准入和法定经营活动，直接关系人身健康、生命财产安全的产品、物品的生产及销售活动，都适用于普遍许可。如游行示威的许可、烟花爆竹的生产与销售的许可等。该类许可有两个显著特征：一是对相对人行使法定权利附有一定的条件；二是一般没有数量控制。

②特许

特许就是行政机关代表国家向被许可人授予某种权力或者对有限资源进行有效配置的管理方式。主要适用于有限自然资源的开发利用、有限公共资源的配置、直接关系公共利益的垄断性企业的市场准入，如出租车经营许可、排污许可等。特许有两个主要特征：一是相对人取得特许后，一般应依法支付一定的费用，所取得的特许可以转让、继承；二是特许一般有数量限制，往往通过公开招标、拍卖等公开、公平的方式决定是否授予特许。

③认可

认可就是对相对人是否具有某种资格、资质的认定，通常采取向取得资格的人员颁发资格、资质证书的方式，如会计师、医师的资质。认可有四个特征：一是主要适用于为公众提供服务、与公共利益直接有关，并且具有特殊信誉、特殊条件或特殊技能的自然人、法人或者其他组织的资格、资质的认定；二是一般要通过考试方式并根据考核结果决定是否认可；三是资格资质是对人的许可，与人的身份相联系，但不能继承、转让；四是没有数量限制。

④核准

核准就是行政机关按照技术标准、经济技术规范，对申请人是否具备特定标准、规范的判断和确定。主要适用于直接关系公共安全、人身健康、生命财产安全的重要设备、设施的设计、建造、安装和使用，以及直接关系人身健康、生命财产安全的特定产品、物品的检验、检疫，如电梯安装的核准，食用油的检验。核准有三个显著特征：一是依据主要是专业性、技术性的；二是一般要根据实地验收、检测来决定；三是没有数量限制。

⑤登记

登记就是行政机关对个人、企业是否具有特定民事权利能力和行为能力的主体资格和特定身份的确定。例如，法人或者其他组织的设立、变更、终止；婚姻登记、工商企业注册登记、房地产所有权登记等。登记有三个显著特征：一是未经合法登记的法律关系和权利事项，是非法的，不受法律保护；二是没有数量限制；三是对申请登记材料一般只进行形式审查，即可当场做出是否准予登记的决定。

从行政审批的方式来说，可以分为串行审批和并行审批两类。

串行审批：即传统的行政审批方式，当一个项目的审批要涉及多个部门时，要一个一个部门进行审批。串行审批周期长，当一个部门的审批没有通过时，影响到其他部门审批的进程，容易造成政府办事效率低。

并行审批：也称为联合审批，是指在统一标准的前提下，将各部门的审批工作流程整合、优化，把电子政务大厅的功能放到网络上，构建一个统一的信息平台，实现“一站式”审批服务。当申请者提交申请后，相关部门可以共同受理，同时审批，审批结果互相通知。

（2）联合审批介绍

在电子政务环境下，行政审批主要采取网上审批形式，联合审批系统是网上审批实现的平台。联合审批系统是根据窗口受理或网上受理的办事业务类型，通过审批调度系统与相关单位的内部审批系统实现互联互通，完成联合办理与并联审批或联合审批。

联合审批要充分利用已有的各个政府部门的业务系统，依托已经建成的连接各个政府部门的政府专用网络，政府统一的安全支撑体系以及 XML 信息交换技术，实现各部门审批业务系统之间的互联互通，实现跨部门业务联动的行政审批服务，有效提升审批办证项目运作的监管能力、审批效能和服务水平。

网上审批是政府多部门跨网络协作的综合性应用，申请者通过多种渠道将申报材料提交到政府网站，政府的审批系统依据行政业务规则和部门分工和权限划分，启动相应的审批流程，协调各政府部门按照逻辑顺序协同工作，完成审批过程，并将审批结果反馈给申报者。

①网上联合审批的模式

根据审批项目在互联网上的处理内容的多少，网上联合审批大致可以分为四种模式：第一种为全程网上办理，即所有行政审批环节都在网络上进行和完成；第二种为网上申请、受理、状态查询、结果发布、持申报原件办理相关手续；第三种为两次网下办理，即送申报材料和领取审批文件，当需现场考察、需行业主管部门审批意见、需取证过程、需提交原始材料时大多采用这种模式；第四种为仅提供网上查询或者表格下载。

②网上行政审批的内容

网上行政审批一般包括网上申报、网上受理、跟踪查询、短信提醒、网上通知、网上咨询、网上监督等服务功能。

• 网上申报。企业和公众用户可以在网上选择需要办理的业务事项，浏览查询相关的政策法规，申办条件、申请人资质、费用情况、办事流程以及所需提交的材料清单，下载相应的办事表格，填写各类申请表格，在网上递交。

• 网上受理。政府机关办事人员在网上处理项目申请，检验递交的材料是否规范，是否符合要求，是否需要补充填报，并将申请人在网上填写和提交的申请信息，递交到有关部门，通过内网和外网的平台流转，完成审批过程。

• 跟踪查询。企业和公众用户可以随时跟踪查询网上办事的进程、办事状态和办事结果，及时了解已经申请或办理了哪些事务，哪些事务已经审批通过，哪些事务正在提交及哪些事务被驳回等。

• 网上通知。审批服务部门可将审批结果通过网上互动通知、E-mail邮箱和手机短信提醒方式，及时告知申请单位和个人用户，并针对用户提出的问题进行实时解答。

• 网上监督。为了使行政审批更加规范合法，必须对每项行政审批过程实施监督。审批系统允许符合该角色定义的人员，在权限范围内查看正在进行的审批信息、当前审批状态信息，并具有意见交互功能。

③网上联合审批的优点

和传统的行政审批相比，网上行政审批在办公效率上有很大的提高，主要体现在：

• 提高了审批效率网上行政审批在内网上建立受理、审批、监督、统计分析等功能，为各个审批部门之间实现协同办公、规范提供了系统保障，并节省了审批的时间和文件传递的时间，可以减少很多不必要的中间环节，更容易实现多个职能部门的协同办公，加快了行政审批速度。

• 网上行政审批通过网络传递信息、获取信息、发布信息，可以将过去传统行政审批的工作集成，实现以最少的人力完成同等的工作，节约了人力，有利于降低办公费用，优化审批流程，降低行政成本。

• 减少权力“寻租”从项目的受理、分办、审核、会签、签发、结果公布实行计算机程序化操作，权力运作公开、透明，方便基层和企业监督，接受对审批中的问题进行质疑、投诉，从源头上防治腐败现象。

• 行政审批系统在外网上建立审批事项公示和事项查询系统，将所有审批事项的办事程序和各个事项的业务表格都公示到外网网站上，为公众和企业提供办事指南、业务表格下载、查询和监督办理结果等功能，拉近与公众及企业的距离。通过网上审批系统，企业和个人能够随时随地了解网上审批程序，提交项目审批申请和所需材料，查看审批状态及结果，或通过互联网与政府办事人员进行必要的信息沟通。

④网上联合审批流程①

在电子审批条件下，一个申请可以形成多个副本，分别传送到不同的部门进行审批，审批结果可以方便地汇集成批件给申请者。下面以建设项目联合审批为例，介绍联合审批具体流程，如图13-6所示。

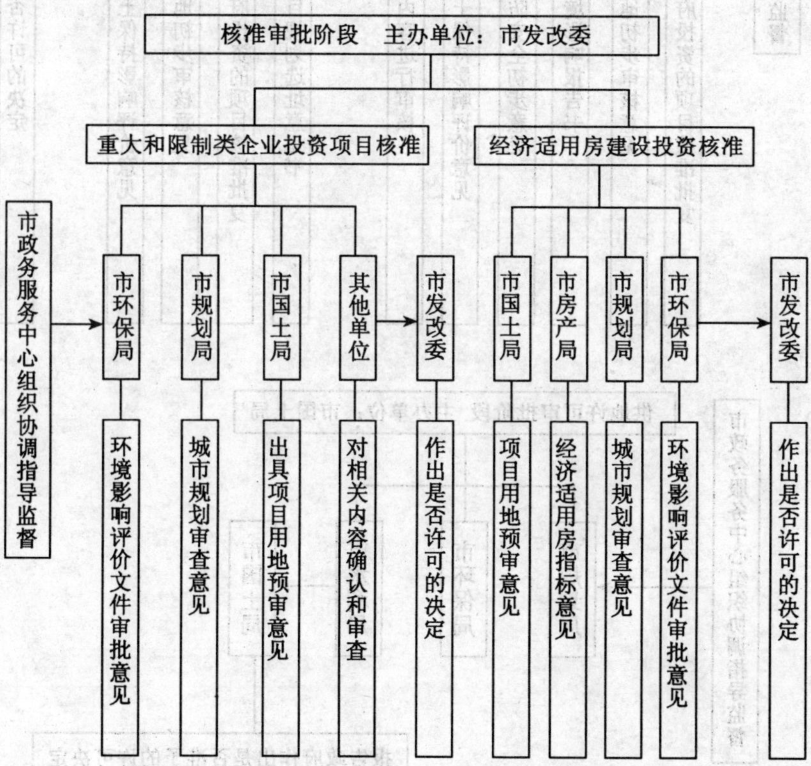

① zwgk. zzedu. gov. cn/new/ewebeditor/. . . /2008102492326915. DOC [EB/OL].

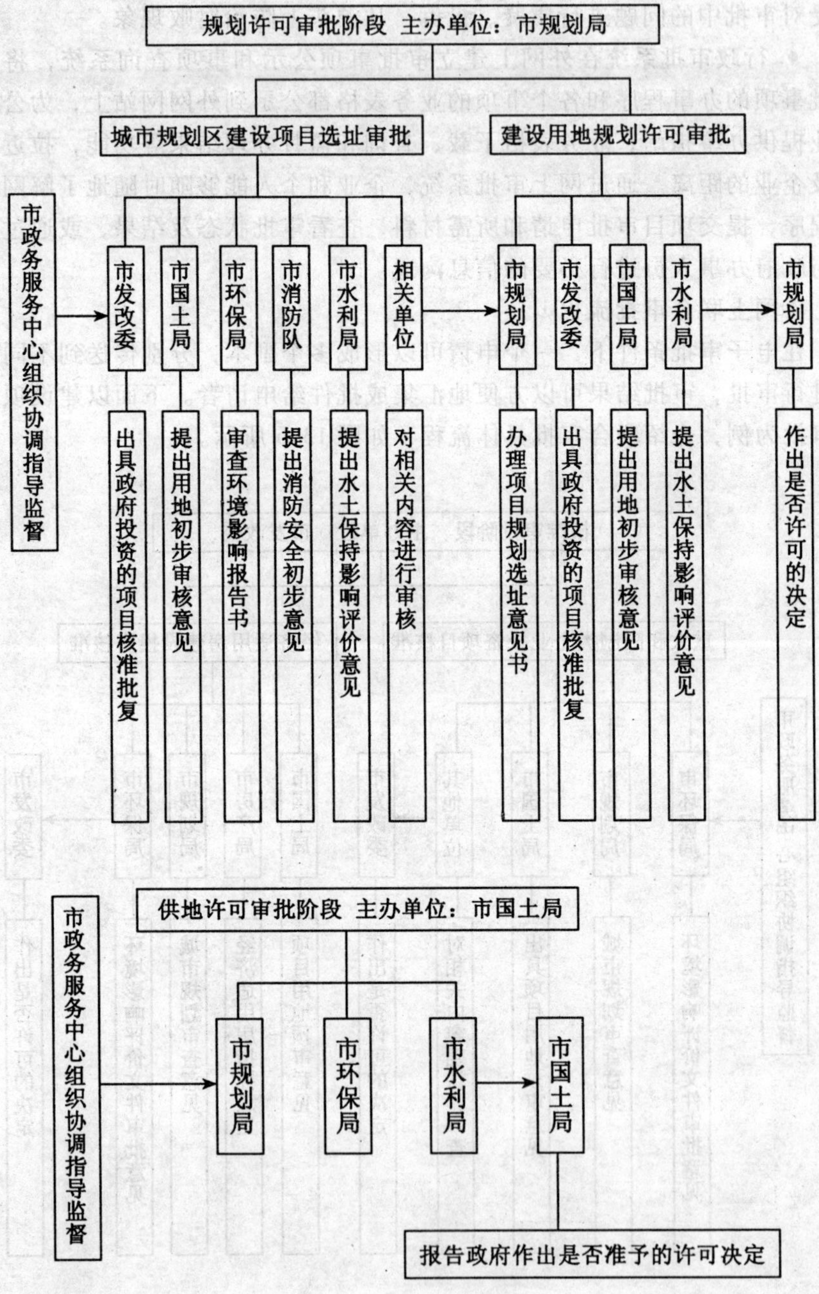
规划许可审批阶段 主办单位：市规划局
城市规划区建设项目选址审批
建设用地规划许可审批
市政务服务中心组织协调指导监督
市发改委
市国土局
市环保局
市消防队
市水利局
相关单位
市规划局
市发改委
市国土局
市水利局
市规划局
出具政府投资的项目核准批复
提出用地初步审核意见
审查环境影响报告书
提出消防安全初步意见
提出水土保持影响评价意见
对相关内容进行审核
办理项目规划选址意见书
出具政府投资的项目核准批复
提出用地初步审核意见
提出水土保持影响评价意见
作出是否许可的决定
供地许可审批阶段 主办单位：市国土局
市政务服务中心组织协调指导监督
市规划局
市环保局
市水利局
市国土局
报告政府作出是否准予的许可决定

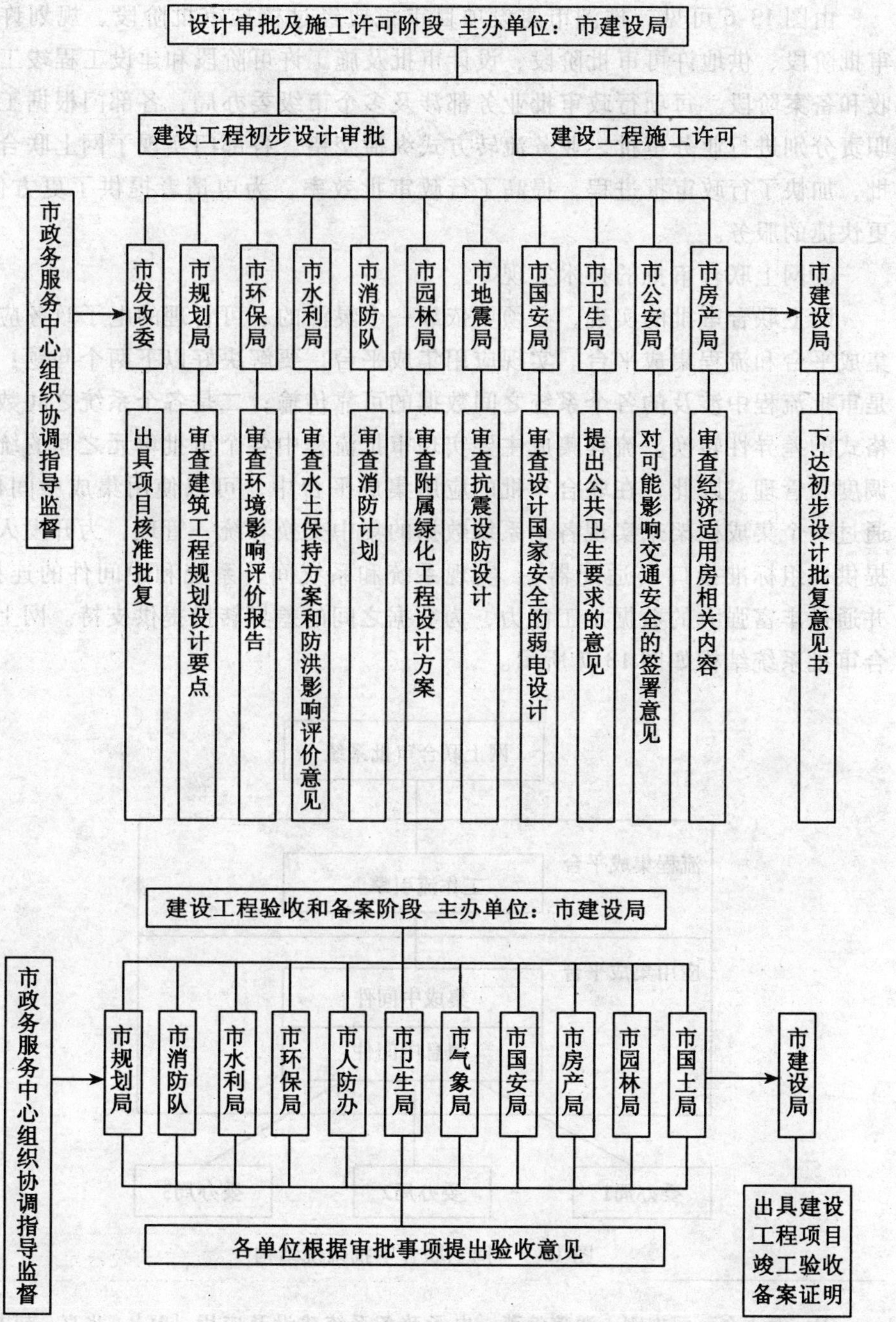

图 13-6 建设项目联合审批流程

由图 13-6 可见，株洲市建设项目审批要经过核准审批阶段、规划许可审批阶段、供地许可审批阶段、设计审批及施工许可阶段和建设工程竣工验收和备案阶段。每项行政审批业务都涉及多个市级委办局，各部门根据工作职责分别进行业务审批，业务流转方式纵横交错。各部门实现了网上联合审批，加快了行政审批进程，提高了行政审批效率，为申请者提供了更方便、更快捷的服务。

⑤网上联合审批的技术实现①

网上联合审批的实现，必须要依靠一个灵活的、可管理的电子政务应用集成平台和流程集成平台。实现应用集成平台，要解决好以下两个问题：一是审批流程中涉及的各个系统之间数据的可靠传输；二是各个系统之间数据格式的差异性转换。流程集成主要实现审批流程中各个审批单元之间的统一调度和管理。因此，在联合审批的应用集成平台中，可以使用集成中间件，通过一个集成框架来实现各个系统数据的集中交换和统一管理，为开发人员提供一组标准接口（适配器），实现系统和系统间、系统和中间件的连接，并通过丰富强大的数据加工能力，为数据之间的差异转换提供支持。网上联合审批系统结构如图 13-7 所示。

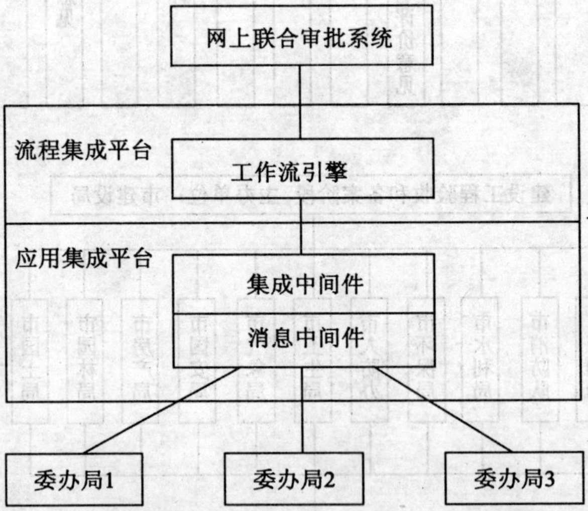

图 13-7　网上联合审批系统结构

① 濮小金，司志刚，濮琼编著．电子政务系统建设及应用［M］．北京：机械工业出版社，2009.

• 流程集成平台

网上联合审批系统需要提供给用户统一的门户入口，用户通过互联网门户入口登录，选择自己的相关审批事项，填报相关材料，数据将自动转入流程集成平台，业务将通过流程集成平台制定好的规格，将具体任务通过应用集成平台交给办事机构（委办局），委办局处理的状态和结果也要通过应用集成平台及时反馈给流程集成平台，并通过门户网站告知用户。

• 应用集成平台

应用集成平台作为核心平台，提供各委办局之间横向与纵向的业务数据交互。在应用集成平台中，集成中间件提供数据格式转换、数据过滤、数据压缩和解密、例外处理等功能，应用集成平台所需要的异构通信、消息路由、应用搭建部署、平台管理等功能也都涵盖在集成中间件中。消息中间件则提供数据可靠传输、拥塞控制、数据优先级控制、加密和压缩、节点合法性认证、均衡负载等功能。

应用集成平台不仅仅提供了数据通信的通道，同时也提供不同部门之间数据格式的转换。另外，应用集成平台也是数据共享的平台，所有审批业务中需要各部门共享的数据都需要在应用集成平台处保存，以便于流程的快速执行与监控。对于各委办局不能共享的数据，可以提供 API 的方式，让外界系统来访问。

综合考虑系统的扩展性、技术先进性、维护与操作简便性等因素，在联合审批的应用集成平台中，应适用基于 Web 技术的工作流产品实现流程集成。

参考文献

[1] 姚国章. 电子政务原理 [M]. 北京：北京大学出版社，2005.

[2] 金江军，潘懋. 电子政务理论与方法 [M]. 北京：中国人民大学出版社，2009.

[3] 孙正兴，戚鲁. 电子政务原理与技术 [M]. 北京：人民邮电出版社，2003.

[4] 濮小金等编著. 电子政务系统建设与应用 [M]. 北京：机械工业出版社，2009.

[5] 刘邦凡. 电子政务建设与管理 [M]. 北京：北京大学出版社，2005.

[6] 孟庆国，樊博. 电子政务理论与实践 [M]. 北京：清华大学出版社，2006.

[7] 胡志军等编. 电子政务原理与实务 [M]. 北京：中国铁道出版社，2006.

[8] 杨路明等编. 电子政务 [M]. 北京：电子工业出版社，2007.

[9] 深圳市国家税务局课题组编著. 电子政务建设方法与案例解析 [M]. 北京：清华大学出版社，2006.

[10] 周贺来. 电子政务 [M]. 北京：中国水利水电出版社，2007.

[11] 李习彬. 电子政务与政府管理创新 [M]. 北京：科学出版社，2004.

[12] 张锐昕. 公务员电子政务必修教程 [M]. 北京：清华大学出版社，2008.

[13] 曾伟，等. 公共部门电子政务理论与实践 [M]. 武汉：中国地质大学出版社，2008.

[14] 颜海. 政务信息管理 [M]. 武汉：武汉大学出版社，2009.